2023

# 행정사

# 행정사실무법

박문각 행정사연구소 편_ 임동민

2차

합격기준 박문각 행정사

임동민강의 | 박문각행정사 www.pmg.co.kr

PMG 박문각

**"시도하지 않으면, 아무것도 할 수 없다."**

행정사는 행정업무의 원활한 운영과 국민의 권리 구제를 목적으로 행정과 관련한 국민의 편익을 도모하는 자로, 타인의 위촉에 의하여 수수료를 받고 행정기관에 제출하는 서류와 권리·의무나 사실 증명에 관한 서류의 작성 및 작성된 서류의 제출 대행 등을 업무로 하는 전문자격사입니다.

행정사의 종류에는 일반행정사, 해사행정사, 외국어번역행정사가 있습니다. 이 중 일반행정사의 업무는 크게 민원처리업무와 행정심판업무로 구분할 수 있고, 민원처리업무는 다시 국민의 민원처리업무와 외국인의 주된 민원처리업무인 출입국관리업무로 나눌 수 있습니다.

본 저자는 2014년 일반행정사 자격시험에 합격한 일반행정사로서 주로 하는 업무는 출입국관리업무와 행정심판업무입니다. 출입국관리업무는 외국인의 의뢰를 받아 외국인등록, 체류자격 부여허가, 체류자격 변경허가, 체류기간 연장허가 등을 신청하는 업무이고, 그 종류가 매우 다양하며, 계속적·반복적으로 행해지고 있습니다. 행정심판업무는 운전면허 취소처분, 영업정지처분, 체류불허결정 등 각종 처분이나 부작위에 불복하는 경우에 의뢰를 받아 그 취소 등을 청구하는 업무입니다.

행정사의 자격을 취득하기 위해서는 제1차, 제2차로 구분되어 실시되는 행정사 자격시험에 합격하여야 합니다. 일반행정사 자격시험의 제1차 시험 과목인 민법총칙, 행정법, 행정학개론은 선택형 필기시험으로 실시되고, 제2차 시험 과목인 민법계약, 행정절차론, 사무관리론, 행정사실무법은 논술형 필기시험으로 실시됩니다.

이 책은 일반행정사 자격시험 준비용 수험서이며, 수험생 여러분이 행정사실무법을 가장 효율적으로 공부할 수 있도록 행정사법과 행정심판제도 및 비송사건절차법을 체계적으로 서술하고 간단명료하게 정리하여 최적의 행정사실무법 수험서가 되도록 구성하였습니다.

행정심판제도의 구성은 먼저 행정심판 일반과 행정심판법의 내용을 수록하여 행정심판절차에 대해 전체적인 이해를 할 수 있도록 하였고, 다음에 특별행정심판과 행정심판 재결례를 엄선하여 수록하였습니다.

비송사건절차법의 구성은 먼저 총칙에서 비송사건절차에 대한 전반적인 구조를 파악할 수 있도록 하였고, 다음에 민사비송사건과 상사비송사건, 법인의 등기, 부부재산약정의 등기, 과태료 사건을 체계적으로 수록하였습니다.

시험공부는 부단한 반복이며, 이해하고 정리하여 암기하는 과정의 연속입니다. 이해와 암기는 상호 보완관계에 있고 이해를 바탕으로 하여 정리하고 암기하여야 기억이 오래가고 시험에서 고득점을 받을 수 있습니다.

이 책이 행정사 자격시험을 준비하는 수험생분들께 도움이 되어, 이 책으로 행정사 자격시험을 공부하는 수험생 여러분 모두가 행정사실무법을 체계적으로 쉽게 이해하고, 시험에서 고득점을 하여 행정사 자격을 취득하기를 바랍니다. 아울러 행정사의 업무에서도 유용하게 활용되기를 희망합니다.

**"아무것도 하지 않으면, 아무 일도 일어나지 않는다."**

편저자 임동민

## 1. 시험 일정: 매년 1회 실시

| 원서 접수 | 시험 일정 | 합격자 발표 |
|---|---|---|
| 2023년 8월경 | 2023년 10월경 | 2023년 11월경 |

## 2. 시험 과목 및 시간

▶ **2차 시험**

| 교시 | 입실 | 시험 시간 | 시험 과목 | 문항 수 | 시험 방법 |
|---|---|---|---|---|---|
| 1교시 | 09:00 | 09:30~11:10 (100분) | **[공통]**<br>① 민법(계약)<br>② 행정절차론(행정절차법 포함) | 과목당 4문항 (논술 1, 약술 3) ※ 논술 40점, 약술 20점 | 논술형 및 약술형 혼합 |
| 2교시 | 11:30 | •일반/기술 행정사 11:40~13:20 (100분)<br><br>•외국어번역 행정사 11:40~12:30 (50분) | **[공통]**<br>③ 사무관리론<br>　(민원처리에 관한 법률 및 행정효율과 협업 촉진에 관한 규정 포함)<br>**[일반행정사]**<br>④ 행정사실무법(행정심판사례, 비송사건절차법)<br>**[기술행정사]**<br>④ 해사실무법(선박안전법, 해운법, 해사안전법, 해양사고의 조사 및 심판에 관한 법률)<br>**[외국어번역행정사]**<br>해당 외국어(외국어능력시험으로 대체 가능한 영어, 중국어, 일본어, 프랑스어, 독일어, 스페인어, 러시아어 등 7개 언어에 한함) | | |

**외국어능력검정시험 성적표 제출**

2차 시험 원서 접수 마감일 전 2년 이내에 실시된 것으로 기준 점수 이상이어야 함

● 영어

| 시험명 | TOEIC | TEPS | TOEFL | G-TELP | FLEX | IELTS |
|---|---|---|---|---|---|---|
| 기준 점수 | 쓰기시험 150점 이상 | 쓰기시험 71점 이상 | 쓰기시험 25점 이상 | GWT 작문시험에서 3등급 이상(1, 2, 3등급) | 쓰기시험 200점 이상 | 쓰기시험 6.5점 이상 |

※ MATE Writing에서 상급 이상이란 Commanding Commanding(상급), Commanding High(상급 상), Expert(최상급) 등급을 말함

● 중국어, 일어, 프랑스어, 독어, 스페인어, 러시아어는 FLEX 쓰기시험 200점 이상

## 시험의 면제

**1. 면제 대상:** 공무원으로 재직한 사람과 외국어 번역 업무에 종사한 경력이 있는 사람 등은 행정사 자격시험의 전부 또는 일부가 면제된다(제2차 시험 일부 과목 면제).

## 2. 2차 시험 면제 과목

| 일반/기술행정사 | 행정절차론, 사무관리론 |
| --- | --- |
| 외국어번역행정사 | 민법(계약), 해당 외국어 |

## 합격자 결정 방법

**1. 합격기준:** 1차 시험 및 2차 시험 합격자는 과목당 100점을 만점으로 하여 모든 과목의 점수가 40점 이상이고, 전 과목의 평균 점수가 60점 이상인 사람으로 한다(단, 2차 시험에서 외국어시험을 외국어능력검정시험으로 대체하는 경우에는 해당 외국어시험은 제외).

**2. 최소합격인원:** 2차 시험 합격자가 최소선발인원보다 적은 경우에는 최소선발인원이 될 때까지 모든 과목의 점수가 40점 이상인 사람 중에서 전 과목 평균점수가 높은 순으로 합격자를 추가로 결정한다. 이 경우 동점자가 있어 최소선발인원을 초과하는 경우에는 그 동점자 모두를 합격자로 한다.

## 행정사실무법

제10회 행정사 자격시험의 행정사실무법 문제는 행정심판제도에서 논술형 문제, 행정사법과 비송사건절차법 총칙에서 약술형 문제가 출제되었다. 문제 1은 행정심판제도 행정심판법에서 출제되었으며, [물음 1]은 행정심판의 대상인 거부처분 및 집행정지에 관한 문제로, [물음 2]는 재결의 기속력에 관한 문제로 출제되어 어렵지 않게 답안을 작성할 수 있는 문제였고, 행정심판의 대상과 집행정지 그리고 재결의 기속력은 출제가 예상되었던 중요한 내용으로 강의를 하면서 여러 차례 강조한바 있다. 문제 2는 행정사법에서 출제되었으며, 행정사법인의 업무신고 및 업무수행방법에 관한 문제로 출제가 예상되었던 평이한 문제였다. 문제 3은 비송사건절차법 총칙에서 출제되었으며, 기일에 관한 문제로 기본서에는 수록하였으나 요약집에는 정리하지 않았고, 출제를 예상하지 못한 문제였다. 문제 4는 비송사건절차법 총칙에서 출제되었으며, 우선관할 및 사건의 이송에 관한 문제로 분량이 적어 모의고사 문제로는 출제하지 않았고, 문제가 사건의 이송이 아닌 재량이송으로 출제되어 다소 혼란이 있었을 것이나, 비송사건의 재량이송은 사건의 이송을 의미하므로 사건의 이송을 생각하였다면 무난하게 답안작성을 하였을 것이다. 1번 논술형 문제 및 2번 약술형 문제는 모의고사 과정에서 답안작성을 해보아서 손쉽게 답안작성을 하였을 것이나, 3번 및 4번 약술형 문제는 모의고사 문제로 출제하지 않아서 답안작성에 다소 어려움이 있었을 것이라 생각된다. 제11회 시험 대비를 위한 행정사실무법 시험공부는 행정사법, 행정심판법, 비송사건절차법 총칙 부분은 반복하여 출제되고 있으므로 더욱 철저히 숙지하고, 특별행정심판, 비송사건절차법 각칙 부분도 출제가 가능하므로 중요한 내용은 반드시 숙지해야 할 것이다.

| 구분 | 행정사법 | 행정심판제도 | 비송사건절차법 |
|---|---|---|---|
| 제1회 | | • 행정심판위원회 위원 등의 제척, 기피, 회피 (20점)<br>• 청구의 인용 여부(사정재결)(40점) | • 비송사건의 심리방법(20점)<br>• 재판상의 대위에 관한 사건(20점) |
| 제2회 | 업무정지사유와 업무정지 처분효과의 승계(20점) | 청구의 인용 여부(신뢰보호)(40점) | • 비송사건절차의 종료 사유(20점)<br>• 과태료 재판에 대한 불복방법(20점) |
| 제3회 | 장부 검사와 자격취소(20점) | 청구요건의 적법 여부 및 거부처분의 적법 여부(40점) | • 토지관할과 우선관할 및 이송(15점)<br>• 관할법원의 지정(5점)<br>• 항고의 의의 및 종류(20점) |
| 제4회 | 과태료 부과대상자의 유형 및 내용(20점) | 임시처분(40점) | • 비송사건의 대리(20점)<br>• 재판의 방식과 고지(20점) |
| 제5회 | 업무신고와 그 수리거부 (20점) | • 청구요건의 충족 여부(30점)<br>• 처분사유의 추가가능 여부(10점) | • 재판의 취소·변경(20점)<br>• 과태료재판의 적법 여부(20점) |
| 제6회 | 행정사의 금지행위와 벌칙 (20점) | • 의무이행심판의 대상적격과 청구인적격(20점)<br>• 재결의 기속력(20점) | • 재판의 효력(20점)<br>• 절차의 비용(20점) |
| 제7회 | 행정사의 의무와 책임(20점) | • 관할 행정심판위원회 및 참가인(20점)<br>• 시정명령과 직접처분 및 간접강제(20점) | • 비송사건절차의 특징(20점)<br>• 증거조사(20점) |
| 제8회 | 업무신고의 기준과 행정사업 무신고확인증(20점) | • 행정심판의 청구기간(20점)<br>• 비례원칙(20점) | • 비송사건의 대리(20점)<br>• 항고기간과 항고제기의 효과(20점) |
| 제9회 | 행정사법인의 설립과 설립인가의 취소(20점) | • 행정심판의 피청구인과 심사청구 및 재심사청구의 법적성질(20점)<br>• 처분사유의 추가(20점) | • 비송사건절차의 개시 유형(20점)<br>• 비송사건과 민사소송사건의 구별 기준 및 차이점(20점) |
| 제10회 | 행정사법인의 업무신고 및 업무수행방법(20점) | • 행정심판의 대상과 집행정지(20점)<br>• 재결의 기속력(20점) | • 비송사건절차법상 기일(20점)<br>• 비송사건의 재량이송(20점) |

## 민법(계약)

제1문의 ⑴은 임대차보증금의 반환에 관한 문제였고, 제1문의 ⑵는 해제와 제3자 보호 문제였다. 임대차보증금은 특A급 예상문제였고 해제와 제3자 보호는 해제의 중요쟁점이어서 작년과 올해 연속 출제되었다. 제2문 조합원의 탈퇴는 작년과 비슷한 사안으로 올해 다시 나왔고, 제3문 전부 타인권리의 매매와 제4문 교차청약도 제4회 기출주제였다. 제10회 시험에서 새 문제는 제1문의 ⑴ 하나였고 나머지는 기출된 쟁점이 다시 출제되었다. 시험이 거듭됨에 따라 이제 기출문제라도 중요부분은 반복하여 출제될 수 있다는 점을 주의하여야 한다. 다만 아직 출제되지 않은 중요쟁점과 최신판례도 많이 있으므로, 계약법 전반에 걸쳐 핵심위주로 간략하게 암기하고 이를 답안에 빨리 쓸 수 있도록 반복 연습하는 것이 중요하다고 본다.

## 행정절차론

2022년 제10회 행정절차론 문제 1번은 40점 배점으로 3개의 논점을 포함하고 있다. 시정명령처분(사전통지 결여), 시정명령처분(구두고지), 폐쇄명령처분(청문절차 하자치유)을 묻는 문제로 출제예상 범위에 있었기에 답안을 작성하는 데 큰 문제는 없었을 것으로 보인다. 문제 2번은 정보공개법 문제로, 사립학교가 공공기관인지에 대해서는 당황할 수 있지만 부분공개의 경우 답안을 작성하는 데 어려움이 없었을 것으로 보인다. 문제 3번은 행정조사법 문제로, 행정조사의 수시조사와 중복조사 제한은 강조했던 부분에서 출제되었다. 문제 4번은 행정규제기본법 문제로 행정규제 원칙(2022년 모의고사) 및 규제개혁위원회(7회 기출)로 처음 보는 문제는 아니나 기출문제로 스킵하였다면 불의타로 시험장에서 당황하였을 수도 있다. 하지만 전체적으로는 작년 제9회 시험보다는 이번 제10회 시험이 무난하게 출제되었다. 다시 한 번 기본강의가 중요함을 강조하는 바이다.

## 사무관리론

제10회 행정사 자격증 시험 사무관리론 문제의 난이도는 약간 높았으나 예상했던 내용들이 출제되어 꾸준히 학습한 수험자들은 큰 어려움 없이 답안을 작성할 수 있었을 것이다. 특히 민원처리에 관한 법령이 시험을 약 2개월 앞두고 개정되어 개정내용들이 출제될 것으로 예상되었는데, 실제로 논술형 문제가 개정법령 내용에서 출제되었다. 이번 시험에서는 기존에 출제되지 않았던 내용들에서 문제가 출제되었으며, 특히 민원법령의 개정내용이 논술형 40점 문제로 출제돼 법령개정 내용의 숙지가 얼마나 중요한지 깨닫게 되는 시험이었다.

논술문제는 앞서 언급했듯 민원법령의 개정내용이 출제가 되었는데, 민원처리에 관한 법률과 시행령의 개정내용은 그 양이 상당히 많아 숙지하기에 어려움이 컸을 것으로 생각된다. 예년과 달리 20점, 10점, 10점의 배점으로 출제되었는데, 이는 가급적 많은 양의 개정내용을 출제하여 수험자들의 내용 숙지 여부를 확인하고자 하는 출제자의 의도가 반영된 것이라 판단된다. 약술형 2번은 출제가능성이 매우 높았던 문제로 무난히 답안을 작성할 수 있었을 것이고, 약술형 3번은 이번 시험의 불의타 문제로, 지엽적인 부분에서 전혀 예상하지 못했던 내용을 출제하여 수험자들을 당황케 하였을 것이다. 약술형 4번은 용어의 정의 문제였는데, 용어 정의 문제는 제7회 시험에서 출제한 바 있다. 이번 시험에서는 당시 출제되지 않았던 용어를 출제하였고 답안작성에는 큰 어려움이 없었으리라 판단된다.

# 1

## 출제영역을 반영한
## 최적화된 교재 구성

출제영역에 따라 주요 내용을 체계적으로 구성하여 학습자가 보다 쉽게 내용을 이해하고 학습에 든든한 길잡이가 될 수 있도록 구성하였다.

각 Chapter별로 주요 내용과 관련판례를 함께 수록하여 학습의 이해를 도울 수 있도록 하였고 이론과 관련된 구체적인 설명 및 용어에 대한 설명을 Box에 삽입하여 폭넓은 학습을 도왔다.

---

**Chapter 01 총칙**

### 01 개요

#### 1. 행정사의 정의
행정사는 행정업무의 원활한 운영과 국민의 권리구제를 목적으로 행정과 관련한 국민의 편익을 도모하는 자로서, 타인의 위촉에 의하여 수수료를 받고 행정기관에 제출하는 서류와 권리·의무나 사실증명에 관한 서류의 작성 및 작성된 서류의 제출 대행 등을 업무로 하는 전문자격사이다.

#### 2. 행정사의 유래
행정사는 대서사에서 그 기원을 찾을 수 있으며, 대서사의 역할은 행정관서에 제출하던 출생 및 사망 신고의 대서나 경찰관서에 제출하던 고소장, 진정서, 탄원서 등 단순문서의 대필을 주된 내용으로 하였다.

#### 3. 행정사법의 연혁
##### (1) 대서사 취체규칙
대서행위는 대서사 취체규칙에 근거를 두고 이루어져 왔는데, 조선총독부령으로 1908년 8월에 「조선 대서사 취체규칙」, 1941년 3월에 「조선 영업대서사 취체규칙」이 제정되었다.

##### (2) 행정사법의 제정
타인의 위촉을 받아 관공서에 제출할 서류 기타 권리·의무 또는 사실증명에 관한 서류의 작성을 업으로 하고자 하는 자는 행정서사 허가를 얻도록 하고, 행정서사의 자격과 타인의 위촉에 대한 거부금지, 사실의 누설금지 등 행정서사의 의무사항 등을 정하려는 것을 목적으로 「행정서사법」이 1961년 9월에 제정되었으며, 1995년 「행정서사법」을 「행정사법」으로 변경하고 자격시험제도를 도입하였다.

#### 4. 행정사법의 목적
이 법은 행정사 제도를 확립하여 행정과 관련한 국민의 편익을 도모하고 행정제도의 건전한 발전에 이바지함을 목적으로 한다(법 제1조).

16　Part 01 행정사법

---

# 2

## 이론과 관련된
## 판례 및 법률 수록

본문 내용과 관련된 판례, 법률 등을 함께 수록해 따로 관련판례, 법률을 찾아보지 않고 한 권으로 학습이 가능하게 구성하였다. 다양한 관련판례, 법률과 이론의 연계 학습을 통해 핵심을 정확하게 파악하고 효율적인 학습을 진행하는 데 도움이 되도록 하였다.

---

www.pmg.co.kr

#### 1. 우선관할
(1) 관할법원이 여러 개일 경우에는 최초의 사건의 신청을 받은 법원이 그 사건을 관할한다. 이렇게 정해지는 관할을 우선관할이라 한다.

(2) 재산의 소재지에 따라 관할법원이 정해지는 경우에 재산이 여러 곳에 분산되어 있어서 여러 개의 법원이 관할권을 갖는 경우에 최초의 사건의 신청을 받은 법원이 그 사건을 관할한다.

#### 2. 사건의 이송(재량이송) 2002 기출
(1) 우선관할권을 가지는 법원이 사건을 심리하는 것이 부적당한 경우에 그 법원은 신청에 의하거나 직권으로 적당하다고 인정하는 다른 관할법원에 그 사건을 이송할 수 있는데 이를 사건의 이송이라 한다.

(2) 이송의 재판은 신청에 의하거나 직권으로 한다. 이송결정은 이송을 받은 법원을 기속하며, 이송을 받은 법원은 다시 사건을 다른 법원에 이송하지 못한다.

(3) 이송이 확정된 때에는 사건은 처음부터 이송을 받은 법원에 계속된 것으로 간주한다.

> **관련** 
> 비송사건으로 신청하여야 할 것을 민사소송으로 구하였다면 이는 부적법한 소로서 각하하는 것이 원칙이며, 소송사건으로 소를 제기하여야 할 것을 비송사건으로 신청하였다면 역시 부적법한 신청으로서 각하하여야 할 것이다(대판 1963. 12. 12, 63다449; 대결 1976. 2. 11, 75마533).

### 03 관할법원의 지정

관할법원의 지정이란 법원의 관할지역이 명확하지 아니하여 여러 개의 법원의 토지의 관할에 관하여 의문이 있을 때에 하며, 관계법원에 공통되는 직근 상급법원이 신청에 의하여 토지관할을 결정하는 것을 말한다.

> **비송사건절차법**
> 제4조 【관할법원의 지정】 ① 관할법원의 지정은 여러 개의 법원의 토지관할에 관하여 의문이 있을 때에 한다.
> ② 관할법원의 지정은 관계 법원에 공통되는 바로 위 상급법원이 신청에 의하여 결정(決定)함으로써 한다. 이 결정에 대하여는 불복신청을 할 수 없다.

324　Part 03 비송사건절차법

# 3

## 학습에 도움이 되는
## 관련 서식 수록

본문 내용과 관련된 서식을 함께 수록함으로써 연계 학습을 통해 보다 정확한 이해를 할 수 있도록 도왔고 학습의 효율성을 기하였다.

# 4

## 2013~2022년
## 기출문제 수록

2013~2022년 기출문제와 모범답안을 함께 수록하여 보다 완벽한 시험 대비를 할 수 있도록 하였다. 기출문제에 대한 답안을 직접 작성해 보면서 실전 감각을 키우고 학습의 진행 정도를 파악할 수 있을 것이다.

## 차례 CONTENTS

## Part 03 비송사건절차법

**부록** ▶ **기출문제 모범답안 · 관련 법령**

행정사
행정사실무법

Part_

# 01

# 행정사법

## 01 개요

### 1. 행정사의 정의

행정사는 행정업무의 원활한 운영과 국민의 권리구제를 목적으로 행정과 관련한 국민의 편익을 도모하는 자로서, 타인의 위촉에 의하여 수수료를 받고 행정기관에 제출하는 서류와 권리·의무나 사실증명에 관한 서류의 작성 및 작성된 서류의 제출 대행 등을 업무로 하는 전문자격사이다.

### 2. 행정사의 유래

행정사는 대서사에서 그 기원을 찾을 수 있으며, 대서사의 역할은 행정관서에 제출하던 출생 및 사망 신고의 대서나 경찰관서에 제출하던 고소장, 진정서, 탄원서 등 단순문서의 대필을 주된 내용으로 하였다.

### 3. 행정사법의 연혁

#### (1) 대서사 취체규칙

대서행위는 대서사 취체규칙에 근거를 두고 이루어져 왔는데, 조선총독부령으로 1938년 8월에 「조선 대서사 취체규칙」, 1941년 3월에 「조선 광업대서사 취체규칙」이 제정되었다.

#### (2) 행정사법의 제정

타인의 위촉을 받아 관공서에 제출할 서류 기타 권리·의무 또는 사실증명에 관한 서류의 작성을 업으로 하고자 하는 자는 행정서사 허가를 얻도록 하고, 행정서사의 자격과 타인의 위촉에 대한 거부금지, 사실의 누설금지 등 행정서사의 의무사항 등을 정하려는 것을 목적으로 「행정서사법」이 1961년 9월에 제정되었으며, 1995년 「행정서사법」을 「행정사법」으로 변경하고 자격시험제도를 도입하였다.

### 4. 행정사법의 목적

이 법은 행정사 제도를 확립하여 행정과 관련한 국민의 편익을 도모하고 행정제도의 건전한 발전에 이바지함을 목적으로 한다(법 제1조).

## 02 행정사의 종류와 업무

### 1. 행정사의 종류

(1) 일반행정사

(2) 해사행정사

(3) 외국어번역행정사

### 2. 행정사의 업무

(1) **행정기관에 제출하는 서류의 작성**

행정기관에 제출하는 다음의 서류를 작성하는 일
① 진정·건의·질의·청원 및 이의신청에 관한 서류
② 출생·혼인·사망 등 가족관계의 발생 및 변동 사항에 관한 신고 등의 각종 서류

(2) **권리·의무나 사실증명에 관한 서류의 작성**

개인(법인을 포함한다) 간 또는 국가나 지방자치단체와 개인 간의 다음의 서류를 작성하는 일
① 각종 계약·협약·확약 및 청구 등 거래에 관한 서류
② 그 밖에 권리관계에 관한 각종 서류 또는 일정한 사실관계가 존재함을 증명하는 각종 서류

(3) **행정기관의 업무에 관련된 서류의 번역**

행정기관에 제출하는 각종 서류를 번역하는 일

(4) **(1)부터 (3)에 따라 작성된 서류의 제출 대행**

다른 사람의 위임에 따라 행정사가 (1)부터 (3)까지의 규정에 따라 작성하거나 번역한 서류를 행정기관 등에 제출하는 일

(5) **인가·허가 및 면허 등을 받기 위하여 행정기관에 하는 신청·청구 및 신고 등의 대리(代理)**

다른 사람의 위임을 받아 인가·허가·면허 및 승인의 신청·청구 등 행정기관에 일정한 행위를 요구하거나 신고하는 일을 대리하는 일

(6) **행정 관계법령 및 행정에 대한 상담 또는 자문에 대한 응답**

행정 관계 법령 및 제도·절차 등 행정업무에 대하여 설명하거나 자료를 제공하는 일

(7) **법령에 따라 위탁받은 사무의 사실조사 및 확인**

법령에 따라 위탁받은 사무의 사실을 조사하거나 확인하고 그 결과를 서면으로 작성하여 위탁한 사람에게 제출하는 일

## 3. 행정사의 종류별 업무의 범위와 내용

### (1) 일반행정사

행정사의 업무 중 행정기관의 업무에 관련된 서류의 번역과 해운 및 해양안전심판에 관한 업무를 제외한 업무를 하는 행정사이다.

### (2) 해사행정사

행정사의 업무 중 행정기관의 업무에 관련된 서류의 번역을 제외한 해운 및 해양안전심판에 관한 업무를 하는 행정사이다.

### (3) 외국어번역행정사

행정사의 업무 중 행정기관의 업무에 관련된 서류의 번역과 번역한 서류의 제출 대행의 업무를 하는 행정사이다.

## 03 행정사가 아닌 사람에 대한 금지 사항

**1.** 행정사가 아닌 사람은 다른 법률에 따라 허용되는 경우를 제외하고는 행정사의 업무를 업(業)으로 하지 못한다(법 제3조 제1항).

**2.** 행정사가 아닌 사람은 행정사 또는 이와 비슷한 명칭을 사용하지 못한다(법 제3조 제2항).

# 02 행정사의 자격과 시험

## 01 행정사의 자격과 결격사유

### 1. 행정사의 자격

(1) 행정사 자격시험에 합격한 사람은 행정사 자격이 있다(법 제5조).

(2) 행정안전부장관은 행정사의 자격이 있는 사람에게 행정사 자격증을 발급하여야 한다.

(3) 행정사 자격증을 발급받은 사람은 행정사 자격증을 잃어버리거나 못쓰게 된 경우에는 행정안전부장관에게 재발급을 신청할 수 있다.

### 2. 행정사의 결격사유

다음에 해당하는 사람은 행정사가 될 수 없다(법 제6조).

(1) 피성년후견인 또는 피한정후견인

(2) 파산선고를 받고 복권되지 아니한 사람

(3) 금고 이상의 실형을 선고받고 그 집행이 끝나거나(집행이 끝난 것으로 보는 경우를 포함한다) 집행이 면제된 날부터 3년이 지나지 아니한 사람

(4) 금고 이상의 형의 집행유예를 선고받고 그 유예기간이 끝난 날부터 2년이 지나지 아니한 사람

(5) 금고 이상의 형의 선고유예를 받고 그 유예기간에 있는 사람

(6) 공무원으로서 징계처분에 따라 파면되거나 해임된 후 3년이 지나지 아니한 사람

(7) 행정사 자격이 취소된 후 3년이 지나지 아니한 사람

## ⑩ 행정사의 자격시험

### 1. 시험의 실시

(1) 행정사 자격시험은 행정안전부장관이 실시한다.

(2) 행정사 자격시험은 매년 한 번 실시한다.

(3) 행정사 자격시험은 제1차 시험과 제2차 시험으로 구분하여 실시한다.

    ① 제1차 시험은 선택형 필기시험으로 실시하고, 제2차 시험은 논술형 필기시험으로 실시한다. 다만, 제2차 시험의 경우에는 선택형·기입형 또는 단답형을 포함할 수 있다.

    ② 외국어번역행정사의 제2차 시험 중 영어, 일본어, 중국어, 스페인어, 프랑스어, 독일어 및 러시아어 시험은 원서접수 마감일 전 2년 이내에 실시된 외국어능력검정시험으로 대체한다.

(4) 행정안전부장관은 행정사의 수급 상황 등을 고려하여 행정사자격심의위원회의 심의를 거쳐 행정사의 종류별로 최소선발인원을 정할 수 있다. 이 경우 외국어번역행정사에 대해서는 외국어별로 최소선발인원을 정할 수 있다.

### 2. 시험의 공고와 시험 관리 업무의 위탁

(1) 행정안전부장관은 다음의 사항을 시험 시행일 90일 전까지 일간신문·관보 및 인터넷 홈페이지 등에 공고하여야 한다.

    ① 시험의 방법 및 일시

    ② 시험과목

    ③ 합격자 발표의 일시 및 방법

    ④ 응시원서의 교부 및 접수 방법과 기간

    ⑤ 응시수수료의 납입 및 반환에 관한 사항

    ⑥ 최소선발인원(최소선발인원을 정한 경우만 해당한다)

    ⑦ 그 밖에 시험의 시행에 필요한 사항

(2) 행정안전부장관은 다음의 시험 관리 업무를 「한국산업인력공단법」에 따른 한국산업인력공단에 위탁한다.

    ① 시험의 실시 및 공고

    ② 시험위원의 위촉

    ③ 수당과 여비의 지급

    ④ 응시원서의 접수

    ⑤ 합격자 결정 및 공고

    ⑥ 부정행위자에 대한 조치

## 3. 시험위원의 임명 또는 위촉

(1) 행정안전부장관은 다음의 사람 중에서 시험문제의 출제·선정·검토 및 채점을 담당할 사람 (이하 "시험위원"이라 한다)을 시험과목별로 2명 이상 임명하거나 위촉하여야 한다.

① 4급 이상 공무원

② 「고등교육법」의 규정에 따른 학교에서 조교수 이상의 직에 재직하고 있는 사람

③ 판사, 변호사 등 분야별 전문가

(2) 시험위원으로 임명되거나 위촉된 사람은 행정안전부장관이 요구하는 시험문제의 출제·선정·검토 또는 채점상의 유의사항과 서약서 등의 준수사항을 성실히 지켜야 한다.

(3) 행정안전부장관은 시험의 신뢰도를 크게 떨어뜨리는 행위를 한 시험위원이 있을 때에는 그 명단을 해당 시험위원의 소속 기관·단체의 장에게 통보하여야 한다.

(4) 행정안전부장관이 그 명단을 통보한 시험위원은 통보한 날부터 5년간 시험위원으로 임명되거나 위촉될 수 없다.

## 4. 시험과목

### (1) 제1차 시험

민법(총칙), 행정법, 행정학개론(지방자치행정 포함)

### (2) 제2차 시험

① **일반행정사**

민법(계약), 행정절차론(「행정절차법」 포함), 사무관리론(「민원 처리에 관한 법률」 및 「행정 효율과 협업 촉진에 관한 규정」 포함), 행정사실무법(행정심판사례, 「비송사건절차법」)

② **해사행정사**

민법(계약), 행정절차론(「행정절차법」 포함), 사무관리론(「민원 처리에 관한 법률」 및 「행정 효율과 협업 촉진에 관한 규정」 포함), 해사실무법(「선박안전법」, 「해운법」, 「해사안전법」, 「해양사고의 조사 및 심판에 관한 법률」)

③ **외국어번역행정사**

민법(계약), 행정절차론(「행정절차법」 포함), 사무관리론(「민원 처리에 관한 법률」 및 「행정 효율과 협업 촉진에 관한 규정」 포함), 해당 외국어

## 5. 합격결정

제1차 시험 및 제2차 시험의 합격결정에 있어서는 매 과목 100점을 만점으로 하여 각각 매 과목 40점 이상, 전 과목 평균 60점 이상을 득점한 자를 합격자로 한다.

## 6. 합격증의 교부

시험실시기관의 장은 시험의 최종합격자가 결정된 때에는 그 명단을 공고하고 합격자에게 합격증을 교부하여야 한다.

## 03 시험의 면제

### 1. 제1차 시험 면제

다음에 해당하는 사람은 제1차 시험을 면제한다(법 제9조 제1항).

(1) 공무원으로 재직한 사람 중 다음에 해당하는 사람
① 경력직공무원(특정직공무원 중 대통령령으로 정하는 공무원은 제외한다)으로 10년 이상 근무한 사람 중 7급(이에 상당하는 계급을 포함한다) 이상의 직에 5년 이상 근무한 사람
② 대통령령으로 정하는 특수경력직공무원으로 10년 이상 근무한 사람 중 7급 이상에 상당하는 직에 5년 이상 근무한 사람

(2) 「고등교육법」에 따른 대학에서 외국어 전공 학사학위를 받은 후 그 외국어 번역 업무에 5년 이상 종사한 경력이 있는 사람

(3) 「고등교육법」에 따른 대학원에서 외국어 전공 석사학위 또는 박사학위를 받은 후 그 외국어 번역 업무에 3년 이상 종사한 경력이 있는 사람

(4) 행정사 자격이 있는 사람으로서 다른 종류의 행정사 자격시험에 응시하는 사람

### 2. 제1차 시험과 제2차 시험 일부면제

다음에 해당하는 사람은 제1차 시험의 전과목과 제2차 시험의 과목 중 일반행정사 및 해사행정사는 행정절차론과 사무관리론, 외국어번역행정사는 민법(계약)과 해당 외국어를 면제한다(법 제9조 제2항).

(1) 경력직공무원으로서 다음에 해당하는 사람

① 15년 이상 근무한 사람 중 6급(이에 상당하는 계급을 포함한다) 이상의 직에 8년 이상 근무한 사람

② 10년 이상 근무한 사람 중 5급(이에 상당하는 계급을 포함한다) 이상의 직에 5년 이상 근무한 사람

(2) 대통령령으로 정하는 특수경력직공무원으로서 다음에 해당하는 사람

① 15년 이상 근무한 사람 중 6급 이상에 상당하는 직에 8년 이상 근무한 사람

② 10년 이상 근무한 사람 중 5급 이상에 상당하는 직에 5년 이상 근무한 사람

(3) 「고등교육법」에 따른 대학에서 외국어 전공 학사학위를 받은 후 그 외국어 번역 업무에 7년 이상 종사한 경력이 있는 사람

(4) 「고등교육법」에 따른 대학원에서 외국어 전공 석사학위 또는 박사학위를 받은 후 그 외국어 번역 업무에 5년 이상 종사한 경력이 있는 사람

## 3. 시험면제의 적용배제

다음에 해당하는 사람에게는 시험의 면제를 적용하지 아니한다(법 제9조 제3항).

(1) 공무원으로 근무 중 탄핵된 사람 또는 징계처분에 따라 그 직에서 파면되거나 해임된 사람

(2) 공무원으로 근무 중 금전, 물품, 부동산, 향응 또는 그 밖에 대통령령으로 정하는 재산상 이익을 취득하거나 제공한 사유로 강등 또는 정직에 해당하는 징계처분을 받은 사람

(3) 공무원으로 근무 중 다음에 해당하는 것을 횡령(橫領), 배임(背任), 절도, 사기 또는 유용(流用)한 사유로 강등 또는 정직에 해당하는 징계처분을 받은 사람

① 「국가재정법」에 따른 예산 및 기금

② 「지방재정법」에 따른 예산 및 「지방자치단체 기금관리기본법」에 따른 기금

③ 「국고금 관리법」 제2조 제1호에 따른 국고금

④ 「보조금 관리에 관한 법률」 제2조 제1호에 따른 보조금

⑤ 「국유재산법」 제2조 제1호에 따른 국유재산 및 「물품관리법」 제2조 제1항에 따른 물품

⑥ 「공유재산 및 물품 관리법」 제2조 제1호 및 제2호에 따른 공유재산 및 물품

⑦ 그 밖에 ①부터 ⑥까지에 준하는 것으로서 대통령령으로 정하는 것

## 4. 다음 회 제1차 시험 면제

제1차 시험에 합격한 사람에 대하여는 다음 회의 시험에서만 제1차 시험을 면제한다.

## 5. 시험부정행위자에 대한 조치

(1) 행정안전부장관은 행정사 자격시험에서 부정행위를 한 사람에 대하여는 그 시험을 정지시키거나 무효로 처리한다.

(2) 시험이 정지되거나 무효로 처리된 사람은 그 처분이 있은 날부터 5년간 행정사 자격시험에 응시하지 못한다.

## 04 행정사자격심의위원회

## 1. 심의사항

행정사 자격의 취득과 관련된 다음의 사항을 심의하기 위하여 행정안전부에 행정사자격심의위원회(이하 "심의위원회"라 한다)를 둘 수 있다(법 제7조).

(1) 행정사 자격시험 과목 등 시험에 관한 사항

(2) 행정사 자격시험 선발 인원의 결정에 관한 사항

(3) 행정사 자격시험의 일부면제 대상자의 요건에 관한 사항

(4) 그 밖에 행정사 자격의 취득과 관련한 중요 사항

## 2. 심의위원회의 구성

(1) 심의위원회는 위원장 1명과 부위원장 1명을 포함한 11명 이내의 위원으로 구성한다.

(2) 위원장은 행정안전부의 행정사 제도업무를 담당하는 실장급 공무원이 되고, 부위원장은 행정안전부의 행정사 제도업무를 담당하는 국장급 공무원이 되며, 위원은 다음의 사람이 된다.

① 행정안전부 소속 3급 공무원 또는 고위공무원단에 속하는 일반직공무원 중에서 행정안전부장관이 임명하는 사람

② 다음의 사람 중에서 행정안전부장관이 위촉하는 사람

㉠ 대한행정사회의 장이 추천하는 행정사

㉡ 「고등교육법」에 따른 학교에서 조교수 이상의 직에 재직하고 있는 사람

㉢ 행정사 제도에 관한 학식과 경험이 풍부한 사람

(3) 위촉위원의 임기는 2년으로 하며, 한 번만 연임할 수 있다.

(4) 심의위원회에 간사 1명을 두며, 간사는 행정안전부 소속 공무원 중에서 위원장이 임명한다.

## 3. 위원의 제척 · 기피 · 회피 등

(1) 심의위원회 위원(이하 "위원"이라 한다)이 다음에 해당하는 경우에는 심의위원회의 심의 · 의결에서 제척(除斥)된다(영 제4조의2 제1항).

① 위원 또는 그 배우자나 배우자였던 사람이 해당 안건의 당사자(당사자가 법인 · 단체 등인 경우에는 그 임원 또는 직원을 포함한다)가 되거나 그 안건의 당사자와 공동권리자 또는 공동의무자인 경우

② 위원이 해당 안건의 당사자와 친족이거나 친족이었던 경우

③ 위원이 해당 안건에 대하여 증언, 진술, 자문, 조사, 연구, 용역 또는 감정을 한 경우

④ 위원이나 위원이 속한 법인 · 단체 등이 해당 안건의 당사자의 대리인이거나 대리인이었던 경우

⑤ 위원이 해당 안건의 당사자와 같은 행정사법인 또는 행정사사무소에 소속된 경우

(2) 해당 안건의 당사자는 위원에게 (1)에 따른 제척사유가 있거나 공정한 심의 · 의결을 기대하기 어려운 사정이 있는 경우에는 심의위원회에 기피 신청을 할 수 있고, 심의위원회는 의결로 기피 여부를 결정한다. 이 경우 기피 신청의 대상인 위원은 그 의결에 참여할 수 없다.

(3) 위원 본인이 (1)에 따른 제척 사유에 해당하는 경우에는 스스로 해당 안건의 심의 · 의결에서 회피(回避)해야 한다.

## 4. 위원의 해임 · 해촉

행정안전부장관은 위원이 다음에 해당하는 경우에는 해당 위원을 해임 또는 해촉(解囑)할 수 있다(영 제4조의3).

(1) 장기간의 심신장애로 직무를 수행할 수 없게 된 경우

(2) 직무와 관련된 비위사실이 있는 경우

(3) 직무태만, 품위손상이나 그 밖의 사유로 위원으로 적합하지 않다고 인정되는 경우

(4) 위원이 제척 사유에 해당하는 데에도 불구하고 회피하지 않은 경우

(5) 위원 스스로 직무를 수행하는 것이 곤란하다고 의사를 밝히는 경우

## 5. 위원장의 직무

(1) 위원장은 심의위원회를 대표하고, 심의위원회의 업무를 총괄한다.

(2) 위원장이 직무를 수행할 수 없을 때에는 부위원장이 그 직무를 대행하며, 위원장과 부위원장이 모두 직무를 수행할 수 없을 때에는 위원장이 미리 지명한 위원이 그 직무를 대행한다.

## 6. 심의위원회의 회의

(1) 위원장은 심의위원회의 회의를 소집하고, 그 의장이 된다.

(2) 심의위원회의 회의는 재적위원 과반수의 출석으로 열고, 출석위원 과반수의 찬성으로 의결한다.

# 업무신고

## (01) 행정사의 업무신고 2017 기출

### 1. 행정사업무신고

행정사 자격이 있는 사람이 행정사로서 업무를 하려면 주된 사무소의 소재지를 관할하는 특별자치시장·특별자치도지사·시장·군수 또는 자치구의 구청장(이하 "시장등"이라 한다)에게 행정사 업무신고 기준을 갖추어 신고(이하 "행정사업무신고"라 한다)하여야 한다(법 제10조 제1항).

#### (1) 신고기준

① 행정사의 결격사유에 해당하지 않을 것
② 실무교육을 이수했을 것
③ 행정사 자격증이 있을 것
④ 행정사회에 가입했을 것

#### (2) 첨부서류

① 행정사 자격증 사본 1부
② 실무교육 수료증 사본 1부
③ 행정사회 회원증 1부

### 2. 수리 거부

(1) 시장등은 행정사업무신고를 하려는 사람이 행정사업무신고 기준을 갖추지 아니한 경우에는 그 행정사업무신고의 수리를 거부할 수 있다. 이 경우 지체 없이 행정사업무신고의 수리 거부 사실 및 그 사유를 당사자에게 알려야 한다(법 제11조 제1항).
① 행정사의 결격사유에 해당하는 경우
② 실무교육을 이수하지 아니한 경우
③ 행정사 자격이 없는 경우
④ 행정사회에 가입하지 아니한 경우

(2) 시장등이 업무신고를 받은 날부터 3개월이 지날 때까지 행정사업무신고확인증(이하 "신고확인증"이라 한다)을 발급하지 아니하거나 행정사업무신고의 수리 거부 통지를 하지 아니하면 3개월이 되는 날의 다음 날에 행정사업무신고가 수리된 것으로 본다(법 제11조 제2항).

## 3. 이의신청

(1) 행정사업무신고의 수리가 거부된 사람은 그 통지를 받은 날부터 3개월 이내에 행정사업무신고의 수리 거부에 대한 불복(不服)의 이유를 밝혀 시장등에게 이의신청을 할 수 있다(법 제11조 제3항).

(2) 시장등은 이의신청이 이유 있다고 인정하면 신고확인증을 발급하여야 한다(법 제11조 제4항).

## (02) 신고확인증 2020 기출

## 1. 신고확인증의 발급

(1) 시장등은 행정사업무신고를 받은 때에는 그 내용을 확인한 후 신고확인증을 행정사에게 발급하여야 한다(법 제12조 제1항).

(2) 신고확인증을 발급받은 사람은 신고확인증을 잃어버리거나 못쓰게 된 경우에는 시장등에게 재발급을 신청할 수 있다(법 제12조 제2항).

## 2. 신고확인증의 대여 등의 금지

(1) 행정사는 다른 사람에게 신고확인증을 대여하여서는 아니 된다(법 제13조 제1항).

(2) 누구든지 다른 사람의 신고확인증을 대여받아 사용하여서는 아니 된다(법 제13조 제2항).

(3) 누구든지 신고확인증의 대여를 알선하여서는 아니 된다(법 제13조 제3항).

## ⑩ 행정사의 사무소

### 1. 사무소의 설치 등

(1) 행정사는 행정사 업무를 하기 위한 사무소를 하나만 설치할 수 있다(법 제14조 제1항).

(2) 행정사는 그 업무를 효율적으로 수행하고 공신력(公信力)을 높이기 위하여 3명 이상의 행정사로 구성된 합동사무소를 설치할 수 있으며, 행정사합동사무소를 구성하는 행정사의 수를 넘지 아니하는 범위에서 주사무소와 분사무소(分事務所)를 설치할 수 있다. 이 경우 주사무소와 분사무소에는 행정사합동사무소를 구성하는 행정사가 각각 1명 이상 상근하여야 한다(법 제14조 제2항).

(3) 행정사가 사무소를 이전한 때에는 10일 이내에 이전 후의 사무소 소재지를 관할하는 시장등에게 신고하여야 한다(법 제14조 제3항).

(4) 이전신고를 받은 시장등은 이전신고한 행정사에게 신고확인증을 발급하여야 하며, 종전의 사무소 소재지를 관할하는 시장등에게 사무소의 이전 사실을 통지하여야 한다(법 제14조 제4항).

(5) 이전신고 전에 발생한 사유로 인한 행정사에 대한 행정처분은 이전신고를 받은 시장등이 행한다(법 제14조 제5항).

### 2. 사무소의 명칭 등

(1) 행정사는 그 사무소의 종류별로 사무소의 명칭 중에 행정사사무소 또는 행정사합동사무소라는 글자를 사용하고, 행정사합동사무소의 분사무소에는 그 분사무소임을 표시하여야 한다(법 제15조 제1항).

(2) 행정사가 아닌 사람은 행정사사무소 또는 이와 비슷한 명칭을 사용하지 못하며, 행정사합동사무소나 그 분사무소가 아니면 행정사합동사무소나 그 분사무소 또는 이와 비슷한 명칭을 사용하지 못한다(법 제15조 제2항).

## ⑭ 폐업 · 휴업신고

### 1. 폐업신고

(1) 행정사가 폐업한 경우에는 본인이, 사망한 경우에는 가족이나 동거인 또는 그 사무직원이 지체 없이 그 사실을 시장등에게 신고하여야 한다(법 제16조 제1항).

(2) 폐업한 행정사가 업무를 다시 시작할 때에도 지체 없이 그 사실을 시장등에게 신고하여야 한다(법 제16조 제2항).

### 2. 휴업신고

(1) 행정사가 3개월이 넘도록 휴업(업무신고를 하고 업무를 시작하지 아니하는 경우를 포함한다)하거나 휴업한 행정사가 업무를 다시 시작하려면 시장등에게 신고하여야 한다(법 제17조 제1항).

(2) 시장등은 업무재개신고를 받은 날부터 15일 이내에 신고수리 여부를 신고인에게 통지하여야 한다(법 제17조 제2항).

(3) 시장등은 15일 이내에 신고수리 여부 또는 민원 처리 관련 법령에 따른 처리기간의 연장을 신고인에게 통지하지 아니하면 그 기간(민원 처리 관련 법령에 따라 처리기간이 연장 또는 재연장된 경우에는 해당 처리기간을 말한다)이 끝난 날의 다음 날에 신고를 수리한 것으로 본다(법 제17조 제3항).

(4) 휴업한 행정사가 2년이 지나도 업무를 다시 시작하지 아니하는 경우에는 폐업한 것으로 본다(법 제17조 제4항).

# 행정사의 권리·의무

## ① 행정사업 2019 기출

### 1. 사무직원

(1) 행정사는 사무직원을 둘 수 있으며, 소속 사무직원을 지도·감독할 책임이 있다(법 제18조 제1항).

(2) 사무직원의 직무상 행위는 그를 고용한 행정사의 행위로 본다(법 제18조 제2항).

### 2. 보수

(1) 행정사는 업무를 위임한 자로부터 보수를 받는다(법 제19조 제1항).

(2) 행정사와 그 사무직원은 업무에 관하여 보수 외에 어떠한 명목으로도 위임인으로부터 금전 또는 재산상의 이익이나 그 밖의 반대급부(反對給付)를 받지 못한다(법 제19조 제2항).

### 3. 증명서의 발급

(1) 행정사는 업무에 관련된 사실의 확인증명서를 발급할 수 있다(법 제20조 제1항).

(2) 외국어번역행정사는 그가 번역한 번역문에 대하여 번역확인증명서를 발급할 수 있다(법 제20조 제2항).

(3) 행정사가 발급할 수 있는 증명서의 범위는 자신이 행한 업무에 관련된 사실과 자신이 번역한 번역문으로 한정한다.

### 4. 행정사의 의무와 책임

(1) 행정사는 품위를 유지하고 신의와 성실로써 공정하게 직무를 수행하여야 한다(법 제21조 제1항).

(2) 행정사가 위임받은 업무를 수행하면서 고의 또는 과실로 위임인에게 재산상의 손해를 입힌 경우에는 그 손해를 배상할 책임이 있다(법 제21조 제2항).

## 5. 수임제한

(1) 공무원직에 있다가 퇴직한 행정사는 퇴직 전 1년부터 퇴직할 때까지 근무한 행정기관에 대한 인가·허가 및 면허 등을 받기 위하여 하는 신청·청구 및 신고 등의 대리(代理)업무를 퇴직한 날부터 1년 동안 수임할 수 없다(법 제21조의2 제1항).

(2) 수임제한은 행정사법인의 법인구성원 또는 소속행정사로 지정되는 경우를 포함한다(법 제21조의2 제2항).

---

**● 수임제한 대상 행정기관의 범위**

1. 수임이 제한되는 행정기관
   국회·법원·헌법재판소·중앙선거관리위원회의 행정사무를 처리하는 기관, 중앙행정기관(대통령 소속 기관과 국무총리 소속 기관을 포함한다)과 그 소속 기관, 지방자치단체와 그 소속 기관

2. 수임제한 대상 행정기관으로 보지 않는 경우
   (1) 파견, 직무대리, 교육훈련, 휴직, 출산휴가 또는 징계 등으로 인하여 실제로 근무하지 아니한 행정기관
   (2) 겸임발령 등으로 인하여 둘 이상의 기관에 소속된 경우에 실제로 근무하지 아니한 행정기관
   (3) 퇴직 전 1년부터 퇴직한 때까지 일시적 직무대리, 겸임발령 등으로 인하여 소속된 행정기관에서의 근무기간이 1개월 이하인 행정기관

---

## 6. 비밀엄수

행정사 또는 행정사이었던 사람(행정사의 사무직원 또는 사무직원이었던 사람을 포함한다)은 정당한 사유 없이 직무상 알게 된 사실을 다른 사람에게 누설하여서는 아니 된다(법 제23조).

## 7. 업무처리부 작성

행정사는 업무를 위임받으면 업무처리부를 작성하여 보관하여야 한다(법 제24조 제1항).

(1) 업무처리부는 「전자문서 및 전자거래 기본법」에 따른 전자문서로 작성할 수 있다.

(2) 행정사는 작성한 업무처리부를 1년간 보관하여야 한다.

(3) 업무처리부에는 다음의 사항을 적어야 한다.
   ① 일련번호
   ② 위임받은 연월일
   ③ 위임받은 업무의 개요
   ④ 보수액
   ⑤ 위임인의 주소와 성명
   ⑥ 그 밖에 위임받은 업무의 처리에 필요한 사항

## 02 행정사의 금지행위 2018 기출

**1.** 정당한 사유 없이 업무에 관한 위임을 거부하는 행위

**2.** 당사자 중 어느 한 쪽의 위임을 받아 취급하는 업무에 관하여 이해관계를 달리하는 상대방으로부터 같은 업무를 위임받는 행위. 다만, 당사자 양쪽이 동의한 경우는 제외한다.

**3.** 행정사의 업무 범위를 벗어나서 타인의 소송이나 그 밖의 권리관계분쟁 또는 민원사무처리 과정에 개입하는 행위

**4.** 업무수임 또는 수행 과정에서 관련 공무원과의 연고(緣故) 등 사적인 관계를 드러내며 영향력을 미칠 수 있는 것으로 선전하는 행위

**5.** 행정사의 업무에 관하여 거짓된 내용을 표시하거나 객관적 사실을 과장 또는 누락하여 소비자를 오도(誤導)하거나 오해를 불러일으킬 우려가 있는 내용의 광고행위

**6.** 행정사 업무의 알선을 업으로 하는 자를 이용하거나 그 밖의 부당한 방법으로 행정사 업무의 위임을 유치하는 행위


## 03 행정사의 교육

### 1. 실무교육

(1) 행정사 자격이 있는 사람이 행정사 업무를 시작하려면 행정안전부장관이 시행하는 실무교육을 받아야 한다(법 제25조 제1항).
　① 실무교육은 기본소양교육과 실무수습교육으로 구분한다.
　② 기본소양교육은 20시간 실시하며, 실무수습교육은 40시간 동안 행정사 사무소 또는 행정안전부장관이 지정하는 장소에서 실시한다.

(2) 행정안전부장관은 다음의 사항을 포함한 실무교육계획을 수립하여 교육 실시 30일전까지 인터넷 홈페이지 등에 공고해야 한다.
　① 교육시기 및 교육기간
　② 민원처리 관련 법령·행정절차·기본소양 등 교육과목
　③ 교육의 이수방법
　④ 그 밖에 필요한 사항

(3) 실무교육을 받으려는 사람은 교육 실시 10일 전까지 교육을 신청하여야 한다.

(4) 실무교육은 집합교육 또는 온라인 교육으로 실시한다.

(5) 행정안전부장관은 실무교육에 관한 권한을 특별시장·광역시장·특별자치시장·도지사·특별자치도지사에게 위임한다.

## 2. 연수교육

(1) 행정사의 사무소(행정사합동사무소 또는 행정사법인의 경우에는 주사무소를 말한다)의 소재지를 관할하는 특별시장·광역시장·특별자치시장·도지사·특별자치도지사(이하 "시·도지사"라 한다)는 행정사의 자질과 업무수행능력 향상을 위하여 행정사회, 행정학과 또는 법학과가 개설된 대학에 위탁하여 행정사에 대한 연수교육을 실시하여야 한다(법 제25조 제2항).

(2) 행정사는 연수교육을 받아야 한다(법 제25조 제3항).

(3) 행정사는 전문성과 윤리의식을 높이기 위하여 다음의 구분에 따른 날부터 2년(휴업 기간 및 업무의 정지 기간은 제외한다)마다 16시간의 연수교육을 받아야 한다.
① 행정사사무소 또는 합동사무소를 설치한 행정사의 경우: 행정사업무신고확인증을 발급받은 날
② 행정사법인을 구성하는 행정사(이하 "법인구성원"이라 한다)의 경우: 법인업무신고 확인증을 발급 받은 날
③ 행정사법인에 고용된 행정사(이하 "소속행정사"라 한다)의 경우: 행정사법인이 해당 소속행정사의 고용을 신고한 날

(4) 특별시장·광역시장·특별자치시장·도지사·특별자치도지사는 다음의 사항을 포함한 연수교육계획을 수립하여 교육 실시 30일 전까지 인터넷 홈페이지 등에 공고해야 한다.
① 교육시기 및 교육기간
② 민원처리와 관련하여 변경된 법령·제도·절차 및 기본소양 과목 등 교육과목
③ 교육의 이수방법
④ 그 밖에 필요한 사항

(5) 연수교육은 집합교육 또는 온라인 교육으로 실시한다.

# 행정사법인

## ⑴ 행정사법인의 설립 2021 기출

### 1. 설립

행정사는 행정사의 업무를 조직적이고 전문적으로 수행하기 위하여 3명 이상의 행정사를 구성원으로 하는 행정사법인을 설립할 수 있다(법 제25조의2).

### 2. 설립 절차

(1) 행정사법인을 설립하려면 행정사법인의 구성원이 될 행정사가 정관(定款)을 작성하여 행정안전부장관의 인가(이하 "설립인가"라 한다)를 받아야 한다. 정관을 변경할 때에도 또한 같다(법 제25조의3 제1항).

(2) 행정사법인의 정관에는 다음의 사항을 적어야 한다(법 제25조의3 제2항).
　① 목적, 명칭, 주사무소 및 분사무소의 소재지
　② 행정사법인을 구성하는 행정사(이하 "법인구성원"이라 한다)의 성명과 주소
　③ 법인구성원의 출자에 관한 사항
　④ 법인구성원 회의에 관한 사항
　⑤ 자산 및 회계에 관한 사항
　⑥ 행정사법인의 대표에 관한 사항
　⑦ 존립시기, 해산사유를 정한 경우에는 그 시기 또는 사유
　⑧ 행정사법인의 업무를 수행하는 행정사의 권리·의무제한에 관한 사항
　⑨ 법인구성원의 가입·탈퇴에 관한 사항

(3) 행정사법인은 등기하여야 한다(법 제25조의3 제3항).

(4) 행정사법인은 그 주사무소의 소재지에서 설립등기를 함으로써 성립한다(법 제25조의3 제4항).

## 3. 행정사법인의 설립인가 신청

(1) 행정사법인의 설립인가를 받으려는 행정사법인의 구성원이 될 행정사는 설립인가신청서에
다음의 서류를 첨부하여 행정안전부장관에게 제출해야 한다.
① 정관
② 업무계획서 및 예산서
③ 그 밖에 행정안전부장관이 정하는 서류

(2) 행정안전부장관은 행정사법인의 설립을 인가하는 경우 행정사법인 인가대장에 다음의 내용
을 적고, 신청인에게 설립인가증을 발급해야 한다.
① 인가 번호 및 인가 연월일
② 행정사법인의 명칭
③ 주사무소 및 분사무소의 소재지
④ 법인구성원 및 소속행정사의 성명 및 자격증번호
⑤ 그 밖에 행정안전부장관이 필요하다고 인정하는 사항

## 4. 행정사법인의 설립등기

(1) 행정사법인의 설립등기는 설립인가증을 받은 날부터 14일 이내에 하여야 한다.

(2) 설립등기에는 다음의 사항이 포함되어야 한다.
① 목적
② 명칭
③ 법인구성원의 성명 및 주소
④ 주사무소와 분사무소의 소재지
⑤ 법인구성원의 출자 종류, 재산출자의 경우에는 그 가격과 이행한 부분
⑥ 존립기간, 그 밖에 해산 사유를 정한 경우에는 그 기간 또는 사유
⑦ 행정사법인을 대표하는 행정사를 정한 경우에는 그 성명

(3) 행정사법인의 등기는 법인구성원 전원이 공동으로 신청하여야 하며, 그 신청서에는 다음의
서류를 첨부하여야 한다.
① 정관
② 행정사법인 설립인가증
③ 재산출자에 관하여 이행한 부분을 증명하는 서면

(4) 행정안전부장관은 설립등기 내용에 대해서는 「전자정부법」에 따른 행정정보의 공동이용을
통하여 법인 등기사항증명서를 확인하여야 한다.

## 02 행정사법인의 업무신고 등 2022 기출

### 1. 법인업무신고

행정사법인이 행정사의 업무를 하려면 주사무소의 소재지를 관할하는 시장등에게 행정사법인 업무신고 기준을 갖추어 신고(이하 "법인업무신고"라 한다)하여야 한다. 신고한 사항을 변경할 때에도 또한 같다(법 제25조의4 제1항).

### 2. 법인업무신고 기준

(1) 법인구성원 및 소속행정사가 결격사유에 해당하지 않을 것

(2) 법인구성원 및 소속행정사가 실무교육을 이수했을 것

(3) 법인구성원 및 소속행정사가 행정사 자격증을 보유하고 있을 것

(4) 법인구성원 및 소속행정사가 대한행정사회에 가입했을 것

(5) 행정안전부장관의 인가를 받고 설립등기를 했을 것

### 3. 수리거부

(1) 시장등은 법인업무신고를 하려는 자가 법인업무신고 기준을 갖추지 아니한 경우에는 그 법인업무신고의 수리를 거부할 수 있다. 이 경우 지체 없이 법인업무신고의 수리 거부 사실 및 그 사유를 당사자에게 알려야 한다(법 제25조의4 제2항).

(2) 시장등이 법인업무신고를 받은 날부터 3개월이 지날 때까지 법인업무신고확인증을 발급하지 아니하거나 법인업무신고의 수리 거부 통지를 하지 아니하면 3개월이 되는 날의 다음 날에 법인업무신고가 수리된 것으로 본다.

### 4. 이의신청

(1) 법인업무신고의 수리가 거부된 자는 그 통지를 받은 날부터 3개월 이내에 법인업무신고의 수리 거부에 대한 불복(不服)의 이유를 밝혀 시장등에게 이의신청을 할 수 있다.

(2) 시장등은 이의신청이 이유 있다고 인정하면 법인업무신고확인증을 발급하여야 한다.

## 5. 법인업무신고확인증

(1) 시장등은 법인업무신고를 받은 때에는 그 내용을 확인한 후 법인업무신고확인증을 행정사법인에 발급하여야 한다(법 제25조의4 제3항).

(2) 법인신고확인증을 발급받은 행정사법인은 법인신고확인증을 잃어버리거나 못쓰게 된 경우에는 시장등에게 재발급을 신청할 수 있다.

## ⑥ 행정사법인의 사무소 등

### 1. 사무소의 설치

행정사법인은 법인구성원의 수를 넘지 아니하는 범위에서 주사무소와 분사무소를 설치할 수 있다. 이 경우 주사무소와 분사무소에는 각각 1명 이상의 법인구성원이 상근하여야 한다(법 제25조의5 제1항).

### 2. 사무소의 이전 등

(1) 행정사법인이 사무소를 이전한 때에는 10일 이내에 이전 후의 사무소 소재지를 관할하는 시장등에게 신고하여야 한다.

(2) 이전신고를 받은 시장등은 이전신고한 행정사법인에게 신고확인증을 발급하여야 하며, 종전의 사무소 소재지를 관할하는 시장등에게 사무소의 이전 사실을 통지하여야 한다.

(3) 이전신고 전에 발생한 사유로 인한 행정사법인에 대한 행정처분은 이전신고를 받은 시장등이 행한다.

### 3. 사무소의 명칭 등

(1) 행정사법인은 사무소의 명칭 중에 행정사법인이라는 글자를 사용하여야 하고, 행정사법인의 분사무소에는 그 분사무소임을 표시하여야 한다(법 제25조의5 제2항).

(2) 행정사법인이 아닌 자는 행정사법인 또는 이와 비슷한 명칭을 사용하지 못하며, 행정사법인의 사무소나 그 분사무소가 아니면 행정사법인이나 그 분사무소 또는 이와 비슷한 명칭을 사용하지 못한다(법 제25조의5 제3항).

## ⑭ 행정사법인의 소속행정사 등

**1.** 행정사법인은 행정사를 고용할 수 있다(법 제25조의6 제1항).

**2.** 행정사법인은 행정사를 고용한 경우에는 주사무소 소재지의 시장등에게 신고하여야 하며, 그 변경이 있는 경우에도 또한 같다(법 제25조의6 제2항).

**3.** 고용된 행정사(이하 "소속행정사"라 한다) 및 법인구성원은 업무정지 중이거나 휴업 중인 사람이 아니어야 한다(법 제25조의6 제3항).

**4.** 소속행정사 및 법인구성원은 그 행정사법인의 사무소 외에 따로 사무소를 둘 수 없다(법 제25조의6 제4항).

**5.** 법인업무신고를 한 행정사법인은 실무교육을 받지 아니한 사람을 소속행정사로 고용하거나 법인구성원으로 할 수 없다(법 제25조의6 제5항).

**6.** 행정사법인이 법인구성원에 관한 요건을 갖추지 못하게 된 경우에는 6개월 이내에 이를 보충하여야 한다(법 제25조의6 제6항).

## ⑮ 업무수행 방법 등

### 1. 업무수행 방법 2022 기출

(1) 행정사법인은 법인의 명의로 업무를 수행하여야 하며, 수임한 업무마다 그 업무를 담당할 법인구성원 또는 소속행정사(이하 "담당행정사"라 한다)를 지정하여야 한다. 다만, 소속행정사를 담당행정사로 지정할 경우에는 법인구성원과 공동으로 지정하여야 한다(법 제25조의7 제1항).

(2) 행정사법인이 수임한 업무에 대하여 담당행정사를 지정하지 아니한 경우에는 법인구성원 모두를 담당행정사로 지정한 것으로 본다(법 제25조의7 제2항).

(3) 담당행정사는 지정된 업무에 관하여 그 법인을 대표한다(법 제25조의7 제3항).

(4) 행정사법인이 그 업무에 관하여 작성하는 서면(書面)에는 행정사법인의 명의를 표시하고 담당행정사가 기명날인하여야 한다(법 제25조의7 제4항).

### 2. 증명서 발급의 범위 등

행정사법인이 발급할 수 있는 증명서의 범위는 자신이 행한 업무에 관련된 사실과 자신이 번역한 번역문으로 한정한다.

### 3. 업무처리부의 보관 등

(1) 업무처리부는 「전자문서 및 전자거래 기본법」에 따른 전자문서로 작성할 수 있다.

(2) 행정사법인은 작성한 업무처리부를 1년간 보관하여야 한다.

## 06 해산 및 합병

### 1. 해산

(1) 행정사법인은 다음의 사유로 해산한다(법 제25조의8 제1항).
　① 정관에서 정하는 해산 사유의 발생
　② 법인구성원 전원의 동의
　③ 합병 또는 파산
　④ 설립인가의 취소

(2) 행정사법인이 해산하면 청산인은 지체 없이 그 사유를 행정안전부장관에게 신고하여야 한다(법 제25조의8 제2항).

(3) 행정사법인의 해산을 신고하려는 자는 법인해산 신고서(전자문서로 된 신고서를 포함한다)를 지체 없이 행정안전부장관에게 제출하여야 한다.

### 2. 합병

행정사법인은 법인구성원 전원의 동의가 있으면 다른 행정사법인과 합병할 수 있다(법 제25조의9 제1항).

## 07 설립인가의 취소 등

### 1. 설립인가의 취소 2021 기출

(1) 행정안전부장관은 행정사법인이 다음의 어느 하나에 해당하는 경우에는 설립인가를 취소할 수 있다. 다만, ①의 경우에는 설립인가를 취소하여야 한다(법 제25조의10).
　① 거짓이나 그 밖의 부정한 방법으로 설립인가를 받은 경우
　② 법인구성원에 관한 요건을 갖추지 못하게 된 경우에 이를 6개월 이내에 보충하지 아니한 경우
　③ 업무정지처분을 받고 그 업무정지 기간 중에 업무를 수행한 경우
　④ 법령을 위반하여 업무를 수행한 경우

(2) 행정안전부장관은 행정사법인의 설립인가를 취소하려는 경우에는 청문을 하여야 한다.

## 2. 경업의 금지

(1) 법인구성원 또는 소속행정사는 자기 또는 제3자를 위하여 그 행정사법인의 업무범위에 속하는 업무를 수행하거나 다른 행정사법인의 법인구성원 또는 소속행정사가 되어서는 아니 된다(법 제25조의11 제1항).

(2) 행정사법인의 법인구성원 또는 소속행정사이었던 사람은 그 행정사법인에 소속한 기간 중에 그 행정사법인의 담당행정사로서 수행하고 있었거나 수행을 승낙한 업무에 관하여는 퇴직 후 행정사의 업무를 수행할 수 없다. 다만, 그 행정사법인의 동의가 있는 경우에는 그러하지 아니하다(법 제25조의11 제2항).

## 3. 손해배상책임의 보장

(1) 행정사법인은 그 직무를 수행하면서 고의나 과실로 의뢰인에게 손해를 입힌 경우 그 손해에 대한 배상책임을 보장하기 위하여 손해배상준비금 적립이나 보험가입 등 필요한 조치를 하여야 한다(법 제25조의12).

(2) 행정사법인은 법인업무신고 후 15일 이내에 다음의 어느 하나에 해당하는 손해배상책임 보장조치를 해야 한다.
① 보험 가입
② 주사무소 소재지를 관할하는 공탁기관에 현금 또는 국공채의 공탁

(3) 행정사법인이 손해배상책임 보장조치를 하는 경우 그 금액은 행정사법인의 법인구성원과 소속행정사의 수에 1천만 원을 곱하여 산출한 금액 이상 또는 행정사법인당 1억 원 이상으로 한다.

## 08 준용규정

행정사법인에 관하여 이 법에서 정한 것 외에는 「상법」 중 합명회사(合名會社)에 관한 규정을 준용한다(법 제25조의13 제2항).

# 대한행정사회

## ⑴ 대한행정사회의 설립 등

### 1. 대한행정사회의 설립

(1) 행정사의 품위 향상과 직무의 개선·발전을 도모하기 위하여 대한행정사회(이하 "행정사회"라 한다)를 둔다(법 제26조 제1항).

(2) 행정사회는 법인으로 한다(법 제26조 제2항).

(3) 행정사회는 정관을 정하여 행정안전부장관의 인가를 받아 설립등기를 함으로써 성립한다(법 제26조 제3항).

### 2. 대한행정사회의 설립 및 운영 등

(1) 대한행정사회의 설립인가를 받으려는 행정사는 신청서에 다음의 서류를 첨부하여 행정안전부장관에게 제출하여야 한다.
   ① 발기인이 서명하거나 날인한 명부 및 이력서 각 1부
   ② 정관 1부
   ③ 해당 사업연도의 사업계획 및 수지예산을 적은 서류 1부
   ④ 임원 취임예정자의 취임승낙서 1부
   ⑤ 창립총회 회의록 1부

(2) 행정사회는 총회를 개최한 때에는 그 결과를 지체없이 행정안전부장관에게 보고하여야 한다.

### 3. 행정사회의 가입 의무

행정사(법인구성원 및 소속행정사를 포함한다)로서 개업하려면 행정사회에 가입하여야 한다(법 제26조의2).

### 4. 행정사회의 공익활동 의무

행정사회는 취약계층의 지원 등 공익활동에 적극 참여하여야 한다(법 제26조의3).

## 02 행정사회의 정관

**1.** 행정사회의 정관에는 다음의 사항이 포함되어야 한다(법 제27조 제1항).

(1) 목적·명칭과 사무소의 소재지

(2) 대표자와 그 밖의 임원에 관한 사항

(3) 회의에 관한 사항

(4) 행정사의 품위유지와 업무 및 교육에 관한 사항

(5) 회원의 가입·탈퇴 및 지도·감독에 관한 사항

(6) 회계 및 회비부담에 관한 사항

(7) 자산에 관한 사항

(8) 그 밖에 행정사회의 목적을 달성하기 위하여 필요한 사항

**2.** 정관을 변경하려면 행정안전부장관의 인가를 받아야 한다(법 제27조 제2항).

## 03 행정사회에 대한 감독 등

**1.** 행정사회는 행정안전부장관의 감독을 받는다(법 제29조 제1항).

**2.** 행정안전부장관은 감독을 위하여 필요하다고 인정하면 행정사회에 대하여 그 업무에 관한 사항을 보고하게 하거나 자료의 제출 또는 그 밖에 필요한 명령을 할 수 있으며, 소속 공무원으로 하여금 행정사회의 사무소에 출입하여 업무상황과 그 밖의 서류 등을 검사하게 할 수 있다(법 제29조 제2항).

**3.** 출입·검사 등을 하는 공무원은 증표를 지니고 상대방에게 이를 보여주어야 한다(법 제29조 제3항).

## 04 준용규정

행정사회에 관하여 이 법에서 규정하지 아니한 사항에 대하여는 「민법」 중 사단법인에 관한 규정을 준용한다(법 제28조).

# 지도·감독

## ⑴ 자격의 취소 <sup>2015 기출</sup>

1. 행정안전부장관은 행정사가 다음에 해당하는 경우에는 그 자격을 취소하여야 한다(법 제30조 제1항).

(1) 거짓이나 그 밖의 부정한 방법으로 행정사 자격을 취득한 경우

(2) 신고확인증을 대여한 경우

(3) 업무정지처분을 받고 그 업무정지 기간에 행정사 업무를 한 경우

(4) 「행정사법」을 위반하여 징역형이 확정된 경우

2. 행정안전부장관은 행정사 자격을 취소하려는 경우에는 청문을 하여야 한다(법 제30조 제2항).

## ⑵ 업무의 정지 <sup>2014 기출</sup>

1. 행정사 사무소(행정사합동사무소 또는 행정사법인의 경우에는 주사무소를 말한다)의 소재지를 관할하는 시장등은 행정사 또는 행정사법인이 다음에 해당하는 경우에는 6개월의 범위에서 기간을 정하여 업무의 정지를 명할 수 있다(법 제32조 제1항).

(1) 행정사가 두 개 이상의 사무실을 설치한 경우

(2) 행정사합동사무소를 구성하는 행정사 또는 법인구성원이 상근하지 아니한 경우

(3) 행정사 또는 행정사법인이 3개월이 넘도록 휴업하고자 하는 때에 휴업신고를 하지 아니한 경우

(4) 행정사 또는 행정사법인이 위임인으로부터 보수 외에 금전 또는 재산상 이익이나 그 밖의 반대급부를 받은 경우

(5) 행정사법인의 소속행정사 및 법인구성원이 따로 사무소를 둔 경우

(6) 행정사 또는 행정사법인이 보고 또는 업무처리부 자료 제출 등의 명령에 따르지 아니하거나 검사 또는 질문을 거부·방해 또는 기피한 경우

2. 업무정지처분은 그 사유가 발생한 날부터 3년이 지나면 할 수 없다(법 제32조 제2항).

## 03 감독상 명령

1. 행정안전부장관 또는 행정사의 사무소(행정사합동사무소 또는 행정사법인의 경우에는 주사무소를 말한다)의 소재지를 관할하는 시장등은 행정사 또는 행정사법인에 대한 감독을 위하여 필요하다고 인정하면 해당 행정사 또는 행정사법인에 대하여 업무에 관한 사항을 보고하게 하거나 업무처리부 등 자료의 제출 또는 그 밖에 필요한 명령을 할 수 있으며, 소속 공무원으로 하여금 그 사무소에 출입하여 장부·서류 등을 검사하거나 질문하게 할 수 있다(법 제31조 제1항).

2. 출입·검사 등을 하는 공무원은 증표를 지니고 상대방에게 이를 보여주어야 한다(법 제31조 제2항).

## 04 행정제재처분효과의 승계

1. 폐업신고를 한 후 업무를 다시 시작하는 신고를 한 행정사(행정사법인을 포함한다)는 폐업신고 전 행정사의 지위를 승계한다(법 제33조 제1항).

2. 폐업신고 전의 행정사에 대하여 업무정지 사유로 한 행정처분의 효과는 그 처분일부터 1년간 업무를 다시 시작하는 신고를 한 행정사에게 승계된다(법 제33조 제2항).

3. 폐업신고를 한 후 업무를 다시 시작하는 신고를 한 행정사에 대하여 폐업신고 전 행정사의 업무정지 사유로 행정처분을 할 수 있다. 다만, 폐업신고를 한 날부터 업무를 다시 시작하는 신고를 한 날까지의 기간이 1년을 넘은 경우는 그러하지 아니하다(법 제33조 제3항).

4. 행정처분을 하는 경우에는 폐업한 기간과 폐업의 사유 등을 고려하여 업무정지의 기간을 정하여야 한다(법 제33조 제4항).

## 05 위임 및 위탁

1. 이 법에 따른 행정안전부장관의 권한은 그 일부를 시·도지사에게 위임할 수 있다(법 제34조 제1항).

2. 이 법에 따른 행정안전부장관의 업무는 그 일부를 행정사회에 위탁할 수 있다(법 제34조 제2항).

# 업무정지처분 기준(제18조 관련)

1. 일반기준

　가. 위반행위의 횟수에 따른 행정처분기준은 최근 1년간 같은 위반행위로 행정처분을 받은 경우에 적용한다. 이 경우 위반행위에 대하여 행정처분을 한 날과 다시 같은 위반행위를 적발한 날을 각각 기준으로 하여 위반횟수를 계산한다.

　나. 위반행위가 둘 이상인 경우로서 그에 해당하는 각각의 처분기준이 다른 경우에는 그 중 무거운 처분기준에 따른다. 다만, 둘 이상의 처분기준이 모두 업무정지인 경우에는 각 처분기준을 합산한 기간을 넘지 않는 범위에서 무거운 처분기준의 2분의 1의 범위까지 늘릴 수 있되, 그 늘린 기간을 합산한 기준은 6개월을 초과할 수 없다.

　다. 업무정지처분에 해당하는 위반행위로서 그 위반행위가 다음의 어느 하나에 해당하는 경우 제2호의 개별기준에 따른 업무정지기간의 2분의 1범위에서 그 기간을 줄일 수 있다.

　　1) 위반행위가 사소한 부주의나 오류 등 과실로 인한 것으로 인정되는 경우

　　2) 해당 위반행위자가 법 위반상태를 시정하거나 해소한 경우

　　3) 그 밖에 위반행위의 정도, 동기 및 그 결과 등을 고려하여 업무정지기간을 줄일 필요가 있다고 인정되는 경우

　라. 업무정지처분에 해당하는 위반행위로서 그 위반행위가 다음의 어느 하나에 해당하는 경우 제2호의 개별기준에 따른 업무정지기간의 2분의 1 범위에서 그 기간을 늘릴 수 있다. 다만, 그 늘린 기간을 합산한 기간은 6개월을 초과할 수 없다.

　　1) 법 위반상태의 기간이 2개월 이상인 경우

　　2) 그 밖에 위반행위의 정도, 위반행위의 동기 및 그 결과 등을 고려하여 업무정지기간을 늘릴 필요가 있다고 인정되는 경우

2. 개별기준

| 위반행위 | 근거 법조문 | 행정처분기준 | | |
|---|---|---|---|---|
| | | 1회 위반 | 2회 위반 | 3회 이상 위반 |
| 가. 법 제14조 제1항을 위반하여 두 개 이상의 사무실을 설치한 경우 | 법 제32조 제1항 제1호 | 2개월 | 4개월 | 6개월 |
| 나. 법 제14조 제2항 후단 또는 제25조의5 제1항 후단을 위반하여 행정사합동사무소를 구성하는 행정사 또는 법인 구성원이 상근하지 않은 경우 | 법 제32조 제1항 제2호 | 2개월 | 4개월 | 6개월 |
| 다. 법 제17조 제1항(법 제25조의13 제1항에서 준용하는 경우를 포함한다)에 따른 휴업신고를 하지 않은 경우 | 법 제32조 제1항 제3호 | 경고 | 1개월 | 2개월 |
| 라. 법 제19조 제2항(법 제25조의13 제1항에서 준용하는 경우를 포함한다)을 위반하여 위임인으로부터 보수 외에 금전 또는 재산상 이익이나 그 밖의 반대급부를 받은 경우 | 법 제32조 제1항 제4호 | 1개월 | 2개월 | 3개월 |
| 마. 법 제25조의6 제4항을 위반하여 따로 사무소를 둔 경우 | 법 제32조 제1항 제5호 | 2개월 | 4개월 | 6개월 |
| 바. 법 제31조 제1항에 따른 보고 또는 업무처리부 자료 제출 등의 명령에 따르지 않거나 검사 또는 질문을 거부·방해 또는 기피한 경우 | 법 제32조 제1항 제6호 | 1개월 | 2개월 | 3개월 |

# 벌칙

## ⓪① 형벌

### 1. 3년 이하의 징역 또는 3천만 원 이하의 벌금

(1) 행정사가 아니면서 행정사의 업무를 업으로 한 자

(2) 신고확인증을 다른 자에게 대여한 행정사, 행정사법인과 이를 대여받은 자 또는 대여를 알선한 자

### 2. 1년 이하의 징역 또는 1천만 원 이하의 벌금

(1) 행정사업무신고 또는 법인업무신고를 하지 아니하고 행정사 업무를 한 자

(2) 수임제한 규정을 위반한 사람

(3) 사적인 관계를 드러내며 영향력을 미칠 수 있는 것으로 선전한 자

(4) 소비자를 오도하거나 오해를 불러일으킬 우려가 있는 내용의 광고행위를 한 자

(5) 업무상 알게 된 사실을 다른 사람에게 누설한 자

(6) 업무정지처분을 받고 그 업무정지 기간에 행정사 업무를 한 자

### 3. 100만 원 이하의 벌금 <sup>2018 기출</sup>

(1) 위임인으로부터 보수 외에 금전 또는 재산상 이익이나 그 밖의 반대급부를 받은 자

(2) 정당한 사유 없이 업무에 관한 위임을 거부한 자

(3) 당사자 양쪽으로부터 같은 업무에 관한 위임을 받은 자

(4) 타인의 소송이나 그 밖의 권리관계분쟁 또는 민원사무처리과정에 개입한 자

(5) 행정사 업무의 알선을 업으로 하는 자를 이용하거나 그 밖의 부당한 방법으로 행정사 업무의 위임을 유치한 자

## ④ 양벌규정

(1) 행정사 또는 행정사법인의 사무직원이나 소속행정사가 행정사 또는 행정사법인의 업무와 관련하여 형벌 부과 사유에 해당하면 그 행위자를 벌하는 외에 그 행정사 또는 행정사법인에도 해당 조문의 벌금형을 과(科)한다.

(2) 다만, 행정사 또는 행정사법인이 그 위반행위를 방지하기 위하여 해당 업무에 관하여 상당한 주의와 감독을 게을리하지 아니한 경우에는 그러하지 아니하다.

## ② 과태료 2016 기출

### 1. 500만 원 이하의 과태료

(1) 행정사가 아니면서 행정사 또는 이와 비슷한 명칭을 사용한 자

(2) 행정사, 행정사합동사무소나 그 분사무소, 행정사법인이나 그 분사무소가 아니면서 행정사사무소, 행정사합동사무소 또는 그 분사무소나 행정사법인 또는 그 분사무소와 비슷한 명칭을 사용한 자

(3) 손해배상책임을 보장하기 위한 조치를 취하지 아니한 행정사법인

(4) 정당한 사유 없이 감독상 명령에 따른 보고 또는 자료제출을 하지 아니하거나, 거짓으로 보고·자료제출을 하거나, 출입·검사를 방해·거부 또는 기피한 자

### 2. 100만 원 이하의 과태료

(1) 사무소를 이전하고 사무소 이전신고를 하지 아니한 자

(2) 행정사 또는 행정사법인이 행정사사무소, 행정사합동사무소 또는 행정사법인이라는 글자를 사용하지 아니하거나 그 분사무소임을 표시하지 아니한 자

(3) 업무처리부를 작성하지 아니하거나 거짓으로 작성한 자

(4) 행정안전부장관, 시·도지사 또는 시장등이 실시하는 연수교육을 받지 아니하고 행정사 업무를 수행한 사람

### 3. 과태료 부과

과태료는 행정안전부장관, 시·도지사 또는 시장등이 부과·징수한다.

# 과태료 부과기준(제27조 관련)

1. 일반기준

　가. 위반행위의 횟수에 따른 과태료의 기준은 최근 1년간 같은 위반행위로 과태료를 부과받은 경우에 적용한다. 이 경우 위반행위에 대하여 과태료 부과처분을 한 날과 다시 같은 위반행위를 적발한 날을 각각 기준으로 하여 위반횟수를 계산한다.

　나. 부과권자는 다음의 어느 하나에 해당하는 경우에는 제2호에 따른 과태료 금액의 2분의 1의 범위에서 그 금액을 감경할 수 있다. 다만, 과태료를 체납하고 있는 위반행위자의 경우에는 그렇지 않다.

　　1) 삭제 〈2021. 6. 8.〉

　　2) 위반행위자가 위법행위로 인한 결과를 시정하거나 해소한 경우

　　3) 위반행위가 사소한 부주의나 오류 등 과실로 인한 것으로 인정되는 경우

　　4) 위반행위의 결과가 경미한 경우

　　5) 그 밖에 위반행위의 정도, 위반행위의 동기와 그 결과 등을 고려하여 감경할 필요가 있다고 인정되는 경우

　다. 부과권자는 다음의 어느 하나에 해당하는 경우에는 제2호에 따른 과태료 금액의 2분의 1의 범위에서 그 금액을 가중할 수 있다. 다만, 가중할 사유가 여러 개 있는 경우라도 법 제38조 제1항 및 제2항에 따른 과태료 금액의 최고액을 넘을 수 없다.

　　1) 법령 위반상태의 기간이 2개월 이상인 경우

　　2) 그 밖에 위반행위의 정도, 위반행위의 동기와 그 결과 등을 고려하여 가중할 필요가 있다고 인정되는 경우

2. 개별기준

| 위반행위 | 근거 법조문 | 과태료 금액 | | |
|---|---|---|---|---|
| | | 1차 위반 | 2차 위반 | 3차 이상 위반 |
| 가. 법 제3조 제2항을 위반하여 행정사 또는 이와 비슷한 명칭을 사용한 경우 | 법 제38조 제1항 제1호 | 250만 원 | 375만 원 | 500만 원 |
| 나. 법 제14조 제3항(제25조의13 제1항에서 준용하는 경우를 포함한다)에 따른 사무소 이전신고를 하지 않은 경우 | 법 제38조 제2항 제1호 | 50만 원 | 75만 원 | 100만 원 |
| 다. 법 제15조 제1항 또는 제25조의5 제2항을 위반하여 행정사사무소, 행정사합동사무소 또는 행정사법인이라는 글자를 사용하지 않거나 그 분사무소임을 표시하지 않은 경우 | 법 제38조 제2항 제2호 | 50만 원 | 75만 원 | 100만 원 |
| 라. 법 제15조 제2항 또는 제25조의5 제3항을 위반하여 행정사사무소, 행정사합동사무소 또는 그 분사무소나 행정사법인 또는 그 분사무소와 비슷한 명칭을 사용한 경우 | 법 제38조 제1항 제2호 | 250만 원 | 375만 원 | 500만 원 |
| 마. 법 제24조(제25조의13 제1항에서 준용하는 경우를 포함한다)를 위반하여 업무처리부를 작성하지 않거나 거짓으로 작성한 경우 | 법 제38조 제2항 제3호 | 50만 원 | 75만 원 | 100만 원 |
| 바. 법 제25조 제3항을 위반하여 연수교육을 받지 않고 행정사 업무를 수행한 경우 | 법 제38조 제2항 제4호 | 50만 원 | 75만 원 | 100만 원 |
| 사. 법 제25조의12에 따른 조치를 취하지 않은 경우 | 법 제38조 제1항 제2호의2 | 250만 원 | 375만 원 | 500만 원 |
| 아. 정당한 사유 없이 법 제29조 제2항 및 제31조 제1항에 따른 보고 또는 자료제출을 하지 않거나, 거짓으로 보고·자료제출을 하거나, 출입·검사를 방해·거부 또는 기피한 경우 | 법 제38조 제1항 제3호 | 250만 원 | 375만 원 | 500만 원 |

| | | | ※ 응시번호 |
|---|---|---|---|
| **년 제 회 행정사 자격시험 응시원서** | | | |

| 응시자 | 성명 | 주민등록번호 | 사 진<br>3cm×4cm<br>(모자 벗은 상반신으로<br>배경 없이 6개월<br>이내에 찍은 것) |
|---|---|---|---|
| | 주소 (전화번호: ) | | |
| | 응시 행정사 종류 (외국어: ) | 응시지역 | |

| 시험면제<br>(해당자만 표시) | 제1차시험<br>면제<br><br>(해당 사항<br>[√] 표시) | [ ] 「행정사법」 제9조 제1항 제1호 가목 해당자<br>[ ] 「행정사법」 제9조 제1항 제1호 나목 해당자<br>[ ] 「행정사법」 제9조 제1항 제2호 해당자<br>[ ] 「행정사법」 제9조 제1항 제3호 해당자<br>[ ] 「행정사법」 제9조 제4항 해당자<br>[ ] 법률 제10441호 행정사법 전부개정법률 부칙 제3조에 따른 법률 제9212호 행정사법<br>　　제6조 제1항 해당자 |
|---|---|---|
| | 제1차시험<br>전부와<br>제2차시험<br>일부 면제<br><br>(해당 사항<br>[√] 표시) | [ ] 「행정사법」 제9조 제2항 제1호 가목 해당자<br>[ ] 「행정사법」 제9조 제2항 제1호 나목 해당자<br>[ ] 「행정사법」 제9조 제2항 제2호 가목 해당자<br>[ ] 「행정사법」 제9조 제2항 제2호 나목 해당자<br>[ ] 「행정사법」 제9조 제2항 제3호 해당자<br>[ ] 「행정사법」 제9조 제2항 제4호 해당자 |
| | 전부 면제<br><br>(해당 사항<br>[√] 표시) | ※ 법률 제10441호 행정사법 전부개정법률 부칙 제3조에 따라 시험이 전부 면제되는<br>　경우에 해당합니다.<br>[ ] 법률 제9212호 행정사법 제6조 제2항 제1호 해당자<br>[ ] 법률 제9212호 행정사법 제6조 제2항 제2호 해당자<br>[ ] 법률 제9212호 행정사법 제6조 제2항 제3호 해당자 |

※ 첨부서류:
1. 경력증명서 또는 학위증명서 1부(시험이 면제되는 사람만 제출합니다)
2. 외국어능력검정시험 성적표 1부(「행정사법 시행령」 제9조 제3항에 따라 외국어시험을 외국어능력검정시험으로
　대체하는 경우만 제출합니다)

「행정사법 시행령」 제16조 제1항 및 같은 법 시행규칙 제3조 제1항에 따라 행정사 자격시험 응시원서를
제출합니다.

년　　　월　　　일

응시자:　　　　　　　　　　(서명 또는 인)

한국산업인력공단 이사장 귀하

210mm×297mm(백상지 120g/㎡)

# 응시자 주의사항

1. 한국산업인력공단 이사장은 응시자가 제출한 사진으로 응시자의 얼굴을 알아볼 수 없다고 판단할 때에는 해당 응시자에게 원서접수 마감일까지 사진을 바꾸도록 요청할 수 있습니다.

2. 제출된 응시원서는 시험에 응시하지 않았어도 반환되지 않으며, 접수된 응시원서의 기재사항이 빠지거나 착오 또는 거짓으로 사실과 다르게 적어서 발생하는 불이익은 응시자의 책임으로 합니다.

3. 수수료 반환기준은 다음과 같습니다.
   가. 수수료를 과오납한 경우: 과오납한 금액의 전부
   나. 한국산업인력공단에 책임이 있는 사유로 시험에 응시하지 못하는 경우: 납입한 수수료의 전부
   다. 응시원서 접수기간에 접수를 취소하는 경우: 납입한 수수료의 전부
   라. 시험시행일 10일 전까지 접수를 취소하는 경우: 납입한 수수료의 100분의 50

4. 외국어번역행정사의 경우에는 제2차시험 해당 외국어과목의 응시언어를 적어야 합니다.

5. 외국어능력검정시험으로 대체되는 외국어시험에 응시하려는 사람은 원서접수 마감일 전 2년 이내에 실시된 해당 시험기관에서 발급한 외국어시험의 쓰기과목시험 성적표를 응시원서와 함께 제출해야 합니다.

6. 시험면제 대상자는 경력증명서 또는 학위증명서를 응시원서와 함께 제출해야 합니다.

7. 시험에 응시할 때에는 응시표와 신분증(주민등록증ㆍ여권ㆍ운전면허증 또는 주민등록번호 및 주소가 기재된 장애인등록증 중 어느 하나를 말하며, 공무원증ㆍ학생증은 신분증에 해당되지 않습니다)을 지참해야 합니다. 응시표를 잃어버리거나 응시표가 못 쓰게 된 경우에는 시험시행일까지 재발급받아야 하며, 주민등록증을 잃어버린 경우에는 동사무소에서 발급하는 주민등록증 발급신청 확인서를 지참하면 응시할 수 있습니다.

8. 응시자는 응시원서 접수 시 선택한 해당 응시지역의 고사장에 시험 시작 30분 전까지 입실하여 응시표와 신분증을 책상 위에 두어야 하며, 시험시간 종료 시까지 퇴실할 수 없습니다. 한 과목이라도 시험을 보지 않은 응시자는 그 이후의 시험에 응시할 수 없습니다.

9. 제1차시험의 OMR답안지는 컴퓨터용 수성 사인펜만으로 적어야 하며, 수정액이나 수정테이프를 사용할 수 없습니다. 만약 이를 위반하여 사용하였을 경우 전산자동 판독 결과에 따르며, 이에 따른 불이익은 전적으로 응시자 책임입니다. 제2차시험 답안지는 검은색이나 파란색 필기구(사인펜, 컬러펜, 연필은 사용할 수 없습니다)로 작성하되, 과목별로 같은 색의 필기구만을 사용해야 합니다.

10. 시험시간에는 휴대전화기 등 통신장비를 휴대할 수 없습니다.

11. 응시자는 시험감독관의 지시에 따라야 하며, 부정한 행위를 한 응시자에 대해서는 해당 시험을 정지시키거나 무효로 처리하고, 응시자는 그 처분이 있는 날부터 5년간 시험에 응시할 수 없습니다. 또한 시험에 합격하였다 하더라도 최종 시험 시행일을 기준으로 「행정사법」 제6조에 따라 응시자격이 없었던 것으로 확인된 경우에는 합격을 취소합니다.

■ 행정사법 시행규칙 [별지 제4호서식] 〈개정 2017. 7. 26.〉

# 행정사 자격증 발급 신청서

※ 바탕색이 어두운 난은 신청인이 작성하지 않습니다.
※ [ ]에는 해당되는 곳에 √표를 합니다.

| 접수번호 | | 접수일 | | 처리기간 | 15일 |
|---|---|---|---|---|---|

| 신청인 | 성 명 | | 주민등록번호 | |
|---|---|---|---|---|
| | 주 소 | | 행정사 종류 | |
| | | | (외국어: ) | |
| | 시험 합격연도 | | 응시지역 및 응시번호 | |
| | 년 제 회 행정사 자격시험 | | | |

| 시험 면제 여부 | ① 일부 면제 – [ ] 제1차시험 면제,  [ ] 제1차시험 전부와 제2차시험 일부 면제 |
|---|---|
| | ② 전부 면제 – [ ] 공무원경력자,  [ ] 외국어전공경력자 |

그 밖의 사항 (법률 제10441호 행정사법 전부개정법률 시행 전 행정사업 신고[ ], 등록[ ], 허가[ ] )
– 영업소 주소:
– 행정사업신고필증 발급일 및 발급기관: (날짜)            (기관)

「행정사법 시행령」 제18조 제1항 및 대통령령 제23325호 행정사법 시행령 전부개정령 부칙 제2조, 같은 법 시행규칙 제6조 제1항에 따라 위와 같이 행정사 자격증 발급을 신청합니다.

년      월      일

신청인                        (서명 또는 인)

## 행정안전부장관 귀하

| 첨부서류 | 1. 신분증(주민등록증, 여권, 운전면허증, 장애인등록증 중 어느 하나만 해당합니다) 사본 1부<br>2. 사진(신청일 전 6개월 이내에 모자를 쓰지 않은 상태에서 배경 없이 찍은 상반신 사진으로서 가로 3cm, 세로 4cm인 것을 말합니다) 2장 | 수수료<br>없 음 |
|---|---|---|

| 처리 절차 | | | | |
|---|---|---|---|---|

| 신청서 작성 | → | 접 수 | → | 검 토 | → | 결 재 | → | 자격증 발급 |
|---|---|---|---|---|---|---|---|---|
| 신청인 | | 처리기관<br>(행정안전부 주민과) | | 처리기관<br>(행정안전부 주민과) | | 처리기관<br>(행정안전부 주민과) | | 처리기관<br>(행정안전부 주민과) |

210mm×297mm[백상지(80g/m²) 또는 중질지(80g/m²)]

# 행정사 자격증

○ 행정사 종류:　　　　　　　　　　　(외국어:　　　　　　　)

○ 자격증 번호:

○ 성　　　명:

○ 생년월일 :

○ 주　　　소:

```
┌──────────────┐
│   사　진     │
│  3cm × 4cm   │
│(모자 벗은 상반신으로│
│배경 없이 6개월 이내에│
│   찍은 것)   │
└──────────────┘
```

　위 사람은 「행정사법」 제5조에 따른 행정사 자격이 있으므로 같은 법 시행령 제18조 및 같은 법 시행규칙 제6조에 따라 이 자격증을 발급합니다.

　　　　　　　　　　　　　　　　　　　　　　　　년　　　　월　　　　일

행정안전부장관　　| 직인 |

210mm×297mm(백상지 150g/m²)

■ 행정사법 시행규칙 [별지 제8호서식] 〈개정 2021. 6. 9.〉

# 행정사 업무 신고서

※ 바탕색이 어두운 난은 신고인이 작성하지 않습니다.

| 접수번호 | | 접수일 | | 처리기간 | 10일 |
|---|---|---|---|---|---|

| 신고인 | 성 명 | | 생년월일 | | 사 진<br>3cm × 4cm<br>( 모자 벗은 상반신으로<br>배경 없이 6개월 이내에<br>찍은 것 ) |
|---|---|---|---|---|---|
| | 주 소 | | 전화번호 | | |
| | 행정사 종류<br><br>　　　　(외국어:　　　　　　) | | 자격증 번호 | | |

| 실무교육 | 교육기관 | 교육기간 |
|---|---|---|

| 사무소 | 명 칭 | | |
|---|---|---|---|
| | 주 소 | 전화번호 | |
| | | 사무실:　　　　　　휴대폰: | |
| | 개업일<br>　　　　　　　　년　　　월　　　일 | | |

「행정사법」 제10조 제1항 및 같은 법 시행령 제20조 제2항에 따라 행정사 업무 신고를 합니다.

　　　　　　　　　　　　　　　　　　　　　　　　　년　　　　월　　　　일

　　　　　　　　　　　　신고인　　　　　　　　　　　　(서명 또는 인)

## 특별자치시장 · 특별자치도지사 · 시장 · 군수 또는 자치구의 구청장　귀하

| 첨부서류 | 1. 행정사 자격증 사본 1부<br>2. 실무교육 수료증 사본 1부<br>3. 행정사회 회원증 사본 1부<br>4. 사진(신청일 전 6개월 이내에 모자를 쓰지 않은 상태에서 배경 없이 찍은 상반신 사진으로서 가로 3cm, 세로 4cm인 것을 말합니다) 1장 | 수수료<br>없 음 |
|---|---|---|

### 처리 절차

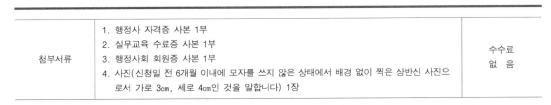

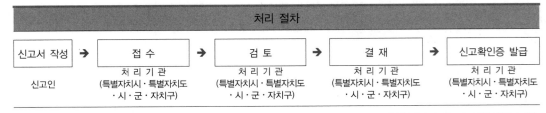

210mm×297mm[백상지(80g/㎡) 또는 중질지(80g/㎡) ]

제            호

# 법인업무신고확인증

| 행정사 법인 | 명 칭 | 주 소 | |
|---|---|---|---|

| 대표 행정사 | 성 명 | 행정사 종류<br><br>(외국어 종류:        ) | 자격증 번호 |
|---|---|---|---|

| 법인 구성원 | 성 명 | 행정사 종류 | 자격증 번호 |
|---|---|---|---|
| | | (외국어 종류:        ) | |
| | | | |
| | | | |

| 분사무소 | 명 칭 | 주 소 | 상근 법인구성원 |
|---|---|---|---|
| | 명 칭 | 주 소 | 상근 법인구성원 |
| | 명 칭 | 주 소 | 상근 법인구성원 |

「행정사법」 제25조의4 제3항 및 같은 법 시행규칙 제15조의3 제3항에 따라 법인업무신고확인증을 발급합니다.

년        월        일

**특별자치시장 · 특별자치도지사 ·**
**시장 · 군수 또는 자치구의 구청장**

| 직인 |
|---|

210mm×297mm[보존용지(1종) 120g/㎡]

■ 행정사법 시행규칙 [별지 제10호서식] 〈개정 2021. 6. 9.〉

# 이의신청서

※ 바탕색이 어두운 난은 신청인이 작성하지 않습니다.

| 접수번호 | 접수일 | 처리기간 | 30일 |
|---|---|---|---|

| 신청인 | 성 명 | | 생년월일 | |
|---|---|---|---|---|
| | 주 소 | | 전화번호 | |
| | 행정사 종류      (외국어:      ) | | 자격증 번호 | |

| 사무소 | 명 칭 | | |
|---|---|---|---|
| | 주 소 | | 전화번호 |

| 신청 요지 | |
|---|---|

「행정사법」 제11조 제3항에 따라 행정사 업무신고에 대한    년    월    일 수리 거부에 대해서 위와 같이 이의신청 합니다.

년      월      일

신청인            (서명 또는 인)

## 특별자치시장 · 특별자치도지사 · 시장 · 군수 또는 자치구의 구청장   귀하

| 첨부서류 | 이의신청 관련 참고자료(참고자료가 있는 경우만 제출합니다) | 수수료 없 음 |
|---|---|---|

| 처리 절차 | | | | |
|---|---|---|---|---|

| 신청서 작성 | → | 접 수 | → | 검 토 | → | 결 재 | → | 신고확인증 발급 등 |
|---|---|---|---|---|---|---|---|---|
| 신청인 | | 처 리 기 관 (특별자치시 · 특별자치도 · 시 · 군 · 자치구) | | 처 리 기 관 (특별자치시 · 특별자치도 · 시 · 군 · 자치구) | | 처 리 기 관 (특별자치시 · 특별자치도 · 시 · 군 · 자치구) | | 처 리 기 관 (특별자치시 · 특별자치도 · 시 · 군 · 자치구) |

210mm×297mm(일반용지 60g/㎡(재활용품))

신고번호 제        호

# 행정사업무신고확인증

| 행정사 성명 | 생년월일 | 사 진<br>3cm×4cm<br>(모자 벗은 상반신으로 배경 없이 6개월 이내에 찍은 것) |
|---|---|---|
| 행정사 종류<br>　　　　　(외국어:　　　　) | 자격증 번호 | |

| 사무소 명칭 |
|---|

| 사무소 주소<br>　　　　　　　　　　　　　　　　　　　(전화번호:　　　　　　　) |
|---|

「행정사법」 제12조 제1항 및 같은 법 시행규칙 제9조에 따라 행정사업무신고확인증을 발급합니다.

년        월        일

특별자치시장 · 특별자치도지사 ·
시장 · 군수 또는 자치구의 구청장    [직인]

210mm×297mm(백상지 150g/m²)

제           호

# 행정사 합동사무소(분사무소) 설치 신고확인증

| (사진) | (사진) | (사진) | (사진) | (사진) |
|---|---|---|---|---|
| (성명) | (성명) | (성명) | (성명) | (성명) |

| 합동<br>사무소 | 명 칭 | 주 소 | | |
|---|---|---|---|---|
| 대표<br>행정사 | 성 명 | 생년월일 | 행정사 종류<br>(외국어:        ) | 자격증 번호 |

| 소속<br>행정사 | 성 명 | 생년월일 | 행정사 종류 | 자격증 번호 |
|---|---|---|---|---|
| | | | (외국어:        ) | |
| | | | | |
| | | | | |

| 분사무소 | 명 칭 | 주 소 | 책임 행정사 |
|---|---|---|---|
| | 명 칭 | 주 소 | 책임 행정사 |
| | 명 칭 | 주 소 | 책임 행정사 |

「행정사법」 제12조 및 같은 법 시행규칙 제9조에 따라 행정사 합동사무소(분사무소) 설치 신고확인증을 발급합니다.

년        월        일

**특별자치시장 · 특별자치도지사 ·
시장 · 군수 또는 자치구의 구청장**

| 직인 |
|---|

210mm×297mm[보존용지(1종) 120g/㎡]

| 제 호 | | |
|---|---|---|
| **사실확인증명서** | | |

| 신청인 | 성 명 | |
|---|---|---|
| | 생년월일 | |
| | 주 소 | |

| 사실 확인 내용 | |
|---|---|

| 용 도 | |
|---|---|

　　위 사실 확인 내용은 신청인　　　의　　년　　월　　일 위임에 의하여　　부터　　까지 본인이 처리하였으며, 이에 대한 사실이 틀림없음을 증명합니다.

년　　　월　　　일

**행정사 ○ ○ ○ (인)**

210mm×297mm(일반용지 60g/m²(재활용품))

| 제         호 | | |
|---|---|---|
| **번역확인증명서** | | |

| 신청인 | 성     명 | |
|---|---|---|
| | 생년월일 | |
| | 주     소 | |

| 용  도 | |
|---|---|

붙임       은(는) 신청인       의     년     월     일 위임에 따라       부터       까지 본인이 번역하였으며, 원문과 틀림없음을 증명합니다.

년        월        일

붙임 :

**외국어번역행정사(외국어 종류:        ) ○ ○ ○ (인)**

210mm×297mm(일반용지 60g/㎡(재활용품))

■ 행정사법 시행규칙 [별지 제19호서식]

## 행정사 업무처리부

| 일련번호 | 위임받은 연월일 | 위임받은 업무의 내용 | 보수액 | 위임인 성명 | 위임인 주소 | 비 고 |
|---|---|---|---|---|---|---|
|  |  |  |  |  |  |  |
|  |  |  |  |  |  |  |
|  |  |  |  |  |  |  |
|  |  |  |  |  |  |  |
|  |  |  |  |  |  |  |
|  |  |  |  |  |  |  |
| 소계 |  |  |  |  |  |  |

297mm×210mm[일반용지 60g/㎡(재활용품)]

# 행정사법인 설립인가신청서

| 접수번호 | | 접수일 | | 처리기간 | 15일 |
|---|---|---|---|---|---|

| 행정사 법인 | 명칭 | | | 전화번호 | |
|---|---|---|---|---|---|
| | 주사무소 소재지 | | | | |

| 대표자 | 성명 | | | 생년월일 | |
|---|---|---|---|---|---|
| | 주소 | | | | |

| 법인 구성원 | 성명 | 자격증 번호 | 성명 | 자격증 번호 |
|---|---|---|---|---|
| | | | | |
| | | | | |
| | | | | |

| 분사무소 | 소재지 | 전화번호 | 상근 법인구성원 성명 |
|---|---|---|---|
| | | | |
| | | | |

「행정사법」 제25조의3 제1항, 같은 법 시행령 제23조의2 제1항 및 같은 법 시행규칙 제15조의2 제1항에 따라 위와 같이 행정사법인 설립인가를 신청합니다.

년    월    일

신청인                                        (서명 또는 인)

## 행정안전부장관 귀하

| 첨부서류 | 1. 정관 1부<br>2. 업무계획서 및 예산서 각 1부<br>3. 법인구성원 및 소속행정사의 행정사 자격증 사본 각 1부<br>4. 자본금 납입을 증명하는 서류<br>5. 주사무소와 분사무소(분사무소를 두는 경우에만 해당합니다)의 설치예정지가 기재된 서류 | 수수료 없음 |
|---|---|---|

### 처리 절차

| 신청서 작성 | → | 접 수 | → | 검 토 | → | 결 재 | → | 자격증 발급 |
|---|---|---|---|---|---|---|---|---|
| 신청인 | | 처리기관<br>(행정안전부 주민과) | | 처리기관<br>(행정안전부 주민과) | | 처리기관<br>(행정안전부 주민과) | | 처리기관<br>(행정안전부 주민과) |

210mm×297mm[일반용지 60g/㎡(재활용품)]

■ 행정사법 시행규칙 [별지 제19호의3서식] 〈신설 2021. 6. 9.〉

# 행정사법인 설립인가대장

(앞쪽)

| 인가 번호 | | 인가 연월일 | |
|---|---|---|---|
| 설립등기 연월일 | | 설립등기 관할 등기소 | |

| 행정사<br>법인 | 명칭 | | 전화번호 | |
|---|---|---|---|---|
| | 주사무소 소재지 | | | |

| 대표자 | 성명(한글) | (한자) | 생년월일 | |
|---|---|---|---|---|
| | 주소 | | | |

| 법인<br>구성원 | 성명 | 자격증 번호 | 소속<br>행정사 | 성명 | 자격증 번호 |
|---|---|---|---|---|---|
| | | | | | |
| | | | | | |
| | | | | | |
| | | | | | |
| | | | | | |
| | | | | | |

| 분사무소 | 소재지 | 상근 법인구성원 | 전화번호 |
|---|---|---|---|
| | | | |
| | | | |
| | | | |

| 정관 변경 | 날짜 | 변경 전 | 변경 후 |
|---|---|---|---|
| | | | |
| | | | |
| | | | |
| | | | |
| | | | |

210mm×297mm[일반용지 60g/㎡(재활용품)]

그 밖의 사항

210mm×297mm[일반용지 60g/㎡(재활용품)]

인가번호 제        호

# 행정사법인 설립인가증

1. 법인의 명칭:

2. 주사무소 소재지:

3. 대표자 성명 :

「행정사법」 제25조의3 제1항에 따라 위와 같이 행정사법인의 설립을 인가합니다.

년        월        일

행정안전부장관      직인

210mm× 297mm[백상지(1종) 120g/㎡]

■ 행정사법 시행규칙 [별지 제19호의5서식] 〈신설 2021. 6. 9.〉

# 행정사법인 업무신고서

※ 바탕색이 어두운 난은 신고인이 작성하지 않습니다.

| 접수번호 | | 접수일 | | 처리기간 | 10일 |
|---|---|---|---|---|---|

| 대표 행정사 | 성 명 | | | | |
|---|---|---|---|---|---|
| | 주 소 | | | | |
| | 행정사 종류 (외국어        ) | | 자격증 번호 | | 실무교육 (기관/기간) |

| 행정사 법인 | 명 칭 | |
|---|---|---|
| | 주 소 | 전화번호 |

| | 성 명 | 행정사 종류 | 자격증 번호 | 실무교육 (기관 및 기간) |
|---|---|---|---|---|
| 법인 구성원 | | (외국어 종류:        ) | | |
| | | | | |
| | | | | |
| 소속 행정사 | | | | |
| | | | | |

| 분사무소 | 명 칭 | 주 소 | 상근 법인구성원 |
|---|---|---|---|
| | | | |
| | | | |

「행정사법」 제25조의4 제1항, 같은 법 시행령 제23조의5 제2항, 같은 법 시행규칙 제15조의3 제1항에 따라 위와 같이 신고합니다.

년        월        일

신고인                          (서명 또는 인)

## 특별자치시장·특별자치도지사·시장·군수 또는 자치구의 구청장  귀하

| 첨부서류 | 1. 법인구성원 및 소속 행정사의 행정사 자격증 사본 각 1부<br>2. 법인구성원 및 소속 행정사의 실무교육 수료증 사본 각 1부<br>3. 법인구성원 및 소속 행정사의 사진(신고일 전 6개월 이내에 모자를 쓰지 않은 상태에서 배경 없이 찍은 상반신 사진으로서 가로 3㎝, 세로 4㎝인 것을 말합니다) 각 1장<br>4. 법인구성원 및 소속 행정사의 행정사회 회원증 사본 각 1부<br>5. 행정사법인 정관 1부<br>6. 행정사법인 설립인가증 사본 및 등기부등본 각 1부 | 수수료 없 음 |
|---|---|---|

| 처리 절차 |
|---|

| 신고서 작성 | → | 접 수 | → | 검 토 | → | 결 재 | → | 신고확인증 발급 |
|---|---|---|---|---|---|---|---|---|
| 신고인 | | 처 리 기 관 (특별자치시·특별자치도·시·군·자치구) | | 처 리 기 관 (특별자치시·특별자치도·시·군·자치구) | | 처 리 기 관 (특별자치시·특별자치도·시·군·자치구) | | 처 리 기 관 (특별자치시·특별자치도·시·군·자치구) |

210mm×297mm[백상지(80g/㎡) 또는 중질지(80g/㎡)]

제          호

# 법인업무신고확인증

| 행정사 법인 | 명 칭 | 주 소 | |
|---|---|---|---|

| 대표 행정사 | 성 명 | 행정사 종류<br><br>(외국어 종류 :      ) | 자격증 번호 |
|---|---|---|---|

| 법인 구성원 | 성 명 | 행정사 종류 | 자격증 번호 |
|---|---|---|---|
| | | (외국어 종류 :      ) | |
| | | | |
| | | | |

| 분사무소 | 명 칭 | 주 소 | 상근 법인구성원 |
|---|---|---|---|
| | 명 칭 | 주 소 | 상근 법인구성원 |
| | 명 칭 | 주 소 | 상근 법인구성원 |

「행정사법」 제25조의4 제3항 및 같은 법 시행규칙 제15조의3 제3항에 따라 법인업무신고확인증을 발급합니다.

년          월          일

**특별자치시장 · 특별자치도지사 ·**
**시장 · 군수 또는 자치구의 구청장**

| 직인 |
|---|

210㎜×297㎜[보존용지(1종) 120g/㎡]

■ 행정사법 시행규칙 [별지 제20호서식] 〈개정 2021. 6. 9.〉

# 대한행정사회 설립인가 신청서

※ 바탕색이 어두운 난은 신고인이 작성하지 않습니다.

| 접수번호 | | 접수일 | | 처리기간 | 20일 |

| 대한 행정 사회 | 명 칭 | | | |
|---|---|---|---|---|
| | 주사무소 주소 | | 전화번호 | |

| 대표자 | 성 명 | | 생년월일 | |
|---|---|---|---|---|
| | 주 소 | | 전화번호 | |
| | 행정사 종류<br>(외국어 :              ) | | 자격증 번호 | |

| 임원 | 성명 | 행정사 종류 | 자격증 번호 | 성명 | 행정사 종류 | 자격증 번호 |
|---|---|---|---|---|---|---|
| | | | | | | |
| | | | | | | |

| 지회,<br>지부 | 주 소 | 대 표 자 |
|---|---|---|
| | | |
| | | |

「행정사법」제26조, 같은 법 시행령 제24조 및 같은 법 시행규칙 제16조에 따라 위와 같이 대한행정사회 설립인가를 신청합니다.

년      월      일

신고인                    (서명 또는 인)

## 행정안전부장관    귀하

| 첨부서류 | 1. 발기인이 서명하거나 날인한 명부 및 이력서 각 1부<br>2. 정관 1부<br>3. 해당 사업연도의 사업계획 및 수입·지출 예산을 적은 서류 1부<br>4. 임원 취임예정자의 취임승낙서 1부<br>5. 창립총회 회의록 1부 | 수수료<br>없 음 |
|---|---|---|

### 처리 절차

| 신청서 작성 | → | 접 수 | → | 검 토 | → | 결 재 | → | 자격증 발급 |
|---|---|---|---|---|---|---|---|---|
| 신청인 | | 처리기관<br>(행정안전부 주민과) | | 처리기관<br>(행정안전부 주민과) | | 처리기관<br>(행정안전부 주민과) | | 처리기관<br>(행정안전부 주민과) |

210mm×297mm(일반용지 60g/㎡(재활용품))

행정사
행정사실무법

Part_

# 02

# 행정심판 제도

# 01 행정심판 일반

제1절 총설

① 행정

## 1. 형식적 의미의 행정과 실질적 의미의 행정

### (1) 형식적 의미의 행정

형식적 의미의 행정이란 국가작용을 담당하는 국가기관을 표준으로 정립된 개념으로 실정법에 의하여 입법부·행정부·사법부의 권한으로 되어 있는 작용을 각각 입법·행정·사법으로 보며, 행정은 작용의 성질을 떠나 행정부에 의하여 행해지는 일체의 작용을 의미한다.

### (2) 실질적 의미의 행정

실질적 의미의 행정이란 국가작용의 성질을 표준으로 정립된 개념으로 일반적으로 입법은 법의 정립작용을 의미하고, 사법은 법의 선언작용을 의미하며, 행정은 법의 집행작용을 의미한다.

## 2. 행정법

행정법은 행정의 조직·작용 및 구제에 관한 국내공법을 의미한다.

### (1) 행정조직법

행정조직법이란 행정주체의 행정기관의 조직·권한 및 그 상호관계에 관한 법을 말한다.

### (2) 행정작용법

행정작용법이란 행정주체와 사인 간의 공법상 법률관계에 관한 법을 말한다.

### (3) 행정구제법

행정구제법이란 행정주체의 행정작용으로 인한 사인의 권익침해에 대한 구제에 관한 법을 말한다.

## 3. 법치행정의 원리

### (1) 의의

법치행정(법치주의)이란 인권보장을 목적으로 하고 권력분립의 원칙에 기초하여, 모든 행정작용은 국민의 대표기관인 의회가 제정한 법률에 근거하여 행해져야 하고, 법률의 적용을 보장하는 재판제도를 통하여 사법적 구제절차를 확보해야 한다는 원리를 말한다.

### (2) 내용

① 법치행정의 원리는 형식적인 측면에서 행정권의 발동에는 법률의 근거를 요한다는 것(법률의 유보)과 행정주체의 모든 행위는 법률에 위반되어서는 아니 된다는 것(법률의 우위)이다.

② 법치행정의 원리는 실질적인 측면에서 소극적으로는 행정권에 의한 자의적 권리침해를 억제하는 기능(억제적 기능)을 하고, 적극적으로는 국민의 복리향상을 위해 행정권의 적정한 발동을 유도하는 기능(유도적 기능)을 한다.

## 02 행정상 법률관계

## 1. 의의

행정상 법률관계(행정작용법적 관계)는 행정주체와 그 상대방인 사인 간의 법률관계이며, 행정상 법률관계는 행정법의 적용을 받는 공법관계(권력관계, 관리관계)와 사법의 적용을 받는 사법관계로 분류할 수 있다.

## 2. 공법관계

### (1) 권력관계

권력관계란 행정주체가 사인에 대하여 일방적으로 명령·강제하는 관계 또는 일방적으로 법률관계를 형성·변경·소멸시키는 관계로 행정주체의 우월적 지위가 인정되는 법률관계이며, 본래적 공법관계라고도 한다.

### (2) 관리관계

관리관계란 행정주체가 공권력의 주체가 아니라 재산이나 사업의 관리주체로서 사인과 맺는 법률관계이며, 전래적 공법관계라고도 한다.

## 3. 사법관계(국고관계)

국고관계란 행정주체가 사법상의 재산권의 주체로서 사인과 동일한 지위에서 사인과 맺는 법률관계이다.

> **◖● 국유재산**
>
> 1. **행정재산**
> (1) **공용재산**
>   국가가 직접 사무용·사업용 또는 공무원의 주거용으로 사용하거나 대통령령으로 정하는 기한까지 사용하기로 결정한 재산
> (2) **공공용재산**
>   국가가 직접 공공용으로 사용하거나 대통령령으로 정하는 기한까지 사용하기로 결정한 재산
> (3) **기업용재산**
>   정부기업이 직접 사무용·사업용 또는 그 기업에 종사하는 직원의 주거용으로 사용하거나 대통령령으로 정하는 기한까지 사용하기로 결정한 재산
> (4) **보존용재산**
>   법령이나 그 밖의 필요에 따라 국가가 보존하는 재산
> 2. **일반재산**
>   행정재산 외의 모든 국유재산

## 03 행정주체

## 1. 의의

행정주체란 행정권을 행사하고 그의 법적 효과가 궁극적으로 귀속되는 당사자를 말한다.

## 2. 국가

국가는 고유의 행정주체이다.

## 3. 지방자치단체

### (1) 보통지방자치단체

광역지방자치단체인 특별시·광역시·도 및 특별자치시·특별자치도와 기초지방자치단체인 시·군·자치구가 있다.

### (2) 특별지방자치단체

2개 이상의 지방자치단체가 하나 또는 둘 이상의 사무를 공동으로 처리하기 위하여 설립한 법인인 지방자치단체조합이 있다.

## 4. 공공단체

공공단체는 국가로부터 존립목적을 부여받아 행정목적을 수행하는 공법인으로 공공조합(공사단), 공재단, 영조물법인으로 분류된다.

### (1) 공공조합(공사단)

특정한 공공목적을 위하여 설립된 인적 결합체를 말한다.

### (2) 공재단

재단의 설립자가 출연한 재산을 관리하기 위하여 설립된 단체를 말한다.

### (3) 영조물법인

특정한 공공목적을 위하여 계속적으로 제공되는 인적·물적 시설의 결합체를 말한다.

## 5. 공무수탁사인

사인은 일반적으로 행정객체가 되나 예외적으로 공적인 업무를 처리할 권한을 부여받은 사인을 공무수탁사인이라 한다.

## 04 행정기관

## 1. 의의

행정기관이란 행정주체의 행정사무를 담당하고 행정주체를 위해 권한을 행사하는 기관을 말하며, 행정기관에는 행정청, 보조기관, 보좌기관, 자문기관, 의결기관, 집행기관, 감사기관 등이 있다.

## 2. 종류

### (1) 행정청

① 행정주체의 의사를 결정하여 이를 대외적으로 표시할 수 있는 권한을 가진 행정기관을 말하며, 실정법상으로는 행정기관의 장으로 표현된다.

② 행정주체가 국가일 경우에는 행정관청, 지방자치단체일 경우에는 협의의 행정청으로 나누어진다.

### (2) 보조기관

행정청에 소속되어 의사의 결정이나 표시를 보조하는 행정기관을 말한다.

### (3) 보좌기관

행정청 또는 그 보조기관을 보좌하는 행정기관을 말한다.

### (4) 자문기관

행정청의 자문에 응하여 또는 스스로 행정청에 대해 의견을 제시하는 행정기관을 말한다.

### (5) 의결기관

① 행정주체의 의사를 결정할 권한은 가지고 있으나 이를 대외적으로 표시할 수 없는 행정기관을 말한다.

② 의결기관의 결정은 행정청을 구속한다.

### (6) 집행기관

행정청의 명을 받아 행정청의 의사를 집행하는 기관을 말한다.

### (7) 감사기관

행정기관의 회계처리 및 사무집행을 감시·검사하는 권한을 가진 행정기관을 말한다.

## 3. 국가의 행정기관

### (1) 중앙행정기관

① **대통령**: 대통령의 기관에는 감사원, 국가정보원, 대통령비서실, 국가안보실, 대통령경호처, 방송통신위원회 등이 있다.

② **국무총리**: 국무총리의 기관에는 국무조정실, 국무총리비서실, 국가보훈처, 인사혁신처, 법제처, 식품의약안전처, 공정거래위원회, 국민권익위원회, 금융위원회, 개인정보보호위원회, 원자력안전위원회 등이 있다.

③ **행정각부**: 행정각부에는 기획재정부(국세청, 관세청, 조달청, 통계청), 교육부, 과학기술정보통신부, 외교부, 통일부, 법무부(검찰청), 국방부(병무청, 방위사업청), 행정안전부(경찰청, 소방청), 문화체육관광부(문화재청), 농림축산식품부(농촌진흥청, 산림청), 산업통상자원부(특허청), 보건복지부(질병관리청), 환경부(기상청), 고용노동부, 여성가족부, 국토교통부(새만금개발청, 행정중심복합도시건설청), 해양수산부(해양경찰청), 중소벤처기업부가 있다.

### (2) 지방행정기관

① 보통지방행정기관으로 기관위임사무를 처리하는 지방자치단체의 장이 있다.

② 특별지방행정기관으로 국세청 소속의 지방국세청, 병무청 소속의 지방병무청 등이 있다.

## ⑤ 행정작용

### 1. 의의

(1) 행정작용이란 행정주체가 그의 행정목적을 달성하기 위하여 하는 법률적·사실적 작용을 말한다.

(2) 행정작용에는 행정입법, 행정행위, 공법상 계약, 행정계획, 행정지도 등이 있다.

### 2. 종류

#### (1) 행정입법

행정입법이란 행정기관이 일반적(불특정 다수인에게 적용)·추상적(불특정 다수의 사건에 적용) 법규범을 정립하는 것을 말한다.

#### (2) 행정행위

행정행위란 행정청이 구체적 사실에 관한 법집행으로서 행하는 권력적 단독행위를 말한다.

#### (3) 공법상 계약

공법적 효과의 발생을 목적으로 하는 복수당사자 사이의 서로 반대방향의 의사표시의 합치에 의하여 성립하는 계약을 말한다.

#### (4) 행정계획

행정주체가 장래 도달하고자 하는 목표를 설정하고 그를 위하여 필요한 수단 등을 조정·통합하여 그 결과로 설정된 활동기준을 말한다.

#### (5) 행정지도

행정기관이 그 소관사무의 범위 안에서 일정한 행정목적을 달성하기 위하여 사인에게 일정한 행위를 하거나 하지 아니하도록 지도·권고·조언 등을 행하는 것을 말한다.

## ⑥ 행정입법

### 1. 의의

(1) 행정입법이란 행정기관이 일반적·추상적 법규범을 정립하는 것을 말한다.

(2) 협의의 행정입법이란 국가행정권에 의한 입법(법규명령, 행정규칙)을 말하고, 광의의 행정입법이란 국가행정권에 의한 입법과 지방자치단체에 의한 입법(조례, 규칙)을 포함한다.

## 2. 국가행정권에 의한 입법

법규(국민의 권리·의무에 관계되는 법규범)의 성질을 가지는 것을 법규명령이라 하고, 법규의 성질을 가지지 않는 것을 행정규칙이라 한다.

### (1) 법규명령

① 법규명령이란 행정기관이 정립하는 일반적·추상적 명령으로 법규성을 가지는 것을 말한다.
② 효력에 따라 법률대위명령(독립명령)과 법률종속명령으로 구분되며, 법률종속명령에는 위임명령과 집행명령이 있다.
③ 제정권자에 따라 대통령령, 총리령, 부령, 중앙선거관리위원회규칙 등으로 구분된다.

### (2) 행정규칙

① 행정규칙(행정명령)이란 행정조직 내부에서 상급행정기관이 하급행정기관에 대하여 조직이나 활동을 규율하기 위하여 발하는 일반적·추상적 규정을 말한다.
② 내용에 따라 조직규칙, 근무규칙, 재량준칙 등으로 구분된다.
③ 형식에 따라 훈령, 예규, 고시 등으로 구분된다.

## 3. 지방자치단체에 의한 입법

지방의회가 제정하는 법규범을 조례라고 하고, 지방자치단체의 장이 제정하는 법규범을 규칙이라고 한다.

### (1) 조례

지방자치단체가 법령의 범위 안에서 그 사무에 관하여 지방의회의 의결을 거쳐 제정한 것을 말한다.

### (2) 규칙

지방자치단체의 장이 법령이나 조례가 위임한 범위에서 그 권한에 속하는 사무에 관하여 제정한 것을 말한다.

## 07 행정행위

### 1. 의의

행정행위란 행정청이 구체적 사실에 관한 법집행으로서 행하는 권력적 단독행위를 말한다.

## 2. 종류

### (1) 법률행위적 행정행위 · 준법률행위적 행정행위

① **법률행위적 행정행위** : 법률행위적 행정행위란 행정청의 의사표시를 구성요소로 하고 그 표시된 의사의 내용에 따라 법적 효과가 발생하는 행정행위를 말한다.

② **준법률행위적 행정행위** : 준법률행위적 행정행위란 행정청의 의사표시 이외의 정신작용을 구성요소로 하고 법이 정한 바에 따라 그 효과가 발생하는 행정행위를 말한다.

### (2) 기속행위 · 재량행위

① **기속행위** : 기속행위란 행정권 행사의 요건과 효과가 법에 규정되어 있어서 행정청에게 판단의 여지가 없는 행정행위를 말한다.

② **재량행위** : 재량행위란 행정권 행사의 요건과 효과의 선택에 관하여 행정청에게 판단의 여지가 인정되는 행정행위를 말한다.

### (3) 수익적 행정행위 · 부담(침해)적 행정행위 · 복효적 행정행위

① **수익적 행정행위**

　㉠ 수익적 행정행위란 권리 · 이익을 부여하거나 권리의 제한을 폐지하는 등 상대방에게 유리한 효과를 발생시키는 행정행위를 말한다.

　㉡ 허가, 면제, 특허, 인가, 부담적 행정행위의 취소 등이 있다.

② **부담(침해)적 행정행위**

　㉠ 부담(침해)적 행정행위란 권리를 제한하거나 의무를 부과하는 등 상대방에게 불리한 효과를 발생시키는 행정행위를 말한다.

　㉡ 하명, 수익적 행정행위의 취소 등이 있다.

③ **복효적(이중효과적) 행정행위**

　㉠ 복효적(이중효과적) 행정행위란 하나의 행정행위가 수익과 부담이라는 복수의 효과를 발생시키는 행정행위를 말하며, 복효적 행정행위에는 혼합효 행정행위와 제3자효 행정행위가 있다.

　㉡ 혼합효 행정행위는 수익과 부담이라는 복수의 효과가 동일인에게 발생하는 행정행위를 말한다.

　㉢ 제3자효 행정행위는 상대방에게는 이익을 주고 제3자에게는 불이익을 주거나, 상대방에게는 불이익을 주고 제3자에게는 이익을 주는 행정행위를 말하며, 일반적으로 복효적 행정행위란 제3자효 행정행위를 의미한다.

## 3. 법률행위적 행정행위

### (1) 명령적 행위

명령적 행위란 질서유지 등을 위해 행정행위의 상대방에 대하여 작위·부작위·급부·수인 등의 의무를 명하거나 이들 의무를 해제함을 내용으로 하는 행정행위를 말하며, 하명, 허가, 면제로 구분할 수 있다. 명령적 행위는 사인의 자연적 자유를 대상으로 자연적 자유를 제한하거나 그 제한된 자유를 회복시켜 주는 행위라는 점에서, 사인에게 권리나 능력 등 법률상의 힘을 발생·변경·소멸시키는 행위인 형성적 행위와 구별된다.

① **하명**: 하명이란 행정청이 사인에게 작위·부작위·급부·수인 등의 의무를 명하는 행위를 말하며, 작위하명, 부작위하명(금지), 급부하명, 수인하명으로 구분할 수 있다. 하명은 사인의 자유를 제한하거나 의무를 명하는 것을 내용으로 한다.

  ㉠ 작위하명에는 위법건축물의 철거명령 등이 있다.
  ㉡ 부작위하명에는 통행금지, 영업정지처분 등이 있다.
  ㉢ 급부하명에는 조세부과처분 등이 있다.
  ㉣ 수인하명에는 강제입원명령 등이 있다.

② **허가**: 허가란 법령에 의한 일반적·상대적 금지를 특정한 경우에 해제하여 일정한 행위를 할 수 있게 자연적 자유를 회복시켜 주는 행위로 부작위의무를 해제하는 행위를 말하며, 실정법상으로는 허가·면허·인가 등의 용어가 함께 사용되고 있다(건축허가, 영업허가, 자동차운전면허 등).

③ **면제**: 면제란 법령에 의해 일반적으로 부과되어 있는 작위의무·급부의무·수인의무를 특정한 경우에 해제하는 행위를 말한다.

### (2) 형성적 행위

형성적 행위란 행정행위의 상대방에 대하여 일정한 권리·능력·포괄적 법률관계 기타 법률상의 힘을 발생·변경·소멸시키는 행정행위를 말하며, 형성적 행위는 특허, 인가, 대리로 구분할 수 있다.

① **특허**: 특허란 특정인에 대하여 새로운 권리·능력 또는 포괄적 법률관계를 설정하는 행위를 말하며(설권행위), 실정법상으로는 특허·허가·면허 등의 용어가 함께 사용되고 있다(도로점용허가, 귀화허가, 공유수면매립면허 등).

② **인가**: 인가란 제3자의 법률적 행위를 보충하여 그 법률상의 효과를 완성시키는 행위를 말하며(보충행위), 실정법상으로는 인가·허가·승인 등의 용어가 함께 사용되고 있다(도시재개발조합의 설립인가, 비영리법인의 설립허가 등).

③ **대리**: 대리란 행정주체가 제3자가 행할 행위를 대신하여 행하여 그 행위의 효과를 제3자에게 귀속시키는 행위를 말한다(토지수용의 재결 등).

## 4. 준법률행위적 행정행위

### (1) 확인

확인이란 특정한 사실이나 법률관계의 존재 여부 또는 정당성 여부에 관해 의문이나 다툼이 있는 경우에 그에 대하여 판단하는 행위를 말한다(국가시험합격자의 결정, 행정심판의 재결 등).

### (2) 공증

공증이란 특정한 사실이나 법률관계의 존재를 공적으로 증명하는 행위를 말한다(등기, 등록, 증명서의 발급 등).

### (3) 통지

통지란 특정인이나 불특정 다수인에 대해 특정한 사실이나 의사를 알리는 행위를 말한다(납세의 독촉 등).

### (4) 수리

수리란 사인의 행위를 유효한 행위로서 받아들이는 행위를 말한다(행정심판청구서의 수리, 혼인신고의 수리 등).

## 제2절 행정쟁송제도

### 01 개요

**1. 행정구제**

(1) 행정구제는 행정기관의 행정작용으로 인하여 자신의 권리·이익을 침해당한 자 또는 침해당할 우려가 있는 자가 행정기관이나 법원에 대하여 그 행정작용의 시정이나 손해의 전보를 청구할 경우에 행정기관이나 법원이 이를 심리하여 권리·이익의 보호에 관한 판정을 내리는 절차를 의미하며, 행정구제제도는 사전적 구제제도와 사후적 구제제도로 구분할 수 있다.

(2) **사전적 구제제도**

사전적 구제제도란 위법·부당한 행정작용으로 인하여 권리침해가 발생하기 전에 이를 예방하는 제도를 말한다.

① **행정절차** : 행정절차란 행정의사의 결정에 관한 대외적 사전절차(청문, 공청회, 의견제출)를 말한다.

② **청원** : 청원이란 국민이 공권력과의 관계에서 발생하는 여러 가지 이해관계 또는 국정에 관하여 자신의 의견·불만·희망을 진술하거나 시정을 요구하는 것을 말한다.

③ **옴부즈맨제도** : 옴부즈맨제도는 정부의 독주를 막기 위한 일종의 행정감찰관제도이며, 행정기관에 의해 침해받는 각종 국민의 자유와 권리를 제3자의 입장에서 신속·공정하게 조사·처리해 주는 권리구제제도이다.

(3) **사후적 구제제도**

사후적 구제제도란 행정작용으로 인하여 사인의 권리침해가 발생한 경우에 당해 행정작용을 시정하거나 그로 인한 손해를 전보하여 주는 제도를 말하며, 일반적으로 행정구제제도란 사후적 구제제도를 의미한다.

① **행정상 손해전보제도**

㉠ **손해배상** : 손해배상이란 공무원의 위법한 직무행위나 공공영조물의 설치·관리의 하자로 인하여 사인에게 손해가 발생한 경우에 행정주체가 그 손해를 배상하는 것을 말한다.

㉡ **손실보상** : 손실보상이란 적법한 공권력행사에 의하여 가해진 사인의 재산상의 특별한 손해에 대하여 행정주체가 행하는 보상을 말한다.

② **행정쟁송제도**

㉠ **행정심판** : 행정심판이란 행정청의 위법 또는 부당한 처분 기타 공권력의 행사·불행사 등으로 인하여 자신의 권리나 이익을 침해당한 자가 행정기관에 대하여 그 시정을 구하는 절차를 말한다.

ⓒ **행정소송** : 행정소송이란 행정청의 공권력 행사에 대한 불복 및 기타 행정법상의 법률관계에 대한 다툼에 대하여 법원이 정식의 절차에 의해 분쟁을 해결하는 절차를 말한다.

---

**◖ 행정구제제도**

**1. 사전적 구제제도**
(1) 행정절차
(2) 청원
(3) 옴부즈맨제도

**2. 사후적 구제제도**
(1) 행정상 손해전보제도
  ① 손해배상
  ② 손실보상
(2) 행정쟁송제도
  ① 행정심판
  ② 행정소송

---

## 2. 행정쟁송

(1) 쟁송이란 법률관계의 형성 또는 존부에 관하여 당사자 간에 다툼이 있는 경우에 일정한 국가기관이 유권적으로 이를 심리하고 판정하는 일련의 절차를 의미하고, 행정상의 법률관계에 관한 쟁송을 행정쟁송이라고 한다.

(2) 행정쟁송이란 행정상의 법률관계에 관한 다툼을 당사자의 청구에 의해 일정한 국가기관이 심리·판정하는 절차를 말하며, 행정쟁송은 국민의 권리구제기능과 행정통제의 기능을 수행함으로써 실질적 법치국가의 구현에 핵심적인 역할을 한다.

(3) 행정쟁송은 모든 행정작용은 법에 적합하여야 하며, 행정의 목적과 공익에 합당한 타당성을 가져야 한다는 데 이론적 근거를 가지고 있으며, 행정작용이 위법·부당한 경우에는 이를 시정하여 행정의 적법성을 확보하기 위한 수단으로 이용된다.

## 3. 현행 행정쟁송제도

(1) 「헌법」에서는 명령·규칙 또는 처분이 헌법이나 법률에 위반되는 여부가 재판의 전제가 된 경우에는 대법원은 이를 최종적으로 심사할 권한을 가진다(헌법 제107조 제2항)고 규정함으로써, 행정쟁송도 대법원을 최고법원으로 하는 일반법원의 권한에 속함을 명시하고 있고, 행정사건의 특수성을 고려하여 재판의 전심절차로서 행정심판을 할 수 있다(헌법 제107조 제3항)고 규정하고 있다.

(2) 현행 행정쟁송제도에는 행정심판제도와 행정소송제도가 있으며, 행정심판에 관한 일반법으로 「행정심판법」이 있으며, 행정소송에 관한 일반법으로 「행정소송법」이 있다.

### (3) 행정소송의 대상

① 행정소송은 행정목적 실현을 위한 국가나 공공단체 상호 간이나 이들과 사인과의 관계인 공법상의 법률관계를 대상으로 하고, 민사소송은 사인 상호 간의 사법상의 법률관계를 대상으로 한다.

② 국가나 공공단체가 당사자의 일방 또는 쌍방인 법률관계가 행정소송의 대상이 되는 공법관계이지만, 국가 또는 공공단체가 사경제적 지위에서 행한 법률관계는 사법관계이므로 행정소송의 대상이 되지 않는다.

## 02 행정쟁송의 종류

### 1. 정식쟁송과 약식쟁송

(1) 정식쟁송은 판정기관이 쟁송당사자와 이해관계가 없는 제3자의 지위에 있고, 그 심리절차에 있어서 당사자에게 구두변론이 보장되는 등 분쟁의 공정한 해결을 보장하는 요건을 갖춘 쟁송을 말하며, 행정소송이 이에 해당한다.

(2) 약식쟁송은 판정기관 또는 심리절차의 요건 중 일부가 결여된 쟁송을 말하며, 행정심판이 이에 해당한다.

### 2. 항고쟁송과 당사자쟁송

(1) 항고쟁송은 이미 행하여진 행정청의 처분이나 부작위의 위법 또는 부당을 이유로 그 취소·변경 등을 구하는 쟁송을 말한다.

(2) 당사자쟁송은 행정법상 대등한 두 당사자 사이에서의 법률관계의 형성·존부에 관한 다툼에 대하여 그 해결을 구하는 쟁송을 말한다.

### 3. 시심적 쟁송과 복심적 쟁송

(1) 시심적 쟁송은 행정법 관계의 형성이나 존부에 관한 1차적 행정작용 자체가 분쟁을 해결하는 절차를 거쳐 행하여지는 경우의 쟁송을 말하며, 당사자쟁송이 이에 해당한다.

(2) 복심적 쟁송은 이미 행하여진 행정청의 처분이나 부작위의 위법 또는 부당을 다투어서 이의 재심사를 구하는 쟁송을 말하며, 항고쟁송이 이에 해당한다.

## 4. 주관적 쟁송과 객관적 쟁송

(1) 주관적 쟁송은 행정청의 처분이나 부작위로 인해 사인의 권리·이익이 침해된 경우 그 구제를 구하는 쟁송을 말하며, 권리 또는 법률상 이익의 침해를 받은 자만이 제기할 수 있다. 통상적인 행정쟁송(항고쟁송과 당사자쟁송)이 이에 해당한다.

(2) 객관적 쟁송은 행정의 적법·타당성 확보를 위하여 인정되며, 공익을 주된 보호목적으로 하는 쟁송을 말하며, 이러한 객관적 쟁송은 법률의 명시적 규정이 있는 경우에만 인정된다. 민중쟁송과 기관쟁송이 이에 해당한다.

## 5. 행정심판과 행정소송

### (1) 행정심판

행정심판은 행정법상의 분쟁에 대하여 행정기관이 스스로 심리하고 판정하는 쟁송절차로서 약식쟁송을 말한다.

① 행정심판은 행정심판위원회가 판정기관이 된다.

② 행정심판은 처분이나 부작위의 적법성이라는 법률문제뿐만 아니라 당·부당의 공익문제도 판단의 대상으로 한다.

③ 행정심판은 간이하고 신속한 처리에 중점을 두어 원칙적으로 서면심리절차에 의하는 등 약식쟁송이다.

### (2) 행정소송

행정소송은 법원(행정법원)이 주체가 되어 행정법상의 분쟁을 해결하는 절차로서 정식쟁송을 말한다.

① 행정소송은 법원이 판정기관이 된다.

② 행정소송은 처분등이나 부작위의 적법성 여부에 관한 법률문제를 판단의 대상으로 한다.

③ 행정소송은 심리의 신중·공정을 기하기 위하여 원칙적으로 구술심리절차에 의하는 등 정식쟁송이다.

## 제3절 행정심판개요

### ⓞ① 행정심판의 의의

**1.** 행정심판이란 행정청의 위법 또는 부당한 처분 기타 공권력의 행사·불행사 등으로 인하여 자신의 권리나 이익을 침해당한 자가 행정기관에 대하여 그 시정을 구하는 절차를 말한다.

**2.** 행정심판은 형식적으로는 행정작용이나 실질적으로는 사법작용이라는 특색을 가진다.

### ⓞ② 행정심판의 종류

### 1. 취소심판

(1) 취소심판이란 행정청의 위법 또는 부당한 처분을 취소하거나 변경하는 행정심판을 말한다.

(2) 행정심판위원회는 취소심판의 청구가 이유가 있다고 인정하면 처분을 취소 또는 다른 처분으로 변경하거나(형성적 재결), 처분을 다른 처분으로 변경할 것을 피청구인에게 명한다(이행적 재결).

### 2. 무효등확인심판

(1) 무효등확인심판이란 행정청의 처분의 효력 유무 또는 존재 여부를 확인하는 행정심판을 말한다.

(2) 행정심판위원회는 무효등확인심판의 청구가 이유가 있다고 인정하면 처분의 효력 유무 또는 처분의 존재 여부를 확인한다.

### 3. 의무이행심판

(1) 의무이행심판이란 당사자의 신청에 대한 행정청의 위법 또는 부당한 거부처분이나 부작위에 대하여 일정한 처분을 하도록 하는 행정심판을 말한다.

(2) 행정심판위원회는 의무이행심판의 청구가 이유가 있다고 인정하면 지체 없이 신청에 따른 처분을 하거나(형성적 재결), 처분을 할 것을 피청구인에게 명한다(이행적 재결).

## ⑬ 행정심판과 유사한 제도와의 구별

### 1. 이의신청과의 구별

(1) 이의신청이란 행정청의 위법·부당한 처분으로 인해 권리나 이익이 침해된 자가 통상 처분청에 불복을 제기하는 절차를 말한다.

(2) 행정심판은 원칙적으로 처분청의 직근 상급행정청에 제기하는 쟁송이지만, 이의신청은 처분청에 제기하는 쟁송이다.

(3) 행정심판은 원칙적으로 모든 위법·부당한 처분에 대해 인정되지만, 이의신청은 각 개별법에서 정하고 있는 처분에 대해서만 인정된다.

### 2. 청원과의 구별

(1) 행정심판은 기본적으로 권리구제를 위한 쟁송제도인 데 반해, 청원은 쟁송수단이라기보다는 국정에 대한 국민의 정치적 의사표시를 보장하기 위한 제도로서의 성질이 강하다.

(2) 행정심판은 제기권자와 제기사항 등에 제한이 있으나, 청원은 원칙적으로 누구든지 어떠한 사항에 대해서도 제출할 수 있다는 점에서 차이가 있다.

### 3. 진정과의 구별

(1) 진정이란 아무런 형식·절차상의 제한 없이 행정청에 대하여 잘못의 시정 등을 희망하는 사실행위를 말한다.

(2) 진정에 대한 행정청의 답변은 아무런 법적 구속력을 가지지 못하나, 행정심판의 재결은 법적 구속력이 인정된다는 점에서 진정과 구별된다.

## ⑭ 행정심판의 존재이유

### 1. 자율적 행정통제

행정심판은 행정법 관계에 대한 분쟁에 있어서 행정청 스스로 심판기관이 됨으로써 행정의 자기통제 기능의 기회를 부여한다.

## 2. 행정전문지식 활용(사법기능의 보완)

현대사회의 분쟁은 전문성·기술성을 내포하고 있는 경우가 많은데 이러한 분쟁을 해결함에 있어서는 법원보다는 전문적 지식을 가지고 있는 행정청이 판단하는 것이 보다 용이할 수 있다. 이러한 점에서 행정심판은 사법기능을 보완하는 역할을 한다.

## 3. 행정의 능률보장

사법절차에 의한 심판은 국민의 권리구제의 측면에서는 충실할 수 있으나 상당한 시일이 소요됨으로 인해 행정의 능률성을 저해할 수 있다. 따라서 신속·간편한 행정심판에 의해 행정상 분쟁을 해결함으로써 행정능률에 이바지할 수 있다.

## 4. 쟁송경제의 확보

행정심판은 약식절차라는 점에서 정식의 절차인 행정소송보다 시간·비용면에서 효율적일 수 있다.

## 5. 법원의 부담경감

행정심판에 의해 분쟁을 해결함으로써 행정소송사건을 줄이고, 또한 행정심판에 의해 분쟁이 종결되지 않았더라도 중요한 쟁점들을 행정심판 단계에서 정리함으로써 법원의 부담이 완화될 수 있다.

## 제4절 행정소송개요

### 01 행정소송의 의의

행정소송이란 행정청의 공권력 행사에 대한 불복 및 기타 행정법상의 법률관계에 대한 다툼에 대하여 법원이 정식의 절차에 의해 분쟁을 해결하는 절차를 말한다.

### 1. '행정법상'의 법률관계에 관한 다툼

행정소송은 행정법상의 법률관계에 관한 다툼이라는 점에서 사법관계에 관한 다툼을 해결하는 민사소송, 국가형벌권 행사에 관한 다툼인 형사소송과 구별된다.

### 2. '법원'이 하는 작용

행정소송은 사법부에 속한 법원이 분쟁을 해결하는 작용이라는 점에서 원칙적으로 상급행정청이 분쟁을 해결하는 작용인 행정심판과 구별된다.

### 3. '정식'의 쟁송

행정소송은 행정부와는 독립된 지위에 있는 법원이 구술심리, 공개심리 등을 통해 당사자의 절차적 권리가 강화된 상태에서 분쟁을 해결하는 정식쟁송절차라는 점에서, 행정청이 서면심리 또는 비공개심리 등을 통해서 분쟁을 해결하는 약식쟁송절차인 행정심판과 구별된다.

### 02 행정소송의 종류

「행정소송법」은 행정소송을 그 내용에 따라 항고소송·당사자소송·민중소송·기관소송으로 구분하고 있다.

### 1. 항고소송

행정청의 처분등(행정청이 행하는 구체적 사실에 관한 법집행으로서의 공권력의 행사 또는 그 거부와 그 밖에 이에 준하는 행정작용 및 행정심판에 대한 재결을 말한다)이나 부작위(행정청이 당사자의 신청에 대하여 상당한 기간 내에 일정한 처분을 하여야 할 법률상 의무가 있음에도 불구하고 이를 하지 아니하는 것을 말한다)에 대하여 제기하는 소송을 말한다.

(1) **취소소송**

행정청의 위법한 처분등을 취소 또는 변경하는 소송을 말한다.

(2) **무효등확인소송**

행정청의 처분등의 효력 유무 또는 존재 여부를 확인하는 소송을 말한다.

(3) **부작위위법확인소송**

행정청의 부작위가 위법하다는 것을 확인하는 소송을 말한다.

## 2. 당사자소송

행정청의 처분등을 원인으로 하는 법률관계에 관한 소송 그 밖에 공법상의 법률관계에 관한 소송으로서 그 법률관계의 한쪽 당사자를 피고로 하는 소송을 말한다.

## 3. 민중소송

국가 또는 공공단체의 기관이 법률에 위반되는 행위를 한 때에 직접 자기의 법률상 이익과 관계없이 그 시정을 구하기 위하여 제기하는 소송을 말한다.

## 4. 기관소송

국가 또는 공공단체의 기관 상호 간에 있어서의 권한의 존부 또는 그 행사에 관한 다툼이 있을 때에 이에 대하여 제기하는 소송을 말한다. 다만, 「헌법재판소법」에 의하여 헌법재판소의 관장사항으로 되는 소송은 제외한다.

---

**⬤ 헌법재판소의 관장사항**

(1) 법원의 제청(提請)에 의한 법률의 위헌(違憲) 여부 심판
(2) 탄핵(彈劾)의 심판
(3) 정당의 해산심판
(4) 국가기관 상호 간, 국가기관과 지방자치단체 간 및 지방자치단체 상호 간의 권한쟁의(權限爭議)에 관한 심판
(5) 헌법소원(憲法訴願)에 관한 심판

---

## (03) 취소소송

## 1. 의의

취소소송이란 행정청의 위법한 처분등을 취소 또는 변경하는 소송을 말한다.

## 2. 재판관할

(1) 취소소송의 제1심 관할법원은 피고의 소재지를 관할하는 행정법원으로 하나, 중앙행정기관, 중앙행정기관의 부속기관과 합의제행정기관 또는 그 장, 국가의 사무를 위임 또는 위탁받은 공공단체 또는 그 장에 해당하는 피고에 대하여 취소소송을 제기하는 경우에는 대법원 소재 지를 관할하는 행정법원에 제기할 수 있다.

① 「행정소송법」에서 정한 행정사건과 다른 법률에 의하여 행정법원의 권한에 속하는 사건은 행정법원(합의부 · 단독판사)이 제1심법원으로 재판한다.

② 행정법원의 재판에 대하여는 고등법원에 항소할 수 있고, 고등법원의 재판에 대하여는 대 법원에 상고할 수 있다.

③ 현재 행정법원은 서울에만 설치되어 있고, 지방은 지방법원 본원이 제1심법원이다.

(2) 토지의 수용 기타 부동산 또는 특정의 장소에 관계되는 처분등에 대한 취소소송은 그 부동산 또는 장소의 소재지를 관할하는 행정법원에 이를 제기할 수 있다.

## 3. 당사자

(1) **당사자능력**

① 당사자능력이란 소송상 당사자(원고 · 피고 · 참가인)가 될 수 있는 능력을 말한다.

② 당사자능력은 소송법관계의 주체가 될 수 있는 능력을 의미한다.

③ 행정소송상 당사자능력은 「민법」 등의 법률에 의해 권리능력이 부여된 자(자연인 · 법인) 에게 인정될 뿐만 아니라 대표자 또는 관리인이 있으면 권리능력 없는 사단이나 재단의 경우에도 인정된다.

(2) **원고적격**

① 취소소송은 처분등의 취소를 구할 법률상 이익이 있는 자가 제기할 수 있다.

② 처분등의 효과가 기간의 경과, 처분등의 집행 그 밖의 사유로 인하여 소멸된 뒤에도 그 처분등의 취소로 인하여 회복되는 법률상 이익이 있는 자의 경우에는 소송을 제기할 수 있다.

(3) **피고적격**

① 취소소송은 다른 법률에 특별한 규정이 없는 한 그 처분등을 행한 행정청을 피고로 한다.

② 처분등이 있은 뒤에 그 처분등에 관계되는 권한이 다른 행정청에 승계된 때에는 이를 승 계한 행정청을 피고로 한다.

③ 처분등을 행한 행정청이 없게 된 때에는 그 처분등에 관한 사무가 귀속되는 국가 또는 공공단체를 피고로 한다.

### (4) 피고경정

① 원고가 피고를 잘못 지정한 때에는 법원은 원고의 신청에 의하여 결정으로써 피고의 경정을 허가할 수 있다.

② 피고의 경정결정이 있은 때에는 새로운 피고에 대한 소송은 처음에 소를 제기한 때에 제기된 것으로 본다.

③ 피고의 경정결정이 있은 때에는 종전의 피고에 대한 소송은 취하된 것으로 본다.

④ 취소소송이 제기된 후에 그 처분등에 관계되는 권한이 다른 행정청에 승계된 때 또는 처분등을 행한 행정청이 없게 된 때에는 법원은 당사자의 신청 또는 직권에 의하여 피고를 경정한다.

### (5) 공동소송

수인의 청구 또는 수인에 대한 청구가 처분등의 취소청구와 관련되는 청구인 경우에 한하여 그 수인은 공동소송인이 될 수 있다.

### (6) 소송참가

① **제3자의 소송참가** : 법원은 소송의 결과에 따라 권리 또는 이익의 침해를 받을 제3자가 있는 경우에는 당사자 또는 제3자의 신청 또는 직권에 의하여 결정으로써 그 제3자를 소송에 참가시킬 수 있다.

② **행정청의 소송참가** : 법원은 다른 행정청을 소송에 참가시킬 필요가 있다고 인정할 때에는 당사자 또는 해당 행정청의 신청 또는 직권에 의하여 결정으로써 그 행정청을 소송에 참가시킬 수 있다.

## 4. 소의 제기

### (1) 취소소송의 대상

취소소송은 처분등을 대상으로 한다. 다만, 재결취소소송의 경우에는 재결 자체에 고유한 위법이 있음을 이유로 하는 경우에 한한다.

### (2) 제소기간

① 취소소송은 처분등이 있음을 안 날부터 90일 이내에 제기하여야 한다. 다만, 다른 법률에 해당 처분에 대한 행정심판의 재결을 거치지 아니하면 취소소송을 제기할 수 없다는 규정이 있는 때와 그 밖에 행정심판청구를 할 수 있는 경우 또는 행정청이 행정심판청구를 할 수 있다고 잘못 알린 경우에 행정심판청구가 있은 때의 기간은 재결서의 정본을 송달받은 날부터 기산한다.

② 취소소송은 처분등이 있은 날부터 1년 이내에 제기하여야 한다. 다만, 다른 법률에 당해 처분에 대한 행정심판의 재결을 거치지 아니하면 취소소송을 제기할 수 없다는 규정이 있는 때와 그 밖에 행정심판청구를 할 수 있는 경우 또는 행정청이 행정심판청구를 할 수 있다고 잘못 알린 경우에 행정심판청구가 있은 때의 기간은 재결이 있은 날부터 기산한다.

### (3) 소의 변경

법원은 취소소송을 해당 처분등에 관계되는 사무가 귀속하는 국가 또는 공공단체에 대한 당사자소송 또는 취소소송 외의 항고소송으로 변경하는 것이 상당하다고 인정할 때에는 청구의 기초에 변경이 없는 한 사실심의 변론종결시까지 원고의 신청에 의하여 결정으로써 소의 변경을 허가할 수 있다.

### (4) 처분변경으로 인한 소의 변경

① 법원은 행정청이 소송의 대상인 처분을 소가 제기된 후 변경한 때에는 원고의 신청에 의하여 결정으로써 청구의 취지 또는 원인의 변경을 허가할 수 있다.
② 처분변경으로 인한 소의 변경신청은 처분의 변경이 있음을 안 날로부터 60일 이내에 하여야 한다.

### (5) 집행정지

① 취소소송의 제기는 처분등의 효력이나 그 집행 또는 절차의 속행에 영향을 주지 아니한다.
② 취소소송이 제기된 경우에 처분등이나 그 집행 또는 절차의 속행으로 인하여 생길 회복하기 어려운 손해를 예방하기 위하여 긴급한 필요가 있다고 인정할 때에는 본안이 계속되고 있는 법원은 당사자의 신청 또는 직권에 의하여 처분등의 효력이나 그 집행 또는 절차의 속행의 전부 또는 일부의 정지를 결정할 수 있다. 다만, 처분의 효력정지는 처분등의 집행 또는 절차의 속행을 정지함으로써 목적을 달성할 수 있는 경우에는 허용되지 아니한다.
③ 집행정지는 공공복리에 중대한 영향을 미칠 우려가 있을 때에는 허용되지 아니한다.

### (6) 집행정지의 취소

집행정지의 결정이 확정된 후 집행정지가 공공복리에 중대한 영향을 미치거나 그 정지 사유가 없어진 때에는 당사자의 신청 또는 직권에 의하여 결정으로써 집행정지의 결정을 취소할 수 있다.

## 5. 심리

### (1) 심리의 원칙

① 판결의 기초가 되는 사실과 증거의 수집을 당사자의 책임으로 하는 변론주의를 원칙으로 한다.

② 법원은 필요하다고 인정할 때에는 직권으로 증거조사를 할 수 있고, 당사자가 주장하지 아니한 사실에 대하여도 판단할 수 있다(행정소송법 제26조).

③ 법원은 변론주의를 원칙으로 하면서 보충적 직권증거조사를 할 수 있다.

### (2) 요건심리

① 요건심리란 해당 소송이 소송제기요건을 구비한 적법한 소송인가를 심리하는 것을 말하고, 요건심리의 결과 소송제기요건이 구비되어 있지 않다고 인정되면 이를 각하하게 된다.

② 요건은 사실심의 변론종결시까지 구비되면 된다. 요건구비의 여부는 법원의 직권조사사항이다.

### (3) 본안심리

본안심리란 요건심리의 결과 소송요건이 구비된 경우에 청구를 인용할 것인가 또는 기각할 것인가를 판단하기 위해 본안에 대해 심리하는 것을 말한다.

### (4) 행정심판기록의 제출명령

① 법원은 당사자의 신청이 있는 때에는 결정으로써 재결을 행한 행정청에 대하여 행정심판에 관한 기록의 제출을 명할 수 있다.

② 행정심판에 관한 기록의 제출명령을 받은 행정청은 지체 없이 해당 행정심판에 관한 기록을 법원에 제출하여야 한다.

## 6. 재판

### (1) 각하판결

① 각하판결이란 소송요건(본안판단의 전제요건)의 결여로 인하여 본안의 심리를 거부하는 판결을 말한다.

② 각하판결은 취소청구의 대상인 처분의 위법성에 관한 판단은 아니므로 원고는 결여된 요건을 보완하여 다시 소를 제기할 수 있다.

### (2) 인용판결

① 인용판결이란 원고의 청구가 이유 있음을 인정하여 처분 등의 취소·변경을 행하는 판결을 의미한다.

② 판결의 주문은 그 내용이 특정되어야 하고, 그 주문 자체에 의하여 특정할 수 있어야 한다.

③ 행정청의 재량에 속하는 처분이라도 재량권의 한계를 넘거나 그 남용이 있는 때에는 법원은 이를 취소할 수 있다.

### (3) 기각판결

① 기각판결이란 원고의 청구를 배척하는 판결을 말한다.

② 기각판결에는 원고의 청구에 합리적인 이유가 없기 때문에 배척하는 경우(일반의 기각판결)와 원고의 청구에 이유가 있으나 배척하는 경우(사정판결)의 2종류가 있다.

### (4) 사정판결

① 원고의 청구가 이유 있다고 인정하는 경우에도 처분등을 취소하는 것이 현저히 공공복리에 적합하지 아니하다고 인정하는 때에는 법원은 원고의 청구를 기각할 수 있다. 이 경우 법원은 그 판결의 주문에서 그 처분등이 위법함을 명시하여야 한다.

② 법원이 사정판결을 함에 있어서는 미리 원고가 그로 인하여 입게 될 손해의 정도와 배상방법 그 밖의 사정을 조사하여야 한다.

③ 원고는 피고인 행정청이 속하는 국가 또는 공공단체를 상대로 손해배상, 제해시설의 설치 그 밖에 적당한 구제방법의 청구를 해당 취소소송등이 계속된 법원에 병합하여 제기할 수 있다.

## 7. 판결의 효력

### (1) 자박력

법원이 판결을 선고하면 선고법원 자신도 판결의 내용을 취소·변경할 수 없게 된다. 이를 판결의 자박력 또는 불가변력이라 한다. 자박력은 선고법원에 대한 효력이다.

### (2) 형식적 확정력

상소의 포기, 모든 심급을 거친 경우 혹은 상소제기기간의 경과 등으로 인해 판결에 불복하는 자가 더 이상 판결을 상소로써 다툴 수 없게 되는바, 이 경우에 판결이 갖는 구속력을 형식적 확정력 또는 불가쟁력이라 한다. 형식적 확정력은 당사자와 이해관계자, 즉 법원의 판결에 불복할 수 있는 자에 대한 효력이다.

### (3) 실질적 확정력(기판력)

① 판결이 확정되면 그 후의 절차에서 동일한 사항이 문제되는 경우에도 당사자와 이들의 승계인은 기존 판결에 반하는 주장을 할 수 없을 뿐만 아니라 법원도 그것에 반하는 판단을 할 수 없는 구속을 받는바, 이러한 구속력을 실질적 확정력(기판력)이라 한다.

② 판결의 기판력이 발생하면, 당사자는 동일한 소송물을 대상으로 다시 소를 제기할 수 없고 (반복금지효), 후소에서 당사자는 기판력을 발생하고 있는 전소의 확정판결의 내용에 반하는 주장을 할 수 없고, 법원은 전소판결에 반하는 판단을 할 수 없다(모순금지효).

### (4) 형성력

① 취소판결이 확정되면 행정청에 의한 특별한 의사표시 내지 절차 없이 당연히 행정상 법률관계의 발생·변경·소멸의 효과가 발생한다. 이를 형성력이라 한다.

② 행정처분을 취소한다는 확정판결이 있으면 그 취소판결의 형성력에 의하여 해당 행정처분의 취소나 취소통지 등의 별도의 절차를 요하지 아니하고 당연히 취소의 효과가 발생한다.

③ 취소판결의 형성력은 소급한다.

④ 처분등을 취소하는 확정판결은 제3자에 대하여도 효력이 있다.

### (5) 기속력

① **의의**: 처분등을 취소하는 확정판결은 그 사건에 관하여 당사자인 행정청과 그 밖의 관계 행정청을 기속한다. 이를 기속력이라 하며, 반복금지의무와 재처분의무를 내용으로 한다.

② **반복금지의무**: 반복금지의무란 당사자인 행정청은 물론이고 그 밖의 관계 행정청도 확정판결에 저촉되는 처분을 할 수 없음을 의미한다.

③ **재처분의무**

㉠ 재처분의무란 행정청이 판결의 취지에 따른 처분을 하여야 함을 의미한다.

㉡ 판결에 의하여 취소되는 처분이 당사자의 신청을 거부하는 것을 내용으로 하는 경우에는 그 처분을 행한 행정청은 판결의 취지에 따라 다시 이전의 신청에 대한 처분을 하여야 한다(행정소송법 제30조 제2항).

㉢ 행정청이 판결의 취지에 따라 다시 이전의 신청에 대한 처분을 하지 아니하는 때에는 제1심수소법원은 당사자의 신청에 의하여 결정으로써 상당한 기간을 정하고 행정청이 그 기간 내에 이행하지 아니하는 때에는 그 지연기간에 따라 일정한 배상을 할 것을 명하거나 즉시 손해배상을 할 것을 명할 수 있다(행정소송법 제34조 제1항).

## ⑭ 무효등확인소송

### 1. 의의

무효등확인소송이란 행정청의 처분등의 효력 유무 또는 존재 여부를 확인하는 소송을 말한다.

### 2. 재판관할

무효등확인소송의 제1심 관할법원은 피고의 소재지를 관할하는 행정법원으로 하나, 중앙행정기관, 중앙행정기관의 부속기관과 합의제행정기관 또는 그 장, 국가의 사무를 위임 또는 위탁받은 공공단체 또는 그 장에 해당하는 피고에 대하여 취소소송을 제기하는 경우에는 대법원 소재지를 관할하는 행정법원에 제기할 수 있다.

## 3. 당사자

### (1) 원고적격

무효등확인소송은 처분등의 효력 유무 또는 존재 여부의 확인을 구할 법률상 이익이 있는 자가 제기할 수 있다.

### (2) 피고적격

처분등을 행한 행정청을 피고로 한다.

## 05 부작위위법확인소송

### 1. 의의

부작위위법확인소송이란 행정청의 부작위가 위법하다는 것을 확인하는 소송을 말한다.

### 2. 재판관할

부작위위법확인소송의 제1심 관할법원은 피고의 소재지를 관할하는 행정법원으로 하나, 중앙행정기관, 중앙행정기관의 부속기관과 합의제행정기관 또는 그 장, 국가의 사무를 위임 또는 위탁받은 공공단체 또는 그 장에 해당하는 피고에 대하여 취소소송을 제기하는 경우에는 대법원 소재지를 관할하는 행정법원에 제기할 수 있다.

### 3. 당사자

### (1) 원고적격

부작위위법확인소송은 처분의 신청을 한 자로서 부작위의 위법의 확인을 구할 법률상 이익이 있는 자만이 제기할 수 있다.

### (2) 피고적격

부작위의 행정청을 피고로 한다.

## 제5절 행정심판전치주의

### 01 개요

#### 1. 행정심판전치의 의의

(1) 행정심판의 전치란 사인이 행정소송의 제기에 앞서서 행정청에 대해 먼저 행정심판의 제기를 통해 처분의 시정을 구하고, 그 시정에 불복이 있을 때 소송을 제기하는 것을 말한다.

(2) 행정심판의 전치를 필수적인 절차로 하는 원칙을 행정심판전치주의라 부른다.

(3) 현행법은 행정심판의 전치를 임의적인 절차로 하고 있다.

(4) 행정심판의 전치는 행정소송과 행정심판의 제도적 결합을 의미한다.

#### 2. 행정심판전치의 취지

(1) 행정청에 대하여 자기반성에 의한 자율적 시정의 기회를 부여함과 동시에 행정청의 전문지식의 활용 및 행정능률을 보장하고, 법원의 부담을 경감하기 위한 것이다.

(2) 행정청에 대하여는 행정권 스스로에 의한 시정의 기회를 줌으로써 행정권의 자율성 내지 자기통제를 확보하고, 법원에 대하여는 행정청의 전문적인 지식을 활용하게 하고 아울러 법원의 부담을 경감해 주고 이로써 경제적이고 신속한 분쟁의 해결을 확보하고, 개인에 대해서는 자신의 권리를 보호하는 데 있다.

#### 3. 행정심판전치의 법적 근거

(1) 행정심판전치의 헌법적 근거는 「헌법」 제107조 제3항이다.

> **헌법**
> **제107조 제3항** 재판의 전심절차로서 행정심판을 할 수 있다. 행정심판의 절차는 법률로 정하되, 사법절차가 준용되어야 한다.

(2) 행정심판전치의 일반적 근거규정으로는 「헌법」 제107조 제3항에 따른 「행정소송법」 제18조가 있다.

> **행정소송법**
>
> **제18조**  ① 취소소송은 법령의 규정에 의하여 당해 처분에 대한 행정심판을 제기할 수 있는 경우에도 이를 거치지 아니하고 제기할 수 있다. 다만, 다른 법률에 당해 처분에 대한 행정심판의 재결을 거치지 아니하면 취소소송을 제기할 수 없다는 규정이 있는 때에는 그러하지 아니하다.
>
> ② 제1항 단서의 경우에도 다음 각 호의 1에 해당하는 사유가 있는 때에는 행정심판의 재결을 거치지 아니하고 취소소송을 제기할 수 있다.
>
> 1. 행정심판청구가 있은 날로부터 60일이 지나도 재결이 없는 때
> 2. 처분의 집행 또는 절차의 속행으로 생길 중대한 손해를 예방하여야 할 긴급한 필요가 있는 때
> 3. 법령의 규정에 의한 행정심판기관이 의결 또는 재결을 하지 못할 사유가 있는 때
> 4. 그 밖의 정당한 사유가 있는 때
>
> ③ 제1항 단서의 경우에 다음 각 호의 1에 해당하는 사유가 있는 때에는 행정심판을 제기함이 없이 취소소송을 제기할 수 있다.
>
> 1. 동종사건에 관하여 이미 행정심판의 기각재결이 있은 때
> 2. 서로 내용상 관련되는 처분 또는 같은 목적을 위하여 단계적으로 진행되는 처분 중 어느 하나가 이미 행정심판의 재결을 거친 때
> 3. 행정청이 사실심의 변론종결 후 소송의 대상인 처분을 변경하여 당해 변경된 처분에 관하여 소를 제기하는 때
> 4. 처분을 행한 행정청이 행정심판을 거칠 필요가 없다고 잘못 알린 때
>
> ④ 제2항 및 제3항의 규정에 의한 사유는 이를 소명하여야 한다.

## ⑫ 임의적 행정심판전치(원칙)

### 1. 내용

(1) 취소소송은 법령의 규정에 의하여 당해 처분에 대한 행정심판을 제기할 수 있는 경우에도 이를 거치지 아니하고 제기할 수 있다(행정소송법 제18조 제1항 본문).

(2) 법률상 행정심판의 전치에 관해 규정하는 바가 없거나, 또는 법률상 행정심판의 전치에 관한 규정이 있어도 그것이 강제되는 경우가 아니라면 행정심판을 거쳐 소송을 제기할 것인지의 여부는 제소자가 판단할 사항이다.

### 2. 임의적 행정심판전치에서 행정심판의 실익

(1) 행정심판은 행정소송의 경우와 다르게 위법 이외에 부당을 주장할 수 있다.

(2) 행정심판은 행정소송에 비하여 비교적 간편하다는 장점이 있다.

## ⑬ 필요적 행정심판전치(예외)

### 1. 내용

(1) 다른 법률에 당해 처분에 대한 행정심판의 재결을 거치지 아니하면 취소소송을 제기할 수 없다는 규정이 있는 때에는 반드시 행정심판의 재결을 거쳐야만 제소할 수 있다(행정소송법 제18조 제1항 단서).

(2) 다른 법률이란 「행정소송법」 이외의 법률(예 소청에 관해 규정하는 「국가공무원법」, 심사청구·심판청구를 규정하는 「국세기본법」, 「도로교통법」)을 말한다.

(3) 규정이란 명문의 규정을 말하며, 재결을 거치는 것이 필수적이라는 점을 해석을 통해서 주장할 수는 없다.

(4) 필요적 행정심판전치가 적용되는 경우에 있어서 그 요건을 구비하였는가의 여부는 소송요건으로서 당사자의 주장의 유무에 불구하고 법원이 직권으로 조사할 사항에 속한다(대판 1982. 12. 28, 82누7).

### 2. 필요적 행정심판전치의 적용을 받는 처분

필요적 행정심판전치가 적용되는 행정처분은 대량적으로 행해지고, 전문적·기술적인 성질을 갖는 처분이다.

(1) 행정조직을 구성하는 인적 요소인 공무원의 신분 등에 대한 징계처분을 비롯한 불이익처분

(2) 국가의 재정활동 유지를 위하여 국민의 사유재산권에 대한 특별한 희생을 요구하는 각종 세법상의 처분

(3) 현대생활에서 많은 비중을 차지하고 있으며, 생활관계에 밀접한 자동차운전면허 취소처분 등이 있다.

### 3. 필요적 행정심판전치가 적용되는 소송

(1) 행정소송에는 항고소송·당사자소송·민중소송·기관소송이 있고, 행정소송의 대부분을 차지하는 항고소송은 취소소송·무효등확인소송·부작위위법확인소송으로 구분하는데, 필요적 행정심판전치는 취소소송과 부작위위법확인소송에 적용된다.

(2) 무효등확인소송은 당초부터 법률적으로 효력이 없는 처분에 대하여 그 무효임을 공적으로 확인받기 위한 소송에 불과하므로 무효등확인소송에는 적용이 없다.

(3) 행정심판은 항고쟁송이므로 당사자소송의 경우에는 행정심판전치의 적용이 없다. 그러나 주위적 청구가 전심절차를 요하지 않는 당사자소송이라 하여도 병합·제기된 예비적 청구가 항고소송이라면 이에 대한 전심절차 등 제소의 적법요건을 갖추어야 한다(대판 1989. 10. 27, 89누39).

(4) 무효선언을 구하는 의미의 취소소송의 경우 행정심판전치의 적용이 없다는 견해가 있으나, 취소소송의 소송요건인 행정심판전치의 요건을 갖추어야 한다(대판 1990. 8. 28, 90누1892). 왜냐하면 행정심판전치는 소송요건이지 본안요건은 아닐 뿐만 아니라 무효와 취소의 구별은 상대적이기 때문이다.

(5) 처분의 직접 상대방이 아닌 제3자가 제소하는 경우 행정심판 청구 기간의 준수가 어려우므로 원칙적으로 행정심판전치주의 적용이 없다는 견해도 있으나, 이들에 대해서는 행정심판청구 기간의 연장에 특수성을 인정(행정심판법 제18조 제3항 본문의 정당한 사유가 있는 것으로 보는 경우)하는 것으로 족하고 행정심판전치주의 적용 자체가 없다고 할 수는 없다.

(6) 재결에 대한 취소소송이나 이행재결에 따른 처분의 취소소송에서는 이미 행정청 스스로 시정할 기회를 주었으므로 다시 행정심판전치주의를 적용할 필요가 없다.

## 4. 행정심판과 행정소송의 관련 정도

### (1) 행정심판의 적법성

① 적법한 심판제기가 있었으나 기각된 경우에는 심판전치의 요건이 구비된 것이다. 적법한 심판제기가 있었으나 본안심리를 하지 않고 각하된 경우에도 심판전치의 요건이 구비된 것으로 본다.

② 심판제기기간의 경과 등으로 부적법한 심판제기가 있었고 이에 대해 각하재결이 있었다면, 심판전치의 요건이 구비되지 않은 것이다. 심판제기기간의 경과 등으로 부적법한 심판제기가 있었고, 위원회(종전 재결청)가 각하하지 않고 기각재결을 한 경우에 판례(대판 1991. 6. 25, 90누8091)는 심판전치의 요건이 구비되지 않은 것으로 본다.

### (2) 사건의 동일성

① 필요적 행정심판전치의 경우에 행정심판전치의 요건이 구비되려면, 행정심판의 대상인 처분과 행정소송의 대상인 처분의 내용이 동일하여야 하는데, 그것은 청구의 취지나 청구의 이유가 기본적인 점에 일치하면 족하다(사항적 관련성).

② 동일한 처분인 한 청구인(원고)의 지위에 승계(⑩ 부모공동재산에 대한 과세처분을 다투는 행정심판제기 후 자녀가 단독 상속한 경우)가 있어도 무관하다(인적 관련성).

### (3) 전치요건의 충족시기

① 필요적 행정심판전치의 구비 여부는 사실심 변론종결시를 기준으로 한다. 따라서 행정소송의 제기시에는 심판전치의 요건을 구비하지 못하였으나, 사실심 변론종결시까지 원고가 심판전치의 요건을 구비하였다면 행정심판전치의 요건은 구비한 것이 된다.

② 심판전치요건의 사후구비는 하자치유의 사유가 된다는 것이 일반적 견해이고, 판례의 입장이다(대판 1965. 6. 29, 65누57).

## ⓪④ 필요적 행정심판전치의 완화

행정심판의 전치가 필요적인 경우라 하여도 이를 강행하는 것이 국민의 권익을 침해하는 결과가 되는 경우에는 필요적 심판전치의 예외를 인정할 필요가 있다. 「행정소송법」은 행정심판은 제기하되 재결을 거치지 아니하고 소송을 제기할 수 있는 경우와(행정소송법 제18조 제2항), 행정심판조차 제기하지 않고 소송을 제기할 수 있는 경우를 규정하고 있으며(행정소송법 제18조 제3항), 두 경우 모두 원고는 법원에 대하여 사유를 소명하여야 한다(행정소송법 제18조 제4항).

### 1. 심판제기는 하되 재결을 요하지 않는 경우(행정소송법 제18조 제2항)

다음과 같은 사유가 있는 경우에는 행정심판제기는 하되 재결을 거치지 않고 행정소송을 제기할 수 있다.

(1) 행정심판청구가 있은 날로부터 60일이 지나도 재결이 없는 때

(2) 처분의 집행 또는 절차의 속행으로 생길 중대한 손해를 예방하여야 할 긴급한 필요가 있는 때

(3) 법령의 규정에 의한 행정심판기관이 의결 또는 재결을 하지 못할 사유가 있는 때

(4) 그 밖의 정당한 사유가 있는 때

### 2. 심판제기조차 요하지 않는 경우(행정소송법 제18조 제3항)

다음과 같은 사유가 있는 경우에는 행정심판의 제기 없이도 행정소송을 제기할 수 있다.

(1) 동종사건에 관하여 이미 행정심판의 기각결정이 있은 때(재심사의 의미가 없기 때문에 절차의 중복을 방지하기 위한 것이다)

(2) 서로 내용상 관련되는 처분 또는 같은 목적을 위하여 단계적으로 진행되는 처분 중 어느 하나가 이미 행정심판의 재결을 거친 때(분쟁사유에 공통성을 내포하고 있기 때문이다)

⑶ 행정청이 사실심의 변론종결 후 소송의 대상인 처분을 변경하여 해당 변경된 처분에 관하여 소를 제기하는 때(새로이 전치를 하게 한다는 것은 가혹할 뿐만 아니라 소송의 지연을 위한 수단으로 악용할 수도 있기 때문이다)

⑷ 처분을 행한 행정청이 행정심판을 거칠 필요가 없다고 잘못 알린 때(상대방의 신뢰를 보호하기 위한 것이다)

## ● 행정기본법

### 1. 비례의 원칙 <sup>2020 기출</sup>

**(1) 의의**

① 행정주체가 행정작용을 함에 있어서 구체적인 행정목적을 실현하기 위한 수단과 당해 실현목적 사이에 합리적인 비례관계가 있어야 한다는 것으로 과잉금지의 원칙이라고 한다.

② 비례의 원칙은 재량행위의 일탈·남용에 대한 심사기준의 하나로 국민의 권익을 보호하는 최후의 보루이며 구체적인 상황에 부합하는 개별적 정의를 실현하는 필터로써 기능을 한다.

**(2) 내용**

① 적합성의 원칙

㉠ 행정기관이 취한 수단은 행정목적을 달성하는데 있어 적합한 것이어야 한다는 원칙이다.

㉡ 판단 기준은 행정청이 선택한 수단이 가장 적합한 것을 요구하는 것은 아니고 목적달성에 기여할 수 있으면 충분하다.

② 필요성의 원칙

㉠ 행정목적을 달성하기 적합한 선택 가능한 다수의 수단 중에서 개인이나 공중에 가장 적은 침해를 가져오는 수단을 선택해야 한다는 원칙이다.

㉡ 선택된 수단보다 완화된 수단이 있다고 해도 선택된 수단이 입법목적 달성에 유효적절한 수단이면 그 제한 조치가 현저하게 불합리하지 않는 한 보다 완화된 수단이 있다는 것만으로는 최소 침해의 원칙에 위배되는 것은 아니다.

③ 상당성의 원칙

행정작용이 행정목적을 달성하는 적합하고 최소한의 침해를 주는 수단이라고 해도 추구하는 행정목적과 침해되는 이익 사이에 상당한 균형이 유지되어야 한다는 원칙이다.

④ 3원칙의 관계

적합성·필요성·상당성의 원칙은 단계구조를 이루고 있다. 즉, 적합한 수단이 적합한 수단 중에서도 필요한 수단이, 필요한 수단 중에서도 상당성 있는 수단만이 선택되어야 한다.

**(3) 적용 범위**

① 비례의 원칙은 전통적으로 경찰권의 발동(침해행정)과 관련되어 논의되었지만, 현재는 행정청의 재량권의 한계를 설정해주는 행정법의 일반원칙으로 침해·수익적 행정영역까지 모든 행정작용에 적용된다.

② 다만, 사법관계에서는 사적자치가 적용되므로 비례의 원칙은 적용되지 않는다.

**(4) 위반의 효과**

① 비례의 원칙 위반은 행정기본법 위반으로 위법이 된다.

② 비례의 원칙을 위반한 행정행위는 항고소송의 대상이 되며 손해배상책임을 발생시킨다. 위법한 행정작용의 결과가 남아 있는 경우에는 결과제거청구권의 행사대상이 되기도 한다.

### 2. 평등의 원칙

**(1) 의의**

① 행정기관이 행정작용을 함에 있어서 특별한 합리적인 사유가 없는 한 상대방을 차별 없이 평등하게 대우하여야 한다는 원칙이다.

② 평등의 원칙은 행정법 영역에서 재량권행사의 한계를 설정하는 기능, 법규가 아닌 행정규칙이 평등원칙을 매개로 법규 내지 준법규로 전환하는 기능을 하게 된다.

⑵ **적용 요건**
① 불평등한 행정기관의 조치가 있을 것
법적·사실적으로 동일하게 처리되어야 할 사안임에도 불구하고 행정기관이 상대방에게 불평등한 조치를 취하여야 한다.
② 합리적인 사유가 없을 것
평등의 원칙은 "같은 것은 같게, 다른 것은 다르게 취급하라"는 원칙이다. 따라서 다르게 취급할 합리적인 사유가 있으면 평등의 원칙에 위배되지 않는다.
⑶ **위반의 효과**
평등의 원칙 위반은 행정기본법 위반으로 위법이 된다.

3. **행정의 자기구속의 원칙**
⑴ **의의**
① 행정청이 동종의 사안에 있어서 제3자에게 행한 결정과 동일한 결정을 하도록 스스로 구속당하는 원칙이다.
② 동일한 사안이라고 해도 경중에 따른 결정을 할 수 없어 행정의 탄력적 운영을 저해하고 행정의 경직성을 초래하는 역기능이 있다.
⑵ **근거**
① 헌법재판소는 행정의 자기구속의 근거를 평등의 원칙 또는 신뢰보호의 원칙이라고 명시적으로 밝히고 있다.
② 행정의 자기구속의 근거를 평등의 원칙에서 찾는 것이 일반적이다.
⑶ **적용 요건**
① 재량행위의 영역일 것
㉠ 기속행위의 경우 이미 행정은 법규정에 구속되기 때문에 자기구속의 원칙은 행정의 재량영역에서만 의미를 갖는다.
㉡ 재량준칙의 경우에 문제되며, 규범해석규칙의 경우에는 자기구속의 원칙이 적용되지 않는다.
② 동종의 사안일 것
㉠ 선례의 사안과 상대방에 대한 사안이 법적 의미에서 동종으로 취급받을 수 있어야 한다.
㉡ 자기구속의 원칙은 동일한 행정청에 대해서만 적용되며 이 경우 상급행정청과 하급행정청은 동일한 행정청으로 본다.
③ 선례가 존재할 것
㉠ 재량준칙이 가정적 선례(예기관행) 또는 선례를 대체한다고 보아 선례가 없어도 자기구속의 원칙이 적용될 수 있다는 견해가 있다.
㉡ 하지만 이를 인정하면 재량준칙의 법규성을 인정하는 결과가 되므로 자기구속의 원칙이 적용되기 위해서는 동종 사안에 대해 행정관행이 형성되어 있어야 한다는 견해가 다수설이다.
⑷ **적용 범위**
행정의 자기구속의 원칙은 수익적인 행위에서 평등의 보장을 위해 발전된 것이지만 침익적 행위에도 적용된다.
⑸ **한계**
① 사정변경
자기구속의 원칙을 적용하는 것이 현저히 불합리하게 여겨질 특별한 사유가 있는 경우에는 적용되지 않는다. 그러나 이 경우에도 신뢰보호의 원칙을 위반해서는 안 된다.
② 불법의 평등적용 청구권
행정의 자기구속에서 말하는 구속은 적법한 행정관행에 대한 구속을 의미한다. 따라서 불법에 대한 평등적용 청구권은 인정되지 않는다.

(6) **위반의 효과**

행정의 자기구속의 원칙을 위반한 행정처분은 위법한 것으로 항고소송의 대상이 된다. 또한 불법행위에 대하여 국가배상책임을 물을 수 있다.

### 4. 신뢰보호의 원칙 2014 기출

(1) **의의**

신뢰보호의 원칙이란 행정기관의 일정한 언동의 정당성 또는 존속성에 대한 개인의 보호가치 있는 신뢰는 보호해 주어야 한다는 원칙을 말한다.

(2) **근거**

① 신뢰보호의 원칙의 이론적 근거에 관하여는 신의칙설과 법적 안정성설 등이 있다.

② 헌법상의 법치국가원리는 행정의 법률적합성의 원칙과 법적 안정성의 원칙으로 구성되고, 신뢰보호의 원칙은 법적 안정성으로부터 도출된다는 법적 안정성설이 판례의 입장이다.

(3) **적용 요건**

① 행정기관의 선행조치(공적인 견해표명)가 있어야 한다.

② 보호가치 있는 개인의 신뢰가 있어야 한다.

③ 신뢰에 기초한 개인의 조치(처리)가 있어야 한다.

④ 행정기관의 선행조치와 개인의 조치 사이에 인과관계가 존재해야 한다.

⑤ 행정기관이 선행조치에 반하는 후행행위를 하여 이를 신뢰한 개인의 권익이 침해되어야 한다.

(4) **위반의 효과**

신뢰보호의 원칙을 위반하면 위법한 행위가 되며, 그 효과는 원칙적으로 취소사유라고 보는 것이 일반적이다.

### 5. 부당결부금지의 원칙

(1) **의의**

행정기관이 행정작용을 함에 있어서 그것과 실질적으로 관련성이 없는 상대방의 반대급부를 행정작용의 조건으로 결부시키거나 의존해서는 안 된다는 원칙이다.

(2) **적용 요건**

① 행정기관의 공권력의 행사(권한 행사)가 있을 것

② 상대방의 반대급부와 결부 또는 의존되어 있을 것

③ 공권력의 행사와 반대급부 사이에 실질적 관련성이 없을 것

실질적 관련성이 인정되기 위해서는 수익적인 행정작용과 상대방의 불이익한 반대급부 사이에 직접적인 상당한 인과관계가 있어야 하며(원인적 관련성), 근거 법률에서 허용되는 특정한 목적을 위해 특정의무를 부과하여야 한다(목적적 관련성).

(3) **적용 범위**

부당결부금지의 원칙은 행정행위의 부관, 공법상 계약, 행정의 실효성 확보수단 등에 반대급부를 결부시키는 경우에 적용된다.

(4) **위반의 효과**

부당결부금지의 원칙 위반은 행정기본법 위반으로 위법이 된다.

# 02 행정심판법

**제1절** 총설

## ① 「행정심판법」의 목적

행정심판절차를 통하여 행정청의 위법 또는 부당한 처분이나 부작위로 침해된 국민의 권리 또는 이익을 구제하고, 아울러 행정의 적정한 운영을 꾀함을 목적으로 한다(법 제1조).

## ② 용어의 정의

### 1. 처분

행정청이 행하는 구체적 사실에 관한 법집행으로서의 공권력의 행사 또는 그 거부, 그 밖에 이에 준하는 행정작용을 말한다.

### 2. 부작위

행정청이 당사자의 신청에 대하여 상당한 기간 내에 일정한 처분을 하여야 할 법률상 의무가 있는데도 처분을 하지 아니하는 것을 말한다.

### 3. 재결

행정심판의 청구에 대하여 행정심판위원회가 행하는 판단을 말한다.

### 4. 행정청

행정에 관한 의사를 결정하여 표시하는 국가 또는 지방자치단체의 기관, 그 밖에 법령 또는 자치법규에 따라 행정권한을 가지고 있거나 위탁을 받은 공공단체나 그 기관 또는 사인을 말한다.

## ⑬ 행정심판의 대상 2015, 2017, 2018, 2022 기출

### 1. 개괄주의의 채택

#### (1) 의의

법령이 열거하는 특정한 사항에 관해서만 행정심판의 제기를 허용하는 열기주의와 달리 개괄주의는 행정심판을 제기할 수 있는 사항을 한정하지 않는 것을 말한다.

#### (2) 현행 행정심판법의 규정

현행 「행정심판법」 제3조 제1항은 '행정청의 처분 또는 부작위에 대하여는 다른 법률에 특별한 규정이 있는 경우 외에는 이 법에 따라 행정심판을 청구할 수 있다.'라고 규정하여 개괄주의를 채택하고 있다.

---

**⚫ 개괄주의와 열기주의**

**1. 개괄주의**
(1) 개괄주의란 행정법원이 기본적으로 모든 공법상의 분쟁에 대하여 관할권을 갖는 방식을 말한다.
(2) 개괄주의는 행정의 효과적인 통제라는 법치국가의 요구에 부응한 가장 적합한 방식이다.
(3) 개괄주의에 의하면 행정청의 모든 위법한 공법작용을 행정법원에서 다툴 수 있다.

**2. 열기주의**
(1) 열기주의란 행정법원이 관할권을 갖는 경우를 입법자가 명시적으로 나열하는 방식을 말한다.
(2) 열기주의에 의하면 입법자가 명시하지 아니한 사건은 행정법원이 재판권을 갖지 못한다.
(3) 열기주의는 1945년까지의 독일의 지배적인 형태였다.

---

### 2. 원칙(행정청의 처분 또는 부작위)

#### (1) 행정청

① 행정심판은 행정청의 처분 또는 부작위를 대상으로 하는데, 여기서 행정청이란 행정에 관한 의사를 결정하여 표시하는 국가 또는 지방자치단체의 기관, 그 밖에 법령 또는 자치법규에 따라 행정권한을 가지고 있거나 위탁을 받은 공공단체나 그 기관 또는 사인을 말한다.

② 행정청이 승계된 때에는 권한을 승계한 행정청이 여기에서의 행정청에 해당한다(행정심판법 제17조 제1항 단서).

#### (2) 처분

① 처분이란 행정청이 행하는 구체적 사실에 관한 법집행으로서의 공권력의 행사 또는 거부와 그 밖에 이에 준하는 행정작용을 말한다.

② 처분이란 행정청의 공법상의 행위로서 특정사항에 대하여 법규에 의한 권리의 설정 또는 의무의 부담을 명하거나 기타 법률상의 효과를 발생하게 하는 등 국민의 권리·의무에 직접 관계되는 행위를 말한다.

③ 처분에는 거부처분이 당연히 포함되며, 위법한 처분뿐만 아니라 부당한 처분도 행정심판의 대상이 된다.

④ 거부처분이라고 하기 위해서는 신청한 행위가 공권력의 행사 또는 이에 준하는 행정작용일 것, 거부행위가 신청인의 법률관계에 영향을 미칠 것, 신청에 대한 법규상 또는 조리상 신청권이 있을 것의 요건을 갖추어야 한다.

### (3) 부작위

① 부작위란 행정청이 당사자의 신청에 대하여 상당한 기간 내에 일정한 처분을 하여야 할 법률상의 의무가 있음에도 불구하고 이를 하지 아니하는 것을 말한다.

② 부작위라고 하기 위해서는 당사자의 신청이 있을 것, 상당한 기간이 경과할 것, 법률상 처분의무가 있을 것, 처분을 하지 않을 것 등의 요건을 갖추어야 한다.

## 3. 예외

(1) 대통령의 처분 또는 부작위에 대하여는 다른 법률에 특별한 규정이 있는 경우를 제외하고는 행정심판을 제기할 수 없다.

(2) 행정심판청구의 재결에 대하여는 다시 행정심판을 제기할 수 없다. 이 경우에 재결 자체에 고유한 하자가 있다면 바로 행정소송을 제기하여야 한다.

(3) 통고처분은 상대방이 그 의무를 이행하지 않는 경우에는 당해 처분의 효력은 당연히 소멸하고 관계 행정청의 고발조치에 의하여 정식의 형사절차로 진행되므로 행정심판의 대상이 되지 않는다.

(4) 검사의 불기소처분은 특별한 구제수단이 마련되어 있으므로 행정심판의 대상이 되지 않는다.

(5) 과태료 부과처분은 행정심판의 대상이 되지 않는다.

## ◐ 처분

### 1. 개념
처분이란 행정청이 행하는 구체적 사실에 관한 법집행으로서의 공권력의 행사 또는 그 거부와 그 밖에 이에 준하는 행정작용을 말한다.

### 2. 개념적 요소

**(1) 행정청이 행하는 행위**
① 처분은 행정청의 행위이다.
② 행정청은 행정조직법상의 개념이 아니라 기능적으로 보아야 한다.
③ 행정주체 중 국가와 지방자치단체는 행정주체와 행정청이 분리되고, 그 외의 공공단체와 공무수탁사인은 행정주체의 지위와 행정청의 지위를 함께 가진다.

**(2) 구체적 사실에 관한 행위**
① 처분은 행정청이 구체적 사실을 규율하기 위한 행위이다.
② 구체적 사실이란 규율의 대상이 개별적이고 규율의 내용이 구체적인 것을 의미한다.
③ 일반처분은 불특정다수인을 대상으로 하는 것이나, 구체적 사실을 규율하는 행위이기 때문에 처분에 해당한다.
④ 행정입법은 규율의 상대방이 특정되지 않고 일반인을 대상으로 하며, 규율의 내용도 추상적이기 때문에 원칙적으로 처분이 아니다. 그러나 행정입법도 개별적 집행행위의 매개 없이 직접 적용되는 처분적 성격을 가지는 경우에는 예외적으로 처분에 해당한다.

**(3) 법집행 행위**
① 처분은 외부에 대하여 직접적인 법적 효과(권리·의무의 발생·변경·소멸)를 발생시키는 법적 행위이다.
② 법적 행위란 외부적으로 국민의 권리·의무에 직접적인 변동을 초래하는 행위를 말한다.
③ 단순한 사실행위와 행정기관 상호 간의 내부적 행위는 처분이 아니다.

**(4) 공권력의 행사**
① 처분은 공권력의 행사로서 권력적 단독행위이다.
② 공권력의 행사란 행정청이 우월한 지위에서 일방적으로 행하는 권력적 단독행위를 말한다.
③ 따라서 행정청의 행위라도 사법작용이나 사인과의 대등한 관계에서 이루어지는 공법상의 계약, 공법상의 합동행위 등은 공권력의 행사가 아니므로 처분성이 인정되지 아니한다.

**(5) 공권력의 행사의 거부**
① 공권력의 행사의 거부란 사인이 행정청에 대하여 공권력을 행사해 줄 것을 신청한 경우에 그 신청에 따른 공권력의 행사를 거부하는 것을 내용으로 하는 행정행위를 행하는 것을 말한다.
② 거부행위는 신청인의 법률관계(권리·의무)에 직접적인 변동을 초래하는 것이어야 한다. 따라서 사실행위로서의 거부행위는 거부처분이 아니다.
③ 행정청의 거부행위에 처분성이 인정되기 위해서는 신청인에게 법규상 또는 조리상의 신청권이 있어야 한다.

**(6) 공권력의 행사나 그 거부에 준하는 행정작용**
공권력의 행사나 그 거부에 준하는 행정작용이란 행정청의 대외적 작용에 해당하고 사인의 권익에 구체적인 영향을 미치는 것이면서도 공권력의 행사나 거부에 해당하지 않는 작용을 말한다.

## 제2절 행정심판의 종류

### 01 취소심판

#### 1. 의의

(1) 취소심판은 행정청의 위법 또는 부당한 처분을 취소하거나 변경하는 행정심판을 말한다(법 제5조 제1호).

(2) '취소'에는 적극적 처분의 취소뿐만 아니라 소극적 처분인 거부처분의 취소를 포함한다. '변경' 이란 취소와 달리 적극적 변경(취소처분을 정지처분으로 변경)을 의미한다.

#### 2. 성질

##### (1) 형성적 쟁송설(통설)

취소심판은 법률관계를 성립시킨 처분의 효력을 다투어 그 취소·변경에 의하여 해당 법률 관계를 소멸 또는 변경시키는 성질의 심판이라고 한다.

##### (2) 확인적 쟁송설

취소심판은 행정청의 처분의 위법성·부당성을 확인하는 성질의 심판이라고 한다.

#### 3. 특징

(1) 청구 기간의 제한을 받는다(알게 된 날로부터 90일, 있었던 날로부터 180일).

(2) 집행정지에 관한 규정이 적용된다.

(3) 사정재결에 관한 규정이 적용된다.

(4) 행정심판위원회의 형성적 재결과 이행적 재결이 인정된다.

#### 4. 인용재결

행정심판위원회는 취소심판의 청구가 이유가 있다고 인정하면 처분을 취소 또는 다른 처분 으로 변경하거나(형성적 재결), 처분을 다른 처분으로 변경할 것을 피청구인에게 명한다(이 행적 재결).

## 02 무효등확인심판

### 1. 의의

(1) 무효등확인심판은 행정청의 처분의 효력 유무 또는 존재 여부를 확인하는 행정심판을 말한다
(법 제5조 제2호).

(2) 무효등확인심판은 해당 처분의 무효, 유효, 실효 또는 존재, 부존재의 확인을 구하는 행정심판
이다. 따라서 무효등확인심판에는 처분무효확인심판, 처분유효확인심판, 처분실효확인심판,
처분존재확인심판 및 처분부존재확인심판이 있다.

### 2. 성질

#### (1) 형성적 쟁송설

무효사유와 취소사유의 상대성을 전제로 하여, 무효등확인심판도 행정작용의 효력관계를 다
투는 것으로서 본질적으로는 형성적 쟁송으로서의 성질을 가진다고 한다.

#### (2) 확인적 쟁송설

무효등확인심판은 적극적으로 처분의 효력을 소멸시키는 것이 아니라, 해당 처분이 무효임을
확인하는 데 그치는 것이라고 한다.

#### (3) 준형성적 쟁송설(통설)

무효등확인심판은 실질적으로는 확인적 쟁송이나, 형식적으로는 처분의 효력 유무 등을 직접
쟁송의 대상으로 한다는 점에서 형성적 쟁송으로서의 성질을 아울러 가지는 것이라고 한다.

### 3. 특징

(1) 청구 기간의 제한을 받지 않는다.

(2) 집행정지에 관한 규정이 적용된다.

(3) 사정재결에 관한 규정이 적용되지 않는다.

### 4. 인용재결

행정심판위원회는 무효등확인심판의 청구가 이유가 있다고 인정하면 처분의 효력 유무 또는
처분의 존재 여부를 확인한다.

## ⑬ 의무이행심판

### 1. 의의

(1) 의무이행심판은 당사자의 신청에 대한 행정청의 위법 또는 부당한 거부처분이나 부작위에 대하여 일정한 처분을 하도록 하는 행정심판을 말한다(법 제5조 제3호).

(2) 의무이행심판은 권익의 침해를 당한 자의 청구에 의한다.

### 2. 성질

(1) **이행적 쟁송**

의무이행심판은 행정청에게 일정한 처분을 할 것을 명하는 심판이므로 이행적 쟁송의 성질을 가진다고 한다.

(2) **장래의 의무이행심판**

통설은 의무이행심판은 당사자의 신청에 대하여 피청구인이 일정한 처분을 해야 할 법률상 의무의 이행기가 도래하여 현실화된 경우에만 그 이행의무의 존재를 주장하는 행정심판이 가능하고, 장래의 이행쟁송에는 허용되지 않는다고 한다.

### 3. 특징

(1) 청구 기간의 제한을 받지 않는다(단, 거부처분에 대한 의무이행심판은 제한이 있다).

(2) 집행정지에 관한 규정이 적용되지 않는다.

(3) 사정재결에 관한 규정이 적용된다.

### 4. 인용재결

행정심판위원회는 의무이행심판의 청구가 이유가 있다고 인정하면 지체 없이 신청에 따른 처분을 하거나(형성적 재결), 처분을 할 것을 피청구인에게 명한다(이행적 재결).

> ● **의무이행심판과 부작위위법확인소송**
>
> 행정심판으로서 의무이행심판을 채택할 수 있는 것은 그 위원회가 감독청인 상급 행정기관소속하에 설치되므로 하급 행정청인 처분청에 일정한 처분을 하도록 명령할 수 있기 때문이다. 반면, 법원은 처분청의 상급 감독청은 아니어서 그에 대한 명령권이 없으므로 행정소송으로는 부작위위법확인소송을 인정하는 데 그친다.

## 제3절 행정심판의 당사자 및 관계인

### 01 행정심판의 당사자

행정심판도 행정쟁송이며 두 당사자가 대립관계에 있게 되기 때문에, 당사자는 행정청의 위법·부당한 처분이나 부작위로 권익을 침해당한 청구인과 피청구인(그 처분청이나 부작위청)이다.

## 1. 청구인

### (1) 의의

행정심판의 청구인이란 심판청구의 대상이 되는 처분 또는 부작위에 불복하여 그의 취소·변경 등을 구하기 위하여 심판청구를 제기하는 자를 말한다. 청구인은 자연인인지 법인인지는 불문하며, 법인격 없는 사단이나 재단도 대표자나 관리인이 정하여져 있는 경우에는 그 이름으로 행정심판을 제기할 수 있다(법 제14조). 또한 처분의 상대방뿐만 아니라 제3자도 행정심판을 제기할 수 있다.

### (2) 청구인적격 2015, 2017, 2018 기출

① **취소심판의 청구인적격**: 취소심판은 처분의 취소 또는 변경을 구할 법률상 이익이 있는 자가 청구할 수 있다. 처분의 효과가 기간의 경과, 처분의 집행, 그 밖의 사유로 소멸된 뒤에도 그 처분의 취소로 회복되는 법률상 이익이 있는 자의 경우에도 또한 같다(법 제13조 제1항).

② **무효등확인심판의 청구인적격**: 무효등확인심판은 처분의 효력 유무 또는 존재 여부의 확인을 구할 법률상 이익이 있는 자가 청구할 수 있다(법 제13조 제2항).

③ **의무이행심판의 청구인적격**: 의무이행심판은 처분을 신청한 자로서 행정청의 거부처분 또는 부작위에 대하여 일정한 처분을 구할 법률상 이익이 있는 자가 청구할 수 있다(법 제13조 제3항).

④ **법률상 이익의 의미**
  ㉠ '법률상 이익'이 무엇을 의미하는가에 관해서는 권리구제설·법률상 보호이익설·보호가치 있는 이익구제설·적법성보장설 등이 주장되고 있다.
  ㉡ 법률상 이익의 의미에 대하여 통설·판례는 협의의 권리뿐만 아니라 처분의 근거법규 또는 관련법규에 의해 보호되고 있는 이익을 포함한다는 법률상 보호이익설을 취하고 있다.

ⓒ 법률상 보호되는 이익이라 함은 해당 처분의 근거법규 또는 관련법규에 의하여 보호되는 개별적·직접적·구체적 이익이 있는 경우를 말하고, 공익보호의 결과로 국민 일반이 공통적으로 가지는 일반적·간접적·추상적 이익이 생기는 경우에는 법률상 보호되는 이익이 있다고 할 수 없다.

### (3) 청구인의 지위 승계

#### ① 당연승계

ⓐ 청구인이 사망한 경우에는 상속인이나 그 밖에 법령에 따라 심판청구의 대상에 관계되는 권리나 이익을 승계한 자가 청구인의 지위를 승계한다.

ⓑ 법인인 청구인이 합병에 따라 소멸하였을 때에는 합병 후 존속하는 법인이나 합병에 따라 설립된 법인이 청구인의 지위를 승계한다.

ⓒ 청구인의 지위를 승계한 자는 위원회에 서면으로 그 사유를 신고하여야 한다. 이 경우 신고서에는 사망 등에 의한 권리·이익의 승계 또는 합병 사실을 증명하는 서면을 함께 제출하여야 한다.

ⓓ 신고가 있을 때까지 사망자나 합병 전의 법인에 대하여 한 통지 또는 그 밖의 행위가 청구인의 지위를 승계한 자에게 도달하면 지위를 승계한 자에 대한 통지 또는 그 밖의 행위로서의 효력이 있다.

#### ② 허가승계

ⓐ 심판청구의 대상과 관계되는 권리나 이익을 양수한 자(예 각종의 인·허가를 양도받은 자)는 위원회의 허가를 받아 청구인의 지위를 승계할 수 있다.

ⓑ 위원회는 지위 승계 신청을 받으면 기간을 정하여 당사자와 참가인에게 의견을 제출하도록 할 수 있으며, 당사자와 참가인이 그 기간에 의견을 제출하지 아니하면 의견이 없는 것으로 본다.

ⓒ 위원회는 지위 승계 신청에 대하여 허가 여부를 결정하고, 지체 없이 신청인에게는 결정서 정본을, 당사자와 참가인에게는 결정서 등본을 송달하여야 한다.

ⓓ 신청인은 위원회가 지위 승계를 허가하지 아니하면 결정서 정본을 받은 날부터 7일 이내에 위원회에 이의신청을 할 수 있다.

### (4) 선정대표자의 선정

#### ① 선정대표자의 선정 등

다수의 청구인이 공동으로 행정심판을 청구하는 때에는 청구인 중 3인 이하의 대표자를 선정할 수 있으며, 행정심판위원회는 청구인에게 대표자를 정할 것을 권고할 수 있다(법 제15조 제1항·제2항).

② **선정대표자의 권한**

선정대표자는 '각기' 다른 청구인을 위하여 그 사건에 관한 모든 행위를 할 수 있으나, 다만 청구의 취하는 다른 청구인의 동의를 얻어야 한다(법 제15조 제3항). 한편 선정대표자가 선정된 때에는 다른 청구인들은 선정대표자를 통해서만 그 사건에 관한 행위를 할 수 있게 된다(법 제15조 제4항).

③ **당사자 아닌 자를 선정대표자로 선정한 행위의 효력**

행정심판 절차에서 청구인들이 당사자가 아닌 자를 선정대표자로 선정하였더라도 「행정심판법」에 위반되어 그 선정행위는 그 효력이 없다.

## 2. 피청구인

**(1) 의의**

피청구인이란 행정심판에 있어서 청구인에 대립되는 당사자를 말한다.

**(2) 피청구인적격**

행정심판의 피청구인은 심판청구의 대상인 처분 또는 부작위를 한 행정청(즉, 처분청과 부작위청)이 된다. 다만, 그 처분이나 부작위에 관련된 권한이 다른 행정청에 승계된 때에는 그를 승계한 행정청을 피청구인으로 하여야 한다(법 제17조 제1항).

**(3) 피청구인의 경정**

청구인이 피청구인을 잘못 지정한 경우 또는 행정심판이 제기된 후에 해당 처분이나 부작위에 관련된 권한이 다른 행정청에 승계된 경우에는, 행정심판위원회는 당사자의 신청이나 직권에 의하여 결정으로 피청구인을 경정한다(법 제17조 제2항·제5항).

**(4) 피청구인 경정의 효과**

행정심판위원회가 피청구인의 경정결정을 하면 종전의 피청구인에 대한 심판청구는 취하되고 종전의 피청구인에 대한 행정심판이 청구된 때에 새로운 피청구인에 대한 행정심판이 청구된 것으로 본다(법 제17조 제4항).

## 02 행정심판의 관계인

### 1. 참가인 2019 기출

#### (1) 심판참가

① 행정심판의 결과에 이해관계가 있는 제3자나 행정청은 일정한 경우에 그 사건에 대하여 심판참가를 할 수 있는바, 이처럼 이해관계인의 행정심판에의 참가를 인정한 것은 심리의 적정을 도모함과 동시에 참가인의 권익을 보호하기 위한 것이다.

② 이해관계인이란 심판청구에 대한 재결의 주문에 의하여 직접 자기의 법률상 이익을 침해받을 자를 말한다.

#### (2) 이해관계인

① 이해관계가 있는 제3자란 해당 심판의 결과에 의해 직접 자기의 권익이 침해당할 수 있는 자를 말한다.

② 이해관계가 있는 행정청이란 해당 처분에 대한 협의권 또는 동의권 등이 부여되어 있는 행정청을 말한다.

#### (3) 신청에 의한 참가

① 이해관계인이 참가신청을 한 후, 그에 대한 행정심판위원회의 허가를 얻어 참가하는 방법이다. 이 경우 행정심판위원회는 특별한 사정이 없는 한 참가신청의 허가를 거부할 수 없다.

② 행정심판의 결과에 이해관계가 있는 제3자나 행정청은 해당 심판청구에 대한 위원회나 소위원회의 의결이 있기 전까지 그 사건에 대하여 심판참가를 할 수 있다(법 제20조 제1항).

③ 심판참가를 하려는 자는 참가의 취지와 이유를 적은 참가신청서를 위원회에 제출하여야 한다. 이 경우 당사자의 수만큼 참가신청서 부본을 함께 제출하여야 한다.

④ 위원회는 참가신청서를 받으면 참가신청서 부본을 당사자에게 송달하여야 하고, 기간을 정하여 당사자와 다른 참가인에게 제3자의 참가신청에 대한 의견을 제출하도록 할 수 있으며, 당사자와 다른 참가인이 그 기간에 의견을 제출하지 아니하면 의견이 없는 것으로 본다.

⑤ 위원회는 참가신청을 받으면 허가 여부를 결정하고, 지체 없이 신청인에게는 결정서 정본을, 당사자와 다른 참가인에게는 결정서 등본을 송달하여야 한다.

⑥ 신청인은 결정서 정본을 송달을 받은 날부터 7일 이내에 위원회에 이의신청을 할 수 있다.

#### (4) 요구에 의한 참가

① 행정심판위원회는 필요하다고 인정하면 그 행정심판 결과에 이해관계가 있는 제3자나 행정청에 그 사건 심판에 참가할 것을 요구할 수 있다(법 제21조 제1항).

② 심판참가의 요구를 받은 제3자나 행정청은 지체 없이 그 사건 심판에 참가할 것인지 여부를 위원회에 통지하여야 한다.

### (5) 참가인의 지위

① 참가인은 행정심판 절차에서 당사자가 할 수 있는 심판절차상의 행위를 할 수 있다(법 제 22조 제1항).

② 당사자가 위원회에 서류를 제출할 때에는 참가인의 수만큼 부본을 제출하여야 하고, 위원 회가 당사자에게 통지를 하거나 서류를 송달할 때에는 참가인에게도 통지하거나 송달하 여야 한다.

## 2. 대리인

### (1) 대리인의 선임

심판청구의 당사자는 대리인을 선임하여 해당 심판청구에 관한 행위를 하게 할 수 있다.

### (2) 청구인의 대리인으로 선임될 수 있는 자

① 청구인의 배우자, 청구인 또는 배우자의 사촌 이내의 혈족

② 청구인이 법인이거나 청구인 능력이 있는 법인이 아닌 사단 또는 재단인 경우 그 소속 임직원

③ 변호사

④ 다른 법률규정에 의하여 심판청구의 대리를 할 수 있는 자

⑤ 행정심판위원회의 허가를 받은 자

### (3) 피청구인의 대리인으로 선임될 수 있는 자

① 변호사

② 다른 법률규정에 의하여 심판청구의 대리를 할 수 있는 자

③ 행정심판위원회의 허가를 받은 자

### (4) 대리인의 권한

대리인은 심판청구의 취하를 제외하고는 본인을 위하여 해당 심판청구에 관한 모든 행위를 할 수 있다(법 제18조 제3항).

### (5) 국선대리인 선임

① 청구인이 경제적 능력으로 인해 대리인을 선임할 수 없는 경우에는 위원회에 국선대리인을 선임하여 줄 것을 신청할 수 있다(법 제18조의2 제1항).

② 위원회는 신청에 따른 국선대리인 선정 여부에 대한 결정을 하고, 지체 없이 청구인에게 그 결과를 통지하여야 한다. 이 경우 위원회는 심판청구가 명백히 부적법하거나 이유 없는 경우 또는 권리의 남용이라고 인정되는 경우에는 국선대리인을 선정하지 아니할 수 있다.

## (6) 국선대리인 선임 신청 요건 및 절차

① 위원회에 국선대리인을 선임하여 줄 것을 신청할 수 있는 청구인은 다음에 해당하는 사람으로 한다(영 제16조의2 제1항).

ㄱ 「국민기초생활 보장법」에 따른 수급자

ㄴ 「한부모가족지원법」에 따른 지원대상자

ㄷ 「기초연금법」에 따른 기초연금 수급자

ㄹ 「장애인연금법」에 따른 수급자

ㅁ 「북한이탈주민의 보호 및 정착지원에 관한 법률」에 따른 보호대상자

ㅂ 그 밖에 위원장이 경제적 능력으로 인하여 대리인을 선임할 수 없다고 인정하는 사람

② 국선대리인의 선임을 신청할 수 있는 청구인은 심리기일 전까지 신청하여야 하며, ①에 해당하는 사람이라는 사실을 소명하는 서류를 함께 제출하여야 한다.

## (7) 국선대리인의 자격

위원회는 국선대리인 선정 결정을 하는 경우에는 「변호사법」에 따라 등록한 변호사, 「공인노무사법」에 따라 등록한 공인노무사 중에서 국선대리인을 선정하여야 한다(영 제16조의3).

## (8) 국선대리인의 선정 취소 등

① 위원회는 다음에 해당하는 경우에는 국선대리인의 선정을 취소할 수 있다. 다만, ㄱ부터 ㄷ까지의 규정에 해당하는 경우에는 선정을 취소하여야 한다(영 제16조의4 제1항).

ㄱ 청구인에게 대리인이 선임된 경우

ㄴ 국선대리인이 「변호사법」에 따라 등록한 변호사, 「공인노무사법」에 따라 등록한 공인노무사에 해당하지 아니하게 된 경우

ㄷ 국선대리인이 해당 사건과 이해관계가 있는 등 해당 심판청구를 대리하는 것이 적절하지 아니한 경우

ㄹ 국선대리인이 그 업무를 성실하게 수행하지 아니하는 경우

ㅁ 그 밖에 위원장이 국선대리인의 선정을 취소할 만한 상당한 이유가 있다고 인정하는 경우

② 국선대리인은 다음에 해당하는 경우에는 위원회의 허가를 받아 사임할 수 있다.

ㄱ 질병 또는 장기 여행으로 인하여 국선대리인의 직무를 수행하기 어려운 경우

ㄴ 청구인, 그 밖의 관계인으로부터 부당한 대우나 요구를 받아 국선대리인으로서 공정한 업무를 수행하기 어려운 경우

ㄷ 그 밖에 국선대리인으로서의 직무를 수행할 수 없다고 인정할 만한 상당한 사유가 있는 경우

③ 위원회는 국선대리인의 선정이 취소되거나 국선대리인이 사임한 경우 다른 국선대리인을 선정할 수 있다.

⑼ **국선대리인의 보수**

① 위원회는 선정된 국선대리인이 대리하는 사건 1건당 50만 원 이하의 금액을 예산의 범위에서 그 보수로 지급할 수 있다(영 제16조의5 제1항).

② 보수 지급의 세부기준은 국선대리인이 해당 사건에 관여한 정도, 관련 사건의 병합 여부 등을 고려하여 위원장이 정한다.

⑽ **국선대리인 선정 예정자 명부 관리**

① 위원장은 국선대리인 제도의 효율적인 운영을 위하여 필요한 경우 「변호사법」에 따라 등록한 변호사, 「공인노무사법」에 따라 등록한 공인노무사 중에서 국선대리인 선정 예정자를 위촉하는 방법으로 국선대리인 선정 예정자 명부를 관리할 수 있다(영 제16조의6 제1항).

② 국선대리인 선정 예정자의 임기는 2년으로 하고, 한 차례만 연임할 수 있다.

## 제4절 행정심판기관

### 01 개요

1. 행정심판기관이란 행정심판의 청구를 수리하여 이를 심리·판정하는 권한을 가진 행정기관을 말한다.

2. 현행 「행정심판법」은 행정심판위원회가 행정심판사건에 대하여 직접 재결을 하도록 하는 등의 절차 간소화를 통하여 사건 처리기간을 대폭 단축함으로써 창구 일원화의 효과를 극대화하고 행정심판제도의 본래 취지인 신속한 권리구제에 기여할 수 있도록 심리·재결을 행정심판위원회의 소관으로 일원화하였다.

3. 행정심판위원회는 행정심판의 청구를 심리·재결하는 합의제 행정청이다. 동 위원회는 행정청의 성격을 가지므로, 그 의결내용을 대외적으로 표시할 수 있다.

### 02 행정심판위원회의 법적 성격

#### 1. 심리·재결기관

행정심판위원회는 심판청구사건을 심리·재결할 수 있는 권한을 가지는 합의제 재결기관으로서 심판사건에 관하여 각종 증거조사와 관련법령의 검토를 통하여 분쟁당사자의 주장에 대하여 제3자의 입장에서 판단하고 결정하는 심리·재결기관으로서의 특성을 가지고 있다.

#### 2. 합의제 행정기관

행정심판위원회는 위원장을 포함한 재적위원 과반수의 출석으로 개회하고, 출석위원 과반수의 찬성으로 재결하는 합의제기관이다.

#### 3. 준사법적 행정기관

행정심판위원회는 심판청구사건의 심리·재결에 있어서 여러 가지 사법적 절차, 즉 이해관계인의 심판참가제도, 위원의 제척·기피·회피제도, 대리인 선임제도, 각종 증거조사제도 등 여러 가지 소송법적 절차를 적용하고 있으며 심판사건에 대하여 독립적으로 재결할 수 있는 권한을 가진다. 행정심판위원회의 재결은 당해사건에 관하여 행정부의 최종적 판단을 의미하게 된다.

## 4. 비상설기관

행정심판위원회는 행정심판에 있어서 중추적 기능을 담당하고 있으나 상설기관으로 존재하는 것이 아니라 청구인으로부터 심판청구사건이 청구된 경우에 그 심판청구사건의 심리·재결을 위하여 필요한 범위 안에서 회의를 개최하는 비상설기관이다.

## 03 행정심판위원회의 설치

「행정심판법」상 행정심판위원회에는 중앙행정기관마다 행정심판위원회를 설치할 경우 발생하는 업무의 번거로움과 전문성 저하를 방지하기 위하여 해당 행정청 소속의 행정심판위원회, 국민권익위원회 소속의 중앙행정심판위원회, 시·도지사 소속의 행정심판위원회 등이 있다 (법 제6조).

### 1. 해당 행정청 소속의 행정심판위원회

(1) 감사원, 국가정보원장, 대통령비서실장, 국가안보실장, 대통령경호처장 및 방송통신위원회

(2) 국회사무총장·법원행정처장·헌법재판소사무처장 및 중앙선거관리위원회사무총장

(3) 국가인권위원회, 그 밖에 지위·성격의 독립성과 특수성 등이 인정되어 대통령령으로 정하는 행정청 또는 그 소속 행정청(행정기관의 계층구조와 관계없이 그 감독을 받거나 위탁을 받은 모든 행정청을 말하되, 위탁을 받은 행정청은 그 위탁받은 사무에 관하여는 위탁한 행정청의 소속 행정청으로 본다)의 처분 또는 부작위에 대한 행정심판의 청구(심판청구라 한다)에 대하여는 해당 행정청에 두는 행정심판위원회에서 심리·재결한다.

### 2. 국민권익위원회 소속의 중앙행정심판위원회

(1) 해당 행정청 소속으로 행정심판위원회를 설치하는 경우 외의 국가행정기관의 장 또는 그 소속 행정청

(2) 특별시장·광역시장·특별자치시장·도지사·특별자치도지사(특별시·광역시·특별자치시·도 또는 특별자치도의 교육감을 포함한다) 또는 특별시·광역시·특별자치시·도·특별자치도의 의회(의장, 위원회의 위원장, 사무처장 등 의회 소속 모든 행정청을 포함한다)

(3) 「지방자치법」에 따른 지방자치단체조합 등 관계 법률에 따라 국가·지방자치단체·공공법인 등이 공동으로 설립한 행정청의 처분 또는 부작위에 대한 심판청구에 대하여는 「부패방지 및 국민권익위원회의 설치와 운영에 관한 법률」에 따른 국민권익위원회에 두는 중앙행정심판위원회에서 심리·재결한다.

### 3. 시 · 도지사 소속의 행정심판위원회 <sub></sub>2019 기출

(1) 시 · 도 소속 행정청

(2) 시 · 도의 관할구역에 있는 시 · 군 · 자치구의 장, 소속 행정청 또는 시 · 군 · 자치구의 의회 (의장, 위원회의 위원장, 사무국장, 사무과장 등 의회 소속 모든 행정청을 포함한다)

(3) 시 · 도의 관할구역에 있는 둘 이상의 지방자치단체(시 · 군 · 자치구를 말한다) · 공공법인 등이 공동으로 설립한 행정청의 처분 또는 부작위에 대한 심판청구에 대하여는 시 · 도지사 소속 으로 두는 행정심판위원회에서 심리 · 재결한다.

### 4. 직근 상급행정기관 소속의 행정심판위원회

법무부 및 대검찰청 소속 특별지방행정기관(직근 상급행정기관이나 소관 감독행정기관이 중 앙행정기관인 경우는 제외한다)의 처분 또는 부작위에 대한 심판청구에 대하여는 해당 행정 청의 직근 상급행정기관에 두는 행정심판위원회에서 심리 · 재결한다.

### 5. 제3의 기관

행정심판의 객관성과 공정성을 확보하기 위하여, 개별 법률에서 특별한 제3의 기관을 설치하여 심리 · 재결을 하는 경우가 있다(**예** 공무원의 징계처분 등에 대한 소청심사위원회, 국세 및 관세처분에 대한 조세심판원 등).

## ⑭ 행정심판위원회의 구성 · 회의 등

### 1. 각급 행정심판위원회

(1) 행정심판위원회는 위원장 1명을 포함한 50명 이내의 위원으로 구성한다(법 제7조 제1항).

(2) 행정심판위원회의 위원장은 그 행정심판위원회가 소속된 행정청이 되며, 위원장이 없거나 부득이한 사유로 직무를 수행할 수 없거나 위원장이 필요하다고 인정하는 경우에는 다음의 순서에 따라 위원이 위원장의 직무를 대행한다. 다만, 시 · 도지사 소속으로 두는 행정심판위 원회의 경우에는 해당 지방자치단체의 조례로 정하는 바에 따라 공무원이 아닌 위원을 위원 장으로 정할 수 있다.

① 위원장이 사전에 지명한 위원

② 행정심판위원회가 소속된 행정청이 그 소속 공무원 중에서 지명한 위원(2명 이상인 경우에는 직급 또는 고위공무원단에 속하는 공무원의 직무등급이 높은 위원 순서로, 직급 또는 직무등급도 같은 경우에는 위원 재직기간이 긴 위원 순서로, 재직기간도 같은 경우에는 연장자 순서로 한다)

(3) 행정심판위원회의 위원은 해당 행정심판위원회가 소속된 행정청이 다음에 해당하는 사람 중에서 성별을 고려하여 위촉하거나 그 소속 공무원 중에서 지명한다.
 ① 변호사 자격을 취득한 후 5년 이상의 실무 경험이 있는 사람
 ② 「고등교육법」 규정에 따른 학교에서 조교수 이상으로 재직하거나 재직하였던 사람
 ③ 행정기관의 4급 이상 공무원이었거나 고위공무원단에 속하는 공무원이었던 사람
 ④ 박사학위를 취득한 후 해당 분야에서 5년 이상 근무한 경험이 있는 사람
 ⑤ 그 밖에 행정심판과 관련된 분야의 지식과 경험이 풍부한 사람

(4) 행정심판위원회의 회의는 위원장과 위원장이 회의마다 지정하는 8명의 위원(그중 위촉위원은 6명 이상으로 하되, 위원장이 공무원이 아닌 경우에는 5명 이상으로 한다)으로 구성한다. 다만, 국회규칙, 대법원규칙, 헌법재판소규칙, 중앙선거관리위원회규칙 또는 대통령령(시・도지사 소속으로 두는 행정심판위원회의 경우에는 해당 지방자치단체의 조례)으로 정하는 바에 따라 위원장과 위원장이 회의마다 지정하는 6명의 위원(그중 위촉위원은 5명 이상으로 하되, 위원장의 공무원이 아닌 경우에는 4명 이상으로 한다)으로 구성할 수 있다(법 제7조 제5항).

(5) 대통령비서실장, 국가안보실장, 대통령경호처장, 방송통신위원회, 국가정보원장, 대검찰청 소속 특별지방행정기관의 장에 두는 행정심판위원회의 회의는 위원장과 위원장이 회의마다 지정하는 6명의 위원으로 구성한다(영 제5조).

(6) 행정심판위원회는 구성원 과반수의 출석과 출석위원 과반수의 찬성으로 의결한다.

## 2. 중앙행정심판위원회

(1) 중앙행정심판위원회는 위원장 1명을 포함한 70명 이내의 위원으로 구성하되, 위원 중 상임위원은 4명 이내로 한다(법 제8조 제1항).

(2) 중앙행정심판위원회의 위원장은 국민권익위원회의 부위원장 중 1명이 되며, 위원장이 없거나 부득이한 사유로 직무를 수행할 수 없거나 위원장이 필요하다고 인정하는 경우에는 상임위원(상임으로 재직한 기간이 긴 위원 순서로, 재직기간이 같은 경우에는 연장자 순서로 한다)이 위원장의 직무를 대행한다.

(3) 중앙행정심판위원회의 상임위원은 일반직공무원으로서 「국가공무원법」에 따른 임기제공무원으로 임명하되, 3급 이상 공무원 또는 고위공무원단에 속하는 일반직공무원으로 3년 이상 근무한 사람이나 그 밖에 행정심판에 관한 지식과 경험이 풍부한 사람 중에서 중앙행정심판위원회 위원장의 제청으로 국무총리를 거쳐 대통령이 임명한다.

(4) 중앙행정심판위원회의 비상임위원은 다음에 해당하는 사람 중에서 중앙행정심판위원회 위원장의 제청으로 국무총리가 성별을 고려하여 위촉한다.
① 변호사 자격을 취득한 후 5년 이상의 실무 경험이 있는 사람
② 「고등교육법」 규정에 따른 학교에서 조교수 이상으로 재직하거나 재직하였던 사람
③ 행정기관의 4급 이상 공무원이었거나 고위공무원단에 속하는 공무원이었던 사람
④ 박사학위를 취득한 후 해당 분야에서 5년 이상 근무한 경험이 있는 사람
⑤ 그 밖에 행정심판과 관련된 분야의 지식과 경험이 풍부한 사람

(5) 중앙행정심판위원회의 회의는 위원장, 상임위원 및 위원장이 회의마다 지정하는 비상임위원을 포함하여 총 9명으로 구성하며, 2명 이상의 상임위원이 포함되어야 한다.

(6) 중앙행정심판위원회는 심판청구사건 중 「도로교통법」에 따른 자동차운전면허 행정처분에 관한 사건을 심리·의결하게 하기 위하여 4명의 위원으로 구성하는 소위원회를 둘 수 있다(법 제8조 제6항).
① 소위원회의 위원장은 중앙행정심판위원회의 위원장이 상임위원 중에서 지정한다.
② 소위원회는 중앙행정심판위원회의 상임위원 2명(소위원회의 위원장 1명을 포함한다)과 중앙행정심판위원회의 위원장이 지정하는 2명의 비상임위원으로 구성한다.

(7) 중앙행정심판위원회 및 소위원회는 구성원 과반수의 출석과 출석위원 과반수의 찬성으로 의결한다.

(8) 중앙행정심판위원회는 위원장이 지정하는 사건을 미리 검토하도록 필요한 경우에는 전문위원회를 둘 수 있다(법 제8조 제8항).
① 전문위원회는 중앙행정심판위원회의 위원장이 지정하는 행정심판의 청구사건을 미리 검토하여 그 결과를 중앙행정심판위원회에 보고한다.
② 전문위원회는 중앙행정심판위원회의 상임위원을 포함하여 중앙행정심판위원회의 위원장이 지정하는 5명 이내의 위원으로 구성한다.
③ 전문위원회의 위원장은 중앙행정심판위원회의 위원장이 지정하는 위원이 된다.

### 3. 행정심판위원회 위원의 임기 및 신분보장 등

(1) 소속 공무원 중에서 지명된 위원은 그 직에 재직하는 동안 재임한다.

(2) 중앙행정심판위원회 상임위원의 임기는 3년으로 하며, 1차에 한하여 연임할 수 있다.

(3) 위촉된 위원의 임기는 2년으로 하되, 2차에 한하여 연임할 수 있다.

(4) 위촉된 위원은 금고 이상의 형을 선고받거나 부득이한 사유로 장기간 직무를 수행할 수 없게 되는 경우 외에는 임기 중 그의 의사와 다르게 해촉되지 아니한다.

(5) 위원 중 공무원이 아닌 위원은 「형법」과 그 밖의 법률에 따른 벌칙을 적용할 때에는 공무원으로 본다(법 제11조).

### 4. 행정심판위원회의 회의 통지

위원장은 회의를 소집하려면 회의 개최 5일 전까지 회의의 일시, 장소 및 안건을 각 위원에게 서면으로 알려야 한다. 다만, 긴급한 사정이 있을 때에는 그러하지 아니하다(영 제10조).

### 5. 행정심판위원회의 권한 승계

당사자의 심판청구 후 위원회가 법령의 개정·폐지 또는 피청구인의 경정 결정에 따라 그 심판청구에 대하여 재결할 권한을 잃게 된 경우에는 해당 위원회는 심판청구서와 관계 서류, 그 밖의 자료를 새로 재결할 권한을 갖게 된 위원회에 보내야 하며, 송부를 받은 위원회는 지체 없이 그 사실을 행정심판 청구인, 행정심판 피청구인, 참가인에게 알려야 한다(법 제12조).

## ⑤ 행정심판위원회 위원 등의 제척·기피·회피 ²⁰¹³ 기출

「행정심판법」은 심리·의결의 공정성을 확보하기 위하여 위원과 직원의 제척·기피·회피제도를 두고 있다.

### 1. 제척

(1) 제척이란 법정사유가 있으면 당연히 그 사건에 대한 직무집행(심리·의결) 등에서 배제되는 것을 말한다.

(2) 위원회의 위원은 다음에 해당하는 경우에는 그 사건의 심리·의결에서 제척된다. 이 경우 제척결정은 위원회의 위원장이 직권으로 또는 당사자의 신청에 의하여 한다(법 제10조 제1항).

① 위원 또는 그 배우자나 배우자이었던 사람이 사건의 당사자이거나 사건에 관하여 공동권리자 또는 의무자인 경우

② 위원이 사건의 당사자와 친족이거나 친족이었던 경우

③ 위원이 사건에 관하여 증언이나 감정을 한 경우

④ 위원이 당사자의 대리인으로서 사건에 관여하거나 관여하였던 경우

⑤ 위원이 사건의 대상이 된 처분 또는 부작위에 관여한 경우

## 2. 기피

(1) 기피란 제척사유 이외에 심리·의결의 공정을 의심할 만한 사유가 있는 때에 당사자의 신청에 따라 위원장의 결정에 의하여 직무집행으로부터 배제되는 것을 말하며, 제척사유를 보충하는 의미를 가진다.

(2) 당사자는 위원에게 공정한 심리·의결을 기대하기 어려운 사정이 있으면 위원장에게 기피신청을 할 수 있다(법 제10조 제2항).

## 3. 제척·기피신청의 절차와 처리

(1) 위원에 대한 제척신청이나 기피신청은 그 사유를 소명(疏明)한 문서로 하여야 한다. 다만, 불가피한 경우에는 신청한 날부터 3일 이내에 신청 사유를 소명할 수 있는 자료를 제출하여야 한다(법 제10조 제3항).

(2) 제척 또는 기피의 신청을 그 사유를 소명한 문서로 하지 않거나, 신청한 날부터 3일 이내에 신청 사유를 소명할 수 있는 자료를 제출하지 않은 때에는 위원장은 결정으로 이를 각하한다.

(3) 위원장은 제척신청이나 기피신청의 대상이 된 위원에게서 그에 대한 의견을 받을 수 있다.

(4) 제척신청 또는 기피신청의 대상이 된 위원은 위원장이 요구하는 경우에는 지체 없이 그에 대한 의견서를 위원장에게 제출하여야 한다.

(5) 위원장은 제척신청이나 기피신청을 받으면 제척 또는 기피 여부에 대한 결정을 하고, 지체 없이 신청인에게 결정서 정본(正本)을 송달하여야 한다.

① 위원장은 제척 또는 기피의 신청이 이유 없다고 인정하는 경우에는 결정으로 이를 기각한다.

② 위원장은 제척 또는 기피의 신청이 이유 있다고 인정하는 경우에는 결정으로 이를 인용(認容)하여야 한다.

(6) 위원장의 결정에 대해서는 불복신청을 하지 못한다.

(7) 제척 또는 기피의 신청이 있을 때에는 그에 대한 결정이 있을 때까지 해당 심판청구 사건에 대한 심판절차를 정지한다(영 제13조).

## 4. 회피

(1) 회피란 위원이 스스로 제척 또는 기피의 사유가 있다고 인정하여 자발적으로 심리·의결을 피하는 것을 말한다.

(2) 위원회의 회의에 참석하는 위원이 제척사유 또는 기피사유에 해당되는 것을 알게 되었을 때에는 스스로 그 사건의 심리·의결에서 회피할 수 있다. 이 경우 회피하고자 하는 위원은 위원장에게 그 사유를 소명하여야 한다(법 제10조 제7항).

## 5. 위원 아닌 직원에 관한 제척·기피·회피

위원에 대한 제척·기피·회피제도는 사건의 심리·의결에 관한 사무에 관여하는 위원 아닌 직원에게도 적용된다.

## 06 행정심판위원회의 권한 및 의무

## 1. 권한

(1) 심판청구사건의 심리권과 의결권

(2) 결정을 대외적으로 표시하는 권한인 재결권

(3) 집행정지 결정권과 그 결정의 취소권

(4) 임시처분 결정권과 그 결정의 취소권

(5) 선정대표자 선정권고권(위원장에게 위임)

(6) 청구인 지위승계허가권(위원장에게 위임)

(7) 피청구인 경정권(위원장에게 위임)

(8) 이해관계가 있는 제3자 또는 행정청에 대한 심판참가허가권 및 요구권(위원장에게 위임)

(9) 대리인 선임허가권(위원장에게 위임)

(10) 청구취지 또는 청구이유의 변경허가 여부 결정권(위원장에게 위임)

⑾ 보정명령권 및 직권보정권(위원장에게 위임)

⑿ 구술심리 신청의 허가 여부 결정권(위원장에게 위임)

⒀ 증거조사권

⒁ 관련 심판청구의 병합 심리권과 병합된 관련청구의 분리심판권

⒂ 불합리한 법령 등의 개선에 관한 중앙행정심판위원회의 시정조치 요청권

## 2. 의무

⑴ 피청구인에 대한 심판청구서 부본 송부의무

⑵ 다른 당사자에 대한 답변서 부본 송달의무

⑶ 제3자가 제기한 심판청구를 처분의 상대방에 통지할 의무

## 제5절 | 행정심판의 청구

### 01 행정심판청구의 방식

#### 1. 서면주의

행정심판의 청구는 일정한 사항을 기재하여 서면으로 하여야 한다(법 제28조 제1항). 서면으로 하도록 한 취지는 청구내용을 명확히 하고 구술로 하는 경우의 번잡함을 피하기 위한 것이다.

#### 2. 심판청구서의 기재사항

(1) 처분에 대한 심판청구의 경우에는 심판청구서에 다음의 사항이 포함되어야 한다(법 제28조 제2항).
① 청구인의 이름과 주소 또는 사무소(주소 또는 사무소 외의 장소에서 송달받기를 원하면 송달장소를 추가로 적어야 한다)
② 피청구인과 위원회
③ 심판청구의 대상이 되는 처분의 내용
④ 처분이 있음을 알게 된 날
⑤ 심판청구의 취지와 이유
⑥ 피청구인의 행정심판 고지 유무와 그 내용

(2) 부작위에 대한 심판청구의 경우에는 다음의 사항과 그 부작위의 전제가 되는 신청의 내용과 날짜를 적어야 한다.
① 청구인의 이름과 주소 또는 사무소(주소 또는 사무소 외의 장소에서 송달받기를 원하면 송달장소를 추가로 적어야 한다)
② 피청구인과 위원회
③ 심판청구의 취지와 이유

(3) 청구인이 법인이거나 청구인 능력이 있는 법인이 아닌 사단 또는 재단이거나 행정심판이 선정대표자나 대리인에 의하여 청구되는 것일 때에는 그 대표자·관리인·선정대표자 또는 대리인의 이름과 주소를 적어야 한다.

(4) 심판청구서에는 청구인·대표자·관리인·선정대표자 또는 대리인이 서명하거나 날인하여야 한다.

(5) 기재사항에 흠결이 있는 경우에는 행정심판위원회가 상당한 기간을 정하여 그 보정을 요구하거나 직권으로 보정할 수 있다.

## 3. 엄격한 형식을 요하는지 여부

(1) 판례는 행정심판청구를 엄격한 형식을 요하지 않는 서면행위로 보아 권리 등을 침해당한 자로부터 처분의 취소 등을 구하는 서면이 제출된 경우 표제와 제출기관의 여하를 불문하고 행정심판의 청구로 볼 수 있다는 입장이다.

(2) 또한 진정서라는 제목으로 제출되었더라도 행정심판청구로 볼 수 있다는 입장이다.

> **판례**
>
> 「행정심판법」 제19조, 제23조의 규정취지와 행정심판제도의 목적에 비추어 보면 행정소송의 전치요건인 행정심판청구는 엄격한 형식을 요하지 아니하는 서면행위로 해석되므로, 위법·부당한 행정처분으로 인하여 권리나 이익을 침해당한 자로부터 그 처분의 취소나 변경을 구하는 서면이 제출되었을 때에는 그 표제와 제출기관의 여하를 불문하고 이를 「행정소송법」 제18조 소정의 행정심판청구로 보고, 불비된 사항이 보정가능한 때에는 보정을 명하고 보정이 불가능하거나 보정명령에 따르지 아니한 때에 비로소 부적법 각하를 하여야 할 것이며, 더욱이 심판청구인은 일반적으로 전문적 법률지식을 갖고 있지 못하여 제출된 서면의 취지가 불명확한 경우도 적지 않으나, 이러한 경우에도 행정청으로서는 그 서면을 가능한 제출자의 이익이 되도록 해석하고 처리하여야 한다.
>
> 비록 제목이 '진정서'로 되어 있고, 재결청의 표시, 심판청구의 취지 및 이유, 처분을 한 행정청의 고지의 유무 및 그 내용 등 「행정심판법」 제19조 제2항 소정의 사항들을 구분하여 기재하고 있지 아니하여 행정심판청구서로서의 형식을 다 갖추고 있다고 볼 수는 없으나, 피청구인인 처분청과 청구인의 이름과 주소가 기재되어 있고, 청구인의 기명이 되어 있으며, 문서의 기재 내용에 의하여 심판청구의 대상이 되는 행정처분의 내용과 심판청구의 취지 및 이유, 처분이 있는 것을 안 날을 알 수 있는 경우, 위 문서에 기재되어 있지 않은 재결청, 처분을 한 행정청의 고지의 유무 등의 내용과 날인 등의 불비한 보정이 가능하므로 위 문서를 행정처분에 대한 행정심판청구로 보는 것이 옳다(대판 2000. 6. 9, 98두2621).

## 4. 행정심판청구서의 제출 절차

(1) **피청구인 또는 행정심판위원회의 선택주의**

① 행정심판을 청구하려는 자는 심판청구서를 작성하여 피청구인(처분청이나 부작위청)이나 위원회에 제출하여야 한다. 이 경우 피청구인의 수만큼 심판청구서 부본을 함께 제출하여야 한다(법 제23조 제1항).

② 청구인은 본인의 선택에 따라 피청구인을 경유하여 제기하거나 직접 위원회에 제기할 수 있다.

(2) **피청구인의 처리**

피청구인에 행정심판이 제기된 때에는 해당 행정청은 다음과 같은 조치를 취할 수 있다.

① **청구내용의 인용**

    ㉠ 심판청구서를 제출받은 피청구인은 그 심판청구가 이유 있다고 인정하면 심판청구의 취지에 따라 직권으로 처분을 취소·변경하거나 확인을 하거나 신청에 따른 처분("직권취소등"이라 한다)을 할 수 있다. 이 경우 서면으로 청구인에게 알려야 한다(법 제25조 제1항).

    ㉡ 피청구인은 직권취소등을 하였을 때에는 청구인이 심판청구를 취하한 경우가 아니면 위원회에 심판청구서·답변서를 보낼 때 직권취소등의 사실을 증명하는 서류를 위원회에 함께 제출하여야 한다(법 제25조 제2항).

    ㉢ 해당 행정청이 스스로 시정조치를 하도록 한 취지는 더 이상의 시간과 절차를 허비함이 없이 신속한 권리구제를 도모하는 데 있다.

② **위원회에 송부**

    ㉠ 피청구인이 심판청구서를 접수하면 10일 이내에 심판청구서와 답변서를 위원회에 보내야 한다. 다만, 청구인이 심판청구를 취하한 경우에는 그러하지 아니하다(법 제24조 제1항).

    ㉡ 중앙행정심판위원회에서 심리·재결하는 사건인 경우 피청구인은 위원회에 심판청구서와 답변서를 보낼 때에는 소관 중앙행정기관의 장에게도 그 심판청구·답변의 내용을 알려야 한다(법 제24조 제6항).

    ㉢ 피청구인은 처분의 상대방이 아닌 제3자가 심판청구를 한 경우에는 지체 없이 처분의 상대방에게 그 사실을 알려야 한다. 이 경우 심판청구서 사본을 함께 송달하여야 한다(법 제24조 제2항). 또한 피청구인은 위원회에 심판청구서를 송부한 사실을 지체 없이 청구인에게 알려야 한다.

    ㉣ 피청구인이 위원회에 심판청구서를 보낼 때에는 심판청구서에 위원회가 표시되지 아니하였거나 잘못 표시된 경우에도 정당한 권한이 있는 위원회에 보내야 한다(법 제24조 제3항). 또한 피청구인은 위원회에 심판청구서를 송부한 사실을 지체 없이 청구인에게 알려야 한다.

    ㉤ 피청구인은 위원회에 답변서를 보낼 때에는 청구인의 수만큼 답변서 부본을 함께 보내되, 답변서에는 처분이나 부작위의 근거와 이유, 심판청구의 취지와 이유에 대응하는 답변, 처분의 상대방이 아닌 제3자가 심판청구를 한 경우에는 처분의 상대방의 이름·주소·연락처와 통지의무 이행 여부를 명확하게 적어야 한다(법 제24조 제4항).

(3) **행정심판위원회의 처리**

  ① 피청구인을 거치지 않고 직접 심판청구서를 제출받은 위원회는 지체 없이 피청구인에게 심판청구서 부본을 보내야 한다(법 제26조 제1항).

② 심판청구서 부본을 송부받은 피청구인은 그 심판청구가 이유 있다고 인정하면 심판청구의 취지에 따라 직권취소등을 할 수 있다. 이 경우 서면으로 청구인에게 알려야 한다(법 제25조 제1항).

③ 피청구인은 직권취소등을 하였을 때에는 청구인이 심판청구를 취하한 경우가 아니면 위원회에 답변서를 보낼 때 직권취소등의 사실을 증명하는 서류를 위원회에 함께 제출하여야 한다(법 제25조 제2항).

④ 피청구인이 심판청구서를 송부받으면 10일 이내에 답변서를 위원회에 보내야 한다. 다만, 청구인이 심판청구를 취하한 경우에는 그러하지 아니하다(법 제24조 제1항).

⑤ 위원회는 피청구인으로부터 답변서가 제출되면 답변서 부본을 청구인에게 송달하여야 한다(법 제26조 제2항).

## 02 행정심판청구 기간 2015, 2017 기출

행정심판청구는 소정의 청구 기간 내에 제기하여야 한다. 다만, 행정심판 가운데 무효등확인심판과 부작위에 대한 의무이행심판은 청구 기간에 제한이 없으므로, 청구 기간의 제한은 취소심판과 거부처분에 대한 의무이행심판에만 해당된다.

### 1. 원칙적인 심판청구 기간

행정심판은 원칙적으로 처분이 있음을 알게 된 날부터 90일 이내에 청구하여야 하고(법 제27조 제1항), 처분이 있었던 날부터 180일 이내에 청구하여야 한다(법 제27조 제3항). 전자는 불변기간이고 후자는 불변기간이 아니다. 그리고 두 기간 중 어느 하나라도 먼저 경과하면 당해 행정심판청구는 부적법한 것으로서 각하된다.

### (1) '처분이 있음을 알게 된 날'의 의미

① 처분이 있음을 알게 된 날이란 통지·공고 기타의 방법으로 처분이 있었음을 현실적으로 알게 된 날을 의미하고, 추상적으로 알 수 있었던 날을 의미하는 것은 아니라는 것이 판례의 입장이다.

② 다만, 처분을 기재한 서류가 당사자의 주소에 송달되는 등으로 사회통념상 처분이 있음을 당사자가 알 수 있는 상태에 놓여진 때에는 반증이 없는 한 처분이 있음을 알았다고 추정할 수 있다고 한다. 그러나 처분이 등기우편으로 송달된 경우 당사자가 부재중이어서 아파트 경비원이 우편물을 대신 수령하였다가 며칠 후 당사자에게 전달하였다면 경비원으로부터 우편물을 전달받은 때에 처분이 있음을 알았다고 보아야 한다는 것이 판례의 입장이다.

**판례**

1. 「행정심판법」 제18조 제1항 소정의 '처분이 있음을 알게 된 날'이라 함은 당사자가 통지·공고 기타의 방법에 의하여 당해 처분이 있었다는 사실을 현실적으로 안 날을 의미하고, 추상적으로 알 수 있었던 날을 의미하는 것은 아니라 할 것이며, 다만 처분을 기재한 서류가 당사자의 주소에 송달되는 등으로 사회통념상 처분이 있음을 당사자가 알 수 있는 상태에 놓여진 때에는 반증이 없는 한 처분이 있음을 알았다고 추정할 수는 있다(대판 2002. 8. 27, 2002두3850).

2. 원고의 주소지에서 원고의 아르바이트 직원이 납부고지서를 수령한 이상, 원고로서는 그때 처분이 있음을 알 수 있는 상태에 있었다고 볼 수 있고, 따라서 원고는 그때 처분이 있음을 알았다고 추정함이 상당하다(대판 1999. 12. 28, 99두9742).

3. 아파트 경비원이 관례에 따라 부재중인 납부의무자에게 배달되는 과징금 부과처분의 납부고지서를 수령한 경우, 납부의무자가 아파트 경비원에게 우편물 등의 수령권한을 위임한 것으로 볼 수는 있을지언정, 과징금 부과처분의 대상으로 된 사항에 관하여 납부의무자를 대신하여 처리할 권한까지 위임한 것으로 볼 수는 없고, 설사 위 경비원이 위 납부고지서를 수령한 때에 위 부과처분이 있음을 알았다고 하더라도 이로써 납부의무자 자신이 그 부과처분이 있음을 안 것과 동일하게 볼 수는 없다(대판 2002. 8. 27, 2002 두3850).

## (2) '처분이 있었던 날'의 의미

① 처분이 있었던 날이란 처분이 통지에 의하여 외부에 표시되고 효력이 발생한 날을 의미한다.

② 판례는 불특정 다수인에 대해 고시 또는 공고에 의하여 행정처분을 하는 경우에는 고시일 또는 공고일에 그 행정처분이 있었음을 알았던 것으로 보아 청구 기간을 기산하여야 한다고 하고 있다. 이때 고시일 또는 공고일이란 고시 또는 공고의 효력 발생일을 의미한다.

**판례**

통상 고시 또는 공고에 의하여 행정처분을 하는 경우에는 그 처분의 상대방이 불특정 다수인이고 그 처분의 효력이 불특정 다수인에게 일률적으로 적용되는 것이므로, 행정처분에 이해관계를 갖는 자가 고시 또는 공고가 있었다는 사실을 현실적으로 알았는지 여부에 관계없이 고시가 효력을 발생하는 날에 행정처분이 있음을 알았다고 보아야 한다(대판 2001. 7. 27, 99두9490).

## 2. 예외적인 심판청구 기간

## (1) 90일에 대한 예외

청구인이 천재지변, 전쟁, 사변(事變), 그 밖의 불가항력으로 인하여 처분이 있음을 알게 된 날부터 90일 이내에 심판청구를 할 수 없었을 때에는 그 사유가 소멸한 날부터 14일 이내에 행정심판을 청구할 수 있다. 다만, 국외에서 행정심판을 청구하는 경우에는 그 기간을 30일로 한다(법 제27조 제2항). 이 기간은 불변기간이다.

### ⑵ 180일에 대한 예외

처분이 있었던 날부터 180일이 경과하더라도 그 기간 내에 심판청구를 제기하지 못한 '정당한 사유'가 있는 경우에는 심판청구를 할 수 있다. 이때 정당한 사유에 해당하는 것이 무엇인지가 문제되는데 불가항력보다 넓은 개념으로 보는 것이 일반적 견해이다.

## 3. 제3자효 행정행위와 심판청구 기간

### ⑴ 원칙적 기간

① 제3자효 행정행위에 있어 처분의 상대방이 아닌 제3자가 행정심판을 제기하는 경우에도 그 기간은 원칙적으로 처분이 있음을 알게 된 날부터 90일 이내, 처분이 있었던 날부터 180일 이내라고 할 것이다.

② 처분의 제3자는 통지의 상대방이 아니므로 특별한 사정이 없는 한 행정행위가 있음을 알 수 없었다고 할 것이므로 일반적으로 제3자의 행정심판청구 기간은 처분이 있었던 날부터 180일 이내가 기준이 된다고 할 것이다.

### ⑵ 정당한 사유의 문제

① 행정처분의 직접 상대방이 아닌 제3자는 처분이 있는 것을 바로 알 수 없는 처지에 있으므로 위와 같은 기간 내에 심판청구를 제기하지 아니하였다 하더라도 특별한 사정이 없는 한 정당한 사유가 있는 경우에 해당하여 위와 같은 심판청구 기간이 경과한 뒤에도 심판을 청구할 수 있다.

② 다만, 제3자가 어떤 경위로든 행정처분이 있음을 알았거나 쉽게 알 수 있는 등 심판청구가 가능하였다는 사정이 있는 경우에는 그때로부터 90일 이내에 행정심판을 청구하여야 한다는 것이 판례의 취지이다.

> **판례**
>
> 1. 행정처분의 상대방이 아닌 제3자는 일반적으로 처분이 있는 것을 바로 알 수 없는 처지에 있으므로 처분이 있었던 날부터 180일이 경과하더라도 특별한 사유가 없는 한 「행정심판법」 제18조 제3항 단서 소정의 정당한 사유가 있는 것으로 보아 심판청구가 가능하다(대판 2002. 5. 24, 2000두3641).
>
> 2. 행정처분의 상대방이 아닌 제3자는 일반적으로 처분이 있는 것을 바로 알 수 없는 처지에 있으므로 처분이 있었던 날부터 180일이 경과하더라도 특별한 사유가 없는 한 구 「행정심판법」(1995. 12. 6. 법률 제5000호로 개정되기 전의 것) 제18조 제3항 단서 소정의 정당한 사유가 있는 것으로 보아 심판청구가 가능하나, 그 제3자가 어떤 경위로든 행정처분이 있음을 알았거나 쉽게 알 수 있는 등 「행정심판법」 제18조 제1항 소정의 심판청구 기간 내에 심판청구가 가능하였다는 사정이 있는 경우에는 그때로부터 60일 이내(개정 전 「행정심판법」상 청구 기간은 90일이 아닌 60일이었다)에 행정심판을 청구하여야 한다(대판 1996. 9. 6, 95누16233).

### 4. 불고지 · 오고지와 심판청구 기간 <sup>2020 기출</sup>

#### (1) 의의

행정청은 처분을 하는 경우에 상대방에게 심판청구 기간 등 일정한 사항을 알려야 한다. 행정청이 이러한 고지의무에도 불구하고 심판청구 기간을 고지하지 않거나, 착오로 소정의 기간보다 긴 기간으로 잘못 고지하는 경우가 있을 수 있는바, 이러한 경우에는 특별규정을 두고 있다.

#### (2) 불고지의 경우

행정청이 심판청구 기간을 알리지 아니한 경우에는 처분이 있었던 날부터 180일 이내에 심판청구를 할 수 있다(법 제27조 제6항).

#### (3) 오고지의 경우

행정청이 심판청구 기간을 처분이 있음을 알게 된 날부터 90일 이내보다 긴 기간으로 잘못 알린 경우 그 잘못 알린 기간에 심판청구가 있으면 그 행정심판은 처분이 있음을 알게 된 날부터 90일 이내에 청구된 것으로 본다(법 제27조 제5항).


## 03 행정심판청구의 변경 · 취하

### 1. 심판청구의 변경

「행정심판법」은 청구인이 행정심판을 청구한 후 일정한 사유가 있는 경우에는 새로운 행정심판을 청구할 필요 없이 청구의 변경을 할 수 있도록 하여, 청구인의 편의와 심판절차의 촉진을 도모하고 있다.

#### (1) 의의

행정심판청구의 변경이란 청구인이 행정심판을 청구한 후에 당초에 청구한 행정심판사항에 대하여 새로운 행정심판을 청구함이 없이 청구의 취지나 이유를 변경하는 것을 말한다.

#### (2) 청구변경의 구분

① 청구인은 청구의 기초에 변경이 없는 범위에서 청구의 취지나 이유를 변경할 수 있다(법 제29조 제1항).

② 행정심판이 청구된 후에 피청구인이 새로운 처분을 하거나 심판청구의 대상인 처분을 변경한 경우에는 청구인은 새로운 처분이나 변경된 처분에 맞추어 청구의 취지나 이유를 변경할 수 있다(법 제29조 제2항).

⑶ **청구변경의 절차**

① 행정심판청구의 변경은 서면의 형식을 갖추어 신청하여야 한다. 이 경우 피청구인과 참가인의 수만큼 청구변경신청서 부본을 함께 제출하여야 하며, 위원회는 청구변경신청서 부본을 피청구인과 참가인에게 송달하여야 한다(법 제29조 제3항·제4항).

② 이때 행정심판위원회는 기간을 정하여 피청구인과 참가인에게 청구변경 신청에 대한 의견을 제출하도록 할 수 있으며, 피청구인과 참가인이 그 기간에 의견을 제출하지 아니하면 의견이 없는 것으로 본다.

③ 행정심판위원회는 이러한 청구변경의 신청에 대하여 허가할 것인지 여부를 결정하고, 지체 없이 신청인에게는 결정서 정본을, 당사자 및 참가인에게는 결정서 등본을 송달하여야 한다.

④ 신청인은 이러한 송달을 받은 날부터 7일 이내에 행정심판위원회에 이의신청을 할 수 있다.

⑷ **청구변경의 효과**

청구의 변경결정이 있으면 처음 행정심판이 청구되었을 때부터 변경된 청구의 취지나 이유로 행정심판이 청구된 것으로 본다.

## 2. 심판청구의 취하

⑴ 행정심판의 청구인이나 참가인은 심판청구에 대하여 행정심판위원회나 소위원회의 의결이 있을 때까지 서면(취하서)으로 심판청구를 취하할 수 있다(법 제42조 제1항·제2항).

⑵ 취하서에는 청구인이나 참가인이 서명하거나 날인하여야 하며, 청구인 또는 참가인은 취하서를 피청구인 또는 위원회에 제출하여야 한다.

⑶ 피청구인 또는 위원회는 계속 중인 사건에 대하여 취하서를 받으면 지체 없이 다른 관계기관, 청구인, 참가인에게 취하 사실을 알려야 한다.

> **판례**
>
> 행정처분의 취소를 구하는 항고소송에 있어서는 실질적 법치주의와 행정처분의 상대방인 국민에 대한 신뢰보호라는 견지에서 처분청은 당초처분의 근거로 삼은 사유와 기본적 사실관계가 동일성이 있다고 인정되는 한도 내에서만 다른 사유를 추가하거나 변경할 수 있을 뿐, 기본적 사실관계와 동일성이 인정되지 않는 별개의 사실을 들어 처분사유로 주장함은 허용되지 아니하고, 여기서 기본적 사실관계의 동일성 유무는 처분사유를 법률적으로 평가하기 이전의 구체적인 사실에 착안하여 그 기초가 되는 사회적 사실관계가 기본적인 점에서 동일한지 여부에 따라 결정된다(대판 2001. 9. 28, 2000두8684).

## 04 행정심판청구의 효과

### 1. 집행부정지의 원칙

#### (1) 의의

집행부정지의 원칙이란 행정심판이 제기되더라도 행정처분의 효력에는 아무런 영향이 없으며, 그 집행 또는 절차의 속행을 정지시키지 아니하는 것을 말한다(법 제30조 제1항).

#### (2) 근거

이러한 집행부정지의 이론적 근거를 행정처분의 공정력 내지 자력집행력에서 구하는 견해가 있으나, 다수설은 행정의 원활한 운영과 행정심판청구의 남용을 막기 위한 입법정책적 고려에 의한 것으로 보고 있다.

#### (3) 예외허용의 필요성

집행부정지의 원칙만을 강조한다면 심판청구를 제기한 청구인이 나중에 그 청구가 이유 있어 청구 인용재결을 받더라도 이미 집행이 완료되어 중대한 손해를 입게 될 우려가 있다. 따라서 「행정심판법」은 일정한 요건이 충족되는 경우 처분에 대한 집행정지를 예외적으로 인정하고 있다.

### 2. 집행정지(예외) 2022기출

#### (1) 의의

집행정지란 그 처분의 집행 등으로 인하여 중대한 손해가 생길 경우에, 당사자의 권리·이익을 보전하기 위하여 위원회가 처분의 효력이나 그 집행 또는 절차의 속행의 전부 또는 일부를 잠정적으로 정지하는 제도를 말한다.

#### (2) 집행정지결정의 요건

① **집행정지의 대상인 처분이 존재할 것**

집행정지를 하기 위해서는 처분이 존재하여야 한다. 따라서 처분의 집행이 이미 완료되었거나, 그 목적이 달성되어 처분이 존재하지 않는 경우에는 집행정지는 불가능하다.

② **중대한 손해가 생기는 것을 예방할 필요성이 긴급할 것**

㉠ 중대한 손해란 원상회복 또는 금전으로는 보상할 수 없는 손해 및 사회통념상 금전보상으로는 실질적 보상이 이루어진 것으로 보기 어려운 손해를 의미한다.

㉡ 집행정지는 본안에 관한 재결을 기다릴 만한 시간적 여유가 없는 긴급한 필요가 있다고 인정될 때에만 허용된다.

③ **공공복리에 중대한 영향을 미칠 우려가 없을 것**

집행정지는 공공복리에 중대한 영향을 미칠 우려가 있을 때에는 허용되지 아니한다(법 제30조 제3항). 공공복리에 중대한 영향이 있는 것인지의 여부는 공공복리와 청구인의 손해를 비교·형량하여 개별적·구체적으로 판단하여야 한다.

④ **본안의 이유 없음이 명백하지 않을 것**

본안의 이유 없음이 명백한 경우에는 집행정지결정을 할 수 없다.

**판례**

행정처분의 효력정지나 집행정지제도는 신청인이 본안 소송에서 승소판결을 받을 때까지 그 지위를 보호함과 동시에 후에 받을 승소판결을 무의미하게 하는 것을 방지하려는 것이어서 본안 소송에서 처분의 취소가능성이 없음에도 처분의 효력이나 집행의 정지를 인정한다는 것은 제도의 취지에 반하므로 효력정지나 집행정지사건 자체에 의하여도 신청인의 본안 청구가 이유 없음이 명백하지 않아야 한다는 것도 효력정지나 집행정지의 요건에 포함시켜야 한다(대결 2007. 7. 13, 2005무85).

## (3) 집행정지결정의 절차

① 위원회는 처분, 처분의 집행 또는 절차의 속행 때문에 중대한 손해가 생기는 것을 예방할 필요성이 긴급하다고 인정할 때에는 직권으로 또는 당사자의 신청에 의하여 집행정지를 결정할 수 있다.

② 집행정지 신청은 심판청구와 동시에 또는 심판청구에 대한 위원회나 소위원회의 의결이 있기 전까지 신청의 취지와 원인을 적은 서면을 위원회에 제출하여야 한다. 다만, 심판청구서를 피청구인에게 제출한 경우로서 심판청구와 동시에 집행정지 신청을 할 때에는 심판청구서 사본과 접수증명서를 함께 제출하여야 한다(법 제30조 제5항).

③ 위원회의 심리·결정을 기다릴 경우 중대한 손해가 생길 우려가 있다고 인정되면 위원장은 직권으로 위원회의 심리·결정을 갈음하는 집행정지에 관한 결정을 할 수 있다. 이 경우 위원장은 지체 없이 위원회에 그 사실을 보고하고 추인을 받아야 하며, 위원회의 추인을 받지 못하면 위원장은 집행정지에 관한 결정을 취소하여야 한다.

④ 위원회는 집행정지에 관하여 심리·결정하면 지체 없이 당사자에게 결정서 정본을 송달하여야 한다.

## (4) 집행정지결정의 내용

① 집행정지결정은 처분의 효력, 처분의 집행 또는 절차의 속행의 전부 또는 일부의 정지를 그 내용으로 한다. 다만, '처분의 효력정지'는 처분의 집행 또는 절차의 속행을 정지함으로써 목적을 달성할 수 있는 경우에는 허용되지 아니한다.

② 이는 집행정지제도의 목적이 중대한 손해의 발생을 방지하려는 데 있는 것이므로, 집행의 정지 또는 절차속행의 정지에 의하여 그 목적을 달성할 수 있는 때에는 해당 처분의 효력까지 정지시킬 필요가 없기 때문이다.

### (5) 집행정지결정의 취소

① 위원회는 집행정지를 결정한 후에 집행정지가 공공복리에 중대한 영향을 미치거나 그 정지 사유가 없어진 경우에는 직권으로 또는 당사자의 신청에 의하여 집행정지결정을 취소할 수 있다.

② 집행정지결정의 취소신청은 심판청구에 대한 위원회나 소위원회의 의결이 있기 전까지 신청의 취지와 원인을 적은 서면을 위원회에 제출하여야 한다(법 제30조 제5항).

③ 위원회의 심리·결정을 기다릴 경우 중대한 손해가 생길 우려가 있다고 인정되면 위원장은 직권으로 위원회의 심리·결정을 갈음하는 집행정지 취소에 관한 결정을 할 수 있다. 이 경우 위원장은 지체 없이 위원회에 그 사실을 보고하고 추인을 받아야 하며, 위원회의 추인을 받지 못하면 위원장은 집행정지 취소에 관한 결정을 취소하여야 한다.

④ 위원회는 집행정지의 취소에 관하여 심리·결정하면 지체 없이 당사자에게 결정서 정본을 송달하여야 한다.

### (6) 적용범위

집행정지는 취소심판 및 무효등확인심판에만 인정되고, 의무이행심판에는 인정되지 아니한다.

## 3. 임시처분 2016 기출

### (1) 의의

임시처분이란 처분 또는 부작위 때문에 당사자가 받을 우려가 있는 중대한 불이익이나 당사자에게 생길 급박한 위험을 막기 위하여 임시지위를 정해야 할 필요가 있는 경우 행정심판위원회가 발하는 가구제 수단을 말한다.

### (2) 취지

① 기존의 가구제 수단인 집행정지제도는 소극적인 현상유지적 기능만 있을 뿐이므로 원칙적으로 거부처분이나 부작위의 경우에는 집행정지대상이 되지 않는다고 보는 것이 다수설과 판례의 입장이었다.

② 임시처분(가처분)제도의 도입은 이러한 거부처분이나 부작위에 대한 임시적 구제의 제도적 공백을 입법적으로 해소하고 이로써 청구인의 권리를 더욱 두텁게 보호하려는 데 그 취지가 있다.

### (3) 임시처분결정의 요건

① **처분 또는 부작위가 위법·부당하다고 상당히 의심되는 경우일 것**

㉠ 처분은 거부처분을 의미하며, 처분으로서의 외관이 존재하지 않는 부작위의 경우도 포함된다. 이처럼 집행정지와 달리 거부처분이나 부작위의 경우에도 당사자의 임시적 권리구제를 도모할 수 있다는 것이 임시처분제도의 장점이다.

ⓒ 또한, 처분이나 부작위는 위법 또는 부당하다고 상당히 의심되는 경우이어야 한다. 부당의 개념은 특히 재량처분의 경우에 의미가 있다. 위법이나 부당 여부의 판단은 본안 심리사항이지만 임시처분을 위해서는 위법 또는 부당이 상당히 의심되는 정도로도 족하다. 다만, 상당히 의심되는 정도인지의 판단은 다음 요건인 당사자에 미치는 불이익이 중대한지 여부 및 급박한 위험이 발생할 우려가 있는지의 판단과 밀접하게 연관된다.

② **당사자에게 중대한 불이익이나 급박한 위험이 발생할 우려가 있을 것**

ⓐ 중대한 불이익이나 급박한 위험이 발생할 우려가 있는 때는 집행정지의 요건인 중대한 손해가 생기는 것을 예방할 필요성이 긴급하다고 인정할 때와 유사하다.

ⓑ 따라서 금전배상이 불가능한 경우, 사회통념상 원상회복이나 금전배상이 가능하더라도 금전배상만으로는 수인할 수 없거나 수인하기 어려운 유형·무형의 손해발생의 우려가 있는 때이다.

③ **공공복리에 중대한 영향을 미칠 우려가 없을 것**

임시처분의 경우도 비록 처분 또는 부작위가 위법·부당하다고 상당히 의심되고 당사자가 받을 중대한 불이익이나 긴급한 위험을 인정할 수 있더라도 당사자의 임시지위를 정하는 것이 공공복리에 중대한 영향을 미칠 우려가 있을 때에는 허용되지 아니한다.

### ⑷ 임시처분결정의 절차

① 위원회는 직권으로 또는 당사자의 신청에 의하여 임시처분을 결정할 수 있다.

② 임시처분 신청은 심판청구와 동시에 또는 심판청구에 대한 위원회나 소위원회의 의결이 있기 전까지 신청의 취지와 원인을 적은 서면을 위원회에 제출하여야 한다. 다만, 심판청구서를 피청구인에게 제출한 경우로서 심판청구와 동시에 임시처분 신청을 할 때에는 심판청구서 사본과 접수증명서를 함께 제출하여야 한다(법 제30조 제5항).

③ 위원회의 심리·결정을 기다릴 경우 중대한 불이익이나 급박한 위험이 생길 우려가 있다고 인정되면 위원장은 직권으로 위원회의 심리·결정을 갈음하는 임시처분에 관한 결정을 할 수 있다. 이 경우 위원장은 지체 없이 위원회에 그 사실을 보고하고 추인을 받아야 하며, 위원회의 추인을 받지 못하면 위원장은 임시처분에 관한 결정을 취소하여야 한다.

④ 위원회는 임시처분에 관하여 심리·결정하면 지체 없이 당사자에게 결정서 정본을 송달하여야 한다.

### ⑸ 임시처분결정의 취소

① 위원회는 임시처분을 결정한 후에 임시처분이 공공복리에 중대한 영향을 미치거나 임시처분사유가 없어진 경우에는 직권으로 또는 당사자의 신청에 의하여 임시처분결정을 취소할 수 있다.

② 임시처분결정의 취소신청은 심판청구에 대한 위원회나 소위원회의 의결이 있기 전까지 신청의 취지와 원인을 적은 서면을 위원회에 제출하여야 한다(법 제30조 제5항).

③ 위원회의 심리·결정을 기다릴 경우 중대한 불이익이나 급박한 위험이 생길 우려가 있다고 인정되면 위원장은 직권으로 위원회의 심리·결정을 갈음하는 임시처분 취소에 관한 결정을 할 수 있다. 이 경우 위원장은 지체 없이 위원회에 그 사실을 보고하고 추인을 받아야 하며, 위원회의 추인을 받지 못하면 위원장은 임시처분 취소에 관한 결정을 취소하여야 한다.

④ 위원회는 임시처분의 취소에 관하여 심리·결정하면 지체 없이 당사자에게 결정서 정본을 송달하여야 한다.

## ⑹ 집행정지와의 관계

임시처분은 집행정지로 목적을 달성할 수 있는 경우에는 허용되지 않는다(법 제31조 제3항).

## 제6절 행정심판의 심리

### 01 의의

행정심판의 심리란 재결의 기초가 될 사실관계 및 법률관계를 명확히 하기 위하여 당사자 및 관계인의 주장과 반박을 듣고, 증거 기타의 자료를 수집·조사하는 일련의 절차를 말한다. 「행정심판법」은 행정심판에 있어서 「헌법」 제107조 제3항에 따라 심리기관의 객관화와 심리 절차의 대심구조를 취하여 '심리절차의 사법화'를 도모하고 있다.

### 02 심리절차

#### 1. 내용

#### (1) 요건심리

① 행정심판을 청구하는 데 있어 필요한 형식적 제기요건을 충족하고 있는지를 심사하는 것으로 부적법인 경우는 재결로 각하한다.

② 행정심판위원회는 심판청구가 부적법하지만 보정할 수 있는 경우에는 보정을 요구하여야 하며, 경미한 사항인 경우에는 직권으로 보정할 수 있다(법 제32조 제1항).

③ 행정심판 제기요건은 직권조사사항이다. 따라서 당사자의 주장이 없어도 위원회는 직권으로 조사할 수 있다.

④ 요건심리와 본안심리는 항상 시간적으로 전후관계에 있는 것은 아니다. 예컨대, 본안심리를 하는 중에도 심판청구의 형식적 요건에 흠이 발견되면 언제든지 각하재결을 할 수 있다.

#### (2) 본안심리

① 행정심판청구가 적법한 경우에 심판청구인의 청구의 당부에 대하여 실질적으로 심사하는 것으로 심리결과 청구가 이유 있으면 인용재결, 이유 없으면 기각재결을 한다.

② 또한, 심판청구가 이유가 있다고 인정하는 경우에도 이를 인용하는 것이 공공복리에 크게 위배된다고 인정할 때에는 사정재결을 할 수 있다.

#### 2. 범위

#### (1) 불고불리의 원칙 및 불이익변경금지의 원칙

① 행정심판의 심리에 있어서는 심판이 청구된 처분이나 부작위 이외의 사항에 대해서는 심리하지 못하며(불고불리의 원칙), 심판청구의 대상이 되는 처분보다 청구인에게 불이익하게 심리하지 못한다(불이익금지원칙).

② 이러한 원칙들은 원래 행정심판의 재결의 범위내용으로서 인정되는 것이지만(법 제47조 제1항·제2항), 재결이 심리의 결과로서 의결된 내용에 따른 기계적인 행위의 의미를 갖는 것이므로, 심리에 있어서도 적용되는 것으로 본다.

### (2) 법률문제, 사실문제

행정심판의 심리에서는 심판청구의 대상인 처분이나 부작위의 위법·적법 여부인 법률문제와 사실문제를 심리할 수 있다.

### (3) 재량문제

행정심판의 심리에서는 심판청구의 대상인 처분이나 부작위의 공익에의 부합 여부인 당·부당의 재량문제도 심리할 수 있으며, 이점에서 재량행사의 당·부당에 대해서 심리할 수 없는 행정소송과 구별된다.

## 3. 심리기일의 지정과 변경

(1) 심리기일은 위원회가 직권으로 지정한다(법 제38조 제1항).

(2) 심리기일의 변경은 직권으로 또는 당사자의 신청에 의하여 한다.

(3) 위원회는 심리기일이 변경되면 지체 없이 그 사실과 사유를 당사자에게 알려야 한다.

(4) 위원회는 심리기일 7일 전까지 당사자와 참가인에게 심리기일을 알려야 한다.

## ⑱ 심리의 기본원칙

## 1. 대심주의

대심주의란 서로 대립하는 당사자인 청구인과 피청구인의 공격과 방어를 바탕으로 하여 심리를 진행시키는 제도를 말한다.

## 2. 직권심리주의 가미

(1) 「행정심판법」은 당사자주의를 원칙으로 하면서도, 심판청구의 심리를 위하여 필요하다고 인정되는 경우에는 심리기관인 위원회로 하여금 당사자가 주장하지 않은 사실에 대하여도 심리하고(법 제39조), 증거조사를 할 수 있도록 하고 있다(법 제36조 제1항).

(2) 이는 행정심판이 당사자의 권리구제기능 이외에도 행정작용의 자율적 통제를 통한 적법성 확보의 기능을 갖고 있음에 비추어, 공익적인 측면에서 실체적 진실 확보에 필요한 경우에는 예외적으로 이를 인정하려는 것이라고 볼 수 있다.

(3) 직권심리주의는 행정심판의 심리에 있어서도 적용되는 불고불리의 원칙으로 인해, 행정심판의 청구대상인 처분이나 부작위 이외의 사항에 대해서는 인정되지 않는다.

## 3. 서면심리주의 또는 구술심리주의

(1) 행정심판의 심리는 구술심리나 서면심리로 한다. 다만, 당사자가 구술심리를 신청한 경우에는 서면심리만으로 결정할 수 있다고 인정되는 경우 외에는 구술심리를 하여야 한다(법 제40조 제1항).

(2) 당사자가 구술심리를 신청하려면 심리기일 3일 전까지 위원회에 서면 또는 구술로 신청하여야 한다.

(3) 위원회는 구술심리 신청을 받으면 그 허가 여부를 결정하여 신청인에게 알려야 한다.

## 4. 비공개주의

(1) 비공개주의란 행정심판에 있어서 심리의 능률화를 도모하는 관점에서 행정심판청구의 심리·재결을 일반인이 방청할 수 없는 상태에서 행하게 하는 것을 말한다.

(2) 「행정심판법」은 비공개주의에 대한 명문의 규정은 없으나, 서면심리 등을 채택한 「행정심판법」의 구조로 보아 비공개주의를 택하고 있다고 해석하는 것이 일반이다.

(3) 「행정심판법」은 "위원회에서 위원이 발언한 내용이나 그 밖에 공개되면 위원회의 심리·재결의 공정성을 해칠 우려가 있는 사항은 공개하지 아니한다."라고 규정하고 있다.

(4) **비공개 정보**

① 위원회(소위원회와 전문위원회를 포함한다)의 회의에서 위원이 발언한 내용이 적힌 문서
② 심리 중인 심판청구사건의 재결에 참여할 위원의 명단
③ 공개할 경우 위원회의 심리·재결의 공정성을 해칠 우려가 있다고 인정되는 사항

## ⑭ 당사자의 절차적 권리

### 1. 위원 · 직원에 대한 기피신청권

당사자는 위원에게 공정한 심리 · 의결을 기대하기 어려운 사정이 있으면 위원장에게 기피신청을 할 수 있다.

### 2. 구술심리신청권

(1) 행정심판의 심리는 구술심리나 서면심리로 한다. 다만, 당사자가 구술심리를 신청한 경우에는 서면심리만으로 결정할 수 있다고 인정되는 경우 외에는 구술심리를 하여야 한다.

(2) 당사자가 구술심리를 신청하려면 심리기일 3일 전까지 위원회에 서면 또는 구술로 신청하여야 한다.

### 3. 보충서면제출권

당사자는 심판청구서 · 보정서 · 답변서 · 참가신청서 등에서 주장한 사실을 보충하고 다른 당사자의 주장을 다시 반박하기 위하여 필요하면 위원회에 보충서면을 제출할 수 있다.

### 4. 증거서류나 증거물제출권

당사자는 심판청구서 · 보정서 · 답변서 · 참가신청서 · 보충서면 등에 덧붙여 그 주장을 뒷받침하는 증거서류나 증거물을 제출할 수 있다.

### 5. 증거조사신청권

위원회는 사건을 심리하기 위하여 필요하면 직권으로 또는 당사자의 신청에 의하여 다음의 방법에 따라 증거조사를 할 수 있다. 따라서 당사자는 자신의 주장을 뒷받침하기 위하여 필요하다고 인정할 때에는 행정심판위원회에 증거조사를 신청할 수 있다.

(1) 당사자나 관계인(관계 행정기관 소속 공무원을 포함한다)을 위원회의 회의에 출석하게 하여 신문(訊問)하는 방법

(2) 당사자나 관계인이 가지고 있는 문서 · 장부 · 물건 또는 그 밖의 증거자료의 제출을 요구하고 영치(領置)하는 방법

(3) 특별한 학식과 경험을 가진 제3자에게 감정을 요구하는 방법

(4) 당사자 또는 관계인의 주소 · 거소 · 사업장이나 그 밖의 필요한 장소에 출입하여 당사자 또는 관계인에게 질문하거나 서류 · 물건 등을 조사 · 검증하는 방법

## ⑤ 심리의 병합과 분리

심리의 신속성, 경제성, 능률성을 위하여 위원회가 필요하다고 인정하는 경우에는 관련청구를 병합심리하거나 병합된 청구를 분리하여 심리할 수 있다(법 제37조).

### 1. 병합

병합은 하나의 심판절차에 수인의 당사자가 관여하는 심판형태를 말하며, 위원회는 필요하다고 인정하는 경우 관련되는 심판청구를 병합하여 심리할 수 있다. 병합은 다수당사자 간의 관련 분쟁을 같은 절차 내에서 동시에 심리함으로써 심판의 중복을 피하여 당사자와 위원회의 노력을 절약하게 된다.

### 2. 분리

병합과 반대되는 개념으로 병합되어 청구된 사건 중 사건의 성질상 하나의 심판절차에 다수의 당사자가 관여할 수 없어 사건의 내용대로 나누어 심리하는 것을 말하며, 위원회는 필요하다고 인정하는 경우 관련되는 심판청구를 분리하여 심리할 수 있다.

## 제7절 행정심판의 재결

### 01 재결의 의의 및 성질

#### 1. 재결의 의의

재결이란 심판청구사건에 대한 심리의 결과에 따라 최종적인 법적 판단을 하는 행위, 즉 심판청구사건에 대한 행정심판위원회의 종국적 판단인 의사표시를 말한다.

#### 2. 재결의 성질

##### (1) 확인행위

재결은 행정상의 법률관계에 관한 분쟁에 대하여 행정심판위원회가 일정한 절차를 거쳐 판단·확정하는 것이므로 확인행위의 성질을 가진다.

##### (2) 준사법적 행위

재결은 심판청구의 제기를 전제로 분쟁에 대한 판단을 행하는 점에서 법원의 판결과 성질이 비슷하므로 준사법행위에 해당한다.

##### (3) 기속행위

재결은 기속행위의 성질을 갖는다.

### 02 재결의 방식

#### 1. 재결의 형식

##### (1) 서면주의

재결은 소정의 사항을 기재한 서면, 즉 재결서로 하여야 하는 엄격한 요식행위이다(법 제46조 제1항).

##### (2) 재결서에의 기재사항

① 사건번호와 사건명
② 당사자·대표자 또는 대리인의 이름과 주소
③ 주문
④ 청구의 취지
⑤ 이유(주문 내용이 정당하다는 것을 인정할 수 있는 정도의 판단을 표시하여야 한다)
⑥ 재결한 날짜

## 2. 재결의 기간

### (1) 재결 기간

① 재결은 피청구인 또는 행정심판위원회가 심판청구서를 받은 날부터 60일 이내에 하여야 한다. 다만, 부득이한 사정이 있는 경우에는 위원장이 직권으로 30일을 연장할 수 있다(법 제45조 제1항).

② 위원장은 재결 기간을 연장할 경우에는 재결 기간이 끝나기 7일 전까지 당사자에게 알려야 한다(법 제45조 제2항).

### (2) 재결 기간에 관한 규정의 법적 성질

「행정심판법」상의 재결 기간은 재결에 관한 시간적 기준을 제시한 훈시규정에 불과할 뿐이므로 재결 기간의 경과 후에 행한 재결도 유효하다는 견해가 유력하다.

## 3. 재결의 범위 2017 기출

재결을 함에 있어서 위원회는 기본적으로 일정한 범위에서만 재결을 할 수 있다.

### (1) 불고불리의 원칙

행정심판위원회는 심판청구의 대상이 되는 처분 또는 부작위 외의 사항에 대하여는 재결하지 못한다(법 제47조 제1항).

### (2) 불이익변경금지의 원칙

행정심판위원회는 심판청구의 대상이 되는 처분보다 청구인에게 불이익한 재결을 하지 못한다(법 제47조 제2항).

## 4. 재결의 송달

### (1) 당사자에의 송달

행정심판위원회가 재결을 한 때에는 지체 없이 당사자에게 재결서의 정본을 송달하여야 하며, 재결은 청구인에게 송달이 되었을 때 효력이 발생한다. 이 경우 중앙행정심판위원회는 재결 결과를 소관 중앙행정기관의 장에게도 알려야 한다(법 제48조 제1항·제2항).

### (2) 참가인에의 송달

행정심판위원회는 심판청구에 참가인이 있는 경우에는 재결서의 등본을 지체 없이 참가인에게 송달하여야 한다. 이 경우 참가인에의 송달은 재결의 효력발생과는 직접관계가 없다.

### (3) 제3자에 대한 송달

처분의 상대방이 아닌 제3자가 심판청구를 한 경우 위원회는 재결서의 등본을 지체 없이 피청구인을 거쳐 처분의 상대방에게 송달하여야 한다.

## 03 재결의 종류

### 1. 요건재결(각하재결)

요건재결은 요건심리의 결과 심판청구의 제기요건을 충족하지 못한 부적법한 심판청구(예 심판청구 기간을 경과한 심판청구)에 대하여 본안에 대한 심리를 거절하는 재결을 말한다(법 제43조 제1항). 각하재결은 요건재결이라고도 한다.

---
**● 각하사유**

(1) 심판청구사항이 아닌 것에 대한 심판청구
(2) 대통령의 처분 또는 부작위에 관한 심판청구
(3) 청구인 적격이 없는 자 또는 청구인이 될 수 없는 자가 제기한 심판청구
(4) 심판청구 기간을 지난 심판청구
(5) 심판청구의 기재사항이 불비하거나 기타의 사유로 부적법하여 그 보정을 명하였음에도 소정의 기간 내에 보정하지 않은 때
(6) 대상이 소멸한 심판청구
(7) 재심판청구
---

### 2. 본안재결

### (1) 기각재결

기각재결은 심판청구가 이유 없다고 인정하여 청구를 배척하고, 원처분을 지지하는 재결을 말한다(법 제43조 제2항). 기각재결은 이처럼 청구인의 청구를 배척하고 원처분을 지지할 뿐이므로, 기각재결이 있은 후에도 처분청은 해당 처분을 직권으로 취소·변경할 수 있다.

### (2) 인용재결

인용재결은 본안심리의 결과 심판청구가 이유 있다고 인정하여 청구인의 청구의 취지를 받아들이는 내용의 재결로서, 이는 다시 다음과 같이 구분될 수 있다(법 제43조 제3항·제4항·제5항).
① **취소·변경재결**: 취소·변경재결은 취소심판의 청구가 이유 있다고 인정할 때에 ㉠ 위원회가 스스로 처분을 취소 또는 변경하거나(처분취소재결·처분변경재결), ㉡ 처분청에 대하여 해당 처분의 변경을 명하는 재결(처분변경명령재결)을 말한다. 이 경우 ㉠은 형성재결, ㉡은 이행재결의 성질을 갖는다.

> **⬤ 취소 · 변경재결에서 '취소 · 변경'의 의미**
>
> 1. **취소재결에 있어서 '취소'의 의미**
>    여기서의 취소는 전부취소와 일부취소를 모두 포함한다. 한편 취소재결이 원처분의 일부를 취소하는 데 그쳐 청구인이 그 잔여처분에 대하여 여전히 불복이 있는 경우에는 「행정소송법」이 취소소송의 대상에 관하여 원처분주의를 취하고 있으므로 원처분에 대하여 취소소송을 제기하여 그 잔여처분의 취소를 구하여야 한다.
> 2. **변경재결에 있어서 '변경'의 의미**
>    여기서의 변경은 일부취소의 의미가 아니라 적극변경, 즉 원처분에 갈음하는 다른 처분으로의 변경을 의미한다.

② **무효등확인재결** : 무효등확인재결은 무효등확인심판의 청구가 이유 있다고 인정하여 해당 처분의 효력 유무 또는 존재 여부를 확인하는 재결이다. 무효등확인재결에는 처분무효확인재결, 처분유효확인재결, 처분실효확인재결, 처분존재확인재결, 처분부존재확인재결이 있을 수 있다.

③ **의무이행재결** : 의무이행재결은 의무이행심판의 청구가 이유 있다고 인정할 때에 ㉠ 지체 없이 신청에 따른 처분을 하거나(처분재결), ㉡ 처분청이나 부작위청에게 그 신청에 따른 처분을 할 것을 명하는 재결(처분명령재결)을 말한다. 이 경우 ㉠은 사실상 형성재결, ㉡은 이행재결의 성질을 갖는다.

> **⬤ 이행재결에 있어 '신청에 따른 처분'의 의미**
>
> 행정심판위원회는 의무이행심판의 청구가 이유 있다고 인정할 때에 지체 없이 신청에 따른 처분을 하거나 처분청에게 그 신청에 따른 처분을 할 것을 명할 수 있는바, 여기서 신청에 따른 처분이라 함은 반드시 청구인의 신청내용대로의 처분만을 의미하는 것은 아니라는 것이 지배적 견해이다.

## (3) 사정재결

사정재결은 심판청구가 이유가 있다고 인정하는 경우에도 이를 인용하는 것이 공공복리에 크게 위배된다고 인정할 때에 그 심판청구를 기각하는 재결을 말한다(법 44조 제1항).

## 3. 사정재결 2013 기출

### (1) 의의

사정재결이란 행정심판위원회는 심리의 결과 그 심판청구가 이유 있다고 인정하는 경우에도 이를 인용하는 것이 공공복리에 크게 위배된다고 인정할 때에는 그 심판청구를 기각하는 재결을 할 수 있는 것을 말한다. 따라서 사정재결도 기각재결의 일종이다.

⑵ **요건**

① **실질적 요건** : 사정재결은 심판청구를 인용하는 것이 '공공복리에 크게 위배된다고 인정할 때'에 한하여 행해질 수 있다.

② **형식적 요건** : 사정재결 역시 위원회가 행한다. 한편 사정재결을 함에 있어서 행정심판위원회는 그 재결의 주문에서 그 처분 또는 부작위가 위법하거나 부당하다는 것을 구체적으로 밝혀야 한다.

⑶ **구제방법**

① 행정심판위원회는 사정재결을 함에 있어서, 직접 청구인에 대하여 상당한 구제방법을 취하거나 피청구인에게 상당한 구제방법을 취할 것을 명할 수 있다(법 제44조 제2항).

② 구체적인 구제방법으로는 손해전보·원상회복·재해시설의 설치 등이 고려되고 있다.

⑷ **적용범위**

사정재결은 취소심판 및 의무이행심판에만 인정되고, 무효등확인심판에는 인정되지 아니한다(법 제44조 제3항).

> **판례**
>
> 환지예정지지정처분의 기초가 된 가격평가의 내용이 일응 적정한 것으로 보일 뿐만 아니라 환지계획으로 인한 환지예정지지정처분을 받은 이해관계인들 중 원고를 제외하고는 아무도 위 처분에 관하여 불복하지 않고 있으므로 원고에 대한 환지예정지지정처분을 위법하다 하여 이를 취소하고 새로운 환지예정지를 지정하기 위하여 환지계획을 변경할 경우 위 처분에 불복하지 않고 기왕의 처분에 의하여 이미 사실관계를 형성하여 온 다수의 다른 이해관계인들에 대한 환지예정지지정처분까지도 변경되어 기존의 사실관계가 뒤엎어지고 새로운 사실관계가 형성되어 혼란이 생길 수도 있게 되는 반면 위 처분으로 원고는 이렇다 할 손해를 입었다고 볼 만한 사정도 엿보이지 않고 가사 손해를 입었다 할지라도 청산금보상 등으로 전보될 수 있는 점 등에 비추어 보면 위 처분이 토지평가협의회의 심의를 거치지 아니하고 결정된 토지 등의 가격평가에 터잡은 것으로 그 절차에 하자가 있다는 사유만으로 이를 취소하는 것은 현저히 공공복리에 적합하지 아니하다고 보여 사정판결을 할 사유가 있다(대판 1992. 2. 14, 90누9032).

⊙④ **재결의 효력**

행정심판의 재결은 행정행위로서의 성질을 가지므로 행정행위가 갖는 기속력·공정력·불가쟁력·불가변력·형성력 등을 갖는다.

## 1. 기속력 <sub>2018, 2022 기출</sub>

### (1) 의의

기속력이란 피청구인인 행정청과 그 밖의 관계 행정청이 재결의 취지에 따르도록 구속하는 효력을 말한다.

### (2) 기속력이 인정되는 재결

재결의 기속력은 인용재결에만 인정되며, 기각 또는 각하재결에는 인정되지 않는다. 왜냐하면 기각 또는 각하재결은 관계 행정청에 대하여 원처분의 유지의무를 부과하는 것이 아니라 단지 청구인의 심판청구를 배척하는 데 그치기 때문이다.

### (3) 기속력의 범위

① **주관적 범위**: 기속력은 피청구인인 행정청뿐만 아니라 널리 그 밖의 관계 행정청에 미친다(법 제49조 제1항). 관계 행정청이란 취소되는 처분 등을 기초로 하여 그와 관련되는 처분이나 부수적 행위를 할 수 있는 행정청을 총칭하는 것이라고 할 수 있다.

② **객관적 범위**: 기속력은 재결의 주문 및 그 전제가 된 요건사실의 인정과 판단에만 미치고, 이와 직접 관계가 없는 다른 처분에 대하여는 미치지 아니한다(대판 1998. 2. 27, 96누13792). 기판력은 후소법원을 구속하는 효력으로서 판결의 주문에 한하지만 기속력은 행정청을 구속하는 효력으로서 재결에 의하여 설시된 개개의 위법사유를 포함한다.

### (4) 기속력의 내용

① **반복금지의무(소극적 의무)**

㉠ 청구인용재결로서 취소·변경재결, 무효등확인재결, 의무이행재결이 있게 되면 관계 행정청은 그 재결을 준수하여야 하므로, 그 재결에 반하는 행위를 할 수 없다.

㉡ 따라서 소극적으로 동일한 상황에서 동일한 처분을 반복할 수는 없다.

㉢ 반복금지의무에 위반하여 동일한 내용의 처분을 다시 한 경우 이러한 처분은 그 하자가 중대명백하여 무효이다.

> **판례**
>
> 「행정심판법」 제37조가 정하고 있는 재결은 당해 처분에 관하여 재결주문 및 그 전제가 된 요건사실의 인정과 판단에 대하여 처분청을 기속하므로, 당해 처분에 관하여 위법한 것으로 재결에서 판단된 사유와 기본적 사실관계에 있어 동일성이 인정되는 사유를 내세워 다시 동일한 내용의 처분을 하는 것은 허용되지 않는다(대판 2003. 4. 25, 2002두3201).

② **재처분의무(적극적 의무)**

  ㉠ **처분취소재결 및 처분무효 또는 부존재확인재결의 경우** : 재결에 의하여 취소되거나 무효 또는 부존재로 확인되는 처분이 당사자의 신청을 거부하는 것을 내용으로 하는 경우에는 그 처분을 한 행정청은 재결의 취지에 따라 다시 이전의 신청에 대한 처분을 하여야 한다(법 제49조 제2항).

  ㉡ **처분명령재결의 경우** : 당사자의 신청을 거부하거나 부작위로 방치한 처분의 이행을 명하는 재결이 있으면 행정청은 지체 없이 이전의 신청에 대하여 재결의 취지에 따라 처분을 하여야 한다. 이때 기속행위의 경우에는 신청된 대로의 처분을, 재량행위의 경우에는 신청에 대한 하자 없는 처분을, 영으로서의 재량수축의 경우에는 기속행위와 동일한 처분, 즉 신청한 대로의 처분을 하여야 한다.

  ㉢ **절차위법의 경우** : 신청에 따른 처분이 절차의 위법 또는 부당을 이유로 재결로써 취소된 경우에는 그 처분을 한 행정청은 재결의 취지에 따라 다시 이전의 신청에 대한 처분을 하여야 한다. 이때 기속행위의 경우에는 사실상 동일한 처분이 이루어지게 될 것이다.

  **판례**

  행정소송법 제30조 제2항의 규정에 의하면 행정청의 거부처분을 취소하는 판결이 확정된 경우에는 그 처분을 행한 행정청이 판결의 취지에 따라 이전의 신청에 대하여 재처분할 의무가 있으나, 이때 확정판결의 당사자인 처분 행정청은 그 행정소송의 사실심 변론종결 이후 발생한 새로운 사유를 내세워 다시 이전의 신청에 대한 거부처분을 할 수 있고 그러한 처분도 위 조항에 규정된 재처분에 해당된다(대판 1997. 2. 4, 96두70).

③ **결과제거의무**

  관계 행정청은 처분의 취소·확인의 재결이 있게 되면 결과적으로 위법 또는 부당으로 판정된 처분에 의하여 초래된 상태를 제거해야 할 의무를 진다.

(5) **재처분의무 위반에 따른 조치** 2019 기출

① **위원회의 시정명령과 직접처분**

  ㉠ 위원회는 피청구인이 처분명령재결에도 불구하고 처분을 하지 아니하는 경우에는 당사자가 신청하면 기간을 정하여 서면으로 시정을 명하고 그 기간에 이행하지 아니하면 직접처분을 할 수 있다. 다만, 그 처분의 성질이나 그 밖의 불가피한 사유로 위원회가 직접처분을 할 수 없는 경우에는 그러하지 아니다(법 제50조 제1항).

  ㉡ 위원회는 직접처분을 하였을 때에는 그 사실을 해당 행정청에 통보하여야 하며, 그 통보를 받은 행정청은 위원회가 한 처분을 자기가 한 처분으로 보아 관계 법령에 따라 관리·감독 등 필요한 조치를 하여야 한다.

  ㉢ 시정명령·직접처분의 제도는 국민의 권익보호 내지 행정심판에 대한 신뢰성의 제고에 의미를 갖는다.

② **위원회의 간접강제**

　㉠ 위원회는 피청구인이 재결의 취지에 따라 다시 이전의 신청에 대한 처분 또는 이전의 신청에 대하여 재결의 취지에 따른 처분을 하지 아니하면 청구인의 신청에 의하여 결정으로 상당한 기간을 정하고 피청구인이 그 기간 내에 이행하지 아니하는 경우에는 그 지연기간에 따라 일정한 배상을 하도록 명하거나 즉시 배상을 할 것을 명할 수 있다(법 제50조의2 제1항).

　㉡ 위원회는 사정의 변경이 있는 경우에는 당사자의 신청에 의하여 배상을 명하는 결정의 내용을 변경할 수 있다.

　㉢ 위원회는 배상을 명하는 결정 또는 그 내용을 변경하는 결정을 하기 전에 신청 상대방의 의견을 들어야 한다.

　㉣ 청구인은 배상을 명하는 결정 또는 그 내용을 변경하는 결정에 불복하는 경우 그 결정에 대하여 행정소송을 제기할 수 있다.

　㉤ 결정의 효력은 피청구인인 행정청이 소속된 국가·지방자치단체 또는 공공단체에 미치며, 결정서 정본은 소송제기와 관계없이 「민사집행법」에 따른 강제집행에 관하여는 집행권원과 같은 효력을 가진다. 이 경우 집행문은 위원장의 명에 따라 위원회가 소속된 행정청 소속 공무원이 부여한다.

　㉥ 간접강제 결정에 기초한 강제집행에 관하여 행정심판법에 특별한 규정이 없는 사항에 대하여는 「민사집행법」의 규정을 준용한다.

**⑹ 부수적 효과**

① **처분의 취소·변경의 공고**

　법령의 규정에 의하여 공고한 처분이 재결로써 취소 또는 변경된 때에는 처분을 행한 행정청은 지체 없이 그 처분이 취소 또는 변경되었음을 공고하여야 한다(법 제49조 제5항).

② **처분의 취소·변경의 통지**

　법령의 규정에 의하여 처분의 상대방 외의 이해관계인에게 통지된 처분이 재결로써 취소 또는 변경된 때에는 처분을 행한 행정청은 지체 없이 그 이해관계인에게 그 처분이 취소 또는 변경되었음을 통지하여야 한다(법 제49조 제6항).

## 2. 공정력

재결에 하자가 있는 경우에도 그것이 중대하고 명백하여 당연무효의 원인이 되지 않는 한, 권한 있는 기관에 의해 취소 또는 변경될 때까지 그 유효성이 추정된다. 이 같은 재결의 효력을 공정력이라고 한다.

### 3. 불가쟁력

심판청구에 대한 재결이 있는 경우에는 해당 재결 및 동일한 처분 또는 부작위에 대하여 다시 심판청구를 제기하지 못하며(법 제51조), 재결 자체에 고유한 위법이 있는 경우에 한하여 행정소송을 제기할 수 있다. 또한 이 경우에도 제소기간이 경과하면 누구든지 그 효력을 다툴 수 없게 되는바, 이 같은 재결의 효력을 불가쟁력이라고 한다.

### 4. 불가변력

재결은 쟁송절차에 의하여 행해진 준사법적 행위이므로, 일단 재결을 한 이상 행정심판위원회 스스로도 임의로 그를 취소·변경할 수 없다. 이 같은 재결의 효력을 불가변력이라고 한다.

### 5. 형성력

형성력이란 재결의 내용에 따라 법률관계의 발생·변경·소멸을 가져오는 효력을 말한다. 취소·변경재결이 있으면 원처분의 효력이 처분시에 소급하여 소멸·변경하는 것은 형성력의 효과이다. 재결의 형성력은 제3자에게도 미치며, 형성력의 제3자효를 '대세적 효력'이라고도 한다.

> **판례**
>
> 「행정심판법」 제32조 제3항(현행법 제43조 제3항)에 의하면 재결청(현행법 위원회)은 취소심판의 청구가 이유 있다고 인정할 때에는 처분을 취소·변경하거나 처분청에게 취소·변경할 것을 명한다고 규정하고 있으므로, 행정심판 재결의 내용이 처분청에게 처분의 취소를 명하는 것이 아니라 재결청(현행법 위원회)이 스스로 처분을 취소하는 것일 때에는 그 재결의 형성력에 의하여 당해 처분은 별도의 행정처분을 기다릴 것 없이 당연히 취소되어 소멸되는 것이다(대판 1998. 4. 24, 97누17131).

## 05 재결에 대한 불복

### 1. 재심판청구의 금지

심판청구에 대한 재결에 대하여는 다시 심판청구를 제기할 수 없다.

### 2. 재결에 대한 행정소송

(1) 재결(확인행위)도 행정행위로서의 성질을 가지는 이상 기각재결이나 사정재결이 존재하는 경우에는 행정소송의 제기가 가능하다.

(2) 이때 청구인에게는 원처분과 재결처분의 두 가지가 소송의 대상으로 주어지게 된다.

(3) 「행정소송법」은 기본적으로 '원처분주의'를 채택하고 있다. 즉, 원칙적으로는 원처분 자체의 위법을 이유로 해서만 행정소송의 제기가 가능하나, 예외적으로 재결 자체의 위법을 이유로 하는 경우에는 재결을 행정소송의 대상으로 할 수도 있도록 하고 있다.

(4) 이러한 예외적인 경우는 재결이 심리과정상의 절차상의 하자에 기인한 것이거나, 제3자에 대해서도 효력을 미치는 행정행위인 경우에 재결에 의하여 원래의 처분이 취소되어 비로소 제3자의 권익이 침해되는 경우를 들 수 있다.

## 06  조정

1. 위원회는 당사자의 권리 및 권한의 범위에서 당사자의 동의를 받아 심판청구의 신속하고 공정한 해결을 위하여 조정을 할 수 있다. 다만, 그 조정이 공공복리에 적합하지 아니하거나 해당 처분의 성질에 반하는 경우에는 그러하지 아니하다(법 제43조의2 제1항).

2. 위원회는 조정을 함에 있어서 심판청구된 사건의 법적·사실적 상태와 당사자 및 이해관계자의 이익 등 모든 사정을 참작하고, 조정의 이유와 취지를 설명하여야 한다(제43조의2 제2항).

3. 조정은 당사자가 합의한 사항을 조정서에 기재한 후 당사자가 서명 또는 날인하고 위원회가 이를 확인함으로써 성립한다(제43조의2 제3항).

## 07  불합리한 법령 등의 개선

1. 중앙행정심판위원회는 심판청구를 심리·재결할 때에 처분 또는 부작위의 근거가 되는 명령 등(대통령령·총리령·부령·훈령·예규·고시·조례·규칙 등을 말한다)이 법령에 근거가 없거나 상위 법령에 위배되거나 국민에게 과도한 부담을 주는 등 크게 불합리하면 관계 행정기관에 그 명령 등의 개정·폐지 등 적절한 시정조치를 요청할 수 있다.

2. 이 경우 중앙행정심판위원회는 시정조치를 요청한 사실을 법제처장에게 통보하여야 한다.

3. 시정조치 요청을 받은 관계 행정기관은 정당한 사유가 없으면 이에 따라야 한다.

## 제8절 | 행정심판의 고지제도

### 01 의의

고지제도란 행정청이 행정처분을 하는 경우에 그 처분의 상대방 또는 이해관계인에게 해당 처분에 대한 불복청구의 가능성 및 행정심판을 제기하고자 할 때 필요한 사항을 알려주는 제도를 말한다.

### 02 필요성

#### 1. 행정심판청구의 기회보장

행정청이 처분의 상대방 또는 이해관계인에게 해당 처분에 대한 불복청구의 가능성 및 청구요건, 절차 등을 미리 알려줌으로써 행정불복절차를 밟을 수 있는 기회를 실질적으로 보장해준다.

#### 2. 행정의 적정화

행정심판의 제기를 예상하여 행정청이나 그 구성원이 처분을 함에 있어서 신중을 기하게 됨으로써 결과적으로 행정의 적정화를 도모할 수 있다.

### 03 고지의 성질

고지는 비권력적 사실행위로서 아무런 법적 효과도 발생시키지 않는다. 따라서 고지행위는 행정행위성이 부정되어 외부적으로 행하여진 고지행위에 불복하는 경우에도 행정쟁송의 대상이 되지 않는다.

### 04 고지의 종류

#### 1. 직권에 의한 고지

(1) 고지의 상대방

고지는 처분의 상대방에게 행한다.

(2) **고지의 대상**

① 처분의 내용이 당사자에게 부담적(침해적)인 경우에는 불복제기의 필요성이 인정되므로 고지의 대상이 된다.

② 처분의 내용이 당사자에게 수익적인 경우에는 불복제기의 필요성이 인정되지 않으므로 고지의 대상이 되지 않으나, 수익적 처분에 부관이 붙어 있거나 복효적 행정행위로서 부담적 효과가 수반되는 경우에는 고지의 대상이 된다고 보아야 한다.

(3) **고지의 내용**

① 고지되어야 할 내용으로는 행정심판을 제기할 수 있는지의 여부, 행정심판을 신청할 기관, 행정심판 청구 기간 및 기타 필요한 사항이 된다.

② 행정청이 처분을 할 때에는 처분의 상대방에게 해당 처분에 대하여 행정심판을 청구할 수 있는지, 행정심판을 청구하는 경우의 심판청구 절차 및 심판청구 기간을 알려야 한다.

(4) **고지의 방법**

고지의 방법에 대해서는 법령에 규정을 두고 있지 않다. 따라서 서면에 의하든 구두에 의하든 자유롭게 할 수 있다.

(5) **고지의 시기**

① 고지는 처분시에 행하여야 한다.

② 처분시에 하지 못하고 그 후에 고지하더라도 이로 인해 행정심판청구에 있어서 당사자에게 현실적으로 불이익이 발생하지 않는 한, 이러한 하자는 치유된다고 보는 것이 타당하다.


## 2. 청구에 의한 고지

(1) **고지의 청구권자**

① 고지의 청구권자는 해당 처분의 이해관계인이다.

② 여기에서의 이해관계인은 원칙적으로 제3자효 행정행위에서의 제3자가 이에 해당한다. 또한 경우에 따라서는 직권고지의무를 행정청이 이행하지 않는 경우에 처분의 직접 상대방이 신청하는 경우도 제3자에 포함된다.

(2) **고지의 대상**

고지의 대상은 청구권자에게 불이익하게 작용하는 처분이 그 대상이 된다.

### (3) 고지의 내용

① 고지의 내용으로는 청구권자의 청구내용에 상응하는 것이 될 것이나, 해당 처분이 행정심판의 대상이 되는 처분인지의 여부와 행정심판의 대상이 되는 경우에는 소관 행정심판위원회, 청구 기간에 관한 사항이 된다.

② 행정청은 이해관계인이 요구하면 해당 처분이 행정심판의 대상이 되는 처분인지, 행정심판의 대상이 되는 경우 소관위원회 및 심판청구 기간을 알려 주어야 한다.

### (4) 고지의 방법

고지의 방법에는 법률상 제한이 없으므로 자유롭게 할 수 있으나, 청구권자가 서면에 의한 고지를 요구한 경우에는 반드시 서면으로 고지하도록 하고 있다.

### (5) 고지의 시기

① 고지의 시기는 청구권자로부터 요청받은 경우에 지체 없이 하도록 하고 있다.

② 그 의미는 행정청이 청구권자의 요청에 상응한 내용의 고지에 필요한 시간 등을 고려하여 판단되어야 하며, 특히 서면의 형식으로 해야 하는 경우에는 이러한 사정도 반영되어야 한다.

## 05 고지의무위반의 효과(불고지·오고지의 효과)

### 1. 고지의무위반

(1) 행정청이 고지를 하지 않거나 잘못 고지하는 경우에는 고지의무를 위반하는 것이 되며, 이에 대해서는 「행정심판법」상 일정한 효과가 발생하게 된다.

(2) 물론 행정청이 처분을 발령하면서 고지의무를 이행하지 않아도 해당 처분의 효력 자체에는 영향을 미치지 않는다.

(3) 그러나 당사자가 이로 인해 행정심판청구에 있어서 불이익을 받으면 아니 되므로 이에 관해 「행정심판법」은 특별규정을 두고 있다.

### 2. 불고지의 효과

### (1) 청구 절차

행정청이 고지를 하지 아니하여 청구인이 심판청구서를 다른 행정기관에 제출한 때에는 해당 행정기관은 그 심판청구서를 지체 없이 정당한 권한 있는 행정청에 송부하고 그 사실을 청구인에게 통지하여야 한다(법 제23조 제2항·제3항).

⑵ **청구 기간**

행정청이 청구 기간을 고지하지 않을 때에는 처분이 있었던 날부터 180일 이내에 제기하면
된다(법 제27조 제6항).

## 3. 오고지의 효과

⑴ **청구 절차**

행정청이 잘못 고지하여 청구인이 심판청구서를 다른 행정기관에 제출한 때에는 해당 행정
기관은 그 심판청구서를 지체 없이 정당한 권한 있는 행정청에 송부하고 그 사실을 청구인에게
통지하여야 한다(법 제23조 제2항·제3항).

⑵ **청구 기간**

행정청이 고지한 심판청구 기간이 착오로 소정의 기간보다 길게 된 때에는 그 고지된 청구 기간
내에 심판청구가 있으면 적법한 기간 내에 이루어진 것으로 본다(법 제27조 제5항).

## 제9절 전자정보처리조직을 통한 행정심판 절차의 수행

### 01 전자정보처리조직을 통한 심판청구 등

1. 「행정심판법」에 따른 행정심판 절차를 밟는 자는 심판청구서와 그 밖의 서류를 전자문서화하고 이를 정보통신망을 이용하여 위원회에서 지정·운영하는 전자정보처리조직(행정심판 절차에 필요한 전자문서를 작성·제출·송달할 수 있도록 하는 하드웨어, 소프트웨어, 데이터베이스, 네트워크, 보안요소 등을 결합하여 구축한 정보처리능력을 갖춘 전자적 장치를 말한다)을 통하여 제출할 수 있다(법 제52조 제1항).

(1) **중앙행정심판위원회에서 지정·운영하는 전자정보처리조직**: 온라인행정심판시스템

(2) **각급 행정심판위원회(전자정보처리조직을 갖춘 행정심판위원회만 해당한다)에서 지정·운영하는 전자정보처리조직**: 해당 행정심판위원회에서 지정하는 시스템

2. 제출된 전자문서는 「행정심판법」에 따라 제출된 것으로 보며, 부본을 제출할 의무는 면제된다.

3. 제출된 전자문서는 그 문서를 제출한 사람이 정보통신망을 통하여 전자정보처리조직에서 제공하는 접수번호를 확인하였을 때에 전자정보처리조직에 기록된 내용으로 접수된 것으로 본다.

4. 전자정보처리조직을 통하여 접수된 심판청구의 경우 심판청구 기간을 계산할 때에는 접수가 되었을 때 행정심판이 청구된 것으로 본다.

5. 청구인 또는 참가인이 피청구인 또는 위원회를 잘못 지정하여 전자문서를 제출한 경우 해당 행정기관은 전자정보처리조직을 통하여 이를 정당한 권한이 있는 피청구인에게 보내야 하며, 청구인 또는 참가인에게 그 사실을 알려야 한다(영 제36조).

### 02 전자서명 등

1. 위원회는 전자정보처리조직을 통하여 행정심판 절차를 밟으려는 자에게 본인임을 확인할 수 있는 「전자서명법」에 따른 공인전자서명이나 그 밖의 인증을 요구할 수 있다(법 제53조 제1항).

2. 전자서명 등을 한 자는 「행정심판법」에 따른 서명 또는 날인을 한 것으로 본다.

## ⑬ 전자정보처리조직을 이용한 송달 등

**1.** 피청구인 또는 위원회는 행정심판을 청구하거나 심판참가를 한 자에게 전자정보처리조직과 그와 연계된 정보통신망을 이용하여 재결서나 「행정심판법」에 따른 각종 서류를 송달할 수 있다. 다만, 청구인이나 참가인이 동의하지 아니하는 경우에는 그러하지 아니하다(법 제54조 제1항).

**2.** 위원회는 송달하여야 하는 재결서 등 서류를 전자정보처리조직에 입력하여 등재한 다음 그 등재 사실을 국회규칙, 대법원규칙, 헌법재판소규칙, 중앙선거관리위원회규칙 또는 대통령령 으로 정하는 방법에 따라 전자우편 등으로 알려야 한다.

**3.** 전자정보처리조직을 이용한 서류 송달은 서면으로 한 것과 같은 효력을 가진다.

**4.** 서류의 송달은 청구인이 등재된 전자문서를 확인한 때에 전자정보처리조직에 기록된 내용으로 도달한 것으로 본다. 다만, 그 등재사실을 통지한 날부터 2주 이내(재결서 외의 서류는 7일 이내)에 확인하지 아니하였을 때에는 등재사실을 통지한 날부터 2주가 지난 날(재결서 외의 서류는 7일이 지난 날)에 도달한 것으로 본다.

**5.** 서면으로 심판청구 또는 심판참가를 한 자가 전자정보처리조직의 이용을 신청한 경우에는 전자정보처리조직을 통한 심판청구 등·전자서명 등 및 전자정보처리조직을 이용한 송달 등을 준용한다.

**6.** 위원회, 피청구인, 그 밖의 관계 행정기관 간의 서류의 송달 등에 관하여는 전자정보처리조 직을 통한 심판청구 등·전자서명 등 및 전자정보처리조직을 이용한 송달 등을 준용한다.

# ○○○행정심판위원회
# 송달서

| ① 사　　건 | 행심<br><br>심판청구사건 | | |
|---|---|---|---|
| ② 청 구 인 | | ③ 피청구인 | |
| ④ 송달서류 | | | |
| ⑤ 근거 법조문 | 「행정심판법」 제　조 제　항, 같은 법 시행령 제　조 제　항 | | |

　　위와 같이 송달합니다.




．　　　．　　　．




　　　　　　　　○○○행정심판위원회　(인)




　　귀하

210mm×297mm[일반용지 60g/m²(재활용품)]

# 접 수 증

접수번호

| ① 접 수 내 용 | | | |
|---|---|---|---|
| ② 청 구 인 | | ③ 피청구인 | |
| ④ 제 출 내 용 | | | |

위와 같이 접수하였습니다.

.　　.　　.

접수자 (　　)

○○○행정심판위원회　(인)

210mm×297mm[일반용지 60g/m²(재활용품)]

# ○○○행정심판위원회
# 결정서

| ① 사 건 | 행심 심판청구사건 | | |
|---|---|---|---|
| ② 청구인 | | ③ 피청구인 | |
| ④ 신청인 | | ⑤ 피신청인 | |
| ⑥ 주문(主文) | | | |
| ⑦ 신청취지 | | | |
| ⑧ 근거 법조문 | 「행정심판법」제　조 제　항, 같은 법 시행령 제　조 제　항 | | |

위 사건에 대하여 주문과 같이 결정합니다.

.　　　　.　　　　.

○○○행정심판위원회 (인)

210mm×297mm[일반용지 60g/m²(재활용품)]

# ○○○행정심판위원회 위원장
# 결정서

| ① 사　　　건 | 행심<br><br>심판청구사건 | | |
|---|---|---|---|
| ② 청　구　인 | | ③ 피청구인 | |
| ④ 신　청　인 | | ⑤ 피신청인 | |
| ⑥ 주　　　문 | | | |
| ⑦ 신청취지 | | | |
| ⑧ 근거법조 | 「행정심판법」 제　조 제　항, 같은 법 시행령 제　조 제　항 | | |

위 사건에 대하여 주문과 같이 결정합니다.


．　　　．　　　．


○○○행정심판위원회 위원장　(인)

210mm×297mm[일반용지 60g/㎡(재활용품)]

# ○○○행정심판위원회
# 심판참가 요구서

| ① 사 건 | 행심 심판청구사건 | | |
|---|---|---|---|
| ② 청구인 | | ③ 피청구인 | |
| ④ 참가를 요구받은 자 | | | |
| ⑤ 근거 법조문 | 「행정심판법」 제21조 제1항, 같은 법 시행령 제18조 | | |

위 사건의 심리 결과에 대하여 이해관계가 있다고 판단되어 참가를 요구하오니

.    .    .까지 참가 여부를 우리 위원회에 알려 주시기 바랍니다.


.    .    .


○○○행정심판위원회 위원장    (인)



귀하

210mm×297mm[일반용지 60g/m²(재활용품)]

# ○○○행정심판위원회
# 보정요구서

| ① 사 건 | 행심    심판청구사건 | | |
|---|---|---|---|
| ② 청구인 | | ③ 피청구인 | |
| ④ 보정할 사항 | | | |
| ⑤ 보정이 필요한 이유 | | | |
| ⑥ 그 밖에 필요한 사항 | | | |
| ⑦ 근거 법조문 | 「행정심판법」 제32조 제1항, 같은 법 시행령 제24조 제1항 | | |

　　위와 같이 보정할 것을 요구하오니 　 . 　 . 　 .까지 「행정심판법 시행규칙」 별지 제36호 서식에 따른 보정서를 작성하여 제출하시기 바랍니다.


. 　 . 　 .


## ○○○행정심판위원회 위원장 　 (인)

　귀하

210mm×297mm[일반용지 60g/㎡(재활용품)]

# ○○○행정심판위원회
## 재결서

| ① 사 건 | 행심 <br><br> 심판청구사건 | | |
|---|---|---|---|
| 청 구 인 | ② 이름 | | |
| | ③ 주소 | | |
| 선정대표자·<br>관리인·대리인 | ④ 이름 | | |
| | ⑤ 주소 | | |
| ⑥ 피청구인 | | ⑦ 참가인 | |
| ⑧ 주 문 | | | |
| ⑨ 청구 취지 | | | |
| ⑩ 이 유 | 별지에 적은 내용과 같음 | | |
| ⑪ 근거 법조문 | 「행정심판법」 제46조 | | |

위 사건에 대하여 주문과 같이 재결합니다.

.    .    .

○○○행정심판위원회 (인)

210mm×297mm[일반용지 60g/㎡(재활용품)]

■ 행정심판법 시행규칙 [별지 제18호서식] 〈개정 2012. 9. 20.〉

# 행정심판위원회 위원 [ ] 제척<br>[ ] 기피 신청서

| 접수번호 | | 접수일 | |
|---|---|---|---|

| 사건명 | |
|---|---|

| 청구인 | 성명 | |
|---|---|---|
| | 주소 | |
| 피청구인 | |

| 신청 취지 | |
|---|---|
| 신청 원인 | |
| 소명 방법 | |

「행정심판법」 제10조 및 같은 법 시행령 제12조에 따라 위와 같이 신청합니다.

년 　 월 　 일

신청인 　 　 (서명 또는 인)

## ○○행정심판위원회 귀중

| 첨부서류 | 없음 | 수수료<br>없음 |
|---|---|---|

### 처리 절차

신청서 작성 → 접 수 → 결 정 → 송 달
신청인 　 ○○행정심판위원회 　 ○○행정심판위원장

210mm×297mm[백상지 80g/m²]

# 선정대표자 선정서

| 접수번호 | | 접수일 | |
|---|---|---|---|

| 사건명 | |
|---|---|

| 청구인 | ○○○ 외  ○명 |
|---|---|
| 피청구인 | |

| 선정대표자 | 성명 | |
|---|---|---|
| | 주소 | |
| | 성명 | |
| | 주소 | |
| | 성명 | |
| | 주소 | |

「행정심판법」 제15조 제1항에 따라 위와 같이 선정대표자를 선정합니다.

년        월        일

선정인                    (서명 또는 인)

○○행정심판위원회 귀중

| 첨부서류 | 없음 | 수수료<br>없음 |
|---|---|---|

## 처리 절차

선정서 작성  →  접 수
선정인       ○○행정심판위원회

210mm×297mm[백상지 80g/m²]

■ 행정심판법 시행규칙 [별지 제21호서식] 〈개정 2012. 9. 20.〉

# 청구인 지위 승계 신고서

| 접수번호 | | 접수일 | |
|---|---|---|---|

| 사건명 | |
|---|---|

| 청구인 | 성명 | |
|---|---|---|
| | 주소 | |
| 피청구인 | | |

| 승계인 | 성명 | |
|---|---|---|
| | 주민등록번호(외국인등록번호) | |
| | 주소 | |
| 승계 원인 | | |
| 증명 방법 | | |

「행정심판법」 제16조 제3항에 따라 위와 같이 신고합니다.


년      월      일


신고인                    (서명 또는 인)

## ○○행정심판위원회 귀중

| 첨부서류 | 사망 등에 의한 권리·이익의 승계 또는 합병 사실을 증명하는 서류 | 수수료 없음 |
|---|---|---|

| 처리 절차 |
|---|

신고서 작성 → 접 수

신고인          ○○행정심판위원회

210mm×297mm[백상지 80g/m²]

# 청구인 지위 승계 허가신청서

| 접수번호 | | 접수일 | |
|---|---|---|---|

| 사건명 | |
|---|---|

| 청구인 | 성명 |
|---|---|
| | 주소 |
| 피청구인 | |

| 승계인 | 성명 |
|---|---|
| | 주민등록번호(외국인등록번호) |
| | 주소 |
| 승계 원인 | |
| 증명 방법 | |

「행정심판법」 제16조 제5항에 따라 위와 같이 허가를 신청합니다.

년      월      일

신청인                              (서명 또는 인)

## ○○행정심판위원회 귀중

| 첨부서류 | 없음 | 수수료<br>없음 |
|---|---|---|

| 처리 절차 |
|---|

| 신청서 작성 | → | 접 수 | → | 결 정 | → | 송 달 |
|---|---|---|---|---|---|---|
| 신청인 | | ○○행정심판위원회 | | ○○행정심판위원회 | | |

210mm×297mm[백상지 80g/m²]

■ 행정심판법 시행규칙 [별지 제23호서식] 〈개정 2012. 9. 20.〉

# ○○행정심판위원회 결정에 대한 이의신청서

| 접수번호 | | 접수일 | |
|---|---|---|---|

| 사건명 | |
|---|---|

| 청구인 | 성명 |
|---|---|
| | 주소 |
| 피청구인 | |

| 신청대상 결정의 종류 | [  ] 청구인 지위 승계 불허가 결정 |
|---|---|
| | [  ] 피청구인 경정 불허가 결정 |
| | [  ] 심판참가 불허가 결정 |
| | [  ] 청구변경 불허가 결정 |
| 결정 일자 | |
| 결정서 수령일 | |
| 이의신청 취지 | |
| 이의신청 이유 | |
| 소명 방법 | |

「행정심판법」제16조 제8항·제17조 제6항·제20조 제6항·제29조 제7항 및 같은 법 시행령 제14조 제1항·제15조 제3항·제17조·제21조에 따라 귀 위원회의 결정에 대하여 이의신청합니다.

년      월      일

신청인                    (서명 또는 인)

## ○○행정심판위원회 귀중

| 첨부서류 | 이의신청 이유를 소명할 수 있는 서류 | 수수료 없음 |
|---|---|---|

### 처리 절차

| 신청서 작성 | → | 접 수 | → | 결 정 | → | 통 지 |
|---|---|---|---|---|---|---|
| 신청인 | | ○○행정심판위원회 | | ○○행정심판위원회 | | |

210mm×297mm[백상지 80g/㎡]

# 피청구인 경정신청서

| 접수번호 | | 접수일 | |
|---|---|---|---|

| 사건명 | |
|---|---|

| 청구인 | 성명 | |
|---|---|---|
| | 주소 | |
| 피청구인 | | |

| 신청 취지 | |
|---|---|
| 신청 이유 | |

「행정심판법」 제17조 제2항·제5항 및 같은 법 시행령 제15조 제1항에 따라 위와 같이 신청합니다.

년      월      일

신청인                (서명 또는 인)

**○○행정심판위원회** 귀중

| 첨부서류 | 없음 | 수수료<br>없음 |
|---|---|---|

| 처리 절차 |
|---|

| 신청서 작성 | → | 접 수 | → | 결 정 | → | 통 지 |
|---|---|---|---|---|---|---|
| 신청인 | | ○○행정심판위원회 | | ○○행정심판위원회 | | |

210mm×297mm[백상지 80g/㎡]

■ 행정심판법 시행규칙 [별지 제25호서식] 〈개정 2012. 9. 20.〉

# 대리인 선임서(위임장)

| 접수번호 | | 접수일 | | |
|---|---|---|---|---|

| 사건명 | | | | |
|---|---|---|---|---|
| 청구인 | 성명 | | | |
| | 주소 | | | |
| 피청구인 | | | | |
| 대리인이<br>될 자 | 성명 | | | |
| | 주소 | | | |
| | 주민등록번호(법인등록번호, 외국인등록번호) | | | |
| 선임 이유 | | | | |
| 대리인과의<br>관계 | | | | |
| 증명 방법 | | | | |

「행정심판법」 제18조에 따라 위와 같이 대리인을 선임합니다.

년        월        일

선임인                    (서명 또는 인)

## ○○행정심판위원회 귀중

| 첨부서류 | 없음 | 수수료<br>없음 |
|---|---|---|

| 처리 절차 |
|---|

| 선임서 작성 | → | 접 수 |
|---|---|---|
| 선임인 | | ○○행정심판위원회 |

210mm×297mm[백상지 80g/m²]

■ 행정심판법 시행규칙 [별지 제26호서식] 〈개정 2012. 9. 20.〉

# 대리인 선임 허가신청서

| 접수번호 | 접수일 | |
|---|---|---|

| 사건명 | | |
|---|---|---|
| 청구인 | 성명 | |
| | 주소 | |
| 피청구인 | | |
| 대리인이<br>될 자 | 성명 | |
| | 주소 | |
| | 주민등록번호(법인등록번호, 외국인등록번호) | |
| 선임 이유 | | |
| 대리인과의<br>관계 | | |
| 증명 방법 | | |

「행정심판법」 제18조 제1항·제2항 및 같은 법 시행령 제16조에 따라 위와 같이 대리인 선임허가를 신청합니다.

년　　　　월　　　　일

신청인　　　　　　　　　　(서명 또는 인)

## ○○행정심판위원회 귀중

| 첨부서류 | 없음 | 수수료<br>없음 |
|---|---|---|

| 처리 절차 |
|---|

| 신청서 작성 | → | 접 수 | → | 결 정 | → | 통 지 |
|---|---|---|---|---|---|---|
| 신청인 | | ○○행정심판위원회 | | ○○행정심판위원회 | | |

210mm×297mm[백상지 80g/m²]

■ 행정심판법 시행규칙 [별지 제27호의2서식] 〈개정 2020. 6. 19.〉

# 국선대리인 선임 신청서

※ [ ]에는 해당되는 곳에 √ 표시를 합니다.

| 사건명(사건번호) | |
|---|---|

| 청구인 | 성명 | | 주민등록번호 | |
|---|---|---|---|---|
| | 주소 | | | |
| | 연락처(전화번호, 휴대전화번호) | | | |

| 국선대리인 선임 신청 요건 | [ ] 1. 「국민기초생활 보장법」 제2조 제2호에 따른 수급자 |
|---|---|
| | [ ] 2. 「한부모가족지원법」 제5조 및 제5조의2에 따른 지원대상자 |
| | [ ] 3. 「기초연금법」 제2조 제3호에 따른 기초연금 수급자 |
| | [ ] 4. 「장애인연금법」 제2조 제4호에 따른 수급자 |
| | [ ] 5. 「북한이탈주민의 보호 및 정착지원에 관한 법률」 제2조 제2호에 따른 보호대상자 |
| | [ ] 6. 그 밖에 위원장이 경제적 능력으로 인하여 대리인을 선임할 수 없다고 인정하는 사람 |

「행정심판법」 제18조의2 제1항, 같은 법 시행령 제16조의2 및 같은 법 시행규칙 제5조 제3항 제10호의2에 따라 위와 같이 국선대리인의 선임을 신청합니다.

20 년 월 일

신청인 (서명 또는 인)

## ○○행정심판위원회 귀중

| 신청인 첨부 서류 | | |
|---|---|---|
| 3. 「기초연금법」 제2조 제3호에 따른 기초연금 수급자 | 「기초연금법」 제2조 제3호에 따른 기초연금 수급자임을 소명하는 서류 | 수수료 없음 |
| 5. 「북한이탈주민의 보호 및 정착지원에 관한 법률」 제2조 제2호에 따른 보호대상자 | 「북한이탈주민의 보호 및 정착지원에 관한 법률」 제2조 제2호에 따른 보호대상자임을 소명하는 서류 | |

| 행정정보 공동이용 동의서 |
|---|
| 본인은 이 건의 업무처리와 관련하여 담당공무원이 「전자정부법」 제36조 제1항에 따른 행정정보의 공동이용을 통하여 본인에 대한 「행정심판법 시행령」 제16조의2 제1항 다음 각 호의 사항을 확인하는 것에 동의합니다(해당되는 곳에 √ 표시를 합니다). |

[ ] 1. 「국민기초생활 보장법」 제2조 제2호에 따른 수급자임을 소명하는 서류
[ ] 2. 「한부모가족지원법」 제5조 및 제5조의2에 따른 지원대상자임을 소명하는 서류
[ ] 4. 「장애인연금법」 제2조 제4호에 따른 수급자임을 소명하는 서류
[ ] 6. 관련 소명서류 중 국세청 소득금액증명
* 동의하지 않는 경우에는 신청인이 직접 관련 서류를 제출해야 합니다.

신청인 (서명 또는 인)

| 처리 절차 |
|---|

| 신청서 작성 | → | 접 수 | → | 선정 여부 결정 | → | 통 지 |
|---|---|---|---|---|---|---|
| 신청인 | | ○○행정심판위원회 | | ○○행정심판위원회 위원장 | | |

210mm×297mm[백상지 80g/㎡]

# 심판참가 허가신청서

| 접수번호 | | 접수일 | |
|---|---|---|---|

| 사건명 | |
|---|---|

| 청구인 | 성명 |
|---|---|
| | 주소 |

| 피청구인 | |
|---|---|

| 참가 신청인 | 성명 |
|---|---|
| | 주소 |
| | 주민등록번호(외국인등록번호) |

| 신청 취지 | |
|---|---|
| 신청 이유 | |

「행정심판법」 제20조 제2항에 따라 위와 같이 심판참가 허가를 신청합니다.

년 　 월 　 일

신청인 　　　　　　 (서명 또는 인)

## ○○행정심판위원회 귀중

| 첨부서류 | 없음 | 수수료<br>없음 |
|---|---|---|

### 처리 절차

| 신청서 작성 | → | 접 수 | → | 결 정 | → | 통 지 |
|---|---|---|---|---|---|---|
| 신청인 | | ○○행정심판위원회 | | ○○행정심판위원회 | | |

210mm×297mm[백상지 80g/m²]

■ 행정심판법 시행규칙 [별지 제30호서식] 〈개정 2012. 9. 20.〉

# 행정심판 청구서

| 접수번호 | 접수일 | |
|---|---|---|

| 청구인 | 성명 |
|---|---|
| | 주소 |
| | 주민등록번호(외국인등록번호) |
| | 전화번호 |

| [ ] 대표자 [ ] 관리인 [ ] 선정대표자 [ ] 대리인 | 성명 |
|---|---|
| | 주소 |
| | 주민등록번호(외국인등록번호) |
| | 전화번호 |

| 피청구인 | |
|---|---|
| 소관 행정심판위원회 | [ ] 중앙행정심판위원회    [ ] ○○시·도행정심판위원회    [ ] 기타 |

| 처분 내용 또는 부작위 내용 | |
|---|---|
| 처분이 있음을 안 날 | |
| 청구 취지 및 청구 이유 | 별지로 작성 |
| 처분청의 불복절차 고지 유무 | |
| 처분청의 불복절차 고지 내용 | |
| 증거 서류 | |

「행정심판법」 제28조 및 같은 법 시행령 제20조에 따라 위와 같이 행정심판을 청구합니다.

년      월      일

청구인                          (서명 또는 인)

## ○○행정심판위원회 귀중

| 첨부서류 | 1. 대표자, 관리인, 선정대표자 또는 대리인의 자격을 소명하는 서류(대표자, 관리인, 선정대표자 또는 대리인을 선임하는 경우에만 제출합니다.) 2. 주장을 뒷받침하는 증거서류나 증거물 | 수수료 없음 |
|---|---|---|

| 처리 절차 |
|---|

| 청구서 작성 | → | 접 수 | → | 재 결 | → | 송 달 |
|---|---|---|---|---|---|---|
| 청구인 | | ○○행정심판위원회 | | ○○행정심판위원회 | | |

210mm×297mm[백상지 80g/m²]

# 청구변경신청서

| 접수번호 | | 접수일 | | |
|---|---|---|---|---|
| 사건명 | | | | |

| 청구인 | 성명 | |
|---|---|---|
| | 주소 | |
| 피청구인 | | |

| 변경 대상 | [  ] 청구 취지    [  ] 청구 이유 |
|---|---|
| 변경 내용 | |

「행정심판법」 제29조에 따라 위와 같이 청구변경을 신청합니다.

년        월        일

신청인                          (서명 또는 인)

## ○○행정심판위원회 귀중

| 첨부서류 | 없음 | 수수료<br>없음 |
|---|---|---|

| 처리 절차 |
|---|

| 신청서 작성 | → | 접 수 | → | 결 정 | → | 송 달 |
|---|---|---|---|---|---|---|
| 신청인 | | ○○행정심판위원회 | | ○○행정심판위원회 | | |

210mm×297mm[백상지 80g/m²]

■ 행정심판법 시행규칙 [별지 제33호서식] 〈개정 2012. 9. 20.〉

# 집행정지신청서

| 접수번호 | | 접수일 | | |
|---|---|---|---|---|

| 사건명 | |
|---|---|

| 신청인 | 성명 | |
|---|---|---|
| | 주소 | |
| 피신청인 | | |

| 신청 취지 | |
|---|---|
| 신청 원인 | |
| 소명 방법 | |

「행정심판법」 제30조 제5항 및 같은 법 시행령 제22조 제1항에 따라 위와 같이 집행정지를 신청합니다.

년       월       일

신청인                    (서명 또는 인)

○○행정심판위원회 귀중

| 첨부서류 | 1. 신청의 이유를 소명하는 서류 또는 자료<br>2. 행정심판청구와 동시에 집행정지 신청을 하는 경우에는 심판청구서 사본과 접수증명서 | 수수료<br>없음 |
|---|---|---|

| 처리 절차 |
|---|

| 신청서 작성 | → | 접 수 | → | 결 정 | → | 송 달 |
|---|---|---|---|---|---|---|
| 신청인 | | ○○행정심판위원회 | | ○○행정심판위원회 | | |

210mm×297mm[백상지 80g/㎡]

# 임시처분 신청서

| 접수번호 | | 접수일 | |
|---|---|---|---|

| 사건명 | |
|---|---|

| 신청인 | 성명 | |
|---|---|---|
| | 주소 | |
| 피신청인 | | |

| 신청 취지 | |
|---|---|
| 신청 원인 | |
| 소명 방법 | |

「행정심판법」제31조 제2항에 따라 위와 같이 임시처분을 신청합니다.

년          월          일

신청인                          (서명 또는 인)

○○행정심판위원회 귀중

| 첨부서류 | 1. 신청의 이유를 소명하는 서류 또는 자료<br>2. 행정심판청구와 동시에 임시처분 신청을 하는 경우에는 심판청구서 사본과 접수 증명서 | 수수료<br>없음 |
|---|---|---|

## 처리 절차

| 신청서 작성 | → | 접 수 | → | 결 정 | → | 송 달 |
|---|---|---|---|---|---|---|
| 신청인 | | ○○행정심판위원회 | | ○○행정심판위원회 | | |

210mm×297mm[백상지 80g/m²]

■ 행정심판법 시행규칙 [별지 제36호서식] 〈개정 2012. 9. 20.〉

# 심판청구 보정서

| 접수번호 | | 접수일 | | |
|---|---|---|---|---|

| 사건명 | |
|---|---|

| 청구인 | 성명 | |
|---|---|---|
| | 주소 | |
| 피청구인 | | |

| 보정을<br>요구받은 사항 | |
|---|---|
| 보정 사항 | |
| 보정 이유 | |

「행정심판법」 제32조 제2항에 따라 위와 같이 보정합니다.

년      월      일

보정인                          (서명 또는 인)

## ○○행정심판위원회 귀중

| 첨부서류 | 다른 당사자의 수 만큼의 보정서 부본 | 수수료<br>없음 |
|---|---|---|

| 처리 절차 | | |
|---|---|---|

| 보정서 작성 | → | 접 수 |
|---|---|---|
| 보정인 | | ○○행정심판위원회 |

210mm×297mm[백상지 80g/m²]

■ 행정심판법 시행규칙 [별지 제37호서식] 〈개정 2012. 9. 20.〉

# 증거서류 등 제출서

| 접수번호 | | 접수일 | |
|---|---|---|---|

| 사건명 | |
|---|---|

| 청구인 | 성명 | |
|---|---|---|
| | 주소 | |

| 피청구인 | |
|---|---|

| 구분 | [　] 증거서류　　　　[　] 증거물 |
|---|---|

| 제출 내용 | |
|---|---|

「행정심판법」 제34조 제1항에 따라 위와 같이 증거서류(증거물)를 제출합니다.

년　　　　월　　　　일

제출인　　　　　　　(서명 또는 인)

○○행정심판위원회 귀중

| 첨부서류 | 증거서류 또는 증거물(이 경우 증거서류는 다른 당사자의 수 만큼 증거서류 부본을 함께 제출하여야 합니다) | 수수료 없음 |
|---|---|---|

| 처리 절차 |
|---|

| 증거서류 등 작성 · 제출 | → | 접 수 |
|---|---|---|
| 제출인 | | ○○행정심판위원회 |

210mm×297mm[백상지 80g/㎡]

■ 행정심판법 시행규칙 [별지 제38호서식] 〈개정 2012. 9. 20.〉

# 증거조사 신청서

| 접수번호 | | 접수일 | | |
|---|---|---|---|---|
| 사건명 | | | | |
| 청구인 | 성명 | | | |
| | 주소 | | | |
| 피청구인 | | | | |
| 증명할 사실 | | | | |
| 증거 방법 | | | | |

「행정심판법」 제36조 제1항 및 같은 법 시행령 제25조 제1항에 따라 위와 같이 증거조사를 신청합니다

년       월       일

신청인                    (서명 또는 인)

## ○○행정심판위원회 귀중

| 첨부서류 | 증거조사 관련 서류 | 수수료 없음 |
|---|---|---|

| 처리 절차 |
|---|

| 신청서 작성 | → | 접 수 |
|---|---|---|
| 신청인 | | ○○행정심판위원회 |

210mm×297mm[백상지 80g/m²]

■ 행정심판법 시행규칙 [별지 제39호서식] 〈개정 2012. 9. 20.〉

# 구술심리 신청서

| 접수번호 | | 접수일 | | |
|---|---|---|---|---|
| 사건명 | | | | |
| 청구인 | 성명 | | | |
| | 주소 | | | |
| 피청구인 | | | | |
| 신청 취지 | | | | |
| 신청 이유 | | | | |

「행정심판법」 제40조 제1항 단서 및 같은 법 시행령 제27조에 따라 위와 같이 구술심리를 신청합니다

년        월        일

신청인                    (서명 또는 인)

○○행정심판위원회 귀중

| 첨부서류 | 없음 | 수수료<br>없음 |
|---|---|---|

| 처리 절차 |
|---|

| 신청서 작성 | → | 접 수 | → | 결 정 | → | 통 지 |
|---|---|---|---|---|---|---|
| 신청인 | | ○○행정심판위원회 | | ○○행정심판위원회 | | |

210mm×297mm[백상지 80g/㎡]

■ 행정심판법 시행규칙 [별지 제40호서식] 〈개정 2012. 9. 20.〉

# 심판청구 취하서

| 접수번호 | | 접수일 | |
|---|---|---|---|
| 사건명 | | | |

| 청구인 | 성명 | | | |
|---|---|---|---|---|
| | 주소 | | | |
| 피청구인 | | | | |
| 청구인과의 관계 | [  ] 본인    [  ] 대표자    [  ] 관리인    [  ] 선정대표자    [  ] 대리인 | | | |

| 취하 취지 | |
|---|---|
| 취하 이유 | |

「행정심판법」 제15조 제3항, 제42조 제1항·3항 및 같은 법 시행령 제30조에 따라 위와 같이 심판청구를 취하합니다.

년        월        일

취하인                    (서명 또는 인)

## ○○행정심판위원회 귀중

| 첨부서류 | 선정대표자가 취하하는 경우에는 다른 청구인들의 취하 동의서 | 수수료 없음 |
|---|---|---|

| 처리 절차 |
|---|

| 취하서 작성 | → | 접 수 |
|---|---|---|
| 취하인 | | ○○행정심판위원회 |

210mm×297mm[백상지 80g/m²]

■ 행정심판법 시행규칙 [별지 제42호서식] 〈개정 2012. 9. 20.〉

# 의무이행심판 인용재결 이행신청서

| 접수번호 | | 접수일 | | |
|---|---|---|---|---|

| 사건명 | |
|---|---|

| 청구인 | 성명 | |
|---|---|---|
| | 주소 | |

| 피청구인 | |
|---|---|

| 재결서 정본 수령일 | |
|---|---|

| 재결불이행을 안 날 | |
|---|---|

「행정심판법」 제50조 제1항에 따라 위와 같이 의무이행심판 인용재결의 이행을 신청합니다.

년      월      일

신청인                (서명 또는 인)

○○행정심판위원회 귀중

| 첨부서류 | 없음 | 수수료 없음 |
|---|---|---|

| 처리 절차 |
|---|

신청서 작성 → 접 수

신청인        ○○행정심판위원회

210mm×297mm[백상지 80g/m²]

■ 행정심판법 시행규칙 [별지 제42호의2서식] 〈신설 2017. 10. 19.〉

# 간접강제 신청서

※ 색상이 어두운 란은 신청인이 적지 않습니다.

| 접수번호 | 접수일 | | 처리기간 |
|---|---|---|---|

| 심판청구<br>사건명 | |
|---|---|
| 신청인 | 성명 |
| | 주소 |
| 피청구인 | |
| 신청 취지 | |
| 신청 이유 | |
| 소명 방법 | |

　「행정심판법」 제50조의2 제1항 및 같은 법 시행령 제33조의2 제1항에 따라 위와 같이 간접강제를 신청합니다.


　　　　　　　　　　　　　　　　　　　　　　　　　　　　년　　　　월　　　　일


　　　　　　　　　　　　　　　　　　　신청인　　　　　　　　(서명 또는 인)

## ○○행정심판위원회 귀중

| 첨부서류 | 신청의 이유를 소명하는 서류 또는 자료 | 수수료<br>없음 |
|---|---|---|

| 처리 절차 |
|---|

| 신청서 작성 | → | 접 수 | → | 결 정 | → | 송 달 |
|---|---|---|---|---|---|---|
| 신청인 | | 처리기관 : ○○행정심판위원회 | | | | |

210mm×297mm[백상지(80g/㎡) 또는 중질지(80g/㎡)]

## 의무이행심판 인용재결 직접 처분 대장

| ① 일련번호 | ② 사건 | ③ 청구인 | ④ 피청구인 | ⑤ 재결일 | ⑥ 직접 처분일 | ⑦ 소관 부서 | ⑧ 처분번호 | ⑨ 처분 내용 | ⑩ 비고 |
|---|---|---|---|---|---|---|---|---|---|
| | | | | | | | | | |
| | | | | | | | | | |
| | | | | | | | | | |
| | | | | | | | | | |
| | | | | | | | | | |
| | | | | | | | | | |
| | | | | | | | | | |
| | | | | | | | | | |

297mm×210mm[일반용지 60g/㎡(재활용품)]

# 특별행정심판

## 제1절 총설

### ⑴ 특별행정심판

1. 특별행정심판이란 사안의 전문성과 특수성을 살리기 위하여 「행정심판법」 이외의 법률로 정한 행정심판을 말한다.

2. 「행정심판법」은 '행정청의 처분 또는 부작위에 대하여는 다른 법률에 특별한 규정이 있는 경우 외에는 이 법에 따라 행정심판을 청구할 수 있다.'라고 규정하여 다른 법률에서 특별한 행정 불복절차를 정할 수 있도록 하고 있다.

### ⑵ 특별행정심판의 한계

1. 사안의 전문성과 특수성을 살리기 위하여 특히 필요한 경우 외에는 「행정심판법」에 따른 행정심판을 갈음하는 특별행정심판이나 「행정심판법」에 따른 행정심판 절차에 대한 특례를 다른 법률로 정할 수 없다.

2. 다른 법률에서 특별행정심판이나 「행정심판법」에 따른 행정심판 절차에 대한 특례를 정한 경우에도 그 법률에서 규정하지 아니한 사항에 관하여는 「행정심판법」에서 정하는 바에 따른다.

### ⑶ 중앙행정심판위원회와 협의

관계 행정기관의 장이 특별행정심판 또는 「행정심판법」에 따른 행정심판 절차에 대한 특례를 신설하거나 변경하는 법령을 제정·개정할 때에는 미리 중앙행정심판위원회와 협의하여야 한다.

## 제2절 │ 국가공무원의 징계처분 등에 대한 소청심사

### ⑴ 국가공무원의 구분

#### 1. 경력직공무원

실적과 자격에 따라 임용되고 그 신분이 보장되며 평생 동안(근무기간을 정하여 임용하는 공무원의 경우에는 그 기간 동안을 말한다) 공무원으로 근무할 것이 예정되는 공무원을 말한다.

##### (1) 일반직공무원

기술·연구 또는 행정 일반에 대한 업무를 담당하는 공무원

##### (2) 특정직공무원

법관, 검사, 외무공무원, 경찰공무원, 소방공무원, 교육공무원, 군인, 군무원, 헌법재판소 헌법연구관, 국가정보원의 직원과 특수 분야의 업무를 담당하는 공무원으로서 다른 법률에서 특정직공무원으로 지정하는 공무원

#### 2. 특수경력직공무원

경력직공무원 외의 공무원을 말한다.

##### (1) 정무직공무원

선거로 취임하거나 임명할 때 국회의 동의가 필요한 공무원, 고도의 정책결정 업무를 담당하거나 이러한 업무를 보조하는 공무원으로서 법률이나 대통령령(대통령비서실 및 국가안보실의 조직에 관한 대통령령만 해당한다)에서 정무직으로 지정하는 공무원

##### (2) 별정직공무원

비서관·비서 등 보좌업무 등을 수행하거나 특정한 업무 수행을 위하여 법령에서 별정직으로 지정하는 공무원

### ⑵ 용어의 정의

#### 1. 직위

1명의 공무원에게 부여할 수 있는 직무와 책임을 말한다.

## 2. 직급

직무의 종류·곤란성과 책임도가 상당히 유사한 직위의 군을 말한다.

## 3. 정급

직위를 직급 또는 직무등급에 배정하는 것을 말한다.

## 4. 강임

같은 직렬 내에서 하위 직급에 임명하거나 하위 직급이 없어 다른 직렬의 하위 직급으로 임명하거나 고위공무원단에 속하는 일반직공무원을 고위공무원단 직위가 아닌 하위 직위에 임명하는 것을 말한다.

## 5. 전직

직렬을 달리하는 임명을 말한다.

## 6. 전보

같은 직급 내에서의 보직 변경 또는 고위공무원단 직위 간의 보직 변경을 말한다.

## 7. 직군

직무의 성질이 유사한 직렬의 군을 말한다.

## 8. 직렬

직무의 종류가 유사하고 그 책임과 곤란성의 정도가 서로 다른 직급의 군을 말한다.

## 9. 직류

같은 직렬 내에서 담당 분야가 같은 직무의 군을 말한다.

## 10. 직무등급

직무의 곤란성과 책임도가 상당히 유사한 직위의 군을 말한다.

## ⑬ 공무원의 징계

### 1. 징계의 종류

징계는 파면·해임·강등·정직·감봉·견책으로 구분한다.

### 2. 징계 사유

공무원이 다음에 해당하면 징계 의결을 요구하여야 하고 그 징계 의결의 결과에 따라 징계처분을 하여야 한다.

(1) 「국가공무원법」 및 「국가공무원법」에 따른 명령을 위반한 경우

(2) 직무상의 의무(다른 법령에서 공무원의 신분으로 인하여 부과된 의무를 포함한다)를 위반하거나 직무를 태만히 한 때

(3) 직무의 내외를 불문하고 그 체면 또는 위신을 손상하는 행위를 한 때

### 3. 징계 의결 요구

(1) 징계 의결 요구는 5급 이상 공무원 및 고위공무원단에 속하는 일반직공무원은 소속 장관이, 6급 이하의 공무원은 소속 기관의 장 또는 소속 상급기관의 장이 한다.

(2) 다만, 국무총리·인사혁신처장 및 대통령령등(국회규칙, 대법원규칙, 헌법재판소규칙, 중앙선거관리위원회규칙 또는 대통령령)으로 정하는 각급 기관의 장은 다른 기관 소속 공무원이 징계 사유가 있다고 인정하면 관계 공무원에 대하여 관할 징계위원회에 직접 징계를 요구할 수 있다.

### 4. 징계의 효력

(1) 파면은 공무원의 신분을 박탈하고, 파면된 자는 5년 동안 공무원으로 임용될 수 없으며, 퇴직급여액의 2분의 1이 삭감(5년 미만 근무자에게는 퇴직급여액의 4분의 1이 삭감)된다.

(2) 해임은 공무원의 신분을 박탈하고, 해임된 자는 3년 동안 공무원으로 임용될 수 없으며, 파면과는 달리 「공무원연금법」상의 불이익은 없다.

(3) 강등은 1계급 아래로 직급을 내리고(고위공무원단에 속하는 공무원은 3급으로 임용하고, 연구관 및 지도관은 연구사 및 지도사로 한다) 공무원 신분은 보유하나 3개월간 직무에 종사하지 못하며 그 기간 중 보수는 전액을 감한다.

⑷ 정직은 1개월 이상 3개월 이하의 기간으로 하고, 정직 처분을 받은 자는 그 기간 중 공무원의 신분은 보유하나 직무에 종사하지 못하며 보수는 전액을 감한다.

⑸ 감봉은 1개월 이상 3개월 이하의 기간 동안 보수의 3분의 1을 감한다.

⑹ 견책(譴責)은 전과(前過)에 대하여 훈계하고 회개하게 한다.

⑺ 공무원으로서 징계처분을 받은 자에 대하여는 그 처분을 받은 날 또는 그 집행이 끝난 날부터 대통령령등으로 정하는 기간 동안 승진임용 또는 승급할 수 없다. 다만, 징계처분을 받은 후 직무수행의 공적으로 포상 등을 받은 공무원에 대하여는 대통령령등으로 정하는 바에 따라 승진임용이나 승급을 제한하는 기간을 단축하거나 면제할 수 있다.

## 5. 징계위원회의 설치

공무원의 징계처분등(징계처분 또는 징계부가금 부과처분)을 의결하게 하기 위하여 대통령령등으로 정하는 기관에 징계위원회를 둔다.

## ⑭ 소청심사위원회

## 1. 소청심사위원회의 설치

⑴ 행정기관 소속 공무원의 징계처분, 그 밖에 그 의사에 반하는 불리한 처분이나 부작위에 대한 소청을 심사·결정하게 하기 위하여 인사혁신처에 소청심사위원회를 둔다.

⑵ 국회, 법원, 헌법재판소 및 선거관리위원회 소속 공무원의 소청에 관한 사항을 심사·결정하게 하기 위하여 국회사무처, 법원행정처, 헌법재판소사무처 및 중앙선거관리위원회사무처에 각각 해당 소청심사위원회를 둔다.

## 2. 소청심사위원회의 심사

⑴ 소청심사위원회는 소청을 접수하면 지체 없이 심사하여야 한다.

⑵ 소청심사위원회는 심사를 할 때 필요하면 검증·감정, 그 밖의 사실조사를 하거나 증인을 소환하여 질문하거나 관계 서류를 제출하도록 명할 수 있다.

⑶ 소청심사위원회가 소청 사건을 심사하기 위하여 징계 요구 기관이나 관계기관의 소속 공무원을 증인으로 소환하면 해당 기관의 장은 이에 따라야 한다.

(4) 소청심사위원회는 필요하다고 인정하면 소속 직원에게 사실조사를 하게 하거나 특별한 학식·경험이 있는 자에게 검증이나 감정을 의뢰할 수 있다.

### 3. 소청인의 진술권

(1) 소청심사위원회가 소청 사건을 심사할 때에는 대통령령등으로 정하는 바에 따라 소청인 또는 대리인에게 진술 기회를 주어야 한다.

(2) 소청인 또는 대리인에게 진술 기회를 주지 아니한 결정은 무효로 한다.

## ⑤ 소청심사

### 1. 처분사유 설명서의 교부

공무원에 대하여 징계처분등을 할 때나 강임·휴직·직위해제 또는 면직처분을 할 때에는 그 처분권자 또는 처분제청권자는 처분사유를 적은 설명서를 교부하여야 한다. 다만, 본인의 원에 따른 강임·휴직 또는 면직처분은 그러하지 아니하다.

### 2. 심사청구와 후임자 보충발령

(1) 징계처분등이나 강임·휴직·직위해제 또는 면직처분사유 설명서를 받은 공무원이 그 처분에 불복할 때에는 그 설명서를 받은 날부터, 공무원이 징계처분등이나 강임·휴직·직위해제 또는 면직처분 외에 본인의 의사에 반한 불리한 처분(전보, 계고, 경고 등)을 받았을 때에는 그 처분이 있은 것을 안 날부터 각각 30일 이내에 소청심사위원회에 이에 대한 심사를 청구할 수 있다. 이 경우 변호사를 대리인으로 선임할 수 있다.

(2) 본인의 의사에 반하여 파면 또는 해임이나 면직처분을 하면 그 처분을 한 날부터 40일 이내에는 후임자의 보충발령을 하지 못한다. 다만, 인력 관리상 후임자를 보충하여야 할 불가피한 사유가 있고, 소청심사위원회의 임시결정이 없는 경우에는 국회사무총장, 법원행정처장, 헌법재판소사무처장, 중앙선거관리위원회사무총장 또는 인사혁신처장과 협의를 거쳐 후임자의 보충발령을 할 수 있다.

### 3. 소청심사위원회의 임시결정

소청심사위원회는 소청심사청구가 파면 또는 해임이나 면직처분으로 인한 경우에는 그 청구를 접수한 날부터 5일 이내에 해당 사건의 최종 결정이 있을 때까지 후임자의 보충발령을 유예하게 하는 임시결정을 할 수 있다.

## 4. 소청심사위원회의 결정

(1) 소청심사위원회가 임시결정을 한 경우에는 임시결정을 한 날부터 20일 이내에 최종 결정을
하여야 하며 각 임용권자는 그 최종 결정이 있을 때까지 후임자를 보충발령하지 못한다.

(2) 소청심사위원회는 임시결정을 한 경우 외에는 소청심사청구를 접수한 날부터 60일 이내에
이에 대한 결정을 하여야 한다. 다만, 불가피하다고 인정되면 소청심사위원회의 의결로 30일을
연장할 수 있다.

## 5. 행정소송과의 관계

(1) 징계처분등이나 강임·휴직·직위해제 또는 면직처분, 그 밖에 본인의 의사에 반한 불리한
처분이나 부작위에 관한 행정소송은 소청심사위원회의 심사·결정을 거치지 아니하면 제기할
수 없다.

(2) 행정소송을 제기할 때에는 대통령의 처분 또는 부작위의 경우에는 소속 장관(대통령령으로
정하는 기관의 장을 포함한다)을, 중앙선거관리위원회위원장의 처분 또는 부작위의 경우에는
중앙선거관리위원회사무총장을 각각 피고로 한다.

# 소청심사청구서

1. 사건명 :                           청구

2. 소청인

| 성  명 | (한자 :              ) |
|---|---|
| 주민등록번호 | –            (    세) |
| 소  속 |  |
| 직(계)급 |  |
| 주  소 | (우편번호 :            ) |
| 전자우편(e-mail) |  |
| 전화번호 | – 자택 또는 직장 :<br>– 휴대전화 :<br>※ 휴대전화 문자메시지(SMS)수신 동의 여부 : 동의함(    ), 동의안함(    ) |
| 대리인(선임시 기재) |  |

3. 피소청인 :

4. 소청의 취지 :

5. 처분사유설명서 수령일 :       년      월      일

6. 희망 심사시기 : 빨리(    ), 늦게*(    ), 의견 없음(    )
   * '늦게'로 표기한 경우 구체적인 희망시기와 사유 기재(                          )

7. 소청이유 : 별지로 작성

8. 입증자료 :

위와 같이 청구합니다.

년            월            일

위 청구인              (서명 또는 인)

## 인사혁신처 소청심사위원회 위원장 귀하

## 제3절 국세부과처분에 대한 심사청구 및 심판청구

### 01 개요

#### 1. 국세의 종류

소득세, 법인세, 상속세와 증여세, 부가가치세, 개별소비세, 주세, 인지세, 증권거래세, 교육세, 농어촌특별세, 종합부동산세

#### 2. 불복

(1) 「국세기본법」 또는 세법에 따른 처분으로서 위법 또는 부당한 처분을 받거나 필요한 처분을 받지 못함으로 인하여 권리나 이익을 침해당한 자는 그 처분의 취소 또는 변경을 청구하거나 필요한 처분을 청구할 수 있다.

(2) 처분에 의하여 권리나 이익을 침해당하게 될 이해관계인은 위법 또는 부당한 처분을 받은 자의 처분에 대하여 그 처분의 취소 또는 변경을 청구하거나 그 밖에 필요한 처분을 청구할 수 있다.

(3) 처분이 국세청장이 조사·결정 또는 처리하거나 하였어야 할 것인 경우를 제외하고는 그 처분에 대하여 심사청구 또는 심판청구에 앞서 이의신청을 할 수 있다.

(4) 동일한 처분에 대해서는 심사청구와 심판청구를 중복하여 제기할 수 없다.

#### 3. 불복 방법의 통지

(1) 이의신청, 심사청구 또는 심판청구의 재결청은 결정서에 그 결정서를 받은 날부터 90일 이내에 이의신청인은 심사청구 또는 심판청구를, 심사청구인 또는 심판청구인은 행정소송을 제기할 수 있다는 내용을 적어야 한다.

(2) 이의신청, 심사청구 또는 심판청구의 재결청은 그 신청 또는 청구에 대한 결정기간이 지나도 결정을 하지 못하였을 때에는 이의신청인은 심사청구 또는 심판청구를, 심사청구인 또는 심판청구인은 행정소송 제기를 결정의 통지를 받기 전이라도 그 결정기간이 지난 날부터 할 수 있다는 내용을 서면으로 지체 없이 그 신청인 또는 청구인에게 통지하여야 한다.

## 4. 행정소송과의 관계

⑴ 위법한 처분에 대한 행정소송은 심사청구 또는 심판청구와 그에 대한 결정을 거치지 아니하면 제기할 수 없다.

⑵ 행정소송은 심사청구 또는 심판청구에 대한 결정의 통지를 받은 날부터 90일 이내에 제기하여야 한다. 다만, 결정기간(청구를 받은 날부터 90일 이내)에 결정의 통지를 받지 못한 경우에는 결정의 통지를 받기 전이라도 그 결정기간이 지난 날부터 행정소송을 제기할 수 있다.

## (02) 이의신청

## 1. 이의신청 기간

이의신청은 해당 처분이 있음을 안 날(처분의 통지를 받은 때에는 그 받은 날)부터 90일 이내에 제기하여야 한다.

## 2. 이의신청 절차

⑴ 이의신청은 불복의 사유를 갖추어 해당 처분을 하였거나 하였어야 할 세무서장에게 하거나 세무서장을 거쳐 관할 지방국세청장에게 하여야 한다. 다만, 다음의 경우에는 관할 지방국세청장에게 하여야 하며, 세무서장에게 한 이의신청은 관할 지방국세청장에게 한 것으로 본다.
   ① 지방국세청장의 조사에 따라 과세처분을 한 경우
   ② 같은 지방국세청장의 관할에 속하는 경우로서 조사한 세무서장과 과세한 세무서장이 서로 다른 경우
   ③ 세무서장에게 과세전적부심사를 청구한 경우

⑵ 이의신청 기간을 계산할 때에는 세무서장에게 해당 이의신청서가 제출된 때에 이의신청을 한 것으로 한다.

⑶ 세무서장은 이의신청의 대상이 된 처분이 지방국세청장이 조사·결정 또는 처리하였거나 하였어야 할 것인 경우에는 이의신청을 받은 날부터 7일 이내에 해당 신청서에 의견서를 첨부하여 해당 지방국세청장에게 송부하고 그 사실을 이의신청인에게 통지하여야 한다.

⑷ 지방국세청장에게 하는 이의신청을 받은 세무서장은 이의신청을 받은 날부터 7일 이내에 해당 신청서에 의견서를 첨부하여 지방국세청장에게 송부하여야 한다.

## 3. 이의신청서의 보정

세무서장과 지방국세청장은 이의신청의 내용이나 절차가 「국세기본법」 또는 세법에 적합하지 아니하나 보정할 수 있다고 인정되면 20일 이내의 기간을 정하여 보정할 것을 요구할 수 있다. 다만, 보정할 사항이 경미한 경우에는 직권으로 보정할 수 있다.

## 4. 이의신청에 대한 결정

(1) 이의신청을 받은 세무서장과 지방국세청장은 각각 국세심사위원회의 심의를 거쳐 결정하여야 한다.

(2) 이의신청이 적법하지 아니하거나 신청기간이 지난 후에 신청되었거나 이의신청 후 보정 기간에 필요한 보정을 하지 아니하였을 때에는 그 이의신청을 각하하는 결정을 한다.

(3) 이의신청이 이유 없다고 인정될 때에는 그 이의신청을 기각하는 결정을 한다.

(4) 이의신청이 이유 있다고 인정될 때에는 그 이의신청의 대상이 된 처분의 취소·경정 결정을 하거나 필요한 처분의 결정을 한다.

(5) 결정은 이의신청을 받은 날부터 30일 이내에 하여야 한다.

(6) 결정을 하였을 때에는 결정기간 내에 그 이유를 기재한 결정서로 이의신청인에게 통지하여야 한다.

## ⑩ 심사청구

## 1. 청구 기간

(1) 심사청구는 해당 처분이 있음을 안 날(처분의 통지를 받은 때에는 그 받은 날)부터 90일 이내에 제기하여야 한다.

(2) 이의신청을 거친 후 심사청구를 하려면 이의신청에 대한 결정의 통지를 받은 날부터 90일 이내에 제기하여야 한다. 다만, 30일 이내에 결정의 통지를 받지 못한 경우에는 결정의 통지를 받기 전이라도 그 결정기간이 지난 날부터 심사청구를 할 수 있다.

## 2. 청구 절차

(1) 심사청구는 불복의 사유를 갖추어 해당 처분을 하였거나 하였어야 할 세무서장을 거쳐 국세청장에게 하여야 한다.

(2) 심사청구 기간을 계산할 때에는 세무서장에게 해당 청구서가 제출된 때에 심사청구를 한 것으로 한다.

(3) 해당 청구서를 받은 세무서장은 이를 받은 날부터 7일 이내에 그 청구서에 처분의 근거·이유, 처분의 이유가 된 사실 등이 구체적으로 기재된 의견서를 첨부하여 국세청장에게 송부하여야 한다. 다만, 다음에 해당하는 심사청구의 경우에는 그 지방국세청장의 의견서를 첨부하여야 한다.

① 해당 심사청구의 대상이 된 처분이 지방국세청장이 조사·결정 또는 처리하였거나 하였어야 할 것인 경우

② 지방국세청장에게 이의신청을 한 자가 이의신청에 대한 결정에 이의가 있거나 그 결정을 받지 못한 경우

## 3. 청구서의 보정

국세청장은 심사청구의 내용이나 절차가 「국세기본법」 또는 세법에 적합하지 아니하나 보정할 수 있다고 인정되면 20일 이내의 기간을 정하여 보정할 것을 요구할 수 있다. 다만, 보정할 사항이 경미한 경우에는 직권으로 보정할 수 있다.

## 4. 심사청구에 대한 결정

(1) 심사청구를 받으면 국세청장은 국세심사위원회의 심의를 거쳐 결정을 하여야 한다.

(2) 심사청구가 적법하지 아니하거나 청구 기간이 지난 후에 청구되었거나 심사청구 후 보정 기간에 필요한 보정을 하지 아니하였을 때에는 그 청구를 각하하는 결정을 한다.

(3) 심사청구가 이유 없다고 인정될 때에는 그 청구를 기각하는 결정을 한다.

(4) 심사청구가 이유 있다고 인정될 때에는 그 청구의 대상이 된 처분의 취소·경정 결정을 하거나 필요한 처분의 결정을 한다.

(5) 결정은 심사청구를 받은 날부터 90일 이내에 하여야 한다.

(6) 결정을 하였을 때에는 결정기간 내에 그 이유를 기재한 결정서로 심사청구인에게 통지하여야 한다.

## 5. 국세심사위원회

이의신청, 심사청구 및 과세전적부심사 청구사항을 심의하기 위하여 세무서, 지방국세청 및 국세청에 각각 국세심사위원회를 둔다.

## ⑭ 심판청구

### 1. 청구 기간

(1) 심판청구는 해당 처분이 있음을 안 날(처분의 통지를 받은 때에는 그 받은 날)부터 90일 이내에 제기하여야 한다.

(2) 이의신청을 거친 후 심판청구를 하려면 이의신청에 대한 결정의 통지를 받은 날부터 90일 이내에 제기하여야 한다. 다만, 30일 이내에 결정의 통지를 받지 못한 경우에는 결정의 통지를 받기 전이라도 그 결정기간이 지난 날부터 심판청구를 할 수 있다.

### 2. 청구 절차

(1) 심판청구는 불복의 사유를 갖추어 그 처분을 하였거나 하였어야 할 세무서장을 거쳐 조세심판원장에게 하여야 한다.

(2) 심판청구 기간을 계산할 때에는 세무서장에게 해당 청구서가 제출된 때에 심판청구를 한 것으로 한다.

(3) 해당 청구서를 받은 세무서장은 이를 받은 날부터 10일 이내에 그 청구서에 답변서를 첨부하여 조세심판원장에게 송부하여야 한다. 다만, 다음에 해당하는 처분의 경우에는 국세청장 또는 지방국세청장의 답변서를 첨부하여야 한다.
① 해당 심판청구의 대상이 된 처분이 국세청장이 조사·결정 또는 처리하였거나 하였어야 할 것인 경우
② 해당 심판청구의 대상이 된 처분이 지방국세청장이 조사·결정 또는 처리하였거나 하였어야 할 것인 경우
③ 지방국세청장에게 이의신청을 한 자가 이의신청에 대한 결정에 이의가 있거나 그 결정을 받지 못한 경우

(4) 답변서에는 이의신청에 대한 결정서(이의신청에 대한 결정을 한 경우에만 해당한다), 처분의 근거·이유 및 처분의 이유가 된 사실을 증명할 서류, 청구인이 제출한 증거서류 및 증거물, 그 밖의 심리자료 일체를 첨부하여야 한다.

(5) 답변서가 제출되면 조세심판원장은 지체 없이 그 부본을 해당 심판청구인에게 송부하여야 한다.

## 3. 증거서류 또는 증거물

(1) 심판청구인은 송부받은 답변서에 대하여 항변하기 위하여 조세심판원장에게 증거서류나 증거물을 제출할 수 있다.

(2) 조세심판원장이 심판청구인에게 증거서류나 증거물을 기한을 정하여 제출할 것을 요구하면 심판청구인은 그 기한까지 제출하여야 한다.

(3) 증거서류가 제출되면 조세심판원장은 증거서류의 부본을 지체 없이 피청구인에게 송부하여야 한다.

## 4. 청구서의 보정

조세심판원장은 심판청구의 내용이나 절차가 「국세기본법」 또는 세법에 적합하지 아니하나 보정할 수 있다고 인정되면 상당한 기간을 정하여 보정할 것을 요구할 수 있다. 다만, 보정할 사항이 경미한 경우에는 직권으로 보정할 수 있다.

## 5. 심판청구에 대한 결정

(1) 조세심판원장이 심판청구를 받았을 때에는 조세심판관회의의 심리를 거쳐 결정한다.

(2) 심판청구가 적법하지 아니하거나 청구 기간이 지난 후에 청구되었거나 심판청구 후 보정 기간에 필요한 보정을 하지 아니하였을 때에는 그 청구를 각하하는 결정을 한다.

(3) 심판청구가 이유 없다고 인정될 때에는 그 청구를 기각하는 결정을 한다.

(4) 심판청구가 이유 있다고 인정될 때에는 그 청구의 대상이 된 처분의 취소·경정 결정을 하거나 필요한 처분의 결정을 한다.

(5) 결정은 심판청구를 받은 날부터 90일 이내에 하여야 한다.

(6) 결정을 하였을 때에는 결정기간 내에 그 이유를 기재한 결정서로 심판청구인에게 통지하여야 한다.

## 6. 조세심판원

(1) 심판청구에 대한 결정을 하기 위하여 국무총리 소속으로 조세심판원을 둔다.

(2) 조세심판원은 그 권한에 속하는 사무를 독립적으로 수행한다.

(3) 조세심판원에 원장과 조세심판관을 두되, 원장과 원장이 아닌 상임조세심판관은 고위공무원 단에 속하는 일반직공무원 중에서 국무총리의 제청으로 대통령이 임명하고, 비상임조세심판 관은 대통령령으로 정하는 바에 따라 위촉한다. 이 경우 원장이 아닌 상임조세심판관(경력직 공무원으로서 전보 또는 승진의 방법으로 임용되는 상임조세심판관은 제외한다)은 임기제공 무원으로 임용한다.

■ 국세기본법 시행규칙 [별지 제29호서식] 〈개정 2019. 3. 20.〉

# 심사청구서

| 접수번호 | | 접수일 | | 처리기간 | 90일 |
|---|---|---|---|---|---|

| 청구인 | 성 명 | | 주민등록번호<br>(사업자등록번호) | |
|---|---|---|---|---|
| | 상 호 | | 전화번호<br>(휴대전화번호) | |
| | 주소 또는<br>사업장 소재지 | (㉾          )<br>전자우편(e-mail) : | | |

| 처분청 | | 조사기관 | |
|---|---|---|---|

처분통지를 받은 날(또는 처분이 있은 것을 처음으로 안 날) :          년     월     일

※ 결정 또는 경정의 청구에 대해 아무런 통지를 받지 못한 경우에는 결정 또는 경정 기간이 경과한 날

통지된 사항 또는 처분의 내용(과세처분인 경우에는 연도, 기분, 세목 및 세액 등을 적습니다)

※ _____년도 _____기분 _____세 _____원 부과처분

| 이의신청을 한 날 | 년   월   일 | 이의신청 결정통지를 받은 날<br>(또는 결정기간이 경과한 날) | 년   월   일 |
|---|---|---|---|

불복의 이유(내용이 많은 경우에는 별지에 적어 주십시오)



「국세기본법」 제62조 및 같은 법 시행령 제50조에 따라 위와 같이 심사청구를 합니다.

년     월     일

청구인 (서명 또는 인)

### 국세청장 귀하

「국세기본법」 제59조 제1항에 따라 아래 사람에게 위 심사청구에 관한 사항을 위임합니다.
(다만, 심사청구의 취하는 별도의 위임을 받은 경우에 한정하여 할 수 있습니다)

| 위임장 | 위임자<br>(청구인) | 대리인 | | | | |
|---|---|---|---|---|---|---|
| | | 상호<br>(법인명) | 대리업무<br>수행자 | 사업장<br>소재지 | 사업자등록번호<br>(전자우편) | 전화번호<br>(휴대전화번호) |
| | (서명 또는 인) | (서명 또는 인) | 세무사<br>공인회계사<br>변호사<br>배우자 등 | (㉾          ) | | |

| 첨부서류 | 1. 불복이유서(불복의 이유를 별지로 작성한 경우에 한정하여 첨부합니다)<br>2. 불복이유에 대한 증거서류(첨부서류가 많은 경우 목록을 별도로 첨부하여 주십시오) | 수수료<br>없음 |
|---|---|---|

210mm×297mm(백상지 80g/m²(재활용품))

## 국선대리인 제도 안내

☐ 제도개요

  ○ 신청자격을 갖춘 이의신청인 또는 심사청구인이 국선대리인 선정을 신청할 수 있는 제도로, 해당 이의신청인 또는 심사청구인은 재결청이 위촉하는 변호사, 세무사 또는 공인회계사로부터 무료로 불복대리 서비스를 받을 수 있습니다.

☐ 신청자격

  ○ 대리인 없이 신청·청구세액 3천만 원 이하의 이의신청 또는 심사청구를 제기하는 개인으로서 종합소득금액 5천만 원 이하이고, 소유 재산의 가액이 5억 원 이하인 납세자는 재결청에 국선대리인 선정을 신청할 수 있습니다.

    – 다만, 이의신청 또는 심사청구의 대상이 되는 세목이 상속세, 증여세 및 종합부동산세인 경우에는 국선대리인 선정을 신청할 수 없습니다.

☐ 신청절차

  ○ 국선대리인의 선정을 신청하려는 자는 「국세기본법 시행규칙」 별지 제28호의2서식의 국선대리인 선정 신청서를 재결청에 제출하여야 합니다.

---

## 심사청구서 접수증      (접수번호     호)

| 청구인 | | 주 소 | |
|---|---|---|---|
| 첨부서류<br>1. 불복이유서(   )<br>2. 불복이유에 대한 증거서류(   ) | | 접수자 | |
| | | 접수일자인 | |

납세자는 세무관서 방문 없이 국세청 홈택스 홈페이지(www.hometax.go.kr → 전자불복청구)를 이용하여 심사청구서를 제출할 수 있고, 심사청구 관련 민원신청과 진행상황, 사전열람자료도 국세청 홈택스 홈페이지에서 조회 가능합니다.

# 이의신청서

| 접수번호 | | 접수일 | | 처리기간 | 30일 |
|---|---|---|---|---|---|

| 신청인 | 성 명 | | 주민등록번호<br>(사업자등록번호) | |
|---|---|---|---|---|
| | 상 호 | | 전화번호<br>(휴대전화번호) | |
| | 주소 또는<br>사업장 소재지 | (우편 )<br>전자우편(e-mail) : | | |

| 처분청 | | 조사기관 | |
|---|---|---|---|

처분통지를 받은 날(또는 처분이 있은 것을 처음으로 안 날) :          년     월     일

※ 결정 또는 경정의 청구에 대해 아무런 통지를 받지 못한 경우에는 결정 또는 경정 기간이 경과한 날

통지된 사항 또는 처분의 내용(과세처분인 경우에는 연도, 기분, 세목 및 세액 등을 적습니다)

※ _____년도 _____기분 _____세 _____원 부과처분

불복의 이유(내용이 많은 경우에는 별지에 적어 주십시오)

「국세기본법」 제66조 및 같은 법 시행령 제54조에 따라 위와 같이 이의신청합니다.

년     월     일

신청인                    (서명 또는 인)

## 세무서장
## 지방국세청장   귀하

| 위임장 | 위임자<br>(신청인) | 대리인 | | | | |
|---|---|---|---|---|---|---|
| | | 상호<br>(법인명) | 대리업무<br>수행자 | 사업장<br>소재지 | 사업자등록번호<br>(전자우편) | 전화번호<br>(휴대전화번호) |
| | (서명 또는 인) | (서명 또는 인) | 세무사<br>공인회계사<br>변호사<br>배우자 등 | (우편 ) | | |

「국세기본법」 제59조 제1항에 따라 아래 사람에게 위 이의신청에 관한 사항을 위임합니다(다만, 이의신청의 취하는 별도의 위임을 받은 경우에 한정하여 할 수 있습니다).

| 첨부서류 | 1. 불복이유서(불복의 이유를 별지로 작성한 경우에 한정하여 첨부합니다)<br>2. 불복이유에 대한 증거서류(첨부서류가 많은 경우 목록을 별도로 첨부하여 주십시오) | 수수료<br>없음 |
|---|---|---|

210mm×297mm(백상지 80g/m²(재활용품))

## 국선대리인 제도 안내

☐ 제도개요

  ○ 신청자격을 갖춘 이의신청인 또는 심사청구인이 국선대리인 선정을 신청할 수 있는 제도로, 해당 이의신청인 또는 심사청구인은 재결청이 위촉하는 변호사, 세무사 또는 공인회계사로부터 무료로 불복대리 서비스를 받을 수 있습니다.

☐ 신청자격

  ○ 대리인 없이 신청·청구세액 3천만 원 이하의 이의신청 또는 심사청구를 제기하는 개인으로서 종합소득금액 5천만 원 이하이고, 소유 재산의 가액이 5억 원 이하인 납세자는 재결청에 국선대리인 선정을 신청할 수 있습니다.

    – 다만, 이의신청 또는 심사청구의 대상이 되는 세목이 상속세, 증여세 및 종합부동산세인 경우에는 국선대리인 선정을 신청할 수 없습니다.

☐ 신청절차

  ○ 국선대리인의 선정을 신청하려는 자는 「국세기본법 시행규칙」 별지 제28호의2서식의 국선대리인 선정 신청서를 재결청에 제출하여야 합니다.

---

## 이의신청서 접수증           (접수번호       호)

| 성 명 | | 주 소 | |
|---|---|---|---|
| 첨부서류<br>  1. 불복이유서(　　) <br>  2. 불복이유에 대한 증거서류(　　) | | 접수자 | |
| | | 접수일자인 | |

납세자는 세무관서 방문 없이 국세청 홈택스 홈페이지(www.hometax.go.kr → 전자불복청구)를 이용하여 이의신청서를 제출할 수 있고, 이의신청 관련 민원신청과 진행상황, 사전열람자료도 국세청 홈택스 홈페이지에서 조회 가능합니다.

■ 국세기본법 시행규칙 [별지 제35호서식] 〈개정 2019. 3. 20.〉

# 조세심판청구서

| 접수번호 | | | 접수일 | | 처리기간 | 90일 |
|---|---|---|---|---|---|---|

| 청구인 | 성 명 | | | 주민등록번호<br>(사업자등록번호) | |
|---|---|---|---|---|---|
| | 상 호 | | | 전화번호<br>(휴대전화번호) | |
| | 주소 또는<br>사업장 소재지 | (⑨        )<br>전자우편(e-mail) : | | 전송(Fax) : | |

| 처분청 | | 조사기관 | |
|---|---|---|---|

처분통지를 받은 날(또는 처분이 있은 것을 처음으로 안 날) :      년   월   일

※ 결정 또는 경정의 청구에 대해 아무런 통지를 받지 못한 경우에는 결정 또는 경정 기간이 경과한 날

처분의 내용 또는 통지된 사항

※ _____년도 _____기분 _____세 _____원

조세심판청구 취지 및 이유

(별지에 적어 주십시오)

| 이의신청을 한 날 | 년   월   일 | 이의신청의 결정통지를 받은 날 | 년   월   일 |
|---|---|---|---|

국선대리인 선정 신청 여부 : 여 [  ]   부 [  ]

[신청 시 국선대리인 선정 신청서(「국세기본법 시행규칙」 별지 제28호의2서식)를 첨부하여 주십시오]

「국세기본법」 제69조에 따라 위와 같이 조세심판청구를 합니다.

년     월     일

청구인                    (서명 또는 인)

## 조세심판원장   귀하

| 위임장 | 위임자<br>(청구인) | 대리인 | | | | |
|---|---|---|---|---|---|---|
| | | 구분 | 성명 | 사업장<br>소재지 | 사업자등록번호<br>(전자우편) | 연락처<br>(휴대전화, Fax) |
| | (서명 또는 인) | 세무사    [  ]<br>공인회계사 [  ]<br>변호사    [  ]<br>관세사    [  ]<br>배우자 등  [  ] | (서명 또는 인) | (⑨  -  ) | | |

「국세기본법」 제59조 제1항(관세에 관한 사항인 경우에는 「관세법」 제126조 제1항)에 따라 아래 사람에게 위 조세심판청구에 관한 사항(조세심판청구 취하는 제외)을 위임합니다.

| 첨부서류 | 1. 조세심판청구 이유서 2부<br>2. 조세심판청구 이유에 대한 증거자료 2부<br>3. 2번 자료에 대한 증거목록(「국세기본법 시행규칙」 별지 제36호의2서식) 2부 | 수수료<br>없음 |
|---|---|---|

210mm×297mm(백상지 80g/m²(재활용품))

| 조세심판청구서 접수증 | | | (접수번호　　　호) |
|---|---|---|---|
| 성　명 | | 주　소 | |
| 첨부서류<br>　1. 조세심판청구 이유서(　　) <br>　2. 조세심판청구 이유에 대한 증거자료(　　) <br>　3. 증거목록(　　) | | 접수자 | |
| | | 접수일자인 | |

## 제4절 토지수용의 재결과 이의신청

### 01 공익사업

1. 국방·군사에 관한 사업

2. 관계 법률에 따라 허가·인가·승인·지정 등을 받아 공익을 목적으로 시행하는 철도·도로·공항·항만·주차장·공영차고지·화물터미널·궤도(軌道)·하천·제방·댐·운하·수도·하수도·하수종말처리·폐수처리·사방(砂防)·방풍(防風)·방화(防火)·방조(防潮)·방수(防水)·저수지·용수로·배수로·석유비축·송유·폐기물처리·전기·전기통신·방송·가스 및 기상 관측에 관한 사업

3. 국가나 지방자치단체가 설치하는 청사·공장·연구소·시험소·보건시설·문화시설·공원·수목원·광장·운동장·시장·묘지·화장장·도축장 또는 그 밖의 공공용 시설에 관한 사업

4. 관계 법률에 따라 허가·인가·승인·지정 등을 받아 공익을 목적으로 시행하는 학교·도서관·박물관 및 미술관 건립에 관한 사업

5. 국가, 지방자치단체, 「공공기관의 운영에 관한 법률」 제4조에 따른 공공기관, 「지방공기업법」에 따른 지방공기업 또는 국가나 지방자치단체가 지정한 자가 임대나 양도의 목적으로 시행하는 주택 건설 또는 택지 및 산업단지 조성에 관한 사업

6. 1.부터 5.까지의 사업을 시행하기 위하여 필요한 통로, 교량, 전선로, 재료 적치장 또는 그 밖의 부속시설에 관한 사업

7. 1.부터 5.까지의 사업을 시행하기 위하여 필요한 주택, 공장 등의 이주단지 조성에 관한 사업

8. 그 밖에 「공익사업을 위한 토지 등의 취득 및 보상에 관한 법률」 별표에 규정된 법률에 따라 토지등을 수용하거나 사용할 수 있는 사업

## ⑩ 협의에 의한 취득 또는 사용

### 1. 토지조서 및 물건조서의 작성

사업시행자는 공익사업의 수행을 위하여 사업인정 전에 협의에 의한 토지등의 취득 또는 사용이 필요할 때에는 토지조서와 물건조서를 작성하여 서명 또는 날인을 하고 토지소유자와 관계인의 서명 또는 날인을 받아야 한다.

### 2. 보상계획의 열람 등

(1) 사업시행자는 토지조서와 물건조서를 작성하였을 때에는 공익사업의 개요, 토지조서 및 물건조서의 내용과 보상의 시기·방법 및 절차 등이 포함된 보상계획을 전국을 보급지역으로 하는 일간신문에 공고하고, 토지소유자 및 관계인에게 각각 통지하여야 한다.

(2) 사업시행자는 공고나 통지를 하였을 때에는 그 내용을 14일 이상 일반인이 열람할 수 있도록 하여야 한다.

(3) 공고되거나 통지된 토지조서 및 물건조서의 내용에 대하여 이의가 있는 토지소유자 또는 관계인은 열람기간 이내에 사업시행자에게 서면으로 이의를 제기할 수 있다. 다만, 사업시행자가 고의 또는 과실로 토지소유자 또는 관계인에게 보상계획을 통지하지 아니한 경우 해당 토지소유자 또는 관계인은 협의가 완료되기 전까지 서면으로 이의를 제기할 수 있다.

### 3. 협의 및 계약의 체결

(1) 사업시행자는 토지등에 대한 보상에 관하여 토지소유자 및 관계인과 성실하게 협의하여야 한다.

(2) 사업시행자는 협의가 성립되었을 때에는 토지소유자 및 관계인과 계약을 체결하여야 한다.

## ⑬ 수용에 의한 취득 또는 사용

### 1. 토지등의 수용 또는 사용

(1) 사업시행자는 공익사업의 수행을 위하여 필요하면 토지등을 수용하거나 사용할 수 있다.

(2) 공익사업에 수용되거나 사용되고 있는 토지등은 특별히 필요한 경우가 아니면 다른 공익사업을 위하여 수용하거나 사용할 수 없다.

## 2. 사업인정

(1) 사업시행자는 토지등을 수용하거나 사용하려면 국토교통부장관의 사업인정을 받아야 한다.

(2) 국토교통부장관은 사업인정을 하려면 관계 중앙행정기관의 장 및 특별시장·광역시장·도지사·특별자치도지사(이하 "시·도지사"라 한다) 및 중앙토지수용위원회와 협의하여야 하며, 미리 사업인정에 이해관계가 있는 자의 의견을 들어야 한다.

(3) 사업인정이 있는 것으로 의제되는 공익사업의 허가·인가·승인권자 등은 사업인정이 의제되는 지구지정·사업계획승인 등을 하려는 경우 중앙토지수용위원회와 협의하여야 하며, 사업인정에 이해관계가 있는 자의 의견을 들어야 한다.

(4) 중앙토지수용위원회는 협의를 요청받은 날부터 30일 이내에 의견을 제시하여야 한다. 다만, 그 기간 내에 의견을 제시하기 어려운 경우에는 한 차례만 30일의 범위에서 그 기간을 연장할 수 있다.

## 3. 사업인정의 고시

(1) 국토교통부장관은 사업인정을 하였을 때에는 지체 없이 그 뜻을 사업시행자, 토지소유자 및 관계인, 관계 시·도지사에게 통지하고 사업시행자의 성명이나 명칭, 사업의 종류, 사업지역 및 수용하거나 사용할 토지의 세목을 관보에 고시하여야 한다.

(2) 사업인정의 사실을 통지받은 시·도지사(특별자치도지사는 제외한다)는 관계 시장·군수 및 구청장에게 이를 통지하여야 한다.

(3) 사업인정은 고시한 날부터 그 효력이 발생한다.

## 4. 사업인정의 실효

(1) 사업시행자가 사업인정의 고시가 된 날부터 1년 이내에 재결신청을 하지 아니한 경우에는 사업인정고시가 된 날부터 1년이 되는 날의 다음 날에 사업인정은 그 효력을 상실한다.

(2) 사업시행자는 사업인정이 실효됨으로 인하여 토지소유자나 관계인이 입은 손실을 보상하여야 한다.

## 5. 협의 성립의 확인

(1) 사업인정을 받은 사업시행자는 토지조서 및 물건조서의 작성, 보상계획의 공고·통지 및 열람, 보상액의 산정과 토지소유자 및 관계인과의 협의 절차를 거쳐야 한다.

⑵ 사업시행자와 토지소유자 및 관계인 간에 협의 절차를 거쳐 협의가 성립되었을 때에는 사업시행자는 재결 신청기간 이내에 해당 토지소유자 및 관계인의 동의를 받아 관할 토지수용위원회에 협의 성립의 확인을 신청할 수 있다.

⑶ 사업시행자가 협의가 성립된 토지의 소재지·지번·지목 및 면적 등 대통령령으로 정하는 사항에 대하여 「공증인법」에 따른 공증을 받아 협의 성립의 확인을 신청하였을 때에는 관할 토지수용위원회가 이를 수리함으로써 협의 성립이 확인된 것으로 본다.

⑷ 확인은 재결로 보며, 사업시행자, 토지소유자 및 관계인은 그 확인된 협의의 성립이나 내용을 다툴 수 없다.

## 6. 재결의 신청

⑴ 협의가 성립되지 아니하거나 협의를 할 수 없을 때에는 사업시행자는 사업인정고시가 된 날부터 1년 이내에 관할 토지수용위원회에 재결을 신청할 수 있다.

⑵ 사업인정고시가 된 후 협의가 성립되지 아니하였을 때에는 토지소유자와 관계인은 대통령령으로 정하는 바에 따라 서면으로 사업시행자에게 재결을 신청할 것을 청구할 수 있다.

⑶ 사업시행자는 재결 신청의 청구를 받았을 때에는 그 청구를 받은 날부터 60일 이내에 관할 토지수용위원회에 재결을 신청하여야 한다.

## 7. 열람

⑴ 중앙토지수용위원회 또는 지방토지수용위원회(이하 "토지수용위원회"라 한다)는 재결신청서를 접수하였을 때에는 지체 없이 이를 공고하고, 공고한 날부터 14일 이상 관계 서류의 사본을 일반인이 열람할 수 있도록 하여야 한다.

⑵ 토지수용위원회가 공고를 하였을 때에는 관계 서류의 열람기간 중에 토지소유자 또는 관계인은 의견을 제시할 수 있다.

## 8. 심리

⑴ 토지수용위원회는 열람기간이 지났을 때에는 지체 없이 해당 신청에 대한 조사 및 심리를 하여야 한다.

⑵ 토지수용위원회는 심리를 할 때 필요하다고 인정하면 사업시행자, 토지소유자 및 관계인을 출석시켜 그 의견을 진술하게 할 수 있다.

(3) 토지수용위원회는 사업시행자, 토지소유자 및 관계인을 출석하게 하는 경우에는 사업시행자, 토지소유자 및 관계인에게 미리 그 심리의 일시 및 장소를 통지하여야 한다.

## 9. 화해의 권고

(1) 토지수용위원회는 그 재결이 있기 전에는 그 위원 3명으로 구성되는 소위원회로 하여금 사업시행자, 토지소유자 및 관계인에게 화해를 권고하게 할 수 있다.

(2) 화해가 성립되었을 때에는 해당 토지수용위원회는 화해조서를 작성하여 화해에 참여한 위원, 사업시행자, 토지소유자 및 관계인이 서명 또는 날인을 하도록 하여야 한다.

(3) 화해조서에 서명 또는 날인이 된 경우에는 당사자 간에 화해조서와 동일한 내용의 합의가 성립된 것으로 본다.

## 10. 재결

(1) 토지수용위원회의 재결은 서면으로 한다.

(2) 재결서에는 주문 및 그 이유와 재결일을 적고, 위원장 및 회의에 참석한 위원이 기명날인한 후 그 정본을 사업시행자, 토지소유자 및 관계인에게 송달하여야 한다.

(3) 토지수용위원회는 심리를 시작한 날부터 14일 이내에 재결을 하여야 한다. 다만, 특별한 사유가 있을 때에는 14일의 범위에서 한 차례만 연장할 수 있다.

## ⑭ 수용 또는 사용의 효과

## 1. 보상금의 지급 또는 공탁

(1) 사업시행자는 수용 또는 사용의 개시일(토지수용위원회가 재결로써 결정한 수용 또는 사용을 시작하는 날을 말한다)까지 관할 토지수용위원회가 재결한 보상금을 지급하여야 한다.

(2) 사업시행자는 다음에 해당할 때에는 수용 또는 사용의 개시일까지 수용하거나 사용하려는 토지등의 소재지의 공탁소에 보상금을 공탁(供託)할 수 있다.
 ① 보상금을 받을 자가 그 수령을 거부하거나 보상금을 수령할 수 없을 때
 ② 사업시행자의 과실 없이 보상금을 받을 자를 알 수 없을 때
 ③ 관할 토지수용위원회가 재결한 보상금에 대하여 사업시행자가 불복할 때
 ④ 압류나 가압류에 의하여 보상금의 지급이 금지되었을 때

⑶ 사업인정고시가 된 후 권리의 변동이 있을 때에는 그 권리를 승계한 자가 보상금 또는 공탁 금을 받는다.

⑷ 관할 토지수용위원회가 재결한 보상금에 대하여 사업시행자가 불복할 때에는 사업시행자는 보상금을 받을 자에게 자기가 산정한 보상금을 지급하고 그 금액과 토지수용위원회가 재결한 보상금과의 차액(差額)을 공탁하여야 한다. 이 경우 보상금을 받을 자는 그 불복의 절차가 종결될 때까지 공탁된 보상금을 수령할 수 없다.

## 2. 재결의 실효

⑴ 사업시행자가 수용 또는 사용의 개시일까지 관할 토지수용위원회가 재결한 보상금을 지급하 거나 공탁하지 아니하였을 때에는 해당 토지수용위원회의 재결은 효력을 상실한다.

⑵ 사업시행자는 재결의 효력이 상실됨으로 인하여 토지소유자 또는 관계인이 입은 손실을 보 상하여야 한다.

## ⑯ 토지수용위원회

## 1. 설치 및 관할

⑴ 토지등의 수용과 사용에 관한 재결을 하기 위하여 국토교통부에 중앙토지수용위원회를 두고, 특별시·광역시·도·특별자치도(이하 "시·도"라 한다)에 지방토지수용위원회를 둔다.

⑵ 중앙토지수용위원회는 국가 또는 시·도가 사업시행자인 사업과 수용하거나 사용할 토지가 둘 이상의 시·도에 걸쳐 있는 사업의 재결에 관한 사항을 관장하고, 지방토지수용위원회는 그 밖의 사업의 재결에 관한 사항을 관장한다.

## 2. 재결사항

⑴ 수용하거나 사용할 토지의 구역 및 사용방법

⑵ 손실보상

⑶ 수용 또는 사용의 개시일과 기간

⑷ 그 밖에 「공익사업을 위한 토지 등의 취득 및 보상에 관한 법률」 및 다른 법률에서 규정한 사항

### 3. 중앙토지수용위원회

(1) 중앙토지수용위원회는 위원장 1명을 포함한 20명 이내의 위원으로 구성한다.

(2) 중앙토지수용위원회의 위원장은 국토교통부장관이 되며, 위원장이 부득이한 사유로 직무를 수행할 수 없을 때에는 위원장이 지명하는 위원이 그 직무를 대행한다.

(3) 중앙토지수용위원회의 회의는 위원장이 소집하며, 위원장 및 상임위원 1명과 위원장이 회의마다 지정하는 위원 7명으로 구성한다.

(4) 중앙토지수용위원회의 회의는 구성원 과반수의 출석과 출석위원 과반수의 찬성으로 의결한다.

### 4. 지방토지수용위원회

(1) 지방토지수용위원회는 위원장 1명을 포함한 20명 이내의 위원으로 구성한다.

(2) 지방토지수용위원회의 위원장은 시·도지사가 되며, 위원장이 부득이한 사유로 직무를 수행할 수 없을 때에는 위원장이 지명하는 위원이 그 직무를 대행한다.

(3) 지방토지수용위원회의 회의는 위원장이 소집하며, 위원장과 위원장이 회의마다 지정하는 위원 8명으로 구성한다.

(4) 지방토지수용위원회의 회의는 구성원 과반수의 출석과 출석위원 과반수의 찬성으로 의결한다.

## 06 이의신청 및 행정소송

### 1. 이의의 신청

(1) 중앙토지수용위원회의 재결에 이의가 있는 자는 중앙토지수용위원회에 이의를 신청할 수 있다.

(2) 지방토지수용위원회의 재결에 이의가 있는 자는 해당 지방토지수용위원회를 거쳐 중앙토지수용위원회에 이의를 신청할 수 있다.

(3) 이의의 신청은 재결서의 정본을 받은 날부터 30일 이내에 하여야 한다.

### 2. 이의신청에 대한 재결

(1) 중앙토지수용위원회는 이의신청을 받은 경우 재결이 위법하거나 부당하다고 인정할 때에는 그 재결의 전부 또는 일부를 취소하거나 보상액을 변경할 수 있다.

⑵ 보상금이 늘어난 경우 사업시행자는 재결의 취소 또는 변경의 재결서 정본을 받은 날부터 30일 이내에 보상금을 받을 자에게 그 늘어난 보상금을 지급하여야 한다.

⑶ 중앙토지수용위원회는 이의신청에 대한 재결을 한 경우에는 재결서의 정본을 사업시행자, 토지소유자 및 관계인에게 송달하여야 한다.

## 3. 이의신청에 대한 재결의 효력

⑴ 제소기간 이내에 소송이 제기되지 아니하거나 그 밖의 사유로 이의신청에 대한 재결이 확정된 때에는 「민사소송법」상의 확정판결이 있은 것으로 보며, 재결서 정본은 집행력 있는 판결의 정본과 동일한 효력을 가진다.

⑵ 사업시행자, 토지소유자 또는 관계인은 이의신청에 대한 재결이 확정되었을 때에는 관할 토지수용위원회에 재결확정증명서의 발급을 청구할 수 있다.

## 4. 행정소송의 제기

⑴ 사업시행자, 토지소유자 또는 관계인은 재결에 불복할 때에는 재결서를 받은 날부터 90일 이내에, 이의신청을 거쳤을 때에는 이의신청에 대한 재결서를 받은 날부터 60일 이내에 각각 행정소송을 제기할 수 있다. 이 경우 사업시행자는 행정소송을 제기하기 전에 늘어난 보상금을 공탁하여야 하며, 보상금을 받을 자는 공탁된 보상금을 소송이 종결될 때까지 수령할 수 없다.

⑵ 제기하려는 행정소송이 보상금의 증감에 관한 소송인 경우 그 소송을 제기하는 자가 토지소유자 또는 관계인일 때에는 사업시행자를, 사업시행자일 때에는 토지소유자 또는 관계인을 각각 피고로 한다.

■ 공익사업을 위한 토지 등의 취득 및 보상에 관한 법률 시행규칙 [별지 제4호서식] 〈개정 2016. 6. 14.〉

# 토 지 조 서

| 공익사업의 명칭 | | |
|---|---|---|
| 사업인정의 근거 및 고시일 | | |
| 사업시행자 | 성명(또는 명칭) | |
| | 주 소 | |
| 토지소유자 | 성명(또는 명칭) | |
| | 주 소 | |

### 토지의 명세

| 소재지 | 지번(원래 지번) | 지목 | 현실적인 이용 상황 | 전체 면적 (m²) | 편입 면적 (m²) | 용도지역 및 지구 | 관 계 인 | | | 비고 |
|---|---|---|---|---|---|---|---|---|---|---|
| | | | | | | | 성명 또는 명칭 | 주소 | 권리의 종류 및 내용 | |
| | | | | | | | | | | |
| | | | | | | | | | | |

그 밖에 보상금 산정에 필요한 사항

「공익사업을 위한 토지 등의 취득 및 보상에 관한 법률」 제14조 제1항 및 같은 법 시행령 제7조 제3항에 따라 위와 같이 토지조서를 작성합니다.

년        월        일

사업시행자                                    (인)
토지소유자                          (서명 또는 인)
관 계 인                            (서명 또는 인)

토지소유자(관계인 포함)가 서명(인)할 수 없는 경우 그 사유

### 작성방법

1. 이 서식은 토지소유자별로 작성합니다.
2. 해당 공익사업에 따라 토지가 분할되는 경우에는 분할 전의 지번은 "지번(원래 지번)"란에 ( )로 적습니다.
3. "관계인"란에는 토지에 관한 소유권 외의 권리를 가진 자를 적습니다.
4. 공부(公簿)상 면적과 실측(實測) 면적이 다른 경우 실측 면적을 "비고"란에 적습니다.
5. 도로부지인 경우에는 도로의 구분, 이용상황 및 위치 등 그 특성을 "비고"란에 다른 참고사항과 같이 적습니다.

210mm×297mm[백상지 80g/m²]

■ 공익사업을 위한 토지 등의 취득 및 보상에 관한 법률 시행규칙 [별지 제5호서식] 〈개정 2016. 6. 14.〉

# 물 건 조 서

| 공익사업의 명칭 | | |
|---|---|---|
| 사업인정의 근거 및 고시일 | | |
| 사업시행자 | 성명(또는 명칭) | |
| | 주 소 | |
| 물건소유자 | 성명(또는 명칭) | |
| | 주 소 | |

### 물건의 명세

| 소재지 | 지번 | 물건의 종류 | 구조 및 규격 | 수량 (면적) | 관 계 인 | | | 비고 |
|---|---|---|---|---|---|---|---|---|
| | | | | | 성명 또는 명칭 | 주소 | 권리의 종류 및 내용 | |
| | | | | | | | | |
| | | | | | | | | |

그 밖에 보상금 산정에 필요한 사항



「공익사업을 위한 토지 등의 취득 및 보상에 관한 법률」 제14조 제1항 및 같은 법 시행령 제7조 제4항에 따라 위와 같이 물건조서를 작성합니다.

년        월        일

사업시행자                                                      (인)
물건소유자                                    (서명 또는 인)
관 계 인                                       (서명 또는 인)


토지소유자(관계인 포함)가 서명(인)할 수 없는 경우 그 사유


| 작성방법 |
|---|

1. 이 서식은 물건소유자별로 작성합니다.
2. 건물이 일부 편입되는 경우에는 "수량(면적)"란에 편입 면적을 적고, "비고"란에 연면적을 적습니다.
3. "관계인"란에는 물건에 관한 소유권 외의 권리를 가진 자를 적습니다.
4. 공부(公簿)상 면적과 실측(實測) 면적이 다른 경우에는 공부상 면적을 "비고"란에 적습니다.

210mm×297mm[백상지 80g/m²]

■ 공익사업을 위한 토지 등의 취득 및 보상에 관한 법률 시행규칙 [별지 제6호서식] 〈개정 2016. 6. 14.〉

# 사업시행자의 명칭

수신자

(경유)

제 목    보상에 관한 협의 요청

    1. 「공익사업을 위한 토지 등의 취득 및 보상에 관한 법률」 제16조 및 같은 법 시행령 제8조 제1항에 따라 ○○○○사업에 편입된 토지 및 물건의 보상에 관하여 협의를 요청하오니 협의기간 내에 협의하여 주시기 바랍니다.

    2. 귀하의 토지 중 일부가 공익사업 시행구역에 편입됨에 따라 잔여지를 종래의 목적으로 사용하는 것이 현저히 곤란한 경우에는 「공익사업을 위한 토지 등의 취득 및 보상에 관한 법률 시행령」 제39조에 따라 잔여지를 매수하여 줄 것을 청구할 수 있으며, 사업인정 이후에는 그 사업의 공사완료일까지 관할 토지수용위원회에 수용을 청구할 수 있습니다.

| 협의 기간 | |
|---|---|
| 협의 장소 | |
| 협의 방법 | |
| 보상하는 시기, 방법 및 절차 | |
| 계약체결에 필요한 구비서류 | |

보상액 명세

| 일련<br>번호 | 소재지 | 지번<br>(원래 지번) | 지목 또는<br>물건의 종류 | 구조 및<br>규격 | 면적<br>(원래 면적)<br>또는 수량 | 보상액 | 비고 |
|---|---|---|---|---|---|---|---|
| | | | | | | | |
| | | | | | | | |
| | | | | | | | |
| | | | | | | | |

사 업 시 행 자   인

기안자  직위(직급) (서명 또는 인)        검토자  직위(직급) (서명 또는 인)        결재권자  직위(직급) (서명 또는 인)

협조자

시행        처리기관−일련번호(시행일자)                    접수        처리기관−일련번호(접수일자)

우        주소                                    / 홈페이지 주소

전화번호(    )            팩스번호(    )                / 전자우편주소                    /

작성방법

1. 해당 공익사업으로 인하여 토지가 분할되는 경우에는 분할 전의 지번은 면적은 "지번(원래 지번)" 및 "면적(원래 면적) 또는 수량"란에 (    )로 적습니다.
2. 검토항목의 내용은 별지로 작성할 수 있습니다.

210mm×297mm[백상지 80g/m²]

■ 공익사업을 위한 토지 등의 취득 및 보상에 관한 법률 시행규칙 [별지 제10호서식] 〈개정 2019. 7. 1.〉

# 사업인정신청서

(앞쪽)

| 접수번호 | | 접수일 | | 처리기간 | 180일 |
|---|---|---|---|---|---|

| 신청인<br>(사업시행자) | 성명 또는 명칭 | |
|---|---|---|
| | 주소 | |

| 신청내용 | 사업의 종류 및 명칭 |
|---|---|
| | 사업예정지 |
| | 사업인정을 신청하는 사유 |

「공익사업을 위한 토지 등의 취득 및 보상에 관한 법률」 제20조 제1항 및 같은 법 시행령 제10조 제1항에 따라 위와 같이 사업인정을 신청합니다.

년        월        일

## 신청인(사업시행자)          인

### 국토교통부장관      귀하

| 첨부서류 | 1. 사업계획서 1부<br>2. 사업예정지와 사업계획을 표시한 도면 각 1부<br>3. 사업예정지 안에 「공익사업을 위한 토지 등의 취득 및 보상에 관한 법률」 제19조 제2항에 따른 토지등이 있는 경우에는 그 토지등에 관한 조서·도면 및 해당 토지등의 관리자의 의견서 각 1부<br>4. 사업예정지 안에 있는 토지의 이용이 다른 법령에 따라 제한된 경우에는 해당 법령의 시행에 관하여 권한 있는 행정기관의 장의 의견서 1부<br>5. 사업의 시행에 관하여 행정기관의 면허 또는 인가, 그 밖의 처분이 필요한 경우에는 그 처분사실을 증명하는 서류 또는 해당 행정기관의 장의 의견서 1부<br>6. 토지소유자 또는 관계인과의 협의내용을 적은 서류(협의를 한 경우에만 제출합니다) 1부<br>7. 수용 또는 사용할 토지의 세목(토지 외의 물건 또는 권리를 수용하거나 사용할 경우에는 해당 물건 또는 권리가 소재하는 토지의 세목을 말합니다)을 적은 서류 1부<br>8. 해당 사업의 공공성, 수용의 필요성 등에 대해 중앙토지수용위원회가 정하는 바에 따라 작성한 사업시행자의 의견서 1부 | 수수료<br>「공익사업을 위한 토지 등의 취득 및 보상에 관한 법률 시행규칙」 별표 1 에서 정하는 금액 |
|---|---|---|

210mm×297mm[백상지 80g/m²]

## 처리절차

이 신청서는 아래와 같이 처리됩니다.

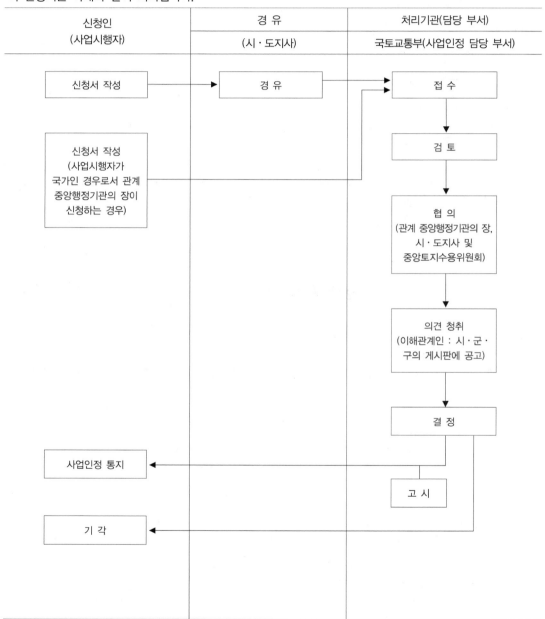

| 신청인<br>(사업시행자) | 경유<br>(시·도지사) | 처리기관(담당 부서)<br>국토교통부(사업인정 담당 부서) |
|---|---|---|

신청서 작성 → 경유 → 접수

신청서 작성
(사업시행자가 국가인 경우로서 관계 중앙행정기관의 장이 신청하는 경우)

검토

협의
(관계 중앙행정기관의 장, 시·도지사 및 중앙토지수용위원회)

의견 청취
(이해관계인 : 시·군·구의 게시판에 공고)

결정

사업인정 통지

고시

기각

■ 공익사업을 위한 토지 등의 취득 및 보상에 관한 법률 시행규칙 [별지 제13호서식] 〈개정 2019. 7. 1.〉

# 재결신청서

(앞쪽)

| 접수번호 | | 접수일 | |
|---|---|---|---|
| 신청인<br>(사업시행자) | 성명 또는 명칭 | | |
| | 주소 | | |
| 공익사업의 종류 및 명칭 | | | |
| 사업인정의 근거 및 고시일 | | | |
| 협의에 따른 취득<br>및 사용 현황 | 토지현황 | | |
| | 물건현황 | | |
| | 보상액 명세 | | |
| 수용하거나 사용할 토지 등 | | | |
| 수용할 토지에 있는 물건 | | | |
| 보상액 및 그 명세 | | | |
| 사용하려는 경우 | 사용의 방법 | | |
| | 사용의 기간 | | |
| 토지소유자 | 성명 또는 명칭 | | |
| | 주    소 | | |
| 관계인 | 성명 또는 명칭 | | |
| | 주    소 | | |
| 중앙토지수용위원회와의 협의결과 | | | |
| 수용 또는 사용의 개시예정일 | | | |
| 재결신청의 청구 | 청구일 | | |
| | 청구인의 성명<br>또는 명칭 | | |
| | 청구인의 주소 | | |

「공익사업을 위한 토지 등의 취득 및 보상에 관한 법률」 제28조 제1항·제30조 제2항 및 같은 법 시행령 제12조 제1항에 따라 위와 같이 재결을 신청합니다.

년      월      일

신청인(사업시행자)    [인]

## 토지수용위원회 위원장 귀하

| 첨부서류 | 1. 토지조서 또는 물건조서 각 1부<br>2. 협의경위서 1부<br>3. 사업계획서 1부<br>4. 사업예정지 및 사업계획을 표시한 도면 각 1부<br>5. 보상금을 채권으로 지급할 수 있는 경우에 해당함을 증명하는 서류와 채권으로 보상하는 보상금의 금액, 채권원금의 상환방법 및 상환기일, 채권의 이자율과 이자의 지급방법 및 지급기일을 적은 서류(「공익사업을 위한 토지 등의 취득 및 보상에 관한 법률」 제63조 제7항에 따라 보상금을 채권으로 지급하려는 경우에만 제출합니다) 각 1부<br>6. 「공익사업을 위한 토지 등의 취득 및 보상에 관한 법률」 제21조 제5항에 따른 중앙토지수용위원회의 의견서 | 수수료<br><br>「공익사업을 위한 토지 등의 취득 및 보상에 관한 법률 시행규칙」 별표 1에서 정하는 금액 |
|---|---|---|

210mm×297mm[백상지 80g/㎡]

| 처리절차 |
|---|

이 신청서는 아래와 같이 처리됩니다.

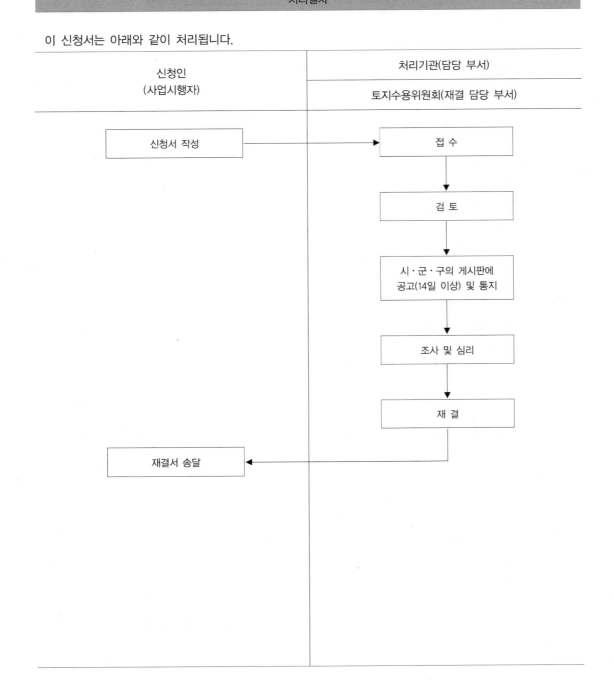

| 신청인<br>(사업시행자) | 처리기관(담당 부서) |
|---|---|
| | 토지수용위원회(재결 담당 부서) |

신청서 작성 → 접 수

↓

검 토

↓

시·군·구의 게시판에
공고(14일 이상) 및 통지

↓

조사 및 심리

↓

재 결

재결서 송달 ←

■ 공익사업을 위한 토지 등의 취득 및 보상에 관한 법률 시행규칙 [별지 제14호서식] 〈개정 2016. 6. 14.〉

# 협의성립확인신청서

(앞쪽)

| 접수번호 | | 접수일 | |

| 신청인<br>(사업시행자) | 성명 또는 명칭 |
| | 주소 |

### 협의가 성립된 토지등의 명세

| 소재지 | 지번 | 지목<br>(물건의<br>종류 및<br>구조) | 면적<br>(수량) | 보상액 | 지급일 | 토지 또는 물건의<br>소유자 | | 관계인 | | |
| | | | | | | 성명<br>또는<br>명칭 | 주소 | 성명<br>또는<br>명칭 | 주소 | 권리의<br>종류 |
| | | | | | | | | | | |
| | | | | | | | | | | |

| 토지 또는 물건을<br>사용하는 경우 | 사용 방법 |
| | 사용 기간 |
| 협의에 의하여 취득하거나<br>소멸되는 권리 | 취득하는 권리 및 취득시기 |
| | 소멸되는 권리 및 소멸시기 |

　　　년　　월　　일 사업인정의 고시가 있었던 　　　　　　　　사업에 관하여 위와 같이 협의가 성립되었으므로 「공익사업을 위한 토지 등의 취득 및 보상에 관한 법률」 제29조 제1항·제3항 및 같은 법 시행령 제13조 제1항에 따라 위와 같이 협의성립의 확인을 신청합니다.

년　　　　월　　　　일

## 신청인(사업시행자)　　인

## 토지수용위원회 위원장　귀하

| 첨부서류 | 1. 토지소유자 및 관계인의 동의서 1부<br>2. 계약서 1부<br>3. 토지조서 및 물건조서 각 1부<br>4. 사업계획서 1부<br>5. 공증을 받은 서류 1부(「공익사업을 위한 토지 등의 취득 및 보상에 관한 법률」 제29조<br>　　제3항에 따라 공증을 받은 경우에만 제출합니다) | 수수료<br>「공익사업을 위한<br>토지 등의 취득 및<br>보상에 관한 법률<br>시행규칙」 별표 1<br>에서 정하는 금액 |

210mm×297mm[백상지 80g/m²]

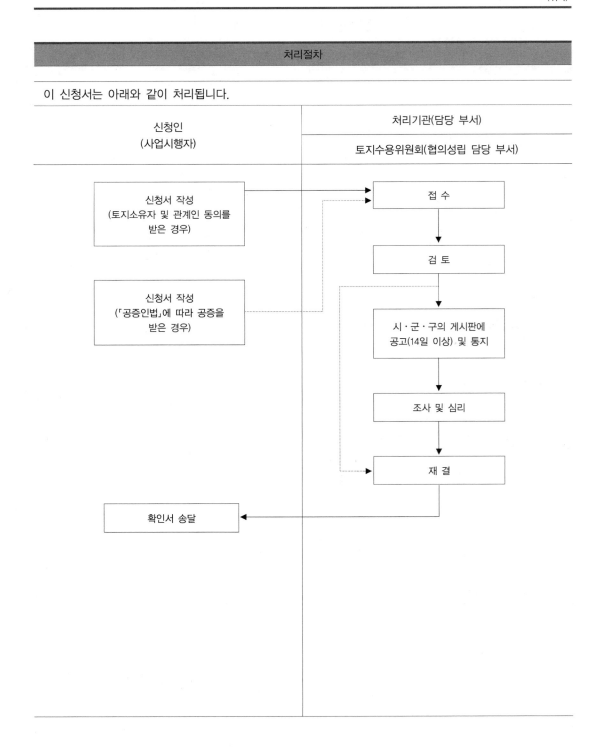

| 처리절차 |
| --- |

이 신청서는 아래와 같이 처리됩니다.

| 신청인<br>(사업시행자) | 처리기관(담당 부서)<br>토지수용위원회(협의성립 담당 부서) |
| --- | --- |

신청서 작성<br>(토지소유자 및 관계인 동의를<br>받은 경우)

신청서 작성<br>(「공증인법」에 따라 공증을<br>받은 경우)

접 수

검 토

시·군·구의 게시판에<br>공고(14일 이상) 및 통지

조사 및 심리

재 결

확인서 송달

# 이의신청서

(앞쪽)

| 접수번호 | | 접수일 | |
|---|---|---|---|

| 신청인 | 성명 또는 명칭 | |
|---|---|---|
| | 주소 | |

| 상대방 | 성명 또는 명칭 | |
|---|---|---|
| | 주소 | |

| 이의신청 대상 토지 및 물건 | |
|---|---|
| | |

| 이의신청의 요지 | |
|---|---|
| | |

| 이의신청의 이유 | |
|---|---|
| | |

| 재결일 | | 재결서 수령일 | |
|---|---|---|---|

「공익사업을 위한 토지 등의 취득 및 보상에 관한 법률」 제83조 및 같은 법 시행령 제45조 제1항에 따라 토지수용위원회의 재결에 대하여 위와 같이 이의를 신청합니다.

년        월        일

신청인                    (서명 또는 인)

## 중앙토지수용위원회 위원장 귀하

| 첨부서류 | 재결서 정본의 사본 1부 | 수수료 없음 |
|---|---|---|

210mm×297mm[백상지 80g/m²]

## 처리절차

이 신청서는 아래와 같이 처리됩니다.

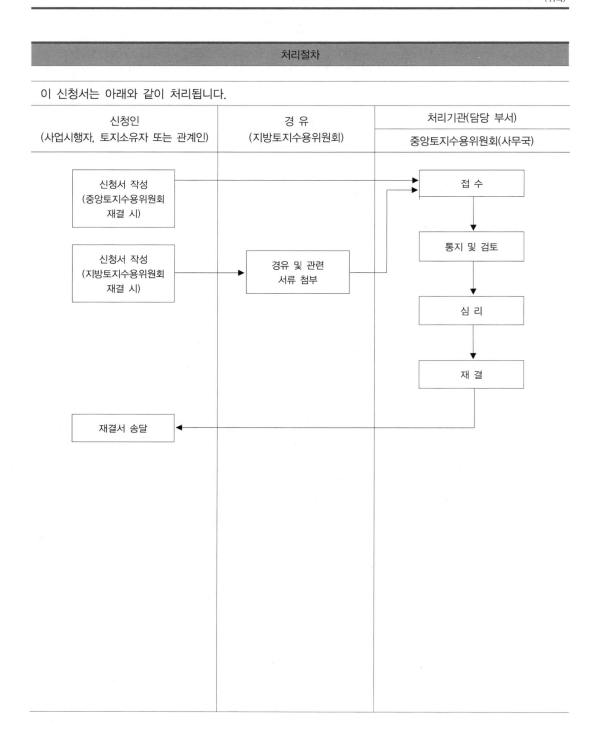

| 신청인<br>(사업시행자, 토지소유자 또는 관계인) | 경 유<br>(지방토지수용위원회) | 처리기관(담당 부서)<br>중앙토지수용위원회(사무국) |
|---|---|---|
| 신청서 작성<br>(중앙토지수용위원회<br>재결 시) | | 접 수 |
| 신청서 작성<br>(지방토지수용위원회<br>재결 시) | 경유 및 관련<br>서류 첨부 | 통지 및 검토 |
| | | 심 리 |
| | | 재 결 |
| 재결서 송달 | | |

■ 공익사업을 위한 토지 등의 취득 및 보상에 관한 법률 시행규칙 [별지 제22호서식] 〈개정 2016. 6. 14.〉

# 재결확정증명청구서

| 접수번호 | | 접수일 | | 처리기간 | 30일 |
|---|---|---|---|---|---|

| 사업시행자 | 성명 또는 명칭 | |
|---|---|---|
| | 주소 | |
| 토지소유자 | 성명 또는 명칭 | |
| | 주소 | |
| 관계인 | 성명 또는 명칭 | |
| | 주소 | |

| 공익사업의 명칭 | |
|---|---|
| 청구의 요지 | |
| 청구의 이유 | |
| 이의신청에 대한 재결일 | |
| 이의신청에 대한 재결서 수령일 | |

「공익사업을 위한 토지 등의 취득 및 보상에 관한 법률」 제86조 제2항 및 같은 법 시행령 제47조 제1항에 따라 재결확정증명서 발급을 청구합니다.

년         월         일

청구인                        (서명 또는 인)

## 중앙토지수용위원회 위원장 귀하

| 첨부서류 | 이의신청에 대한 재결서 정본 1부 | 수수료 없음 |
|---|---|---|

| 처리절차 |
|---|

| 청구서 작성 | → | 접 수 | → | 검 토 | → | 관할 법원에 행정소송 제기 여부 조회 | → | 증명서 발급 |
|---|---|---|---|---|---|---|---|---|
| 신청인 | | | | 처리기관 (중앙토지수용위원회) | | | | 신청인 |

210mm×297mm[백상지 80g/m²]

## 제5절 지적측량의 적부심사 및 적부재심사

### 01 지적측량

#### 1. 의의

지적측량이란 토지를 지적공부에 등록하거나 지적공부에 등록된 경계점을 지상에 복원하기 위하여 필지의 경계 또는 좌표와 면적을 정하는 측량을 말하며, 지적확정측량 및 지적재조사 측량을 포함한다.

#### 2. 종류

(1) 지적기준점을 정하는 경우(기초측량)

(2) 지적측량성과를 검사하는 경우(검사측량)

(3) 지적공부를 복구하는 경우(지적공부복구측량)

(4) 신규등록하는 경우(신규등록측량)

(5) 토지를 등록전환하는 경우(등록전환측량)

(6) 토지를 분할하는 경우(분할측량)

(7) 바다가 된 토지의 등록을 말소하는 경우(등록말소측량)

(8) 축척을 변경하는 경우(축척변경측량)

(9) 지적공부의 등록사항을 정정하는 경우(등록사항정정측량)

(10) 도시개발사업 등의 시행지역에서 토지의 이동이 있는 경우(지적확정측량)

(11) 지적재조사사업에 따라 토지의 이동이 있는 경우(지적재조사측량)

(12) 경계점을 지상에 복원하는 경우(경계복원측량)

(13) 지상건축물 등의 현황을 지적도 및 임야도에 등록된 경계와 대비하여 표시하는 데에 필요한 경우(지적현황측량)

## ⑫ 지적위원회

### 1. 설치

(1) 다음의 사항을 심의·의결하기 위하여 국토교통부에 중앙지적위원회를 둔다.
① 지적 관련 정책 개발 및 업무 개선 등에 관한 사항
② 지적측량기술의 연구·개발 및 보급에 관한 사항
③ 지적측량 적부심사에 대한 재심사
④ 지적기술자의 양성에 관한 사항
⑤ 지적기술자의 업무정지 처분 및 징계요구에 관한 사항

(2) 지적측량에 대한 적부심사 청구사항을 심의·의결하기 위하여 특별시·광역시·특별자치시·도 또는 특별자치도(시·도)에 지방지적위원회를 둔다.

### 2. 중앙지적위원회

(1) 국토교통부에 중앙지적위원회를 두며, 중앙지적위원회는 위원장 1명과 부위원장 1명을 포함하여 5명 이상 10명 이하의 위원으로 구성한다.

(2) 위원장은 국토교통부의 지적업무 담당 국장이, 부위원장은 국토교통부의 지적업무 담당 과장이 된다.

### 3. 지방지적위원회

(1) 특별시·광역시·특별자치시·도 또는 특별자치도(시·도)에 지방지적위원회를 두며, 지방지적위원회는 위원장 1명과 부위원장 1명을 포함하여 5명 이상 10명 이하의 위원으로 구성한다.

(2) 위원장은 시·도의 지적업무 담당 국장이, 부위원장은 시·도의 지적업무 담당 과장이 된다.

## ⑬ 지적측량 적부심사

### 1. 지적측량 적부심사의 청구

(1) 토지소유자, 이해관계인 또는 지적측량수행자는 지적측량성과에 대하여 다툼이 있는 경우에는 관할 시·도지사를 거쳐 지방지적위원회에 지적측량 적부심사를 청구할 수 있다.

(2) 지적측량 적부심사를 청구하려는 토지소유자, 이해관계인 또는 지적측량수행자는 지적측량을 신청하여 측량을 실시한 후 심사청구서를 시·도지사에게 제출하여야 한다.

## 2. 지방지적위원회의 심의·의결

(1) 지적측량 적부심사청구를 받은 시·도지사는 30일 이내에 지방지적위원회에 회부하여야 한다.

(2) 지적측량 적부심사청구를 회부받은 지방지적위원회는 그 심사청구를 회부받은 날부터 60일 이내에 심의·의결하여야 한다. 다만, 부득이한 경우에는 그 심의기간을 지방지적위원회의 의결을 거쳐 30일 이내에서 한 번만 연장할 수 있다.

## 3. 의결서 송부와 통지

(1) 지방지적위원회는 지적측량 적부심사를 의결하였으면 지적측량 적부심사 의결서를 작성하여 지체 없이 시·도지사에게 송부하여야 한다.

(2) 시·도지사는 의결서를 받은 날부터 7일 이내에 지적측량 적부심사 청구인 및 이해관계인에게 그 의결서를 통지하여야 한다.

(3) 시·도지사는 지방지적위원회의 의결서를 받은 후 해당 지적측량 적부심사 청구인 및 이해관계인이 의결서를 받은 날부터 90일 이내에 재심사를 청구하지 아니하면 그 의결서 사본을 지적소관청에 보내야 한다.


## 04 지적측량 적부재심사

## 1. 지적측량 적부재심사의 청구

(1) 지적측량 적부심사 의결서를 받은 자가 지방지적위원회의 의결에 불복하는 경우에는 그 의결서를 받은 날부터 90일 이내에 국토교통부장관을 거쳐 중앙지적위원회에 재심사를 청구할 수 있다.

(2) 지적측량 적부재심사를 청구하려는 자는 재심사청구서를 국토교통부장관에게 제출하여야 한다.

## 2. 중앙지적위원회의 심의·의결

(1) 지적측량 적부재심사청구를 받은 국토교통부장관은 30일 이내에 중앙지적위원회에 회부하여야 한다.

(2) 지적측량 적부재심사청구를 회부받은 중앙지적위원회는 그 재심사청구를 회부받은 날부터 60일 이내에 심의·의결하여야 한다. 다만, 부득이한 경우에는 그 심의기간을 중앙지적위원회의 의결을 거쳐 30일 이내에서 한 번만 연장할 수 있다.

## 3. 의결서 송부와 통지

(1) 중앙지적위원회는 지적측량 적부재심사를 의결하였으면 지적측량 적부재심사 의결서를 작성하여 지체 없이 국토교통부장관에게 송부하여야 한다.

(2) 국토교통부장관은 의결서를 받은 날부터 7일 이내에 지적측량 적부재심사 청구인 및 이해관계인에게 그 의결서를 통지하여야 한다.

(3) 중앙지적위원회로부터 의결서를 받은 국토교통부장관은 그 의결서를 관할 시·도지사에게 송부하여야 한다.

(4) 시·도지사는 중앙지적위원회의 의결서를 받으면 그 의결서 사본에 지방지적위원회의 의결서 사본을 첨부하여 지적소관청에 보내야 한다.

# 지적측량 적부심사 청구서

| 접수번호 | | 접수일 | | 처리기간 | 90일(30일 연장 가능) | |
|---|---|---|---|---|---|---|
| 청구인 | 성명 | | | 생년월일(법인등록번호) | | |
| | 주소 | | | 전화번호 | | |
| 대상 토지 | 지번 | | | 지목 | | 면적(m²) |
| | 소재지 | | | | | |
| 청구 취지 | ※ 별지 작성 가능 | | | | | |
| 측량자 | 법인 명칭 또는 업체 명칭 | | | 성명 | | |
| | 법인 명칭 또는 업체 명칭 | | | 성명 | | |
| | 법인 명칭 또는 업체 명칭 | | | 성명 | | |

「공간정보의 구축 및 관리 등에 관한 법률」 제29조 제1항, 같은 법 시행령 제24조 제1항 및 같은 법 시행규칙 제27조에 따라 위와 같이 심사청구 합니다.

년 월 일

청구인 (서명 또는 인)

## 시·도지사 귀하

| 첨부서류 | 1. 토지소유자 또는 이해관계인: 지적측량을 의뢰하여 발급받은 지적측량성과<br>2. 지적측량수행자(지적측량수행자 소속 지적기술자가 청구하는 경우만 해당한다): 직접 실시한 지적측량 성과 | 수수료<br>없음 |
|---|---|---|

| 처리절차 |
|---|

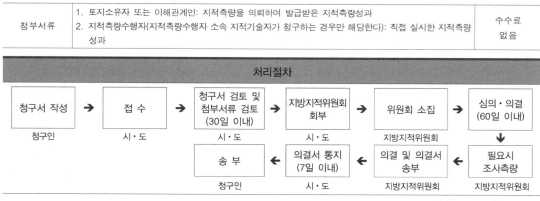

청구서 작성 → 접 수 → 청구서 검토 및 첨부서류 검토 (30일 이내) → 지방지적위원회 회부 → 위원회 소집 → 심의·의결 (60일 이내)

청구인　시·도　시·도　시·도　지방지적위원회　지방지적위원회

송 부 ← 의결서 통지 (7일 이내) ← 의결 및 의결서 송부 ← 필요시 조사측량

청구인　시·도　지방지적위원회　지방지적위원회

210mm×297mm[백상지 80g/m²(재활용품)]

■ 공간정보의 구축 및 관리 등에 관한 법률 시행규칙 [별지 제20호서식] 〈개정 2015. 6. 4.〉

# 지적측량 적부재심사 청구서

| 접수번호 | 접수일 | | 처리기간 | 90일(30일 연장 가능) |
|---|---|---|---|---|

| 청구인 | 성명 | | 생년월일(법인등록번호) | |
| | 주소 | | 전화번호 | |

| 대상 토지 | 지번 | | 지목 | 면적(m²) |
| | 소재지 | | | |

| 청구 취지 | ※ 별지 작성 가능 | |

| 측량자 | 법인 명칭 또는 업체 명칭 | 성명 |
| | 법인 명칭 또는 업체 명칭 | 성명 |
| | 법인 명칭 또는 업체 명칭 | 성명 |

「공간정보의 구축 및 관리 등에 관한 법률」 제29조 제6항, 같은 법 시행령 제26조 제1항 및 같은 법 시행규칙 제27조에 따라 위와 같이 재심사를 청구하오니 심사해 주시기 바랍니다.

년        월        일

청구인                (서명 또는 인)

## 국토교통부장관 귀하

| 첨부서류 | 지적측량 적부심사 의결서 사본 | 수수료<br>없음 |
|---|---|---|

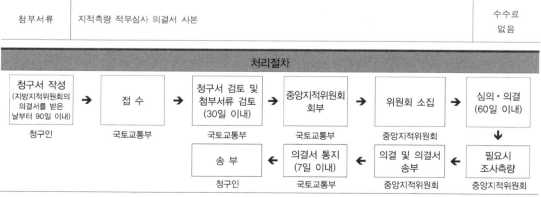

210mm×297mm[백상지 80g/m²(재활용품)]

## 제6절 「근로기준법」상의 구제명령 등과 재심

### 01 근로계약

#### 1. 계약기간

근로계약은 기간을 정하지 아니한 것과 일정한 사업의 완료에 필요한 기간을 정한 것 외에는 그 기간은 1년을 초과하지 못한다.

#### 2. 근로조건의 명시

(1) 사용자는 근로계약을 체결할 때에 근로자에게 ① 임금, ② 소정근로시간, ③ 휴일, ④ 연차 유급휴가 등을 명시하여야 한다.

(2) 사용자는 근로조건이 명시된 서면을 근로자에게 교부하여야 한다.

### 02 해고 등

#### 1. 해고 등의 제한

(1) 사용자는 근로자에게 정당한 이유 없이 해고, 휴직, 정직, 전직, 감봉, 그 밖의 징벌(이하 "부당해고등"이라 한다)을 하지 못한다.

(2) 사용자는 근로자가 업무상 부상 또는 질병의 요양을 위하여 휴업한 기간과 그 후 30일 동안 또는 산전·산후의 여성이 휴업한 기간과 그 후 30일 동안은 해고하지 못한다. 다만, 사용자가 일시보상을 하였을 경우 또는 사업을 계속할 수 없게 된 경우에는 그러하지 아니하다.

#### 2. 해고의 예고

(1) 사용자는 근로자를 해고(경영상 이유에 의한 해고를 포함한다)하려면 적어도 30일 전에 예고를 하여야 하고, 30일 전에 예고를 하지 아니하였을 때에는 30일분 이상의 통상임금을 지급하여야 한다.

(2) 다만, 천재·사변, 그 밖의 부득이한 사유로 사업을 계속하는 것이 불가능한 경우 또는 근로자가 고의로 사업에 막대한 지장을 초래하거나 재산상 손해를 끼친 경우로서 고용노동부령으로 정하는 사유에 해당하는 경우에는 그러하지 아니하다.

## 3. 해고사유 등의 서면통지

(1) 사용자는 근로자를 해고하려면 해고사유와 해고시기를 서면으로 통지하여야 한다.

(2) 근로자에 대한 해고는 서면으로 통지하여야 효력이 있다.

(3) 사용자가 해고의 예고를 해고사유와 해고시기를 명시하여 서면으로 한 경우에는 서면통지를 한 것으로 본다.

# 03 구제신청 등

## 1. 부당해고등의 구제신청

(1) 사용자가 근로자에게 부당해고등을 하면 근로자는 지방노동위원회에 구제를 신청할 수 있다.

(2) 구제신청은 부당해고등이 있었던 날부터 3개월 이내에 하여야 한다.

## 2. 조사 등

(1) 지방노동위원회는 구제신청을 받으면 지체 없이 필요한 조사를 하여야 하며 관계 당사자를 심문하여야 한다.

(2) 지방노동위원회는 심문을 할 때에는 관계 당사자의 신청이나 직권으로 증인을 출석하게 하여 필요한 사항을 질문할 수 있다.

(3) 지방노동위원회는 심문을 할 때에는 관계 당사자에게 증거 제출과 증인에 대한 반대심문을 할 수 있는 충분한 기회를 주어야 한다.

## 3. 구제명령 등

(1) 지방노동위원회는 심문을 끝내고 부당해고등이 성립한다고 판정하면 사용자에게 구제명령을 하여야 하며, 부당해고등이 성립하지 아니한다고 판정하면 구제신청을 기각하는 결정을 하여야 한다.

(2) 지방노동위원회는 판정, 구제명령 및 기각결정을 사용자와 근로자에게 각각 서면으로 통지하여야 한다.

(3) 지방노동위원회는 구제명령(해고에 대한 구제명령만을 말한다)을 할 때에 근로자가 원직복직을 원하지 아니하면 원직복직을 명하는 대신 근로자가 해고기간 동안 근로를 제공하였더라면 받을 수 있었던 임금 상당액 이상의 금품을 근로자에게 지급하도록 명할 수 있다.

## ⑭ 구제명령 등에 대한 재심 등

### 1. 구제명령 등의 확정

(1) 지방노동위원회의 구제명령이나 기각결정에 불복하는 사용자나 근로자는 구제명령서나 기각결정서를 통지받은 날부터 10일 이내에 중앙노동위원회에 재심을 신청할 수 있다.

(2) 중앙노동위원회의 재심판정에 대하여 사용자나 근로자는 재심판정서를 송달받은 날부터 15일 이내에 「행정소송법」의 규정에 따라 소를 제기할 수 있다.

(3) 구제명령서나 기각결정서를 통지받은 날부터 10일 이내에 재심을 신청하지 아니하거나 재심판정서를 송달받은 날부터 15일 이내에 행정소송을 제기하지 아니하면 그 구제명령, 기각결정 또는 재심판정은 확정된다.

### 2. 구제명령 등의 효력

지방노동위원회의 구제명령, 기각결정 또는 재심판정은 중앙노동위원회에 대한 재심 신청이나 행정소송 제기에 의하여 그 효력이 정지되지 아니한다.

### 3. 이행강제금

(1) 노동위원회는 구제명령(구제명령을 내용으로 하는 재심판정을 포함한다)을 받은 후 이행기한까지 구제명령을 이행하지 아니한 사용자에게 2천만 원 이하의 이행강제금을 부과한다.

(2) 노동위원회는 이행강제금을 부과하기 30일 전까지 이행강제금을 부과·징수한다는 뜻을 사용자에게 미리 문서로써 알려 주어야 한다.

(3) 이행강제금을 부과할 때에는 이행강제금의 액수, 부과 사유, 납부기한, 수납기관, 이의제기방법 및 이의제기기관 등을 명시한 문서로써 하여야 한다.

## 제7절 「국민건강보험법」상의 처분에 대한 이의신청 및 심판청구

### 01 국민건강보험

### 1. 적용 대상 등

(1) 국내에 거주하는 국민은 건강보험의 가입자(이하 "가입자"라 한다) 또는 피부양자가 된다. 다만, 다음에 해당하는 사람은 제외한다.

① 「의료급여법」에 따라 의료급여를 받는 사람

② 「독립유공자예우에 관한 법률」 및 「국가유공자 등 예우 및 지원에 관한 법률」에 따라 의료보호를 받는 사람

(2) 피부양자는 다음에 해당하는 사람 중 직장가입자에게 주로 생계를 의존하는 사람으로서 보수나 소득이 없는 사람을 말한다.

① 직장가입자의 배우자

② 직장가입자의 직계존속(배우자의 직계존속을 포함한다)

③ 직장가입자의 직계비속(배우자의 직계비속을 포함한다)과 그 배우자

④ 직장가입자의 형제·자매

### 2. 가입자의 종류

(1) 가입자는 직장가입자와 지역가입자로 구분한다.

(2) **직장가입자**

모든 사업장의 근로자 및 사용자와 공무원 및 교직원은 직장가입자가 된다. 다만, 다음에 해당하는 사람은 제외한다.

① 고용 기간이 1개월 미만인 일용근로자

② 「병역법」에 따른 현역병(지원에 의하지 아니하고 임용된 하사를 포함한다), 전환복무된 사람 및 군간부후보생

③ 선거에 당선되어 취임하는 공무원으로서 매월 보수 또는 보수에 준하는 급료를 받지 아니하는 사람

④ 그 밖에 사업장의 특성, 고용 형태 및 사업의 종류 등을 고려하여 대통령령으로 정하는 사업장의 근로자 및 사용자와 공무원 및 교직원

(3) **지역가입자**

지역가입자는 직장가입자와 그 피부양자를 제외한 가입자를 말한다.

## ⑫ 요양급여 및 요양기관

### 1. 요양급여

(1) 진찰·검사

(2) 약제(藥劑)·치료재료의 지급

(3) 처치·수술 및 그 밖의 치료

(4) 예방·재활

(5) 입원

(6) 간호

(7) 이송(移送)

### 2. 요양기관

(1) 「의료법」에 따라 개설된 의료기관

(2) 「약사법」에 따라 등록된 약국

(3) 「약사법」에 따라 설립된 한국희귀·필수의약품센터

(4) 「지역보건법」에 따른 보건소·보건의료원 및 보건지소

(5) 「농어촌 등 보건의료를 위한 특별조치법」에 따라 설치된 보건진료소

## ⑬ 이의신청

### 1. 이의신청의 대상과 기간

(1) 가입자 및 피부양자의 자격, 보험료등, 보험급여, 보험급여 비용에 관한 국민건강보험공단의 처분에 이의가 있는 자는 국민건강보험공단(이하 "공단"이라 한다)에 이의신청을 할 수 있다.

(2) 요양급여비용 및 요양급여의 적정성 평가 등에 관한 건강보험심사평가원의 처분에 이의가 있는 공단, 요양기관 또는 그 밖의 자는 건강보험심사평가원(이하 "심사평가원"이라 한다)에 이의신청을 할 수 있다.

(3) 이의신청은 처분이 있음을 안 날부터 90일 이내에 문서(전자문서를 포함한다)로 하여야 하며 처분이 있은 날부터 180일을 지나면 제기하지 못한다. 다만, 정당한 사유로 그 기간에 이의신청을 할 수 없었음을 소명한 경우에는 그러하지 아니하다.

(4) 요양기관이 심사평가원의 요양급여 대상 여부의 확인에 대하여 이의신청을 하려면 통보받은 날부터 30일 이내에 하여야 한다.

(5) 이의신청을 효율적으로 처리하기 위하여 공단 및 심사평가원에 각각 이의신청위원회를 설치한다.

## 2. 이의신청위원회의 구성

(1) 이의신청위원회는 각각 위원장 1명을 포함한 25명의 위원으로 구성한다.

(2) 공단에 설치하는 이의신청위원회의 위원장은 공단의 이사장이 지명하는 공단의 상임이사가 되고, 위원은 공단의 이사장이 임명하거나 위촉한다.

(3) 심사평가원에 설치하는 이의신청위원회의 위원장은 심사평가원의 원장이 지명하는 심사평가원의 상임이사가 되고, 위원은 심사평가원의 원장이 임명하거나 위촉한다.

## 3. 이의신청위원회의 회의

(1) 이의신청위원회의 위원장은 이의신청위원회 회의를 소집하고, 그 의장이 된다. 이 경우 위원장이 부득이한 사유로 직무를 수행할 수 없을 때에는 위원장이 지명하는 위원이 그 직무를 대행한다.

(2) 이의신청위원회의 회의는 위원장과 위원장이 회의마다 지명하는 6명의 위원으로 구성한다.

(3) 이의신청위원회의 회의는 구성원 과반수의 출석으로 개의하고, 출석위원 과반수의 찬성으로 의결한다.

## 4. 이의신청에 대한 결정

(1) 공단과 심사평가원은 이의신청에 대한 결정을 하였을 때에는 지체 없이 신청인에게 결정서의 정본을 보내고, 이해관계인에게는 그 사본을 보내야 한다.

(2) 공단과 심사평가원은 이의신청을 받은 날부터 60일 이내에 결정을 하여야 한다. 다만, 부득이한 사정이 있는 경우에는 30일의 범위에서 그 기간을 연장할 수 있다.

(3) 공단과 심사평가원은 결정기간을 연장하려면 결정기간이 끝나기 7일 전까지 이의신청을 한 자에게 그 사실을 알려야 한다.

## ⑭ 심판청구

### 1. 심판청구의 기간

(1) 이의신청에 대한 결정에 불복하는 자는 건강보험분쟁조정위원회(이하 "분쟁조정위원회"라 한다)에 심판청구를 할 수 있다.

(2) 심판청구는 결정이 있음을 안 날부터 90일 이내에 문서(전자문서를 포함한다)로 하여야 하며 결정이 있은 날부터 180일을 지나면 제기하지 못한다. 다만, 정당한 사유로 그 기간에 심판청구를 할 수 없었음을 소명한 경우에는 그러하지 아니하다.

### 2. 심판청구의 절차

(1) 심판청구를 하려는 자는 심판청구서를 공단, 심사평가원 또는 분쟁조정위원회에 제출하여야 한다. 이 경우 정당한 권한이 없는 자에게 심판청구서가 제출되었을 때에는 심판청구서를 받은 자는 그 심판청구서를 정당한 권한이 있는 자에게 보내야 한다.

(2) 공단과 심사평가원은 심판청구서를 받으면 그 심판청구서를 받은 날부터 10일 이내에 그 심판청구서에 처분을 한 자의 답변서 및 이의신청 결정서 사본을 첨부하여 분쟁조정위원회에 제출하여야 한다.

(3) 분쟁조정위원회는 청구인에게 심판청구서를 받으면 지체 없이 그 사본 또는 부본을 공단 또는 심사평가원 및 이해관계인에게 보내고, 공단 또는 심사평가원은 그 사본 또는 부본을 받은 날부터 10일 이내에 처분을 한 자의 답변서 및 이의신청 결정서 사본을 분쟁조정위원회에 제출하여야 한다.

(4) 심판청구서를 정당한 권한이 있는 자에게 보냈을 때에는 지체 없이 그 사실을 청구인에게 알려야 한다.

(5) 심판청구 제기기간을 계산할 때에는 공단, 심사평가원, 분쟁조정위원회 또는 정당한 권한이 없는 자에게 심판청구서가 제출된 때에 심판청구가 제기된 것으로 본다.

### 3. 분쟁조정위원회의 구성

(1) 심판청구를 심리·의결하기 위하여 보건복지부에 분쟁조정위원회를 둔다.

(2) 분쟁조정위원회는 위원장을 포함하여 60명 이내의 위원으로 구성하고, 위원장을 제외한 위원 중 1명은 당연직위원으로 한다. 이 경우 공무원이 아닌 위원이 전체 위원의 과반수가 되도록 하여야 한다.

(3) 분쟁조정위원회의 위원장은 보건복지부장관의 제청으로 대통령이 임명하고, 위원은 보건복지부장관이 임명하거나 위촉한다.

## 4. 분쟁조정위원회의 회의

(1) 분쟁조정위원회의 위원장은 분쟁조정위원회를 대표하고, 분쟁조정위원회의 사무를 총괄한다.

(2) 분쟁조정위원회의 위원장은 분쟁조정위원회의 회의를 소집하고, 그 의장이 된다.

(3) 분쟁조정위원회의 위원장이 부득이한 사유로 직무를 수행할 수 없을 때에는 위원장이 지명하는 위원이 그 직무를 대행한다.

(4) 분쟁조정위원회의 회의는 위원장, 당연직위원 및 위원장이 매 회의마다 지정하는 7명의 위원을 포함하여 총 9명으로 구성하되, 공무원이 아닌 위원이 과반수가 되도록 하여야 한다.

(5) 분쟁조정위원회는 구성원 과반수의 출석과 출석위원 과반수의 찬성으로 의결한다.

## 5. 심판청구에 대한 결정

(1) 분쟁조정위원회의 위원장은 심판청구에 대하여 결정을 하였을 때에는 결정서에 서명 또는 기명날인하여 지체 없이 청구인에게는 결정서의 정본을 보내고, 처분을 한 자 및 이해관계인에게는 그 사본을 보내야 한다.

(2) 분쟁조정위원회는 심판청구서가 제출된 날부터 60일 이내에 결정을 하여야 한다. 다만, 부득이한 사정이 있는 경우에는 30일의 범위에서 그 기간을 연장할 수 있다.

(3) 결정기간을 연장하려면 결정기간이 끝나기 7일 전까지 청구인에게 그 사실을 알려야 한다.

## 05 행정소송

공단 또는 심사평가원의 처분에 이의가 있는 자와 이의신청 또는 심판청구에 대한 결정에 불복하는 자는 「행정소송법」에서 정하는 바에 따라 행정소송을 제기할 수 있다.

## 제8절 「국민연금법」상의 처분에 대한 심사청구 및 재심사청구

### 01 국민연금

#### 1. 가입 대상

국내에 거주하는 국민으로서 18세 이상 60세 미만인 자는 국민연금 가입 대상이 된다. 다만, 「공무원연금법」, 「군인연금법」, 「사립학교교직원 연금법」 및 「별정우체국법」을 적용받는 공무원, 군인, 교직원 및 별정우체국 직원, 그 밖에 대통령령으로 정하는 자는 제외한다.

#### 2. 가입자의 종류

가입자는 사업장가입자, 지역가입자, 임의가입자 및 임의계속가입자로 구분한다.

### 02 급여

#### 1. 급여의 종류

(1) 노령연금

(2) 장애연금

(3) 유족연금

(4) 반환일시금

#### 2. 급여 지급

(1) 급여는 수급권자의 청구에 따라 공단이 지급한다.

(2) 연금액은 지급사유에 따라 기본연금액과 부양가족연금액을 기초로 산정한다.

### 03 심사청구

#### 1. 심사청구의 대상과 기간

(1) 가입자의 자격, 기준소득월액, 연금보험료, 그 밖의 「국민연금법」에 따른 징수금과 급여에 관한 국민연금공단 또는 건강보험공단의 처분에 이의가 있는 자는 그 처분을 한 국민연금공단(이하 "공단"이라 한다) 또는 건강보험공단에 심사청구를 할 수 있다.

(2) 심사청구는 그 처분이 있음을 안 날부터 90일 이내에 문서로 하여야 하며, 처분이 있은 날부터 180일을 경과하면 이를 제기하지 못한다. 다만, 정당한 사유로 그 기간에 심사청구를 할 수 없었음을 증명하면 그 기간이 지난 후에도 심사청구를 할 수 있다.

(3) 심사청구 사항을 심사하기 위하여 공단에 국민연금심사위원회를 두고, 건강보험공단에 징수심사위원회를 둔다.

## 2. 국민연금심사위원회

(1) 국민연금심사위원회는 위원장 1명을 포함한 26명 이내의 위원으로 구성한다.

(2) 위원장은 국민연금공단의 상임이사 중 국민연금공단 이사장이 임명하는 자로 한다.

(3) 국민연금심사위원회의 회의는 위원장과 위원장이 회의마다 지정하는 7명의 위원으로 구성한다.

(4) 국민연금심사위원회의 회의는 구성원 과반수의 출석으로 시작하고 출석위원 과반수의 찬성으로 의결한다.

## 3. 징수심사위원회

(1) 징수심사위원회는 위원장 1명을 포함한 25명의 위원으로 구성한다.

(2) 위원장은 건강보험공단의 상임이사 중에서 건강보험공단의 이사장이 임명한다.

(3) 징수심사위원회의 회의는 위원장과 위원장이 회의마다 지명하는 6명의 위원으로 구성한다.

(4) 징수심사위원회의 회의는 구성원 과반수의 출석으로 개의하고, 출석위원 과반수의 찬성으로 의결한다.

## 4. 보정

(1) 심사위원회는 심사청구가 적법하지 아니하나 보충하여 바로잡을 수 있다고 인정되면 적절한 기간을 정하여 그 보정을 요구하여야 한다. 다만, 보충하여 바로잡을 사항이 경미한 경우에는 직권으로 바로잡을 수 있다.

(2) 보정은 서면으로 하여야 하며, 보충하여 바로잡으면 처음부터 적법한 심사청구가 있는 것으로 본다.

## 5. 심사청구에 대한 결정

(1) 공단은 심사청구가 적법하지 아니한 경우에는 그 심사청구를 각하하는 결정을 한다.

(2) 공단은 심사청구가 이유 없다고 인정한 경우에는 그 심사청구를 기각하는 결정을 한다.

(3) 공단은 심사청구가 이유 있다고 인정한 경우에는 처분을 취소하거나 변경하는 결정을 한다.

(4) 공단은 결정을 하면 지체 없이 청구인에게 결정서의 정본을 보내야 한다.

(5) 공단은 심사청구를 받은 날부터 60일 이내에 결정을 하여야 한다. 다만, 부득이한 사정이 있는 경우에는 위원장이 직권으로 30일을 연장할 수 있다.

(6) 결정기간을 연장하면 결정기간이 끝나기 7일 전까지 청구인에게 이를 알려야 한다.

## (04) 재심사청구

## 1. 재심사청구의 기간

심사청구에 대한 결정에 불복하는 자는 그 결정통지를 받은 날부터 90일 이내에 국민연금재심사위원회(이하 "재심사위원회"라 한다)에 재심사를 청구할 수 있다.

## 2. 재심사청구의 절차

(1) 재심사청구를 하려는 자는 재심사청구서를 그 심사청구에 대한 결정을 한 공단 또는 건강보험공단이나 보건복지부장관에게 제출하여야 한다.

(2) 공단 또는 건강보험공단은 재심사청구서를 제출받으면 재심사청구서를 받은 날부터 10일 이내에 그 재심사청구서를 보건복지부장관에게 보내야 한다.

## 3. 재심사위원회의 구성

(1) 재심사청구 사항을 심사하기 위하여 보건복지부에 재심사위원회를 둔다.

(2) 재심사위원회는 위원장 1명을 포함한 20명 이내의 위원으로 구성한다. 이 경우 공무원이 아닌 위원이 전체 위원의 과반수가 되도록 하여야 한다.

(3) 재심사위원회의 위원장은 보건복지부 연금정책국장으로 하고, 위원은 보건복지부장관이 임명하거나 위촉하는 자로 한다.

## 4. 재심사위원회의 회의

⑴ 재심사위원회의 위원장은 회의를 소집하고 의장이 된다.

⑵ 위원장에게 사고가 있으면 위원장이 지명하는 위원이 그 직무를 대행한다.

⑶ 재심사위원회의 회의는 위원장과 위원장이 회의마다 지정하는 6명의 위원으로 구성한다.

⑷ 재심사위원회의 회의는 재적위원 과반수의 출석으로 시작하고 출석위원 과반수의 찬성으로 의결한다.

## 5. 재심사청구에 대한 재결

⑴ 재심사위원회의 재심사와 재결에 관한 절차에 관하여는 「행정심판법」을 준용한다.

⑵ 재결은 재심사청구서를 받은 날로부터 60일 이내에 하여야 하되, 부득이한 사정이 있는 때에는 위원장이 직권으로 30일을 연장할 수 있다.

**제9절** 「고용보험법」상의 원처분등에 대한 심사청구 및 재심사청구

## ⑴ 고용보험

### 1. 보험의 관장

고용보험은 고용노동부장관이 관장한다.

### 2. 고용보험사업

고용보험은 고용보험사업으로 고용안정·직업능력개발 사업, 실업급여, 육아휴직 급여 및 출산전후휴가 급여 등을 실시한다.

### 3. 피보험자격의 확인

(1) 피보험자 또는 피보험자였던 자는 언제든지 고용노동부장관에게 피보험자격의 취득 또는 상실에 관한 확인을 청구할 수 있다.

(2) 고용노동부장관은 청구에 따르거나 직권으로 피보험자격의 취득 또는 상실에 관하여 확인을 한다.

(3) 고용노동부장관은 확인 결과를 그 확인을 청구한 피보험자 및 사업주 등 관계인에게 알려야 한다.

## ⑵ 고용보험사업

### 1. 고용안정·직업능력개발 사업

고용노동부장관은 피보험자 및 피보험자였던 사람, 그 밖에 취업할 의사를 가진 사람에 대한 실업의 예방, 취업의 촉진, 고용기회의 확대, 직업능력개발·향상의 기회 제공 및 지원, 그 밖에 고용안정과 사업주에 대한 인력 확보를 지원하기 위하여 고용안정·직업능력개발 사업을 실시한다.

### 2. 실업급여

(1) **구직급여**

(2) **취업촉진 수당**

① 조기(早期)재취업 수당
② 직업능력개발 수당

③ 광역 구직활동비

④ 이주비

## 3. 육아휴직 급여

고용노동부장관은 「남녀고용평등과 일·가정 양립 지원에 관한 법률」에 따른 육아휴직을 30일 이상 부여받은 피보험자 중 육아휴직을 시작한 날 이전에 피보험 단위기간이 합산하여 180일 이상인 피보험자에게 육아휴직 급여를 지급한다.

## 4. 출산전후휴가 급여 등

고용노동부장관은 「남녀고용평등과 일·가정 양립 지원에 관한 법률」에 따라 피보험자가 「근로기준법」에 따른 출산전후휴가 또는 유산·사산휴가를 받은 경우와 「남녀고용평등과 일·가정 양립 지원에 관한 법률」에 따른 배우자 출산휴가를 받은 경우로서 휴가가 끝난 날 이전에 피보험 단위기간이 합산하여 180일 이상일 것 및 휴가를 시작한 날 이후 1개월부터 휴가가 끝난 날 이후 12개월 이내에 신청할 것의 요건을 모두 갖춘 경우에 출산전후휴가 급여 등을 지급한다.

## ⑬ 심사청구

## 1. 심사청구의 대상과 기간

(1) 피보험자격의 취득·상실에 대한 확인, 실업급여, 육아휴직 급여와 출산전후휴가 급여 등에 관한 처분(이하 "원처분등"이라 한다)에 이의가 있는 자는 고용보험심사관에게 심사를 청구할 수 있다.

(2) 심사의 청구는 확인 또는 처분이 있음을 안 날부터 90일 이내에 제기하여야 한다.

## 2. 심사청구의 절차

(1) 심사를 청구하는 경우 피보험자격의 취득·상실 확인에 대한 심사의 청구는 「산업재해보상보험법」에 따른 근로복지공단을, 실업급여 및 육아휴직 급여와 출산전후휴가 급여등에 관한 처분에 대한 심사의 청구는 직업안정기관의 장을 거쳐 심사관에게 하여야 한다.

(2) 직업안정기관 또는 근로복지공단은 심사청구서를 받은 날부터 5일 이내에 의견서를 첨부하여 심사청구서를 심사관에게 보내야 한다.

## 3. 고용보험심사관

(1) 심사를 행하게 하기 위하여 고용보험심사관(이하 "심사관"이라 한다)을 둔다.

(2) 당사자는 심사관에게 심리·결정의 공정을 기대하기 어려운 사정이 있으면 그 심사관에 대한 기피신청을 고용노동부장관에게 할 수 있다.

## 4. 보정 및 각하

(1) 심사의 청구가 기간이 지났거나 법령으로 정한 방식을 위반하여 보정하지 못할 것인 경우에 심사관은 그 심사의 청구를 결정으로 각하하여야 한다.

(2) 심사의 청구가 법령으로 정한 방식을 어긴 것이라도 보정할 수 있는 것인 경우에 심사관은 상당한 기간을 정하여 심사청구인에게 심사의 청구를 보정하도록 명할 수 있다. 다만, 보정할 사항이 경미한 경우에는 심사관이 직권으로 보정할 수 있다.

(3) 심사관은 심사청구인이 보정을 명한 기간에 그 보정을 하지 아니하면 결정으로써 그 심사청구를 각하하여야 한다.

## 5. 원처분등의 집행정지

(1) 심사의 청구는 원처분등의 집행을 정지시키지 아니한다. 다만, 심사관은 원처분등의 집행에 의하여 발생하는 중대한 위해를 피하기 위하여 긴급한 필요가 있다고 인정하면 직권으로 그 집행을 정지시킬 수 있다.

(2) 심사관은 집행을 정지시키려고 할 때에는 그 이유를 적은 문서로 그 사실을 직업안정기관의 장 또는 근로복지공단에 알려야 한다.

(3) 직업안정기관의 장 또는 근로복지공단은 심사관의 통지를 받으면 지체 없이 그 집행을 정지하여야 한다.

(4) 심사관은 집행을 정지시킨 경우에는 지체 없이 심사청구인에게 그 사실을 문서로 알려야 한다.

## 6. 심사청구에 대한 심리·결정

(1) 심사관은 심사의 청구에 대한 심리를 위하여 필요하다고 인정하면 심사청구인의 신청 또는 직권으로 다음의 조사를 할 수 있다.
　① 심사청구인 또는 관계인을 지정 장소에 출석하게 하여 질문하거나 의견을 진술하게 하는 것
　② 심사청구인 또는 관계인에게 증거가 될 수 있는 문서와 그 밖의 물건을 제출하게 하는 것

③ 전문적인 지식이나 경험을 가진 제3자로 하여금 감정하게 하는 것

④ 사건에 관계가 있는 사업장 또는 그 밖의 장소에 출입하여 사업주·종업원이나 그 밖의 관계인에게 질문하거나 문서와 그 밖의 물건을 검사하는 것

(2) 심사관은 심사의 청구에 대한 심리를 마쳤을 때에는 원처분등의 전부 또는 일부를 취소하거나 심사청구의 전부 또는 일부를 기각한다.

(3) 심사관은 결정을 하면 심사청구인 및 원처분등을 한 직업안정기관의 장 또는 근로복지공단에 각각 결정서의 정본(正本)을 보내야 한다.

(4) 심사관은 심사청구를 받으면 30일 이내에 그 심사청구에 대한 결정을 하여야 한다. 다만, 부득이한 사정으로 그 기간에 결정할 수 없을 때에는 한 차례만 10일을 넘지 아니하는 범위에서 그 기간을 연장할 수 있다.

## 7. 결정의 효력

(1) 결정은 심사청구인 및 직업안정기관의 장 또는 근로복지공단에 결정서의 정본을 보낸 날부터 효력이 발생한다.

(2) 결정은 원처분등을 행한 직업안정기관의 장 또는 근로복지공단을 기속(羈束)한다.

## 04 재심사청구

## 1. 재심사청구의 기간

(1) 심사청구에 대한 결정에 이의가 있는 자는 고용보험심사위원회(이하 "심사위원회"라 한다)에 재심사를 청구할 수 있다.

(2) 재심사의 청구는 심사청구에 대한 결정이 있음을 안 날부터 90일 이내에 제기하여야 한다.

## 2. 재심사의 상대방

재심사의 청구는 원처분등을 행한 직업안정기관의 장 또는 근로복지공단을 상대방으로 한다.

## 3. 심사위원회의 구성

(1) 재심사를 하게 하기 위하여 고용노동부에 심사위원회를 둔다.

(2) 심사위원회는 근로자를 대표하는 자 및 사용자를 대표하는 자 각 1명 이상을 포함한 15명 이내의 위원으로 구성하고, 위원 중 2명은 상임위원으로 한다.

(3) 심사위원회에는 위원장과 부위원장 각 1명을 둔다.

(4) 심사위원회 위원장은 상임위원 중에서 고용노동부장관의 제청으로 대통령이 임명하고, 부위원장은 위원 중에서 호선한다.

(5) 근로자를 대표하는 위원과 사용자를 대표하는 위원은 고용노동부장관의 제청으로 대통령이 위촉하고, 상임위원은 고용노동부장관의 제청으로 대통령이 임명하며, 당연직위원은 고용노동부장관이 지명한다.

## 4. 심사위원회의 회의

(1) 위원장은 심사위원회를 대표하며, 심사위원회의 사무를 총괄한다.

(2) 부위원장은 위원장을 보좌하며, 위원장이 부득이한 사유로 직무를 수행할 수 없을 때에는 그 직무를 대행한다.

(3) 심사위원회 회의는 위원장 또는 부위원장, 당연직위원과 위원장이 회의를 할 때마다 지정하는 노·사 대표 각 1명의 위원을 포함하여 9명 이내로 구성·운영한다.

(4) 심사위원회의 회의는 구성원 과반수의 출석으로 개의하고, 출석위원 과반수의 찬성으로 의결한다.

## 5. 재심사청구에 대한 심리·재결

(1) 심사위원회는 재심사의 청구를 받으면 그 청구에 대한 심리기일 및 장소를 정하여 심리기일 3일 전까지 당사자 및 그 사건을 심사한 심사관에게 알려야 한다.

(2) 당사자는 심사위원회에 문서나 구두로 그 의견을 진술할 수 있다.

(3) 심사위원회의 재심사청구에 대한 심리는 공개한다. 다만, 당사자의 양쪽 또는 어느 한쪽이 신청한 경우에는 공개하지 아니할 수 있다.

(4) 심사위원회는 재심사의 청구를 받으면 50일 이내에 재결을 하여야 한다. 다만, 부득이한 사정으로 그 기간에 결정할 수 없을 때에는 한 차례만 10일을 넘지 아니하는 범위에서 그 기간을 연장할 수 있다.

## ⑤ 고지

직업안정기관의 장 또는 근로복지공단이 원처분등을 하거나 심사관이 결정서의 정본을 송부하는 경우에는 그 상대방 또는 심사청구인에게 원처분등 또는 결정에 관하여 심사 또는 재심사를 청구할 수 있는지의 여부, 청구하는 경우의 경유 절차 및 청구 기간을 알려야 한다.

## 제10절 「산업재해보상보험법」상의 보험급여 결정등에 대한 심사청구 및 재심사청구

### 01 산업재해보상보험

**1. 보험의 관장**

산업재해보상보험사업은 고용노동부장관이 관장한다.

**2. 보험급여의 종류**

(1) 요양급여

(2) 휴업급여

(3) 장해급여

(4) 간병급여

(5) 유족급여

(6) 상병(傷病)보상연금

(7) 장의비(葬儀費)

(8) 직업재활급여

### 02 업무상의 재해

**1. 업무상 사고**

(1) 근로자가 근로계약에 따른 업무나 그에 따르는 행위를 하던 중 발생한 사고

(2) 사업주가 제공한 시설물 등을 이용하던 중 그 시설물 등의 결함이나 관리소홀로 발생한 사고

(3) 사업주가 주관하거나 사업주의 지시에 따라 참여한 행사나 행사준비 중에 발생한 사고

(4) 휴게시간 중 사업주의 지배관리하에 있다고 볼 수 있는 행위로 발생한 사고

(5) 그 밖에 업무와 관련하여 발생한 사고

## 2. 업무상 질병

(1) 업무수행 과정에서 물리적 인자(因子), 화학물질, 분진, 병원체, 신체에 부담을 주는 업무 등 근로자의 건강에 장해를 일으킬 수 있는 요인을 취급하거나 그에 노출되어 발생한 질병

(2) 업무상 부상이 원인이 되어 발생한 질병

(3) 「근로기준법」에 따른 직장 내 괴롭힘, 고객의 폭언 등으로 인한 업무상 정신적 스트레스가 원인이 되어 발생한 질병

(4) 그 밖에 업무와 관련하여 발생한 질병

## 3. 출퇴근 재해

(1) 사업주가 제공한 교통수단이나 그에 준하는 교통수단을 이용하는 등 사업주의 지배관리하에서 출퇴근하는 중 발생한 사고

(2) 그 밖에 통상적인 경로와 방법으로 출퇴근하는 중 발생한 사고

## 03 심사청구 2021 기출

## 1. 심사청구의 대상과 기간

(1) 다음에 해당하는 근로복지공단의 결정 등(이하 "보험급여 결정등"이라 한다)에 불복하는 자는 근로복지공단(이하 "공단"이라 한다)에 심사청구를 할 수 있다.
① 보험급여에 관한 결정
② 진료비에 관한 결정
③ 약제비에 관한 결정
④ 진료계획 변경 조치등
⑤ 보험급여의 일시지급에 관한 결정
⑥ 합병증 등 예방관리에 관한 조치
⑦ 부당이득의 징수에 관한 결정
⑧ 수급권의 대위에 관한 결정

(2) 심사청구는 보험급여 결정등이 있음을 안 날부터 90일 이내에 하여야 한다.

(3) 보험급여 결정등에 대하여는 「행정심판법」에 따른 행정심판을 제기할 수 없다.

(4) 심사청구를 심의하기 위하여 공단에 관계 전문가 등으로 구성되는 산업재해보상보험심사위원회(이하 "심사위원회"라 한다)를 둔다.

## 2. 심사청구의 절차

(1) 심사청구는 그 보험급여 결정등을 한 공단의 소속 기관을 거쳐 공단에 제기하여야 한다.

(2) 심사청구서를 받은 공단의 소속 기관은 5일 이내에 의견서를 첨부하여 공단에 보내야 한다.

## 3. 보정 및 각하

(1) 공단은 심사청구가 기간이 지나 제기되었거나 법령의 방식을 위반하여 보정할 수 없는 경우 또는 보정을 요구한 기간에 보정하지 아니한 경우에는 각하결정을 하여야 한다.

(2) 심사청구가 법령의 방식을 위반한 것이라도 보정할 수 있는 경우에는 공단은 상당한 기간을 정하여 심사청구인에게 보정할 것을 요구할 수 있다. 다만, 보정할 사항이 경미한 경우에는 공단이 직권으로 보정할 수 있다.

(3) 공단은 직권으로 심사청구를 보정한 경우에는 그 사실을 심사청구인에게 알려야 한다.

## 4. 보험급여 결정등의 집행정지

(1) 심사청구는 해당 보험급여 결정등의 집행을 정지시키지 않는다. 다만, 공단은 그 집행으로 발생할 중대한 손실을 피하기 위하여 긴급한 필요가 있다고 인정하면 그 집행을 정지시킬 수 있다.

(2) 공단은 집행을 정지시킨 경우에는 지체 없이 심사청구인 및 해당 보험급여 결정등을 한 공단의 소속 기관에 문서로 알려야 한다.

## 5. 심사위원회의 구성

(1) 심사위원회는 위원장 1명을 포함하여 150명 이내의 위원으로 구성하되, 위원 중 2명은 상임으로 한다.

(2) 심사위원회의 위원장은 상임위원 중에서 공단 이사장이 임명하고, 위원은 공단 이사장이 위촉하거나 임명한다.

## 6. 심사위원회의 회의

(1) 심사위원회의 위원장은 심사위원회의 회의를 소집하고, 그 의장이 된다. 다만, 위원장은 심사위원회의 원활한 운영을 위하여 필요하면 상임위원 또는 그 밖에 위원장이 지명하는 위원이 심사위원회의 회의를 주재하도록 할 수 있다.

(2) 심사위원회의 회의는 위원장과 회의를 개최할 때 마다 위원장이 지정하는 위원 6명으로 구성한다.

(3) 심사위원회의 회의는 구성원 과반수의 출석으로 개의하고, 출석위원 과반수의 찬성으로 의결한다.

## 7. 심사청구에 대한 심리·결정

(1) 공단은 심사청구의 심리를 위하여 필요하면 청구인의 신청 또는 직권으로 다음 의 행위를 할 수 있다.
① 청구인 또는 관계인을 지정 장소에 출석하게 하여 질문하거나 의견을 진술하게 하는 것
② 청구인 또는 관계인에게 증거가 될 수 있는 문서나 그 밖의 물건을 제출하게 하는 것
③ 전문적인 지식이나 경험을 가진 제3자에게 감정하게 하는 것
④ 소속 직원에게 사건에 관계가 있는 사업장이나 그 밖의 장소에 출입하여 사업주·근로자, 그 밖의 관계인에게 질문하게 하거나, 문서나 그 밖의 물건을 검사하게 하는 것
⑤ 심사청구와 관계가 있는 근로자에게 공단이 지정하는 의사·치과의사 또는 한의사의 진단을 받게 하는 것

(2) 공단은 심사청구에 대한 결정을 하면 심사청구인에게 심사결정서 정본을 보내야 한다.

(3) 공단은 심사 청구서를 받은 날부터 60일 이내에 심사위원회의 심의를 거쳐 심사 청구에 대한 결정을 하여야 한다. 다만, 부득이한 사유로 그 기간 이내에 결정을 할 수 없으면 한 차례만 20일을 넘지 아니하는 범위에서 그 기간을 연장할 수 있다.

(4) 결정기간을 연장할 때에는 최초의 결정기간이 끝나기 7일 전까지 심사청구인 및 보험급여 결정등을 한 공단의 소속 기관에 알려야 한다.

## 04 재심사청구

## 1. 재심사청구의 기간

(1) 심사청구에 대한 결정에 불복하는 자는 산업재해보상보험재심사위원회(이하 "재심사위원회"라 한다)에 재심사청구를 할 수 있다. 다만, 업무상질병판정위원회의 심의를 거친 보험급여에 관한 결정에 불복하는 자는 심사청구를 하지 아니하고 재심사청구를 할 수 있다.

(2) 재심사청구는 심사청구에 대한 결정이 있음을 안 날부터 90일 이내에 제기하여야 한다. 다만, 심사청구를 거치지 아니하고 재심사청구를 하는 경우에는 보험급여에 관한 결정이 있음을 안 날부터 90일 이내에 제기하여야 한다.

## 2. 재심사청구의 절차

(1) 재심사청구는 그 보험급여 결정등을 한 공단의 소속 기관을 거쳐 재심사위원회에 제기하여야 한다.

(2) 재심사청구서를 받은 공단의 소속 기관은 5일 이내에 의견서를 첨부하여 재심사위원회에 보내야 한다.

## 3. 재심사위원회의 구성

(1) 재심사청구를 심리·재결하기 위하여 고용노동부에 재심사위원회를 둔다.

(2) 재심사위원회는 위원장 1명을 포함한 90명 이내의 위원으로 구성하되, 위원 중 2명은 상임위원으로, 1명은 당연직위원으로 한다.

(3) 재심사위원회의 위원장 및 위원은 고용노동부장관의 제청으로 대통령이 임명한다. 다만, 당연직위원은 고용노동부장관이 지명하는 사람으로 한다.

(4) 재심사위원회에 위원장과 3명 이내의 부위원장을 두며, 부위원장은 재심사위원회가 위원 중에서 선출한다.

## 4. 재심사위원회의 회의

(1) 위원장은 재심사위원회의 회의를 소집하고, 그 의장이 된다. 다만, 재심사위원회의 원활한 운영을 위하여 필요하면 위원장의 명을 받아 부위원장이 재심사위원회의 회의를 주재할 수 있다.

(2) 위원장은 재심사위원회를 대표하며, 위원회의 사무를 총괄한다.

(3) 부위원장은 위원장을 보좌하며, 위원장이 부득이한 사유로 직무를 수행할 수 없을 때에는 그 직무를 대행한다.

(4) 재심사위원회의 회의는 위원장 또는 부위원장, 상임위원 및 위원장이 회의를 할 때마다 지정하는 위원을 포함하여 9명으로 구성한다.

(5) 재심사위원회의 회의는 구성원 과반수의 출석과 출석위원 과반수의 찬성으로 의결한다.

## 5. 재심사청구에 대한 심리·재결

(1) 재심사위원회는 재심사청구서를 접수하면 그 청구에 대한 심리기일 및 장소를 정하여 심리기일 5일 전까지 당사자 및 공단에 각각 문서로 알려야 한다.

(2) 재심사위원회의 심리는 공개하여야 한다. 다만, 재심사청구인의 신청이 있으면 공개하지 아니할 수 있다.

(3) 재심사위원회는 재심사청구서를 받은 날부터 60일 이내에 재심사청구에 대한 재결을 하여야 한다. 다만, 부득이한 사유로 그 기간 이내에 재결을 할 수 없으면 한 차례만 20일을 넘지 아니하는 범위에서 그 기간을 연장할 수 있다.

(4) 재심사위원회의 재결은 공단을 기속(羈束)한다.

## ⑤ 청구인의 지위 승계

심사 청구인 또는 재심사 청구인이 사망한 경우 그 청구인이 보험급여의 수급권자이면 유족이, 그 밖의 자이면 상속인 또는 심사 청구나 재심사 청구의 대상인 보험급여에 관련된 권리·이익을 승계한 자가 각각 청구인의 지위를 승계한다.

> **판례**
>
> 1. 산업재해보상보험법 규정의 내용, 형식 및 취지 등에 비추어 보면, 산업재해보상보험법상 심사청구에 관한 절차는 보험급여 등에 관한 처분을 한 근로복지공단으로 하여금 스스로의 심사를 통하여 당해 처분의 적법성과 합목적성을 확보하도록 하는 근로복지공단 내부의 시정절차에 해당한다고 보아야 한다. 따라서 처분청이 스스로 당해 처분의 적법성과 합목적성을 확보하고자 행하는 자신의 내부 시정절차에서는 당초 처분의 근거로 삼은 사유와 기본적 사실관계의 동일성이 인정되지 않는 사유라고 하더라도 이를 처분의 적법성과 합목적성을 뒷받침하는 처분사유로 추가·변경할 수 있다고 보는 것이 타당하다.
> 2. 근로복지공단이 '우측 감각신경성 난청'으로 장해보상청구를 한 근로자 갑에 대하여 소멸시효 완성을 이유로 장해보상급여부지급결정을 하였다가, 갑이 불복하여 심사청구를 하자 갑의 상병이 업무상 재해인 소음성 난청으로 보기 어렵다는 처분사유를 추가하여 심사청구를 기각한 사안에서, 근로복지공단이 산업재해보상보험법상 심사청구에 대한 자신의 심리·결정 절차에서 추가한 사유인 '갑의 상병과 업무 사이의 상당인과관계 부존재'는 당초 처분의 근거로 삼은 사유인 '소멸시효 완성'과 기본적 사실관계의 동일성이 인정되는지와 상관없이 처분의 적법성의 근거가 되는 것으로서 취소소송에서 처음부터 판단 대상이 되는 처분사유에 해당한다는 이유로, 갑의 상병과 업무 사이의 상당인과관계 부존재를 처분사유 중 하나로 본 원심판단을 정당하다(대판 2012. 9. 13. 2012두3859).

# 행정심판 재결례

---

**제1절** 운전면허

**01** 「도로교통법」

## 1. 운전면허

### (Ⅰ) 제1종 운전면허

① 대형면허
② 보통면허
③ 소형면허
④ **특수면허**
　㉠ 대형견인차면허
　㉡ 소형견인차면허
　㉢ 구난차면허

### (2) 제2종 운전면허

① 보통면허
② 소형면허
③ 원동기장치자전거면허

### (3) 연습운전면허

① 제1종 보통연습면허
② 제2종 보통연습면허

### (4) 운전면허의 결격사유

① 18세 미만(원동기장치자전거의 경우에는 16세 미만)인 사람
② 교통상의 위험과 장해를 일으킬 수 있는 정신질환자 또는 뇌전증 환자로서 대통령령으로 정하는 사람
③ 듣지 못하는 사람(제1종 운전면허 중 대형면허·특수면허만 해당한다), 앞을 보지 못하는 사람(한쪽 눈만 보지 못하는 사람의 경우에는 제1종 운전면허 중 대형면허·특수면허만 해당한다)이나 그 밖에 대통령령으로 정하는 신체장애인

④ 양쪽 팔의 팔꿈치관절 이상을 잃은 사람이나 양쪽 팔을 전혀 쓸 수 없는 사람. 다만, 본인의 신체장애 정도에 적합하게 제작된 자동차를 이용하여 정상적인 운전을 할 수 있는 경우에는 그러하지 아니하다.

⑤ 교통상의 위험과 장해를 일으킬 수 있는 마약·대마·향정신성의약품 또는 알코올 중독자로서 대통령령으로 정하는 사람

⑥ 제1종 대형면허 또는 제1종 특수면허를 받으려는 경우로서 19세 미만이거나 자동차(이륜자동차는 제외한다)의 운전경험이 1년 미만인 사람

⑦ 대한민국의 국적을 가지지 아니한 사람 중 「출입국관리법」에 따라 외국인등록을 하지 아니한 사람(외국인등록이 면제된 사람은 제외한다)이나 「재외동포의 출입국과 법적 지위에 관한 법률」에 따라 국내거소신고를 하지 아니한 사람

## 2. 용어의 정의

### ⑴ 도로

① 「도로법」에 따른 도로
② 「유료도로법」에 따른 유료도로
③ 「농어촌도로 정비법」에 따른 농어촌도로
④ 그 밖에 현실적으로 불특정 다수의 사람 또는 차마(車馬)가 통행할 수 있도록 공개된 장소로서 안전하고 원활한 교통을 확보할 필요가 있는 장소

### ⑵ 차

① 자동차
② 건설기계
③ 원동기장치자전거
④ 자전거
⑤ 사람 또는 가축의 힘이나 그 밖의 동력(動力)으로 도로에서 운전되는 것. 다만, 철길이나 가설(架設)된 선을 이용하여 운전되는 것, 유모차와 행정안전부령으로 정하는 보행보조용 의자차는 제외한다.

### ⑶ 노면전차

「도시철도법」에 따른 노면전차로서 도로에서 궤도를 이용하여 운행되는 차를 말한다.

### ⑷ 자동차

① 「자동차관리법」에 따른 승용자동차, 승합자동차, 화물자동차, 특수자동차, 이륜자동차. 다만, 원동기장치자전거는 제외한다.
② 「건설기계관리법」에 따른 건설기계

(5) **원동기장치자전거**

① 「자동차관리법」에 따른 이륜자동차 가운데 배기량 125시시 이하(전기를 동력으로 하는 경우에는 최고정격출력 11킬로와트 이하)의 이륜자동차

② 그 밖에 배기량 125시시 이하(전기를 동력으로 하는 경우에는 최고정격출력 11킬로와트 이하)의 원동기를 단 차(「자전거 이용 활성화에 관한 법률」에 따른 전기자전거는 제외한다)

(6) **개인형 이동장치**

원동기장치자전거 중 시속 25킬로미터 이상으로 운행할 경우 전동기가 작동하지 아니하고 차체 중량이 30킬로그램 미만인 것으로서 행정안전부령으로 정하는 것을 말한다.

(7) **자전거**

「자전거 이용 활성화에 관한 법률」에 따른 자전거 및 전기자전거를 말한다.

(8) **자동차등**

자동차와 원동기장치자전거를 말한다.

(9) **자전거등**

자전거와 개인형 이동장치를 말한다.

## 3. 운전자의 의무

(1) **무면허운전 등의 금지**

누구든지 지방경찰청장으로부터 운전면허를 받지 아니하거나 운전면허의 효력이 정지된 경우에는 자동차등(개인형 이동장치는 제외한다)을 운전하여서는 아니 된다(법 제43조).

(2) **술에 취한 상태에서의 운전 금지**

① 누구든지 술에 취한 상태에서 자동차등, 노면전차 또는 자전거를 운전하여서는 아니 된다(법 제44조 제1항).

② 경찰공무원은 교통의 안전과 위험방지를 위하여 필요하다고 인정하거나 술에 취한 상태에서 자동차등, 노면전차 또는 자전거를 운전하였다고 인정할 만한 상당한 이유가 있는 경우에는 운전자가 술에 취하였는지를 호흡조사로 측정할 수 있다. 이 경우 운전자는 경찰공무원의 측정에 응하여야 한다(법 제44조 제2항).

③ 호흡조사 측정 결과에 불복하는 운전자에 대하여는 그 운전자의 동의를 받아 혈액 채취 등의 방법으로 다시 측정할 수 있다(법 제44조 제3항).

④ 운전이 금지되는 술에 취한 상태의 기준은 운전자의 혈중알코올농도가 0.03퍼센트 이상인 경우로 한다(법 제44조 제4항).

### (3) 과로한 때 등의 운전 금지

자동차등(개인형 이동장치는 제외한다) 또는 노면전차의 운전자는 술에 취한 상태 외에 과로, 질병 또는 약물(마약, 대마 및 향정신성의약품과 그 밖에 행정안전부령으로 정하는 것을 말한다)의 영향과 그 밖의 사유로 정상적으로 운전하지 못할 우려가 있는 상태에서 자동차등 또는 노면전차를 운전하여서는 아니 된다(법 제45조).

### (4) 공동 위험행위의 금지

① 자동차등(개인형 이동장치는 제외한다)의 운전자는 도로에서 2명 이상이 공동으로 2대 이상의 자동차등을 정당한 사유 없이 앞뒤로 또는 좌우로 줄지어 통행하면서 다른 사람에게 위해(危害)를 끼치거나 교통상의 위험을 발생하게 하여서는 아니 된다(법 제46조 제1항).

② 자동차등의 동승자는 공동 위험행위를 주도하여서는 아니 된다(법 제46조 제2항).

### (5) 난폭운전 금지

자동차등(개인형 이동장치는 제외한다)의 운전자는 ① 신호 또는 지시 위반, ② 중앙선 침범, ③ 속도의 위반, ④ 횡단·유턴·후진 금지 위반, ⑤ 안전거리 미확보, 진로변경 금지 위반, 급제동 금지 위반, ⑥ 앞지르기 방법 또는 앞지르기의 방해금지 위반, ⑦ 정당한 사유 없는 소음 발생, ⑧ 고속도로에서의 앞지르기 방법 위반, ⑨ 고속도로등에서의 횡단·유턴·후진 금지 위반 중 둘 이상의 행위를 연달아 하거나, 하나의 행위를 지속 또는 반복하여 다른 사람에게 위협 또는 위해를 가하거나 교통상의 위험을 발생하게 하여서는 아니 된다(법 제46조의3).

## 4. 운전자의 준수사항

### (1) 모든 운전자의 준수사항

① 물이 고인 곳을 운행할 때에는 고인 물을 튀게 하여 다른 사람에게 피해를 주는 일이 없도록 할 것

② 다음에 해당하는 경우에는 일시정지할 것

　　㉠ 어린이가 보호자 없이 도로를 횡단할 때, 어린이가 도로에서 앉아 있거나 서 있을 때 또는 어린이가 도로에서 놀이를 할 때 등 어린이에 대한 교통사고의 위험이 있는 것을 발견한 경우

　　㉡ 앞을 보지 못하는 사람이 흰색 지팡이를 가지거나 장애인보조견을 동반하는 등의 조치를 하고 도로를 횡단하고 있는 경우

　　㉢ 지하도나 육교 등 도로 횡단시설을 이용할 수 없는 지체장애인이나 노인 등이 도로를 횡단하고 있는 경우

③ 자동차의 앞면 창유리와 운전석 좌우 옆면 창유리의 가시광선(可視光線)의 투과율이 대통령령으로 정하는 기준보다 낮아 교통안전 등에 지장을 줄 수 있는 차를 운전하지 아니할 것. 다만, 요인(要人) 경호용, 구급용 및 장의용(葬儀用) 자동차는 제외한다.

> **◐ 운전이 금지되는 자동차 창유리 가시광선 투과율의 기준**
>
> ⑴ **앞면 창유리** : 70퍼센트 미만
> ⑵ **운전석 좌우 옆면 창유리** : 40퍼센트 미만

④ 교통단속용 장비의 기능을 방해하는 장치를 한 차나 그 밖에 안전운전에 지장을 줄 수 있는 것으로서 행정안전부령으로 정하는 기준에 적합하지 아니한 장치를 한 차를 운전하지 아니할 것. 다만, 「자동차관리법」에 따른 자율주행자동차의 신기술 개발을 위한 장치를 장착하는 경우에는 그러하지 아니하다.

⑤ 도로에서 자동차등(개인형 이동장치는 제외한다) 또는 노면전차를 세워둔 채 시비·다툼 등의 행위를 하여 다른 차마의 통행을 방해하지 아니할 것

⑥ 운전자가 차 또는 노면전차를 떠나는 경우에는 교통사고를 방지하고 다른 사람이 함부로 운전하지 못하도록 필요한 조치를 할 것

⑦ 운전자는 안전을 확인하지 아니하고 차 또는 노면전차의 문을 열거나 내려서는 아니 되며, 동승자가 교통의 위험을 일으키지 아니하도록 필요한 조치를 할 것

⑧ 운전자는 정당한 사유 없이 다음에 해당하는 행위를 하여 다른 사람에게 피해를 주는 소음을 발생시키지 아니할 것
　㉠ 자동차등을 급히 출발시키거나 속도를 급격히 높이는 행위
　㉡ 자동차등의 원동기 동력을 차의 바퀴에 전달시키지 아니하고 원동기의 회전수를 증가시키는 행위
　㉢ 반복적이거나 연속적으로 경음기를 울리는 행위

⑨ 운전자는 승객이 차 안에서 안전운전에 현저히 장해가 될 정도로 춤을 추는 등 소란행위를 하도록 내버려두고 차를 운행하지 아니할 것

⑩ 운전자는 자동차등 또는 노면전차의 운전 중에는 휴대용 전화(자동차용 전화를 포함한다)를 사용하지 아니할 것. 다만, 다음에 해당하는 경우에는 그러하지 아니하다.
　㉠ 자동차등 또는 노면전차가 정지하고 있는 경우
　㉡ 긴급자동차를 운전하는 경우
　㉢ 각종 범죄 및 재해 신고 등 긴급한 필요가 있는 경우
　㉣ 안전운전에 장애를 주지 아니하는 장치로서 대통령령으로 정하는 장치를 이용하는 경우

⑪ 자동차등 또는 노면전차의 운전 중에는 방송 등 영상물을 수신하거나 재생하는 장치(운전자가 휴대하는 것을 포함하며, 이하 "영상표시장치"라 한다)를 통하여 운전자가 운전 중 볼 수 있는 위치에 영상이 표시되지 아니하도록 할 것. 다만, 다음에 해당하는 경우에는 그러하지 아니하다.

　　　⑦ 자동차등 또는 노면전차가 정지하고 있는 경우

　　　⑥ 자동차등 또는 노면전차에 장착하거나 거치하여 놓은 영상표시장치에 지리안내 영상 또는 교통정보안내 영상, 국가비상사태·재난상황 등 긴급한 상황을 안내하는 영상, 운전을 할 때 자동차등의 좌우 또는 전후방을 볼 수 있도록 도움을 주는 영상이 표시되는 경우

　⑫ 자동차등 또는 노면전차의 운전 중에는 영상표시장치를 조작하지 아니할 것. 다만, 다음에 해당하는 경우에는 그러하지 아니하다.

　　　⑦ 자동차등과 노면전차가 정지하고 있는 경우

　　　⑥ 노면전차 운전자가 운전에 필요한 영상표시장치를 조작하는 경우

　⑬ 운전자는 자동차의 화물 적재함에 사람을 태우고 운행하지 아니할 것

　⑭ 그 밖에 지방경찰청장이 교통안전과 교통질서 유지에 필요하다고 인정하여 지정·공고한 사항에 따를 것

## ⑵ 특정 운전자의 준수사항

　① 자동차(이륜자동차는 제외한다)의 운전자는 자동차를 운전할 때에는 좌석안전띠를 매어야 하며, 모든 좌석의 동승자에게도 좌석안전띠(영유아인 경우에는 유아보호용 장구를 장착한 후의 좌석안전띠를 말한다)를 매도록 하여야 한다. 다만, 질병 등으로 인하여 좌석안전띠를 매는 것이 곤란하거나 행정안전부령으로 정하는 사유가 있는 경우에는 그러하지 아니하다.

　② 이륜자동차와 원동기장치자전거(개인형 이동장치는 제외한다)의 운전자는 행정안전부령으로 정하는 인명보호 장구를 착용하고 운행하여야 하며, 동승자에게도 착용하도록 하여야 한다.

　③ 자전거의 운전자는 자전거도로 및 「도로법」에 따른 도로를 운전할 때에는 행정안전부령으로 정하는 인명보호 장구를 착용하여야 하며, 자전거의 운전자는 동승자에게도 이를 착용하도록 하여야 한다.

　④ 운송사업용 자동차, 화물자동차 및 노면전차 등으로서 행정안전부령으로 정하는 자동차 또는 노면전차의 운전자는 다음에 해당하는 행위를 하여서는 아니 된다. 다만, ⑥은 사업용 승합자동차와 노면전차의 운전자에 한정한다.

　　　⑦ 운행기록계가 설치되어 있지 아니하거나 고장 등으로 사용할 수 없는 운행기록계가 설치된 자동차를 운전하는 행위

　　　⑥ 운행기록계를 원래의 목적대로 사용하지 아니하고 자동차를 운전하는 행위

　　　⑥ 승차를 거부하는 행위

　⑤ 사업용 승용자동차의 운전자는 합승행위 또는 승차거부를 하거나 신고한 요금을 초과하는 요금을 받아서는 아니 된다.

　⑥ 자전거등의 운전자는 행정안전부령으로 정하는 크기와 구조를 갖추지 아니하여 교통안전에 위험을 초래할 수 있는 자전거를 운전하여서는 아니 된다.

⑦ 자전거등의 운전자는 약물의 영향과 그 밖의 사유로 정상적으로 운전하지 못할 우려가 있는 상태에서 자전거등을 운전하여서는 아니 된다.

⑧ 자전거등의 운전자는 밤에 도로를 통행하는 때에는 전조등과 미등을 켜거나 야광띠 등 발광장치를 착용하여야 한다.

⑨ 개인형 이동장치의 운전자는 행정안전부령으로 정하는 승차정원을 초과하여 동승자를 태우고 개인형 이동장치를 운전하여서는 아니 된다.

## 5. 사고 발생 시의 조치 등

### (1) 사고 발생 시의 조치

① 차 또는 노면전차의 운전 등 교통으로 인하여 사람을 사상하거나 물건을 손괴(이하 "교통사고"라 한다)한 경우에는 그 차 또는 노면전차의 운전자나 그 밖의 승무원(이하 "운전자등"이라 한다)은 즉시 정차하여 다음의 조치를 하여야 한다(법 제54조 제1항).

ⓐ 사상자를 구호하는 등 필요한 조치

ⓑ 피해자에게 인적 사항(성명·전화번호·주소 등을 말한다) 제공

② 교통사고의 경우 그 차 또는 노면전차의 운전자등은 경찰공무원이 현장에 있을 때에는 그 경찰공무원에게, 경찰공무원이 현장에 없을 때에는 가장 가까운 국가경찰관서(지구대, 파출소 및 출장소를 포함한다)에 다음의 사항을 지체 없이 신고하여야 한다. 다만, 차 또는 노면전차만 손괴된 것이 분명하고 도로에서의 위험방지와 원활한 소통을 위하여 필요한 조치를 한 경우에는 그러하지 아니하다.

ⓐ 사고가 일어난 곳

ⓑ 사상자 수 및 부상 정도

ⓒ 손괴한 물건 및 손괴 정도

ⓓ 그 밖의 조치사항 등

③ 교통사고 신고를 받은 국가경찰관서의 경찰공무원은 부상자의 구호와 그 밖의 교통위험 방지를 위하여 필요하다고 인정하면 경찰공무원(자치경찰공무원은 제외한다)이 현장에 도착할 때까지 신고한 운전자등에게 현장에서 대기할 것을 명할 수 있다.

④ 경찰공무원은 교통사고를 낸 차 또는 노면전차의 운전자등에 대하여 그 현장에서 부상자의 구호와 교통안전을 위하여 필요한 지시를 명할 수 있다.

⑤ 긴급자동차, 부상자를 운반 중인 차, 우편물자동차 및 노면전차 등의 운전자는 긴급한 경우에는 동승자 등으로 하여금 교통사고에 따른 조치나 교통사고에 따른 신고를 하게 하고 운전을 계속할 수 있다.

⑥ 경찰공무원(자치경찰공무원은 제외한다)은 교통사고가 발생한 경우에는 필요한 조사를 하여야 한다.

(2) **사고 발생 시 조치에 대한 방해의 금지**

교통사고가 일어난 경우에는 누구든지 운전자등의 조치 또는 신고행위를 방해하여서는 아니
된다(법 제55조).

## 6. 운전면허의 취소 · 정지

### (1) 운전면허의 취소 · 정지 사유

① 술에 취한 상태에서의 운전 금지규정을 위반하여 술에 취한 상태에서 자동차등(개인형 이
동장치는 제외한다)을 운전한 경우

② 술에 취한 상태에서의 운전 금지규정 또는 경찰공무원의 음주측정에 응하여야 한다는 규
정을 위반(자동차등을 운전한 경우로 한정한다)한 사람이 다시 술에 취한 상태에서의 운전
금지규정을 위반하여 운전면허 정지 사유에 해당된 경우

③ 경찰공무원의 음주측정에 응하여야 한다는 규정을 위반하여 술에 취한 상태에 있다고 인
정할 만한 상당한 이유가 있음에도 불구하고 경찰공무원의 측정에 응하지 아니한 경우

④ 과로한 때 등의 운전 금지규정을 위반하여 약물의 영향으로 인하여 정상적으로 운전하지
못할 우려가 있는 상태에서 자동차등을 운전한 경우

⑤ 공동 위험행위의 금지규정을 위반하여 공동 위험행위를 한 경우

⑥ 난폭운전 금지규정을 위반하여 난폭운전을 한 경우

⑦ 교통사고로 사람을 사상한 후 구호조치 또는 교통사고신고를 하지 아니한 경우

⑧ 교통상의 위험과 장해를 일으킬 수 있는 정신질환자 또는 뇌전증 환자로서 대통령령으로
정하는 사람, 듣지 못하는 사람, 앞을 보지 못하는 사람이나 그 밖에 대통령령으로 정하는
신체장애인, 양쪽 팔의 팔꿈치관절 이상을 잃은 사람이나 양쪽 팔을 전혀 쓸 수 없는 사람,
교통상의 위험과 장해를 일으킬 수 있는 마약 · 대마 · 향정신성의약품 또는 알코올 중독
자로서 대통령령으로 정하는 사람으로 운전면허를 받을 수 없는 사람에 해당된 경우

⑨ 운전면허를 받을 수 없는 사람이 운전면허를 받거나 거짓이나 그 밖의 부정한 수단으로
운전면허를 받은 경우 또는 운전면허효력의 정지기간 중 운전면허증 또는 운전면허증을
갈음하는 증명서를 발급받은 사실이 드러난 경우

⑩ 정기 적성검사 또는 수시 적성검사를 받지 아니하거나 그 적성검사에 불합격한 경우

⑪ 운전 중 고의 또는 과실로 교통사고를 일으킨 경우

⑫ 운전면허를 받은 사람이 자동차등을 이용하여 「형법」 제258조의2(특수상해) · 제261조(특
수폭행) · 제284조(특수협박) 또는 제369조(특수손괴)를 위반하는 행위를 한 경우

⑬ 운전면허를 받은 사람이 자동차등을 범죄의 도구나 장소로 이용하여「국가보안법」중 목적수행, 자진지원·금품수수, 잠입·탈출, 찬양·고무등, 회합·통신등, 편의제공의 죄 및 증거를 날조·인멸·은닉한 죄와「형법」중 살인·사체유기 또는 방화, 강도·강간 또는 강제추행, 약취·유인 또는 감금, 상습절도(절취한 물건을 운반한 경우에 한정한다), 교통방해(단체 또는 다중의 위력으로써 위반한 경우에 한정한다)의 범죄를 범한 경우

⑭ 다른 사람의 자동차등을 훔치거나 빼앗은 경우

⑮ 다른 사람이 부정하게 운전면허를 받도록 하기 위하여 운전면허시험에 대신 응시한 경우

⑯ 이 법에 따른 교통단속 임무를 수행하는 경찰공무원등 및 시·군공무원을 폭행한 경우

⑰ 운전면허증을 다른 사람에게 빌려주어 운전하게 하거나 다른 사람의 운전면허증을 빌려서 사용한 경우

⑱「자동차관리법」에 따라 등록되지 아니하거나 임시운행허가를 받지 아니한 자동차(이륜자동차는 제외한다)를 운전한 경우

⑲ 제1종 보통면허 및 제2종 보통면허를 받기 전에 연습운전면허의 취소 사유가 있었던 경우

⑳ 다른 법률에 따라 관계 행정기관의 장이 운전면허의 취소처분 또는 정지처분을 요청한 경우

㉑ 승차 또는 적재의 방법과 제한규정을 위반하여 화물자동차를 운전한 경우

㉒「도로교통법」이나「도로교통법」에 따른 명령 또는 처분을 위반한 경우

㉓ 운전면허를 받은 사람이 자신의 운전면허를 실효(失效)시킬 목적으로 지방경찰청장에게 자진하여 운전면허를 반납하는 경우

### (2) 벌점의 부과

지방경찰청장은 운전면허를 취소하거나 운전면허의 효력을 정지하려고 할 때 그 기준으로 활용하기 위하여 교통법규를 위반하거나 교통사고를 일으킨 사람에 대하여는 행정안전부령으로 정하는 바에 따라 위반 및 피해의 정도 등에 따라 벌점을 부과할 수 있으며, 그 벌점이 행정안전부령으로 정하는 기간 동안 일정한 점수를 초과하는 경우에는 행정안전부령으로 정하는 바에 따라 운전면허를 취소 또는 정지할 수 있다.

## 7. 운전면허 행정처분

### (1) 운전면허의 취소·정지처분 통지

① 지방경찰청장은 운전면허의 취소처분 또는 정지처분을 하려고 하거나 연습운전면허 취소처분을 하려면 그 처분을 하기 전에 미리 행정안전부령으로 정하는 바에 따라 처분의 당사자에게 처분 내용과 의견제출 기한 등을 통지하여야 하며, 그 처분을 하는 때에는 행정안전부령으로 정하는 바에 따라 처분의 이유와 행정심판을 제기할 수 있는 기간 등을 통지하여야 한다.

② 다만, 적성검사를 받지 아니하였다는 이유로 운전면허를 취소하려면 행정안전부령으로 정하는 바에 따라 처분의 당사자에게 적성검사를 할 수 있는 날의 만료일 전까지 적성검사를 받지 아니하면 운전면허가 취소된다는 사실의 조건부 통지를 함으로써 처분의 사전 및 사후 통지를 갈음할 수 있다.

### ⑵ 운전면허의 정지·취소처분 절차

① 지방경찰청장·또는 경찰서장이 운전면허의 취소 또는 정지처분을 하려는 때에는 운전면허정지·취소처분사전통지서를 그 대상자에게 발송 또는 발급하여야 한다. 다만, 그 대상자의 주소 등을 통상적인 방법으로 확인할 수 없거나 발송이 불가능한 경우에는 운전면허대장에 기재된 그 대상자의 주소지를 관할하는 경찰관서의 게시판에 14일간 이를 공고함으로써 통지를 대신할 수 있다.

② 통지를 받은 처분의 상대방 또는 그 대리인은 지정된 일시에 출석하거나 서면으로 이의를 제기할 수 있다. 이 경우 지정된 기일까지 이의를 제기하지 아니한 때에는 이의가 없는 것으로 본다.

③ 지방경찰청장 또는 경찰서장은 운전면허의 정지 또는 취소처분을 결정한 때에는 운전면허정지·취소처분결정통지서를 그 처분의 대상자에게 발송 또는 발급하여야 한다. 다만, 그 처분의 대상자가 소재불명으로 통지를 할 수 없는 때에는 운전면허대장에 기재된 그 대상자의 주소지를 관할하는 경찰관서의 게시판에 14일간 이를 공고함으로써 통지를 대신할 수 있다.

### ⑶ 운전면허 처분에 대한 이의신청

① 운전면허의 취소처분 또는 정지처분이나 연습운전면허 취소처분에 대하여 이의(異議)가 있는 사람은 그 처분을 받은 날부터 60일 이내에 행정안전부령으로 정하는 바에 따라 지방경찰청장에게 이의를 신청할 수 있다.

② 지방경찰청장은 이의를 심의하기 위하여 행정안전부령으로 정하는 바에 따라 운전면허행정처분 이의심의위원회를 두어야 한다.

③ 이의를 신청한 사람은 그 이의신청과 관계없이 「행정심판법」에 따른 행정심판을 청구할 수 있다. 이 경우 이의를 신청하여 그 결과를 통보받은 사람은 통보받은 날부터 90일 이내에 「행정심판법」에 따른 행정심판을 청구할 수 있다.

## 8. 벌칙

### ⑴ 5년 이하의 징역이나 1천500만 원 이하의 벌금

교통사고 발생 시의 조치를 하지 아니한 사람(주·정차된 차만 손괴한 것이 분명한 경우에 피해자에게 인적 사항을 제공하지 아니한 사람은 제외한다)

⑵ **2년 이상 5년 이하의 징역이나 1천만 원 이상 2천만 원 이하의 벌금**

음주운전의 금지 및 음주측정요구의 불응금지를 2회 이상 위반한 자동차등 또는 노면전차를 운전한 사람(단순위헌)

⑶ **1년 이상 5년 이하의 징역이나 500만 원 이상 2천만 원 이하의 벌금**

술에 취한 상태에 있다고 인정할 만한 상당한 이유가 있는 사람으로서 경찰공무원의 음주측정에 응하지 아니하는 자동차등 또는 노면전차를 운전하는 사람

⑷ **2년 이상 5년 이하의 징역이나 1천만 원 이상 2천만 원 이하의 벌금**

혈중알코올농도가 0.2퍼센트 이상인 상태에서 자동차등 또는 노면전차를 운전한 사람

⑸ **1년 이상 2년 이하의 징역이나 500만 원 이상 1천만 원 이하의 벌금**

혈중알코올농도가 0.08퍼센트 이상 0.2퍼센트 미만인 상태에서 자동차등 또는 노면전차를 운전한 사람

⑹ **1년 이하의 징역이나 500만 원 이하의 벌금**

혈중알코올농도가 0.03퍼센트 이상 0.08퍼센트 미만인 상태에서 자동차등 또는 노면전차를 운전한 사람

⑺ **3년 이하의 징역이나 1천만 원 이하의 벌금**

약물로 인하여 정상적으로 운전하지 못할 우려가 있는 상태에서 자동차등 또는 노면전차를 운전한 사람

---

**● 특정범죄 가중처벌 등에 관한 법률**

1. 도주차량 운전자의 가중처벌
⑴ 「도로교통법」에 규정된 자동차·원동기장치자전거의 교통으로 인하여 업무상과실·중과실 치사상의 죄를 범한 해당 차량의 운전자가 피해자를 구호하는 등 교통사고에 따른 조치를 하지 아니하고 도주한 경우에는 피해자를 사망에 이르게 하고 도주하거나, 도주 후에 피해자가 사망한 경우에는 무기 또는 5년 이상의 징역에 처하고, 피해자를 상해에 이르게 한 경우에는 1년 이상의 유기징역 또는 500만 원 이상 3천만 원 이하의 벌금에 처한다.
⑵ 사고운전자가 피해자를 사고 장소로부터 옮겨 유기하고 도주한 경우에는 피해자를 사망에 이르게 하고 도주하거나, 도주 후에 피해자가 사망한 경우에는 사형, 무기 또는 5년 이상의 징역에 처하고, 피해자를 상해에 이르게 한 경우에는 3년 이상의 유기징역에 처한다.

2. 위험운전 등 치사상
⑴ 음주 또는 약물의 영향으로 정상적인 운전이 곤란한 상태에서 자동차(원동기장치자전거를 포함한다)를 운전하여 사람을 상해에 이르게 한 사람은 1년 이상 15년 이하의 징역 또는 1천만 원 이상 3천만 원 이하의 벌금에 처하고, 사망에 이르게 한 사람은 무기 또는 3년 이상의 징역에 처한다.

(2) 음주 또는 약물의 영향으로 정상적인 운항이 곤란한 상태에서 운항의 목적으로 「해사안전법」에 따른 선박의 조타기를 조작, 조작 지시 또는 도선하여 사람을 상해에 이르게 한 사람은 1년 이상 15년 이하의 징역 또는 1천만 원 이상 3천만 원 이하의 벌금에 처하고, 사망에 이르게 한 사람은 무기 또는 3년 이상의 징역에 처한다.

**판례**

1. 행정청이 일단 행정처분을 한 경우에는 행정처분을 한 행정청이라도 법령에 규정이 있는 때, 행정처분에 하자가 있는 때, 행정처분의 존속이 공익에 위반되는 때, 또는 상대방의 동의가 있는 때 등의 특별한 사유가 있는 경우를 제외하고는 행정처분을 자의로 취소(철회의 의미를 포함한다)할 수 없다.

2. 운전면허 취소사유에 해당하는 음주운전을 적발한 경찰관의 소속 경찰서장이 사무착오로 위반자에게 운전면허정지처분을 한 상태에서 위반자의 주소지 관할 지방경찰청장이 위반자에게 운전면허취소처분을 한 것은 선행처분에 대한 당사자의 신뢰 및 법적 안정성을 저해하는 것으로서 허용될 수 없다(대판 2000. 2. 25, 99두10520).

## ㉒ 운전면허 취소처분 취소청구(Ⅰ)

### 1. 재결 요지

청구인이 2014. 00. 00. 혈중알코올농도 0.119%의 술에 취한 상태에서 운전했다는 이유로 피청구인이 2015. 00. 00. 청구인의 운전면허를 취소(이하 "이 사건 처분"이라 한다)하였다. 청구인은 이 사건 당시 회사원이던 자로서 2006. 00. 00. 제1종 보통운전면허를 취득한 이래 교통사고전력은 없고, 1회의 교통법규위반전력(2008. 00. 00. 음주운전)이 있다. 청구인은 2014. 00. 00. ○○도 ○○시 ○○동에 있는 ○○식당에서 배우자 및 배우자 친구와 저녁식사를 하면서 술을 마시던 도중 배우자 친구의 생후 12개월 된 자녀가 의자에 앉아 있다가 의자가 뒤로 넘어져 머리를 땅에 부딪히는 사고가 있었고, 배우자 친구가 아기를 급하게 병원에 데려가기 위해 식당을 나오는 과정에서 아기를 매고 있던 띠가 풀리면서 재차 아기가 바닥에 머리를 심하게 부딪혔는데, 상황이 급박하고 아기가 심하게 울었기 때문에 빨리 병원에 데려가기 위해 근처에 세워져 있던 청구인 배우자 소유로 되어 있던 차량을 청구인이 운전하여 병원에 가다 경찰관에게 음주운전으로 적발되었다고 주장하고 있다. 청구인이 운전면허 취소기준치를 넘어 술에 취한 상태에서 자동차를 운전한 사실은 인정되나, 운전면허를 취득한 이래 8년 4개월 동안 사고 없이 운전한 점, 환자의 긴급후송을 위하여 운전한 점, 이 사건 음주운전으로 피해가 발생하지 않은 점 등을 고려할 때 이 사건 처분은 다소 가혹하므로 제1종 보통, 제2종 원동기장치자전거 운전면허 취소처분을 110일의 제1종 보통, 제2종 원동기장치자전거 운전면허 정지처분으로 변경한다.

## 2. 주문

피청구인이 2015. 00. 00. 청구인에게 한 2015. 00. 00.자 제1종 보통, 제2종 원동기장치자전거 운전면허 취소처분을 110일의 제1종 보통, 제2종 원동기장치자전거 운전면허 정지처분으로 변경한다.

## 3. 청구 취지

피청구인이 2015. 00. 00. 청구인에게 한 2015. 00. 00.자 제1종 보통, 제2종 원동기장치자전거 운전면허 취소처분을 취소한다.

## 4. 이유

### (1) 사건개요

청구인이 2014. 00. 00. 혈중알코올농도 0.119%의 술에 취한 상태에서 운전했다는 이유로 피청구인이 2015. 00. 00. 청구인의 운전면허를 취소(이하 "이 사건 처분"이라 한다)하였다.

### (2) 관계법령

「도로교통법」 제93조 제1항 제1호
「도로교통법 시행규칙」 제91조 제1항, 별표 28 중 2. 취소처분 개별기준 일련번호란 2

### (3) 인정사실

청구인과 피청구인이 제출한 자료에 따르면 다음과 같은 사실을 인정할 수 있다.

① 청구인은 이 사건 당시 회사원이던 자로서 2006. 00. 00. 제1종 보통운전면허를 취득한 이래 교통사고전력은 없고, 1회의 교통법규위반전력(2008. 00. 00. 음주운전)이 있다.

② 청구인은 2014. 00. 00. 23:30경 술에 취한 상태에서 ○○승용차를 운전하다가 ○○도 ○○시 ○○동에 있는 ○○사거리 앞길에서 단속 경찰공무원에게 적발되어 같은 날 00:00경 음주측정을 한 결과 혈중알코올농도가 0.119%로 측정되었다.

③ 청구인에 대한 2014. 00. 00.자 피의자신문조서에 따르면, "청구인은 2014. 00. 00. ○○도 ○○시 ○○동에 있는 ○○식당에서 배우자 및 배우자 친구와 저녁식사를 하면서 술을 마시던 도중 배우자 친구의 생후 12개월 된 자녀가 의자에 앉아 있다가 의자가 뒤로 넘어져 머리를 땅에 부딪혔고, 배우자 친구가 아기를 급하게 병원에 데려가려고 식당을 나오는 과정에서 아기를 매고 있던 띠가 풀리면서 재차 아기가 바닥에 머리를 심하게 부딪혔는데, 상황이 급박하고 아기가 심하게 울었기 때문에 빨리 병원에 데려가려고 근처에 세워져 있던 청구인 배우자 소유로 되어 있던 차량을 청구인이 운전하여 병원에 가다 경찰관에게 음주운전으로 적발되었다."라는 취지로 기재되어 있다.

**(4) 이 사건 처분의 위법·부당 여부**

① **관계법령의 내용**：「도로교통법」제93조 제1항 제1호, 같은 법 시행규칙 제91조 제1항 및 별표 28 중 2. 취소처분 개별기준의 일련번호란 2에 따르면, ○○경찰청장은 운전면허를 받은 사람이 술에 만취한 상태(혈중알코올농도 0.08% 이상)에서 운전한 경우에는 운전면허를 취소할 수 있다고 되어 있다.

② **판단**：위 인정사실에 따르면 청구인은 운전면허 취소기준치를 넘어 술에 취한 상태에서 자동차를 운전한 사실은 인정되나, 운전면허를 취득한 이래 8년 4개월 동안 사고 없이 운전한 점, 환자의 긴급후송을 위하여 운전한 점, 이 사건 음주운전으로 피해가 발생하지 않은 점 등을 고려할 때 이 사건 처분은 다소 가혹하다.

**(5) 결론**

그렇다면 청구인의 주장을 일부 인정할 수 있으므로 이 사건 처분을 감경하기로 하여 주문과 같이 재결한다.

## 03 운전면허 취소처분 취소청구(Ⅱ)

## 1. 재결 요지

청구인은 2015. 00. 00. 00 : 00경 술에 취한 상태에서 ○○승용차를 운전하다가 ○○도 ○○시 ○○구 ○○로 ○○에 있는 ○○동 앞길에서 신호대기중이던 ○○승용차를 추돌하여 1,000원의 물적 피해가 있는 교통사고를 일으켰고, 위 사고를 조사하는 과정에서 음주운전한 사실이 적발되어 다음 날 00 : 00경 음주측정을 한 결과 청구인의 혈중알코올농도가 0.101%로 측정되었으며, 피청구인이 호흡측정에 의한 혈중알코올농도에 최종 음주시(2015. 00. 00. 00 : 00경)로부터 음주측정시까지의 시간(257분)에서 90분을 제외한 시간(167분) 경과에 따른 혈중알코올농도 감소분 0.022%(위드마크공식을 적용하여 산출한 것)를 합산하여 청구인의 혈중알코올농도를 0.123%로 추정하여 피청구인이 2015. 00. 00. 음주운전을 이유로 청구인의 운전면허를 취소(이하 "이 사건 처분"이라 한다)하였다. 청구인은 이 사건 당시 회사원이던 자로서 0000. 00. 00. 제1종 보통운전면허를 취득한 이래 교통사고전력 및 교통법규위반전력은 없다. 청구인이 운전면허 취소기준치를 넘어 술에 취한 상태에서 자동차를 운전하다가 교통사고를 일으킨 사실은 인정되나, 운전면허를 취득한 이래 30년 3개월 동안 사고 없이 운전한 점 등을 고려할 때 이 사건 처분은 다소 가혹하므로 제1종 보통운전면허 취소처분을 110일의 제1종 보통운전면허 정지처분으로 변경한다.

## 2. 주문

피청구인이 2015. 00. 00. 청구인에게 한 2015. 00. 00.자 제1종 보통운전면허 취소처분을 110 일의 제1종 보통운전면허 정지처분으로 변경한다.

## 3. 청구 취지

피청구인이 2015. 00. 00. 청구인에게 한 2015. 00. 00.자 제1종 보통운전면허 취소처분을 취소한다.

## 4. 이유

### (1) 사건개요

청구인이 2015. 00. 00. 혈중알코올농도 0.123%의 술에 취한 상태에서 운전하다가 교통사고를 일으키자 피청구인이 2015. 00. 00. 음주운전을 이유로 청구인의 운전면허를 취소(이하 "이 사건 처분"이라 한다)하였다.

### (2) 관계법령

「도로교통법」 제93조 제1항 제1호
「도로교통법 시행규칙」 제91조 제1항, 별표 28 중 2. 취소처분 개별기준 일련번호란 2

### (3) 인정사실

청구인과 피청구인이 제출한 자료에 따르면 다음과 같은 사실을 인정할 수 있다.

① 청구인은 이 사건 당시 회사원이던 자로서 0000. 00. 00. 제1종 보통운전면허를 취득한 이래 교통사고전력 및 교통법규위반전력은 없다.

② 청구인은 2015. 00. 00. 00 : 00경 술에 취한 상태에서 ○○승용차를 운전하다가 ○○도 ○○시 ○○구 ○○로 ○○에 있는 ○○동 앞길에서 신호대기중이던 ○○승용차를 추돌하여 1,000원의 물적 피해가 있는 교통사고를 일으켰고, 위 사고를 조사하는 과정에서 음주운전한 사실이 적발되어 다음 날 00 : 00경 음주측정을 한 결과 청구인의 혈중알코올농도가 0.101%로 측정되었으며, 피청구인이 호흡측정에 의한 혈중알코올농도에 최종 음주시(2015. 00. 00. 00 : 00경)로부터 음주측정시까지의 시간(257분)에서 90분을 제외한 시간(167분) 경과에 따른 혈중알코올농도 감소분 0.022%(위드마크공식을 적용하여 산출한 것)를 합산하여 청구인의 혈중알코올농도를 0.123%로 추정하였다.

#### ⑷ 이 사건 처분의 위법·부당 여부

① **관계법령의 내용** : 「도로교통법」 제93조 제1항 제1호, 같은 법 시행규칙 제91조 제1항 및 별표 28 중 2. 취소처분 개별기준의 일련번호란 2에 따르면, 지방경찰청장은 운전면허를 받은 사람이 술에 만취한 상태(혈중알코올농도 0.08% 이상)에서 운전한 경우에는 운전면허를 취소할 수 있다고 되어 있다.

② **판단** : 위 인정사실에 따르면 청구인은 운전면허 취소기준치를 넘어 술에 취한 상태에서 자동차를 운전하다가 교통사고를 일으킨 사실은 인정되나, 운전면허를 취득한 이래 30년 3개월 동안 사고 없이 운전한 점 등을 고려할 때 이 사건 처분은 다소 가혹하다.

#### ⑸ 결론

그렇다면 청구인의 주장을 일부 인정할 수 있으므로 이 사건 처분을 감경하기로 하여 주문과 같이 재결한다.

---

## ⑭ 운전면허 취소처분 취소청구(Ⅲ)

### 1. 재결 요지

청구인은 2014. 00. 00. 00 : 00경 술에 취한 상태에서 ○○화물차를 운전하다가 ○○광역시 ○○구 ○○로 ○○주택 앞 주택가 이면도로에서 반대방향에서 걸어오던 보행자 ○○의 오른쪽 볼을 조수석 사이드미러로 충격하여 위 보행자 ○○에게 '부상신고 1일'의 인적 피해가 있는 교통사고를 일으켰고, 위 사고를 조사하는 과정에서 음주운전한 사실이 적발되어 같은 날 00 : 00경 음주측정을 한 결과 청구인의 혈중알코올농도가 0.114%로 측정되어 피청구인이 0000. 00. 00. 청구인의 운전면허를 취소(이하 "이 사건 처분"이라 한다)하였다. 청구인은 이 사건 당시 개별 화물운수업에 종사하던 자로서 0000. 00. 00. 제2종 보통운전면허를 취득한 이래 교통사고전력은 없고, 2회의 교통법규위반전력(0000. 00. 00. 신호 또는 지시 위반, 0000. 00. 00. 중앙선 침범)이 있다. 청구인이 운전면허 취소기준치를 넘어 술에 취한 상태에서 자동차를 운전하다가 인적 피해가 있는 교통사고를 일으킨 사실은 인정되나, 운전면허를 취득한 이래 23년 3개월 동안 사고 없이 운전한 점 등을 고려할 때 이 사건 처분은 다소 가혹하므로 제1종 보통, 제2종 보통, 제2종 원동기장치자전거 운전면허 취소처분을 110일의 제1종 보통, 제2종 보통, 제2종 원동기장치자전거 운전면허 정지처분으로 변경한다.

## 2. 주문

피청구인이 0000. 00. 00. 청구인에게 한 0000. 00. 00.자 제1종 보통, 제2종 보통, 제2종 원동기 장치자전거 운전면허 취소처분을 110일의 제1종 보통, 제2종 보통, 제2종 원동기장치자전거 운전면허 정지처분으로 변경한다.

## 3. 청구 취지

피청구인이 0000. 00. 00. 청구인에게 한 0000. 00. 00.자 제1종 보통, 제2종 보통, 제2종 원동기 장치자전거 운전면허 취소처분을 취소한다.

## 4. 이유

### (1) 사건개요

청구인이 2014. 00. 00. 혈중알코올농도 0.114%의 술에 취한 상태에서 운전하다가 사람을 다치게 했다는 이유로 피청구인이 0000. 00. 00. 청구인의 운전면허를 취소(이하 "이 사건 처분"이라 한다)하였다.

### (2) 관계법령

「도로교통법」 제93조 제1항 제1호
「도로교통법 시행규칙」 제91조 제1항, 별표 28 중 2. 취소처분 개별기준 일련번호란 2

### (3) 인정사실

청구인과 피청구인이 제출한 자료에 따르면 다음과 같은 사실을 인정할 수 있다.

① 청구인은 이 사건 당시 개별 화물운수업에 종사하던 자로서 0000. 00. 00. 제2종 보통운전 면허를 취득한 이래 교통사고전력은 없고, 2회의 교통법규위반전력(0000. 00. 00. 신호 또는 지시 위반, 0000. 00. 00. 중앙선 침범)이 있다.

② 청구인은 2014. 00. 00. 00 : 00경 술에 취한 상태에서 ○○화물차를 운전하다가 ○○광역시 ○○구 ○○로 ○○주택 앞 주택가 이면도로에서 반대방향에서 걸어오던 보행자 ○○의 오른쪽 볼을 조수석 사이드미러로 충격하여 위 보행자 ○○에게 '부상신고 1일'의 인적 피해가 있는 교통사고를 일으켰고, 위 사고를 조사하는 과정에서 음주운전한 사실이 적발되어 같은 날 00 : 00경 음주측정을 한 결과 청구인의 혈중알코올농도가 0.114%로 측정되었다.

⑷ **이 사건 처분의 위법 · 부당 여부**

① **관계법령의 내용**: 「도로교통법」 제93조 제1항 제1호, 같은 법 시행규칙 제91조 제1항 및 별표 28 중 2. 취소처분 개별기준의 일련번호란 2에 따르면, ○○경찰청장은 운전면허를 받은 사람이 술에 취한 상태의 기준(혈중알코올농도 0.03% 이상)을 넘어서 운전을 하다가 교통사고로 사람을 죽게 하거나 다치게 한 경우에는 운전면허를 취소할 수 있다고 되어 있다.

② **판단**: 위 인정사실에 따르면 청구인은 운전면허 취소기준치를 넘어 술에 취한 상태에서 자동차를 운전하다가 인적 피해가 있는 교통사고를 일으킨 사실은 인정되나, 운전면허를 취득한 이래 23년 3개월 동안 사고 없이 운전한 점 등을 고려할 때 이 사건 처분은 다소 가혹하다.

⑸ **결론**

그렇다면 청구인의 주장을 일부 인정할 수 있으므로 이 사건 처분을 감경하기로 하여 주문과 같이 재결한다.

## 제2절 | 영업

### 01 「식품위생법」

## 1. 영업의 종류

### (1) 식품제조·가공업

식품을 제조·가공하는 영업

### (2) 즉석판매제조·가공업

총리령으로 정하는 식품을 제조·가공업소에서 직접 최종소비자에게 판매하는 영업

### (3) 식품첨가물제조업

① 감미료·착색료·표백제 등의 화학적 합성품을 제조·가공하는 영업
② 천연 물질로부터 유용한 성분을 추출하는 등의 방법으로 얻은 물질을 제조·가공하는 영업
③ 식품첨가물의 혼합제재를 제조·가공하는 영업
④ 기구 및 용기·포장을 살균·소독할 목적으로 사용되어 간접적으로 식품에 이행(移行)될 수 있는 물질을 제조·가공하는 영업

### (4) 식품운반업

직접 마실 수 있는 유산균음료(살균유산균음료를 포함한다)나 어류·조개류 및 그 가공품 등 부패·변질되기 쉬운 식품을 위생적으로 운반하는 영업. 다만, 해당 영업자의 영업소에서 판매할 목적으로 식품을 운반하는 경우와 해당 영업자가 제조·가공한 식품을 운반하는 경우는 제외한다.

### (5) 식품소분·판매업

① **식품소분업**: 총리령으로 정하는 식품 또는 식품첨가물의 완제품을 나누어 유통할 목적으로 재포장·판매하는 영업
② **식품판매업**
  ㉠ 식용얼음판매업: 식용얼음을 전문적으로 판매하는 영업
  ㉡ 식품자동판매기영업: 식품을 자동판매기에 넣어 판매하는 영업. 다만, 유통기간이 1개월 이상인 완제품만을 자동판매기에 넣어 판매하는 경우는 제외한다.
  ㉢ 유통전문판매업: 식품 또는 식품첨가물을 스스로 제조·가공하지 아니하고 식품제조·가공업자 또는 식품첨가물제조업자에게 의뢰하여 제조·가공한 식품 또는 식품첨가물을 자신의 상표로 유통·판매하는 영업

ⓔ 집단급식소 식품판매업 : 집단급식소에 식품을 판매하는 영업

ⓜ 기타 식품판매업 : ⓐ부터 ⓔ까지를 제외한 영업으로서 영업장의 면적이 300제곱미터 이상의 백화점, 슈퍼마켓, 연쇄점 등에서 식품을 판매하는 영업

## (6) 식품보존업

① **식품조사처리업** : 방사선을 쬐어 식품의 보존성을 물리적으로 높이는 것을 업(業)으로 하는 영업

② **식품냉동·냉장업** : 식품을 얼리거나 차게 하여 보존하는 영업. 다만, 수산물의 냉동·냉장은 제외한다.

## (7) 용기·포장류제조업

① **용기·포장지제조업** : 식품 또는 식품첨가물을 넣거나 싸는 물품으로서 식품 또는 식품첨가물에 직접 접촉되는 용기(옹기류는 제외한다)·포장지를 제조하는 영업

② **옹기류제조업** : 식품을 제조·조리·저장할 목적으로 사용되는 독, 항아리, 뚝배기 등을 제조하는 영업

## (8) 식품접객업

① **휴게음식점영업** : 주로 다류(茶類), 아이스크림류 등을 조리·판매하거나 패스트푸드점, 분식점 형태의 영업 등 음식류를 조리·판매하는 영업으로서 음주행위가 허용되지 아니하는 영업. 다만, 편의점, 슈퍼마켓, 휴게소, 그 밖에 음식류를 판매하는 장소(만화가게 및 「게임산업진흥에 관한 법률」에 따른 인터넷컴퓨터게임시설제공업을 하는 영업소 등 음식류를 부수적으로 판매하는 장소를 포함한다)에서 컵라면, 일회용 다류 또는 그 밖의 음식류에 물을 부어 주는 경우는 제외한다.

② **일반음식점영업** : 음식류를 조리·판매하는 영업으로서 식사와 함께 부수적으로 음주행위가 허용되는 영업

③ **단란주점영업** : 주로 주류를 조리·판매하는 영업으로서 손님이 노래를 부르는 행위가 허용되는 영업

④ **유흥주점영업** : 주로 주류를 조리·판매하는 영업으로서 유흥종사자를 두거나 유흥시설을 설치할 수 있고 손님이 노래를 부르거나 춤을 추는 행위가 허용되는 영업

⑤ **위탁급식영업** : 집단급식소를 설치·운영하는 자와의 계약에 따라 그 집단급식소에서 음식류를 조리하여 제공하는 영업

⑥ **제과점영업** : 주로 빵, 떡, 과자 등을 제조·판매하는 영업으로서 음주행위가 허용되지 아니하는 영업

> **● 유흥종사자의 범위**
>
> (1) "유흥종사자"란 손님과 함께 술을 마시거나 노래 또는 춤으로 손님의 유흥을 돋우는 부녀자인 유흥접객원을 말한다.
> (2) "유흥시설"이란 유흥종사자 또는 손님이 춤을 출 수 있도록 설치한 무도장을 말한다.

## 2. 영업허가 등

### (1) 영업허가

① 식품조사처리업을 하려는 자는 영업 종류별 또는 영업소별로 식품의약품안전처장의 허가를 받아야 한다.

② 단란주점영업과 유흥주점영업을 하려는 자는 영업 종류별 또는 영업소별로 특별자치시장·특별자치도지사·시장·군수·구청장의 허가를 받아야 한다.

③ 허가받은 사항 중 영업소 소재지를 변경할 때에도 허가를 받아야 한다.

④ 영업허가를 하는 때에는 필요한 조건을 붙일 수 있다.

⑤ 영업허가를 받은 자가 폐업하거나 허가받은 사항 중 영업소 소재지를 제외한 경미한 사항을 변경할 때에는 신고하여야 한다.

### (2) 영업신고

① 즉석판매제조·가공업, 식품운반업, 식품소분·판매업, 식품냉동·냉장업, 용기·포장류제조업, 휴게음식점영업, 일반음식점영업, 위탁급식영업 및 제과점영업을 하려는 자는 영업 종류별 또는 영업소별로 특별자치시장·특별자치도지사·시장·군수·구청장에게 신고하여야 한다.

② 신고한 사항 중 영업자의 성명, 영업소의 명칭 또는 상호, 영업소의 소재지, 영업장의 면적 등을 변경하거나 폐업할 때에도 신고하여야 한다.

### (3) 영업등록

① 식품제조·가공업, 식품첨가물제조업을 하려는 자는 영업 종류별 또는 영업소별로 식품의약품안전처장 또는 특별자치시장·특별자치도지사·시장·군수·구청장에게 등록하여야 한다.

② 식품제조·가공업 중 「주세법」에 따라 주류 제조면허를 받아 주류를 제조하는 경우에는 식품의약품안전처장에게 등록하여야 한다.

③ 등록한 사항 중 영업소의 소재지 등을 변경할 때에도 등록하여야 한다.

④ 폐업하거나 영업소의 소재지 등을 제외한 경미한 사항을 변경할 때에는 신고하여야 한다.

### (4) 보고 등

① 식품 또는 식품첨가물의 제조업·가공업의 허가를 받거나 신고 또는 등록을 한 자가 식품 또는 식품첨가물을 제조·가공하는 경우에는 총리령에 따라 식품의약품안전처장 또는 특별자치시장·특별자치도지사·시장·군수·구청장에게 그 사실을 보고하여야 한다.

② 식품의약품안전처장 또는 특별자치시장·특별자치도지사·시장·군수·구청장은 영업자 (영업신고 또는 영업등록을 한 자만 해당한다)가 「부가가치세법」에 따라 관할 세무서장에게 폐업신고를 하거나 관할 세무서장이 사업자등록을 말소한 경우에는 신고 또는 등록 사항을 직권으로 말소할 수 있다.

③ 폐업하고자 하는 자는 영업정지 등 행정 제재처분기간 중에는 폐업신고를 할 수 없다.

④ 식품의약품안전처장 또는 특별자치시장·특별자치도지사·시장·군수·구청장은 직권말소를 위하여 필요한 경우 관할 세무서장에게 영업자의 폐업 여부에 대한 정보 제공을 요청할 수 있다.

## 3. 식품위생교육

(1) 다음의 영업자 및 유흥종사자를 둘 수 있는 식품접객업 영업자의 종업원은 매년 식품위생에 관한 교육(이하 "식품위생교육"이라 한다)을 받아야 한다.

① 식품제조·가공업자

② 즉석판매제조·가공업자

③ 식품첨가물제조업자

④ 식품운반업자

⑤ 식품소분·판매업자(식용얼음판매업자 및 식품자동판매기영업자는 제외한다)

⑥ 식품보존업자

⑦ 용기·포장류제조업자

⑧ 식품접객업자

(2) 영업을 하려는 자는 미리 식품위생교육을 받아야 한다. 다만, 부득이한 사유로 미리 식품위생교육을 받을 수 없는 경우에는 영업을 시작한 뒤에 식품의약품안전처장이 정하는 바에 따라 식품위생교육을 받을 수 있다.

(3) 식품위생교육을 받아야 하는 자가 영업에 직접 종사하지 아니하거나 두 곳 이상의 장소에서 영업을 하는 경우에는 종업원 중에서 식품위생에 관한 책임자를 지정하여 영업자 대신 교육을 받게 할 수 있다.

(4) 조리사 면허, 영양사 면허, 위생사 면허를 받은 자가 식품접객업을 하려는 경우에는 식품위생교육을 받지 아니하여도 된다.

⑸ 영업자는 특별한 사유가 없는 한 식품위생교육을 받지 아니한 자를 그 영업에 종사하게 하여 서는 아니 된다.

## 4. 영업자 등의 준수사항

⑴ 식품제조 · 가공업자, 즉석판매제조 · 가공업자, 식품첨가물제조업자, 식품운반업자, 식품소분 · 판매업자, 식품조사처리업자, 식품접객업자와 그 종업원은 영업의 위생관리와 질서유지, 국민의 보건위생 증진을 위하여 영업의 종류에 따라 다음에 해당하는 사항을 지켜야 한다.
  ① 「축산물 위생관리법」에 따른 검사를 받지 아니한 축산물 또는 실험 등의 용도로 사용한 동물은 운반 · 보관 · 진열 · 판매하거나 식품의 제조 · 가공에 사용하지 말 것
  ② 「야생생물 보호 및 관리에 관한 법률」을 위반하여 포획 · 채취한 야생생물은 이를 식품의 제조 · 가공에 사용하거나 판매하지 말 것
  ③ 유통기한이 경과된 제품 · 식품 또는 그 원재료를 조리 · 판매의 목적으로 소분 · 운반 · 진열 · 보관하거나 이를 판매 또는 식품의 제조 · 가공에 사용하지 말 것
  ④ 수돗물이 아닌 지하수 등을 먹는 물 또는 식품의 조리 · 세척 등에 사용하는 경우에는 「먹는물관리법」에 따른 먹는물 수질검사기관에서 총리령으로 정하는 바에 따라 검사를 받아 마시기에 적합하다고 인정된 물을 사용할 것. 다만, 둘 이상의 업소가 같은 건물에서 같은 수원(水源)을 사용하는 경우에는 하나의 업소에 대한 시험결과로 나머지 업소에 대한 검사를 갈음할 수 있다.
  ⑤ 위해평가가 완료되기 전까지 일시적으로 금지된 식품등을 제조 · 가공 · 판매 · 수입 · 사용 및 운반하지 말 것
  ⑥ 식중독 발생 시 보관 또는 사용 중인 식품은 역학조사가 완료될 때까지 폐기하거나 소독 등으로 현장을 훼손하여서는 아니 되고 원상태로 보존하여야 하며, 식중독 원인규명을 위한 행위를 방해하지 말 것
  ⑦ 손님을 꾀어서 끌어들이는 행위를 하지 말 것
  ⑧ 그 밖에 영업의 원료관리, 제조공정 및 위생관리와 질서유지, 국민의 보건위생 증진 등을 위하여 총리령으로 정하는 사항

⑵ 식품접객영업자는 「청소년 보호법」에 따른 청소년(만 19세 미만인 사람을 말한다. 다만, 만 19세가 되는 해의 1월 1일을 맞이한 사람은 제외한다)에게 다음에 해당하는 행위를 하여서는 아니 된다.
  ① 청소년을 유흥접객원으로 고용하여 유흥행위를 하게 하는 행위
  ② 「청소년 보호법」에 따른 청소년출입 · 고용 금지업소에 청소년을 출입시키거나 고용하는 행위

③ 「청소년 보호법」에 따른 청소년 고용금지업소에 청소년을 고용하는 행위

④ 청소년에게 주류(酒類)를 제공하는 행위

(3) 누구든지 영리를 목적으로 식품접객업을 하는 장소(유흥주점영업을 하는 장소는 제외한다)에서 손님과 함께 술을 마시거나 노래 또는 춤으로 손님의 유흥을 돋우는 접객행위(공연을 목적으로 하는 가수, 악사, 댄서, 무용수 등이 하는 행위는 제외한다)를 하거나 다른 사람에게 그 행위를 알선하여서는 아니 되며, 식품접객영업자는 유흥종사자를 고용·알선하거나 호객행위를 하여서는 아니 된다.

## 5. 허가취소 등

(1) 식품의약품안전처장 또는 특별자치시장·특별자치도지사·시장·군수·구청장은 영업자가 다음에 해당하는 경우에는 영업허가 또는 등록을 취소하거나 6개월 이내의 기간을 정하여 그 영업의 전부 또는 일부를 정지하거나 영업소 폐쇄(신고한 영업만 해당한다)를 명할 수 있다.

① 위해식품등의 판매 등 금지, 병든 동물 고기 등의 판매 등 금지, 기준·규격이 고시되지 아니한 화학적 합성품 등의 판매 등 금지, 식품 또는 식품첨가물에 관한 기준 및 규격, 유독기구 등의 판매·사용 금지, 기구 및 용기·포장에 관한 기준 및 규격, 표시기준, 식품의 영양표시, 유전자재조합식품등의 표시에 관한 규정을 위반한 경우

② 위해식품등에 대한 긴급대응에 관한 규정을 위반한 경우

③ 출입·검사·수거 등에 따른 출입·검사·수거를 거부·방해·기피한 경우

④ 자가품질검사 의무를 위반한 경우

⑤ 시설기준을 위반한 경우

⑥ 영업허가 등에 관한 규정을 위반한 경우

⑦ 영업허가를 받은 자가 피성년후견인이거나 파산선고를 받고 복권되지 아니한 자인 경우

⑧ 건강진단을 받지 아니한 자나 건강진단 결과 타인에게 위해를 끼칠 우려가 있는 질병이 있는 자를 그 영업에 종사하게 한 경우

⑨ 식품위생교육을 받지 아니한 자를 그 영업에 종사하게 한 경우

⑩ 영업제한을 위반한 경우

⑪ 영업자 등의 준수사항을 위반한 경우

⑫ 위해식품등의 회수에 관한 규정을 위반한 경우

⑬ 식품안전관리인증기준을 지키지 아니한 경우

⑭ 식품이력추적관리를 등록하지 아니 한 경우

⑮ 조리사를 두어야 하는 규정을 위반한 경우

⑯ 시정명령이나 시설 개수명령을 위반한 경우

⑰ 기처분 등에 따른 압류·폐기를 거부·방해·기피한 경우

⑱ 「성매매알선 등 행위의 처벌에 관한 법률」에 따른 금지행위를 한 경우

⑵ 식품의약품안전처장 또는 특별자치시장·특별자치도지사·시장·군수·구청장은 영업자가 영업정지 명령을 위반하여 영업을 계속하면 영업허가 또는 등록을 취소하거나 영업소 폐쇄를 명할 수 있다.

⑶ 식품의약품안전처장 또는 특별자치시장·특별자치도지사·시장·군수·구청장은 다음에 해당하는 경우에는 영업허가 또는 등록을 취소하거나 영업소 폐쇄를 명할 수 있다.
  ① 영업자가 정당한 사유 없이 6개월 이상 계속 휴업하는 경우
  ② 영업자(영업허가를 받은 자만 해당한다)가 사실상 폐업하여 「부가가치세법」에 따라 관할 세무서장에게 폐업신고를 하거나 관할 세무서장이 사업자등록을 말소한 경우

⑷ 식품의약품안전처장 또는 특별자치시장·특별자치도지사·시장·군수·구청장은 영업허가를 취소하기 위하여 필요한 경우 관할 세무서장에게 영업자의 폐업 여부에 대한 정보 제공을 요청할 수 있다.


## ⑫ 영업정지처분 취소청구(Ⅰ)

### 1. 재결 요지

일반음식점을 운영하여 오던 청구인이 2013. 00. 00. 00 : 00경 청소년 ○○(만 00세, 남) 등 3명에게 연령을 확인하지 않고 청소년 유해약물인 소주 2병, ○○탕 등 총 31,000원 상당을 판매하였다가 ○○경찰서 소속 단속경찰관에게 적발되었고, 통보받은 피청구인은 청구인에게 영업정지 2개월 처분을 하였다. 직원들에게 반드시 신분증 확인을 하라고 철저히 교육시켰음에도 불구하고 사건 당일 직원이 "들어온 손님들이 키도 크고 체격이 좋은데다 대학생"이라고 해서 학생증만 보고 술을 제공하는 큰 실수를 했다는 청구인의 주장은 관계법령에 따른 주의의무를 다하여야 하는 의무를 위반한 것으로 볼 수밖에 없으므로 피청구인이 청구인에 대하여 한 이 사건 처분은 일응 적법·타당하다. 다만, 청구인의 직원이 적발된 청소년 3명 중 1명의 학생증을 확인한 점, 확인된 청소년이 대학생이었다는 점에 대하여 피청구인이 이의를 제기하지 않고 있는 점, 청구인의 위반행위가 처음인 점, 청구인이 지역사회에 지속적으로 봉사활동을 하고 있다는 점, 이 사건 처분으로 인해 생계에 곤란을 겪을 수 있다는 점 등을 고려할 때 이 사건 처분을 통하여 달성하려는 공익에 비하여 청구인이 입게 될 불이익이 보다 크다고 판단하여 1개월 감경한다.

### 2. 주문

피청구인이 2013. 00. 00. 청구인에 대하여 한 일반음식점 영업정지 2개월 처분은 이를 영업정지 1개월 처분으로 변경한다.

## 3. 청구 취지

피청구인이 2013. 00. 00. 청구인에 대하여 한 일반음식점 영업정지 2개월 처분은 이를 취소한다.

## 4. 이유

### (1) 사건개요

청구인은 ○○시 ○○길 ○○(○○동) 소재에서 "○○"이라는 일반음식점을 운영하여 오던 중 2013. 00. 00. 00 : 00경 청소년 ○○(만 00세, 남) 등 3명에게 연령을 확인하지 않고 청소년 유해약물인 소주 2병, ○○탕 등 총 31,000원 상당을 판매하였다가 ○○경찰서 소속 단속경찰관에게 적발되었고, 이 내용을 통보받은 피청구인은 2013. 00. 00. 청구인에게 영업정지 2개월 처분을 하였다.

### (2) 청구인 주장

① 청구인은 2003. 3월부터 현재까지 "미성년자 주류판매금지"를 강조하며 11년 동안 가게를 지켜왔으며 직원들에게도 꼭 팔지 않아도 되니까 손님이 어려보이거나 신분증을 안 보여주면 거절하라고 수시로 교육을 했으나 사건 당일 청구인의 직원이 손님들이 "키도 크고 체격이 좋은데다 대학생"이라고 해서 학생증만 보고 주말인데다 심야시간이라 바빠서 꼼꼼히 확인하지 못하고 술을 제공하는 큰 실수를 하고 말았는데, 이에 대해서는 정말 죄송하며 사죄드리며 뭐라 할 말이 없다.

② 청구인의 업소는 청구인과 가게에서 함께 일하는 직원들의 생계유지이자 생활터전으로서 청구인에게는 아직 청구인의 손길이 필요한 중학생 아들과 초등학교 2학년 된 아이가 있는데, 중학생인 아들은 아토피로 인해 하루하루 고통스럽게 살아가고 있고 아직 갚아야 할 빚이 많이 있어 다달이 조금씩 갚아가고 있지만 청구인의 업소가 영업정지 당하면 청구인의 가족과 빚, 함께 일하는 직원들은 어떻게 살아가야 할지 막막하므로 부디 다시 열심히 살아갈 힘과 기회를 주시기 바란다.

③ 청구인 가족들은 넉넉지 않지만 몇 년째 매월 첫째 주와 셋째 주에 ○○탕을 후원하고 있는데, 중증장애인들이 계시는 "○○의 집"에는 50명분, 치매노인들이 계시는 "○○요양원"에는 15인분, "○○소망주기 복지센터와 ○○시 도서관 친구들"에게도 많은 금액은 아니지만 몇 년째 매월 후원하며 나름대로 보람과 의미를 가지며 살아가고 있으며, 그분들도 매월 첫째주 목요일에 청구인 가족들이 가지고 올 ○○탕을 손꼽아 기다리기에 그분들에게 예전과 같이 앞으로도 계속 ○○탕을 제공할 수 있도록 기회를 주시기 바란다.

④ 한편, 1차적으로 업주나 직원들이 신분증 확인을 반드시 해야 하지만 밤늦은 심야시간에 다니면서 아무런 죄책감도 없이 순간 재미로 문이 열린 가게에 들어와 음식과 술을 시켜서 청구인 같은 업주들은 영업정지를 당해 가족들이 길거리에 나앉거나 뿔뿔이 흩어져야 하지만 적발된 미성년자들은 간단한 조사만 하고 돌려보내는 것은 엄청난 법의 모순이라 생각하는바, 청소년 당사자나 그들의 부모님들에게도 뭔가 다른 강한 처분이 있어야 청구인 같은 제2, 제3의 희생자가 발생되지 않을 것이다.

⑤ 게다가 그 당시 근무했던 직원은 얼마 안 되어 월급을 받은 후 아무런 말 한마디 없이 그만 두었는데, 청구인이 집행정지처분 공문을 받아보고 보건소, 검찰청, 시청을 돌아다니며 서류를 열람한 결과 근무했던 직원은 단 한 번도 탄원서나 진술서 등 아무런 노력도 하지 않았음을 재확인하고 그 자리에 쓰러질 것만 같았다.

⑥ 적발된 이후 청구인은 정신적인 고통에 시달리고 있어 우황청심환을 사 먹고 마음을 안정 시키며 수면유도제를 먹으며 잠을 청하는 등 어렵게 지내고 있을 뿐만 아니라 요즘 경기가 점점 어려워지는 상황에서 문을 닫으라고 하면 장사를 하지 말고 길거리에 나앉으라는 것과 다름이 없는바, 부디 청구인과 가족, 가게 식구들이 예전과 같이 일할 수 있게 기회를 준다면 다시는 같은 실수를 하지 않고 더욱 열심히 살아가겠으니 영업정지만은 면하게 해 주시기 바란다.

### (3) 피청구인 주장

① 청구인은 그동안 영업을 하면서 철저하게 신분을 확인하도록 종업원 교육을 수시로 실시 하였으나 사건 당일 들어온 손님들이 키도 크고 체격이 좋은데다 대학생이라고 하기에 주말인데다 심야시간으로 바빠서 꼼꼼히 확인하지 못하고 학생증만 보고 술을 제공하는 큰 실수를 했다고 하는바, 이는 영업주로서 손님들의 연령을 개별적으로 철저히 확인하지 않은 것으로 업소관리 및 주의의무를 이행하지 않았다고 할 것이다.

② 또한, ○○경찰서 수사결과통보 및 청소년들의 진술 내용을 확인하여 보아도 청소년 3명 중 1명의 학생증만 보고 정확한 생년월일을 확인하지 않았으며 나머지는 신분증 확인조차 하지 않고 주류를 제공한 사실이 명백하여 ○○지방법원 ○○지원에서도 종업원이 신분 확인 없이 청소년에게 주류를 제공한 사실이 인정되어 벌금 50만 원 처분이 확정된 바 있다.

③ 청구인은 위반사항에 대하여 스스로 인정하면서도 요즈음 경기가 너무 어려워 힘들게 빚을 갚는 상황에서 업소 운영이 유일한 가족의 생계유지임에도 영업정지 2개월은 너무 가혹한 처벌이므로 영업정지 2개월을 취소하여 주기를 바라고 있지만 이는 개인의 사정에 불과 하다 할 것이며, 법률의 적용 및 집행은 누구에게나 평등하고 공정하게 이루어져야 하며, 법을 위반하였을 경우에는 지위고하, 빈부를 막론하고 그에 상응한 처분을 받는 것이 합 당할 것이므로 청구인의 청구는 기각되어야 한다.

### (4) 관계법령

「청소년 보호법」 제26조, 제51조

「식품위생법」 제44조, 제75조

「식품위생법 시행규칙」 제89조 [별표 23]

### (5) 인정사실

양 당사자 간 다툼이 없는 사실, 청구인과 피청구인이 제출한 청구서, 답변서 및 증거자료 등 제출된 각 사본의 기재에 의하면 다음 사실을 인정할 수 있다.

① 피청구인은 위 (1) 사건개요에 적시한 바와 같이 ○○경찰서의 통보에 따라 2013. 00. 00. 청구인에게 처분 사전통지를 하였으나, 2013. 00. 00. 청구인이 사법기관의 최종 판결시까지 처분을 유예하여 달라는 의견을 제출하였기에 청구인의 의견을 존중하여 같은 날 청구인에게 처분유보 통보를 하였다.

② 피청구인은 2013. 00. 00. ○○지방검찰청 ○○지청에 청구인에 대한 처분결과를 의뢰하였는데, ○○지방검찰청 ○○지청은 2013. 00. 00. 피청구인에게 청구인을 구약식(벌금 50만 원, 2013형제0000) 처분하였다고 통보하였고, ○○지방법원 ○○지원에서는 2013. 00. 00. 청구인을 벌금 50만 원에 처한다는 약식명령(2013고약0000)을 하였다.

③ 피청구인은 2013. 00. 00. 청구인에게 영업정지 2개월(2013. 00. 00.~2013. 00. 00.) 처분을 하였다.

### (6) 판단

① 「청소년 보호법」 제26조 제1항, 제51조 제8호에 따르면 "누구든지 청소년을 대상으로 하여 청소년유해약물등을 판매·대여·배포하여서는 아니 되며, 이를 위반하였을 경우 2년 이하의 징역 또는 1천만 원 이하의 벌금에 처한다."라고 규정되어 있다.

② 「식품위생법」 제44조 제2항 제4호에 따르면 "식품접객영업자는 「청소년 보호법」 제2조에 따른 청소년에게 주류를 제공하는 행위를 하여서는 아니 된다."라고 규정되어 있고, 이를 위반하였을 경우 같은 법 제75조 제1항 및 같은 법 시행규칙 제89조 [별표 23]에 따라 "1차 위반에 대하여는 영업정지 2개월 처분을 하되, 위반사항 중 그 위반의 정도가 경미하거나 고의성이 없는 사소한 부주의로 인한 것인 경우 또는 해당 위반사항에 관하여 검사로부터 기소유예의 처분을 받거나 법원으로부터 선고유예의 판결을 받은 경우에는 정지처분 기간의 2분의 1 이하의 범위에서 그 처분을 경감할 수 있다."라고 규정되어 있다.

③ 살펴보건대, 청구인은 직원들에게 반드시 신분증 확인을 하라고 철저히 교육시켰음에도 불구하고 사건 당일 직원이 "들어온 손님들이 키도 크고 체격이 좋은데다 대학생"이라고 해서 학생증만 보고 술을 제공하는 큰 실수를 했다고 주장하나, 이와 같은 청구인의 주장은 관계법령에 따른 주의의무를 다하여야 하는 의무를 위반한 것으로 볼 수밖에 없으므로 피청구인이 청구인에 대하여 한 이 사건 처분은 일응 적법·타당하다고 보아야 할 것이다.

④ 다만, 청구인의 직원이 적발된 청소년 3명 중 1명의 학생증을 확인한 점, 확인된 청소년이 대학생이었다는 점에 대하여 피청구인이 이의를 제기하지 않고 있는 점, 청구인의 위반행위가 처음인 점, 청구인이 지역사회에 지속적으로 봉사활동을 하고 있다는 점, 이 사건 처분으로 인해 생계에 곤란을 겪을 수 있다는 점 등을 고려할 때 이 사건 처분을 통하여 달성하려는 공익에 비하여 청구인이 입게 될 불이익이 보다 크다고 판단된다.

## ⑺ 결론

그렇다면 청구인의 주장을 일부 받아들이기로 하여 주문과 같이 재결한다.

## ⑬ 영업정지처분 취소청구(Ⅱ)

## 1. 재결 요지

청구인은 ○○시 ○○로 ○○길 ○○에서 "○○"라는 ○○전문점(일반음식점)을 운영하고 있는 자로서, 청구인의 영업소가 청소년고용금지 업소에 해당함에도 미성년자인 ○○(18세, 여)을 고용한 사실이 2014. 00. 00. 01 : 20 ○○경찰서에 적발되어 2014. 00. 00. ○○지방검찰청 지청장으로부터 「청소년 보호법」 위반으로 기소유예처분결정을 받은 청구인에 대하여 피청구인이 2014. 00. 00. 청구인에 대하여 45일의 영업정지처분을 내렸는바 청구인이 행정처분서를 송달받지 못하였다고 주장하며 2014. 00. 00. 영업정지기간의 변경을 요청하였고, 피청구인이 이를 받아들여 기 집행된 1일(2014. 00. 00.)을 차감하여 2014. 00. 00. 44일의 영업정지처분을 내리자 청구인이 2014. 00. 00. 동 처분의 부당함을 주장하며 행정심판을 청구한 사건이다. 청구인이 자신이 운영하는 식당에서 일하는 종업원인 ○○(19세, 여)이 하루 일을 쉬게 되자 ○○의 친구인 ○○ 역시 성년에 도달한 자로 판단하여 ○○ 대신 하루 고용하여 주방에서 일을 하게 한 사실로 보아 청구인이 고의적으로 미성년자를 종업원으로 고용했다고 보기 어렵고, 미성년자인 ○○이 청구인의 업소에서 일한 기간이 단 하루에 불과하다는 사실 등의 제반 정황을 참작하여 검찰에서 기소유예처분을 받았으며, 청구인이 배우자와 이혼 후 11세의 초등학생 딸과 노모를 부양하고 있고, 각종 할부금, 건물 임차료 및 청구인이 업소 운영을 위해 차입한 대출금에 대한 원금과 이자를 매월 갚아야 하는 청구인의 곤궁한 경제적 형편, 위와 같은 사정을 감안하여 청구인에게 정상참작의 여지가 있을 뿐만 아니라 피청구인이 행한 44일의 영업정지처분은 청구인의 생계에 상당한 타격을 줄 우려가 큰 점 등을 종합하면 피청구인이 행한 이 사건 행정처분은 청구인에게 다소 가혹한 것으로 사료되므로 감경한다.

## 2. 주문

피청구인이 2014. 00. 00. 청구인에게 한 「식품위생법」 위반 영업정지 44일 처분은 이를 영업정지 10일로 감경한다.

## 3. 청구 취지

피청구인이 2014. 00. 00. 청구인에게 한「식품위생법」위반 영업정지 44일 처분은 이를 취소한다.

## 4. 이유

### (1) 사건개요

청구인은 ○○시 ○○로 ○○길 ○○에서 "○○"라는 ○○전문점(일반음식점)을 운영하고 있는 자로서, 청구인의 영업소가 청소년고용금지 업소에 해당함에도 미성년자인 ○○(18세, 여)을 고용한 사실이 2014. 00. 00. 01 : 20 ○○경찰서에 적발되어 2014. 00. 00. ○○지방검찰청 지청장으로부터「청소년 보호법」위반으로 기소유예처분결정을 받은 청구인에 대하여 피청구인이 2014. 00. 00. 청구인에 대하여 45일의 영업정지처분을 내렸는바 청구인이 행정처분서를 송달받지 못하였다고 주장하며 2014. 00. 00. 영업정지기간의 변경을 요청하였고, 피청구인이 이를 받아들여 기 집행된 1일(2014. 00. 00.)을 차감하여 2014. 00. 00. 44일의 영업정지처분을 내리자 청구인이 2014. 00. 00. 동 처분의 부당함을 주장하며 행정심판을 청구한 사건이다.

### (2) 당사자 주장요지

#### ① 청구인

㉠ 청구인의 식당에서 일하는 종업원인 ○○(19세, 여)이 하루 일을 쉬게 되자 ○○의 친구인 ○○(18세, 여)을 하루 고용하여 주방에서 일을 하게 한 사실은 인정한다. 그러나 청구인이 ○○을 고용할 때 신분증을 제시받아 성년임을 확인한 사실이 있어 ○○의 친구인 ○○도 당연히 성년일 줄 알고 신분증 검사를 하지 않았다. 특히 청구인이 예전에 업소에서 담배를 판매할 때 ○○의 친구들에게 담배를 판매한 적이 있었는데 그들의 신분증을 확인한바 모두 성년이었다. 그리고 ○○도 예전에 성년이라고 스스로 말한 적이 있어 성년으로 판단할 수밖에 없었다. 또한 ○○이 비록 청소년이긴 하지만 이미 고등학교를 졸업한 사회인이기에 사회통념상으로는 고등학교를 졸업하여 사회생활을 하거나 대학생이 된 자는 자기 행동에 책임질 수 있는 나이이므로 비록 미성년자일지라도 사회적으로는 성인으로 간주하고 있다는 점을 감안하여야 한다. 또한「청소년 보호법 시행령」제6조(청소년 고용금지업소의 범위) 제2항 제2호를 보면, 음식류의 조리 판매보다는 주로 주류의 조리 판매를 목적으로 하는 음식점을 '청소년 고용금지업소'로 규정하고 있는바 청구인의 업소는 주류보다는 음식류의 매출이 많아 청소년 고용금지 업소에 해당하지 않는다고 사료된다.

　　ⓒ 청구인은 배우자와 이혼 후 11세의 초등학생 딸과 노모를 부양하고 있으며 할부금, 건물 임차료, 대출금에 대한 원금과 이자를 매월 갚아야 하는 등 경제적 어려움이 크고, 경제가 어려운 요즘 피청구인이 청구인의 제반 사정을 참작하지 않고 청소년을 단지 하루 고용하였다는 이유로 44일간의 영업정지에 처한다면 경제적, 정신적으로 너무나 큰 피해를 입게 될 것이다. 따라서 청구인이 ○○의 신분증을 직접 확인하지 못한 과실은 인정하지만 44일의 행정처분을 한 것은 피청구인의 재량권을 넘어선 부당한 처분으로서 이는 취소되어야 한다.

② **피청구인**

　　㉠ 청구인은 본 행정처분에 대하여 억울하다고 주장하고 있고 ○○지방검찰청 지청장은 청구인의 「청소년 보호법」 위반사건에 대하여 청구인이 초범이고, 업소 종업원의 갑작스런 휴가로 인하여 임시로 하루 ○○을 고용하였으며, 청구인이 과거에 ○○ 친구들의 신분증을 확인한 결과 청소년이 아니었던바 ○○도 당연히 성인일 것으로 판단하여 신분증을 검사하지 않는 점 등 정상을 참작하여 불기소(기소유예) 결정을 하였기에 피청구인도 이를 감안하여 「식품위생법」 제75조 및 동법 시행규칙 제89조 행정처분기준의 일반기준에 따라 청구인에 대한 행정처분을 기준의 2분의 1로 감경하여 처분하였고, 청구인은 ○○이 고등학교를 졸업한 사회인으로서 사회통념상 자기 행동에 책임을 질 수 있는 나이라고 주장하고 있으나 「청소년 보호법」은 "청소년은 만 19세 미만의 자를 말한다. 다만, 만 19세가 되는 해의 1월 1일을 맞이한 사람은 제외한다."라고 규정하고 있어 비록 ○○이 고등학교를 졸업하고 사회인이 되었을지라도 「청소년 보호법」은 만 19세에 해당되는 해가 되면 성년자로 인정할 뿐 성년자와 미성년자가 고등학교를 졸업했는가에 의해 결정될 수 없는 사항이고, 조기 입학생과 고등학교를 졸업하지 않고 사회생활을 하는 사람들에 대한 논란의 여지 또한 있어 사회통념에 따른 청구인의 법리 해석은 적절하지 않으며, 청구인은 자신의 업소는 주류보다는 음식류를 더 많이 판매하고 있어 청소년 고용금지업소에 해당하지 않는다고 주장하고 있지만 청구인이 제출한 입증서류 가운데 피의자 진술조서에서 청구인이 청구인의 업소는 주로 주류를 취급하는 업소라고 인정한 바 있고, 적발된 시간이 새벽 1시 20분으로 심야시간에도 영업하는 업소인지라 청구인이 본 사건에서 주장하듯이 청구인이 운영하는 업소를 주류보다는 음식을 주로 취급하는 업소라고 인정하기도 어렵다.

　　㉡ 국가는 청소년을 보호하기 위해 「청소년 보호법」을 제정하여 청소년 유해업소에서의 청소년 고용을 엄격하게 금지하고 있으며, 이를 위반한 업소에 대하여 가하는 행정벌은 사회의 경각심을 고취하여 건전한 영업풍토를 조성하기 위함이며, 이러한 공익적인 목적에 따라 결정된 피청구인의 행정처분은 적법·타당하므로 청구인의 주장은 인정할 수 없다 할 것이다. 따라서 피청구인이 「청소년 보호법」과 「식품위생법」에 따라 적법한 절차를 거쳐 정당한 행정처분을 하였으므로 청구인의 청구는 마땅히 기각되어야 한다.

### (3) 관계법령 등 근거

#### ① 관계법령

「청소년 보호법」 제2조, 제29조

「청소년 보호법 시행령」 제6조

「식품위생법」 제44조, 제75조, 제82조

「식품위생법 시행규칙」 제89조 관련[별표 23]

#### ② 관련 판례

판례는 "제재적 행정처분이 사회통념상 재량권의 범위를 일탈하였거나 남용하였는지 여부는 처분사유로 된 위반행위의 내용과 해당 처분행위에 의하여 달성하려는 공익목적 및 이에 따르는 제반 사정 등을 객관적으로 심리하여 공익침해의 정도와 그 처분으로 인하여 개인이 입게 될 불이익을 비교·형량하여 판단하여야 한다(대법원 0000. 00. 00. 선고 00두00000 판결)."라고 판시하고 있다.

### (4) 판단

#### ① 사실의 인정

㉠ ○○경찰서장은 2014. 00. 00. 「청소년 보호법」 위반(청소년고용)업소를 적발하여 피청구인에게 통보하였는데, 그 주요 내용은 다음과 같다.

> **「청소년 보호법」 위반(청소년고용) 적발통보**
> • 일시 : 2014. 00. 00. 18 : 00경~2014. 00. 00. 01 : 20경
> • 장소 : ○○시 ○○로 ○○길 ○○ "○○" 내
> • 위반자 인적사항 : ○○(남, 업주)
> • 위반내용 : 피의자는 "○○"라는 술집을 운영하는 식품접객영업자로서 2014. 00. 00. 18 : 00경~2014. 00. 00. 01 : 20경까지 ○○시 ○○로 ○○길 ○○ "○○" 술집에서 ○○(여, 만 18세)를 종업원으로 채용하여 청소년을 청소년 유해업소에 고용하였다.

㉡ 청구인의 자인서 내용은 다음과 같다.

> **청구인의 진술서**
> 본인은 "○○" 업주로서 아르바이트생이 금일 쉬는 관계로 당일 날만 아르바이트생을 구해 일을 시키는 과정에서 미성년자 아르바이트생을 고용하여 경찰관에게 적발당하였습니다.

㉢ 피청구인은 2014. 00. 00. 청구인에게 「식품위생법」 제44조(영업자 등의 준수사항) 위반으로 행정처분에 앞서 "처분전 의견서"를 2014. 00. 00.까지 제출토록 통보하였고, 청구인은 2014. 00. 00. 제출한 의견서에 "전에 신분증을 확인하여 성년자임을 알고 있었기에 신분증을 확인 않고 1일 임시종업원으로 채용하였음. 청소년들에게 주류를 제공하지 않기 위해 지문감식기까지 설치해 놓고 영업하고 있는데 저의 불찰로 채용한 것 같습니다. 선처하여 주시기 바랍니다."라고 기술하였다.

ㄹ ○○지방검찰청 지청장은 2014. 00. 00. 청구인에 대해 "기소유예"처분했다는 사실을 2014. 00. 00. 피청구인에게 통보하였는바 기소유예 처분사유는 다음과 같다.

> **피의사실과 불기소(기소유예) 이유**
> • 피의사실은 인정된다.
> • 피의자는 동종의 전과가 없다.
> • 피의자가 운영하는 업소 종업원인 ○○이 하루 일을 쉬게 되자 위 ○○의 소개로 청소년인 ○○을 단 하루 고용한 점, 위 업소 종업원인 ○○은 청소년이 아닌 점, ○○의 친구들이 피의자가 ○○군 ○○에서 동일한 상호로 운영하는 업소 옆 가게에서 일할 때 그들과 같이 어울리는 ○○을 본 적이 있고, ○○의 친구들이 피의자가 ○○에서 운영하는 업소 에서 담배를 살 때 신분증 검사를 했는데 청소년이 아니어서 ○○도 청소년이 아니라고 판단하여 신분증을 확인하지 않고 고용한 점 등을 참작할 필요가 있다.
> • 기소를 유예한다.

ㅁ 피청구인은 2014. 00. 00. 청구인에게 「식품위생법」위반으로 영업정지 45일의 행정처분을 하였다.

ㅂ 피청구인이 행정처분서를 등기우편으로 송달하였으나, 청구인은 송달받지 못하였다고 주장하며 영업정지기간의 변경을 요청하였고, 피청구인은 2014. 00. 00. 행정처분 기간을 44일로 변경하여 통지하였다.

ㅅ 청구인은 2014. 00. 00. 행정심판을 청구하면서 집행정지를 함께 신청하였고, ○○행정 심판위원회는 집행정지 신청을 2014. 00. 00. 인용 결정하였다.

② **이 사건 처분의 위법·부당 여부**

ㄱ 「청소년 보호법」제2조(정의) 제5호 나목 3)에서는 청소년 고용금지업소를 "「식품위생법」에 따른 식품접객업 중 대통령령으로 정하는 것"으로 규정하고 있고, 「청소년 보호법 시행령」제3조(청소년유해업소의 범위) 제4항에서는 "일반음식점 중 음식류 판매보다는 주로 주류의 조리·판매를 목적으로 하는 소주방, 호프, 카페 등의 영업형태로 운영되는 업소"를 청소년 고용금지업소로 규정하고 있으며, 「청소년 보호법」제29조(청소년 고용 금지 및 출입제한) 제1항에서는 "청소년유해업소의 업주는 종업원을 고용하고자 하는 때에는 그 연령을 확인하여야 하며, 청소년을 고용하여서는 아니된다."라고 규정하고 있고, 같은 조 제3항에서는 "청소년유해업소의 업주 및 종사자는 제1항 규정에 의한 연령확인을 위하여 필요한 경우 주민등록증 그 밖에 연령을 확인할 수 있는 증표의 제 시를 요구할 수 있으며, 증표제시를 요구받은 자가 정당한 사유 없이 증표제시를 거부 할 경우에는 그 업소의 출입을 제한하거나 이용하지 못하게 할 수 있다."라고 규정되어 있다. 또한 「식품위생법」제44조(영업자 등의 준수사항) 제2항 제3호에서는 "식품접객 영업자는 「청소년 보호법」제2조 제5호 나목 3)에 따른 청소년 고용금지업소에 청소년 을 고용하는 행위를 하여서는 아니 된다."라고 규정하고 있고, 같은 법 제75조(허가취

소 등) 제1항에는 "제44조 제1항·제2항 및 제4항을 위반할 경우에는 영업허가를 취소하거나 6월 이내의 기간을 정하여 영업을 정지할 수 있다."라고 규정하고 있으며, 같은 법 시행규칙 제89조 관련 [별표 23] 행정처분기준 Ⅰ. 일반기준 15호 '바'목에는 "해당 위반사항에 관하여 검사로부터 기소유예의 처분을 받거나 법원으로부터 선고유예의 판결을 받은 경우에는 영업정지처분 기간의 2분의 1 이하의 범위에서 그 처분을 경감할 수 있다."라고 규정하고 있고, 같은 별표 Ⅱ. 개별기준 3. 식품접객업. 11호 '나'목에는 "청소년유해업소에 청소년을 고용하는 행위를 한 경우에 대하여 1차 위반시 영업정지 3개월"의 처분을 하도록 규정하고 있다.

ⓛ 청구인은 청구인의 식당에서 일하는 종업원인 ○○(19세, 여)이 하루 일을 쉬게 되자 ○○의 친구인 ○○(18세, 여) 역시 청소년이 아닐 것이라고 생각하고 하루 고용하여 주방에서 일을 하게 하였고 이러한 사실 등을 고려 검찰에서 기소유예처분을 받았음에도 불구하고 피청구인이 영업정지 44일의 행정처분을 한 것은 너무 가혹한 처분이라고 주장하는바 이에 대해 살펴보면,

ⓐ ○○경찰서장의 위반업소 적발통보서, ○○지방검찰청 지청장의 기소유예처분 통보서, 청구인의 자인서 등에 의하면 청구인이 이 사건 처분 원인이 된 청구인의 식당에서 일하는 종업원인 ○○(19세, 여)의 친구인 청소년인 ○○(18세, 여)을 하루 고용하여 주방에서 일을 하게 한 사실은 다툼 없는 사실로 인정되고, 피청구인이 사법기관으로부터 이러한 위법사실을 통보받고 청구인에게 이 사건 처분을 하였는바 피청구인의 44일의 영업정지처분은 일응 적법한 처분이라 할 것이다.

ⓑ 다만, ⅰ) 청구인이 자신이 운영하는 식당에서 일하는 종업원인 ○○(19세, 여)이 하루 일을 쉬게 되자 ○○의 친구인 ○○ 역시 성년에 도달한 자로 판단하여 ○○ 대신 하루 고용하여 주방에서 일을 하게 한 사실로 보아 청구인이 고의적으로 미성년자를 종업원으로 고용했다고 보기 어렵고, ⅱ) 미성년자인 ○○이 청구인의 업소에서 일한 기간이 단 하루에 불과하다는 사실 등의 제반 정황을 참작하여 검찰에서 기소유예처분을 받았으며, ⅲ) 청구인이 배우자와 이혼 후 11세의 초등학생 딸과 노모를 부양하고 있고, 각종 할부금, 건물 임차료 및 청구인이 업소 운영을 위해 차입한 대출금에 대한 원금과 이자를 매월 갚아야 하는 청구인의 곤궁한 경제적 형편, ⅳ) 위와 같은 사정을 감안하여 청구인에게 정상참작의 여지가 있을 뿐만 아니라 피청구인의 행한 44일의 영업정지처분은 청구인의 생계에 상당한 타격을 줄 우려가 큰 점 등을 종합하면 피청구인이 행한 이 사건 행정처분은 청구인에게 다소 가혹한 것으로 사료된다.

⑸ **결론**

그렇다면 청구인의 청구는 일부 이유 있다고 인정되므로 감경하기로 하여 주문과 같이 재결한다.

## ⑭ 영업정지처분 취소청구(Ⅲ)

### 1. 재결 요지

청구인은 ○○시 ○○동 ○○에서 "○○"라는 일반음식점을 운영하는 자로서, 음식점에 찾아온 남자손님 2명의 좌석에 여자종업원 1명을 합석시켜 술을 따라주고 받아 마시는 등의 유흥접객행위를 하다가 신고를 받고 출동한 ○○경찰서 소속 단속경찰관에게 적발되었고, ○○경찰서장이 수사결과 기소의견으로 송치되었다는 사실을 피청구인에게 통보함에 따라 피청구인이 영업정지 2월의 처분을 하자, 이 사건 처분의 취소를 구하는 행정심판을 청구한 사건이다. 행정청이 위 법규 소정의 위반행위를 이유로 행정처분을 하는 경우에는 그 위반경위나 위반 정도, 행정처분에 의하여 달성하려는 공익적 목적과 개인이 입게 될 불이익 등을 따져 그 처분의 적정을 기하여야 할 것인바, 위의 인정사실에 의하면 청구인의 위반행위는 이번이 처음으로 성실하게 업소 운영을 해 온 점을 인정할 수 있는 점, 청구인은 상당한 부채를 지고 영업을 시작했으며 매달 상환해야 할 대출이자 등으로 경제적 어려움을 겪고 있는 점, 청구인 혼자서 초등학생 자녀 1명을 부양하면서 어렵게 살고 있는 점, 영업정지 처분으로 청구인과 가족의 생계에 위협이 될 수 있는 점 등을 종합적으로 고려해 볼 때 「식품위생법」이 달성하고자 관계 법령의 공익을 고려한다 하더라도 이 사건 처분으로 청구인이 입게 될 불이익이 더 큰 것으로 보여 영업정지 2월의 처분은 다소 가혹한 처분이라 인정되므로 감경한다.

### 2. 주문

피청구인이 2012. 00. 00. 청구인에게 한 영업정지 2월 처분은 이를 영업정지 1월로 감경한다.

### 3. 청구 취지

피청구인이 2012. 00. 00. 청구인에게 한 영업정지 2개월 처분은 이를 취소한다.

### 4. 이유

#### (1) 사건개요

청구인은 ○○시 ○○동 ○○에서 "○○"라는 일반음식점을 운영하는 자로서, 2012. 00. 00. 23:30경 음식점에 찾아온 남자손님 2명의 좌석에 여자종업원 1명을 합석시켜 술을 따라주고 받아 마시는 등의 유흥접객행위를 하다가 신고를 받고 출동한 ○○경찰서 소속 단속경찰관에게 적발되었고, ○○경찰서장이 수사결과 기소의견으로 송치되었다는 사실을 피청구인에게 통보함에 따라 피청구인이 2012. 00. 00. 영업정지 2월(2012. 00. 00.~2013. 00. 00.)의 처분을 하자, 이 사건 처분의 취소를 구하는 행정심판을 청구한 사건이다.

Part 02

### ⑵ 당사자 주장요지

#### ① 청구인

ⓐ 청구인이 영업소에 출근하기 전 여직원 혼자서 영업 중이었는데 남자손님 2명이 영업
소에 들어와 여직원에게 맥주 3병을 주문하여 싫다는 여직원에게 억지로 술을 강권하
였고, 여직원이 부득이 맥주 한 잔을 마시는 것을 준비한 카메라로 찍어 바로 경찰을
불러서 「식품위생법」 위반으로 고발한 것으로써, 이는 손님을 가장한 자들이 고의적으로
법을 위반하도록 유도하였고 2명의 성인 남성의 완력과 강요에 의한 행위이므로 청구
인의 영업소는 유흥주점 영업을 한 것이 아니다.

ⓑ 청구인은 일반음식점 영업분야에 경험이 부족하여 인수한 영업소가 청구인이 인수하기
전에 전 영업주가 「식품위생법」을 위반한 사실을 모른 채 인수하게 되었고, 전 영업주의
행정처분까지 청구인에게 승계된다는 것을 전혀 알지 못하였으므로 2차 위반이라는
이유로 가중된 행정처분을 하는 것은 청구인에게 가혹하다.

ⓒ 청구인은 남편과 헤어져 혼자서 초등학교 6학년인 아들을 어렵게 양육하고 있으며, 영
업정지 처분으로 인하여 모자가 살아갈 길이 막막하며 현재 영업소의 임대료도 지불하
지 못할 형편이므로 청구인의 처지를 감안하여 영업정지 처분은 취소되어야 한다.

#### ② 피청구인

ⓐ 일반음식점 영업주는 종업원이 풍기문란행위를 하거나 유흥접객행위를 하지 않도록
방지해야 하며, 관련 법규를 준수하도록 지도 감독해야 할 의무가 있으므로 이를 위반한
모든 책임은 영업주에게 있다 할 것이므로 피청구인이 청구인에게 「식품위생법」 위반을
이유로 영업정지 처분을 한 것은 정당하다.

ⓑ 청구인은 당시 청구인의 부재 시 남자손님 2명이 여직원에게 강권하여 부득이 합석하게
되었고 맥주 한 잔을 마셨는바 이는 손님들이 고의적으로 법을 위반하도록 유도한 것
이라고 주장하나 이를 증명할 수 있는 근거가 없으므로 종업원의 자유의지에 의한 행
위로 보아야 할 것이며, 직원에 대한 지도 감독을 소홀히 한 책임이 청구인에게 있다
할 것이므로 변명에 불과하다.

ⓒ 청구인이 전 영업주와 함께 ○○시청 민원실에서 영업자 지위승계신고를 할 당시 담
당직원이 2011. 00. 00. 유흥접객원 고용 영업으로 영업정지 15일 처분을 받았다는 사실을
2012. 00. 00. 고지하였으며, 양도인이 받은 행정처분의 효과가 양수인에게 승계되어 가
중처분된다는 사실을 청구인이 알고 있음을 확인하면서 서명 날인하였음에도 전 영업
주의 행정처분 사항에 대하여 전혀 알지 못하였다고 하는 주장은 사실과 다르므로 청구
인의 주장은 이유 없다 할 것이다.

### ⑶ 관계법령 등 근거

#### ① 관계법령

「식품위생법」 제44조, 제75조, 제98조 제1호

「식품위생법 시행령」 제22조

「식품위생법 시행규칙」 제57조 관련 [별표 17], 제89조 관련 [별표 23]

#### ② 관련 판례

판례(대법원 0000. 00. 00. 선고 00두00000 판결)는 "제재적 행정처분이 사회통념상 재량권의 범위를 일탈하였거나 남용하였는지 여부는 처분사유로 된 위반행위의 내용과 해당 처분행위에 의하여 달성하려는 공익목적 및 이에 따르는 제반 사정 등을 객관적으로 심리하여 공익침해의 정도와 그 처분으로 인하여 개인이 입게 될 불이익을 비교·형량하여 판단하여야 한다."라고 판시하고 있다.

### ⑷ 판단

#### ① 사실의 인정

㉠ ○○경찰서에서 2012. 00. 00. 피청구인에게 통보한 청구인 업소에 대한 「식품위생법」 위반 사실 내용을 보면 다음과 같다.

> **「식품위생법」 위반업소 적발통보**
> • 일시/장소 : 2012. 00. 00. 23:30경 /"○○" 일반음식점
> • 위반자 인적사항 : ○○(만 42세, 여)
> • 위반사항 : 위반자는 ○○시 ○○ 소재 "○○" 카페라는 상호로 일반음식점 영업을 하는 자로 유흥주점업 허가를 받지 않았다. 2012. 00. 00. 23:30경 그곳을 찾아오는 손님 2명을 상대로 유흥접객원 여성 1명을 같은 탁자에 동석하여 여흥을 돋우며 술을 따라주고 같이 술을 마시는 등 술시중을 들게 하는 방법으로 맥주 3병 등을 판매하여 8,000원 상당의 매상을 올려 유흥주점영업을 함으로써 식품접객업자 준수사항을 위반하였다.

㉡ 청구인과 이 사건 원인이 된 손님 1명이 2012. 00. 00. ○○경찰서에서 작성한 진술서 내용은 다음과 같다.

> • 청구인
> 사건 당일 본인은 밖에서 일을 보고 들어왔는데 남자손님이 맥주 3병을 시켜서 드시고 신고를 하였는데 신고 이유는 알지 못한다.
> • ○○(만 41세, 남)
> 사건 당일 본인은 동료 1명과 같이 맥주 3병과 기본안주를 시켜놓고 있는데 20대 초반 가량의 여자 한 명이 동석하여 약 10분 동안 술을 따라주고 같이 마신 사실이 있습니다.

㉢ 피청구인은 2012. 00. 00. 청구인에게 행정처분 사전통지서를 발송하였으며 청구인은 같은 해 00. 00. 제출한 의견서에서 "위반사항에 이의 없음"이라는 의견을 기술하여 제출하였다.

ㄹ ○○경찰서장은 2012. 00. 00. 피청구인에게 청구인에 대한 사건처리 결과를 통보하였다.

ㅁ 피청구인은 2012. 00. 00. 청구인에게 「식품위생법」 위반업소에 대한 영업정지 2월의 행정처분을 하였다.

ㅂ 청구인은 2012. 00. 00. 이 사건 처분에 대한 집행정지 신청을 하였고 ○○행정심판위원회에서는 2012. 00. 00. 청구인의 집행정지 신청을 인용하였다.

② **이 사건 처분의 위법·부당 여부**

ㄱ 「식품위생법」 제44조 제3항은 "누구든지 영리를 목적으로 식품접객업을 하는 장소(유흥종사자를 둘 수 있도록 대통령령으로 정하는 영업을 하는 장소는 제외한다)에서 손님과 함께 술을 마시거나 노래 또는 춤으로 손님의 유흥을 돋우는 접객행위를 하거나 다른 사람에게 그 행위를 알선하여서는 아니 된다."라고 규정되어 있으며, 같은 법 제75조 제1항에는 "제44조 제1항·제2항 및 제4항을 위반할 경우에는 대통령령으로 정하는 바에 따라 영업허가를 취소하거나 6개월 이내의 기간을 정하여 그 영업의 전부 또는 일부를 정지하거나 영업소 폐쇄를 명할 수 있다."라고 규정하고 있으며, 같은 법 시행규칙 제89조 관련 [별표 23] 행정처분기준 Ⅱ. 개별기준 3. 식품접객업 10. 가. 1)에 의해 "일반음식점 영업자가 유흥접객원을 고용하여 유흥접객행위를 하게 하거나 종업원의 이러한 행위를 조장하거나 묵인하는 행위"를 한 경우 1차 위반 시 영업정지 2월, 2차 위반 시 영업정지 3월, 3차 위반 시 영업허가취소 또는 영업소폐쇄의 처분을 하도록 규정하고 있는바,

ㄴ ○○경찰서의 적발보고서 및 청구인의 진술서 등을 통해 조사한 결과에 의하면 청구인 영업소의 종업원이 강요에 의하여 합석하여 술을 마시게 되었다는 사실을 인정할 수 있는 증거자료가 없을 뿐만 아니라 오히려 청구인이 "위반사항에 이의 없음"이라고 진술한 점으로 보아 「식품위생법」 제44조 제3항을 위반하였다는 사실을 인정할 수 있어, 피청구인이 청구인에게 영업정지 2월의 처분을 한 것은 타당하다 할 것이나, 다만 행정청이 위 법규 소정의 위반행위를 이유로 행정처분을 하는 경우에는 그 위반경위나 위반 정도, 행정처분에 의하여 달성하려는 공익적 목적과 개인이 입게 될 불이익 등을 따져 그 처분의 적정을 기하여야 할 것인바, 위의 인정사실에 의하면 청구인의 위반행위는 이번이 처음으로 성실하게 업소 운영을 해 온 점을 인정할 수 있는 점, 청구인은 상당한 부채를 지고 영업을 시작했으며 매달 상환해야 할 대출이자 등으로 경제적 어려움을 겪고 있는 점, 청구인 혼자서 초등학생 자녀 1명을 부양하면서 어렵게 살고 있는 점, 영업정지 처분으로 청구인과 가족의 생계에 위협이 될 수 있는 점 등을 종합적으로 고려해 볼 때 「식품위생법」이 달성하고자 관계법령의 공익을 고려한다 하더라도 이 사건 처분으로 청구인이 입게 될 불이익이 더 큰 것으로 보여 영업정지 2월의 처분은 다소 가혹한 처분이라 할 것이다.

⑸ **결론**

그렇다면 청구인의 청구는 일부 이유 있다고 인정되므로 감경하기로 하여 주문과 같이 재결한다.

**제3절** **학교폭력**

## ⑴ 「학교폭력예방 및 대책에 관한 법률」

### 1. 학교폭력

학교폭력이란 학교 내외에서 학생을 대상으로 발생한 상해, 폭행, 감금, 협박, 약취·유인, 명예훼손·모욕, 공갈, 강요·강제적인 심부름 및 성폭력, 따돌림, 사이버 따돌림, 정보통신망을 이용한 음란·폭력 정보 등에 의하여 신체·정신 또는 재산상의 피해를 수반하는 행위를 말한다.

### 2. 학교폭력대책지역위원회

#### (1) 학교폭력대책지역위원회의 설치

① 지역의 학교폭력 문제를 해결하기 위하여 시·도에 학교폭력대책지역위원회(이하 "지역위원회"라 한다)를 둔다(법 제9조 제1항).
② 특별시장·광역시장·특별자치시장·도지사 및 특별자치도지사는 지역위원회의 운영 및 활동에 관하여 시·도의 교육감(이하 "교육감"이라 한다)과 협의하여야 하며, 그 효율적인 운영을 위하여 실무위원회를 둘 수 있다.
③ 지역위원회는 위원장 1인을 포함한 11인 이내의 위원으로 구성한다.

#### (2) 학교폭력대책지역위원회의 기능 등

① 지역위원회는 기본계획에 따라 지역의 학교폭력 예방대책을 매년 수립한다(법 제10조 제1항).
② 지역위원회는 해당 지역에서 발생한 학교폭력에 대하여 교육감 및 지방경찰청장에게 관련 자료를 요청할 수 있다.
③ 교육감은 지역위원회의 의견을 들어 피해학생의 학내외 전문가에 의한 심리상담 및 조언, 일시보호, 치료 및 치료를 위한 요양이나 가해학생의 학내외 전문가에 의한 특별 교육이수 또는 심리치료에 따른 상담·치료 및 교육을 담당할 상담·치료·교육 기관을 지정하여야 한다.
④ 교육감은 상담·치료·교육 기관을 지정한 때에는 해당 기관의 명칭, 소재지, 업무를 인터넷 홈페이지에 게시하고, 그 밖에 다양한 방법으로 학부모에게 알릴 수 있도록 노력하여야 한다.

## 3. 학교폭력대책지역협의회

(1) 학교폭력예방 대책을 수립하고 기관별 추진계획 및 상호 협력·지원 방안 등을 협의하기 위하여 시·군·구에 학교폭력대책지역협의회(이하 "지역협의회"라 한다)를 둔다(법 제10조의2 제1항).

(2) 지역협의회는 위원장 1명을 포함한 20명 내외의 위원으로 구성한다.

## 4. 학교폭력대책심의위원회

### (1) 학교폭력대책심의위원회의 설치

① 학교폭력의 예방 및 대책에 관련된 사항을 심의하기 위하여 「지방교육자치에 관한 법률」 및 「제주특별자치도 설치 및 국제자유도시 조성을 위한 특별법」에 따른 교육지원청(교육지원청이 없는 경우 해당 시·도 조례로 정하는 기관으로 한다)에 학교폭력대책심의위원회(이하 "심의위원회"라 한다)를 둔다(법 제12조 제1항).

② 다만, 심의위원회 구성에 있어 학교폭력 피해학생과 가해학생이 각각 다른 교육지원청 관할 구역 내의 학교에 재학 중인 경우에는 교육감 보고를 거쳐 둘 이상의 교육지원청이 공동으로 심의위원회를 구성할 수 있다.

③ 심의위원회는 해당 지역에서 발생한 학교폭력에 대하여 조사할 수 있고 학교장 및 관할 경찰서장에게 관련 자료를 요청할 수 있다.

### (2) 심의위원회의 심의사항

① 학교폭력의 예방 및 대책
② 피해학생의 보호
③ 가해학생에 대한 교육, 선도 및 징계
④ 피해학생과 가해학생 간의 분쟁조정
⑤ 학교폭력의 예방 및 대책과 관련하여 학교의 장이 건의하는 사항

### (3) 심의위원회의 구성·운영

① 심의위원회는 10명 이상 50명 이내의 위원으로 구성하되, 전체위원의 3분의 1 이상을 해당 교육지원청 관할 구역 내 학교(고등학교를 포함한다)에 소속된 학생의 학부모로 위촉하여야 한다(법 제13조 제1항).

② 심의위원회의 위원장은 다음에 해당하는 경우에 회의를 소집하여야 한다(법 제13조 제2항).
    ㉠ 심의위원회 재적위원 4분의 1 이상이 요청하는 경우
    ㉡ 학교의 장이 요청하는 경우
    ㉢ 피해학생 또는 그 보호자가 요청하는 경우

ⓔ 학교폭력이 발생한 사실을 신고받거나 보고받은 경우

ⓜ 가해학생이 협박 또는 보복한 사실을 신고받거나 보고받은 경우

ⓑ 그 밖에 위원장이 필요하다고 인정하는 경우

③ 심의위원회는 회의의 일시, 장소, 출석위원, 토의내용 및 의결사항 등이 기록된 회의록을 작성·보존하여야 한다.

## 5. 피해학생의 보호 및 가해학생에 대한 조치

### (1) 피해학생의 보호

① 심의위원회는 피해학생의 보호를 위하여 필요하다고 인정하는 때에는 피해학생에 대하여 다음에 해당하는 조치(수 개의 조치를 병과하는 경우를 포함한다)를 할 것을 교육장(교육장이 없는 경우 조례로 정한 기관의 장으로 한다)에게 요청할 수 있다. 다만, 학교의 장은 피해학생의 보호를 위하여 긴급하다고 인정하거나 피해학생이 긴급보호의 요청을 하는 경우에는 학내외 전문가에 의한 심리상담 및 조언, 일시보호 및 그 밖에 피해학생의 보호를 위하여 필요한 조치를 할 수 있다. 이 경우 학교의 장은 심의위원회에 즉시 보고하여야 한다.

ㄱ 학내외 전문가에 의한 심리상담 및 조언

ㄴ 일시보호

ㄷ 치료 및 치료를 위한 요양

ㄹ 학급교체

ㅁ 그 밖에 피해학생의 보호를 위하여 필요한 조치

② 심의위원회는 보호조치를 요청하기 전에 피해학생 및 그 보호자에게 의견진술의 기회를 부여하는 등 적정한 절차를 거쳐야 한다.

③ 보호조치 요청이 있는 때에는 교육장은 피해학생의 보호자의 동의를 받아 7일 이내에 해당 조치를 하여야 한다.

④ 보호조치 등 보호가 필요한 학생에 대하여 학교의 장이 인정하는 경우 그 조치에 필요한 결석을 출석일수에 산입할 수 있다.

⑤ 학교의 장은 성적 등을 평가함에 있어서 보호조치로 인하여 학생에게 불이익을 주지 아니하도록 노력하여야 한다.

⑥ 피해학생이 전문단체나 전문가로부터 학내외 전문가에 의한 심리상담 및 조언, 일시보호, 치료 및 치료를 위한 요양을 받는 데에 사용되는 비용은 가해학생의 보호자가 부담하여야 한다. 다만, 피해학생의 신속한 치료를 위하여 학교의 장 또는 피해학생의 보호자가 원하는 경우에는 「학교안전사고 예방 및 보상에 관한 법률」에 따른 학교안전공제회 또는 시·도 교육청이 부담하고 이에 대한 구상권을 행사할 수 있다.

⑦ 학교의 장 또는 피해학생의 보호자는 필요한 경우 「학교안전사고 예방 및 보상에 관한 법률」의 공제급여를 학교안전공제회에 직접 청구할 수 있다.

### (2) 가해학생에 대한 조치

① 심의위원회는 피해학생의 보호와 가해학생의 선도·교육을 위하여 가해학생에 대하여 다음에 해당하는 조치(수 개의 조치를 병과하는 경우를 포함한다)를 할 것을 교육장에게 요청하여야 하며, 각 조치별 적용 기준은 대통령령으로 정한다. 다만, 퇴학처분은 의무교육과정에 있는 가해학생에 대하여는 적용하지 아니한다.

ⓐ 피해학생에 대한 서면사과

ⓑ 피해학생 및 신고·고발 학생에 대한 접촉, 협박 및 보복행위의 금지

ⓒ 학교에서의 봉사

ⓓ 사회봉사

ⓔ 학내외 전문가에 의한 특별 교육이수 또는 심리치료

ⓕ 출석정지

ⓖ 학급교체

ⓗ 전학

ⓘ 퇴학처분

② 심의위원회가 교육장에게 가해학생에 대한 조치를 요청할 때 그 이유가 피해학생이나 신고·고발 학생에 대한 협박 또는 보복 행위일 경우에는 조치를 병과하거나 조치 내용을 가중할 수 있다.

③ 피해학생 및 신고·고발 학생에 대한 접촉, 협박 및 보복행위의 금지, 학교에서의 봉사, 사회봉사, 출석정지, 학급교체, 전학의 처분을 받은 가해학생은 교육감이 정한 기관에서 특별교육을 이수하거나 심리치료를 받아야 하며, 그 기간은 심의위원회에서 정한다.

④ 학교의 장은 가해학생에 대한 선도가 긴급하다고 인정할 경우 우선 피해학생에 대한 서면사과, 피해학생 및 신고·고발 학생에 대한 접촉, 협박 및 보복행위의 금지, 학교에서의 봉사, 학내외 전문가에 의한 특별 교육이수 또는 심리치료, 출석정지의 조치를 할 수 있으며, 학내외 전문가에 의한 특별 교육이수 또는 심리치료, 출석정지는 병과조치할 수 있다. 이 경우 심의위원회에 즉시 보고하여 추인을 받아야 한다.

⑤ 심의위원회는 조치를 요청하기 전에 가해학생 및 보호자에게 의견진술의 기회를 부여하는 등 적정한 절차를 거쳐야 한다.

⑥ 가해학생에 대한 조치 요청이 있는 때에는 교육장은 14일 이내에 해당 조치를 하여야 한다.

⑦ 학교의 장이 긴급조치를 한 때에는 가해학생과 그 보호자에게 이를 통지하여야 하며, 가해학생이 이를 거부하거나 회피하는 때에는 학교의 장은 「초·중등교육법」에 따라 징계하여야 한다.

⑧ 가해학생이 학교에서의 봉사, 사회봉사, 학내외 전문가에 의한 특별 교육이수 또는 심리치료를 받은 경우 이와 관련된 결석은 학교의 장이 인정하는 때에는 이를 출석일수에 산입할 수 있다.

⑨ 심의위원회는 가해학생이 특별교육을 이수할 경우 해당 학생의 보호자도 함께 교육을 받게 하여야 한다.

⑩ 가해학생이 다른 학교로 전학을 간 이후에는 전학 전의 피해학생 소속 학교로 다시 전학올 수 없도록 하여야 한다.

⑪ 피해학생 및 신고·고발 학생에 대한 접촉, 협박 및 보복행위의 금지, 학교에서의 봉사, 사회봉사, 학내외 전문가에 의한 특별 교육이수 또는 심리치료, 출석정지, 학급교체, 전학, 퇴학처분을 받은 학생이 해당 조치를 거부하거나 기피하는 경우 심의위원회는 교육장으로부터 그 사실을 통보받은 날부터 7일 이내에 추가로 다른 조치를 할 것을 교육장에게 요청할 수 있다.

## 6. 행정심판 및 분쟁조정

### (1) 행정심판

① 교육장이 피해학생의 보호 및 가해학생에 대한 조치에 따라 내린 조치에 대하여 이의가 있는 피해학생 또는 그 보호자는 「행정심판법」에 따른 행정심판을 청구할 수 있다(법 제17조의2 제1항).

② 교육장이 가해학생에 대한 조치에 따라 내린 조치에 대하여 이의가 있는 가해학생 또는 그 보호자는 「행정심판법」에 따른 행정심판을 청구할 수 있다.

③ 행정심판청구에 필요한 사항은 「행정심판법」을 준용한다.

### (2) 분쟁조정

① 심의위원회는 학교폭력과 관련하여 분쟁이 있는 경우에는 그 분쟁을 조정할 수 있다(법 제18조 제1항).

② 분쟁의 조정기간은 1개월을 넘지 못한다.

③ 학교폭력과 관련한 분쟁조정에는 다음의 사항을 포함한다.

　　㉠ 피해학생과 가해학생 간 또는 그 보호자 간의 손해배상에 관련된 합의조정

　　㉡ 그 밖에 심의위원회가 필요하다고 인정하는 사항

④ 심의위원회는 분쟁조정을 위하여 필요하다고 인정하는 때에는 관계 기관의 협조를 얻어 학교폭력과 관련한 사항을 조사할 수 있다.

⑤ 심의위원회가 분쟁조정을 하고자 할 때에는 이를 피해학생·가해학생 및 그 보호자에게 통보하여야 한다.

⑥ 시·도교육청 관할 구역 안의 소속 교육지원청이 다른 학생 간에 분쟁이 있는 경우에는 교육감이 직접 분쟁을 조정한다.

⑦ 관할 구역을 달리하는 시·도교육청 소속 학교의 학생 간에 분쟁이 있는 경우에는 피해학생을 감독하는 교육감이 가해학생을 감독하는 교육감과의 협의를 거쳐 직접 분쟁을 조정한다.

## ⑫ 서면사과처분 취소청구

### 1. 재결 요지

청구인이 아직 초등학교 2학년(9세)으로 폭력에 대한 사리 분별력 및 인지능력이 있다고 보기에는 무리가 있고, 피청구인의 조사 및 가·피해 학생 간의 분쟁조정 노력이 부족한 점 등이 인정되며, 담임교사의 지도로 충분히 개선이 가능하다고 보여지고, 어린 학생 간의 경미한 다툼에 대하여 피청구인이 관계법령을 적용해야 할 것인가에 대하여 교육적인 입장 및 학생의 선도가능성 등을 종합적으로 심도 있게 검토하여야 함에도 징계처분만을 목적으로 절차를 진행하여, 청구인의 상황 및 여건을 적극적으로 고려하지 않은 서면사과처분은 위법·부당하다.

### 2. 주문

피청구인이 2013. 00. 00. 청구인에게 한 서면사과처분을 취소한다.

### 3. 청구 취지

피청구인이 2013. 00. 00. 청구인에게 한 서면사과처분을 취소한다.

### 4. 이유

#### ⑴ 사건개요

청구인은 ○○초등학교 2학년에 재학 중 같은 반 ○○, ○○에 대한 학교폭력으로 2013. 00. 00. 서면사과처분을 받자 초등학교 2학년(9세)으로 학교폭력이라는 사실을 인지하지 못하고 한 행동이고, 1학기 초부터 같은 반 급우들의 따돌림으로 심리치료까지 받았는데, 전반적인 상황을 고려하지 않고 서면사과처분을 한 것은 양형이 너무 과하다며 취소를 구하는 행정심판을 청구하였다.

#### ⑵ 청구인 주장

청구인은 다음과 같이 주장한다.

① 청구인에 대하여 2학년 1학기 초부터 급우들이 계속된 집단 따돌림이 있었다는 것이 보충자료 심리평가소견서(○○심리상담센터)에서도 알 수 있듯이 청구인도 피해자이고 이러한 따돌림을 담임선생님에게 알려 도움을 요청하였으나 개선되지 않았다.

② 청구인의 학교폭력의 원인관계 및 조사에서 섬 문화의 특성과 청구인이 전학을 온 점 등이 불리하게 작용하여 공평하고 객관적인 조사가 이루어지지 않았다.

③ 청구인이 ○○학생에 대한 폭력은 ○○학생이 청구인과 다른 학생 간의 싸움을 말리는 과정에서 청구인에게 살짝 물리는 정도로 경미하다.

④ ○○학생에 대한 언어폭력 "천벌을 받아서 그런거야"는 언어에 대한 의미를 정확히 이해하지 못할 정도로 청구인이 아직 어리고 인격적으로 미숙하다.

⑤ 피해자인 ○○, ○○ 학부모도 청구인에 대한 처벌을 원하지 않으며, 청구인이 먼저 피해를 당하여 대응 수준이거나, 폭력이라고 할 수 없는 경미한 수준이다.

⑥ 청구인이 친구관계의 정립과정에서 서로 충돌이 있을 수 있으며, 친구들에게 피해를 주는 행동이 바람직하지 않다는 것을 청구인도 알게 되어 그러한 행동들에 대하여 깊이 반성하고 있다.

⑦ 청구인이 초등학교 저학년으로 아직 어리고 현재 새로 전학(○○초)간 학교에서도 잘 적응하고 있으므로 이번 처분으로 학년이 올라갈 때마다 부정적인 선입견이 생겨 학교생활에 적응하는 데 어려움이 있을 것으로 사료되고, 청구인의 미래를 고려하여 서면사과처분은 취소되어야 한다.

## (3) 피청구인 주장

피청구인은 다음과 같이 주장한다.

① 청구인의 같은 반 학생들이 바람직하지 못한 행동을 일삼는 청구인과 어울리기를 거부했다고 해서 그것을 '왕따'로 볼 수는 없다.

② 본교 학교폭력대책자치위원회에서는 객관적으로 드러난 사실만을 가지고 심의했으며, 학교폭력대책자치위원회 개최 이전 사건과 직접 관련이 없는 다른 학생들(○○, ○○, ○○)과 담임교사는 물론 보건교사, 상담사 등의 의견도 청취하였다.

③ 피해학생 학부모는 4차 학교폭력대책자치위원회에서 처벌 의사를 재삼 강조하였으며, 청구인이 싸움을 말리던 ○○을 물었음에도 고의성이 없었다는 얘기는 수긍하기 어렵다.

④ '천벌' 관련 처분 이유는 3차 학교폭력대책자치위원회에서 비슷한 수준의 언어폭력에 대해 서면사과 조치가 내려졌으며 청구인만 징계하지 않는 것은 형평에 위배된다고 판단했기 때문이다.

⑤ 청구인은 거리낌없이 친구를 괴롭히면서도 자신이 입을 피해에 대해서는 "엄마(○○초 3학년 담임교사)에게 이를 거야"라며 친구들을 위협하였다.

⑥ 학교폭력에 적절히 대응해야 할 책임이 있는 학교로서는 불가피하게 언어폭력 및 신체폭행에 대하여 서면사과처분을 하였으므로 청구인의 청구를 기각하여야 한다.

### (4) 이 사건 처분의 위법·부당 여부

#### ① 관계법령

「학교폭력예방 및 대책에 관한 법률」 제1조·제2조 및 제17조

「학교폭력예방 및 대책에 관한 법률 시행령」 제19조

#### ② 판단

㉠ 초등학교 2학년(9세)인 청구인이 같은 반 ○○이 팔에 깁스를 하고 있는 것을 보고 언어폭력("천벌을 받아서 그런거야")을 행사한 사실과 청구인이 같은 반 학생 간의 싸움을 말리는 ○○의 팔을 물었다는 점의 행위가 과연 「학교폭력예방 및 대책에 관한 법률」 제2조 제1호의 학교폭력에 해당하여 처벌해야 하는지가 중요한 판단 문제라고 할 수 있다.

㉡ 청구인이 아직 초등학교 2학년(9세)으로 폭력에 대한 사리 분별력 및 인지능력이 있다고 보기에는 무리가 있고, 피청구인의 조사 및 가·피해 학생 간의 분쟁조정 노력이 부족한 점 등이 인정되며, 담임교사의 지도로 충분히 개선이 가능하다고 보여지고, 어린 학생 간의 경미한 다툼에 대하여 피청구인이 「학교폭력예방 및 대책에 관한 법률」을 적용해야 할 것인가에 대하여 교육적인 입장 및 학생의 선도가능성 등을 종합적으로 심도 있게 검토하여야 함에도 징계처분만을 목적으로 절차를 진행하여, 청구인의 상황 및 여건을 적극적으로 고려하지 않은 서면사과처분은 위법·부당하다.

### (5) 결론

그렇다면 청구인의 주장을 인정하여 주문과 같이 재결한다.

## 03 전학처분 취소청구

## 1. 재결 요지

청구인의 행위가 학교폭력에 해당되어 전학처분을 받은 사실에는 다툼이 없으나, ① 학생 정서의 근본적 치유가 어려운 점, ② 전학으로 더 큰 문제가 발생할 수 있는 점, ③ 학교장이 청구인에 대하여 졸업시까지 상담과 교육을 해야 할 필요성을 인정하고 있는 점, ④ 청구인은 현재 깊이 반성하고 있어 선도가능성이 충분하다고 판단되므로 전학처분을 취소하고 "출석 정지 7일"로 감경하기로 결정하고, 청구인은 전학처분시 출석정지 7일도 병과 처분을 받아 이를 이미 이행하였는바, 출석정지 7일은 이행한 것으로 간주한다.

## 2. 주문

피청구인이 2013. 00. 00. 청구인에게 한 전학처분은 이를 출석정지 7일로 변경한다.

## 3. 청구 취지

피청구인이 2013. 00. 00. 청구인에게 한 전학처분을 취소한다.

## 4. 이유

### (1) 사건개요

청구인은 2013. 00.경 같은 학교 친구들을 사이버상에서 집단 따돌림하고 위협한 행위들 및 교사의 지도 불응 등의 이유로 2013. 00. 00. 학교폭력대책자치위원회의 심의 결과, 출석정지 및 전학처분을 받았다. 이에 청구인은 본인의 잘못에 대하여 깊이 반성하고 있고, 3학년 2학기 한 학기만 다니면 졸업하므로 전학처분을 취소해주기 바란다며 행정심판을 청구하였다.

### (2) 청구인 주장

청구인은 다음과 같이 주장한다.

① 청구인은 부모 이혼으로 조부모 슬하에서 자라면서 정서적으로 안정되지 못하고 감정조절이 잘 안 되어 욱하는 성격이 있어 주변에 좋지 못한 영향을 끼쳤고 사춘기와도 겹쳐 교사의 지도에도 불응하고 친구들을 사이버상에서 따돌림 하는 등의 행위를 하게 되었다.

② 청구인은 본인의 잘못에 대하여 깊이 반성하고 있고, 특별교육 등도 이수하였으며, 3학년 2학기 한 학기만 다니면 졸업하므로 전학처분을 취소하여 선생님들의 지도를 받아 성실한 생활을 할 수 있는 개선의 기회를 달라고 요구하고 있다.

### (3) 피청구인 주장

피청구인은 다음과 같이 주장한다.

① 청구인은 잘못을 뉘우치고 반성하는 태도를 보이고 있고, 2013. 00. 00.부터 바뀐 담임교사와도 잘 지내면서 긍정적인 방향으로 행동이 변화되고 있다.

② 청구인의 성장 과정에서 나타난 문제점 등에 대해 상담과 교육을 통해 지도해야 할 필요성이 있고, 전학 이후 발생할지도 모르는 부적응 문제 등도 예상이 된다.

③ 청구인이 반성하고 있고, 특별지도의 필요성이 인정되나, ㉠ 학교폭력대책자치위원회의 결정을 존중해야 한다는 점, ㉡ 주변 학생들에게 끼치는 영향을 고려하여 청구인의 청구를 기각하여 달라고 요구하고 있다.

⑷ **이 사건 처분의 위법·부당 여부**

　① **관계법령**

　　「학교폭력예방 및 대책에 관한 법률」 제1조, 제2조, 및 제17조

　　「학교폭력예방 및 대책에 관한 법률 시행령」 제19조

　② **판단**

　　㉠ 청구인의 행위들이 실제 학교폭력에 해당되는지 여부, 처분의 양정이 과한지 등에 대하여는 다툼이 없고, 다만 청구인이 그러한 행위들을 할 수밖에 없었던 성장환경과 깊이 반성하고 있는 점, 3학년에 재학 중인 학생으로 졸업이 얼마 남지 않은 점에 비추어 전학처분을 취소해 달라고 요구하고 있다.

　　㉡ 청구인의 행위가 학교폭력에 해당되어 전학처분을 받은 사실에는 다툼이 없고, 다만 전학을 한다 하더라도 ⓐ 학생 정서의 근본적 치유가 어려운 점, ⓑ 전학으로 더 큰 문제가 발생할 수 있는 점, ⓒ 학교장이 청구인에 대하여 졸업 시까지 상담과 교육을 해야 할 필요성을 인정하고 있는 점, ⓓ 청구인은 현재 깊이 반성하고 있어 선도가능성이 충분하다고 판단되어 전학처분을 취소하고, 「학교폭력 예방 및 대책에 관한 법률」 제17조 제1항의 조치 사항 중 제6호인 출석정지 7일로 감경하기로 결정하고, 청구인은 전학처분시 출석정지 7일도 병과 처분을 받아 이를 이미 이행하였는바, 출석정지 7일은 이행한 것으로 간주한다.

⑸ **결론**

　그렇다면 청구인의 주장을 일부 인정하여 주문과 같이 재결한다.

행정사
행정사실무법

Part_

# 03

# 비송사건
# 절차법

제1절 총설

① 비송사건의 의의

비송사건이란 사권관계의 형성·변경·소멸에 관하여 법원이 후견적인 입장에서 관여하는 사건을 말한다. 비송사건은 법원이 사인 간의 생활관계에 관한 사항을 통상의 소송절차에 의하지 아니하고 간이한 절차로 처리하는 사건으로 법원의 관할에 속하는 민사사건 중 소송절차로 처리하지 않는 사건이다. 원래 사인 간의 생활관계는 사적 자치의 원칙이 지배하며 국가기관이 이에 관여하지 않는 것이 원칙이나 공익상 이를 방임하는 것이 적당하지 않을 때에는 후견적인 입장에서 예외적으로 이에 관여하는데 이것이 비송사건이 된다.

## 1. 광의의 비송사건

넓은 의미의 비송사건은 국가기관이 사법질서의 형성을 위하여 사권관계의 형성·변경·소멸에 관하여 후견적 임무를 수행하는 사건으로 「비송사건절차법」에서 정하고 있는 사건 이외에 가사비송사건, 파산사건, 회생사건, 경매사건 등을 포함한다.

## 2. 협의의 비송사건

좁은 의미의 비송사건은 「비송사건절차법」에 규정되어 있는 사건과 「비송사건절차법」에 의해 처리되어야 할 것을 특별법에서 규정하고 있는 사건을 말한다.

② 소송의 비송화

## 1. 의의

소송의 비송화란 종래 소송으로 처리하던 사항을 비송의 영역으로 이관하면서 법원의 합목적적 재량에 의하여 탄력적으로 처리하도록 하는 현상이 증가하는 경우를 말한다.

## 2. 원인

소송의 비송화 원인은 사건의 신속하고 탄력적·경제적 처리의 요구와 비정형적·개별적 처리의 요청으로 소송방식으로부터 이탈을 촉진시키면서 소송사건과 다른 원칙을 적용할 필요성이 증가하는 데 있다. 더욱이 현대의 복지국가화와 더불어 일반조항이 증가하면서 법관의 재량에 의하는 경우가 많아져 이러한 현상은 더욱 심화되고 있다.

## 3. 한계

비송절차는 공개심리구조가 아니므로 소송을 비송화하는 경우에는 「헌법」상 보장된 재판을 받을 권리를 침해할 수 있으므로 소송의 비송화에는 일정한 한계가 필요하다.

## ⑱ 비송사건과 민사소송의 구별 2021 기출

비송사건과 민사소송은 모두 재판기관인 법원의 권한에 속하는 것으로서 그 구별에 관하여는 여러 견해가 있다.

## 1. 목적설

비송사건은 사법질서의 형성을 목적으로 하고, 민사소송은 사법질서의 유지 및 확정을 목적으로 한다는 견해이다.

## 2. 대상설

비송사건은 분쟁이 없는 생활관계를 대상으로 하고, 민사소송은 당사자 간의 법적 분쟁을 대상으로 한다는 견해이다.

## 3. 수단설

비송사건은 사권의 실행을 위한 강제력이 없고, 민사소송은 사권의 실행을 위하여 강제력이 행사된다는 견해이다.

## 4. 실정법설

비송사건은 실정법이 비송사건으로 규정하고 있는 것이고, 민사소송은 실정법이 민사소송으로 규정하고 있는 것이라는 견해이다.

## 5. 결론

법원이 민사에 관한 사항을 처리함에 있어서 판단의 구체적 기준을 법률로 명시하여 놓은 경우와 합목적적 재량에 일임하여 놓은 경우를 구별하여, 법원이 합목적적으로 생각하는 바에 따라 처리하도록 맡긴 재량사항이면 비송사건에 해당한다고 보아야 하며, 대상설이 타당하다.

## ⑭ 비송사건과 민사소송의 차이점 2021 기출

민사소송과 비교할 때 비송사건의 재판은 그 성질상 일종의 행정작용이라고 할 수 있으며, 그 절차에 있어서도 소송사건에 비하여 대체로 간이·신속하고, 대심구조를 취하지 아니한다.

## 1. 비송사건

(1) 실질적으로 행정작용이다.

(2) 반드시 권리의 침해나 그 회복을 전제로 하지 않는다.

(3) 신청이 없이 개시되는 경우가 많으며 대립하는 당사자를 전제로 하지 않고, 재판은 결정에 의하며 기판력이 없고, 불복은 항고에 의한다.

(4) 비공개주의와 서면주의가 지배한다.

(5) 직권주의가 현저하고 자유로운 증명에 의함으로써 간이·신속하다.

## 2. 민사소송

(1) 실질적으로 사법작용이다.

(2) 권리의 침해나 그 회복을 전제로 한다.

(3) 소의 제기에 의하며 대립하는 당사자를 전제로 하고, 재판은 판결에 의하며 기판력이 있고, 불복은 항소·상고에 의한다.

(4) 공개주의와 구술주의가 지배한다.

(5) 처분권주의에 의하고 엄격한 증명을 요구함으로써 엄격·신중하다.

## 05 비송사건절차의 특징 2019 기출

### 1. 직권주의

민사소송절차에 있어서는 절차의 개시, 심판의 대상과 범위, 절차의 종결에 대하여 당사자에게 절차의 주도권을 주어 그 의사에 일임하는 처분권주의가 지배하나, 비송사건절차는 직권주의가 지배한다.

#### (1) 절차의 개시

① 민사소송절차는 당사자의 소의 제기에 의하여 개시되며, 법원의 직권에 의해 개시되지 않는다.

② 비송사건절차는 당사자의 신청에 의해서 뿐만 아니라, 법원이 공익적 입장에서 당사자의 신청이 없더라도 적극적으로 절차를 개시하는 경우가 많다.

#### (2) 심판의 대상과 범위

① 민사소송절차에서 심판의 대상과 범위는 원고의 의사에 의하여 특정되고 한정되므로, 법원은 당사자가 신청한 사항에 대하여 신청의 범위 내에서만 심판하여야 한다.

② 비송사건절차에서 심판의 대상과 범위는 당사자의 신청에 구속되지 않으며, 법원은 당사자가 신청하지 아니한 경우라도 심판하여야 한다.

#### (3) 절차의 종결

① 민사소송절차에서는 개시된 절차를 종국판결에 의하지 않고 당사자의 의사에 의하여 종결시킬 수 있다. 따라서 당사자는 소의 취하, 청구의 포기, 청구의 인낙, 화해에 의하여 절차를 종결시킬 수 있다.

② 비송사건절차에서는 직권으로 절차가 개시되는 사건과 신청이 당사자의 의무에 속하는 사건에 있어서는 당사자의 취하가 인정되지 않는다. 따라서 절차의 종결을 당사자의 의사에 의할 수 없으며 청구의 포기, 청구의 인낙, 화해가 허용되지 않는다.

### 2. 직권탐지주의

(1) 민사소송에서는 소송자료, 즉 사실과 증거의 수집, 제출의 책임을 당사자에게 맡기고, 당사자가 수집하여 제출한 소송자료만을 재판의 기초로 삼는 변론주의를 취하고 있다.

(2) 비송사건에서는 재판자료의 수집, 제출의 책임을 당사자가 아닌 법원이 지게 되는 직권탐지주의를 취하고 있다. 따라서 비송사건절차에서는 법원이 직권으로 사실의 탐지와 필요하다고 인정하는 증거의 조사를 하여야 한다(법 제11조).

## 3. 비공개주의

(1) 민사소송의 재판은 판결로 하며 공개주의를 원칙으로 한다. 따라서 당사자가 소송에 관하여 법원에서 변론을 하여야 하며, 변론과 판결은 공개된 법정에서 하여야 한다.

(2) 비송사건의 재판은 결정으로 하며 비공개주의를 원칙으로 한다. 따라서 심문(審問)은 공개하지 아니한다. 다만, 법원은 심문을 공개함이 적정하다고 인정하는 자에게는 방청을 허가할 수 있다(법 제13조).

## 4. 기판력의 결여

(1) 민사소송의 재판에는 기판력이 인정된다. 확정된 종국판결에 있어서 청구에 대한 판결내용은 당사자와 법원을 규율하는 새로운 규준으로서의 구속력을 가지며, 뒤에 동일사항이 문제되면 당사자는 그에 반하여 다시 다투는 소송이 허용되지 아니하며(불가쟁), 법원도 그와 모순·저촉되는 판단을 해서는 안 된다(불가반). 이러한 확정판결에 부여되는 구속력을 기판력이라 한다.

(2) 비송사건의 재판에는 기판력이 인정되지 않는다. 따라서 법원이 당사자의 신청을 받아들이지 않을 때에 당사자는 다시 신청하는 것이 허용되며, 법원도 본래와 다른 결정을 할 수 있다.

## 5. 기속력의 제한

(1) 민사소송의 재판에는 판결의 기속력이 인정된다. 판결이 일단 선고되어 성립되면, 판결을 한 법원도 이에 구속되며, 스스로 판결을 철회하거나 변경하는 것이 허용되지 않는다. 이를 판결의 기속력이라 한다.

(2) 비송사건의 재판에는 원칙적으로 기속력을 배제하고 있으며, 예외적으로 기속력을 인정하고 있다.
　① 법원은 재판을 한 후에 그 재판이 위법 또는 부당하다고 인정할 때에는 이를 취소하거나 변경할 수 있다(법 제19조 제1항).
　② 신청에 의하여만 재판을 하여야 하는 경우에 신청을 각하(却下)한 재판은 신청에 의하지 아니하고는 취소하거나 변경할 수 없다(법 제19조 제2항).
　③ 즉시항고(卽時抗告)로써 불복할 수 있는 재판은 취소하거나 변경할 수 없다(법 제19조 제3항).

## 6. 간이주의

(1) 민사소송의 재판은 엄격한 증명을 요구함으로써 엄격·신중하다.

(2) 비송사건의 재판은 결정의 형식으로 하며 심문도 비공개로 하기 때문에 진행이 신속하고 비용도 적게 든다. 또한 비송사건절차는 민사소송절차에 비하여 간이한 방식으로 이루어진다.

① 비송사건의 재판에 반드시 이유를 붙여야 하는 것은 아니다.

② 비송사건절차의 간이화를 위하여 법원서기관, 법원사무관, 법원주사 또는 법원주사보(법원사무관등)는 증인 또는 감정인(鑑定人)의 심문에 관하여는 조서(調書)를 작성하고, 그 밖의 심문에 관하여는 필요하다고 인정하는 경우에만 조서를 작성한다(법 제14조).

### 제2절 법원

#### 01 관할의 종류

관할이란 재판권을 행사하는 여러 법원 사이에 어떤 법원이 어떤 사건을 처리하느냐의 재판권의 분담관계를 정해 놓은 것을 말하며, 관할의 종류에는 심급관할, 사물관할, 토지관할이 있다.

#### 1. 심급관할

심급관할이란 비송사건에 대하여 어느 법원이 제1심으로 심판할 것인가 또는 이미 이루어진 다른 법원의 재판의 당부에 대하여 어느 법원이 심판할 것인가 하는 법원 간의 심판의 순서, 상소관계에 있어서의 관할을 말한다.

##### (1) 제1심법원

비송사건에 있어서 제1심법원은 지방법원과 동지원이 된다.

##### (2) 제2심법원

지방법원 단독판사의 제1심 결정이나 명령에 대한 항고사건의 제2심 관할법원은 지방법원 본원 합의부이고, 지방법원 합의부의 제1심 결정이나 명령에 대한 항고사건의 제2심 관할법원은 고등법원이 된다.

##### (3) 제3심법원

항고법원의 결정이나 명령에 대한 재항고사건은 대법원이 관할한다.

#### 2. 사물관할

사물관할이란 제1심법원에서 사건을 단독판사가 처리하게 할 것인가 또는 합의부에서 처리하게 할 것인가의 관할의 분배로, 지방법원 단독판사와 지방법원 합의부에 사건의 경중 또는 성질을 기준으로 재판권의 분담관계를 정해 놓은 것을 말한다. 비송사건에서는 사건의 성질에 따라 사물관할이 정해지며 「비송사건절차법」은 각종의 사건마다 그 사물관할을 개별적으로 규정하고 있다.

---

**● 비송사건의 관할**

1. 민사비송사건(원칙 : 지방법원 단독판사) 중 지방법원 합의부의 관할
   ① 법인의 임시이사 선임사건
   ② 법인의 특별대리인 선임사건
   ③ 법인의 임시총회소집 허가사건

---

> 2. 상사비송사건(원칙 : 지방법원 합의부) 중 지방법원 단독판사의 관할
>    ① 외국회사 영업소의 폐쇄명령사건
>    ② 유한회사의 주식회사로의 합병인가사건
>    ③ 각종 경매허가사건
>    ④ 합명회사와 합자회사의 청산에 관한 사건

### 3. 토지관할 <sup>2015 기출</sup>

토지관할이란 소재지를 달리하는 동종의 법원 사이에 사건의 분담 관계를 정해 놓은 것으로, 전국에 설치되어 있는 같은 심급의 법원 상호 간의 지역에 따른 사건의 관할 문제를 말한다.

#### (1) 원칙

① 「비송사건절차법」은 토지관할에 관하여 원칙적인 규정을 두지 않고 각종의 사건마다 당사자와 법원의 편의를 고려하여 개별적으로 토지관할을 규정하고 있다.

② 토지관할의 표준은 사람의 주소지, 주된 사무소의 소재지, 물건의 소재지, 채무이행지, 소송계속지 등 매우 다양하다.

#### (2) 특칙

① 법원의 토지관할이 주소에 의하여 정하여질 경우 대한민국에 주소가 없을 때 또는 대한민국 내의 주소를 알지 못할 때에는 거소지(居所地)의 지방법원이 사건을 관할한다(법 제2조 제1항).

② 거소가 없을 때 또는 거소를 알지 못할 때에는 마지막 주소지의 지방법원이 사건을 관할한다(법 제2조 제2항).

③ 마지막 주소가 없을 때 또는 그 주소를 알지 못할 때에는 재산이 있는 곳 또는 대법원이 있는 곳을 관할하는 지방법원이 사건을 관할한다(법 제2조 제3항).

### 02 우선관할과 사건의 이송

관할법원이 여러 개인 경우에는 최초로 사건을 신청받은 법원이 그 사건을 관할한다. 이 경우 해당 법원은 신청에 의하여 또는 직권으로 적당하다고 인정하는 다른 관할법원에 그 사건을 이송할 수 있다(법 제3조).

### 1. 우선관할

(1) 관할법원이 여러 개일 경우에는 최초의 사건의 신청을 받은 법원이 그 사건을 관할한다. 이렇게 정해지는 관할을 우선관할이라 한다.

(2) 재산의 소재지에 따라 관할법원이 정해지는 경우에 재산이 여러 곳에 분산되어 있어서 여러 개의 법원이 관할권을 갖는 경우에 최초의 사건의 신청을 받은 법원이 그 사건을 관할한다.

### 2. 사건의 이송(재량이송) <sup>2022 기출</sup>

(1) 우선관할권을 가지는 법원이 사건을 심리하는 것이 부적당한 경우에 그 법원은 신청에 의하거나 직권으로 적당하다고 인정하는 다른 관할법원에 그 사건을 이송할 수 있는데 이를 사건의 이송이라 한다.

(2) 이송의 재판은 신청에 의하거나 직권으로 한다. 이송결정은 이송을 받은 법원을 기속하며, 이송을 받은 법원은 다시 사건을 다른 법원에 이송하지 못한다.

(3) 이송이 확정된 때에는 사건은 처음부터 이송을 받은 법원에 계속된 것으로 간주한다.

> **판례**
>
> 비송사건으로 신청하여야 할 것을 민사소송으로 구하였다면 이는 부적법한 소로서 각하하는 것이 원칙이며, 소송사건으로 소를 제기해야 할 것을 비송사건으로 신청하였다면 역시 부적법한 신청으로서 각하하여야 할 것이다(대판 1963. 12. 12, 63다449; 대결 1976. 2. 11, 75마533).

## ⑬ 관할법원의 지정

관할법원의 지정이란 법원의 관할지역이 명확하지 아니하여 여러 개의 법원의 토지의 관할에 관하여 의문이 있을 때에 하며, 관계법원에 공통되는 직근 상급법원이 신청에 의하여 토지관할을 결정하는 것을 말한다.

> **비송사건절차법**
> **제4조【관할법원의 지정】** ① 관할법원의 지정은 여러 개의 법원의 토지관할에 관하여 의문이 있을 때에 한다.
> ② 관할법원의 지정은 관계 법원에 공통되는 바로 위 상급법원이 신청에 의하여 결정(決定)함으로써 한다. 이 결정에 대하여는 불복신청을 할 수 없다.

## ⑭ 법원직원의 제척 · 기피 · 회피

법원직원의 제척·기피에 관한 「민사소송법」의 규정은 비송사건에 이를 준용한다(법 제5조). 회피의 경우에는 「민사소송법」을 준용하는 규정은 없으나, 제척·기피에 관한 규정을 준용하고 있으므로 제척사유 또는 기피사유가 있을 때 스스로 피할 수 있는 회피도 준용된다고 본다. 여기서 법원직원이란 법관 및 법원사무관등을 모두 포함한다.

### 1. 제척

제척이란 법원직원이 구체적인 사건에 대하여 법률에서 정한 특수한 관계에 있는 때에 법률상 당연히 그 사건에 대한 직무집행에서 배제되는 것을 말한다.

> **민사소송법**
> **제41조【제척의 이유】** 법관은 다음 각 호 가운데 어느 하나에 해당하면 직무집행에서 제척된다.
>   1. 법관 또는 그 배우자나 배우자이었던 사람이 사건의 당사자가 되거나, 사건의 당사자와 공동권리자·공동의무자 또는 상환의무자의 관계에 있는 때
>   2. 법관이 당사자와 친족의 관계에 있거나 그러한 관계에 있었을 때
>   3. 법관이 사건에 관하여 증언이나 감정을 하였을 때
>   4. 법관이 사건당사자의 대리인이었거나 대리인이 된 때
>   5. 법관이 불복사건의 이전심급의 재판에 관여하였을 때. 다만, 다른 법원의 촉탁에 따라 그 직무를 수행한 경우에는 그러하지 아니하다.

### 2. 기피

기피란 법원직원이 제척사유 이외에 재판의 공정을 의심할 만한 사유가 있는 때에 당사자의 신청에 의하여 그 사건의 직무집행으로부터 배제되는 것을 말한다.

> **민사소송법**
> **제43조【당사자의 기피권】** ① 당사자는 법관에게 공정한 재판을 기대하기 어려운 사정이 있는 때에는 기피신청을 할 수 있다.
> ② 당사자가 법관을 기피할 이유가 있다는 것을 알면서도 본안에 관하여 변론하거나 변론준비기일에서 진술을 한 경우에는 기피신청을 하지 못한다.

### 3. 회피

회피란 법원직원이 스스로 제척 또는 기피의 사유가 있다고 인정하여 자발적으로 직무집행을 피하는 것을 말한다.

제3절 당사자

① 당사자의 의의

## 1. 비송사건의 당사자

(1) 민사소송은 원고와 피고 간의 법적 분쟁을 대상으로 하는 사건이므로 누가 당사자인지가 명확하나, 비송사건은 사권관계의 형성을 위한 절차로서 법원의 후견적 개입을 대상으로 하는 사건이므로 당사자의 개념이 명확한 것은 아니다.

(2) 신청에 의하여 절차가 개시되는 비송사건의 경우에 그 신청인이나 재판의 효력을 직접 받는 사람이 당사자에 해당한다고 볼 수 있다.

(3) 「비송사건절차법」상 당사자를 지칭하는 용어는 통일되어 있지 않으나, 당사자란 신청인, 재판을 받을 수 있는 자, 항고인을 말하며, 해당 비송사건의 재판에 의해 그 권리·의무에 직접 영향을 받는 자라고 할 수 있다.

## 2. 당사자 개념

비송사건에서 당사자는 절차에 주체적으로 관여하는 지위에 있는 사람도 있고, 재판의 효력을 직접 받는 지위에 있는 사람도 있다. 전자를 형식적 당사자라 하고 후자를 실질적 당사자라 하는데, 비송사건에서 당사자란 형식적 당사자와 실질적 당사자를 모두 포함한다.

## 3. 구별개념

(1) **이해관계인**

이해관계인이란 비송사건에서 법원의 종국재판에 의해 직·간접적으로 그 권리의무에 영향을 받는 자를 말한다. 따라서 이해관계인이 반드시 당사자가 되는 것은 아니다. 이해관계인 중에서 사건의 신청인이 될 경우에만 당사자가 된다.

(2) **검사**

검사는 공익의 대표자로서 비송사건에 참여하는 경우가 있다. 그러나 검사는 비송사건의 종국재판에 의해 권리·의무에 아무런 영향을 받지 않는다. 따라서 비송사건의 당사자가 아니다.

## (02) 당사자능력과 비송능력

### 1. 당사자능력

당사자능력이란 비송사건의 당사자가 되기 위한 능력으로 자연인과 법인, 권리능력 없는 사단·재단이 당사자능력이 있다. 당사자능력이 없는 자가 행한 신청이나 항고 등은 무효이다.

#### (1) 자연인

자연인은 생존하는 동안 권리와 의무의 주체가 되므로 당사자능력이 있다.

#### (2) 법인

법인은 권리능력이 있으므로 당사자능력이 있다.

#### (3) 권리능력 없는 사단·재단

「민사소송법」 제52조에서는 "법인이 아닌 사단이나 재단은 대표자 또는 관리인이 있는 경우에는 그 사단이나 재단의 이름으로 당사자가 될 수 있다."라고 규정하고 있다. 그러나 「비송사건절차법」에는 이러한 규정이 없으므로 권리능력 없는 사단·재단에게 당사자능력을 인정할 것인지에 대하여 견해의 대립은 있으나, 권리능력 없는 사단·재단의 경우에도 현실적으로 비송사건의 당사자가 될 필요가 있으므로 당사자능력을 인정한다.

### 2. 비송능력

비송능력(비송행위능력)이란 당사자가 스스로 유효하게 비송행위를 할 수 있는 능력으로 민사소송에서의 소송능력에 해당한다. 「민법」상 제한능력자인 미성년자·피한정후견인·피성년후견인은 원칙적으로 비송능력이 없다. 비송능력이 없는 자의 비송행위는 무효이다.

> **민사소송법**
> **제55조 【미성년자·피한정후견인·피성년후견인의 소송능력】** 미성년자·피한정후견인 또는 피성년후견인은 법정대리인에 의하여서만 소송행위를 할 수 있다. 다만, 미성년자 또는 피한정후견인이 독립하여 법률행위를 할 수 있는 경우에는 그러하지 아니하다.

www.pmg.co.kr

## ⑬ 비송사건의 대리와 선정당사자 <sup></sup> 2016, 2020 기출

### 1. 비송대리인

(1) 비송사건의 관계인은 소송능력자로 하여금 소송행위를 대리(代理)하게 할 수 있다(법 제6조 제1항 본문). 따라서 비송사건에 있어서는 소송능력자이면 아무런 제한 없이 비송사건의 대리인이 될 수 있다.

(2) 비송대리인의 자격을 제한하지 않는 취지는 비송사건은 절차가 간단하며 직권주의가 지배하는 까닭에 대리인의 역할이 민사소송에 비하여 크지 않기 때문이다.

### 2. 비송대리가 허용되지 않는 경우

(1) **본인출석명령**

본인이 출석하도록 명령을 받은 때에는 소송능력자로 하여금 비송행위를 대리시킬 수 없다(법 제6조 제1항 단서).

(2) **퇴정명령**

법원은 변호사가 아닌 자로서 대리를 영업으로 하는 자의 대리를 금하고 퇴정(退廷)을 명할 수 있다. 이 명령에 대하여는 불복신청을 할 수 없다(법 제6조 제2항).

### 3. 대리권의 증명

(1) 비송대리인의 권한은 서면으로 증명하여야 하며, 통상 위임장에 의하여 증명한다.

(2) 대리권의 증명서면이 사문서인 경우에는 법원은 공증인, 그 밖의 공증업무를 보는 사람(공증사무소라 한다)의 인증을 받도록 비송대리인에게 명할 수 있다.

(3) 대리인의 권한을 증명하는 사문서(私文書)에 관계 공무원 또는 공증인의 인증(認證)을 받아야 한다는 명령에 대하여는 불복신청을 할 수 없다(법 제7조 제2항).

### 4. 대리행위의 효력

(1) **유권대리의 경우**

비송대리인이 대리권의 범위 내에서 한 비송행위는 직접 본인에게 효력이 미친다. 즉, 비송대리인이 권한 내에서 신청 또는 항고를 하거나 즉시항고기간을 도과한 경우 그 효과가 본인에게 미친다.

### (2) 무권대리의 경우

비송대리인으로서 비송행위를 한 자가 무권대리인인 경우에는 그 대리행위는 무효이다. 따라서 무권대리인이 비송사건을 신청한 경우에 법원은 이를 부적법한 것으로 각하하여야 한다. 그러나 법원이 이를 간과하고 재판을 한 경우에는 그 재판은 당연무효가 되는 것이 아니라 그 재판에 의하여 권리를 침해당한 자가 항고할 수 있을 뿐이다.

## 5. 당사자의 사망과 비송대리권의 소멸

비송사건에서는 신청에 의하여 절차가 개시되는 경우라도 그 후의 진행은 직권으로 운영되는 것이기 때문에 절차의 중단이라는 관념이 없고, 절차의 목적이 일신전속이 아닌 한 당사자가 사망하더라도 상속인으로 하여금 직권으로 절차를 승계시키는 점 등을 볼 때, 당사자가 사망하더라도 비송대리권이 소멸하는 것은 아니다.

## 6. 선정당사자

(1) 선정당사자란 공동의 이해관계 있는 여러 사람이 공동소송을 하여야 할 경우에 그 가운데서 모두를 위해 소송을 수행할 당사자로 선출된 자를 말한다.

(2) 비송사건에는 「민사소송법」상의 선정당사자에 관한 규정이 준용 또는 유추적용되지 않는다.

---

**◖◗ 선정당사자**

1. **법인이 아닌 사단 등의 당사자능력(민사소송법 제52조)**
   법인이 아닌 사단이나 재단은 대표자 또는 관리인이 있는 경우에는 그 사단이나 재단의 이름으로 당사자가 될 수 있다.

2. **선정당사자(민사소송법 제53조)**
   ① 공동의 이해관계를 가진 여러 사람이 제52조의 규정에 해당되지 아니하는 경우에는, 이들은 그 가운데에서 모두를 위하여 당사자가 될 한 사람 또는 여러 사람을 선정하거나 이를 바꿀 수 있다.
   ② 소송이 법원에 계속된 뒤 ①의 규정에 따라 당사자를 바꾼 때에는 그 전의 당사자는 당연히 소송에서 탈퇴한 것으로 본다.

3. **선정당사자 일부의 자격상실(민사소송법 제54조)**
   제53조의 규정에 따라 선정된 여러 당사자 가운데 죽거나 그 자격을 잃은 사람이 있는 경우에는 다른 당사자가 모두를 위하여 소송행위를 한다.

---

## ⓞ4 당사자의 복수 · 참가

### 1. 당사자의 복수

비송사건 중에는 수인의 당사자가 공동으로 사건에 관여할 것을 요구하고 있는 경우가 있는데, 이를 복수당사자사건(공동신청사건)이라고 한다.

### 2. 당사자의 참가

「비송사건절차법」은 보조참가에 관한 「민사소송법」 규정을 준용하고 있지는 않으나, 보조참가를 허용하여도 불리할 것은 없으므로 비송사건에도 보조참가를 인정한다.

> **민사소송법**
> **제71조【보조참가】** 소송결과에 이해관계가 있는 제3자는 한쪽 당사자를 돕기 위하여 법원에 계속 중인 소송에 참가할 수 있다. 다만, 소송절차를 현저하게 지연시키는 경우에는 그러하지 아니하다.

## 제4절 비송사건의 절차

### 01 절차개시의 유형

비송사건절차는 당사자의 신청에 의하여 개시되는 신청사건, 검사의 청구에 의하여 개시되는 검사청구사건, 직권으로 개시되는 직권사건이 있다.

### 1. 신청사건

신청사건은 당사자의 신청에 의해서만 절차가 개시되는 사건으로 비송사건의 대부분은 신청에 의하여 개시된다. 신청사건은 절차의 대상도 신청에 의하여 정해지고, 신청의 취하가 허용된다.

### 2. 검사청구사건

(1) 검사청구사건은 신청사건이나 직권사건 이외에 검사의 청구에 의하여 절차가 개시되는 사건을 말하며, 검사청구사건은 공익에 미치는 영향이 크기 때문에 검사가 이해관계인이 아닌 공익의 대표자로서 관여하는 것이다. 검사는 이러한 종류의 비송사건을 알게 되면 법원에 해당 비송사건의 재판을 청구하여야 한다.

(2) 「비송사건절차법」은 "법원, 그 밖의 관청, 검사와 공무원은 그 직무상 검사의 청구에 의하여 재판을 하여야 할 경우가 발생한 것을 알았을 때에는 그 사실을 관할법원에 대응한 검찰청 검사에게 통지하여야 한다(법 제16조)."라고 규정하고 있다.

(3) 검사청구사건은 청구권자로 검사만 규정하고 있는 경우는 없고 이해관계인의 청구나 법원의 직권을 절차개시요건으로 함께 규정하고 있다.

① **이해관계인이나 검사의 청구**
  ㉠ 재단법인의 정관보충사건(민법 제44조)
  ㉡ 법인의 임시이사 선임사건(민법 제63조)
  ㉢ 법인의 특별대리인 선임사건(민법 제64조)
  ㉣ 외국회사 영업소의 폐쇄명령사건(상법 제619조)

② **이해관계인이나 검사의 청구 또는 법원의 직권**
  ㉠ 법인의 청산인의 선임·해임사건(민법 제83조, 제84조)
  ㉡ 회사의 해산명령사건(상법 제176조)
  ㉢ 회사의 청산인의 선임사건(상법 제252조, 제542조)

## 3. 직권사건

### (1) 법원의 직권

직권사건은 당사자의 신청이 없더라도 법원이 일정한 처분을 하거나, 절차를 개시할 수 있는 사건을 말하며, 그 대표적인 것이 과태료 사건이다.

### (2) 이해관계인의 청구 또는 법원의 직권

① 신탁관리인의 선임사건
② 신탁사무의 검사를 위한 검사인 선임사건

### (3) 법원은 직권사건의 사유를 알게 된 때에는 즉시 그 절차를 개시하여야 한다.


## 02 당사자 신청의 방식

신청의 방식은 서면 또는 구술(말)로 할 수 있다. 그러나 예외적으로 특별한 규정이 있는 경우에는 구술에 의한 신청은 허용되지 않고 서면으로 하여야 한다.

## 1. 서면신청의 경우

### (1) 신청서에는 다음의 사항을 적고 신청인이나 그 대리인이 기명날인하거나 서명하여야 한다 (법 제9조 제1항).

① 신청인의 성명과 주소
② 대리인에 의하여 신청할 때에는 대리인의 성명과 주소
③ 신청의 취지와 그 원인이 되는 사실
④ 신청 연월일
⑤ 법원의 표시

### (2) 증거서류가 있을 때에는 그 원본 또는 등본(謄本)을 신청서에 첨부하여야 한다(법 제9조 제2항).

### (3) 「비송사건절차법」 소정의 신청에는 신청서에 인지를 붙여야 한다.

### (4) 다음의 사건은 반드시 서면으로 신청하여야 한다.

① 검사인 선임사건
② 합자회사 유한책임사원의 업무와 재산상태의 검사허가사건
③ 총회소집 허가사건

④ 주식의 액면미달발행 인가사건

⑤ 주식매도가액 및 주식매수가액 결정사건

⑥ 사채권자집회의 소집허가사건

⑦ 신탁의 변경사건

## 2. 구술신청의 경우

구술로 신청할 경우에는 법원사무관등의 면전에서 하고 법원사무관등이 조서를 작성하여 기명날인하여야 한다.

## 3. 신청의 적부의 조사와 그 보정

신청방식에 흠결이 있는 경우 그 신청은 부적법한 것이지만, 그 보정이 불가능한 경우를 제외하고는 법원은 즉시 신청을 각하하지 않고 상당기간을 정하여 보정을 명하고 신청인이 보정을 하지 않을 때에 부적법한 신청으로 각하한다.

## 03 절차의 진행

### 1. 직권주의

(1) 비송사건절차의 진행에 관하여도 직권주의가 지배하며, 신청사건이든 직권사건이든 일단 절차가 개시된 후에는 법원은 직권으로 그 절차를 진행한다.

(2) 기일의 지정·변경, 송달, 사실의 탐지 및 증거조사 등은 법원이 직권으로 수행하며 당사자의 신청에 구애받지 않는다.

### 2. 절차의 중단·중지

(1) 비송사건절차는 직권으로 그 절차가 진행되는 것이므로 당사자의 사망, 능력의 상실, 파산, 법정대리인의 사망 또는 대리권의 소멸과 같은 사실이 발생한 경우라도 민사소송에서와 같은 절차의 중단·중지는 없다.

(2) 비송사건절차에 있어서는 절차의 중단이 없으므로 절차의 승계라는 문제는 발생하지 않는다.

## 3. 기일 <sup>2022 기출</sup>

(1) 기일이란 비송사건절차에 관하여 법원, 당사자 또는 그 밖의 관계인이 일정한 장소에 회합하여 비송행위를 하기 위해 정해지는 시간을 말한다. 비송사건의 기일에는 심문기일과 증거조사기일이 있다.

(2) 기일의 지정·변경·연기·속행은 모두 법원의 직권으로 행해진다.

### (3) 검사에 대한 심문기일의 통지

① 사건 및 그에 관한 심문의 기일은 검사에게 통지하여야 한다(법 제15조 제2항).

② 검사는 공익의 대표자로 비송사건에 관하여 의견을 진술하고 심문에 참여할 수 있으므로 그 기회를 주기 위한 것이다(법 제15조 제1항).

③ 법원의 통지에 대하여 검사의 의견진술 및 심문참여의 권한 행사는 검사의 재량이며, 공익상 필요하다고 인정하는 경우에만 그 권한을 행사하게 될 것이다.

---

**⦿ 검사가 참여할 수 없는 사건**

(1) 법인 및 회사 청산의 경우 감정인의 선임사건
(2) 재판상 대위에 관한 사건
(3) 보존·공탁·보관과 감정에 관한 사건
(4) 사채에 관한 사건

---

## 4. 기간

(1) 기간이란 비송사건에 있어서 비송행위를 하는 데 정해진 시간을 말한다.

(2) 기간에는 즉시항고기간과 같이 그 기간이 도과하면 유효한 행위를 할 수 없는 것과 등기기간과 같이 그 기간이 도과하여도 유효한 행위를 할 수는 있으나 불이익을 받는 것이 있다.

(3) 법원은 불변기간이 아닌 한 법정기간 또는 법원이 정한 기간을 늘이거나 줄일 수 있다(민사소송법 제172조 제1항).

## 5. 재판의 고지방식

### (1) 고지방식자유의 원칙

① 송달이란 소송절차상 필요한 서류를 법률로 정한 방식에 의하여 소송관계인에게 송부하는 법원의 행위를 말하며, 민사소송에 있어서는 법원이 당사자나 제3자에게 고지할 때에는 법률로 정한 송달방법에 의할 것을 원칙으로 하고, 예외적으로 결정, 명령은 법원이 상당하다고 인정하는 방법에 의하도록 하고 있다.

② 「비송사건절차법」은 "재판의 고지는 법원이 적당하다고 인정하는 방법으로 한다(법 제18조 제2항)."라고 규정하여 고지방식자유를 원칙으로 하고 있다.

③ 법원사무관등은 재판의 원본에 고지의 방법, 장소, 연월일을 부기(附記)하고 도장을 찍어야 한다(법 제18조 제3항).

## (2) 예외

① 기일의 통지는 송달에 의하여야 한다.

② 고지받을 자의 주소나 거소의 불명 등으로 인하여 통상의 방법으로 고지할 수 없을 때에는 「민사소송법」의 규정에 의한 공시송달의 방법에 의한다.

## 04 비송사건의 심리 2013 기출

## 1. 심리방법

(1) 비송사건의 재판은 결정으로써 하고, 그 심리에는 변론을 요하지 않으며 일반적으로 심문의 방법에 의하여 심리한다. 심문이란 법원이 당사자, 이해관계인 등에게 서면 또는 구술로 진술할 기회를 부여하는 것을 말하며, 비송사건에서 심문은 임의적이다.

(2) 비송사건 중에는 재판 전에 반드시 관계인의 의견 또는 진술을 듣도록 규정하고 있는 것이 있는데, 반드시 구술의 진술을 들을 필요는 없고 서면의 진술도 가능하다.

① **변태설립사항의 변경에 관한 재판**: 발기인과 이사의 진술

② **업무와 재산상태의 검사를 위한 검사인 선임의 재판**: 이사와 감사의 진술

③ **직무대행자 선임의 재판**: 이사와 감사의 진술

④ **소송대표자 선임의 재판**: 이사 또는 감사위원회의 진술

⑤ **주식의 액면미달발행의 인가신청에 대한 재판**: 이사의 진술

⑥ **주식매도가액 및 주식매수가액 결정의 재판**: 주주와 매도청구인 또는 주주와 이사의 진술

⑦ **신주발행무효에 의한 환급금증감청구에 대한 재판**: 이사와 감사의 진술

⑧ **회사의 해산을 명하는 재판**: 이해관계인의 진술과 검사의 의견

⑨ **사채관리회사의 사임허가 · 해임 · 사무승계자 선임사건**: 이해관계인의 의견

⑩ **사채권자집회의 결의인가사건**: 이해관계인의 의견

⑪ **사채모집 위탁의 보수 등 부담 허가사건**: 이해관계인의 의견

⑫ **사채권자의 이의기간 연장사건**: 이해관계인의 의견

⑬ **과태료의 재판**: 당사자의 진술과 검사의 의견

(3) 당사자 기타 관계인을 법정에서 구술로 심문하고자 하는 경우에는 그 심문기일을 지정하여 소환하여야 한다.

(4) 비송사건의 심문은 원칙적으로 공개하지 아니한다. 그러나 재판상의 대위에 관한 사건은 다른 비송사건과는 달리 쟁송의 성격을 가지고 있기 때문에 비공개의 원칙이 적용되지 않는다.

(5) 법원서기관, 법원사무관, 법원주사 또는 법원주사보(법원사무관등)는 증인 또는 감정인(鑑定人)의 심문에 관하여는 조서(調書)를 작성하고, 그 밖의 심문에 관하여는 필요하다고 인정하는 경우에만 조서를 작성한다(법 제14조).

## 2. 사실인정에 관한 원칙

### (1) 절대적 진실발견주의

① 비송사건에서는 사실인정에 관하여 절대적 진실발견주의를 취하여 직권에 의한 탐지와 증거조사를 한다.

② 비송사건은 진실발견을 위하여 민사소송과 달리 당사자 처분권주의가 적용되지 않는다. 따라서 청구의 포기와 인낙의 개념이 없고, 당사자의 자백에 법원이 구속되지 않으며 의제자백도 인정되지 않는다.

### (2) 직권탐지주의

① 비송사건절차에 있어서 사실인정은 법원의 직권으로 행해지며, 법원은 자유롭게 사실발견을 위한 자료를 수집하고 조사한다. 따라서 자료수집의 방법과 범위는 법원이 자유롭게 정할 수 있다.

② 「비송사건절차법」은 "법원은 직권으로 사실의 탐지와 필요하다고 인정하는 증거의 조사를 하여야 한다(법 제11조)."라고 규정하고 있다.

## 3. 사실인정의 방법 2019 기출

### (1) 사실의 탐지

① 사실의 탐지는 자료를 수집하고 사실을 인정하는 방법 중 증거조사를 제외한 것을 말하며, 특정한 방식도 없고 강제력도 인정되지 않는다.

② 「민사소송법」은 증거조사방법으로 증인신문, 감정, 서증, 검증, 당사자신문의 다섯 가지를 규정하고 있으나, 비송사건에서의 증거조사 방법에는 증인신문과 감정만이 포함되므로 나머지는 사실탐지에 속한다.

③ 사실탐지의 방식은 법원이 자료의 수집에 적합한 형태로 하면 족하고 특별한 제한은 없다.

### (2) 증거조사

① 증거조사는 일정한 방식에 따른 것으로 강제력이 인정된다.

② 「비송사건절차법」에서는 증거조사 방법으로 증인신문과 감정에 관하여만 규정하고 있다.

③ 비송사건에서의 증거조사 방법에는 증인신문과 감정이 있으며, 증인과 감정인을 심문하는 때에는 조서를 작성하여야 한다.

### (3) 사실의 탐지 및 증거조사의 촉탁

사실의 탐지 및 증거조사를 다른 지방법원 판사에게 촉탁할 수 있다.

### (4) 입증책임

민사소송에 있어서는 변론주의를 취하므로 당사자에게 입증책임이 있으나, 비송사건에서는 직권탐지주의를 취하므로 당사자에게 입증책임이 없다.

## 05 절차의 종료 2014 기출

## 1. 종국재판에 의한 종료

(1) 비송사건절차는 법원의 종국재판에 의하여 종료된다.

(2) 종국재판이 고지되어 그 재판이 즉시항고가 허용되는 사건인 경우에는 그 재판의 확정에 의하여 절차가 종료되며, 즉시항고가 허용되지 않는 사건인 경우에는 그 재판의 고지와 동시에 절차가 종료된다.

(3) 보통항고가 허용되는 사건이라도 그 재판의 고지와 동시에 절차가 종료되며, 항고의 신청은 새로운 사건이다.

## 2. 신청의 취하에 의한 종료

(1) 당사자의 신청에 의해서만 절차가 개시되는 신청사건의 경우에는 신청인의 취하에 의하여 절차가 종료되며, 비송사건의 신청도 재판이 있을 때까지는 자유로이 취하할 수 있다.

(2) 신청의 취하가 허용되기 위해서는 그 신청이 신청인의 의무에 속하거나 법원이 직권으로 개시할 수 있는 경우가 아니어야 한다.

(3) 법원의 직권으로 개시되는 직권사건의 경우에는 취하를 인정할 여지가 없다.

## 3. 당사자의 사망에 의한 종료

(1) 당사자의 사망으로 비송사건절차가 종료되는 경우가 있다.

(2) 신청사건의 신청인이 사망한 경우 그 당사자가 해당 재판에서 추구하는 권리가 상속의 대상이라면 상속인이 그 절차를 승계하나, 그 권리가 상속의 대상이 되지 않는 것이라면 비송사건절차는 종료한다.


## (06) 절차의 비용 2018 기출

### 1. 의의

(1) 절차의 비용이란 해당 비송사건의 개시부터 종료에 이르기까지 투입된 모든 비용으로 재판 전의 절차와 재판의 고지비용을 말한다.

(2) 재판 전의 절차비용은 절차가 개시된 때부터 재판의 고지가 이루어지기까지의 절차를 수행하기 위하여 소요된 일체의 비용을 말하며, 수수료, 송달료, 증거조사비용, 대서료 등이 있다.

(3) 재판의 고지비용은 재판을 고지하는 데 필요한 비용을 말하며, 우편료 등이 있다.


### 2. 비용의 부담

(1) **원칙**

① 당사자가 신청한 사건의 재판 전의 절차와 재판의 고지비용은 부담할 자를 특별히 정한 경우를 제외하고는 사건의 신청인이 부담한다.

② 검사가 신청을 한 경우에는 국고의 부담으로 한다.

③ 법원이 직권으로 개시한 사건의 경우에는 국고의 부담으로 한다.

(2) **법률에 특별한 규정이 있는 경우**

① 재판상 대위에 관한 사건에서 항고절차의 비용과 항고인이 부담하게 된 전심의 비용에 대하여는 신청인과 항고인을 당사자로 보고 불리한 재판을 받은 자가 부담한다(법 제51조).

② 공탁소의 지정 및 공탁물보관인의 선임을 한 경우에 그 절차의 비용은 채권자가 부담한다(법 제53조 제3항).

③ 공탁물의 경매를 허가한 경우에 그 절차의 비용은 채권자의 부담으로 한다(법 제55조).

④ 법원이 질물에 의한 변제충당 신청을 허가한 경우에 그 절차의 비용은 질권설정자의 부담으로 한다(법 제56조 제2항).

⑤ 환매권 대위행사시의 감정인을 선임한 경우에 그 절차의 비용은 매수인의 부담으로 한다 (법 제57조 제2항).

⑥ 회사의 해산명령 사건에서 관리인의 선임 기타 회사재산의 보전에 필요한 재판을 한 경우에 재판 전의 절차와 재판의 고지비용은 회사의 부담으로 한다(법 제96조 제1항).

⑦ 과태료 재판 절차의 비용은 과태료를 부과하는 선고가 있는 경우에는 그 선고를 받은 자가 부담하고, 그 밖의 경우에는 국고에서 부담한다(법 제248조 제4항).

### (3) 재판에 의하여 특별히 비용부담자가 정해지는 경우

법원은 특별한 사유가 있을 때에는 비용을 부담할 자가 아닌 관계인에게 비용의 전부 또는 일부의 부담을 명할 수 있다(법 제26조).

### (4) 공동부담

비용을 부담할 자가 여럿인 경우에는 비용을 균등하게 부담한다. 다만, 법원은 사정에 따라 공동부담자에게 비용을 연대하여 부담하게 하거나 다른 방법으로 부담하게 할 수 있다.

### (5) 국고에 의한 비용의 체당

① 직권으로 하는 탐지, 사실조사, 소환, 고지, 그 밖에 필요한 처분의 비용은 국고에서 체당(替當)하여야 한다(법 제30조).

② 따라서 비용의 전부 또는 일부를 신청인들에게 부담시켰을 때에는 국가는 이들에게 상환하여야 한다.

## 3. 비용액의 재판

(1) 비송사건의 신청인은 절차비용을 예납 또는 지급하는 것이 보통이므로 비용에 대한 재판을 할 필요가 없는 경우가 많지만, 절차비용의 예납자 또는 지출자와 절차비용의 부담자가 다를 때에는 비용을 상환하게 하기 위해 비용액에 관한 재판을 할 필요가 있다.

(2) 비용에 관하여 재판을 할 필요가 있다고 인정할 때에는 그 금액을 확정하여 사건의 재판과 함께 하여야 한다(법 제25조).

## 4. 비용재판에 대한 불복신청

(1) 비용의 재판에 대하여는 그 부담의 명령을 받은 자만 불복신청을 할 수 있다. 이 경우 독립하여 불복신청을 할 수 없다(법 제28조).

(2) 불복신청을 할 수 있는 자는 비용부담의 명령을 받은 자이다.

⑶ 비용의 재판에 대하여는 독립하여 불복을 신청할 수 없고 항고와 동시에 하여야 한다. 그러므로 본안재판에 대한 불복이 금지되는 경우에는 비용의 재판에 대하여도 불복신청을 할 수 없다.

## 5. 비용재판의 집행

⑴ 비용의 채권자는 비용의 재판에 의하여 강제집행을 할 수 있다(법 제29조 제1항).

⑵ 비용의 채권자란 절차비용의 재판에서 비용을 상환받을 자로 정해진 자를 말한다.

⑶ 집행개시의 요건으로 집행을 하기 전에 재판서의 송달은 하지 아니한다.

⑷ 비용재판의 항고에는 집행정지의 효력이 없다. 그러나 항고법원 또는 원심법원은 사정에 따라 항고에 대한 결정이 있을 때까지 집행정지 기타의 잠정처분을 할 수 있다.

## 제5절 재판

### ① 재판의 종류

#### 1. 종국재판과 절차지휘의 재판

(1) 종국재판이란 법원이 그 비송사건을 종결시키기 위하여 하는 재판을 말하며, 본안 전의 재판과 본안의 재판으로 구별된다.

(2) 절차지휘의 재판이란 직접 사건의 종결을 목적으로 하지 않는 법원의 처분을 말하며, 기일지정의 재판 등이 있다.

#### 2. 본안 전의 재판과 본안의 재판

(1) 본안 전의 재판이란 신청요건을 결여하였거나 보정을 명하였는데 이에 응하지 아니한 경우와 같이 절차상의 요건불비를 이유로 신청을 부적법 각하하는 경우의 재판을 말한다.

(2) 본안의 재판이란 절차상의 요건을 구비하여 법원이 사건의 내용을 심리하여 그 결과 이유가 있다고 하여 사건이 목적하는 적극적 재판을 하거나 이유가 없다고 하여 소극적 재판을 하는 경우의 재판을 말한다.

### ② 재판의 방식

#### 1. 재판의 형식

비송사건의 재판은 결정으로써 한다(법 제17조). 재판서에는 재판의 취지를 명기하여야 하나, 법률에 특별한 규정이 없는 한 반드시 이유의 기재를 요하는 것이 아니다.

#### 2. 법률상 재판서에 이유를 붙이는 경우

(1) 항고법원의 재판

(2) 합자회사 유한책임사원의 업무와 재산상태의 검사허가신청에 대한 재판

(3) 총회소집 허가신청에 대한 재판

(4) 직무대행자 선임의 재판

(5) 소송대표자 선임의 재판

(6) 주식의 액면미달발행의 인가신청에 대한 재판

(7) 주식매도가액 및 주식매수가액 결정의 재판

(8) 신주발행무효에 의한 환급금증감청구에 대한 재판

(9) 회사의 해산을 명하는 재판

(10) 합병회사의 채무부담부분 결정의 재판

(11) 지분압류채권자의 보전청구에 대한 재판

(12) 유한회사의 주식회사로의 합병인가신청에 대한 재판

(13) 유한회사의 조직변경 인가신청에 대한 재판

(14) 사채관리회사의 사임허가·해임·사무승계자 선임의 재판

(15) 사채권자집회의 소집허가신청에 대한 재판

(16) 사채권자집회의 결의인가신청에 대한 재판

(17) 사채모집 위탁의 보수 등 부담 허가신청에 대한 재판

(18) 사채권자의 이의기간 연장신청에 대한 재판

(19) 청산인의 변제허가신청에 대한 재판

(20) 과태료의 재판

## 3. 재판의 원본

(1) 재판의 원본에는 판사가 서명날인하여야 한다. 다만, 신청서 또는 조서에 재판에 관한 사항을 적고 판사가 이에 서명날인함으로써 원본을 갈음할 수 있다(법 제17조 제2항).

(2) 서명날인은 기명날인으로 갈음할 수 있다(법 제17조 제4항).

## 4. 재판의 정본과 등본

(1) 재판의 정본과 등본에는 법원사무관등이 기명날인하고, 정본에는 법원인을 찍어야 한다(법 제17조 제3항).

(2) 정본은 원본의 전부를 복사하고 정본임을 인증한 서면으로 원본을 대신하여 그와 동일한 효력을 가지며, 재판의 집행을 요하는 경우에는 정본을 부여한다.

(3) 등본은 원본의 전부를 복사한 것으로 인증형식이 등본으로 된 것이며, 정본과는 달리 원본의
존재와 내용을 증명하는 효력만을 가진다.

## 03 재판의 고지 2016 기출

### 1. 고지의 방법

(1) 재판은 이를 받은 자에게 고지함으로써 효력이 생기므로 고지를 하여야 한다.

(2) 고지의 방법에는 제한이 없고, 법원이 적당하다고 인정하는 방법으로 한다(법 제18조 제2항).
그러나 공시송달을 하는 경우에는 「민사소송법」의 규정에 의한 공시송달의 방법에 의한다.

(3) 법원사무관등은 재판의 원본에 고지의 방법, 장소, 연월일을 부기(附記)하고 도장을 찍어야
한다(법 제18조 제3항).

### 2. 고지의 상대방

(1) 재판의 고지는 재판을 받은 자에게 한다.

(2) 재판을 받은 자는 재판에 의하여 자기의 법률관계에 직접 영향을 받는 자를 말하며, 반드시
신청인과 일치하는 것은 아니다.

## 04 재판의 효력 2018 기출

### 1. 재판의 효력발생시기

재판은 이를 받은 자에게 고지함으로써 효력이 생긴다(법 제18조 제1항). 따라서 즉시항고가
허용되는 재판도 그 확정을 기다리지 않고 고지와 동시에 그 효력이 발생한다.

### 2. 재판의 형성력

비송사건의 재판은 재판의 고지와 동시에 그 효력이 발생하며, 재판의 목적이 된 사권관계는
그 재판의 취지에 따라 변동하며, 그 효과는 재판을 받은 자는 물론이고 제3자에게도 미친다.

## 3. 재판의 집행력

(1) 비송사건은 사권관계의 형성을 목적으로 하는 것이므로 그 집행을 필요로 하지 않는 것이 보통이므로 재판의 집행력이 문제되지 않는다.

(2) 그러나 절차비용을 명하는 재판이나 과태료의 재판과 같이 관계인에 대하여 급부를 명하는 것일 때에는 집행력을 가진다.

## 4. 재판의 확정력

(1) 원칙

① 비송사건의 재판은 절대적 진실발견의 취지에 입각하여 객관적 사정에 부합하는 권리관계의 형성을 목적으로 한다.

② 따라서 법원은 일단 재판을 한 후에도 그 재판이 위법 또는 부당하다고 인정할 때에는 이를 취소·변경할 수 있고, 재판에 대한 불복신청은 그 제기에 기간의 정함이 없는 보통항고가 원칙이므로 원칙적으로 확정력이 없다.

(2) 예외

즉시항고에 의하여 불복신청이 허용되는 재판에 대하여 불복신청이 없이 항고기간을 도과하거나 항고권의 포기가 있는 때에는 더 이상 불복신청을 할 수 없게 되어 형식적 확정력이 생긴다.

## ⑤ 재판의 취소·변경 2017 기출

## 1. 취소·변경 자유의 원칙

비송사건은 사권관계의 형성을 목적으로 직권주의에 의해 심리·판단되는 것이어서 비송사건에 관하여 재판이 이루어진 후에 심리미진으로 인하여 그 재판이 타당하지 않았던 사실이 나중에 발견되는 경우가 있다. 이러한 경우에 그 부당한 재판을 그대로 방치한다는 것은 비송사건의 목적에 반하게 된다. 따라서 법원은 재판을 한 후에 그 재판이 위법 또는 부당하다고 인정할 때에는 이를 취소하거나 변경할 수 있다(법 제19조 제1항).

(1) 취소·변경의 의의

취소란 재판의 효력을 소멸시키는 것을 말하고, 변경이란 재판의 전부 또는 일부를 취소한 후 새로운 내용으로 원재판에 갈음하는 다른 내용의 재판을 하는 것을 말한다.

⑵ **취소 · 변경의 사유**

위법 또는 부당한 경우에 취소 · 변경할 수 있다.

⑶ **취소 · 변경의 신청**

취소 · 변경에는 신청을 요하지 아니하고, 취소 · 변경은 법원의 직권으로 한다.

⑷ **취소 · 변경의 법원**

취소 · 변경을 할 수 있는 법원은 원재판을 한 제1심법원에 한하고, 항고법원은 취소 · 변경의 권한이 없다.

⑸ **취소 · 변경의 시기**

취소 · 변경을 할 수 있는 시기에 대하여는 별다른 제한이 없다. 불복신청이 없는 경우는 물론이고, 항고가 있더라도 항고법원의 재판이 없는 동안에는 그 재판을 취소 · 변경할 수 있다.

⑹ **취소 · 변경의 효과**

취소 · 변경이 있는 경우에 사권관계의 변동이 발생한다. 취소 · 변경의 효력이 소급하는가에 대해서는 원칙적으로 소급효는 없다고 본다.

## 2. 취소 · 변경 자유의 제한

⑴ 신청에 의하여만 재판을 하여야 하는 경우에 신청을 각하(却下)한 재판은 신청에 의하지 아니하고는 취소하거나 변경할 수 없다(법 제19조 제2항).

① 신청에 의하여서만 재판을 하여야 하는 경우라 함은 당사자 · 이해관계인 또는 검사의 신청이나 청구가 없으면 재판을 할 수 없는 경우를 말한다.

② 신청을 각하한 재판이라 함은 신청이 부적법하여 각하한 경우뿐만 아니라 신청이 이유가 없어 기각하는 재판을 포함하여 널리 신청을 배척한 모든 재판을 말한다.

⑵ 즉시항고(卽時抗告)로써 불복할 수 있는 재판은 취소하거나 변경할 수 없다(법 제19조 제3항).

## 3. 사정변경에 의한 취소 · 변경

⑴ 사정변경에 의한 취소 · 변경이란 비송사건의 재판이 원래는 적법 · 타당한 것이었다 하더라도 후에 사정변경이 있어 원래의 재판을 유지하는 것이 부당하게 되는 경우에 법원이 이를 취소 · 변경하는 것을 말한다.

⑵ 「비송사건절차법」은 사정변경에 의한 취소 · 변경에 관하여 일반규정은 두지 않고 있다.

(3) 사정변경에 의한 취소·변경은 재판이 있은 후 사정변경이 있어 원래의 재판을 유지하는 것이 부당하게 되었을 것을 요건으로 하며, 즉시항고가 허용되는 재판에서 즉시항고가 된 이후라도 사정변경에 의한 취소·변경이 가능하다.

(4) 사정변경에 의한 취소·변경이 논의될 수 있는 것은 법원이 일정한 법률관계를 형성하였고 그것이 사정변경으로 인하여 부당하게 된 경우이며 그 성질상 계속적 법률관계에 한하여 적용된다.

## 4. 원재판의 경정(재도의 고안)

항고가 제기된 경우에 원심법원은 항고가 이유 있다고 인정하는 때에는 원재판을 경정한다.

> **판례**
>
> 민법 제63조에 의한 임시이사의 선임은 비송사건절차법의 규제를 받는 것인바, 법원은 임시이사 선임결정을 한 후에 사정변경이 생겨 그 선임결정이 부당하다고 인정될 때에는 이를 취소 또는 변경할 수 있다(대결 1992. 7. 3, 91마730).

## 06 재판의 집행

### 1. 원칙

비송사건의 재판은 원칙적으로 집행을 필요로 하지 않는다.

### 2. 예외

금전의 급부를 명하는 비용의 재판과 과태료의 재판의 경우에는 재판의 목적을 실현하기 위하여 집행을 필요로 한다.

(1) **비용의 재판**

비용의 채권자는 비용의 재판에 의하여 강제집행을 할 수 있으며, 집행을 하기 전에 재판서의 송달은 하지 않는다.

(2) **과태료의 재판**

과태료의 재판은 검사의 명령으로써 집행하고, 그 명령은 집행력 있는 집행권원과 동일한 효력이 있으며, 집행을 하기 전에 재판의 송달은 하지 않는다.

## 제6절 항고절차

### 01 항고의 의의

비송사건의 항고는 상급법원에 대하여 하급법원의 재판(결정)의 취소·변경을 구하는 불복신청이며, 비송사건의 재판에 대한 불복신청은 항고 이외의 방법은 인정되지 않는다.

### 02 항고의 종류 2015 기출

#### 1. 보통항고

(1) 보통항고는 그 제기에 기간의 정함이 없는 항고로서 항고의 이익이 있는 한 언제든지 제기할 수 있다.

(2) 비송사건에서의 항고는 보통항고가 원칙이다.

#### 2. 즉시항고

(1) 즉시항고는 그 제기에 기간의 정함이 있는 항고로서 재판의 고지가 있는 날로부터 1주일 이내에 하여야 하며, 그 기간은 불변기간이다.

(2) 즉시항고는 법률에 즉시항고를 할 수 있다는 명문의 규정이 있어야만 제기할 수 있다.

#### 3. 재항고

(1) 재항고는 항고법원이나 고등법원의 결정 및 명령에 대한 항고이다.

(2) 재항고는 재판에 영향을 미친 헌법·법률·명령 또는 규칙의 위반이 있음을 이유로 하는 때에만 대법원에 제기할 수 있다.

#### 4. 특별항고

(1) 특별항고는 불복할 수 없는 결정이나 명령에 대하여 재판에 영향을 미친 헌법 위반이 있거나, 재판의 전제가 된 명령·규칙·처분의 헌법 또는 법률의 위반 여부에 대한 판단이 부당하다는 것을 이유로 하는 때에만 대법원에 제기하는 항고이다.

(2) 특별항고는 재판이 고지된 날부터 1주 이내에 하여야 하며, 그 기간은 불변기간이다.

## ⑬ 항고절차의 개시

### 1. 항고권자

(1) 재판으로 인하여 권리를 침해당한 자는 그 재판에 대하여 항고할 수 있다(법 제20조 제1항). 여기에서 권리를 침해당한 자란 재판으로 인하여 직접적으로 정당한 이익을 침해받은 자를 말하며, 간접적으로 불이익을 받은 자는 포함하지 않는다.

(2) 신청에 의하여만 재판을 하여야 하는 경우에 신청을 각하한 재판에 대하여는 신청인만 항고할 수 있다(법 제20조 제2항). 여기에서 신청을 각하한 재판이란 신청이 부적법하여 각하한 경우 뿐만 아니라 신청이 이유가 없어 기각하는 재판을 포함하여 널리 신청을 배척한 모든 재판을 말한다.

### 2. 항고의 제기

#### (1) 항고제기의 방식

① 항고는 직근 상급법원에 서면 또는 구술(말)로 할 수 있다.
② 항고장은 원심법원에 제출하여야 한다.
③ 항고장에는 당사자와 법정대리인, 항고로써 불복하는 결정의 표시와 이에 대하여 항고한 다는 취지 등을 기재하여야 한다.
④ 항고장에는 인지를 붙여야 한다.

#### (2) 항고기간

① **보통항고**: 보통항고에는 기간의 제한이 없으며, 재판의 취소·변경을 구할 이익이 있으면 언제든지 할 수 있다.
② **즉시항고**
　　㉠ 즉시항고는 재판이 고지가 있은 날로부터 1주일 이내에 하여야 한다. 이 기간은 불변 기간으로 한다.
　　㉡ 항고권자가 책임질 수 없는 사유로 즉시항고의 기간을 준수하지 못하였을 경우에는 그 사유가 종료한 날로부터 1주일 내에 유효한 즉시항고를 할 수 있다.

> **판례**
>
> 항고는 편면적 불복절차이므로 항고장에 반드시 피항고인의 표시가 있어야 하는 것은 아니고, 또 항고장을 반드시 상대방에게 송달하여야 하는 것은 아니다(대결 1966. 8. 12, 65마473).

**348**　Part 03 비송사건절차법

## 3. 항고제기의 효과 2020 기출

### (1) 확정차단의 효력

① **보통항고**: 보통항고로써 불복을 신청하는 재판은 확정력이 없으므로 그 차단이라는 문제도 발생하지 않으며, 이 경우에 사건은 재판에 의하여 당연히 종료한다.

② **즉시항고**: 즉시항고를 허용하는 재판에서는 즉시항고의 제기에 의하여 원재판의 확정을 차단하는 효력이 발생한다.

### (2) 이심의 효력

원심법원에 항고가 제기되면 원재판의 대상이었던 사건은 항고법원에 이심된다.

### (3) 집행정지의 효력

① **원칙**

㉠ 항고는 특별한 규정이 있는 경우를 제외하고는 집행정지의 효력이 없다(법 제21조).

㉡ 비송사건의 재판의 효력은 고지에 의하여 발생하므로, 재판의 고지가 있으면 항고를 하더라도 원재판의 형성력, 집행력에는 영향을 미치지 않는 것이 원칙이다.

② **예외**

㉠ 법률이 특별히 항고에 집행정지의 효력을 부여하는 경우에는 항고의 제기로 인하여 그 재판의 형성력, 집행력이 정지된다.

㉡ 그러므로 항고법원의 재판이 확정될 때까지 원재판에 기한 집행을 할 수 없고, 원재판에 의한 사권관계는 형성되지 않는다.

### (4) 집행정지의 효력이 있는 즉시항고

① 직무대행자의 상무 외의 행위 허가신청 인용재판에 대한 즉시항고

② 주식의 액면미달발행의 인가신청 재판에 대한 즉시항고

③ 주식매도가액 및 주식매수가액 결정의 재판에 대한 즉시항고

④ 신주발행무효에 의한 환급금증감청구 재판에 대한 즉시항고

⑤ 회사의 해산을 명하는 재판에 대한 즉시항고

⑥ 합병회사의 채무부담부분 결정의 재판에 대한 즉시항고

⑦ 사채권자집회의 결의인가신청 재판에 대한 즉시항고

⑧ 사채모집 위탁의 보수 등 부담 허가신청 재판에 대한 즉시항고

⑨ 과태료의 재판에 대한 즉시항고

## ⑭ 항고의 심리절차

### 1. 원심법원의 처리

#### (1) 항고장 심사

항고장이 원심법원에 제출되면 원심법원은 항고장에 당사자의 표시, 법정대리인이 있는 경우에 그 표시, 원재판과 이에 대하여 항고한다는 취지의 표시가 있는지와 인지가 첨부되어 있는지 등에 대하여 심사를 하여야 한다.

#### (2) 보정명령

심사결과 흠결이 있으면 항고인에게 상당한 기간을 정하여 그 기간 내에 흠결의 보정을 명하고, 그 기간 내에 흠결을 보정하지 않거나 항고기간을 도과한 것이 명백한 때에는 원심재판장은 명령으로 항고장을 각하한다. 이 명령에 대하여는 즉시항고를 할 수 있다.

#### (3) 원재판의 경정(재도의 고안)

원심법원은 항고가 이유 있다고 인정하는 때에는 원재판을 경정한다.

#### (4) 사건의 송부

원심법원은 항고가 이유 없다고 인정하는 때에는 의견서를 첨부하여 사건을 항고법원에 송부한다.

#### (5) 집행정지명령

항고는 원칙적으로 집행정지의 효력이 없으나, 원심법원은 항고에 대한 결정이 있을 때까지 원재판의 집행을 정지하거나 기타 필요한 처분을 할 수 있다.

### 2. 항고법원의 재판

(1) 제1심법원의 자료와 항고심의 새로운 자료를 토대로 제1심 결정의 당부를 재심사한다.

(2) 항고법원이 제1심 결정을 취소하는 때에는 특별한 규정이 없는 한 제1심법원으로 환송하지 아니하고 직접 신청에 대한 재판을 할 수 있다.

(3) 항고법원의 재판에는 이유를 붙여야 한다(법 제22조).

## 05 항고절차의 종료

항고절차는 재판에 의하여 종료되는 외에 항고의 취하나 항고권의 포기가 있으면 종료된다.

### 1. 항고의 취하

#### (1) 취하의 시기

항고할 수 있는 권리는 당사자에게 주어진 권리이므로 항고의 취하는 항고법원의 재판이 있기까지는 언제든지 할 수 있다.

#### (2) 취하의 방식

항고의 취하는 서면 또는 말로 하여야 한다.

#### (3) 취하의 효과

항고가 취하되면 항고는 당초부터 제기되지 않았던 것으로 되고 절차는 취하에 의해서 즉시 종료된다.

### 2. 항고권의 포기

(1) 항고권의 포기는 항고제기 전에 미리 항고를 하지 않겠다는 의사를 법원에게 표시하는 것을 말한다.

(2) 항고권은 당사자에게 주어진 권리이므로 그 포기도 인정되며, 항고권의 포기가 있으면 항고권은 소멸하므로 절차는 이에 의하여 당연히 종료된다.

# 02 민사비송사건

## 제1절 | 법인에 관한 사건

### 01 개요

법인에 관한 비송사건에는 재단법인의 정관보충사건, 법인의 임시이사 선임사건, 법인의 특별대리인 선임사건, 법인의 임시총회소집 허가사건, 법인의 해산과 청산의 감독사건 등이 있다.

> **● 법인**
>
> 1. **사단법인**
>    일정한 목적을 위하여 결합된 사람의 단체를 실체로 하는 법인을 말하며, 단체의사에 의하여 자율적으로 활동한다.
> 2. **재단법인**
>    일정한 목적에 바쳐진 재산을 실체로 하는 법인을 말하며, 설립자의 의사에 의하여 타율적으로 활동한다.

### 02 재단법인의 정관보충사건

#### 1. 서설

(1) 재단법인은 설립자가 일정한 재산을 출연하고 정관을 작성하여 주무관청의 허가를 받은 후 설립등기를 함으로써 성립한다.

(2) 정관에는 필요적 기재사항인 목적, 명칭, 사무소의 소재지, 자산에 관한 규정, 이사의 임면에 관한 규정을 모두 기재하고 기명날인하여야 한다.

(3) 재단법인의 설립자가 정관의 필요적 기재사항 중 목적과 자산에 관한 규정을 정하고, 그 명칭, 사무소 소재지 또는 이사 임면의 방법을 정하지 아니하고 사망한 때에는 이해관계인 또는 검사의 청구에 의하여 법원이 이를 정하는데(민법 제44조), 이를 재단법인의 정관보충사건이라 한다.

## 2. 관할

(1) 법인설립자 사망 시의 주소지의 지방법원이 관할한다(법 제32조 제1항).

(2) 법인설립자의 주소가 국내에 없을 때에는 그 사망 시의 거소지 또는 법인설립지의 지방법원이 관할한다(법 제32조 제2항).

## 3. 절차의 개시

(1) 이해관계인 또는 검사의 청구에 의한다.

(2) 이해관계인이란 재단법인의 성립으로 인하여 자기의 권리관계에 영향을 받게 될 자를 말하며, 상속인, 상속재산관리인, 유언집행자, 해당 법인의 이사로 선임된 자, 정관이 정한 방법에 의하여 이사로 선임될 자 등이 이에 포함된다.

## 4. 신청방식, 심리 및 재판, 불복방법

(1) 신청은 일반원칙에 따라 서면 또는 구술(말)로 할 수 있다.

(2) 심리 및 재판, 불복방법은 「비송사건절차법」이 정한 일반원칙에 의하며, 소명자료로는 보통 설립자가 작성한 정관과 그 가족관계증명서를 제출한다.

## 03 법인의 임시이사 선임사건

## 1. 서설

(1) 법인은 업무를 집행하는 자로 이사를 두어야 하며, 이사의 수에는 제한이 없고 정관으로 임의로 정할 수 있다.

(2) 이사가 없거나 결원이 있는 경우에 이로 인하여 손해가 생길 염려가 있는 때에는 법원은 이해관계인이나 검사의 청구에 의하여 임시이사를 선임하여야 한다(민법 제63조).

(3) "이사가 없거나 결원이 있는 경우"라 함은 이사가 전혀 없거나 정관에서 정한 인원수에 부족이 있는 경우를 말한다.

(4) "이로 인하여 손해가 생길 염려가 있는 때"라 함은 통상의 이사선임절차에 따라 이사가 선임되기를 기다릴 때에 법인이나 제3자에게 손해가 생길 우려가 있는 것을 의미한다.

**판례**

「민법」제63조는 법인의 조직과 활동에 관한 것으로서 법인격을 전제로 하는 조항이 아니고, 법인 아닌 사단이나 재단의 경우에도 이사가 없거나 결원이 생길 수 있으며, 통상의 절차에 따른 새로운 이사의 선임이 극히 곤란하고 종전 이사의 긴급처리권도 인정되지 아니하는 경우에는 사단이나 재단 또는 타인에게 손해가 생길 염려가 있을 수 있으므로,「민법」제63조는 법인 아닌 사단이나 재단에도 유추 적용할 수 있다(대결 2009. 11. 19, 2008마699 전합).

## 2. 관할

법인의 주된 사무소 소재지의 지방법원 합의부가 관할한다(법 제33조 제1항).

## 3. 절차의 개시

(1) 이해관계인이나 검사의 청구에 의한다.

(2) 이해관계인이라 함은 임시이사가 선임되는 것에 관하여 법률상의 이해관계가 있는 자로서 그 법인의 다른 이사, 사원 및 채권자 등을 포함한다.

## 4. 신청방식

신청은 일반원칙에 따라 서면 또는 구술(말)로 할 수 있다.

## 5. 심리 및 재판

(1) 재판을 할 때 이사와 감사의 의견을 들어야 하는 것은 아니다.

(2) 재판은 결정으로 하고, 법원이 적당하다고 인정하는 방법으로 고지함으로써 그 효력이 생기지만, 피선임자가 이에 구속되는 것은 아니다.

## 6. 불복방법

(1) 법원의 임시이사 선임결정에 대한 불복은 보통항고의 방법으로 한다.

(2) 법원의 임시이사 선임결정에 대하여 불복이 있으면 항고하여야 할 것이고 또 그 임시이사 선임결정의 집행을 정지하려면 항고법원 또는 원심법원으로 하여금 그 재판의 집행을 정지하거나 기타 필요한 처분을 하도록 신청할 것이지 「민사소송법」상의 가처분절차에 의할 것이 아니다(대판 1963. 12. 12, 63다321).

## 7. 임시이사의 지위

(1) 법원이 선임한 임시이사는 등기를 하지 못한다.

(2) 법인의 임시이사가 이사로서의 직권에 의하여 적법한 절차에 따라 변경한 정관은 유효하다 (대판 1963. 12. 12, 63다449).

(3) 임시이사는 정식이사가 선임될 때까지의 일시적인 기관이고, 정식이사가 선임된 경우에는 그 권한은 소멸된다.

(4) 임시이사는 언제든지 사임할 수 있다.

## 04 법인의 특별대리인 선임사건

## 1. 서설

(1) 법인과 이사의 이익이 상반하는 사항에 관하여는 이사는 대표권이 없으며, 이 경우에 법원은 이해관계인이나 검사의 청구에 의하여 특별대리인을 선임하여야 한다(민법 제64조).

(2) 법인과 이사의 이익이 상반하는 사항에 대하여 그 이사 외에는 대표권을 가지는 이사가 없을 때 특별대리인을 선임하고, 그 이사 외에도 따로 대표권을 가지는 이사가 있을 때에는 특별 대리인을 선임할 필요가 없다.

## 2. 관할

법인의 주된 사무소 소재지의 지방법원 합의부가 관할한다(법 제33조 제1항).

## 3. 절차의 개시

이해관계인이나 검사의 청구에 의한다.

## 4. 신청방식, 심리 및 재판, 불복방법

(1) 신청은 일반원칙에 따라 서면 또는 구술(말)로 할 수 있다.

(2) 심리 및 재판, 불복방법은 「비송사건절차법」이 정한 일반원칙에 의한다.

## 5. 특별대리인의 지위

(1) 법원이 선임한 특별대리인은 등기를 하지 못한다.

(2) 법원은 특별대리인을 선임하는 재판을 하는 때에는 대리할 사항을 명시하여야 하며, 특별대리인은 그 사항에 대하여만 권한을 가진다.

## ⑤ 법인의 임시총회소집 허가사건

### 1. 서설

(1) 사단법인의 이사는 통상총회는 매년 1회 이상 소집하여야 하고, 임시총회는 이사가 필요하다고 인정한 때, 총사원의 5분의 1 이상이 회의의 목적사항을 제시하여 청구한 때에 소집하여야 한다. 그리고 감사는 재산상황 또는 업무집행에 관하여 부정, 불비한 것이 있음을 발견하여 이를 총회에 보고하기 위하여 필요한 경우에 임시총회를 소집할 수 있다.

(2) 총사원의 5분의 1 이상이 회의의 목적사항을 제시하여 임시총회의 소집청구 있는 후 2주간 내에 이사가 총회소집의 절차를 밟지 아니한 때에는 청구한 사원은 법원의 허가를 얻어 이를 소집할 수 있다(민법 제70조 제3항).

### 2. 관할

법인의 주된 사무소 소재지의 지방법원 합의부가 관할한다(법 제34조 제1항).

### 3. 절차의 개시

(1) 이사에게 임시총회의 소집을 청구하였던 총사원의 5분의 1 이상의 신청에 의한다.

(2) 임시총회소집 허가신청은 수인이 공동으로 하여야 하며, 이는 재판 시까지 존재하여야 하고, 그 정수가 부족하게 된 때에는 신청이 부적법하게 된다.

(3) 선정당사자에 관한 「민사소송법」의 규정은 「비송사건절차법」이 적용되는 비송사건에는 준용되거나 유추적용되지 않는다. 따라서 선정당사자가 한 신청은 그가 단독으로 한 것에 불과하므로 임시총회소집 허가신청의 정수에 미달하여 부적법하다(대결 1990. 12. 7, 90마카674 · 90마카11).

## 4. 신청방식

(1) 신청은 서면으로 하여야 한다.

(2) 신청하는 때에는 이사가 그 소집을 게을리한 사실을 소명하여야 한다.

## 5. 심리 및 재판

재판은 이유를 붙인 결정으로 한다.

## 6. 불복방법

(1) 신청을 각하하거나 기각하는 결정에 대하여는 항고로 불복할 수 있다.

(2) 신청을 인용한 재판에 대하여는 불복신청을 할 수 없다.

## 06 법인의 해산과 청산의 감독사건

### 1. 서설

법인의 사무는 주무관청이 검사, 감독하며(민법 제37조), 법인의 해산 및 청산은 법원이 검사, 감독한다(민법 제95조).

### 2. 관할

법인의 주된 사무소 소재지의 지방법원이 관할한다(법 제33조 제2항).

### 3. 감독방법

(1) 법인의 해산과 청산의 감독은 법원이 직권으로 하며, 필요하다고 인정하는 방법에 의한다.

(2) 법원은 특별히 선임한 자로 하여금 법인의 감독에 필요한 검사를 하게 할 수 있다(법 제35조).

### 4. 보수지급

법원이 검사인을 선임한 경우에는 법인으로 하여금 보수를 지급하게 할 수 있다. 이 경우 그 보수액은 이사와 감사의 의견을 들어 법원이 정하고, 보수결정에 대하여는 즉시항고를 할 수 있다.

## ⑦ 청산인의 선임 및 해임사건

### 1. 서설

(1) 법인이 해산한 경우에는 법인이 가지고 있던 권리·의무의 정리절차가 필요하며, 이를 청산이라 한다.

(2) 법인이 해산한 때에는 파산의 경우를 제외하고는 이사가 청산인이 된다. 그러나 정관 또는 총회의 결의로 달리 정한 바가 있으면 그에 의한다(민법 제82조).

(3) 청산인이 될 자가 없거나 청산인의 결원으로 인하여 손해가 생길 염려가 있는 때에는 법원은 직권 또는 이해관계인이나 검사의 청구에 의하여 청산인을 선임할 수 있다(민법 제83조).

(4) 중요한 사유가 있는 때에는 법원은 직권 또는 이해관계인이나 검사의 청구에 의하여 청산인을 해임할 수 있다(민법 제84조).

### 2. 관할

법인의 주된 사무소 소재지의 지방법원이 관할한다.

### 3. 절차의 개시

(1) 청산인의 선임 및 해임은 이해관계인이나 검사의 청구에 의한다.

(2) 법원은 직권으로 청산인을 선임하거나 해임할 수 있다.

### 4. 신청방식

신청은 일반원칙에 따라 서면 또는 구술(말)로 할 수 있다.

### 5. 불복방법

청산인의 선임 또는 해임의 재판에 대하여는 불복신청을 할 수 없다.

### 6. 보수지급

법원이 청산인을 선임한 경우에는 법인으로 하여금 보수를 지급하게 할 수 있다. 이 경우 그 보수액은 이사와 감사의 의견을 들어 법원이 정하고, 보수결정에 대하여는 즉시항고를 할 수 있다.

## 7. 청산인의 결격사유

미성년자, 피성년후견인과 피한정후견인, 자격이 정지되거나 상실된 자, 법원에서 해임된 청산인, 파산선고를 받은 자는 청산인으로 선임될 수 없다(법 제121조).

## ⑧ 감정인 선임사건

### 1. 서설

청산 중의 법인은 변제기에 이르지 아니한 채권에 대하여도 변제할 수 있으며, 조건 있는 채권, 존속기간의 불확정한 채권 기타 가액의 불확정한 채권에 관하여는 법원이 선임한 감정인의 평가에 의하여 변제하여야 한다(민법 제91조).

### 2. 관할

법인의 주된 사무소 소재지의 지방법원이 관할한다.

### 3. 절차의 개시

청산인이 신청한다.

### 4. 신청방식

신청은 일반원칙에 따라 서면 또는 구술(말)로 할 수 있다.

### 5. 심리 및 재판

검사는 사건에 관하여 의견을 진술하거나 심문에 참여할 수 없다.

### 6. 불복방법

감정인 선임의 재판에 대하여는 불복신청을 할 수 없다.

### 7. 비용의 부담

감정인을 선임한 경우의 비용, 감정인의 소환과 심문의 비용은 법인이 부담한다.

## 제2절 │ 신탁에 관한 사건

### 01 개요

#### 1. 신탁의 정의

신탁이란 신탁을 설정하는 자(위탁자)와 신탁을 인수하는 자(수탁자) 간의 신임관계에 기하여 위탁자가 수탁자에게 특정의 재산(영업이나 저작재산권의 일부를 포함한다)을 이전하거나 담보권의 설정 또는 그 밖의 처분을 하고 수탁자로 하여금 일정한 자(수익자)의 이익 또는 특정의 목적을 위하여 그 재산의 관리, 처분, 운용, 개발, 그 밖에 신탁 목적의 달성을 위하여 필요한 행위를 하게 하는 법률관계를 말한다.

#### 2. 신탁의 설정방법

(1) 위탁자와 수탁자 간의 계약

(2) 위탁자의 유언

(3) 신탁의 목적, 신탁재산, 수익자(공익신탁의 경우에는 신탁관리인) 등을 특정하고 자신을 수탁자로 정한 위탁자의 선언의 방법. 다만, 수익자가 없는 특정의 목적을 위한 신탁(목적신탁)은 공익신탁을 제외하고는 위탁자의 선언의 방법으로 설정할 수 없다.

#### 3. 신탁에 관한 사건

신탁에 관한 비송사건에는 부정한 목적으로 신탁선언에 의하여 설정된 신탁의 종료사건, 수탁자의 사임허가사건, 수탁자의 해임사건, 신탁재산관리인 선임사건, 신수탁자 선임사건, 신탁재산의 첨부로 인한 귀속의 결정사건, 수익자의 이익에 반하는 행위 허가사건, 신탁관리인 선임사건, 수익자집회 소집허가사건, 신탁의 변경사건, 수익권 매수가액의 결정사건, 사정변경에 의한 신탁의 종료사건, 신탁사무의 검사를 위한 검사인 선임사건, 신탁의 감독사건 등이 있다.

### 02 부정한 목적으로 신탁선언에 의하여 설정된 신탁의 종료사건

#### 1. 서설

위탁자가 집행의 면탈이나 그 밖의 부정한 목적으로 신탁의 목적, 신탁재산, 수익자(공익신탁의 경우에는 신탁관리인) 등을 특정하고 자신을 수탁자로 정한 위탁자의 선언의 방법에 따라 신탁을 설정한 경우 이해관계인은 법원에 신탁의 종료를 청구할 수 있다.

## 2. 관할

(1) 수탁자의 보통재판적이 있는 곳의 지방법원이 관할한다.

(2) 관할법원이 없는 경우에는 신탁재산이 있는 곳(채권의 경우에는 재판상의 청구를 할 수 있는 곳을 그 재산이 있는 곳으로 본다)의 지방법원이 신탁사건을 관할한다.

## 3. 절차의 개시

이해관계인의 신청에 의한다.

## 4. 신청방식

신청은 일반원칙에 따라 서면 또는 구술(말)로 할 수 있다.

## 5. 심리 및 재판

(1) 재판을 하는 경우 법원은 수탁자의 의견을 들어야 한다.

(2) 재판은 이유를 붙인 결정으로써 하여야 한다.

(3) 재판은 수탁자와 수익자에게 고지하여야 한다.

## 6. 불복방법

(1) 청구를 인용하는 재판에 대하여는 수탁자 또는 수익자가 즉시항고를 할 수 있다. 이 경우 즉시항고는 집행정지의 효력이 있다.

(2) 청구를 기각하는 재판에 대하여는 그 청구를 한 자가 즉시항고를 할 수 있다.

## ⑩ 수탁자의 사임허가사건

## 1. 서설

(1) 수탁자는 신탁행위로 달리 정한 바가 없으면 수익자와 위탁자의 승낙 없이 사임할 수 없다.

(2) 수탁자는 정당한 이유가 있는 경우 법원의 허가를 받아 사임할 수 있다.

## 2. 관할

(1) 수탁자의 보통재판적이 있는 곳의 지방법원이 관할한다.

(2) 관할법원이 없는 경우에는 신탁재산이 있는 곳(채권의 경우에는 재판상의 청구를 할 수 있는 곳을 그 재산이 있는 곳으로 본다)의 지방법원이 신탁사건을 관할한다.

## 3. 절차의 개시

수탁자의 사임허가사건은 수탁자가 신청한다.

## 4. 신청방식

(1) 신청은 일반원칙에 따라 서면 또는 구술(말)로 할 수 있다.

(2) 수탁자가 사임허가의 재판을 신청하는 경우에는 그 사유를 소명하여야 한다.

## 5. 심리 및 재판, 불복방법

재판에 대하여는 불복신청을 할 수 없다.

## ⑭ 수탁자의 해임사건

## 1. 서설

(1) 위탁자와 수익자는 합의하여 또는 위탁자가 없으면 수익자 단독으로 언제든지 수탁자를 해임할 수 있다. 다만, 신탁행위로 달리 정한 경우에는 그에 따른다.

(2) 정당한 이유 없이 수탁자에게 불리한 시기에 수탁자를 해임한 자는 그 손해를 배상하여야 한다.

(3) 수탁자가 그 임무에 위반된 행위를 하거나 그 밖에 중요한 사유가 있는 경우 위탁자나 수익자는 법원에 수탁자의 해임을 청구할 수 있다.

## 2. 관할

(1) 수탁자의 보통재판적이 있는 곳의 지방법원이 관할한다.

(2) 관할법원이 없는 경우에는 신탁재산이 있는 곳(채권의 경우에는 재판상의 청구를 할 수 있는 곳을 그 재산이 있는 곳으로 본다)의 지방법원이 신탁사건을 관할한다.

### 3. 절차의 개시

수탁자의 해임사건은 위탁자나 수익자가 신청한다.

### 4. 신청방식

신청은 일반원칙에 따라 서면 또는 구술(말)로 할 수 있다.

### 5. 심리 및 재판

(1) 수탁자 해임 청구에 대한 재판을 하는 경우 법원은 수탁자를 심문하여야 한다.

(2) 재판은 이유를 붙인 결정으로써 하여야 한다.

(3) 재판은 위탁자, 수탁자 및 수익자에게 고지하여야 한다.

### 6. 불복방법

재판에 대하여는 위탁자, 수탁자 또는 수익자가 즉시항고를 할 수 있다.

## 05 신탁재산관리인 선임사건

### 1. 서설

(1) 수탁자와 수익자 간의 이해가 상반되어 수탁자가 신탁사무를 수행하는 것이 적절하지 아니한 경우 법원은 이해관계인의 청구에 의하여 신탁재산관리인의 선임이나 그 밖의 필요한 처분을 명할 수 있다. 다른 수탁자가 있는 경우에도 같다.

(2) 수탁자의 임무가 종료된 경우 법원은 이해관계인의 청구에 의하여 신탁재산관리인의 선임이나 그 밖의 필요한 처분을 명할 수 있다. 다른 수탁자가 있는 경우에도 같다.

(3) 법원은 다음에 해당하는 경우로서 신수탁자가 선임되지 아니하거나 다른 수탁자가 존재하지 아니할 때에는 신탁재산을 보관하고 신탁사무 인계에 필요한 행위를 하여야 할 신탁재산관리인을 선임한다.
　① 수탁자가 사망하여 상속재산관리인이 선임되는 경우
　② 수탁자가 파산선고를 받은 경우
　③ 수탁자가 법원의 허가를 받아 사임하거나 임무 위반으로 법원에 의하여 해임된 경우

⑷ 신탁재산관리인이 법원의 허가를 받아 사임하거나 법원이 이해관계인의 청구에 의하여 신탁 재산관리인을 해임한 경우 법원은 결정을 함과 동시에 새로운 신탁재산관리인을 선임하여야 한다.

## 2. 관할

⑴ 수탁자의 보통재판적이 있는 곳의 지방법원이 관할한다.

⑵ 수탁자의 임무가 종료된 후 신수탁자의 임무가 시작되기 전에는 전수탁자의 보통재판적이 있는 곳의 지방법원이 신탁사건을 관할한다.

⑶ 수탁자 또는 전수탁자가 여럿인 경우에는 그중 1인의 보통재판적이 있는 곳의 지방법원이 신탁사건을 관할한다.

⑷ 관할법원이 없는 경우에는 신탁재산이 있는 곳(채권의 경우에는 재판상의 청구를 할 수 있는 곳을 그 재산이 있는 곳으로 본다)의 지방법원이 신탁사건을 관할한다.

⑸ 수탁자가 사망하여 상속재산관리인이 선임되는 경우에는 해당 상속재산관리인의 선임사건을 관할하는 법원이 관할한다.

⑹ 수탁자가 파산선고를 받은 경우에는 해당 파산선고를 관할하는 법원이 관할한다.

## 3. 절차의 개시

⑴ 1.의 ⑴, ⑵의 경우에는 이해관계인의 청구에 의한다.

⑵ 1.의 ⑶, ⑷의 경우에는 법원의 직권으로 한다.

## 4. 신청방식

신청은 일반원칙에 따라 서면 또는 구술(말)로 할 수 있다.

## 5. 심리 및 재판

⑴ 1.의 ⑴의 경우

① 재판을 하는 경우 법원은 수익자와 수탁자의 의견을 들어야 한다.
② 재판은 이유를 붙인 결정으로써 하여야 한다.
③ 재판은 수익자와 수탁자에게 고지하여야 한다.

(2) **1.의 (2), (3), (4)의 경우**

재판을 하는 경우 법원은 이해관계인의 의견을 들을 수 있다.

## 6. 불복방법

(1) **1.의 (1)의 경우**

재판에 대하여는 수익자 또는 수탁자가 즉시항고를 할 수 있다.

(2) **1.의 (2), (3), (4)의 경우**

재판에 대하여는 불복신청을 할 수 없다.

## 7. 신탁재산관리인의 보수 결정 재판

(1) 법원은 선임한 신탁재산관리인에게 필요한 경우 신탁재산에서 적당한 보수를 줄 수 있다.

(2) 신탁재산관리인의 보수를 정하는 재판을 하는 경우 법원은 수익자 또는 수탁자가 여럿인 경우의 다른 수탁자의 의견을 들어야 한다.

(3) 재판은 수익자와 수탁자가 여럿인 경우의 다른 수탁자에게 고지하여야 한다.

(4) 재판에 대하여는 수익자 또는 수탁자가 여럿인 경우의 다른 수탁자가 즉시항고를 할 수 있다.

## 8. 신탁재산관리인 사임허가 및 해임의 재판

(1) 신탁재산관리인은 법원의 허가를 받아 사임할 수 있으며, 신탁재산관리인이 사임허가의 재판을 신청하는 경우에는 그 사유를 소명하여야 한다.

(2) 법원은 이해관계인의 청구에 의하여 신탁재산관리인을 해임할 수 있으며, 신탁재산관리인을 해임하는 재판을 하는 경우 법원은 이해관계인의 의견을 들을 수 있다.

(3) 신탁재산관리인 사임허가 및 해임의 재판에 대하여는 불복신청을 할 수 없다.

## 06 신수탁자 선임사건

## 1. 서설

(1) 수탁자의 임무가 종료된 경우 위탁자와 수익자는 합의하여 또는 위탁자가 없으면 수익자 단독으로 신수탁자를 선임할 수 있으며, 위탁자와 수익자 간에 신수탁자 선임에 대한 합의가 이루어지지 아니한 경우 이해관계인은 법원에 신수탁자의 선임을 청구할 수 있다.

(2) 유언에 의하여 수탁자로 지정된 자가 신탁을 인수하지 아니하거나 인수할 수 없는 경우 이해관계인은 법원에 신수탁자의 선임을 청구할 수 있다.

## 2. 관할

(1) 수탁자의 임무가 종료된 경우에는 전수탁자의 보통재판적이 있는 곳의 지방법원이 신탁사건을 관할한다.

(2) 유언에 의하여 수탁자로 지정된 자가 신탁을 인수하지 아니하거나 인수할 수 없는 경우에는 유언자 사망 시 주소지의 지방법원이 관할한다.

(3) 관할법원이 없는 경우에는 신탁재산이 있는 곳(채권의 경우에는 재판상의 청구를 할 수 있는 곳을 그 재산이 있는 곳으로 본다)의 지방법원이 신탁사건을 관할한다.

## 3. 절차의 개시

이해관계인의 청구에 의한다.

## 4. 신청방식

(1) 신청은 일반원칙에 따라 서면 또는 구술(말)로 할 수 있다.

(2) 신수탁자의 선임을 청구하는 경우에는 그 사유를 소명하여야 한다.

## 5. 심리 및 재판

(1) 재판을 하는 경우 법원은 이해관계인의 의견을 들을 수 있다.

(2) 수탁자의 임무가 종료된 경우 신수탁자 선임의 재판은 위탁자, 수익자 및 수탁자가 여럿인 경우의 다른 수탁자에게 고지하여야 한다.

## 6. 불복방법

(1) 수탁자의 임무가 종료된 경우 재판에 대하여는 위탁자, 수익자 또는 수탁자가 여럿인 경우의 다른 수탁자가 즉시항고를 할 수 있다.

(2) 유언에 의하여 수탁자로 지정된 자가 신탁을 인수하지 아니하거나 인수할 수 없는 경우 재판에 대하여는 불복신청을 할 수 없다.

## 7. 신수탁자의 보수 결정 재판

(1) 법원은 선임한 신수탁자에게 필요한 경우 신탁재산에서 적당한 보수를 줄 수 있다.

(2) 신수탁자의 보수를 정하는 재판을 하는 경우 법원은 수익자 또는 수탁자가 여럿인 경우의 다른 수탁자의 의견을 들어야 한다.

(3) 재판은 수익자와 수탁자가 여럿인 경우의 다른 수탁자에게 고지하여야 한다.

(4) 재판에 대하여는 수익자 또는 수탁자가 여럿인 경우의 다른 수탁자가 즉시항고를 할 수 있다.

## 07 신탁재산의 첨부로 인한 귀속의 결정사건

## 1. 서설

(1) 신탁재산에 가공한 때에는 그 물건의 소유권은 원재료의 소유자에게 속한다. 그러나 가공으로 인한 가액의 증가가 원재료의 가액보다 현저히 다액인 때에는 가공자의 소유로 한다.

(2) 다만, 가공자가 악의인 경우에는 가공으로 인한 가액의 증가가 원재료의 가액보다 많을 때에도 법원은 가공으로 인하여 생긴 물건을 원재료 소유자에게 귀속시킬 수 있다.

## 2. 관할

(1) 수탁자의 보통재판적이 있는 곳의 지방법원이 관할한다.

(2) 관할법원이 없는 경우에는 신탁재산이 있는 곳(채권의 경우에는 재판상의 청구를 할 수 있는 곳을 그 재산이 있는 곳으로 본다)의 지방법원이 신탁사건을 관할한다.

## 3. 절차의 개시

가공으로 인하여 생긴 물건을 원재료 소유자에게 귀속시키는 재판은 위탁자, 수탁자(신탁재산관리인이 선임된 경우에는 신탁재산관리인을 말한다) 또는 수익자가 신청할 수 있다. 이 경우 수탁자가 여럿일 때에는 수탁자 각자가 신청할 수 있다.

## 4. 신청방식

신청은 일반원칙에 따라 서면 또는 구술(말)로 할 수 있다.

## 5. 심리 및 재판

(1) 재판을 하는 경우 법원은 위탁자, 수탁자 및 수익자의 의견을 들어야 한다.

(2) 재판은 이유를 붙인 결정으로써 하여야 한다.

(3) 재판은 위탁자, 수익자 및 수탁자에게 고지하여야 한다. 수탁자가 여럿일 때에는 수탁자 각자에게 고지하여야 한다.

## 6. 불복방법

재판에 대하여는 위탁자, 수익자 또는 수탁자(수탁자가 가공한 경우에는 다른 수탁자에 한한다)가 즉시항고를 할 수 있다. 이 경우 수탁자가 여럿일 때에는 수탁자 각자가 즉시항고를 할 수 있다.

## ⑧ 수익자의 이익에 반하는 행위 허가사건

## 1. 서설

(1) 수탁자는 누구의 명의로도 다음의 행위를 하지 못한다.
　① 신탁재산을 고유재산으로 하거나 신탁재산에 관한 권리를 고유재산에 귀속시키는 행위
　② 고유재산을 신탁재산으로 하거나 고유재산에 관한 권리를 신탁재산에 귀속시키는 행위
　③ 여러 개의 신탁을 인수한 경우 하나의 신탁재산 또는 그에 관한 권리를 다른 신탁의 신탁재산에 귀속시키는 행위
　④ 제3자의 신탁재산에 대한 행위에서 제3자를 대리하는 행위
　⑤ 그 밖에 수익자의 이익에 반하는 행위

(2) 수탁자는 다음에 해당하는 경우 수익자의 이익에 반하는 행위를 할 수 있다.
　① 신탁행위로 허용한 경우
　② 수익자에게 그 행위에 관련된 사실을 고지하고 수익자의 승인을 받은 경우
　③ 법원의 허가를 받은 경우

## 2. 관할

(1) 수탁자의 보통재판적이 있는 곳의 지방법원이 관할한다.

(2) 관할법원이 없는 경우에는 신탁재산이 있는 곳(채권의 경우에는 재판상의 청구를 할 수 있는 곳을 그 재산이 있는 곳으로 본다)의 지방법원이 신탁사건을 관할한다.

### 3. 절차의 개시

수탁자의 신청에 의한다.

### 4. 신청방식

(1) 신청은 일반원칙에 따라 서면 또는 구술(말)로 할 수 있다.

(2) 수익자의 이익에 반하는 행위의 허가를 신청하는 경우에는 그 사유를 소명하여야 한다.

### 5. 심리 및 재판

(1) 재판을 하는 경우 법원은 다른 수탁자(신탁재산관리인이 선임된 경우에는 신탁재산관리인을 말한다) 및 수익자의 의견을 들어야 한다.

(2) 재판은 이유를 붙인 결정으로써 하여야 한다.

(3) 재판은 다른 수탁자와 수익자에게 고지하여야 한다.

### 6. 불복방법

재판에 대하여는 다른 수탁자 또는 수익자가 즉시항고를 할 수 있다. 이 경우 즉시항고는 집행정지의 효력이 있다.

## ⑩ 신탁관리인 선임사건

### 1. 서설

(1) 수익자가 특정되어 있지 아니하거나 존재하지 아니하는 경우 법원은 위탁자나 그 밖의 이해관계인의 청구에 의하여 또는 직권으로 신탁관리인을 선임할 수 있다. 다만, 신탁행위로 신탁관리인을 지정한 경우에는 그에 따른다.

(2) 수익자가 미성년자, 피한정후견인 또는 피성년후견인이거나 그 밖의 사유로 수탁자에 대한 감독을 적절히 할 수 없는 경우 법원은 이해관계인의 청구에 의하여 또는 직권으로 신탁관리인을 선임할 수 있다. 다만, 신탁행위로 달리 정한 경우에는 그에 따른다.

(3) 법원은 신탁관리인의 사임허가결정이나 임무 위반을 이유로 해임결정을 함과 동시에 새로운 신탁관리인을 선임하여야 한다.

## 2. 관할

(1) 수탁자의 보통재판적이 있는 곳의 지방법원이 관할한다.

(2) 관할법원이 없는 경우에는 신탁재산이 있는 곳(채권의 경우에는 재판상의 청구를 할 수 있는 곳을 그 재산이 있는 곳으로 본다)의 지방법원이 신탁사건을 관할한다.

## 3. 절차의 개시

(1) 1.의 (1)의 경우에는 위탁자나 그 밖의 이해관계인의 청구 또는 직권으로 한다.

(2) 1.의 (2)의 경우에는 이해관계인의 청구 또는 직권으로 한다.

(3) 1.의 (3)의 경우에는 법원의 직권으로 한다.

## 4. 신청방식

신청은 일반원칙에 따라 서면 또는 구술(말)로 할 수 있다.

## 5. 심리 및 재판

법원은 신탁관리인을 선임할 경우에는 이해관계인의 의견을 들을 수 있다.

## 6. 불복방법

신탁관리인의 선임의 재판에 대하여는 불복신청을 할 수 없다.

## 7. 신탁관리인의 보수 결정 재판

(1) 법원은 선임한 신탁관리인에게 필요한 경우 신탁재산에서 적당한 보수를 줄 수 있다.

(2) 신탁관리인의 보수를 정하는 재판을 하는 경우 법원은 수탁자(신탁재산관리인이 선임된 경우에는 신탁재산관리인을 말한다)의 의견을 들어야 한다.

(3) 재판은 수탁자에게 고지하여야 한다.

(4) 재판에 대하여는 수탁자가 즉시항고를 할 수 있다.

## 8. 신탁관리인 사임허가 및 해임의 재판

(1) 신탁관리인은 선임 시에 달리 정하지 아니하면 신탁관리인을 선임한 법원 또는 수익자의 승낙 없이 사임하지 못한다.

(2) 신탁관리인은 정당한 이유가 있는 경우 법원의 허가를 받아 사임할 수 있다.

(3) 신탁관리인이 사임허가의 재판을 신청하는 경우에는 그 사유를 소명하여야 한다.

(4) 신탁관리인을 선임한 법원 또는 수익자는 언제든지 그 신탁관리인을 해임할 수 있다. 다만, 수익자가 정당한 이유 없이 신탁관리인에게 불리한 시기에 해임한 경우 수익자는 그 손해를 배상하여야 한다.

(5) 신탁관리인을 해임하는 재판을 하는 경우 법원은 이해관계인의 의견을 들을 수 있다.

(6) 신탁관리인 사임허가 및 해임의 재판에 대하여는 불복신청을 할 수 없다.

## ⑩ 수익자집회 소집허가사건

## 1. 서설

(1) 수익자집회는 필요가 있을 때 수시로 개최할 수 있다.

(2) 수익자집회는 수탁자가 소집한다.

(3) 수익자는 수탁자에게 수익자집회의 목적사항과 소집이유를 적은 서면 또는 전자문서로 수익자집회의 소집을 청구할 수 있다.

(4) 수익자의 수익자집회 소집청구를 받은 후 수탁자가 지체 없이 수익자집회의 소집절차를 밟지 아니하는 경우 수익자집회의 소집을 청구한 수익자는 법원의 허가를 받아 수익자집회를 소집할 수 있다.

## 2. 관할

(1) 수탁자의 보통재판적이 있는 곳의 지방법원이 관할한다.

(2) 관할법원이 없는 경우에는 신탁재산이 있는 곳(채권의 경우에는 재판상의 청구를 할 수 있는 곳을 그 재산이 있는 곳으로 본다)의 지방법원이 신탁사건을 관할한다.

### 3. 절차의 개시

수익자집회의 소집을 청구한 수익자의 신청에 의한다.

### 4. 신청방식

⑴ 신청은 서면으로 하여야 한다.

⑵ 수익자집회 소집의 허가를 신청하는 경우에는 수탁자가 수익자집회의 소집을 게을리한 사실을 소명하여야 한다.

### 5. 심리 및 재판

법원은 이유를 붙인 결정으로써 재판을 하여야 한다.

### 6. 불복방법

신청을 인용한 재판에 대하여는 불복신청을 할 수 없다.

## ⑪ 신탁의 변경사건

### 1. 서설

⑴ 신탁은 위탁자, 수탁자 및 수익자의 합의로 변경할 수 있다. 다만, 신탁행위로 달리 정한 경우에는 그에 따른다.

⑵ 신탁의 변경은 제3자의 정당한 이익을 해치지 못한다.

⑶ 신탁행위 당시에 예견하지 못한 특별한 사정이 발생한 경우 위탁자, 수익자 또는 수탁자는 신탁의 변경을 법원에 청구할 수 있다.

⑷ 목적신탁에서 수익자의 이익을 위한 신탁으로, 수익자의 이익을 위한 신탁에서 목적신탁으로 변경할 수 없다.

### 2. 관할

⑴ 수탁자의 보통재판적이 있는 곳의 지방법원이 관할한다.

⑵ 관할법원이 없는 경우에는 신탁재산이 있는 곳(채권의 경우에는 재판상의 청구를 할 수 있는 곳을 그 재산이 있는 곳으로 본다)의 지방법원이 신탁사건을 관할한다.

### 3. 절차의 개시

위탁자, 수익자 또는 수탁자의 신청에 의한다.

### 4. 신청방식

신탁변경의 신청은 서면으로 하여야 한다.

### 5. 심리 및 재판

(1) 재판을 하는 경우 법원은 위탁자, 수탁자 및 수익자의 의견을 들어야 한다.

(2) 재판은 이유를 붙인 결정으로써 하여야 한다.

(3) 재판은 위탁자, 수탁자 및 수익자에게 고지하여야 한다.

### 6. 불복방법

재판에 대하여는 위탁자, 수탁자 또는 수익자가 즉시항고를 할 수 있다. 이 경우 즉시항고는 집행정지의 효력이 있다.

## ⑫ 수익권 매수가액의 결정사건

### 1. 서설

#### (1) 수익권의 매수청구

① 신탁의 목적, 수익채권의 내용, 신탁행위로 수익권매수청구권을 인정한 사항에 관한 변경에 반대하는 수익자는 신탁변경이 있은 날부터 20일 내에 수탁자에게 수익권의 매수를 서면으로 청구할 수 있다.

② 신탁의 합병계획서를 승인하지 아니하는 수익자는 합병계획서의 승인이 있은 날부터 20일 내에 수탁자에게 수익권의 매수를 서면으로 청구할 수 있다.

③ 신탁의 분할계획서 또는 분할합병계획서를 승인하지 아니한 수익자는 분할계획서 또는 분할합병계획서의 승인이 있은 날부터 20일 내에 수탁자에게 수익권의 매수를 서면으로 청구할 수 있다.

(2) 수탁자는 청구를 받은 날부터 2개월 내에 매수한 수익권의 대금을 지급하여야 한다.

⑶ 수익권의 매수가액은 수탁자와 수익자 간의 협의로 결정한다.

⑷ 수익권의 매수청구를 받은 날부터 30일 내에 협의가 이루어지지 아니한 경우 수탁자나 수익권의 매수를 청구한 수익자는 법원에 매수가액의 결정을 청구할 수 있다.

⑸ 법원이 수익권의 매수가액을 결정하는 경우에는 신탁의 재산상태나 그 밖의 사정을 고려하여 공정한 가액으로 산정하여야 한다.

## 2. 관할

⑴ 수탁자의 보통재판적이 있는 곳의 지방법원이 관할한다.

⑵ 관할법원이 없는 경우에는 신탁재산이 있는 곳(채권의 경우에는 재판상의 청구를 할 수 있는 곳을 그 재산이 있는 곳으로 본다)의 지방법원이 신탁사건을 관할한다.

## 3. 절차의 개시

수탁자나 수익권의 매수를 청구한 수익자의 청구에 의한다.

## 4. 신청방식

수익권 매수가액 결정의 청구는 서면으로 하여야 한다.

## 5. 심리 및 재판

⑴ 재판을 하는 경우 법원은 수탁자와 매수청구를 한 수익자의 의견을 들어야 한다.

⑵ 재판은 이유를 붙인 결정으로써 하여야 한다.

⑶ 재판은 수탁자와 매수청구를 한 수익자에게 고지하여야 한다.

## 6. 불복방법

재판에 대하여는 수탁자 또는 매수청구를 한 수익자가 즉시항고를 할 수 있다. 이 경우 즉시항고는 집행정지의 효력이 있다.

## ⑬ 사정변경에 의한 신탁의 종료사건

### 1. 서설

신탁행위 당시에 예측하지 못한 특별한 사정으로 신탁을 종료하는 것이 수익자의 이익에 적합함이 명백한 경우에는 위탁자, 수탁자 또는 수익자는 법원에 신탁의 종료를 청구할 수 있다.

### 2. 관할

(1) 수탁자의 보통재판적이 있는 곳의 지방법원이 관할한다.

(2) 관할법원이 없는 경우에는 신탁재산이 있는 곳(채권의 경우에는 재판상의 청구를 할 수 있는 곳을 그 재산이 있는 곳으로 본다)의 지방법원이 신탁사건을 관할한다.

### 3. 절차의 개시

위탁자, 수탁자 또는 수익자의 신청에 의한다.

### 4. 신청방식

신청은 일반원칙에 따라 서면 또는 구술(말)로 할 수 있다.

### 5. 심리 및 재판

(1) 재판을 하는 경우 법원은 위탁자, 수탁자 및 수익자의 의견을 들어야 한다.

(2) 재판은 이유를 붙인 결정으로써 하여야 한다.

(3) 재판은 위탁자, 수탁자 및 수익자에게 고지하여야 한다.

### 6. 불복방법

재판에 대하여는 위탁자, 수탁자 또는 수익자가 즉시항고를 할 수 있다. 이 경우 즉시항고는 집행정지의 효력이 있다.

## ⑭ 신탁사무의 검사를 위한 검사인 선임사건

### 1. 서설

(1) 신탁사무는 법원이 감독한다. 다만, 신탁의 인수를 업으로 하는 경우는 그러하지 아니하다.

(2) 법원은 이해관계인의 청구에 의하여 또는 직권으로 신탁사무 처리의 검사, 검사인의 선임, 그 밖에 필요한 처분을 명할 수 있다.

### 2. 관할

(1) 수탁자의 보통재판적이 있는 곳의 지방법원이 관할한다.

(2) 관할법원이 없는 경우에는 신탁재산이 있는 곳(채권의 경우에는 재판상의 청구를 할 수 있는 곳을 그 재산이 있는 곳으로 본다)의 지방법원이 신탁사건을 관할한다.

### 3. 절차의 개시

이해관계인의 청구 또는 직권으로 한다.

### 4. 신청방식

(1) 검사인의 선임청구는 서면으로 하여야 한다.

(2) 검사인의 선임청구서에는 신청인의 성명과 주소, 대리인에 의하여 신청할 때에는 대리인의 성명과 주소, 신청의 취지와 그 원인이 되는 사실, 신청 연월일, 법원의 표시와 검사 목적을 적어야 한다.

### 5. 심리 및 재판, 불복방법

재판에 대하여는 불복신청을 할 수 없다.

### 6. 검사인의 보수

(1) 법원은 검사인을 선임한 경우 신탁재산에서 검사인의 보수를 지급하게 할 수 있다.

(2) 검사인의 보수를 정하는 재판을 하는 경우 법원은 수탁자의 의견을 들어야 한다.

(3) 검사인의 보수재판은 수탁자에게 고지하여야 한다.

(4) 검사인의 보수재판에 대하여는 수탁자가 즉시항고를 할 수 있다.

## 7. 검사인의 보고

(1) 선임된 검사인은 법원에 검사 결과를 서면으로 보고하여야 한다.

(2) 법원은 검사에 관한 설명이 필요할 때에는 선임된 검사인을 심문할 수 있다.

(3) 법원은 검사 결과에 따라 수탁자에게 시정을 명할 수 있다.

(4) 수탁자는 시정명령을 받은 즉시 그 사실을 수익자에게 알려야 한다.

(5) 시정명령에 대하여는 불복신청을 할 수 없다.

## ⑮ 신탁의 감독사건

### 1. 서설

법원은 신탁사건의 감독을 위하여 필요하다고 인정할 때에는 이해관계인의 신청에 의하여 또는 직권으로 재산목록, 신탁사무에 관한 장부와 서류의 제출을 명하고, 신탁사무 처리에 관하여 수탁자와 그 밖의 관계인을 심문할 수 있다.

### 2. 관할

(1) 수탁자의 보통재판적이 있는 곳의 지방법원이 관할한다.

(2) 관할법원이 없는 경우에는 신탁재산이 있는 곳(채권의 경우에는 재판상의 청구를 할 수 있는 곳을 그 재산이 있는 곳으로 본다)의 지방법원이 신탁사건을 관할한다.

### 3. 절차의 개시

이해관계인의 신청 또는 직권으로 한다.

### 4. 신청방식

신청은 서면으로 하여야 한다.

### 5. 심리 및 재판, 불복방법

재판에 대하여는 불복신청을 할 수 없다.

## 제3절 | 재판상 대위에 관한 사건

### (01) 채권자대위권

채권자대위권이란 채권자가 자기의 채권을 보전하기 위하여 채무자의 권리를 행사하는 것을 말하며, 채권자대위권은 그 채권의 기한이 도래하기 전에는 행사할 수 없는 것이 원칙이다. 그러나 채권자는 보전행위와 법원의 허가를 얻은 경우에는 그 채권의 기한이 도래하기 전에도 채권자대위권을 행사할 수 있다.

### (02) 재판상 대위에 관한 사건 2013 기출

#### 1. 서설

(1) 채권자가 그 채권의 기한이 도래하기 전에 법원의 허가를 얻어 채무자의 권리를 행사할 수 있는데 이를 재판상 대위라고 한다.

(2) 채권자는 자기 채권의 기한 전에 채무자의 권리를 행사하지 아니하면 그 채권을 보전할 수 없거나 보전하는 데에 곤란이 생길 우려가 있을 때에는 재판상의 대위(代位)를 신청할 수 있다 (법 제45조).

(3) 재판상 대위에 있어서는 채권자와 채무자 사이에 이해관계가 대립하기 때문에 쟁송의 성격을 가지고 있다.

(4) 비송사건의 심문은 공개하지 않는 것이 원칙이나 재판상의 대위에 관한 사건은 다른 비송사건과는 달리 쟁송의 성격을 가지고 있기 때문에 비공개의 원칙이 적용되지 않는다.

#### 2. 관할

재판상의 대위는 채무자의 보통재판적이 있는 곳의 지방법원이 관할한다.

> **민사소송법**
> **제2조 【보통재판적】** 소는 피고의 보통재판적이 있는 곳의 법원이 관할한다.
> **제3조 【사람의 보통재판적】** 사람의 보통재판적은 그의 주소에 따라 정한다. 다만, 대한민국에 주소가 없거나 주소를 알 수 없는 경우에는 거소에 따라 정하고, 거소가 일정하지 아니하거나 거소도 알 수 없으면 마지막 주소에 따라 정한다.

> **제4조【대사·공사 등의 보통재판적】** 대사·공사, 그 밖에 외국의 재판권 행사대상에서 제외되는 대한민국 국민이 제3조의 규정에 따른 보통재판적이 없는 경우에는 이들의 보통재판적은 대법원이 있는 곳으로 한다.
>
> **제5조【법인 등의 보통재판적】** ① 법인, 그 밖의 사단 또는 재단의 보통재판적은 이들의 주된 사무소 또는 영업소가 있는 곳에 따라 정하고, 사무소와 영업소가 없는 경우에는 주된 업무담당자의 주소에 따라 정한다.
>
> ② 제1항의 규정을 외국법인, 그 밖의 사단 또는 재단에 적용하는 경우 보통재판적은 대한민국에 있는 이들의 사무소·영업소 또는 업무담당자의 주소에 따라 정한다.
>
> **제6조【국가의 보통재판적】** 국가의 보통재판적은 그 소송에서 국가를 대표하는 관청 또는 대법원이 있는 곳으로 한다.

## 3. 절차의 개시

채권자의 신청에 의한다.

## 4. 신청방식

(1) 신청은 일반원칙에 따라 서면 또는 구술(말)로 할 수 있다.

(2) **신청서의 기재사항**

① 신청인의 성명과 주소
② 대리인에 의하여 신청할 때에는 그 성명과 주소
③ 신청의 취지와 그 원인이 되는 사실
④ 신청 연월일
⑤ 법원의 표시
⑥ 채무자와 제3채무자의 성명과 주소
⑦ 신청인이 보전하고자 하는 채권 및 그 행사하고자 하는 권리의 표시

## 5. 심리 및 재판

(1) 심문은 공개한다.

(2) 검사는 사건에 관하여 의견을 진술하거나 심문에 참여할 수 없다.

(3) 법원은 대위의 신청이 이유 있다고 인정한 경우에는 담보를 제공하게 하거나 제공하게 하지 아니하고 허가할 수 있다(법 제48조).

(4) 대위의 신청을 허가한 재판은 직권으로 채무자에게 고지하여야 하며, 고지를 받은 채무자는 그 권리의 처분을 할 수 없다(법 제49조).

## 6. 불복방법

### (1) 즉시항고

① 대위의 신청을 각하한 재판에 대하여는 즉시항고를 할 수 있다(법 제50조 제1항).
② 대위의 신청을 허가한 재판에 대하여는 채무자가 즉시항고를 할 수 있다(법 제50조 제2항).

### (2) 항고기간

항고의 기간은 채무자가 재판의 고지를 받은 날부터 기산(起算)한다(법 제50조 제3항).

## 7. 항고비용의 부담

신청을 허가한 재판에 대하여 채무자가 즉시항고를 하는 경우에 항고절차의 비용과 항고인이 부담하게 된 전심의 비용에 대하여는 신청인과 항고인을 당사자로 보고 채무자의 항고가 이유 있으면 그 비용은 신청인이 부담하고, 이유 없으면 채무자가 부담한다.

## 제4절 | 보존 · 공탁 · 보관과 감정에 관한 사건

### 01 개요

보존 · 공탁 · 보관과 감정에 관한 비송사건에는 공탁소의 지정 및 공탁물보관인의 선임사건, 공탁물의 경매허가사건, 질물에 의한 변제충당의 허가사건, 환매권 대위행사시의 감정인의 선임사건 등이 있다.

### 02 공탁소의 지정 및 공탁물보관인의 선임사건

#### 1. 서설

(1) 변제공탁이란 채권자가 변제를 받지 아니하거나 받을 수 없는 때 또는 변제자가 과실 없이 채권자를 알 수 없는 때에 변제자가 채권자를 위하여 변제의 목적물을 공탁하여 그 채무를 면하는 것을 말한다.

(2) 변제공탁은 채무이행지의 공탁소에 하여야 한다. 그러나 법정의 공탁소가 없거나 공탁소가 있더라도 보관능력이 없는 경우에는 법원은 변제자의 청구에 의하여 공탁소를 지정하고 공탁물보관자를 선임하여야 한다(민법 제488조 제2항).

#### 2. 관할

채무이행지의 지방법원이 관할한다(법 제53조).

#### 3. 절차의 개시

변제자의 신청에 의한다.

#### 4. 신청방식

신청은 일반원칙에 따라 서면 또는 구술(말)로 할 수 있다.

#### 5. 심리 및 재판

(1) 재판을 하기 전에 채권자와 변제자를 심문하여야 한다.

(2) 검사는 사건에 관하여 의견을 진술하거나 심문에 참여할 수 없다.

## 6. 불복방법

공탁소의 지정 및 공탁물보관인의 선임의 재판에 대하여는 불복신청을 할 수 없다.

## 7. 비용의 부담

공탁소의 지정 및 공탁물보관인의 선임을 한 경우에 그 절차의 비용은 채권자가 부담한다.

## 8. 공탁물보관인의 사임허가 등

(1) 법원은 공탁물보관인의 사임을 허가하거나 공탁물보관인을 해임할 수 있다. 공탁물보관인의 사임을 허가하는 경우 법원은 다시 공탁물보관인을 선임하여야 한다.

(2) 공탁물보관인의 사임허가의 재판을 신청하는 경우에는 그 사유를 소명하여야 한다.

## 03 공탁물의 경매허가사건

## 1. 서설

변제의 목적물이 공탁에 적당하지 아니하거나 멸실 또는 훼손될 염려가 있거나 공탁에 과다한 비용을 요하는 경우에는 변제자는 법원의 허가를 얻어 그 물건을 경매하거나 시가로 방매(변제자가 시가로 임의매각하는 것)하여 대금을 공탁할 수 있다(민법 제49조).

## 2. 관할

채무이행지의 지방법원이 관할한다(법 제53조).

## 3. 절차의 개시

변제자의 신청에 의한다.

## 4. 신청방식

신청은 일반원칙에 따라 서면 또는 구술(말)로 할 수 있다.

## 5. 심리 및 재판

(1) 재판을 하기 전에 채권자와 변제자를 심문하여야 한다.

(2) 검사는 사건에 관하여 의견을 진술하거나 심문에 참여할 수 없다.

## 6. 불복방법

공탁물의 경매를 허가한 재판에 대하여는 불복신청을 할 수 없다.

## 7. 비용의 부담

공탁물의 경매를 허가한 경우에 그 절차의 비용은 채권자의 부담으로 한다.

## 04 질물에 의한 변제충당의 허가사건

### 1. 서설

질권자는 채권의 변제를 받기 위하여 질물을 경매할 수 있으며, 정당한 이유 있는 때에는 감정인의 평가에 의하여 질물로 직접변제에 충당할 것을 법원에 청구할 수 있다(민법 제338조).

### 2. 관할

채무이행지의 지방법원이 관할한다(법 제53조).

### 3. 절차의 개시

(1) 질권자의 신청에 의한다.

(2) 질권자는 미리 채무자 및 질권설정자에게 통지하여야 한다.

### 4. 신청방식

신청은 일반원칙에 따라 서면 또는 구술(말)로 할 수 있다.

### 5. 심리 및 재판

(1) 재판을 하기 전에 질권자와 질권설정자를 심문하여야 한다.

(2) 검사는 사건에 관하여 의견을 진술하거나 심문에 참여할 수 없다.

### 6. 불복방법

질권자의 질물에 의한 변제충당을 허가한 재판에 대하여는 불복신청을 할 수 없다.

### 7. 비용의 부담

청구를 허가한 경우에는 그 절차의 비용은 질권설정자가 부담한다.

## ⑤ 환매권 대위행사시의 감정인의 선임사건

### 1. 서설

(1) 환매란 매매계약과 동시에 특약으로 매도인이 환매할 권리(환매권)를 유보한 경우에 그 환매권을 일정한 기간 내에 행사하여 매매의 목적물을 다시 매수하는 것을 말한다.

(2) 환매권도 재산권이므로 환매권자의 채권자는 목적물의 시가와 환매대금과의 차액으로 자기 채권의 변제에 충당하기 위해 환매권을 대위행사할 수 있다.

(3) 매도인의 채권자가 매도인을 대위하여 환매하고자 하는 때에는 매수인은 법원이 선정한 감정인의 평가액에서 매도인이 반환할 금액을 공제한 잔액으로 매도인의 채무를 변제하고 잉여액이 있으면 이를 매도인에게 지급하여 환매권을 소멸시킬 수 있다(민법 제593조).

### 2. 관할

감정인의 선임·소환과 심문은 물건 소재지의 지방법원이 관할한다(법 제57조 제1항).

### 3. 절차의 개시

매수인이 신청한다.

### 4. 신청방식

신청은 일반원칙에 따라 서면 또는 구술(말)로 할 수 있다.

### 5. 심리 및 재판

검사는 사건에 관하여 의견을 진술하거나 심문에 참여할 수 없다.

### 6. 불복방법

감정인을 선임한 재판에 대하여는 불복신청을 할 수 없다.

### 7. 비용의 부담

감정인을 선임하는 재판을 한 경우에는 그 선임비용과 감정을 위한 소환 및 심문비용은 매수인이 부담한다(법 제57조 제2항).

# 03 상사비송사건

제1절 **회사와 경매에 관한 사건**

**01 개요**

회사와 경매에 관한 비송사건에는 회사설립에 있어서의 검사인 선임사건, 현물출자의 조사를 위한 검사인 선임사건, 주식회사의 업무와 재산상태의 검사를 위한 검사인 선임사건, 유한회사의 업무와 재산상태의 검사를 위한 검사인 선임사건, 이사회 의사록의 열람·등사 허가사건, 합자회사 유한책임사원의 업무와 재산상태의 검사허가사건, 주식회사 소수주주의 임시총회소집 허가사건, 유한회사 소수사원의 사원총회소집 허가사건, 납입금보관자 등의 변경허가사건, 단주의 임의매각 허가사건, 직무대행자(일시이사) 선임사건, 소송대표자 선임사건, 직무대행자의 상무 외 행위허가사건, 주식의 액면미달발행 인가사건, 주식매도가액 및 주식매수가액 결정사건, 신주발행무효에 의한 환급금증감 청구사건, 회사의 해산명령사건, 외국회사 영업소의 폐쇄명령사건, 합병회사의 채무부담부분 결정사건, 지분압류채권자의 보전청구사건, 유한회사의 주식회사로의 합병인가사건, 유한회사의 조직변경 인가사건, 각종 경매허가사건 등이 있다.

---

**💊 회사**

1. **합명회사**
   모든 사원이 무한책임사원으로서 회사채권자에 대하여 직접·연대·무한의 책임을 부담하고, 원칙으로 회사의 업무를 집행할 권리와 의무를 가지며, 그 지위를 타인에게 자유로이 이전할 수 없는 회사이다.

2. **합자회사**
   합명회사와 같은 무한책임사원과 회사채권자에 대하여 출자액을 한도로 하는 유한책임을 부담하는 사원으로 성립되는 이원적 조직의 회사이다.

3. **유한책임회사**
   주식회사의 경직된 지배구조보다는 신속하고 유연하며 탄력적인 지배구조를 가지고 있으며, 출자자가 직접 경영에 참여할 수 있고, 각 사원이 출자금액만을 한도로 책임을 지는 회사이다.

4. **주식회사**
   주식의 인수가액을 한도로 하는 유한의 간접책임을 부담하는 사원, 즉 주주만으로 성립하는 회사이다.

5. **유한회사**
   주식회사의 주주와 같이 출자액을 한도로 하는 간접의 유한책임을 부담하는 사원만으로 성립하는 회사이다.

---

## ⑫ 회사설립에 있어서의 검사인 선임사건

### 1. 서설

(1) 주식회사의 설립에는 발기설립과 모집설립이 있다. 발기설립이란 발기인만이 주식의 전부를 인수하여 주식회사를 설립하는 것을 말하며, 모집설립이란 발기인이 주식의 일부를 인수하고 나머지 주식은 주주를 모집하여 설립하는 것을 말한다.

(2) 주식회사를 설립하는 경우에 이사와 감사는 취임 후 지체 없이 회사의 설립에 관한 모든 사항이 법령 또는 정관의 규정에 위반되지 아니하는지의 여부를 조사하여 발기인(모집설립의 경우에는 창립총회)에 보고하여야 한다(상법 제298조 제1항, 제313조).

(3) 정관으로 변태설립사항을 정한 때에는 이사(모집설립의 경우에는 발기인)는 이에 관한 조사를 하게 하기 위하여 검사인의 선임을 법원에 청구하여야 한다(상법 제298조 제4항, 제310조 제1항).

(4) 공증인의 조사보고나 공인된 감정인의 감정으로 법원이 선임한 검사인의 조사에 갈음할 수 있다.

---

**◯ 변태설립사항**

(1) 발기인이 받을 특별이익과 이를 받을 자의 성명
(2) 현물출자를 하는 자의 성명과 그 목적인 재산의 종류, 수량, 가격과 이에 대하여 부여할 주식의 종류와 수
(3) 회사성립 후에 양수할 것을 약정한 재산의 종류, 수량, 가격과 그 양도인의 성명
(4) 회사가 부담할 설립비용과 발기인이 받을 보수액

---

### 2. 관할

회사의 본점 소재지의 지방법원 합의부가 관할한다(법 제72조 제1항).

### 3. 절차의 개시

(1) 발기설립의 경우에는 이사의 신청에 의한다.

(2) 모집설립의 경우에는 발기인의 신청에 의한다.

### 4. 신청방식

(1) 검사인의 선임신청은 서면으로 하여야 한다.

(2) 신청서에는 신청의 사유, 검사의 목적, 신청 연월일, 법원의 표시를 적고 신청인이 기명날인하여야 한다.

## 5. 심리 및 재판

재판은 결정의 형식으로 한다.

## 6. 불복방법

검사인의 선임결정에 대한 불복은 보통항고의 방법으로 한다.

## 7. 보수지급

법원이 검사인을 선임한 경우에는 회사로 하여금 검사인에게 보수를 지급하게 할 수 있고, 이 경우 그 보수액은 이사와 감사의 의견을 들어 법원이 정한다. 그리고 이 재판에 대하여는 즉시항고를 할 수 있다.

## 8. 검사인의 조사보고서 제출

### (1) 발기설립의 경우

검사인은 변태설립사항에 대하여 조사를 하고 그 결과를 법원에 보고하여야 한다.

### (2) 모집설립의 경우

① 검사인의 보고서는 창립총회에 제출하여야 한다.
② 창립총회에 제출하는 과정은 검사인은 보고서를 법원에 제출하며, 법원이 신청인인 발기인에게 교부하고, 발기인이 창립총회에 제출한다.

(3) 검사인의 보고는 서면으로 하여야 하며, 법원은 검사에 관한 설명이 필요할 때에는 검사인을 심문할 수 있다(법 제74조).

(4) 변태설립사항에 대하여 공증인의 조사보고나 공인된 감정인의 감정으로 검사인의 조사에 갈음할 수 있고, 이 경우에 공증인 또는 감정인은 조사 또는 감정결과를 법원에 보고하여야 한다.

## 9. 변태설립사항의 변경

### (1) 발기설립의 경우

① 법원은 검사인 또는 공증인의 조사보고서 또는 감정인의 감정결과와 발기인의 설명서를 심사하여 변태설립사항을 부당하다고 인정한 때에는 이를 변경하여 각 발기인에게 통고할 수 있다.
② 법원은 재판을 하기 전에 발기인과 이사의 진술을 들어야 한다.

③ 변태설립사항의 변경에 관한 재판은 이유를 붙인 결정으로써 하여야 한다.

④ 발기인과 이사는 변태설립사항의 변경에 관한 재판에 대하여 즉시항고를 할 수 있다.

### (2) 모집설립의 경우

창립총회에서는 변태설립사항이 부당하다고 인정한 때에는 이를 변경할 수 있다.

## 03 현물출자의 조사를 위한 검사인 선임사건

### 1. 서설

현물출자를 하는 자가 있는 경우에는 이사는 현물출자를 하는 자의 성명과 그 목적인 재산의 종류, 수량, 가액과 이에 대하여 부여할 주식의 종류와 수를 조사하게 하기 위하여 검사인의 선임을 법원에 청구하여야 한다. 이 경우 공인된 감정인의 감정으로 검사인의 조사에 갈음할 수 있다(상법 제422조 제1항).

### 2. 관할

회사의 본점 소재지의 지방법원 합의부가 관할한다(법 제72조 제1항).

### 3. 절차의 개시

이사의 신청에 의한다.

### 4. 신청방식

(1) 검사인의 선임신청은 서면으로 하여야 한다.

(2) 신청서에는 신청의 사유, 검사의 목적, 신청 연월일, 법원의 표시를 적고 신청인이 기명날인 하여야 한다.

### 5. 심리 및 재판

재판은 결정의 형식으로 한다.

### 6. 불복방법

검사인의 선임결정에 대한 불복은 보통항고의 방법으로 한다.

### 7. 보수지급

법원이 검사인을 선임한 경우에는 회사로 하여금 검사인에게 보수를 지급하게 할 수 있고, 이 경우 그 보수액은 이사와 감사의 의견을 들어 법원이 정한다. 그리고 이 재판에 대하여는 즉시항고를 할 수 있다.

### 8. 검사인의 조사보고서 제출

(1) 검사인의 보고는 서면으로 법원에 하여야 하며, 법원은 검사에 관하여 설명을 필요로 할 때에는 검사인을 심문할 수 있다(법 제74조).

(2) 현물출자사항에 대하여 공인된 감정인의 감정으로 검사인의 조사에 갈음할 수 있고, 이 경우에 감정인은 감정결과를 법원에 보고하여야 한다.

### 9. 현물출자사항의 변경

법원은 검사인의 조사보고서 또는 감정인 감정결과를 심사하여 현물출자사항을 부당하다고 인정한 때에는 이를 변경하여 이사와 현물출자를 한 자에게 통고할 수 있다(상법 제422조 제2항).

## 04 주식회사의 업무와 재산상태의 검사를 위한 검사인 선임사건

### 1. 서설

회사의 업무집행에 관하여 부정행위 또는 법령이나 정관에 위반한 중대한 사실이 있음을 의심할 사유가 있는 때에는 발행주식의 총수의 100분의 3 이상에 해당하는 주식을 가진 주주는 회사의 업무와 재산상태를 조사하게 하기 위하여 법원에 검사인의 선임을 청구할 수 있다(상법 제467조 제1항).

### 2. 관할

회사의 본점 소재지의 지방법원 합의부가 관할한다(법 제72조 제1항).

### 3. 절차의 개시

발행주식의 총수의 100분의 3 이상에 해당하는 주식을 가진 주주의 신청에 의한다.

## 4. 신청방식

(1) 검사인의 선임신청은 서면으로 하여야 한다.

(2) 신청서에는 신청의 사유, 검사의 목적, 신청 연월일, 법원의 표시를 적고 신청인이 기명날인하여야 한다.

## 5. 심리 및 재판

(1) 검사인의 선임에 관한 재판을 할 경우에는 법원은 이사와 감사의 진술을 들어야 한다.

(2) 재판은 결정의 형식으로 한다.

## 6. 불복방법

검사인의 선임결정에 대하여는 즉시항고를 할 수 있다.

## 7. 보수지급

법원이 검사인을 선임한 경우에는 회사로 하여금 검사인에게 보수를 지급하게 할 수 있고, 이 경우 그 보수액은 이사와 감사의 의견을 들어 법원이 정한다. 그리고 이 재판에 대하여는 즉시항고를 할 수 있다.

## 8. 검사인의 조사보고서 제출

(1) 검사인의 보고는 서면으로 법원에 하여야 하며, 법원은 검사에 관하여 설명을 필요로 할 때에는 검사인을 심문할 수 있다(법 제74조).

(2) 법원은 검사인의 보고에 의하여 필요하다고 인정한 때에는 대표이사에게 주주총회의 소집을 명할 수 있으며, 이 경우에 검사인의 보고서는 주주총회에 제출하여야 한다.

## ⑤ 유한회사의 업무와 재산상태의 검사를 위한 검사인 선임사건

## 1. 서설

회사의 업무집행에 관하여 부정행위 또는 법령이나 정관에 위반한 중대한 사유가 있는 때에는 자본총액의 100분의 3 이상에 해당하는 출자좌수를 가진 사원은 회사의 업무와 재산상태를 조사하게 하기 위하여 법원에 검사인의 선임을 청구할 수 있다(상법 제582조 제1항).

## 2. 관할

회사의 본점 소재지의 지방법원 합의부가 관할한다(법 제72조 제1항).

## 3. 절차의 개시

자본총액의 100분의 3 이상에 해당하는 출자좌수를 가진 사원의 신청에 의한다.

## 4. 신청방식

(1) 검사인의 선임신청은 서면으로 하여야 한다.

(2) 신청서에는 신청의 사유, 검사의 목적, 신청 연월일, 법원의 표시를 적고 신청인이 기명날인 하여야 한다.

## 5. 심리 및 재판

(1) 검사인의 선임에 관한 재판을 할 경우에는 법원은 이사와 감사의 진술을 들어야 한다.

(2) 재판은 결정의 형식으로 한다.

## 6. 불복방법

검사인의 선임결정에 대하여는 즉시항고를 할 수 있다.

## 7. 보수지급

법원이 검사인을 선임한 경우에는 회사로 하여금 검사인에게 보수를 지급하게 할 수 있고, 이 경우 그 보수액은 이사와 감사의 의견을 들어 법원이 정한다. 그리고 이 재판에 대하여는 즉시항고를 할 수 있다.

## 8. 검사인의 조사보고서 제출

(1) 검사인의 보고는 서면으로 법원에 하여야 하며, 법원은 검사에 관하여 설명을 필요로 할 때에는 검사인을 심문할 수 있다(법 제74조).

(2) 법원은 검사인의 보고서에 의하여 필요하다고 인정한 경우에는 감사가 있는 때에는 감사에게, 감사가 없는 때에는 이사에게 사원총회의 소집을 명할 수 있으며, 이 경우에 검사인의 보고 서는 사원총회에 제출하여야 한다.

## 06 이사회 의사록의 열람 · 등사 허가사건

### 1. 서설

주주는 영업시간 내에 이사회 의사록의 열람 또는 등사를 청구할 수 있으며, 회사는 이 청구에 대하여 이유를 붙여 이를 거절할 수 있다. 이 경우 주주는 법원의 허가를 얻어 이사회 의사록을 열람 또는 등사할 수 있다(상법 제391조의3).

### 2. 관할

회사의 본점 소재지의 지방법원 합의부가 관할한다(법 제72조 제1항).

### 3. 절차의 개시

주주의 신청에 의한다.

### 4. 신청방식

허가를 신청하는 경우에 주주는 의결권 행사나 이사의 책임추궁 등과 같은 권리를 행사하기 위하여 이사회 의사록의 열람 또는 등사가 필요하다는 점을 소명하여야 한다.

### 5. 심리 및 재판, 불복방법

「비송사건절차법」이 정한 일반원칙에 의한다.


## 07 합자회사 유한책임사원의 업무와 재산상태의 검사허가사건

### 1. 서설

합자회사의 유한책임사원은 영업년도 말에 있어서 영업시간 내에 한하여 회사의 회계장부 · 대차대조표 기타의 서류를 열람할 수 있고 회사의 업무와 재산상태를 검사할 수 있다(상법 제277조 제1항). 또한 중요한 사유가 있는 때에는 언제든지 법원의 허가를 얻어 회사의 회계 장부 · 대차대조표 기타의 서류의 열람과 회사의 업무와 재산상태의 검사를 할 수 있다(상법 제277조 제2항).

## 2. 관할

회사의 본점 소재지의 지방법원 합의부가 관할한다(법 제72조 제1항).

## 3. 절차의 개시

합자회사 유한책임사원의 신청에 의한다.

## 4. 신청방식

(1) 검사허가신청은 서면으로 하여야 한다.

(2) 검사의 허가를 신청하는 경우에는 검사를 필요로 하는 사유를 소명하여야 한다.

## 5. 심리 및 재판

법원은 이유를 붙인 결정으로써 재판을 하여야 한다.

## 6. 불복방법

신청을 인용한 재판에 대하여는 불복신청을 할 수 없다.

## 08 주식회사 소수주주의 임시총회소집 허가사건

### 1. 서설

주주총회는 원칙적으로 이사회가 소집하나, 발행주식 총수의 100분의 3 이상에 해당하는 주식을 가진 주주는 회의의 목적사항과 소집의 이유를 적은 서면 또는 전자문서를 이사회에 제출하여 임시총회의 소집을 청구할 수 있다. 이 청구가 있은 후 지체 없이 총회소집의 절차를 밟지 아니한 때에는 청구한 주주는 법원의 허가를 받아 총회를 소집할 수 있다(상법 제366조).

### 2. 관할

회사의 본점 소재지의 지방법원 합의부가 관할한다(법 제72조 제1항).

### 3. 절차의 개시

발행주식 총수의 100분의 3 이상에 해당하는 주식을 가진 주주의 신청에 의한다.

### 4. 신청방식

(1) 신청은 반드시 서면으로 하여야 한다.

(2) 총회소집의 허가를 신청하는 경우에는 이사가 그 소집을 게을리한 사실을 소명하여야 한다 (법 제80조 제1항).

### 5. 심리 및 재판

법원은 이유를 붙인 결정으로써 재판을 하여야 한다.

### 6. 불복방법

신청을 인용한 재판에 대하여는 불복신청을 할 수 없다.

## ⑨ 유한회사 소수사원의 사원총회소집 허가사건

### 1. 서설

사원총회는 원칙적으로 이사회가 소집하나, 자본의 총액의 100분의 3 이상에 해당하는 출자 좌수를 가진 사원은 회의의 목적사항과 소집의 이유를 기재한 서면을 이사에게 제출하여 총 회의 소집을 청구할 수 있다. 이 청구가 있은 후 지체 없이 총회소집의 절차를 밟지 아니한 때에는 청구한 사원은 법원의 허가를 받아 총회를 소집할 수 있다(상법 제572조).

### 2. 관할

회사의 본점 소재지의 지방법원 합의부가 관할한다(법 제72조 제1항).

### 3. 절차의 개시

자본의 총액의 100분의 3 이상에 해당하는 출자좌수를 가진 사원의 신청에 의한다.

### 4. 신청방식

(1) 신청은 반드시 서면으로 하여야 한다.

(2) 총회소집의 허가를 신청하는 경우에는 이사가 그 소집을 게을리한 사실을 소명하여야 한다 (법 제80조 제1항).

## 5. 심리 및 재판

법원은 이유를 붙인 결정으로써 재판을 하여야 한다.

## 6. 불복방법

신청을 인용한 재판에 대하여는 불복신청을 할 수 없다.


## ⑩ 납입금보관자 등의 변경허가사건

### 1. 서설

회사설립을 하는 때나 신주발행을 하는 때에 발행하는 주식의 총수가 인수된 때에는 지체없이 주식인수인에 대하여 각 주식에 대한 인수가액의 전액을 납입시켜야 한다. 주식인수가액의 납입은 주식청약서에 기재된 은행 기타 금융기관의 납입장소에서 하여야 하며, 납입금의 보관자 또는 납입장소를 변경할 때에는 법원의 허가를 얻어야 한다(상법 제306조).

### 2. 관할

회사의 본점 소재지의 지방법원 합의부가 관할한다(법 제72조 제1항).

### 3. 절차의 개시

(1) 발기인 또는 이사 전원의 공동신청에 의한다(법 제82조).

(2) 개개의 발기인 또는 개개의 이사가 한 신청은 부적법하다.

### 4. 신청방식

허가의 신청은 그 사유를 소명하여야 한다(법 제82조).

### 5. 심리 및 재판, 불복방법

「비송사건절차법」이 정한 일반원칙에 의한다.

## ⑪ 단주의 임의매각 허가사건

### 1. 서설

주식을 병합하는 경우에 병합에 적당하지 아니한 수의 주식이 있는 때에는 그 병합에 적당하지 아니한 부분에 대하여 발행한 신주를 경매하여 각 주수에 따라 그 대금을 종전의 주주에게 지급하여야 한다. 그러나 거래소의 시세 있는 주식은 거래소를 통하여 매각하고, 거래소의 시세 없는 주식은 법원의 허가를 받아 경매 외의 방법으로 매각할 수 있다(상법 제443조). 이를 단주의 임의매각이라 한다.

### 2. 관할

회사의 본점 소재지의 지방법원 합의부가 관할한다(법 제72조 제1항).

### 3. 절차의 개시

이사 전원의 공동신청에 의한다.

### 4. 신청방식

허가의 신청은 그 사유를 소명하여야 한다.

### 5. 심리 및 재판, 불복방법

「비송사건절차법」이 정한 일반원칙에 의한다.

## ⑫ 직무대행자(일시이사) 선임사건

### 1. 서설

법률 또는 정관에 정한 이사의 원수를 결한 경우에는 임기의 만료 또는 사임으로 인하여 퇴임한 이사는 새로 선임된 이사가 취임할 때까지 이사의 권리·의무가 있으나, 이 경우에 필요하다고 인정할 때에는 법원은 이사, 감사 기타의 이해관계인의 청구에 의하여 일시이사의 직무를 행할 자를 선임할 수 있다(상법 제386조).

**판례**

1. "일시이사 선임이 필요하다고 인정되는 때"라 함은 이사가 사임하거나 장기간 부재중인 경우와 같이 퇴임이사로 하여금 이사로서의 권리·의무를 가지게 하는 것이 불가능하거나 부적당한 경우를 의미하는 것으로서 그의 필요성은 일시이사 제도의 취지와 관련하여 사안에 따라 개별적으로 판단되어야 한다. 또한 이사와 감사의 진술을 할 기회를 부여한 이상 법원은 그 진술 중의 의견에 기속됨이 없이, 그 의견과 다른 인선을 결정할 수도 있는 것이어서 이해관계를 달리하는 이사나 감사가 있는 경우 각 이해관계별로 빠짐없이 진술의 기회를 주지 않았다고 하여 그 사정이 재판의 결과에 영향을 주게 되는 것은 아니다(대결 2001. 12. 6, 2001그113).

2. 주식회사의 이사 및 대표이사 전원이 결원인 경우에 법원이 선임하는 일시이사 및 일시대표이사의 자격에는 아무런 제한이 없으므로 동 회사와 무슨 이해관계가 있는 자만이 일시이사 등으로 선임될 자격이 있는 것이 아니다(대판 1981. 9. 8, 80다2511).

3. 직무대행자(일시이사) 선임신청인이 추천한 사람이 선임되지 아니하고 다른 사람이 선임되었다 하여 선임신청을 불허한 결정이라고 볼 수는 없으니 선임신청을 불허한 결정임을 전제로 불복할 수는 없다(대결 1985. 5. 28, 85그50).

## 2. 관할

회사의 본점 소재지의 지방법원 합의부가 관할한다(법 제72조 제1항).

## 3. 절차의 개시

이사, 감사 기타의 이해관계인의 청구에 의한다.

## 4. 신청방식

신청은 일반원칙에 따라 서면 또는 구술(말)로 할 수 있다.

## 5. 심리 및 재판

(1) 일시이사의 선임에 관한 재판을 하는 경우에는 법원은 이사와 감사의 진술을 들어야 한다(법 제84조 제1항).

(2) 법원은 이유를 붙인 결정으로써 재판을 하여야 한다.

## 6. 불복방법

신청을 인용한 재판에 대하여는 불복신청을 할 수 없다.

### 7. 보수지급

법원이 일시이사를 선임한 경우에는 회사로 하여금 이에 보수를 지급하게 할 수 있고, 이 경우 그 보수액은 이사와 감사의 의견을 들어 법원이 정한다. 그리고 이 재판에 대하여는 즉시항고를 할 수 있다.

### 8. 등기

(1) 일시이사는 본점의 소재지에서 그 등기를 하여야 하며, 그 등기는 제1심수소법원의 촉탁에 의한다.

(2) 일시이사의 말소등기는 정식이사 선임의 등기를 하는 때에 등기관이 직권으로 한다.

## ⑬ 소송대표자 선임사건

### 1. 서설

(1) 회사의 소송대표자는 원칙적으로 이사이나, 회사가 이사에 대하여 또는 이사가 회사에 대하여 소를 제기하거나, 발행주식의 총수의 100분의 1 이상에 해당하는 주식을 가진 주주가 회사에 대하여 이사의 책임을 추궁할 소의 제기를 청구한 경우에는 감사가 그 소에 관하여 회사를 대표한다(상법 제394조 제1항).

(2) 회사는 3명 이상의 이사로 구성된 감사위원회를 설치할 수 있으며, 감사위원회를 설치한 경우에는 감사를 둘 수 없다.

(3) 감사위원회의 위원이 회사와 사이에서 소의 당사자인 경우에는 감사위원회 또는 이사는 법원에 회사를 대표할 자를 선임하여 줄 것을 신청하여야 한다(상법 제394조 제2항).

### 2. 관할

주주의 대표소송에 관한 사건의 관할법원인 회사의 본점 소재지의 지방법원 합의부가 관할한다.

### 3. 절차의 개시

감사위원회 또는 이사의 신청에 의한다.

### 4. 신청방식

신청은 일반원칙에 따라 서면 또는 구술(말)로 할 수 있다.

## 5. 심리 및 재판

(1) 법원은 이사 또는 감사위원회의 진술을 들어야 한다.

(2) 법원은 이유를 붙인 결정으로써 재판을 하여야 한다.

## 6. 불복방법

신청을 인용한 재판에 대하여는 불복신청을 할 수 없다.

## ⑭ 직무대행자의 상무 외 행위허가사건

## 1. 서설

(1) 이사선임결의의 무효나 취소 또는 이사해임의 소가 제기된 경우에는 법원은 당사자의 신청에 의하여 가처분으로써 이사의 직무집행을 정지할 수 있고 또는 직무대행자를 선임할 수 있다 (상법 제407조).

(2) 직무대행자는 가처분명령에 다른 정함이 있는 경우 외에는 회사의 상무에 속하지 아니한 행위를 하지 못하나, 법원의 허가를 얻은 경우에는 회사의 상무에 속하지 아니한 행위를 할 수 있다(상법 제408조).

(3) 상무는 회사의 영업을 계속함에 있어 통상업무범위 내의 사무를 의미한다.

> **판례**
>
> 가처분에 의하여 대표이사 직무대행자로 선임된 자가 변호사에게 소송대리를 위임하고 그 보수계약을 체결하거나 그와 관련하여 반소제기를 위임하는 행위는 회사의 상무에 속하나, 회사의 상대방 당사자의 변호인의 보수지급에 관한 약정은 회사의 상무에 속한다고 볼 수 없으므로 법원의 허가를 받지 않는 한 효력이 없다(대판 1989. 9. 12, 87다카2691).

## 2. 관할

(1) 이사선임결의의 무효나 취소 또는 이사해임의 소가 제기된 본안소송의 법원이 관할한다.

(2) 본안소송이 제1심에 계속 중이면 회사의 본점 소재지의 지방법원 합의부의 관할이고, 본안소송이 항소심에 계속 중이면 항소법원의 관할이다.

### 3. 절차의 개시

직무대행자의 신청에 의한다.

### 4. 신청방식

신청은 일반원칙에 따라 서면 또는 구술(말)로 할 수 있다.

### 5. 심리 및 재판

재판은 결정으로써 하며, 결정 주문에는 허가한 상무 외 행위를 특정하여야 한다.

### 6. 불복방법

(1) 신청을 인용한 재판에 대하여는 즉시항고를 할 수 있다. 이 경우 항고기간은 직무대행자가 재판의 고지를 받은 날부터 기산한다(법 제85조 제2항).

(2) 항고는 집행정지의 효력이 있다(법 제85조 제3항).

## ⑮ 주식의 액면미달발행 인가사건

### 1. 서설

(1) 주식은 액면미달의 가액으로 발행하지 못하는 것이 원칙이나, 회사가 성립한 날로부터 2년을 경과한 후에 주식을 발행하는 경우에는 회사는 주주총회의 결의와 법원의 인가를 얻어서 주식을 액면미달의 가액으로 발행할 수 있다(상법 제417조 제1항).

(2) 주주총회의 결의는 출석한 주주의 의결권의 3분의 2 이상의 수와 발행주식 총수의 3분의 1 이상의 수로써 하여야 하고, 주주총회의 결의에서는 주식의 최저발행가액을 정하여야 한다.

(3) 법원은 회사의 현황과 제반사정을 참작하여 최저발행가액을 변경하여 인가할 수 있다. 이 경우에 법원은 회사의 재산상태 기타 필요한 사항을 조사하게 하기 위하여 검사인을 선임할 수 있다(상법 제417조 제3항).

(4) 주식은 법원의 인가를 얻은 날로부터 1월 내에 발행하여야 한다. 법원은 이 기간을 연장하여 인가할 수 있다(상법 제417조 제4항).

### 2. 관할

회사의 본점 소재지의 지방법원 합의부가 관할한다(법 제72조 제1항).

## 3. 절차의 개시

회사의 신청에 의한다.

## 4. 신청방식

(1) 인가신청은 서면으로 하여야 한다(법 제86조 제1항).

(2) 신청을 하는 때에 법인등기사항 증명서와 주주총회 의사록을 제출하여야 한다.

## 5. 심리 및 재판

(1) 법원은 재판을 하기 전에 이사의 진술을 들어야 한다(법 제86조 제3항).

(2) 재판은 이유를 붙인 결정으로써 하여야 한다(법 제86조 제2항).

## 6. 불복방법

(1) 재판에 대하여는 즉시항고를 할 수 있다(법 제86조 제4항).

(2) 항고는 집행정지의 효력이 있다(법 제86조 제5항).

## ⑯ 주식매도가액 및 주식매수가액 결정사건

## 1. 서설

### (1) 주식양도의 경우

① 주식은 타인에게 양도할 수 있으나, 회사는 정관으로 정하는 바에 따라 그 발행하는 주식의 양도에 관하여 이사회의 승인을 받도록 할 수 있다(상법 제335조).

② 주식의 양도에 관하여 이사회의 승인을 얻어야 하는 경우에는 주식을 양도하고자 하는 주주는 회사에 대하여 양도의 상대방 및 양도하고자 하는 주식의 종류와 수를 기재한 서면으로 양도의 승인을 청구할 수 있다(상법 제335조의2).

③ 회사는 양도승인의 청구가 있는 날부터 1월 이내에 주주에게 그 승인 여부를 서면으로 통지하여야 하고, 양도승인거부의 통지를 받은 주주는 통지를 받은 날부터 20일 내에 회사에 대하여 양도의 상대방의 지정 또는 그 주식의 매수를 청구할 수 있다.

④ 주주가 양도의 상대방을 지정하여 줄 것을 청구한 경우에는 이사회는 이를 지정하고, 그 청구가 있은 날부터 2주간 내에 주주 및 지정된 상대방에게 서면으로 이를 통지하여야 한다(상법 제335조의3).

⑤ 상대방으로 지정된 자는 지정통지를 받은 날부터 10일 이내에 지정청구를 한 주주에 대하여 서면으로 그 주식을 자기에게 매도할 것을 청구할 수 있다.

⑥ 주식매도청구의 경우에 그 주식의 매도가액은 주주와 매도청구인 간의 협의로 이를 결정하나, 청구를 받은 날부터 30일 이내에 협의가 이루어지지 아니하는 경우에는 주주 또는 매도청구인은 법원에 대하여 매도가액의 결정을 청구할 수 있다(상법 제335조의5, 제374조의2).

⑦ 법원이 주식의 매도가액을 결정하는 경우에는 회사의 재산상태 그 밖의 사정을 참작하여 공정한 가액으로 이를 산정하여야 한다.

### (2) 영업양도, 회사의 합병 등을 하는 때 결의에 반대하는 주주의 주식매수청구의 경우

① 영업양도, 회사의 합병 등의 경우에 그 결의에 반대하는 주주는 주주총회 전에 회사에 대하여 서면으로 그 결의에 반대하는 의사를 통지한 경우에 그 총회의 결의일부터 20일 내에 주식의 종류와 수를 기재한 서면으로 회사에 대하여 자기가 소유하고 있는 주식의 매수를 청구할 수 있으며, 회사는 청구를 받은 날부터 2월 이내에 그 주식을 매수하여야 한다(상법 제374조의2).

② 주식매수청구의 경우에 주식의 매수가액은 주주와 회사 간의 협의에 의하여 결정하나, 청구를 받은 날부터 30일 이내에 협의가 이루어지지 아니한 경우에는 회사 또는 주식의 매수를 청구한 주주는 법원에 대하여 매수가액의 결정을 청구할 수 있다.

③ 법원이 주식의 매수가액을 결정하는 경우에는 회사의 재산상태 그 밖의 사정을 참작하여 공정한 가액으로 이를 산정하여야 한다.

## 2. 관할

회사의 본점 소재지의 지방법원 합의부의 관할로 한다(법 제72조 제1항).

## 3. 절차의 개시

(1) 주식양도의 경우에는 주주 또는 매도청구인의 신청에 의한다.

(2) 영업양도, 회사의 합병 등을 하는 때 결의에 반대하는 주주의 주식매수청구의 경우에는 회사 또는 주식의 매수를 청구한 주주의 신청에 의한다.

## 4. 신청방식

신청은 서면으로 하여야 한다.

## 5. 심리 및 재판

(1) 재판을 하기 전에 주주와 매도청구인 또는 주주와 이사의 진술을 들어야 한다(법 제86조의2 제1항).

(2) 여러 건의 신청사건이 동시에 계속(係屬) 중일 때에는 심문과 재판을 병합하여야 한다(법 제86조의2 제2항).

(3) 재판은 이유를 붙인 결정으로써 하여야 한다.

## 6. 불복방법

(1) 재판에 대하여는 즉시항고를 할 수 있다.

(2) 항고는 집행정지의 효력이 있다.

## ⑰ 신주발행무효에 의한 환급금증감 청구사건

## 1. 서설

(1) 신주발행이 위법하거나 불공정한 경우에는 신주발행의 무효원인이 되며, 신주발행의 무효는 주주·이사 또는 감사에 한하여 신주를 발행한 날로부터 6월 내에 소만으로 이를 주장할 수 있다(상법 제429조).

(2) 신주발행무효의 판결이 확정된 때에는 신주는 장래에 대하여 그 효력을 잃으며, 회사는 지체 없이 그 뜻과 3월 이상의 기간 내에 신주의 주권을 회사에 제출할 것을 공고하고 주주명부에 기재된 주주와 질권자에 대하여는 각별로 그 통지를 하여야 한다(상법 제431조).

(3) 신주발행무효의 판결이 확정된 때에는 회사는 신주의 주주에 대하여 그 납입한 금액을 반환하여야 하며, 반환할 금액이 신주발행무효의 판결확정시의 회사의 재산상태에 비추어 현저하게 부당한 때에는 법원은 회사 또는 신주의 주주의 청구에 의하여 그 금액의 증감을 명할 수 있다(상법 제432조).

## 2. 관할

회사의 본점 소재지의 지방법원 합의부가 관할한다(법 제72조 제1항).

## 3. 절차의 개시

회사 또는 신주의 주주의 청구에 의한다.

## 4. 신청방식

(1) 신청은 일반원칙에 따라 서면 또는 구술(말)로 할 수 있다.

(2) 신청은 신주발행 무효 판결이 확정된 날부터 6개월 내에 하여야 한다(법 제88조 제1항).

## 5. 심리 및 재판

(1) 법원은 신청을 받으면 지체 없이 그 사실을 관보에 공고하여야 한다.

(2) 심문은 신주발행 무효 판결이 확정된 날부터 6개월의 기간이 경과한 후에만 할 수 있다.

(3) 여러 건의 신청사건이 동시에 계속 중일 때에는 심문과 재판을 병합하여야 한다.

(4) 재판을 할 경우에는 법원은 이사와 감사의 진술을 들어야 한다.

(5) 법원은 이유를 붙인 결정으로써 재판을 하여야 한다.

(6) 재판은 총주주에 대하여 효력이 있다(법 제88조 제1항).

## 6. 불복방법

(1) 재판에 대하여는 즉시항고를 할 수 있다.

(2) 항고는 집행정지의 효력이 있다.

## ⑱ 회사의 해산명령사건

## 1. 서설

법원은 회사의 설립목적이 불법한 것인 때, 회사가 정당한 사유 없이 설립 후 1년 내에 영업을 개시하지 아니하거나 1년 이상 영업을 휴지하는 때, 이사 또는 회사의 업무를 집행하는 사원이 법령 또는 정관에 위반하여 회사의 존속을 허용할 수 없는 행위를 한 때에는 이해관계인이나 검사의 청구에 의하여 또는 직권으로 회사의 해산을 명할 수 있다(상법 제176조 제1항).

> **판례**
>
> 법원에 회사의 해산명령을 청구할 수 있는 이해관계인이란 회사 존립에 직접 법률상 이해관계가 있는 자라고 보아야 하며, '전자랜드'라는 명칭의 빌딩을 소유하고 같은 명칭의 서비스표 및 상표 등록을 한 자가 그 상호를 '전자랜드주식회사'로 변경하려고 하는데, 휴면회사인 '전자랜드판매주식회사'로 인하여 상호변경 등기를 할 수 없다는 사실만으로는 이해관계인이라 보기 어렵다(대결 1995. 9. 12, 95마686).

## 2. 관할

회사의 본점 소재지의 지방법원 합의부가 관할한다(법 제72조 제1항).

## 3. 절차의 개시

이해관계인이나 검사의 청구 또는 직권으로 한다.

## 4. 신청방식

신청은 일반원칙에 따라 서면 또는 구술(말)로 할 수 있다.

## 5. 심리 및 재판

(1) 법원은 해산명령의 신청이 있는 때에는 지체 없이 그 사실을 관보에 공고하여야 한다.

(2) 법원은 재판을 하기 전에 이해관계인의 진술과 검사의 의견을 들어야 한다.

(3) 재판은 이유를 붙인 결정으로써 하여야 한다.

## 6. 불복방법

(1) 회사, 이해관계인 및 검사는 해산을 명하는 재판에 대하여 즉시항고를 할 수 있다. 이 경우 항고는 집행정지의 효력이 있다(법 제91조).

(2) 신청을 인용한 재판에 대하여는 회사가, 신청을 기각한 재판에 대하여는 신청인인 이해관계인이나 검사가 즉시항고를 할 수 있다.

## 7. 등기

회사의 해산을 명한 재판이 확정된 때에는 법원은 회사의 본점과 지점 소재지의 등기소에 그 등기를 촉탁하여야 한다(법 제93조).

## 8. 해산명령 전의 회사재산 보전에 필요한 처분

(1) 회사의 해산명령의 청구가 있는 때에는 법원은 해산을 명하기 전일지라도 이해관계인이나 검사의 청구에 의하여 또는 직권으로 관리인의 선임 기타 회사재산의 보전에 필요한 처분을 할 수 있다.

(2) 관리인 선임의 재판을 하는 경우 법원은 이해관계인의 의견을 들을 수 있다.

(3) 관리인 선임의 재판에 대하여는 불복신청을 할 수 없다.

(4) 법원이 관리인을 선임한 경우에는 회사로 하여금 관리인에게 보수를 지급하게 할 수 있고, 이 경우 그 보수액은 이사와 감사의 의견을 들어 법원이 정한다. 그리고 이 재판에 대하여는 즉시항고를 할 수 있다.

## 9. 회사관리인의 회사 재산상태 보고 등

(1) 법원은 그 선임한 관리인에게 재산상태를 보고하고 관리계산(管理計算)을 할 것을 명할 수 있다. 이 재판에 대하여는 불복신청을 할 수 없다.

(2) 이해관계인은 재산상태의 보고와 계산에 관한 서류의 열람을 신청하거나 수수료를 내고 그 등본의 발급을 신청할 수 있다.

(3) 검사는 재산상태의 보고와 계산에 관한 서류를 열람할 수 있다.

## 10. 관리인의 사임허가 등

(1) 법원은 관리인의 사임을 허가하거나 관리인을 해임할 수 있다. 관리인의 사임을 허가하는 경우 법원은 다시 관리인을 선임하여야 한다.

(2) 관리인이 사임허가의 재판을 신청하는 경우에는 그 사유를 소명하여야 한다.

(3) 관리인을 해임하는 재판을 하는 경우 법원은 이해관계인의 의견을 들을 수 있다.

(4) 관리인의 사임허가 또는 해임의 재판에 대하여는 불복신청을 할 수 없다.

## 11. 비용의 부담

(1) 법원이 관리인의 선임 기타 회사재산의 보전에 필요한 처분에 관하여 직권으로 재판을 하였거나 신청에 상응한 재판을 한 경우에는 재판 전의 절차와 재판의 고지비용은 회사가 부담한다. 법원이 명한 처분에 필요한 비용도 회사가 부담한다(법 제96조 제1항).

(2) 법원이 항고인의 신청에 상응한 재판을 한 경우에는 항고절차의 비용과 항고인이 부담하게 된 전심의 비용은 회사가 부담한다(법 제96조 제2항).

## 12. 담보제공

(1) 이해관계인이 회사의 해산명령의 청구를 한 때에는 법원은 회사의 청구에 의하여 상당한 담보를 제공할 것을 명할 수 있다.

(2) 회사가 담보제공의 청구를 함에는 이해관계인의 청구가 악의임을 소명하여야 한다.

## ⑲ 외국회사 영업소의 폐쇄명령사건

### 1. 서설

외국회사가 대한민국에 영업소를 설치한 경우에 영업소의 설치목적이 불법한 것인 때, 영업소의 설치등기를 한 후 정당한 사유 없이 1년 내에 영업을 개시하지 아니하거나 1년 이상 영업을 휴지한 때 또는 정당한 사유 없이 지급을 정지한 때, 회사의 대표자 기타 업무를 집행하는 자가 법령 또는 선량한 풍속 기타 사회질서에 위반한 행위를 한 때에는 법원은 이해관계인 또는 검사의 청구에 의하여 그 영업소의 폐쇄를 명할 수 있다(상법 제619조 제1항).

### 2. 관할

폐쇄를 명하게 될 외국회사 영업소 소재지의 지방법원이 관할한다.

### 3. 절차의 개시

이해관계인 또는 검사의 청구에 의한다.

### 4. 신청방식

신청은 일반원칙에 따라 서면 또는 구술(말)로 할 수 있다.

### 5. 심리 및 재판

(1) 법원은 영업소 폐쇄명령의 신청이 있는 때에는 지체 없이 그 사실을 관보에 공고하여야 한다.

(2) 법원은 재판을 하기 전에 이해관계인의 진술과 검사의 의견을 들어야 한다.

(3) 재판은 이유를 붙인 결정으로써 하여야 한다.

## 6. 불복방법

(1) 회사, 이해관계인 및 검사는 영업소의 폐쇄를 명하는 재판에 대하여 즉시항고를 할 수 있다. 이 경우 항고는 집행정지의 효력이 있다(법 제91조).

(2) 신청을 인용한 재판에 대하여는 회사가, 신청을 기각한 재판에 대하여는 신청인인 이해관계인이나 검사가 즉시항고를 할 수 있다.

## 7. 등기

외국회사의 영업소의 폐쇄를 명한 재판이 확정된 때에는 법원은 영업소 소재지의 등기소에 그 등기를 촉탁하여야 한다(법 제93조).

## 8. 영업소의 폐쇄명령 전의 회사재산 보전에 필요한 처분

(1) 외국회사 영업소 폐쇄명령의 청구가 있는 때에는 법원은 영업소의 폐쇄를 명하기 전일지라도 이해관계인이나 검사의 청구에 의하여 또는 직권으로 관리인의 선임 기타 회사재산의 보전에 필요한 처분을 할 수 있다.

(2) 관리인 선임의 재판을 하는 경우 법원은 이해관계인의 의견을 들을 수 있다.

(3) 관리인 선임의 재판에 대하여는 불복신청을 할 수 없다.

(4) 법원이 관리인을 선임한 경우에는 회사로 하여금 관리인에게 보수를 지급하게 할 수 있고, 이 경우 그 보수액은 이사와 감사의 의견을 들어 법원이 정한다. 그리고 이 재판에 대하여는 즉시항고를 할 수 있다.

## 9. 회사관리인의 회사 재산상태 보고 등

(1) 법원은 그 선임한 관리인에게 재산상태를 보고하고 관리계산(管理計算)을 할 것을 명할 수 있다. 이 재판에 대하여는 불복신청을 할 수 없다.

(2) 이해관계인은 재산상태의 보고와 계산에 관한 서류의 열람을 신청하거나 수수료를 내고 그 등본의 발급을 신청할 수 있다.

(3) 검사는 재산상태의 보고와 계산에 관한 서류를 열람할 수 있다.

### 10. 관리인의 사임허가 등

(1) 법원은 관리인의 사임을 허가하거나 관리인을 해임할 수 있다. 관리인의 사임을 허가하는 경우 법원은 다시 관리인을 선임하여야 한다.

(2) 관리인이 사임허가의 재판을 신청하는 경우에는 그 사유를 소명하여야 한다.

(3) 관리인을 해임하는 재판을 하는 경우 법원은 이해관계인의 의견을 들을 수 있다.

(4) 관리인의 사임허가 또는 해임의 재판에 대하여는 불복신청을 할 수 없다.

### 11. 비용의 부담

(1) 법원이 관리인의 선임 기타 회사재산의 보전에 필요한 처분에 관하여 직권으로 재판을 하였거나 신청에 상응한 재판을 한 경우에는 재판 전의 절차와 재판의 고지비용은 회사가 부담한다. 법원이 명한 처분에 필요한 비용도 회사가 부담한다(법 제96조 제1항).

(2) 법원이 항고인의 신청에 상응한 재판을 한 경우에는 항고절차의 비용과 항고인이 부담하게 된 전심의 비용은 회사가 부담한다(법 제96조 제2항).

### 12. 담보제공

(1) 이해관계인이 외국회사 영업소 폐쇄명령의 청구를 한 때에는 법원은 회사의 청구에 의하여 상당한 담보를 제공할 것을 명할 수 있다.

(2) 회사가 담보제공의 청구를 함에는 이해관계인의 청구가 악의임을 소명하여야 한다.

## ⑳ 합병회사의 채무부담부분 결정사건

### 1. 서설

(1) 회사의 합병의 무효는 각 회사의 사원, 청산인, 파산관재인 또는 합병을 승인하지 아니한 회사채권자에 한하여 소만으로 이를 주장할 수 있으며, 소는 합병의 등기가 있은 날로부터 6월 내에 제기하여야 한다(상법 제236조).

(2) 합병을 무효로 한 판결이 확정된 때에는 합병을 한 회사는 합병 후 존속한 회사 또는 합병으로 인하여 설립된 회사의 합병 후 부담한 채무에 대하여 연대하여 변제할 책임이 있고, 합병 후 존속한 회사 또는 합병으로 인하여 설립한 회사의 합병 후 취득한 재산은 합병을 한 회사의 공유로 한다.

(3) 채무의 부담부분과 취득재산의 공유지분은 각 회사의 협의로 정하나, 각 회사의 협의로 그 부담부분 또는 지분을 정하지 못한 때에는 법원은 그 청구에 의하여 합병 당시의 각 회사의 재산상태 기타의 사정을 참작하여 이를 정한다(상법 제239조).

## 2. 관할

합병무효의 소(訴)에 관한 제1심수소법원(受訴法院)이 관할한다(법 제72조 제2항).

## 3. 절차의 개시

합병을 한 각 회사의 신청에 의한다.

## 4. 신청방식

신청은 일반원칙에 따라 서면 또는 구술(말)로 할 수 있다.

## 5. 심리 및 재판

재판은 이유를 붙인 결정으로써 하여야 한다.

## 6. 불복방법

(1) 재판에 대하여는 즉시항고를 할 수 있다.

(2) 항고는 집행정지의 효력이 있다.

## ㉑ 지분압류채권자의 보전청구사건

## 1. 서설

(1) 채권자는 합명회사, 합자회사의 사원의 지분을 압류할 수 있으며, 지분의 압류는 사원이 장래 이익의 배당과 지분의 환급을 청구하는 권리에 대하여도 그 효력이 있다(상법 제223조).

(2) 합명회사, 합자회사의 사원의 지분을 압류한 채권자는 영업연도 말에 그 사원을 퇴사시킬 수 있다. 그러나 회사와 그 사원에 대하여 6월 전에 그 예고를 하여야 한다(상법 제224조).

(3) 퇴사예고를 한 채권자는 회사의 본점 소재지의 지방법원 합의부에 지분환급청구권의 보전에 관하여 필요한 처분을 할 것을 청구할 수 있다(법 제102조).

## 2. 관할

회사의 본점 소재지의 지방법원 합의부가 관할한다(법 제72조 제1항).

## 3. 절차의 개시

지분압류를 하고, 회사와 사원에 대하여 예고를 한 채권자의 신청에 의한다.

## 4. 신청방식

신청은 일반원칙에 따라 서면 또는 구술(말)로 할 수 있다.

## 5. 심리 및 재판

재판은 이유를 붙인 결정으로써 하여야 한다.

## 6. 불복방법

재판에 대하여는 즉시항고를 할 수 있다.

## ㉒ 유한회사의 주식회사로의 합병인가사건

### 1. 서설

유한회사가 주식회사와 합병하는 경우에 합병 후 존속하는 회사 또는 합병으로 인하여 설립되는 회사가 주식회사인 때에는 법원의 인가를 얻지 아니하면 합병의 효력이 없다(상법 제600조 제1항).

### 2. 관할

합병 후 존속하는 회사 또는 합병으로 인하여 설립되는 회사 본점 소재지의 지방법원이 관할한다(법 제72조 제4항).

### 3. 절차의 개시

합병을 할 회사의 이사와 감사 전원의 공동신청에 의한다(법 제104조).

### 4. 신청방식

신청은 일반원칙에 따라 서면 또는 구술(말)로 할 수 있다.

### 5. 심리 및 재판

법원은 이유를 붙인 결정으로써 재판을 하여야 한다.

### 6. 불복방법

신청을 인용한 재판에 대하여는 불복신청을 할 수 없다.

## ㉓ 유한회사의 조직변경 인가사건

### 1. 서설

유한회사는 총사원의 일치에 의한 총회의 결의로 그 조직을 변경하여 이를 주식회사로 할 수 있으며, 조직변경은 법원의 인가를 얻지 아니하면 그 효력이 없다(상법 제607조).

### 2. 관할

회사의 본점 소재지의 지방법원 합의부가 관할한다(법 제72조 제1항).

### 3. 절차의 개시

이사와 감사 전원의 공동신청에 의한다.

### 4. 신청방식

신청은 일반원칙에 따라 서면 또는 구술(말)로 할 수 있다.

### 5. 심리 및 재판

법원은 이유를 붙인 결정으로써 재판을 하여야 한다.

### 6. 불복방법

신청을 인용한 재판에 대하여는 불복신청을 할 수 없다.

## ㉔ 각종 경매허가사건

### 1. 서설

(1) 상인 간의 매매에 있어서 목적물의 하자 또는 수량의 부족을 이유로 매수인이 계약을 해제한 때에는 매도인의 비용으로 매매의 목적물을 보관 또는 공탁하여야 한다. 그러나 그 목적물이 멸실 또는 훼손될 염려가 있는 때에는 법원의 허가를 얻어 경매하여 그 대가를 보관 또는 공탁하여야 한다(법 제70조).

(2) 수하인이 운송물을 수령하는 때에는 운송인에게 운임 등을 지급하여야 한다. 그러나 운송인이 운임 등을 지급받지 못하였을 때에는 운송인은 운임 등의 지급을 받기 위하여 법원의 허가를 받아 운송물을 경매하여 우선변제를 받을 권리가 있다(상법 제808조).

### 2. 관할

경매할 물건의 소재지의 지방법원이 관할한다(법 제75조 제5항).

### 3. 절차의 개시

(1) 매매계약 해제의 경우에는 매수인의 신청에 의한다.

(2) 운송품 경매의 경우에는 운송인의 신청에 의한다.

### 4. 신청방식, 심리 및 재판, 불복방법

「비송사건절차법」이 정한 일반원칙에 의한다.

## 제2절 사채에 관한 사건

### ① 개요

사채에 관한 비송사건에는 사채관리회사의 사임허가·해임·사무승계자 선임사건, 사채권자
집회의 소집허가사건, 사채권자집회의 결의인가사건, 사채모집 위탁의 보수 등 부담 허가사건,
사채권자의 이의기간 연장사건 등이 있다.

### ② 사채관리회사의 사임허가·해임·사무승계자 선임사건

### 1. 서설

#### (1) 사채관리회사의 사임허가사건

사채관리회사는 사채를 발행한 회사와 사채권자집회의 동의를 받아 사임할 수 있다. 부득이한
사유가 있어 법원의 허가를 받은 경우에도 사임할 수 있다(상법 제481조).

#### (2) 사채관리회사의 해임사건

사채관리회사가 그 사무를 처리하기에 적임이 아니거나 그 밖에 정당한 사유가 있을 때에는
법원은 사채를 발행하는 회사 또는 사채권자집회의 청구에 의하여 사채관리회사를 해임할
수 있다(상법 제482조).

#### (3) 사채관리회사의 사무승계자 선임사건

사채관리회사의 사임 또는 해임으로 인하여 사채관리회사가 없게 된 경우에는 사채를 발행한
회사는 그 사무를 승계할 사채관리회사를 정하여 사채권자를 위하여 사채관리를 위탁하여야
한다. 이 경우 회사는 지체 없이 사채권자집회를 소집하여 동의를 받아야 한다. 또한 부득이한
사유가 있는 때에는 이해관계인은 사무승계자의 선임을 법원에 청구할 수 있다(상법 제483조).

### 2. 관할

사채를 발행한 회사의 본점 소재지의 지방법원 합의부가 관할한다(법 제109조).

### 3. 절차의 개시

(1) 사채관리회사의 사임허가사건은 사채관리회사의 신청에 의한다.

(2) 사채관리회사의 해임사건은 사채를 발행하는 회사 또는 사채권자집회의 청구에 의한다.

(3) 사채관리회사의 사무승계자 선임사건은 이해관계인의 청구에 의한다.

### 4. 신청방식

신청은 일반원칙에 따라 서면 또는 구술(말)로 할 수 있다.

### 5. 심리 및 재판

(1) 검사는 사건에 관하여 의견을 진술하거나 심문에 참여할 수 없다(법 제116조).

(2) 재판은 이해관계인의 의견을 들은 후 이유를 붙인 결정으로써 하여야 한다.

### 6. 불복방법

(1) 신청 및 청구를 인용한 재판에 대하여는 불복신청을 할 수 없다.

(2) 신청 및 청구를 인용하지 아니한 재판에 대하여는 즉시항고를 할 수 있다.

## 03 사채권자집회의 소집허가사건

### 1. 서설

사채권자집회는 사채를 발행한 회사 또는 사채관리회사가 소집한다. 또한 사채의 종류별로 해당 종류의 사채 총액의 10분의 1 이상에 해당하는 사채를 가진 사채권자는 회의 목적인 사항과 소집 이유를 적은 서면 또는 전자문서를 사채를 발행한 회사 또는 사채관리회사에 제출하여 사채권자집회의 소집을 청구할 수 있으며, 청구가 있은 후 지체 없이 사채권자집회의 소집절차를 밟지 아니한 때에는 청구한 사채권자는 법원의 허가를 받아 사채권자집회를 소집할 수 있다(상법 제491조).

### 2. 관할

사채를 발행한 회사의 본점 소재지의 지방법원 합의부가 관할한다(법 제109조).

### 3. 절차의 개시

사채 총액의 10분의 1 이상에 해당하는 사채를 가진 사채권자의 신청에 의한다.

### 4. 신청방식

(1) 신청은 서면으로 하여야 한다.

(2) 사채를 발행한 회사 또는 사채관리회사가 그 소집을 게을리한 사실을 소명하여야 한다.

## 5. 심리 및 재판

(1) 검사는 사건에 관하여 의견을 진술하거나 심문에 참여할 수 없다(법 제116조).

(2) 법원은 이유를 붙인 결정으로써 재판을 하여야 한다.

## 6. 불복방법

신청을 인용한 재판에 대하여는 불복신청을 할 수 없다.


## 04 사채권자집회의 결의인가사건

## 1. 서설

(1) 사채권자집회의 소집자는 결의한 날로부터 1주간 내에 결의의 인가를 법원에 청구하여야 한다(상법 제496조).

(2) 사채권자집회의 결의는 법원의 인가를 받음으로써 그 효력이 생긴다. 다만, 그 종류의 사채권자 전원이 동의한 결의는 법원의 인가가 필요하지 아니하다.

(3) 사채권자집회의 결의는 그 종류의 사채를 가진 모든 사채권자에게 그 효력이 있다.

(4) 사채권자집회의 결의에 대하여 인가 또는 불인가의 결정이 있은 때에는 사채를 발행한 회사는 지체 없이 그 뜻을 공고하여야 한다.

## 2. 관할

사채를 발행한 회사의 본점 소재지의 지방법원 합의부가 관할한다(법 제109조).

## 3. 절차의 개시

사채권자집회의 소집자의 청구에 의한다.

## 4. 신청방식

(1) 신청은 일반원칙에 따라 서면 또는 구술(말)로 할 수 있다.

(2) 결의의 인가를 청구하는 경우에는 의사록을 제출하여야 한다.

## 5. 심리 및 재판

(1) 검사는 사건에 관하여 의견을 진술하거나 심문에 참여할 수 없다(법 제116조).

(2) 재판은 이해관계인의 의견을 들은 후 이유를 붙인 결정으로써 하여야 한다.

## 6. 불복방법

(1) 재판에 대하여는 즉시항고를 할 수 있다.

(2) 항고는 집행정지의 효력이 있다.

## 05 사채모집 위탁의 보수 등 부담 허가사건

### 1. 서설

사채관리회사, 대표자 또는 집행자에게 줄 보수와 그 사무 처리에 필요한 비용은 사채를 발행한 회사와의 계약에 약정된 경우 외에는 법원의 허가를 받아 사채를 발행한 회사로 하여금 부담하게 할 수 있다(상법 제507조).

### 2. 관할

사채를 발행한 회사의 본점 소재지의 지방법원 합의부가 관할한다(법 제109조).

### 3. 절차의 개시

사채관리회사, 대표자 또는 집행자의 신청에 의한다.

### 4. 신청방식

신청은 일반원칙에 따라 서면 또는 구술(말)로 할 수 있다.

### 5. 심리 및 재판

(1) 검사는 사건에 관하여 의견을 진술하거나 심문에 참여할 수 없다(법 제116조).

(2) 재판은 이해관계인의 의견을 들은 후 이유를 붙인 결정으로써 하여야 한다.

## 6. 불복방법

(1) 재판에 대하여는 즉시항고를 할 수 있다.

(2) 항고는 집행정지의 효력이 있다.

## ⑥ 사채권자의 이의기간 연장사건

### 1. 서설

(1) 주식회사가 자본금 감소나 합병을 하는 경우에 회사는 결의가 있은 날부터 2주 내에 회사채 권자에 대하여 자본금 감소나 합병에 이의가 있으면 1월 이상의 기간 내에 이를 제출할 것을 공고하고 알고 있는 채권자에 대하여는 따로따로 이를 최고하여야 한다.

(2) 사채권자가 이의를 제기하려면 일반의 채권자와는 달리 개별적으로는 할 수 없으며 사채권 자집회의 결의가 있어야 한다. 이 경우에 법원은 이해관계인의 청구에 의하여 사채권자를 위 하여 이의제기기간을 연장할 수 있다(상법 제439조 제3항).

### 2. 관할

사채를 발행한 회사의 본점 소재지의 지방법원 합의부가 관할한다(법 제109조).

### 3. 절차의 개시

이해관계인의 신청에 의한다.

### 4. 신청방식

신청은 일반원칙에 따라 서면 또는 구술(말)로 할 수 있다.

### 5. 심리 및 재판

(1) 검사는 사건에 관하여 의견을 진술하거나 심문에 참여할 수 없다(법 제116조).

(2) 재판은 이해관계인의 의견을 들은 후 이유를 붙인 결정으로써 하여야 한다.

### 6. 불복방법

(1) 신청을 인용한 재판에 대하여는 불복신청을 할 수 없다.

(2) 신청을 인용하지 아니한 재판에 대하여는 즉시항고를 할 수 있다.

## 제3절 │ 회사의 청산에 관한 사건

### (01) 개요

**1. 회사의 청산**

(1) 회사는 해산에 의하여 법인격이 소멸하지 않고, 재산관계를 정리하는 청산절차를 거친 후 청산의 종결에 의하여 법인격이 소멸한다.

(2) 청산절차란 회사가 해산한 경우에 채무를 변제하고 주주에 대해 잔여재산을 분배하는 등의 법률관계를 처리하기 위해 행하는 절차를 말한다.

(3) 회사가 해산한 때에는 합병·분할·분할합병 또는 파산의 경우를 제외하고는 청산절차가 개시된다.

**2. 법원의 감독**

(1) 회사의 청산은 법원의 감독을 받는다(법 제118조 제1항).

(2) 법원은 회사의 업무를 감독하는 관청에 의견의 진술을 요청하거나 조사를 촉탁할 수 있다(법 제118조 제2항).

(3) 회사의 업무를 감독하는 관청은 법원에 그 회사의 청산에 관한 의견을 진술할 수 있다(법 제118조 제3항).

**3. 회사의 청산에 관한 사건**

회사의 청산에 관한 비송사건에는 청산인의 선임사건, 청산인의 해임사건, 감정인의 선임사건, 청산인의 변제허가사건, 서류보존인의 선임사건 등이 있다.

### (02) 청산인의 선임사건

**1. 서설**

**(1) 청산인**

① 합명회사와 합자회사가 해산한 때에는 총사원 과반수 또는 무한책임사원 과반수의 결의로 청산인을 선임하며, 청산인을 선임하지 아니한 때에는 업무집행사원이 청산인이 된다(상법 제251조, 제287조).

② 주식회사와 유한회사가 해산한 때에는 합병·분할·분할합병 또는 파산의 경우 외에는 이사가 청산인이 된다. 다만, 정관에 다른 정함이 있거나 주주총회에서 타인을 선임한 때에는 그러하지 아니하다(상법 제531조 제1항, 제613조 제1항).

**(2) 법원이 청산인을 선임하는 경우**

① **합명회사와 합자회사**

㉠ 회사의 해산명령에 의하여 해산된 때와 사원이 1인이 되어 해산된 때에는 법원은 사원 기타의 이해관계인이나 검사의 청구에 의하여 또는 직권으로 청산인을 선임한다(상법 제252조).

㉡ 설립무효의 판결 또는 설립취소의 판결이 확정되어 청산하는 때에는 법원은 사원 기타의 이해관계인의 청구에 의하여 청산인을 선임할 수 있다(상법 제193조).

② **주식회사와 유한회사**

㉠ 회사가 해산하였으나, 청산인이 없는 때에는 법원은 이해관계인의 청구에 의하여 청산인을 선임한다(상법 제531조 제2항).

㉡ 회사의 해산명령에 의하여 해산된 때는 법원은 이해관계인이나 검사의 청구에 의하여 또는 직권으로 청산인을 선임한다(상법 제542조 제1항).

㉢ 설립무효의 판결 또는 설립취소의 판결이 확정되어 청산하는 때에는 법원은 이해관계인의 청구에 의하여 청산인을 선임할 수 있다(상법 제328조).

**(3) 청산인의 결격사유**

① 미성년자

② 피성년후견인과 피한정후견인

③ 자격이 정지되거나 상실된 자

④ 법원에서 해임된 청산인

⑤ 파산선고를 받은 자

## 2. 관할

(1) 합명회사와 합자회사의 청산에 관한 사건은 회사의 본점 소재지의 지방법원이 관할한다(법 제117조 제1항).

(2) 주식회사와 유한회사의 청산에 관한 사건은 회사의 본점 소재지의 지방법원 합의부가 관할한다(법 제117조 제2항).

## 3. 절차의 개시

(1) 회사가 해산하였으나, 청산인이 없는 때에는 이해관계인의 청구에 의한다.

(2) 회사의 해산명령에 의하여 해산된 때는 이해관계인이나 검사의 청구 또는 직권으로 청산인을 선임한다.

(3) 설립무효의 판결 또는 설립취소의 판결이 확정되어 청산하는 때에는 이해관계인의 청구에 의한다.

## 4. 신청방식, 심리 및 재판

「비송사건절차법」이 정한 일반원칙에 의한다.

## 5. 불복방법

청산인의 선임의 재판에 대하여는 불복신청을 할 수 없다(법 제119조).

## 6. 보수지급

법원이 청산인을 선임한 경우에는 회사로 하여금 청산인에게 보수를 지급하게 할 수 있고, 이 경우 그 보수액은 이사와 감사의 의견을 들어 법원이 정한다. 그리고 이 재판에 대하여는 즉시항고를 할 수 있다.

## 7. 등기

청산인이 선임된 때에는 그 선임된 날로부터 본점 소재지에서는 2주간 내, 지점 소재지에서는 3주간 내에 청산인 선임의 등기를 신청하여야 한다.

## 03 청산인의 해임사건

## 1. 서설

청산인이 그 업무를 집행함에 현저하게 부적임하거나 중대한 임무에 위반한 행위가 있는 때에는 법원은 합명회사와 합자회사의 경우에는 사원 기타의 이해관계인, 주식회사의 경우에는 발행주식의 총수의 100분의 3 이상에 해당하는 주식을 가진 주주, 유한회사의 경우에는 자본총액의 100분의 3 이상에 해당하는 출자좌수를 가진 사원의 청구에 의하여 청산인을 해임할 수 있다(상법 제262조, 제539조 제2항).

## 2. 관할

(1) 합명회사와 합자회사의 청산에 관한 사건은 회사의 본점 소재지의 지방법원이 관할한다(법 제117조 제1항).

(2) 주식회사와 유한회사의 청산에 관한 사건은 회사의 본점 소재지의 지방법원 합의부가 관할한다(법 제117조 제2항).

## 3. 절차의 개시

(1) 합명회사와 합자회사의 경우에는 사원 기타의 이해관계인의 신청에 의한다.

(2) 주식회사의 경우에는 발행주식의 총수의 100분의 3 이상에 해당하는 주식을 가진 주주, 유한회사의 경우에는 자본총액의 100분의 3 이상에 해당하는 출자좌수를 가진 사원의 신청에 의한다.

## 4. 신청방식, 심리 및 재판

「비송사건절차법」이 정한 일반원칙에 의한다.

## 5. 불복방법

청산인의 해임의 재판에 대하여는 불복신청을 할 수 없다(법 제119조).

## 6. 등기

청산인의 해임의 재판이 있는 때에는 제1심수소법원은 회사의 본점과 지점 소재지의 등기소에 청산인 해임의 등기를 촉탁하여야 한다.

## ⑭ 감정인의 선임사건

## 1. 서설

(1) 청산인의 직무에는 현존사무의 종결, 채권의 추심과 채무의 변제, 재산의 환가처분, 잔여재산의 분배 등이 있다(상법 제254조).

(2) 청산인은 변제기에 이르지 아니한 회사 채무에 대하여도 변제할 수 있으며, 조건부채권, 존속기간이 불확정한 채권 기타 가액이 불확정한 채권에 대하여는 법원이 선임한 감정인의 평가에 의하여 변제하여야 한다(상법 제259조).

## 2. 관할

(1) 합명회사와 합자회사의 청산에 관한 사건은 회사의 본점 소재지의 지방법원이 관할한다(법 제117조 제1항).

(2) 주식회사와 유한회사의 청산에 관한 사건은 회사의 본점 소재지의 지방법원 합의부가 관할한다(법 제117조 제2항).

## 3. 절차의 개시

청산인의 신청에 의한다.

## 4. 신청방식

신청은 일반원칙에 따라 서면 또는 구술(말)로 할 수 있다.

## 5. 심리 및 재판

검사는 사건에 관하여 의견을 진술하거나 심문에 참여할 수 없다.

## 6. 불복방법

감정인을 선임한 재판에 대하여는 불복신청을 할 수 없다.

## 7. 비용의 부담

감정인을 선임한 경우에는 그 비용을 회사의 부담으로 한다. 감정인의 소환과 심문의 비용의 경우에도 회사의 부담으로 한다(법 제124조).

## ⑤ 청산인의 변제허가사건

## 1. 서설

(1) 청산인은 취임한 날로부터 2월 내에 회사채권자에 대하여 2월 이상의 기간 내에 그 채권을 신고할 것과 그 기간 내에 신고하지 아니하면 청산에서 제외될 뜻을 2회 이상 공고로써 최고하여야 한다(상법 제535조 제1항).

(2) 청산인은 신고기간 내에는 채권자에 대하여 변제를 하지 못하나, 청산인은 소액의 채권, 담보 있는 채권 기타 변제로 인하여 다른 채권자를 해할 염려가 없는 채권에 대하여는 법원의 허가를 얻어 이를 변제할 수 있다(상법 제536조).

## 2. 관할

(1) 합명회사와 합자회사의 청산에 관한 사건은 회사의 본점 소재지의 지방법원이 관할한다(법 제117조 제1항).

(2) 주식회사와 유한회사의 청산에 관한 사건은 회사의 본점 소재지의 지방법원 합의부가 관할한다(법 제117조 제2항).

## 3. 절차의 개시

청산인 전원의 공동신청에 의한다.

## 4. 신청방식

(1) 신청은 일반원칙에 따라 서면 또는 구술(말)로 할 수 있다.

(2) 변제허가의 신청을 하는 때에는 그 사유를 소명하여야 한다.

## 5. 심리 및 재판

법원은 이유를 붙인 결정으로써 재판을 하여야 한다.

## 06 서류보존인의 선임사건

## 1. 서설

(1) 회사의 장부 기타 영업과 청산에 관한 중요한 서류는 본점 소재지에서 청산종결의 등기를 한 후 10년간 이를 보존하여야 한다. 다만, 전표 또는 이와 유사한 서류는 5년간 이를 보존하여야 한다(상법 제541조 제1항).

(2) 서류의 보존에 관하여는 청산인 기타의 이해관계인의 청구에 의하여 법원이 보존인과 보존방법을 정한다(상법 제541조 제2항).

## 2. 관할

(1) 합명회사와 합자회사의 청산에 관한 사건은 회사의 본점 소재지의 지방법원이 관할한다(법 제117조 제1항).

(2) 주식회사와 유한회사의 청산에 관한 사건은 회사의 본점 소재지의 지방법원 합의부가 관할 한다(법 제117조 제2항).

## 3. 신청인

청산인 기타의 이해관계인의 청구에 의한다.

## 4. 신청방식, 심리 및 재판

「비송사건절차법」이 정한 일반원칙에 의한다.

## 5. 불복방법

서류보존인의 선임의 재판에 대하여는 불복신청을 할 수 없다(법 제127조).

Chapter 04

# 법인의 등기

## 제1절 총설

### 01 법인등기제도

#### 1. 법인등기의 의의

법인등기란 등기관이 등기소에서 법인등기부에 회사 이외의 법인에 관한 일정한 사항을 기록하는 것 또는 그와 같은 기록 자체를 말한다.

#### 2. 법인등기제도의 기능

법인등기제도는 법인 자신의 대외적 신용도를 확보하고, 그와 거래하는 일반인의 거래안전을 보호하기 위한 제도이다.

#### 3. 법인등기와 다른 등기와의 구별

(1) 법인등기에는 「민법」에 의하여 설립된 협의의 법인등기와 특별법에 의하여 설립된 특수법인등기가 있다.

(2) 법인등기는 목적과 명칭, 사무소, 이사 등을 등기하는 권리주체에 관한 등기라는 점에서 권리객체에 관한 등기인 부동산등기나 선박등기와는 다르다.

(3) 동일한 권리주체에 관한 등기이나 법인등기는 「민법」상 법인과 특별법상 법인에 관한 등기라는 점에서 개인상인과 회사에 관한 등기인 상업등기와는 다르다.

## ⑫ 등기의 종류

### 1. 준거법에 의한 분류

#### (1) 「민법」상 법인등기(협의의 법인등기)

「민법」에 의하여 설립된 법인인 비영리 사단법인과 재단법인에 관한 등기를 말한다.

#### (2) 특별법상 법인등기(특수법인등기)

「민법」 이외의 특별법에 의하여 설립된 법인에 관한 등기를 말한다.

### 2. 목적에 의한 분류

#### (1) 기입등기

기입등기란 등기부에 새로운 사항을 기입하는 등기를 말한다.

#### (2) 변경등기

변경등기란 등기 후에 등기사항이 변경되어 실제와 불일치한 경우에 이를 일치시키기 위하여 하는 등기를 말한다.

#### (3) 경정등기

경정등기란 등기할 때부터 등기사항에 착오나 빠진 것이 있어 실제와 불일치한 경우에 이를 일치시키기 위하여 하는 등기를 말한다.

#### (4) 말소등기

말소등기란 기존 등기사항을 말소할 목적으로 하는 등기를 말한다.

#### (5) 말소회복등기

말소회복등기란 변경이나 말소로 인하여 말소하는 기호가 기록된 등기를 회복시키기 위하여 하는 등기를 말한다.

## ⑬ 등기사항

### 1. 등기사항의 의의

등기사항이란 법령의 규정에 의하여 등기관이 법인등기부에 기록할 수 있는 사항을 말한다.

## 2. 등기사항 한정주의

(1) 「민법」과 특별법에서는 각종의 등기에 따라 그 등기사항을 한정하고 있다.

(2) 「민법」상 법인의 감사, 임시이사, 특별대리인은 등기사항이 아니다.

> **●○ 선례**
>
> (1) 비영리법인인 재단법인의 등기사항은 「민법」 제49조에서 정하고 있는바, 재단법인의 감사는 동조에서 등기사항으로 규정하고 있지 않으므로 등기할 수 없다(2002. 5. 29. 등기선례 1-333).
> (2) 학교법인은 수익사업을 하는 경우에도 「상법」상의 지배인을 선임할 수 없으며, 따라서 지배인등기를 신청할 수 없다(2000. 6. 21. 등기선례 1-379).

## ⑭ 등기의 효력

### 1. 성립요건

(1) 설립등기는 법인의 성립요건이다.

(2) 법인은 그 주된 사무소의 소재지에서 설립등기를 함으로써 성립한다(민법 제33조).

### 2. 대항요건

(1) 설립등기 이외의 등기는 모두 대항요건이다.

(2) 설립등기 이외의 등기사항은 그 등기 후가 아니면 제3자에게 대항하지 못한다(민법 제54조 제1항).

> **판례**
>
> 1. 「민법」에 의하면 설립등기 이외의 법인등기는 대항요건으로 규정되어 있으므로 이사 변경의 법인등기가 경료되었다고 하여 등기된 대로의 실체적 효력을 갖는 것은 아니다(대판 2000. 1. 28, 98다26187).
> 2. 「민법」에 따르면 법인이 해산한 경우에 청산인은 파산의 경우를 제외하고 해산등기를 하여야 하고 해산등기를 하기 전에는 제3자에게 해산사실을 대항할 수 없다(대판 1984. 9. 25, 84다카493).

## 제2절 | 등기의 기관과 설비

### 01 등기소

#### 1. 의의

등기소란 등기사무를 담당하는 국가기관을 말한다.

#### 2. 관할 등기소

법인등기에 관하여는 법인의 사무소 소재지를 관할하는 지방법원, 그 지원 또는 등기소를 관할 등기소로 한다(법 제60조).

#### 3. 관할사무의 위임

대법원장은 어느 등기소의 관할에 속하는 사무를 다른 등기소에 위임하게 할 수 있다.

#### 4. 관할변경에 따른 조치

행정구역의 변경 등으로 인하여 어느 등기소의 관할구역의 전부 또는 일부가 다른 등기소의 관할로 바뀌었을 때에는 종전의 관할 등기소는 대법원규칙으로 정하는 바에 따라 등기기록의 처리권한을 다른 등기소로 넘겨주는 조치를 하여야 한다.

#### 5. 등기사무의 정지

대법원장은 등기소에서 등기사무를 정지하여야 하는 사유가 발생하면 기간을 정하여 등기사무의 정지를 명령할 수 있다.

### 02 등기관

#### 1. 의의

등기관이란 등기소에서 등기사무를 처리하는 공무원을 말하며, 지방법원, 그 지원 또는 등기소에 근무하는 법원서기관·등기사무관·등기주사 또는 등기주사보 중에서 지방법원장(등기소의 사무를 지원장이 관장하는 경우에는 지원장)이 지정한다.

## 2. 등기관의 업무처리의 제한

(1) 등기관은 자신, 배우자 또는 4촌 이내의 친족(이하 "배우자등"이라 한다)이 등기를 신청하였을 때에는 성년자로서 등기관의 배우자등이 아닌 사람 2명 이상의 참여가 없으면 등기를 할 수 없다. 배우자등의 관계가 끝난 후에도 같다.

(2) 참여한 사람이 있는 경우에 등기관은 참여조서를 작성하여 그 등기에 참여한 사람과 같이 기명날인 또는 서명을 하여야 한다.

## (03) 등기에 관한 장부

### 1. 등기부

(1) 등기부란 등기기록을 저장한 보조기억장치(자기디스크, 자기테이프, 그 밖에 이와 유사한 방법에 의하여 일정한 등기사항을 기록·보관할 수 있는 전자적 정보저장매체를 말한다)를 말한다.

(2) 법인등기부에는 민법법인등기부, 특수법인등기부, 외국법인등기부가 있다.

### 2. 등기소에 비치할 장부

등기소에 비치할 장부에는 ① 등기신청서 접수장, ② 기타문서 접수장, ③ 결정원본 편철장, ④ 이의신청서류 편철장, ⑤ 전자증명서발급신청서류 등 편철장, ⑥ 사용자등록신청서류 등 편철장, ⑦ 신청서 기타 부속서류 편철장, ⑧ 인감신고서류 등 편철장, ⑨ 인감카드발급신청서류 등 편철장, ⑩ 열람신청서류 편철장, ⑪ 신청서 기타 부속서류 송부부, ⑫ 각종 통지부 등이 있다.

### 3. 장부의 보관

(1) 등기부는 영구히 보존하여야 하며, 등기신청서나 그 밖의 부속서류는 대법원규칙으로 정하는 기간 동안 보존하여야 한다.

(2) 등기부(부속서류를 포함한다)는 대법원규칙으로 정하는 장소에 보관·관리하여야 하며, 전쟁·천재지변이나 그 밖에 이에 준하는 사태를 피하기 위한 경우 외에는 그 장소 밖으로 옮기지 못한다. 다만, 등기신청서나 그 밖의 부속서류에 대하여 법원의 명령 또는 촉탁이 있거나 법관이 발부한 영장에 의하여 압수되는 경우에는 그러하지 아니하다.

## 4. 등기사항의 열람과 증명

(1) 누구든지 수수료를 내고 대법원규칙으로 정하는 바에 따라 등기기록에 기록되어 있는 사항의 전부 또는 일부의 열람과 이를 증명하는 등기사항증명서의 발급을 신청할 수 있다. 다만, 등기기록의 부속서류에 대해서는 이해관계 있는 부분만 열람을 신청할 수 있다.

(2) 등기기록의 열람 및 등기사항증명서의 발급 신청은 관할 등기소가 아닌 다른 등기소에서도 할 수 있다.

## 5. 등기부의 손상방지와 복구

(1) 대법원장은 등기부의 전부 또는 일부가 손상될 우려가 있거나 손상된 때에는 대법원규칙으로 정하는 바에 따라 등기부의 손상방지·복구 등 필요한 처분을 명령할 수 있다.

(2) 대법원장은 대법원규칙으로 정하는 바에 따라 처분명령에 관한 권한을 법원행정처장 또는 지방법원장에게 위임할 수 있다.

## 6. 부속서류의 손상 등 방지처분

(1) 대법원장은 등기부의 부속서류가 손상되거나 멸실될 우려가 있을 때에는 이를 방지하기 위하여 필요한 처분을 명령할 수 있다.

(2) 대법원장은 대법원규칙으로 정하는 바에 따라 처분명령에 관한 권한을 법원행정처장 또는 지방법원장에게 위임할 수 있다.

## 7. 등기전산정보자료의 이용 등

(1) 법원행정처장은 국가기관 또는 지방자치단체로부터 등기사무처리와 관련된 전산정보를 제공받을 수 있다.

(2) 등기부 및 폐쇄한 등기기록의 등기사항과 전자증명에 관한 전산정보자료(이하 "등기전산정보자료"라 한다)를 이용하거나 활용하려는 자는 관계 중앙행정기관의 장의 심사를 거쳐 법원행정처장의 승인을 받아야 한다. 다만, 중앙행정기관의 장이 등기전산정보자료를 이용하거나 활용하려는 경우에는 법원행정처장과 협의하여야 한다.

## 8. 등기사항의 공고

(1) 등기한 사항의 공고는 신문에 한 차례 이상 하여야 한다(법 제65조의2).

(2) 지방법원장은 매년 12월에 다음 해에 등기사항의 공고를 게재할 신문을 관할구역의 신문 중에서 선정하고, 일간신문에 이를 공고하여야 한다.

(3) 공고를 게재할 신문이 휴간되거나 폐간되었을 때에는 다시 다른 신문을 선정하여 일간신문에 공고하여야 한다(법 제65조의3).

(4) 지방법원장은 그 관할구역에 공고를 게재할 적당한 신문이 없다고 인정할 때에는 신문에 게재하는 공고를 갈음하여 등기소와 그 관할구역의 시·군·구의 게시판에 공고할 수 있다(법 제65조의4).

**● 등기기록의 편성**

| 등기번호 | |
|---|---|
| 등록번호 | |

| 명칭 | | . . |
|---|---|---|
| | | . . |
| | | . . |
| | | . . |
| 주사무소 | | . . |
| | | . . |
| | | . . |
| | | . . |

**목적**

**임원에 관한 사항**

**기타사항**

**분사무소에 관한 사항**

**대리인에 관한 사항**

**법인성립 연월일**

**등기기록의 개설 사유 및 연월일**

Part 03

## 제3절 | 등기의 신청절차

### 01 등기신청의 기본원칙

#### 1. 신청주의

(1) 등기는 당사자의 신청 또는 관공서의 촉탁에 따라 한다. 다만, 법률에 다른 규정이 있는 경우에는 그러하지 아니하다.

(2) 촉탁에 따른 등기절차에 관하여는 법률에 다른 규정이 없는 경우에는 신청에 따른 등기에 관한 규정을 준용한다.

(3) 등기관의 잘못으로 등기의 착오 또는 빠진 부분이 있는 경우의 경정등기, 당연무효등기의 말소등기 등은 등기관이 직권으로 등기한다.

#### 2. 출석주의

(1) 등기는 당사자 또는 그 대리인이 등기소에 출석하여 신청하여야 한다. 다만, 대리인이 변호사 또는 법무사인 경우에는 대법원규칙으로 정하는 사무원을 등기소에 출석하게 하여 신청할 수 있다.

(2) 전자신청 및 우편신청을 하는 경우에는 출석의무가 면제된다.

#### 3. 서면주의

(1) 등기의 신청은 서면 또는 대법원규칙으로 정하는 바에 따라 전산정보처리조직을 이용한 전자문서로 할 수 있다.

(2) 이 경우 전자문서로 등기를 신청하는 당사자 또는 그 대리인은 대법원규칙으로 정하는 바에 따라 미리 사용자등록을 하여야 한다.

#### 4. 강제주의

법인의 등기는 이를 게을리한 때에는 과태료를 부과하도록 규정하여 등기신청을 강제하고 있다.

## ⑫ 등기신청인

**1.** 법인의 등기는 법령에 다른 규정이 있는 경우를 제외하고는 그 대표자가 신청한다.

**2.** 대리인에 의하여 등기를 신청하는 때에는 신청서에 그 권한을 증명하는 서면을 첨부하여야 한다.

## ⑬ 등기기간

**1.** 「민법」과 특별법에서 법인에 관한 각종등기는 일정한 기간 내에 하도록 규정하고 있는데, 이를 등기기간이라 한다.

**2.** 등기기간이 경과한 후의 등기신청은 과태료의 제재는 받으나 유효한 신청이다.

## ⑭ 등기신청의 방법

### 1. 방문신청

신청인 또는 그 대리인이 등기소에 출석하여 신청정보 및 첨부정보를 적은 서면을 제출하는 방법이다. 다만, 대리인이 변호사[법무법인, 법무법인(유한) 및 법무조합을 포함한다]나 법무사[법무사법인 및 법무사법인(유한)을 포함한다]인 경우에는 대법원규칙으로 정하는 사무원을 등기소에 출석하게 하여 그 서면을 제출할 수 있다.

### 2. 전자신청

대법원규칙으로 정하는 바에 따라 전산정보처리조직을 이용하여 신청정보 및 첨부정보를 등기소에 보내는 방법(법원행정처장이 지정하는 등기유형으로 한정한다)이다.

### 3. 우편신청

촉탁에 따른 등기 및 법인의 주사무소와 분사무소 소재지에서 공통으로 등기할 사항에 대한 분사무소 소재지에서의 등기에 관하여는 우편을 이용하여 신청정보 및 첨부정보를 적은 서면을 등기소에 제출하는 방법으로 등기를 신청할 수 있다.

## ⑤ 신청정보 및 첨부정보

### 1. 신청정보

(1) 법인의 명칭 및 주사무소 소재지와 대표자의 성명 및 주소

(2) 대리인에 의하여 신청할 때에는 그 성명 및 주소

(3) 등기의 목적 및 사유

(4) 등기할 사항

(5) 관청의 허가 또는 인가가 필요한 사항의 등기를 신청하는 경우에는 허가서 또는 인가서의 도달 연월일

(6) 다른 법률로 부과한 의무사항이 있을 때에는 그 의무사항

(7) 법인의 분사무소 소재지에서 하는 등기신청의 경우에는 그 분사무소의 표시

(8) 등록에 대한 등록면허세액과 「지방세법」의 규정에 따른 등기의 경우에는 그 과세표준액

(9) 등기신청수수료액

(10) 신청 연월일

(11) 등기소의 표시

(12) 신청정보를 적은 서면(등기신청서)에는 신청인 또는 그 대리인이 기명날인(대법원규칙으로 정하는 전자서명을 포함한다)하여야 한다. 다만, 대법원규칙으로 정하는 경우에는 서명으로 이를 갈음할 수 있다.

### 2. 첨부정보

(1) 대리인에 의하여 등기를 신청하는 경우에는 그 권한을 증명하는 정보

(2) 관청의 허가 또는 인가를 필요로 하는 사항의 등기를 신청하는 경우에는 그 허가 또는 인가가 있음을 증명하는 정보

(3) 주소, 주민등록번호(또는 생년월일)를 등기하여야 하는 경우에는 이를 증명하는 정보

(4) 성명 또는 주소의 변경에 관한 등기를 신청하는 경우에는 그 사실을 증명하는 정보

## 제4절 | 등기의 실행절차

### ⓞ1 등기신청서의 접수

#### 1. 접수의 시기

등기신청정보가 전산정보처리조직에 저장된 때 접수된 것으로 본다.

#### 2. 접수장 기록

등기신청서를 받은 등기관은 전산정보처리조직에 ① 등기의 목적, ② 신청인의 성명 또는 상호 (또는 명칭), ③ 접수 연월일과 접수번호, ④ 대리인의 성명 및 자격, ⑤ 등기신청수수료, ⑥ 등록면허세액을 입력한 후 신청서에 접수번호표를 붙여야 한다.

#### 3. 접수증 발급

등기관이 신청서를 접수하였을 때에는 신청인의 청구에 따라 그 신청서의 접수증을 발급하여야 한다.

### ⓞ2 등기신청의 조사

**1.** 등기신청이 접수되었을 때에는 등기관은 지체 없이 신청에 관한 모든 사항을 조사하여야 한다.

**2.** 등기소에 제출되어 있는 인감과 등기기록에 관한 사항은 전산정보처리조직을 이용하여 조사하여야 한다.

**3.** 보정 요구는 신청인에게 말로 하거나, 전화, 팩시밀리 또는 인터넷을 이용하여 할 수 있다.

**4.** 조사결과 신청이 적법한 경우에는 신청한 등기사항을 등기부에 기록하고, 신청이 부적법한 경우에는 이유를 기재한 결정으로써 신청을 각하하여야 한다.

## ⑬ 등기신청의 각하

### 1. 의의

(1) 등기신청의 각하란 심사결과 등기신청이 부적법하여 등기관이 등기부에의 기록을 거부하는 결정을 말한다.

(2) 등기관은 등기신청서를 심사하여 등기신청이 「상업등기법」 제26조 제1호 내지 제12호, 제14호, 제17호에 해당하는 때에는 이유를 기재한 결정으로써 신청을 각하하여야 한다.

(3) 다만, 신청의 잘못된 부분이 보정될 수 있는 경우로서 등기관이 보정을 명한 날의 다음 날까지 신청인이 그 잘못된 부분을 보정하였을 때에는 그러하지 아니하다.

### 2. 각하사유(상업등기법 제26조)

제1호 사건이 그 등기소의 관할이 아닌 경우
제2호 사건이 등기할 사항이 아닌 경우
제3호 사건이 그 등기소에 이미 등기되어 있는 경우
제4호 신청할 권한이 없는 사람이 신청한 경우
제5호 등기소에 출석하여 등기를 신청할 때에 신청인 또는 그 대리인이 출석하지 아니한 경우
제6호 신청정보의 제공이 방식에 맞지 아니한 경우
제7호 인감을 제출하지 아니하거나 등기신청서 등 인감을 날인하여야 하는 서면에 찍힌 인감이 제출된 인감과 다른 경우
제8호 등기에 필요한 첨부정보를 제공하지 아니한 경우
제9호 신청정보와 첨부정보 및 이와 관련된 등기기록(폐쇄한 등기기록을 포함한다)의 각 내용이 일치하지 아니한 경우
제10호 등기할 사항에 무효 또는 취소의 원인이 있는 경우
제11호 거쳐야 할 등기소를 거치지 아니하고 신청한 경우
제12호 동시에 신청하여야 하는 다른 등기를 동시에 신청하지 아니한 경우
제14호 사건이 법령의 규정에 따라 사용이 금지된 상호의 등기 또는 가등기를 목적으로 하는 경우
제17호 등록에 대한 등록면허세 또는 수수료를 내지 아니하거나 등기신청과 관련하여 다른 법률에 따라 부과된 의무를 이행하지 아니한 경우

### 3. 등기의 직권말소

등기관은 실행된 등기가 「상업등기법」 제26조 제1호, 제2호, 제3호에 해당하는 때에는 직권으로 말소하여야 한다.

## ④ 등기신청의 취하

### 1. 의의

등기신청의 취하란 등기신청인이 등기완료 전에 등기신청을 철회하는 행위를 말한다.

### 2. 등기신청의 취하방법

(1) 방문신청의 경우에는 신청인 또는 그 대리인이 등기소에 출석하여 취하서를 제출하는 방법으로 한다.

(2) 전자신청의 경우에는 전산정보처리조직을 이용하여 취하정보를 전자문서로 등기소에 송신하는 방법으로 한다.

### 3. 취하시기

등기신청의 취하는 등기관이 등기를 마치기 전까지 할 수 있다.

## ⑤ 등기사무의 처리 및 등기의 효력발생시기

### 1. 등기사무의 처리

(1) 등기사무는 등기소에 근무하는 법원서기관·등기사무관·등기주사 또는 등기주사보 중에서 지방법원장(등기소의 사무를 지원장이 관장하는 경우에는 지원장을 말한다)이 지정하는 사람(등기관)이 처리한다.

(2) 등기관은 등기사무를 전산정보처리조직을 이용하여 등기부에 등기사항을 기록하는 방식으로 처리하여야 한다.

(3) 등기관은 접수번호의 순서에 따라 등기사무를 처리하여야 한다.

(4) 등기관이 등기사무를 처리하였을 때에는 등기사무를 처리한 등기관이 누구인지 알 수 있는 조치를 하여야 한다.

### 2. 등기의 효력발생시기

등기관이 등기를 마친 경우 그 등기는 접수한 때부터 효력을 발생한다.

## 제5절 │ 설립등기

### 01 개요

**1.** 「민법」상의 법인에는 비영리 사단법인과 재단법인이 있으며, 사단법인은 일정한 목적을 위하여 결합된 사람의 단체를 실체로 하는 법인을 말하며, 재단법인은 일정한 목적에 바쳐진 재산을 실체로 하는 법인을 말한다.

**2.** 「민법」상의 법인은 법인을 설립하고자 하는 설립자가 학술, 종교, 자선, 기예, 사교 기타 영리 아닌 사업을 목적으로 설립행위를 하고 주무관청의 허가를 얻어 그 주된 사무소의 소재지에서 설립등기를 함으로써 성립한다(법 제32조, 제33조).

### 02 법인의 설립

#### 1. 목적의 비영리성

(1) 「민법」상의 법인은 학술·종교·자선·기예·사교 기타 영리 아닌 사업을 목적으로 하여야 한다.

(2) 「민법」상의 법인은 비영리사업의 목적을 달성하기 위한 수단으로 그 본질에 반하지 않는 범위 내에서 필요한 영리사업을 할 수 있다.

#### 2. 설립행위

(1) **사단법인의 설립행위**

① **의의**: 2인 이상의 설립자가 일정한 사항을 기재한 정관을 작성하여 기명·날인하는 것을 말한다.

② **정관의 필요적 기재사항**

㉠ 목적
㉡ 명칭
㉢ 사무소의 소재지
㉣ 자산에 관한 규정
㉤ 이사의 임면에 관한 규정
㉥ 사원자격의 득실에 관한 규정
㉦ 존립시기나 해산사유를 정하는 때에는 그 시기 또는 사유

### (2) 재단법인의 설립행위

① **의의**: 재단법인의 설립자가 일정한 재산을 출연하고 일정한 사항이 기재된 정관을 작성하여 기명·날인하는 것을 말한다.

② **재산의 출연**: 생전처분으로 재단법인을 설립하는 때에는 출연재산은 법인이 성립된 때로부터 법인의 재산이 되고, 유언으로 설립하는 때에는 유언의 효력이 발생한 때로부터 법인에 귀속한 것으로 본다(민법 제48조).

③ **정관의 필요적 기재사항**

㉠ 목적

㉡ 명칭

㉢ 사무소의 소재지

㉣ 자산에 관한 규정

㉤ 이사의 임면에 관한 규정

## 3. 주무관청의 허가

(1) 「민법」상의 법인설립에는 허가주의를 취하고 있기 때문에 반드시 주무관청의 허가를 얻어야 한다.

(2) 주무관청이란 법인의 목적으로 하는 사업을 주관하는 행정관청을 말한다.

(3) 법인의 목적으로 하는 사업이 수 개의 주무관청에 속하는 경우에는 각각 주무관청별로 허가를 받아야 한다.

## 4. 설립등기

(1) 법인은 그 주된 사무소의 소재지에서 설립등기를 함으로써 성립한다.

(2) 설립등기는 법인의 성립요건이다.

## 03 등기절차

## 1. 등기신청

### (1) 등기신청인

법인설립의 등기는 법인을 대표할 사람이 신청한다(법 제63조 제1항).

### ⑵ 등기기간

① 주무관청의 법인설립의 허가가 있는 때로부터 3주간 내이다.

② 등기기간은 주무관청의 법인설립의 허가서가 도착한 날로부터 기산한다.


## 2. 설립등기사항

⑴ 목적

⑵ 명칭

⑶ 사무소

⑷ 설립허가의 연월일

⑸ 존립시기나 해산사유를 정한 때에는 그 시기 또는 사유

⑹ 자산의 총액

⑺ 출자의 방법을 정한 때에는 그 방법

⑻ 이사의 성명, 주민등록번호, 주소(대표권 없는 이사는 성명, 주민등록번호)

⑼ 이사의 대표권을 제한한 때에는 그 제한


## 3. 신청서의 첨부서면

⑴ 법인의 정관

⑵ 이사의 자격을 증명하는 서면

⑶ 주무관청의 허가서 또는 그 인증이 있는 등본

⑷ 재산목록

⑸ 대리권을 증명하는 서면 등을 첨부하여야 한다.

**◉ 선례**

⑴ 법인설립허가서에 설립기한이 허가의 조건으로 명시되어 있지 아니하다면 다른 하자가 없는 한 설립허가 후 장기간이 경과하였다 하더라도 그 허가서를 첨부하여 법인설립등기를 할 수 있다(1987. 4. 21. 등기선례 1-299).

⑵ 사단법인이 존립시기를 정한 경우에는 「민법」에 따라 이를 정관에 기재하고 등기하여야 하나, 정관에서 존립시기를 정하지 아니하였음에도 불구하고 등기원인 없이 등기되었다면 이는 유효한 등기사항이 아니다. 따라서 정관에서 존립시기에 관하여 정한 바 없으나 등기되어 있다면 사단법인을 대표할 자는 정관 등 소명자료를 첨부하여 존립시기의 말소를 신청할 수 있으며, 위 존립시기가 도래한 경우에도 해산등기 없이 이사변경등기·주된 사무소 이전등기 등 다른 등기를 신청할 수 있다(2004. 10. 12. 등기선례 1-342).

⑶ 비영리 사단법인의 설립등기사항 중 자산의 총액이란 비영리 사단법인이 보유하고 있는 정관상의 기본재산은 물론 기타 부동산, 동산 및 채권 등을 포함하는 적극재산의 총액에서 채무 등의 소극재산을 공제한 순재산액을 의미한다 할 것이다(1998. 3. 9. 등기선례 5-859).

Part 03

## 제6절 변경등기

### 01 개요

#### 1. 서설

(1) 변경등기의 원인은 주로 이사회의 결의에 의하여 발생하나 그 등기사항이 정관에 기재된 사항인 경우에는 정관변경의 절차를 거쳐야 한다.

(2) 정관변경으로 인한 변경등기신청서에는 정관변경에 관한 사원총회나 이사회 의사록과 주무관청의 허가서나 그 인증이 있는 등본을 첨부하여야 한다.

(3) 임시이사가 변경등기를 신청하는 경우에는 신청서에 그 자격을 증명하는 서면을 첨부하여야 한다(법 제64조 제2항).

#### 2. 정관변경

(1) **사단법인의 정관변경**

사단법인의 정관은 총사원 3분의 2 이상의 동의가 있는 때에 사원총회에서 변경할 수 있으며, 주무관청의 허가를 얻어야 그 효력이 발생한다.

(2) **재단법인의 정관변경**

재단법인의 정관은 그 변경방법을 정관에 정한 때와 목적달성 또는 그 재산의 보전을 위하여 명칭 또는 사무소의 소재지를 설립자나 이사가 변경할 수 있으며, 주무관청의 허가를 얻어야 그 효력이 발생한다.

### 02 주사무소의 이전등기

#### 1. 서설

(1) **주사무소**

① 주사무소의 소재지는 정관의 필요적 기재사항이고, 등기사항이다.
② 주사무소의 소재지를 정관에 기재할 때는 최소 행정구역만 기재할 수도 있고, 주소까지 구체적으로 기재할 수도 있다.

### (2) 정관변경

① 정관에 주사무소의 소재지가 최소 행정구역만 기재되어 있고, 그 최소 행정구역 내에서 주사무소를 이전하는 경우에는 정관을 변경할 필요가 없다.

② 정관에 주사무소의 소재지가 최소 행정구역만 기재되어 있더라도 다른 최소 행정구역으로 주사무소를 이전하거나, 정관에 주사무소의 소재지가 주소까지 구체적으로 기재되어 있는 때에 주사무소를 이전하는 경우에는 정관을 변경하여야 한다.

### (3) 주사무소의 이전

① **주사무소를 동일한 등기소의 관할구역 내로 이전하는 경우**

㉠ 정관에 주사무소의 소재지가 주소까지 구체적으로 기재되어 있는 때에는 정관을 변경하고 그 변경에 관한 주무관청의 허가를 얻어야 하며, 이전일자 및 장소의 결정은 이사 과반수의 결의로 정한다.

㉡ 정관에 주사무소의 소재지가 최소 행정구역만 기재되어 있는 때에는 정관을 변경할 필요가 없으며, 이전일자 및 장소의 결정은 이사 과반수의 결의로 정한다.

② **주사무소를 다른 등기소의 관할구역 내로 이전하는 경우**

최소 행정구역이 변경되므로 정관을 변경하고 그 변경에 관한 주무관청의 허가를 얻어야 하며, 이전일자 및 장소의 결정은 이사 과반수의 결의로 정한다.

## 2. 등기신청

### (1) 등기신청인

법인을 대표할 사람이 그 이전등기를 신청하여야 한다.

### (2) 등기기간

주사무소를 실제로 이전한 날로부터 3주간 내이다.

### (3) 등기신청절차

① 주사무소를 다른 등기소의 관할구역 내로 이전한 경우에 신소재지에서 하는 등기의 신청은 구소재지를 관할하는 등기소를 거쳐야 한다.

② 신소재지에서 하는 등기의 신청과 구소재지에서 하는 등기의 신청은 구소재지를 관할하는 등기소에 동시에 하여야 한다.

## 3. 신청서의 첨부서면

(1) 사단법인의 사원총회 의사록 또는 재단법인의 이사회 의사록(정관변경이 필요한 경우)

(2) 주무관청의 허가서나 그 인증이 있는 등본(정관변경이 필요한 경우)

(3) 이사회 의사록(이전결정)

(4) 대리권을 증명하는 서면 등을 첨부하여야 한다.

## 4. 등기실행

### (1) 주사무소를 동일한 등기소의 관할구역 내로 이전하는 경우

주사무소 소재지와 분사무소 소재지에서는 신주사무소 소재지와 이전 연월일을 등기한다.

### (2) 주사무소를 다른 등기소의 관할구역 내로 이전하는 경우

① 구주사무소 소재지와 분사무소 소재지에서는 신주사무소 소재지와 이전 연월일을 등기하고, 구주사무소 소재지에서는 그 등기부를 폐쇄한다.

② 신주사무소 소재지에서는 구주사무소에서 등기한 사항 중 현재 효력이 있는 등기사항 전부와 구주사무소의 표시, 주사무소 이전의 뜻 및 이전 연월일과 법인성립 연월일을 등기한다.


## ⑩ 분사무소의 설치·이전·폐지등기

## 1. 서설

### (1) 분사무소

① 분사무소의 소재지는 정관의 필요적 기재사항이고, 등기사항이다.

② 분사무소의 소재지를 정관에 기재할 때는 최소 행정구역만 기재할 수도 있고, 주소까지 구체적으로 기재할 수도 있다.

### (2) 정관변경

① 분사무소를 설치하거나 폐지하는 경우에는 정관을 변경하여야 한다.

② 분사무소를 이전하는 경우에는 정관에 분사무소의 소재지가 최소 행정구역만 기재되어 있더라도 다른 등기소의 관할구역 내로 분사무소를 이전하거나, 정관에 분사무소의 소재지가 주소까지 구체적으로 기재되어 있는 때는 정관을 변경하여야 한다.

③ 정관에 분사무소의 소재지가 최소 행정구역만 기재되어 있고, 동일한 등기소의 관할구역 내에서 분사무소를 이전하는 경우에는 정관을 변경할 필요가 없다.

### (3) 분사무소의 설치·이전·폐지

① 정관을 변경하여야 하는 경우에는 정관을 변경하고 그 변경에 관한 주무관청의 허가를 얻어야 한다.

② 분사무소의 설치·이전·폐지의 업무집행을 위한 이사회의 결의를 거쳐야 한다.

## 2. 등기신청

### (1) 등기신청인

법인을 대표할 사람이 그 등기를 신청하여야 한다.

### (2) 등기기간

분사무소를 실제로 설치·이전·폐지한 날로부터 3주간 내이다.

## 3. 신청서의 첨부서면

(1) 사단법인의 사원총회 의사록 또는 재단법인의 이사회 의사록(정관변경이 필요한 경우)

(2) 주무관청의 허가서나 그 인증이 있는 등본(정관변경이 필요한 경우)

(3) 이사회 의사록(설치·이전·폐지결정)

(4) 대리권을 증명하는 서면 등을 첨부하여야 한다.

## 4. 등기실행

### (1) 분사무소의 설치

① 주사무소 소재지에서는 신설 분사무소 소재지와 그 설치 연월일을 등기한다.
② 신설 분사무소 소재지에서는 주사무소 소재지에서 등기한 사항 중 분사무소 소재지에서 등기할 현재 효력이 있는 등기사항과 법인성립 연월일 및 분사무소 설치의 뜻과 그 연월일을 등기한다.

### (2) 분사무소의 이전

① 주사무소 소재지와 구분사무소 소재지에서는 신분사무소 소재지와 그 이전 연월일을 등기한다.
② 신분사무소 소재지에서는 주사무소 소재지에서 등기한 사항 중 분사무소 소재지에서 등기할 현재 효력이 있는 등기사항과 법인성립 연월일 및 분사무소 이전의 뜻과 그 연월일을 등기한다.

### (3) 분사무소의 폐지

① 주사무소 소재지에서는 폐지한 분사무소와 그 폐지의 뜻 및 연월일을 등기한다.
② 폐지한 분사무소 소재지에서는 분사무소 폐지의 뜻과 그 연월일을 등기한다.

## ⑭ 이사 및 대표권제한규정의 변경등기

### 1. 서설

**(1) 이사**

① 이사는 대외적으로 법인을 대표하고, 대내적으로 법인의 업무를 집행하는 상설필수기관 이다.

② 이사는 법인의 사무에 관하여 단독으로 법인을 대표하고, 법인의 사무집행은 이사의 과반 수로써 결정한다.

③ 이사의 대표권은 정관 또는 사원총회의 결의로 이를 제한할 수 있으며, 이사의 대표권에 대한 제한은 정관에 기재하지 않으면 그 효력이 없고, 이를 등기하지 않으면 제3자에게 대항할 수 없다.

④ 이사의 성명, 주민등록번호, 주소(대표권 없는 이사는 성명, 주민등록번호)와 이사의 대표 권을 제한한 때에 그 제한은 등기사항이다. 따라서 이사가 변경되거나 그 대표권제한에 관한 규정이 변경된 때에는 변경등기를 하여야 한다.

**(2) 이사의 취임**

① 이사의 임면에 관한 사항은 정관의 필요적 기재사항이지만, 그 임면방법은 법인이 임의로 정할 수 있다. 일반적으로 사단법인의 경우에는 사원총회에서, 재단법인의 경우에는 이사 회에서 선임한다.

② 이사의 선임행위는 그 선임결의와 피선자의 취임승낙에 의하여 완성되므로, 이사의 취임은 선임결의와 취임승낙 중 늦은 때를 기준으로 효력이 발생하고 임기가 개시된다.

③ 「민법」상 법인의 이사의 임기에 대하여는 규정이 없으며, 정관이나 선임기관의 결의로 임 기를 정할 수 있다.

**(3) 이사의 퇴임**

이사는 사임, 해임, 법인의 해산, 사망·파산·성년후견개시의 심판, 정관으로 정한 임기만료, 사형이나 무기징역 등 형의 선고로 인한 자격상실 등의 경우에 퇴임하게 된다.

**(4) 대표권제한규정의 신설·변경·폐지**

「민법」상 이사는 각자가 단독으로 법인을 대표하는 것이 원칙이나 이사의 대표권은 정관 또는 사원총회의 결의로 이를 제한할 수 있으며, 대표권제한규정의 신설·변경·폐지에 관한 사항은 등기사항이다.

## 2. 등기신청

### (1) 등기신청인

이사의 대표권제한이 없는 때에는 이사 중의 1인이, 대표권제한이 있는 때에는 대표권 있는 이사가 신청하여야 한다.

### (2) 등기기간

① 이사나 대표권 있는 이사가 취임 또는 퇴임하거나 대표권제한규정이 신설·폐지된 날로부터 3주간 내이다.

② 대표권제한규정이 신설·폐지 등 정관변경을 필요로 하는 경우에는 주무관청의 허가서가 도착한 날로부터 그 기간을 기산한다.

## 3. 신청서의 첨부서면

### (1) 이사의 취임등기

① 선임을 증명하는 서면으로 사단법인의 사원총회 의사록 또는 재단법인의 이사회 의사록

② 이사의 취임승낙서

③ 이사의 주민등록번호를 증명하는 서면

④ 대리권을 증명하는 서면 등을 첨부하여야 한다.

### (2) 이사의 퇴임등기

① 사임서

② 사단법인의 사원총회 의사록 또는 재단법인의 이사회 의사록

③ 사망진단서 또는 결격사유증명서

④ 대리권을 증명하는 서면 등을 첨부하여야 한다.

### (3) 대표권제한규정의 변경등기

① 종전 대표권 있는 이사가 경질된 경우

ㄱ 이사의 퇴임을 증명하는 서면

ㄴ 새로 취임하는 대표권 있는 이사의 자격을 증명하는 서면 등을 첨부하여야 한다.

② 대표권제한규정을 신설·폐지한 경우

ㄱ 정관변경을 결의한 사단법인의 사원총회 의사록 또는 재단법인의 이사회 의사록

ㄴ 주무관청의 허가서나 그 인증이 있는 등본 등을 첨부하여야 한다.

## 4. 등기실행

### (1) 이사의 취임등기

취임한 이사의 성명, 주민등록번호 및 취임취지와 그 연월일을 등기한다.

### (2) 이사의 퇴임등기

퇴임한 이사의 성명과 퇴임사유 및 그 연월일을 등기한다.

### (3) 대표권제한규정의 변경등기

① **대표권제한규정의 신설**: 대표권제한규정의 신설취지와 그 연월일 및 대표권 있는 이사의 성명, 주민등록번호, 주소를 등기한다.

② **대표권제한규정의 변경**: 변경된 대표권 있는 이사의 성명, 주민등록번호, 주소와 변경취지 및 그 연월일을 등기한다.

③ **대표권제한규정의 폐지**: 대표권제한규정의 폐지취지와 그 연월일을 등기한다.

---

**●◗ 예규·선례**

(1) 「민법」상 법인의 이사변경등기신청서에는 그 변경을 증명하는 서면을 첨부하여야 하는데, 그것이 사원총회(또는 이사회)의 의사록인 때에는 그 법인이 의사록인증 제외대상법인이 아닌 한 공증인의 인증을 받아야 한다(1999. 8. 7. 등기예규 제983호).

(2) 법인의 사무소(분사무소 포함)의 소재지는 정관의 절대적 기재사항이고 정관에 사무소의 표시를 함에 있어서는 그 소재지의 최소 행정구역이 기재되어야 하는바, 최소 행정구역의 기재가 없는 경우는 물론 막연히 분사무소를 둘 수 있다고만 규정하는 것은 정관에 사무소의 소재지를 기재한 것으로 볼 수 없으므로 그러한 경우에 분사무소를 설치하기 위하여는 분사무소의 소재지가 표시되는 내용으로 정관을 변경하고 주무관청의 허가를 받아 그 등기신청서에 허가서 또는 인증 있는 등본을 첨부하여야 한다(1985. 10. 30. 등기예규 제604호).

(3) 법인등기를 신청할 때에 첨부하는 총회의 의사록은 당해 법인이 의사록인증 제외대상법인에 해당하지 않는 한 공증인의 인증을 받아야 하는바, 이는 비영리 사단법인이 설립등기를 신청하는 경우에도 마찬가지이다(2001. 6. 9. 등기선례 1-330).

(4) 재단법인의 이사의 임기 기산일은 그 취임일자로부터 기산하여야 하며 재단법인은 설립등기를 함으로써 성립하는 것으로(법인의 성립요건) 되어 있으므로(민법 제33조) 설립 당시의 이사의 임기는 설립등기일로부터 기산하여야 한다(1993. 11. 29. 등기선례 1-311).

(5) 민법법인의 경우에도 자산의 총액은 등기할 사항이므로 그 변경이 있는 때에는 3주 내에 변경등기를 하여야 한다(1987. 3. 18. 등기선례 1-298).

---

## 제7절 해산과 청산에 관한 등기

### 01 개요

#### 1. 법인의 해산과 청산

(1) 법인의 해산이란 법인이 그 본래의 목적달성을 위한 적극적 활동을 정지하고 청산절차에 들어가는 것을 말하며, 법인은 해산으로 권리능력이 소멸하지 않으며, 청산에 필요한 한도로 제한된다.

(2) 법인의 청산이란 해산한 법인이 잔무를 처리하고 재산을 정리하여 완전히 소멸할 때까지의 절차를 말하며, 청산의 종결로 법인은 소멸한다.

(3) 해산 후 청산을 종결할 때까지 존속하는 법인을 청산법인이라 하는데, 청산법인은 해산 전의 법인과 동일성을 가지며, 청산의 목적범위 내에서만 권리를 가지고 의무를 부담한다.

#### 2. 법인의 해산사유

(1) **사단법인 · 재단법인에 공통된 해산사유**

① 존립기간의 만료 기타 정관에 정한 해산사유의 발생
② 법인의 목적달성 또는 달성불능
③ 파산
④ 설립허가의 취소

(2) **사단법인 특유의 해산사유**

① 사원이 없게 된 때(사원이 1인도 없게 된 경우)
② 사원총회의 결의(총사원 4분의 3 이상의 동의)

#### 3. 청산인의 취임

(1) 정관 또는 총회의 결의로 달리 정한 바가 없으면 이사가 청산인이 되고, 청산인이 될 자가 없거나 청산인의 결원으로 인하여 손해가 생길 염려가 있는 때에는 법원은 직권 또는 이해관계인이나 검사의 청구에 의하여 청산인을 선임할 수 있다.

(2) 청산인은 청산법인의 집행기관으로서 청산법인의 능력의 범위 내에서 대외적으로 청산법인을 대표하고, 대내적으로 청산사무를 집행한다.

Part 03

(3) 청산인은 파산의 경우를 제외하고는 그 취임 후 3주간 내에 해산의 사유 등을 등기하고 주무 관청에 신고하여야 한다.

## 4. 청산인의 퇴임

(1) 청산인은 사임, 해임, 사망 등의 경우에 퇴임하게 된다.

(2) 청산인은 중요한 사유가 있는 때에 법원이 직권 또는 이해관계인이나 검사의 청구에 의하여 해임할 수 있다.

## 5. 청산의 종결

(1) 청산이 종결한 때에는 청산인은 3주간 내에 이를 등기하고 주무관청에 신고하여야 한다.

(2) 법인이 소멸하는 것은 청산종결등기시가 아니라 청산사무가 사실상 종결된 때이며, 청산종결등기는 법인소멸의 대항요건이다.


## 02 해산 및 청산인 취임등기

### 1. 등기신청

#### (1) 등기신청인

법인을 대표할 청산인이 신청하여야 한다.

#### (2) 등기기간

청산인이 취임한 날로부터 3주간 내이다.

### 2. 신청서의 첨부서면

법인의 해산등기 신청서에는 해산의 사유를 증명하는 서면을 첨부하고, 이사가 청산인으로 된 경우를 제외하고는 청산인의 자격을 증명하는 서면을 첨부하여야 한다(법 제65조).

#### (1) 해산의 사유를 증명하는 서면

① 정관에 정한 해산사유의 발생으로 해산한 경우에는 그 사유발생을 증명하는 서면
② 목적달성 또는 달성불능으로 해산한 경우에는 이를 증명하는 사단법인의 사원총회 의사록 또는 재단법인의 이사회 의사록
③ 설립허가의 취소로 해산한 경우에는 주무관청의 설립허가 취소서나 통지서

④ 사원이 없게 되어 해산한 경우에는 법원이 청산인을 선임한 결정서 등본

⑤ 사원총회의 결의로 해산한 경우에는 사원총회 의사록

## ⑵ 청산인의 자격을 증명하는 서면

① 정관으로 청산인을 선임한 경우에는 정관

② 사원총회나 이사회의 결의로 청산인을 선임한 경우에는 사원총회 의사록 또는 이사회 의사록

③ 법원이 청산인을 선임한 경우에는 법원의 청산인 선임결정서 등본

④ 청산인의 취임승낙서

⑤ 청산인의 대표권제한이 있는 경우에는 이를 증명하는 정관이나 사원총회 의사록과 대표권 있는 청산인의 자격을 증명하는 청산인회 의사록

⑶ 대리권을 증명하는 서면 등을 첨부하여야 한다.

## 3. 등기실행

⑴ 해산등기는 해산사유와 해산취지 및 그 연월일을 등기한다.

⑵ 청산인 취임등기는 청산인의 성명, 주민등록번호 및 대표권제한의 취지와 대표권 있는 청산인의 성명, 주민등록번호, 주소를 등기한다.

## 03 청산인 변경등기

## 1. 등기신청

### ⑴ 등기신청인

청산인의 대표권제한이 없는 때에는 청산인 중의 1인이, 대표권제한이 있는 때에는 대표권 있는 청산인이 신청하여야 한다.

### ⑵ 등기기간

변경등기의 사유가 발생한 때로부터 3주간 내이다.

## 2. 신청서의 첨부서면

### ⑴ 청산인의 퇴임등기

사임서, 사망진단서 등 퇴임사유를 증명하는 서면 등을 첨부하여야 한다.

### (2) 청산인의 취임등기

사단법인의 사원총회 의사록 또는 재단법인의 청산인회 의사록 등 선임을 증명하는 서면 등을 첨부하여야 한다.

### (3) 청산인의 표시변경등기

주민등록표등본 등 표시변경을 증명하는 서면 등을 첨부하여야 한다.

## 3. 등기실행

### (1) 청산인의 퇴임등기

퇴임한 청산인의 성명과 퇴임사유 및 그 연월일을 등기한다.

### (2) 청산인의 취임등기

취임한 청산인의 성명, 주민등록번호 및 취임취지와 그 연월일을 등기한다.

### (3) 청산인의 표시변경등기

청산인의 변경된 성명 또는 주소 등과 변경취지 및 그 연월일을 등기한다.


## ⑭ 청산종결등기

## 1. 등기신청

### (1) 등기신청인

청산인의 대표권제한이 없는 때에는 청산인 중의 1인이, 대표권제한이 있는 때에는 대표권 있는 청산인이 신청하여야 한다.

### (2) 등기기간

청산이 종결된 날로부터 3주간 내이다.

## 2. 신청서의 첨부서면

(1) 청산결과보고서의 승인을 결의한 의사록인 사원총회 의사록 또는 청산인회 의사록

(2) 대리권을 증명하는 서면 등을 첨부하여야 한다.

## 3. 등기실행

청산종결의 취지와 그 연월일을 등기한다.

## 제8절 등기의 경정과 말소

### 01 등기의 경정

#### 1. 경정등기의 신청

등기 당사자는 등기에 착오나 빠진 부분이 있을 때에는 그 등기의 경정(更正)을 신청할 수 있다.

#### 2. 등기의 직권경정

(1) 등기관은 등기를 마친 후 그 등기에 착오나 빠진 부분이 있음을 발견하였을 때에는 지체 없이 그 사실을 등기를 한 자에게 통지하여야 한다. 다만, 그 착오나 빠진 부분이 등기관의 잘못으로 인한 것이었을 때에는 그러하지 아니하다.

(2) 등기관은 등기의 착오나 빠진 부분이 등기관의 잘못으로 인한 것이었을 때에는 지체 없이 그 등기를 직권으로 경정하고 그 사실을 등기를 한 자에게 통지하여야 한다.

### 02 등기의 말소

#### 1. 말소사유

(1) 사건이 그 등기소의 관할이 아닌 경우

(2) 사건이 등기할 사항이 아닌 경우

(3) 사건이 그 등기소에 이미 등기되어 있는 경우

(4) 등기된 사항에 무효의 원인이 있는 경우(소로써만 그 무효를 주장할 수 있는 경우는 제외한다)

#### 2. 말소등기의 신청

등기 당사자는 등기가 말소사유에 해당하는 경우에는 그 등기의 말소를 신청할 수 있다.

#### 3. 등기의 직권말소

(1) 등기관은 등기를 마친 후 그 등기가 말소사유에 해당되는 것임을 발견하였을 때에는 등기를 한 자에게 1개월 이내의 기간을 정하여 그 기간 이내에 이의를 진술하지 아니하면 등기를 말소한다는 뜻을 통지하여야 한다.

(2) 등기관은 통지를 받을 자의 주소 또는 거소를 알 수 없으면 통지를 갈음하여 1개월 이내의 기간 동안 등기소 게시장에 이를 게시하거나 대법원규칙으로 정하는 바에 따라 공고하여야 한다.

(3) 등기관은 직권말소에 관하여 이의를 진술한 자가 있으면 그 이의에 대한 결정을 하여야 한다.

(4) 등기관은 이의를 진술한 자가 없거나 이의를 각하한 경우에는 등기를 직권으로 말소하여야 한다.

## 제9절 | 이의신청

### 01 의의

이의신청이란 등기관의 부당한 결정 또는 처분으로 인하여 불이익을 받은 자가 그 결정 또는 처분의 시정을 청구하여 부당한 결정이나 처분의 효과를 제거해서 정당한 처분이 있었던 것과 같은 상태로 회복하기 위한 것을 말한다.

### 02 이의신청의 절차

#### 1. 이의대상

등기관의 부당한 결정 또는 처분을 대상으로 하며, 부당한 결정 또는 처분에는 하여야 할 것을 하지 아니하는 소극적 부당과 하여서는 아니 될 것을 하는 적극적 부당이 있다.

(1) 소극적 부당인 등기관의 각하결정에 대하여는 이의사유에 제한이 없다.

(2) 적극적 부당인 등기관의 실행처분에 대하여는 실행된 등기가 직권말소사유에 해당하는 경우에 한한다.

#### 2. 이의절차

(1) 이의신청인은 등기상의 이해관계인이다.

(2) 등기관의 결정 또는 처분에 이의가 있는 자는 관할 지방법원에 이의신청을 할 수 있다.

(3) 이의신청은 대법원규칙으로 정하는 바에 따라 등기소에 이의신청서를 제출하는 방법으로 한다.

(4) 누구든지 새로운 사실이나 새로운 증거방법을 근거로 이의신청을 할 수 없다.

### 03 이의신청의 효력

이의신청에는 집행정지의 효력이 없다.

## ⓸ 이의신청에 대한 조치

### 1. 등기관의 조치

(1) 등기관은 이의신청이 이유 있다고 인정하면 그에 해당하는 처분을 하여야 한다.

(2) 등기관은 이의신청이 이유 없다고 인정하면 이의신청일부터 3일 이내에 의견을 붙여 이의신청서를 관할 지방법원에 보내야 한다.

(3) 등기를 마친 후에 이의신청이 있는 경우 등기관은 3일 이내에 의견을 붙여 이의신청서를 관할 지방법원에 보내고 등기를 한 자에게 이의신청 사실을 통지하여야 한다. 다만, 이미 마친 등기에 대하여 말소사유에 해당하는 사유로 이의신청을 한 경우, 등기관은 그 이의신청이 이유 있다고 인정하면 직권말소절차를 거쳐 그 등기를 직권으로 말소한다.

### 2. 법원의 조치

관할 지방법원은 이의신청에 대하여 이유를 붙여 결정을 하여야 한다. 이 경우 이의신청이 이유 있다고 인정하면 등기관에게 그에 해당하는 처분을 명령하고, 그 뜻을 이의신청인과 등기를 한 자에게 통지하여야 한다.

## ⓹ 법원의 명령에 따른 등기

(1) 관할 지방법원은 이의신청에 대하여 결정하기 전에 등기관에게 이의신청이 있다는 뜻의 부기등기를 명령할 수 있다.

(2) 등기관이 관할 지방법원의 명령에 따른 등기를 할 때에는 명령을 한 지방법원, 명령 연월일, 명령에 따라 등기를 한다는 뜻과 등기 연월일을 기록하여야 한다.

# 05 부부재산약정의 등기

## 제1절 부부재산의 약정과 등기

### ⑴ 「민법」

**1.** 부부가 혼인성립 전에 그 재산에 관하여 약정한 때에는 혼인 중 이를 변경하지 못한다. 그러나 정당한 사유가 있는 때에는 법원의 허가를 얻어 변경할 수 있다(민법 제829조 제2항).

**2.** 부부재산의 약정에 의하여 부부의 일방이 다른 일방의 재산을 관리하는 경우에 부적당한 관리로 인하여 그 재산을 위태하게 한 때에는 다른 일방은 자기가 관리할 것을 법원에 청구할 수 있고 그 재산이 부부의 공유인 때에는 그 분할을 청구할 수 있다(민법 제829조 제3항).

**3.** 부부가 그 재산에 관하여 따로 약정을 한 때에는 혼인성립까지에 그 등기를 하지 아니하면 이로써 부부의 승계인 또는 제3자에게 대항하지 못한다(민법 제829조 제4항).

**4.** 재산의 관리자를 변경하거나 공유재산을 분할하였을 때에는 그 등기를 하지 아니하면 이로써 부부의 승계인 또는 제3자에게 대항하지 못한다(민법 제829조 제5항).

### ⑵ 「비송사건절차법」

### 1. 관할 등기소

부부재산 약정(約定)의 등기에 관하여는 남편이 될 사람의 주소지를 관할하는 지방법원, 그 지원 또는 등기소를 관할 등기소로 한다(법 제68조).

### 2. 등기신청인

부부재산 약정에 관한 등기는 약정자 양쪽이 신청한다. 다만, 부부 어느 한쪽의 사망으로 인한 부부재산 약정 소멸의 등기는 다른 한쪽이 신청한다(법 제70조).

## (03) 등기선례

1. 부부재산약정등기의 신청이 있는 경우 등기관은 약정서에 기재한 내용과 동일하게 등기부에 기재하며, 이를 요약 정리하여 기재하지는 아니한다. 다만, 그 약정사항 중 부부재산과 관련이 없는 사항은 이를 등기할 수 없을 것이다.

2. 부부재산약정등기의 신청 여부 및 그 신청할 약정사항을 무엇으로 할 것인지 여부는 당사자의 의사에 따르는바, 약정사항 전부를 반드시 신청하여야 하는 것은 아니며, 신청서에 약정사항 중 일부만을 기재하여 등기신청할 수 있다.

3. 등기제도의 목적은 그 등기한 사항을 명확히 공시하는 데 있으므로, 부부재산약정에 관한 등기부 또한 그 열람이 이해관계인으로 한정되지는 아니하며 누구든지 수수료를 납부하면 그 열람이 가능하다.

4. 부부재산약정등기는 부부가 혼인성립 전에 그 재산에 관하여 약정하고 이에 관한 등기신청을 하여야 하므로, 혼인 중에 체결한 약정에 대하여는 등기신청을 할 수 없다.

## 제2절 부부재산약정등기 사무처리 지침

### ⑴ 부부재산약정등기

#### 1. 신청절차

(1) 부부재산약정등기는 혼인의 성립 전에 약정자 양쪽의 신청에 의한다.

(2) 부부재산약정의 등기신청은 남편이 될 사람의 주소지 관할 등기과(소)에 신청한다.

#### 2. 첨부서면

(1) 부부재산약정서

(2) 각 약정자의 인감증명서. 다만, 본국에 인감증명제도가 없고 또한 「인감증명법」에 따른 인감 증명을 받을 수 없는 외국인은 신청서(위임에 의한 대리인이 신청하는 경우에는 그 권한을 증명하는 서면)에 한 서명에 관하여 본인이 직접 작성하였다는 뜻의 본국 관공서의 증명이나 이에 관한 공정증서를 제출하여야 한다.

(3) 혼인신고를 하지 아니한 것을 증명하는 서면

(4) 주소를 증명하는 서면

(5) 주민등록번호를 증명하는 서면(다만, 주민등록번호가 없는 재외국민이나 외국인의 경우에는 생년월일을 증명하는 서면)

(6) 대리인에 의하여 등기를 신청하는 경우에는 그 권한을 증명하는 서면

#### 3. 등기관의 신청서 조사

등기관은 부부재산약정등기신청서를 조사함에 있어 부부재산약정서에 기재된 약정재산이 신청인의 소유인지 여부, 약정 내용의 범위, 약정사항의 효력 유무에 대하여는 판단하지 않고 약정서에 기재한 내용과 동일하게 등기한다.

## 4. 등기부의 등기기록 작성방법

(1) 부부재산약정등기부의 등기기록은 약정자부와 약정사항부를 구분하여 기록하되, 약정자부에는 표시번호, 접수 연월일과 약정자의 성명, 주민등록번호 및 주소(단, 외국인의 경우에는 국적, 성명, 생년월일 및 주소, 주민등록번호가 없는 재외국민의 경우에는 성명, 생년월일 및 주소)를 기록하고, 약정사항부에는 사항번호, 접수 연월일 및 접수번호, 등기 연월일 및 등기원인과 약정내역을 기록한다.

(2) 약정자부에 약정자의 성명, 주민등록번호 및 주소를 기록할 때에는 남편이 될 사람을 먼저 기록한다.

| 【약정자】 | (약정자의 표시) | | |
|---|---|---|---|
| 표시번호 | 접수 | 약정자의 기본사항 | 등기원인 및 기타사항 |
| 1 | 2007년 9월 3일 | 부  김갑동 781023-1654231<br>   서울특별시 마포구 공덕동 223<br>처  이을순 810207-2546778<br>   서울특별시 서초구 서초동 967 | |

| 【약정사항】 | (약정의 내역) | | |
|---|---|---|---|
| 사항번호 | 접수 | 등기원인 | 약정내역 |
| 1 | 2007년 9월 3일<br>제23호 | 2007년 9월 1일<br>부부재산약정 | 1. 부부재산 중 다음에 기재한 것은 각자의 재산으로 한다.<br>(부의 재산)<br>가. 서울특별시 마포구 공덕동 100번지 토지 100m²<br>나. 2006년식 소나타 01마9324<br>(처의 재산)<br>가. 서울특별시 서초구 서초동 967번지 청솔아파트 101-111<br>나. 국민은행 예금 5천만 원<br>2. 부의 특유재산의 사용, 수익 및 관리는 처가 한다.<br>3. 혼인 중 새로 취득한 재산은 부부공유로 한다. |

| 【약정자】 | (약정자의 표시) | | |
|---|---|---|---|
| 표시번호 | 접수 | 약정자의 기본사항 | 등기원인 및 기타사항 |
| 1 | 2009년 10월 5일 | 부  영국인 웨인루니 1980. 10. 20. 생<br>   서울특별시 마포구 공덕동 223<br>처  이을순 1983. 9. 5. 생<br>   서울특별시 서초구 서초동 967 | |

## ⑫ 변경등기 등

### 1. 신청절차

등기사항의 변경, 경정 또는 소멸등기 신청은 약정자 양쪽이 신청한다. 다만, 부부 어느 한쪽의 사망으로 인한 부부재산 약정 소멸의 등기는 다른 한쪽이 신청한다.

### 2. 첨부서면

(1) 각 약정자의 인감증명서(단, 약정을 원인으로 하는 등기에 한한다)

(2) 「가족관계의 등록 등에 관한 법률」 제15조 제1항 제3호의 혼인관계증명서[단, 외국인의 경우에는 미혼(혼인 전에 하는 등기) · 혼인(혼인 중에 하는 등기) · 혼인관계소멸(혼인관계소멸 후에 하는 등기)을 증명하는 본국 관공서의 증명서 또는 공정증서]

(3) 주소를 증명하는 서면

(4) 주민등록번호를 증명하는 서면(다만, 주민등록번호가 없는 재외국민이나 외국인의 경우에는 생년월일을 증명하는 서면)

(5) 법원의 허가서 또는 재판의 등본

(6) 기타 원인을 증명할 수 있는 서면

### 3. 등기기록의 작성방법

(1) 약정자의 표시 또는 약정의 내역에 관하여 등기한 사항의 변경 또는 경정의 등기는 종전 등기사항을 전부 말소하는 기호를 기록한 뒤 새로운 표시번호 또는 사항번호에 변경 후 사항으로 전부를 다시 기록한다.

(2) 부부재산약정등기의 소멸등기는 등기기록의 약정자부의 약정자의 표시를 전부 말소하는 기호를 기록한 뒤 등기기록을 폐쇄한다.

| 【약정자】 | (약정자의 표시) | | |
|---|---|---|---|
| 표시번호 | 접수 | 약정자의 기본사항 | 등기원인 및 기타사항 |
| 1 | 2006년 7월 3일 | 부   김갑동 781023-1654231<br>——서울특별시 마포구 공덕동 223<br>처   이을순 810207-2546778<br>——서울특별시 서초구 서초동 967 | |
| 2 | 2007년 9월 7일 | 부   김갑동 781023-1654231<br>서울특별시 서초구 서초동 967<br>처   이을순 810207-2546778<br>서울특별시 서초구 서초동 967 | 부의 전거 |

| 【약정자】 | (약정자의 표시) | | |
|---|---|---|---|
| 표시번호 | 접수 | 약정자의 기본사항 | 등기원인 및 기타사항 |
| 1 | 2006년 7월 3일 | 부   김갑동 781023-1654231<br>——서울특별시 마포구 공덕동 223<br>처   이을순 810207-2546778<br>——서울특별시 서초구 서초동 967 | |
| 2 | 2007년 9월 7일 | | 2007년 9월 1일 이혼<br>(부의 사망) |
| | | | 2번 등기하였으므로<br>본 등기기록 폐쇄<br>2007년 9월 7일 |

# 06 과태료사건

## 01 과태료의 부과

### 1. 과태료의 의의

과태료란 일정한 부작위 또는 작위 의무의 이행을 심리적으로 강제하기 위해 부과하거나 징계처분의 일종으로 부과하는 금전적 부담을 말하며, 벌금이나 과료와는 달리 형벌의 성질을 가지지 않는다.

### 2. 과태료의 부과절차

(1) 과태료 부과절차는 처음부터 법원이 부과하는 경우와 주무행정청이 1차적으로 부과·고지하고 이에 대하여 상대방이 이의를 제기하면 주무행정청의 통고에 따라 법원이 부과하는 경우의 2가지 절차가 있다.

(2) 주무행정청이 과태료를 부과하는 절차에서는 「비송사건절차법」이 적용되지 않고, 법원이 과태료를 부과하는 절차에서는 「비송사건절차법」이 적용된다.

## 02 관할

과태료사건은 다른 법령에 특별한 규정이 있는 경우를 제외하고는 과태료를 부과받을 자의 주소지의 지방법원이 관할한다(법 제247조).

## 03 절차의 개시

1. 과태료사건은 직권에 의하여 개시된다.

2. 법원이 과태료사건의 존재를 안 경우에 재판절차를 개시하나, 대부분의 사건이 등기관, 감독관청, 이해관계인의 통지 등에 의하여 개시되고 있다.

**3.** 등기관, 감독관청, 이해관계인의 통지 등은 법원의 직권발동을 촉구하는 데 불과하므로 그 통지 등의 철회는 법원의 처분에 장애가 될 수 없다.

## (04) 재판의 절차 2014 기출

### 1. 정식절차에 의한 재판

법원은 재판을 하기 전에 당사자의 진술을 듣고 검사의 의견을 구하여야 한다(법 제248조 제2항).

### 2. 약식절차에 의한 재판

(1) 법원은 타당하다고 인정할 때에는 당사자의 진술을 듣지 아니하고 과태료 재판을 할 수 있다 (법 제250조 제1항). 그러나 검사의 의견을 구하여야 한다.

(2) 당사자의 진술을 듣지 아니하고 과태료의 재판을 한 경우에 당사자와 검사는 재판의 고지를 받은 날부터 1주일 내에 이의신청을 할 수 있다(법 제250조 제2항).

(3) 재판은 이의신청에 의하여 그 효력을 잃는다(법 제250조 제3항).

(4) 이의신청이 있는 경우 법원은 당사자의 진술을 듣고 다시 재판하여야 한다(법 제250조 제4항).

### 3. 재판

(1) 과태료 재판은 이유를 붙인 결정으로써 하여야 한다(법 제248조 제1항).

(2) 과태료 재판은 고지에 의하여 그 효력이 생긴다.

## (05) 즉시항고 2017 기출

**1.** 당사자와 검사는 정식절차에 의한 과태료 재판에 대하여 즉시항고를 할 수 있다. 이 경우 항고는 집행정지의 효력이 있다(법 제248조 제3항).

**2.** 약식절차에 의한 과태료 재판에 대하여는 그 불복방법으로 이의신청이 인정되므로 즉시항고는 허용되지 않는다.

## ⑥ 재판의 집행

**1.** 과태료 재판은 검사의 명령으로써 이를 집행한다. 이 경우 그 명령은 집행력 있는 집행권원과 동일한 효력이 있다(법 제249조 제1항).

**2.** 과태료 재판의 집행절차는 「민사집행법」의 규정에 따른다. 그러나 집행을 하기 전에 재판의 송달은 하지 아니한다(법 제249조 제2항).

## ⑦ 비용의 부담과 비용부담의 재판

### 1. 비용의 부담

(1) 과태료 재판 절차의 비용은 과태료를 부과하는 선고가 있는 경우에는 그 선고를 받은 자가 부담하고, 그 밖의 경우에는 국고에서 부담한다(법 제248조 제4항).

(2) 그 밖의 경우에는 처벌하지 않는다는 재판이 있었던 경우, 당사자의 사망 등에 의하여 사건이 종료된 경우 등이 있다.

(3) 항고법원이 당사자의 신청을 인정하는 재판을 한 경우에는 항고절차의 비용 및 전심에서 당사자가 부담하게 된 비용은 국고에서 부담한다(법 제248조 제5항).

(4) 법원은 특별한 사유가 있을 때에는 비용을 부담할 자가 아닌 관계인에게 비용의 전부 또는 일부의 부담을 명할 수 있다(법 제26조).

### 2. 비용부담의 재판

비용부담의 재판은 할 필요가 없는 경우가 많지만, 비용에 관하여 재판을 할 필요가 있다고 인정할 때에는 그 금액을 확정하여 사건의 재판과 함께 하여야 한다(법 제25조).

> **판례**
>
> 1. 과태료와 같은 행정질서벌은 행정질서유지를 위하여 행정법규위반이라는 객관적 사실에 대하여 과하는 제재이므로 반드시 현실적인 행위자가 아니라도 법령상 책임자로 규정된 자에게 부과되고 또한 특별한 규정이 없는 한 원칙적으로 위반자의 고의·과실을 요하지 아니한다(대판 1994. 8. 26, 94누6949).
>
> 2. 과태료처분의 재판은 법원이 과태료에 처하여야 할 사실이 있다고 판단되면 「비송사건절차법」에 의하여 직권으로 그 절차를 개시하는 것이고 관할 관청의 통고 또는 통지는 법원의 직권발동을 촉구하는 데에 지나지 아니하므로, 후에 관할 관청으로부터 이미 행한 통고 또는 통지의 취하 내지 철회가 있다고 하더라도 그 취하·철회는 「비송사건절차법」에 의한 법원의 과태료 재판을 개시·진행하는 데 장애가 될 수 없다(대결 1998. 12. 23, 98마2866).

3. 법원이 「비송사건절차법」에 따라 과태료 재판을 함에 있어서는 관할 관청이 부과한 과태료처분에 대한 당부를 심판하는 행정소송절차가 아니므로 행정관청 내부의 부과 기준에 기속됨이 없이 관계법령에서 규정하는 과태료 상한의 범위 내에서 그 동기·위반의 정도·결과 등 여러 인자를 고려하여 재량으로 그 액수를 정할 수 있으며, 항고법원이 정한 과태료 액수가 법이 정한 범위 내에서 이루어진 이상 그것이 현저히 부당하여 재량권남용에 해당되지 않는 한 그 액수가 많다고 다투는 것은 적법한 재항고이유가 될 수 없다(대결 1998. 12. 23, 98마2866).

4. 「비송사건절차법」의 약식재판에 의한 과태료 결정은 그 고지를 받은 날로부터 1주일 이내에 당사자 또는 검사로부터 이의신청이 있으면 그 재판의 효력이 상실된다고 규정되어 있으므로 위 이의신청 기간을 도과한 때에는 그 결정은 확정되어 더 이상 다툴 수 없는 것이다(대결 1982. 7. 22, 82마337).

## ⑧ 법인등기에 있어서의 과태사항 통지에 관한 예규

### 1. 적용범위

이 예규는 등기관이 직무를 수행함에 있어서 「상법」, 「민법」, 기타 법령에 의하여 과태료에 처하여야 할 자가 있음을 안 경우 관할 지방법원 또는 지원에 하여야 하는 과태사항 통지에 관하여 규정함을 목적으로 한다.

### 2. 등기해태통지

(1) 등기관이 등기사무를 처리함에 있어 등기 신청의무 있는 자가 「상법」, 「민법」상의 등기신청을 해태하였음을 직무상 안 경우에 과태사항 통지를 하여야 한다(상법 제635조 제1항 제1호, 민법 제97조 제1호).

(2) 특수법인에 대하여는 「상법」상 회사에 관한 규정을 준용하는 법인이나, 「민법」상 사단법인 또는 재단법인에 관한 규정을 준용하는 법인의 경우에도 위 (1)과 같이 처리한다. 다만, 관련법령에 과태료 부과에 관한 근거규정(준용규정 포함)이 없는 경우 과태사항 통지를 하지 아니한다.

(3) 「상법」상 지배인의 등기를 해태한 것은 과태료 부과대상이 아니므로(상법 제635조 제1항 제1호는 상법 제3편 회사편에 정한 등기를 해태한 경우에 적용됨) 과태사항 통지를 하지 아니한다.

### 3. 통지방법 등

(1) 과태사항 통지는 등기를 해태한 대표자의 주소지 관할 지방법원 또는 지원에 한다.

(2) 과태사항 통지를 할 때에는 그 해태 사실이 나타나는 조사표를 출력하여 함께 송부하여야 한다.

## 4. 유의사항

(1) 주식회사·유한회사의 대표이사·이사·감사 또는 민법법인의 이사가 임기만료나 사임에 의하여 퇴임함으로 말미암아 법률 또는 정관에서 정한 정원을 채우지 못하게 되는 경우에는 그 대표이사·이사·감사의 퇴임등기기간은 후임 대표이사·이사·감사의 취임일부터 기산 한다(대결 2005. 3. 8, 2004마800 전합).

(2) 등기 해태 후에 등기를 신청할 지위를 떠난 경우에도 여전히 과태료 부과대상자에 해당하고, 그 지위를 새롭게 취득한 자는 그 지위 취득 전의 해태에 대하여는 과태료 부과대상자에 해 당하지 아니한다.

(3) 등기관은 등기를 해태한 자를 과태료 부과대상자로 하여 그 주소지를 관할하는 지방법원 또는 지원에 통지하여야 하고, 단순히 등기부상 현재의 대표자를 과태료 부과대상자로 통지하여 서는 안 된다.

행정사
행정사실무법

# 부록

기출문제 모범답안

관련 법령

문제1  도시개발사업의 시행자인 A는 개발구역 내 토지가격을 평가함에 있어 반드시 거쳐야 하는 절차인 토지평가협의회의 심의를 거치지 아니하고 토지가격을 평가하였고, 관할 행정청은 이에 근거하여 환지예정지 지정처분을 내렸다. 처분을 받은 甲은 절차상 하자를 이유로 처분의 취소를 구하는 행정심판을 청구하고자 한다. 그런데 이 처분의 기초가 된 가격평가의 내용은 적정하였을 뿐만 아니라 환지예정지 지정처분을 받은 이해관계인들 중 甲을 제외하고는 아무도 이에 불복하지 않고 있다. 또한 만약 이 처분이 취소될 경우 다른 이해관계인들에 대한 환지예정지 지정처분까지도 변경되어 사실관계가 매우 복잡해짐으로써 사회적 혼란이 발생할 수 있게 된다. 甲의 청구가 인용될 수 있는지에 관하여 논하시오. (40점)

### 모·범·답·안

**환지예정지 지정처분 취소청구**

**1. 문제의 소재**

(1) 논점의 정리

① 취소심판청구가 적법하기 위해서는 행정심판의 대상에 해당하여야 하며 청구인적격이 있는 자가 심판청구 기간 내에 청구하여야 한다.

② 이 사례의 취소심판청구는 적법한 것으로 판단된다.

③ 이 사례에서는 절차상 하자가 있는 환지예정지 지정처분이 위법한지 여부와 환지예정지 지정처분이 위법한 경우에 행정심판위원회가 사정재결을 할 수 있는지 여부가 문제이다.

(2) 논의의 전개

이하에서 취소심판, 심리 및 재결, 사정재결에 대하여 설명하고 청구의 인용 여부에 관하여 판단하겠다.

**2. 취소심판**

취소심판이란 행정청의 위법 또는 부당한 처분을 취소하거나 변경하는 행정심판을 말한다.

**3. 심리 및 재결**

(1) 심리

심리의 내용에는 청구의 적법 여부에 관한 심사인 요건심리와 처분이나 부작위의 위법·부당 여부에 관한 심사인 본안심리가 있다.

(2) 재결

재결의 종류에는 요건재결인 각하재결과 본안재결인 기각재결, 인용재결, 사정재결이 있다.

**4. 사정재결**

(1) 의의

사정재결이란 심리의 결과 그 심판청구가 이유 있다고 인정하는 경우에도 이를 인용하는 것이 공공복리에 크게 위배된다고 인정할 때에는 그 심판청구를 기각하는 재결을 말한다.

(2) **요건**

① 실질적 요건

사정재결은 심판청구를 인용하는 것이 공공복리에 크게 위배된다고 인정할 때에 한하여 행해질 수 있다.

② 형식적 요건

행정심판위원회는 그 재결의 주문에서 그 처분 또는 부작위가 위법하거나 부당하다는 것을 구체적으로 밝혀야 한다.

(3) **구제방법**

행정심판위원회는 사정재결을 함에 있어서 직접 청구인에 대하여 상당한 구제방법을 취하거나 피청구인에게 상당한 구제방법을 취할 것을 명할 수 있다.

(4) **적용범위**

사정재결은 취소심판 및 의무이행심판에만 인정되고, 무효등확인심판에는 인정되지 아니한다.

**5. 사례의 해결**

(1) **판단**

① 절차상 하자는 독자적 위법성이 인정(통설·판례)되므로 절차상 하자가 있는 처분은 위법한 처분이 된다.

② 도시개발사업 시행자가 토지가격평가를 하는 경우에는 반드시 토지평가협의회의 심의를 거쳐야 하므로 토지평가협의회의 심의를 거치지 아니한 토지가격평가는 절차상 하자가 있으며, 이에 근거한 관할 행정청의 환지예정지 지정처분은 절차상 하자가 있는 처분이므로 위법한 처분이다.

③ 甲의 취소심판청구는 이유가 있으므로 행정심판위원회는 甲의 심판청구에 대하여 인용재결을 하여야 하나, 인용재결을 하여 환지예정지 지정처분을 취소하게 되면 사회적 혼란이 발생할 수 있다.

(2) **결론**

따라서 이 사례의 환지예정지 지정처분은 절차상의 하자가 있는 위법한 처분이나 인용재결을 하면 사회적 혼란이 발생할 수 있으므로 행정심판위원회는 심판청구가 이유가 있다고 인정하는 경우에도 이를 인용하는 것이 공공복리에 크게 위배된다고 인정하면 그 심판청구를 기각하는 재결인 사정재결을 할 수 있다.

**문제 2** 행정심판위원회의 위원 등의 제척, 기피, 회피를 설명하시오. (20점)

**행정심판위원회의 위원 등의 제척, 기피, 회피**

### 1. 서설

행정심판위원회(위원회)의 위원 등의 제척, 기피, 회피는 행정심판에 있어서 심리·의결의 공정성을 확보하기 위하여 인정되는 제도이다.

### 2. 제척

(1) **의의**

제척이란 위원 등에게 법정사유가 있으면 당연히 그 사건에 대한 직무집행(심리·의결) 등에서 배제되는 것을 말한다.

(2) **제척의 이유**

① 위원 등 또는 그 배우자나 배우자이었던 사람이 사건의 당사자이거나 사건에 관하여 공동권리자 또는 의무자인 경우

② 위원 등이 사건의 당사자와 친족이거나 친족이었던 경우

③ 위원 등이 사건에 관하여 증언이나 감정을 한 경우

④ 위원 등이 당사자의 대리인으로서 사건에 관여하거나 관여하였던 경우

⑤ 위원 등이 사건의 대상이 된 처분 또는 부작위에 관여한 경우

(3) **절차**

제척결정은 위원회의 위원장이 직권으로 또는 당사자의 신청에 의하여 한다.

### 3. 기피

(1) **의의**

기피란 위원 등에게 제척사유 이외에 심리·의결의 공정을 의심할 만한 사유가 있는 때에 당사자의 신청에 따라 위원장의 결정에 의하여 직무집행으로부터 배제되는 것을 말한다.

(2) **절차**

당사자는 위원 등에게 공정한 심리·의결을 기대하기 어려운 사정이 있으면 위원장에게 기피신청을 할 수 있다.

### 4. 회피

(1) **의의**

회피란 위원 등이 스스로 제척 또는 기피의 사유가 있다고 인정하여 자발적으로 심리·의결을 피하는 것을 말한다.

(2) **절차**

회피하고자 하는 위원 등은 위원장에게 그 사유를 소명하여야 한다.

**문제 3** 비송사건의 심리방법을 설명하시오. (20점)

## 비송사건의 심리방법

### 1. 비송사건

비송사건이란 사권관계의 형성·변경·소멸에 관하여 법원이 후견적인 입장에서 관여하는 사건을 말한다.

### 2. 심리방법

#### (1) 심문

① 비송사건의 재판은 결정으로써 하고, 그 심리에는 변론을 요하지 않으며 일반적으로 심문의 방법에 의하여 심리한다.

② 심문이란 법원이 당사자, 이해관계인 등에게 서면 또는 구술로 진술할 기회를 부여하는 것을 말하며, 비송사건에서 심문은 임의적이 원칙이다.

#### (2) 직권주의

비송사건절차의 진행에 관하여도 직권주의가 지배하며, 신청사건이든 직권사건이든 일단 절차가 개시된 후에는 법원은 직권으로 그 절차를 진행한다.

#### (3) 직권탐지주의

법원은 직권으로 사실의 탐지와 필요하다고 인정하는 증거의 조사를 하여야 한다.

#### (4) 비공개주의

비송사건의 심문은 원칙적으로 공개하지 아니한다. 그러나 재판상의 대위에 관한 사건은 다른 비송사건과는 달리 쟁송의 성격을 가지고 있기 때문에 공개한다.

#### (5) 간이주의

법원사무관등은 증인 또는 감정인의 심문에 관하여는 조서를 작성하고, 기타의 심문에 관하여는 필요하다고 인정하는 경우에 한하여 조서를 작성한다.

### 3. 사실인정의 방법

#### (1) 사실의 탐지

사실의 탐지는 자료를 수집하고 사실을 인정하는 방법 중 증거조사를 제외한 것을 말하며, 특정한 방식도 없고 강제력도 인정되지 않는다.

#### (2) 증거조사

① 증거조사는 일정한 방식에 따른 것으로 강제력이 인정된다.

② 비송사건에서의 증거조사 방법에는 증인신문과 감정이 있다.

#### (3) 사실의 탐지 및 증거조사의 촉탁

사실의 탐지 및 증거조사를 다른 지방법원 판사에게 촉탁할 수 있다.

#### (4) 입증책임

비송사건에서는 직권탐지주의를 취하므로 당사자에게 입증책임이 없다.

**문제 4** 재판상의 대위에 관한 사건을 설명하시오. (20점)

## 재판상의 대위에 관한 사건

### 1. 서설
(1) 채권자대위권이란 채권자가 자기의 채권을 보전하기 위하여 채무자의 권리를 행사하는 것을 말하며, 채권자대위권은 그 채권의 기한이 도래하기 전에는 행사할 수 없는 것이 원칙이다.

(2) 채권자가 그 채권의 기한이 도래하기 전에 법원의 허가를 얻어 채무자의 권리를 행사할 수 있는데 이를 재판상 대위라고 한다.

(3) 채권자는 자기의 채권의 기한 전에 채무자의 권리를 행사하지 아니하면 그 채권을 보전할 수 없거나 이를 보전함에 곤란이 생길 우려가 있는 때에는 재판상의 대위를 신청할 수 있다.

### 2. 관할
재판상의 대위는 채무자의 보통재판적이 있는 곳의 지방법원의 관할로 한다.

### 3. 절차의 개시
채권자의 신청에 의한다.

### 4. 신청방식
(1) 신청은 일반원칙에 따라 서면 또는 말로 할 수 있다.

(2) 신청서에는 신청인의 성명과 주소, 대리인에 의하여 신청할 때에는 그 성명과 주소, 신청의 취지와 그 원인이 되는 사실, 신청 연월일, 법원의 표시, 채무자와 제3채무자의 성명과 주소, 신청인이 보전하고자 하는 채권과 그 행사하고자 하는 권리의 표시를 기재하여야 한다.

### 5. 심리 및 재판
(1) **심리**
① 심리는 일반적으로 심문의 방법에 의하여 한다.
② 심문은 공개한다.
③ 검사는 사건에 관하여 의견을 진술하거나 심문에 참여할 수 없다.
④ 법원은 직권으로 사실의 탐지와 필요하다고 인정하는 증거의 조사를 하여야 한다.

(2) **재판**
① 재판은 결정의 형식으로 한다.
② 대위의 신청을 허가한 재판은 직권으로 채무자에게 고지하여야 하며, 고지를 받은 채무자는 그 권리의 처분을 할 수 없다.

### 6. 불복방법
(1) 대위의 신청을 각하한 재판에 대하여는 채권자는 즉시항고를 할 수 있다.

(2) 대위의 신청을 허가한 재판에 대하여는 채무자는 즉시항고를 할 수 있다.

(3) 항고의 기간은 채무자가 재판의 고지를 받은 날부터 기산한다.

### 7. 비용의 부담
신청을 허가한 재판에 대하여 채무자가 즉시항고를 하는 경우에 항고절차의 비용과 항고인이 부담하게 된 전심의 비용에 대하여는 신청인과 항고인을 당사자로 보고 채무자의 항고가 이유 있으면 그 비용은 신청인이 부담하고, 이유 없으면 채무자가 부담한다.

# 행정사실무법 모범답안

**문제 1** 甲은 운전면허취소사유에 해당하는 혈중알코올농도 0.15%인 상태로 운전하다가 경찰관 乙에게 적발되었다. 乙은 운전면허취소권자인 관할 지방경찰청장에게 甲에 대한 운전면허취소의 행정처분을 의뢰하였다. 한편 乙과 함께 근무하는 순경의 전산입력 착오로 甲은 운전면허정지 대상자로 분류되어 관할 경찰서장은 2014. 7. 20. 운전면허정지처분을 하였고, 甲은 운전면허증을 반납하였다. 이후 乙의 의뢰를 받은 관할 지방경찰청장은 2014. 8. 27. 甲의 운전면허를 취소하는 처분을 하였다. 甲은 운전면허취소처분의 취소를 구하는 행정심판을 청구하면서 자신은 운전면허정지처분을 신뢰하였으며, 그 신뢰는 보호되어야 한다고 주장한다. 甲의 청구가 인용될 수 있는지에 대하여 논하시오. (40점)

## 모·범·답·안

### 운전면허취소처분 취소청구

**1. 문제의 소재**

(1) **논점의 정리**

① 취소심판청구가 적법하기 위해서는 행정심판의 대상에 해당하여야 하며 청구인적격이 있는 자가 심판청구 기간 내에 청구하여야 한다.

② 이 사례의 취소심판청구는 적법한 것으로 판단된다.

③ 이 사례에서는 운전면허정지처분을 한 후에 행한 운전면허취소처분이 신뢰보호의 원칙에 위배되는지 여부가 문제이다.

(2) **논의의 전개**

이하에서 취소심판, 신뢰보호의 원칙, 심리 및 재결에 대하여 설명하고, 청구의 인용 여부에 관하여 판단하겠다.

**2. 취소심판**

취소심판이란 행정청의 위법 또는 부당한 처분을 취소하거나 변경하는 행정심판을 말한다.

**3. 신뢰보호의 원칙**

(1) **의의**

신뢰보호의 원칙이란 행정기관의 일정한 언동의 정당성 또는 존속성에 대한 개인의 보호가치 있는 신뢰는 보호해 주어야 한다는 원칙을 말한다.

(2) **요건**

① 행정기관의 선행조치(공적인 견해표명)가 있어야 한다.

② 보호가치 있는 개인의 신뢰가 있어야 한다.

③ 신뢰에 기초한 개인의 조치(처리)가 있어야 한다.

④ 행정기관의 선행조치와 개인의 조치 사이에 인과관계가 존재해야 한다.

⑤ 행정기관이 선행조치에 반하는 후행행위를 하여 이를 신뢰한 개인의 권익이 침해되어야 한다.

(3) **위반의 효과**

신뢰보호의 원칙을 위반하면 위법한 행위가 되며, 그 효과는 원칙적으로 취소사유라고 본다.

### 4. 심리 및 재결

**(1) 심리**

심리의 내용에는 청구의 적법 여부에 관한 심사인 요건심리와 처분이나 부작위의 위법·부당 여부에 관한 심사인 본안심리가 있다.

**(2) 재결**

재결의 종류에는 요건재결인 각하재결과 본안재결인 기각재결, 인용재결, 사정재결이 있다.

### 5. 사례의 해결

**(1) 판단**

① 행정청이 일단 행정처분을 한 경우에는 행정처분을 한 행정청이라도 법령에 규정이 있는 때, 행정처분에 하자가 있는 때, 행정처분의 존속이 공익에 위반되는 때, 또는 상대방의 동의가 있는 때 등의 특별한 사유가 있는 경우를 제외하고는 행정처분을 자의로 취소할 수 없다.

② 甲에게는 선행처분인 운전면허정지처분을 받은 때에 이미 운전면허정지처분에 대한 신뢰가 형성되었다고 할 수 있고, 관할 지방경찰청장이 甲에게 운전면허정지처분을 한 상태에서 운전면허취소처분을 한 것은 甲의 신뢰 및 법적 안정성을 침해하는 것으로서 허용될 수 없으므로 위법·부당하다.

**(2) 결론**

따라서 이 사례의 지방경찰청장의 자동차운전면허 취소처분은 신뢰보호의 원칙에 위배되며, 위법·부당한 처분이므로 행정심판위원회는 甲의 청구를 받아들이는 인용재결(처분취소재결)을 하여야 할 것이다.

**문제 2** 「행정사법」상 행정사의 업무정지사유와 업무정지처분효과의 승계에 대하여 설명하시오.
(20점)

**모·범·답·안**

### 업무정지사유와 업무정지처분효과의 승계

#### 1. 행정사

행정사는 행정업무의 원활한 운영과 국민의 권리구제를 목적으로 행정과 관련한 국민의 편익을 도모하는 자를 말한다.

#### 2. 업무정지

##### (1) 내용

행정사 사무소의 소재지를 관할하는 특별자치시장·특별자치도지사·시장·군수 또는 자치구의 구청장은 행정사가 업무의 정지 사유에 해당하는 경우에는 6개월의 범위에서 기간을 정하여 업무의 정지를 명할 수 있다.

##### (2) 사유

① 행정사가 두 개 이상의 사무실을 설치한 경우
② 행정사합동사무소를 구성하는 행정사 또는 법인구성원이 상근하지 아니한 경우
③ 행정사 또는 행정사법인이 3개월이 넘도록 휴업하고자 하는 때에 휴업신고를 하지 아니한 경우
④ 행정사 또는 행정사법인이 위임인으로부터 보수 외에 금전 또는 재산상 이익이나 그 밖의 반대급부를 받은 경우
⑤ 행정사법인의 소속행정사 및 법인구성원이 따로 사무소를 둔 경우
⑥ 행정사 또는 행정사법인이 보고 또는 업무처리부 자료 제출 등의 명령에 따르지 아니하거나 검사 또는 질문을 거부·방해 또는 기피한 경우

#### 3. 업무정지처분효과의 승계

(1) 폐업신고를 한 후 업무를 다시 시작하는 신고를 한 행정사(행정사법인을 포함한다)는 폐업신고 전 행정사의 지위를 승계한다.

(2) 폐업신고 전의 행정사에 대하여 업무정지 사유로 한 행정처분의 효과는 그 처분일부터 1년간 업무를 다시 시작하는 신고를 한 행정사에게 승계된다.

(3) 폐업신고를 한 후 업무를 다시 시작하는 신고를 한 행정사에 대하여 폐업신고 전 행정사의 업무정지 사유로 행정처분을 할 수 있다. 다만, 폐업신고를 한 날부터 업무를 다시 시작하는 신고를 한 날까지의 기간이 1년을 넘은 경우는 그러하지 아니하다.

(4) 행정처분을 하는 경우에는 폐업한 기간과 폐업의 사유 등을 고려하여 업무정지의 기간을 정하여야 한다.

**문제 3** 비송사건절차의 종료 사유에 대하여 설명하시오. (20점)

**모·범·답·안**

**비송사건절차의 종료 사유**

**1. 비송사건**

비송사건이란 사권관계의 형성·변경·소멸에 관하여 법원이 후견적인 입장에서 관여하는 사건을 말한다.

**2. 종료 사유**

(1) **종국재판**

① 비송사건절차는 법원의 종국재판에 의하여 종료된다.

② 종국재판이 고지되어 그 재판이 즉시항고가 허용되는 사건인 경우에는 그 재판의 확정에 의하여 절차가 종료되며, 즉시항고가 허용되지 않는 사건인 경우에는 그 재판의 고지와 동시에 절차가 종료된다.

(2) **신청의 취하**

① 당사자의 신청에 의해서만 절차가 개시되는 신청사건의 경우에는 신청인의 취하에 의하여 절차가 종료되며, 비송사건의 신청도 재판이 있을 때까지는 자유로이 취하할 수 있다.

② 신청의 취하가 허용되기 위해서는 그 신청이 신청인의 의무에 속하거나 법원이 직권으로 개시할 수 있는 경우가 아니어야 한다.

(3) **당사자의 사망**

① 당사자의 사망으로 비송사건절차가 종료되는 경우가 있다.

② 신청사건의 신청인이 사망한 경우 그 당사자가 해당 재판에서 추구하는 권리가 상속의 대상이라면 상속인이 그 절차를 승계하나, 그 권리가 상속의 대상이 되지 않는 것이라면 비송사건절차는 종료한다.

**문제 4** 「비송사건절차법」상 과태료 재판에 대한 불복방법을 설명하시오. (20점)

**모·범·답·안**

## 과태료 재판에 대한 불복방법

### 1. 서설

(1) **과태료의 의의**

과태료란 일정한 부작위 또는 작위 의무의 이행을 심리적으로 강제하기 위해 부과하거나 징계처분의 일종으로 부과하는 금전적 부담을 말한다.

(2) **과태료의 부과**

① 과태료는 처음부터 법원이 부과하는 경우와 주무행정청이 1차적으로 부과·고지하고 이에 대하여 상대방이 이의를 제기하면 주무행정청의 통고에 따라 법원이 부과하는 경우의 2가지 절차가 있다.

② 법원의 과태료 재판에는 정식재판과 약식재판이 있다.

### 2. 정식재판과 불복방법

(1) **심리**

① 법원은 당사자의 진술을 듣고 검사의 의견을 구하여야 한다.

② 법원은 직권으로 사실의 탐지와 필요하다고 인정하는 증거의 조사를 하여야 한다.

(2) **재판**

① 재판은 이유를 붙인 결정으로써 하여야 한다.

② 재판은 고지에 의하여 그 효력이 생긴다.

(3) **즉시항고**

당사자와 검사는 정식재판에 대하여 즉시항고를 할 수 있다. 이 경우 항고는 집행정지의 효력이 있다.

### 3. 약식재판과 불복방법

(1) **심리**

① 법원은 상당하다고 인정할 때에는 당사자의 진술을 듣지 아니하고 과태료의 재판을 할 수 있다. 그러나 검사의 의견을 구하여야 한다.

② 법원은 직권으로 사실의 탐지와 필요하다고 인정하는 증거의 조사를 하여야 한다.

(2) **재판**

① 재판은 이유를 붙인 결정으로써 하여야 한다.

② 재판은 고지에 의하여 그 효력이 생긴다.

(3) **이의신청**

① 당사자의 진술을 듣지 아니하고 과태료의 재판을 한 경우에 당사자와 검사는 재판의 고지를 받은 날부터 1주일 내에 이의신청을 할 수 있다.

② 재판은 이의신청에 의하여 효력을 잃으며, 법원은 당사자의 진술을 듣고 다시 재판하여야 한다.

# 행정사실무법 모범답안

**문제 1**  A시는 2014. 5. 30. 구(舊) 도심지의 도시재생사업을 수행할 사업자를 공모하였다. 이 공모에는 甲, 乙, 丙 3개 업체가 지원하였다. 공모심사 결과, 乙이 사업자로 선정되고 甲과 丙은 탈락하였다. 甲은 2015. 5. 4. 乙이 해당 사업을 시행할 능력이 부족하고 사업자 선정과정도 공정하지 못하였다고 주장하면서, A시장에게 1) 심사위원별 평가점수, 2) 심사위원 인적 사항 및 3) 乙업체의 재정상태와 사업실적의 정보공개를 청구하였다. 그런데 A시장은 2015. 5. 18. 위 청구 중 3)에 관한 정보를 보유하고 있지 않으며, 1)과 2)에 관한 정보는 비공개대상이라는 사유로 공개를 거부하고, 같은 날 이를 甲에게 통지하였다. 甲은 A시장의 정보공개 거부처분의 위법·부당함을 주장하면서 이의신청을 하였으나 2015. 6. 15. 기각결정서를 송달받았다. 이에 甲은 2015. 8. 31. A시장을 상대로 관할 행정심판위원회에 정보공개 거부처분의 취소를 구하는 행정심판을 청구하였다. 위 행정심판 청구요건의 적법 여부 및 A시장의 정보공개 거부처분의 적법 여부에 관하여 논하시오. (40점)

**모·범·답·안**

**정보공개 이의신청 기각결정 취소청구**

**1. 문제의 소재**

(1) 논점의 정리
 ① 취소심판청구가 적법하기 위해서는 심판의 대상이 처분에 해당하여야 하며, 청구인적격이 있는 자가 청구 기간 내에 청구하여야 한다.
 ② 이 사례에서는 甲의 취소심판청구가 적법한지와 A시장의 정보공개 거부처분이 적법한지가 문제이다.

(2) 논의의 전개
 이하에서 취소심판에 대하여 설명하고, 청구요건의 적법 여부 및 A시장의 정보공개 거부처분의 적법 여부에 관하여 판단하겠다.

**2. 취소심판**

취소심판이란 행정청의 위법 또는 부당한 처분을 취소하거나 변경하는 행정심판을 말한다.

**3. 청구요건의 적법 여부**

(1) 처분
 ① 처분이란 행정청이 행하는 구체적 사실에 관한 법집행으로서의 공권력의 행사 또는 거부와 그 밖에 이에 준하는 행정작용을 말한다.
 ② 거부처분이라고 하기 위해서는 신청한 행위가 공권력의 행사 또는 이에 준하는 행정작용일 것, 거부행위가 신청인의 법률관계에 영향을 미칠 것, 신청에 대한 법규상 또는 조리상 신청권이 있을 것의 요건을 갖추어야 한다.

(2) **청구인적격**

① 취소심판은 처분의 취소 또는 변경을 구할 법률상 이익이 있는 자가 청구할 수 있다.

② 처분의 효과가 기간의 경과, 처분의 집행, 그 밖의 사유로 소멸된 뒤에도 그 처분의 취소로 회복되는 법률상 이익이 있는 자의 경우에도 청구할 수 있다.

(3) **청구 기간**

① 취소심판은 처분이 있음을 알게 된 날부터 90일 이내에 청구하여야 하고, 처분이 있었던 날부터 180일 이내에 청구하여야 한다.

② 두 기간 중 어느 하나라도 먼저 경과하면 심판청구를 할 수 없게 된다.

(4) **소결**

① 거부처분도 처분이므로 A시장의 정보공개 거부처분은 취소심판의 대상이 된다.

② 甲에게는 1)과 2)에 관한 정보공개 거부처분의 취소를 구할 법률상 이익은 있으나, A시장이 3)에 관한 정보를 보유하고 있지 않다고 하므로 특별한 사정이 없는 한 3)에 관한 정보공개 거부처분의 취소를 구할 법률상 이익은 없다.

③ 甲은 기각결정서를 송달받고 90일 이내에 심판청구를 하였으므로 청구 기간을 준수하였다.

④ 따라서 甲의 취소심판청구는 3)에 관한 부분을 제외하고는 청구의 적법요건을 구비한 적법한 청구이다.

## 4. 정보공개 거부처분의 적법 여부

(1) **정보공개**

① 모든 국민은 정보의 공개를 청구할 권리를 가진다.

② 공공기관이 보유·관리하는 정보는 비공개대상 정보를 제외하고는 공개 대상이 된다.

(2) **소결**

甲이 정보공개를 청구한 정보 중 1)과 2)는 비공개대상 정보로, 공개될 경우 업무의 공정한 수행에 현저한 지장을 초래한다고 인정할 만한 상당한 이유가 있는 정보이고, 3)은 보유하고 있지 않은 정보이므로 A시장의 정보공개 거부처분은 적법하다.

## 5. 사례의 해결

(1) 甲의 취소심판청구는 3)에 관한 부분을 제외하고는 청구의 적법요건을 구비한 적법한 청구이고, A시장의 정보공개 거부처분은 적법하다.

(2) 따라서 행정심판위원회는 3)에 관한 부분에 대하여는 요건심리 결과 본안에 대한 심리를 거절하는 재결인 각하재결을 하여야 할 것이고, 1)과 2)에 관한 부분에 대하여는 甲의 청구를 배척하는 기각재결을 하여야 할 것이다.

**문제 2** 비송사건절차에서 항고의 의의 및 종류에 관하여 설명하시오. (20점)

모·범·답·안

## 항고의 의의 및 종류

### 1. 항고의 의의
항고는 상급법원에 대하여 하급법원의 재판의 취소·변경을 구하는 불복신청이다.

### 2. 항고의 종류

#### (1) 보통항고
① 보통항고는 그 제기에 기간의 정함이 없는 항고로서 항고의 이익이 있는 한 언제든지 제기할 수 있다.
② 비송사건에서의 항고는 보통항고가 원칙이다.

#### (2) 즉시항고
① 즉시항고는 그 제기에 기간의 정함이 있는 항고로서 재판의 고지가 있는 날로부터 1주일 이내에 하여야 한다.
② 즉시항고는 법률에 즉시항고를 할 수 있다는 명문의 규정이 있어야만 제기할 수 있다.

#### (3) 재항고
① 재항고는 항고법원의 결정에 대한 항고이다.
② 재항고는 재판에 영향을 미친 헌법·법률·명령 또는 규칙의 위반이 있음을 이유로 하는 때에만 대법원에 제기할 수 있다.

#### (4) 특별항고
① 특별항고는 불복할 수 없는 결정에 대하여 재판에 영향을 미친 헌법 위반이 있거나, 재판의 전제가 된 명령·규칙·처분의 헌법 또는 법률의 위반 여부에 대한 판단이 부당하다는 것을 이유로 하는 때에만 대법원에 제기하는 항고이다.
② 특별항고는 재판이 고지된 날부터 1주일 이내에 하여야 한다.

**문제 3** 비송사건 관할에 관한 다음 물음에 답하시오. (20점)

(1) '토지관할'과 '우선관할 및 이송'에 관하여 설명하시오. (15점)

(2) 관할법원의 지정에 관하여 설명하시오. (5점)

## 모·범·답·안

### Ⅰ 토지관할과 우선관할 및 이송

#### 1. 서설

관할이란 재판권을 행사하는 여러 법원 사이에 어떤 법원이 어떤 사건을 처리하느냐의 재판권의 분담관계를 정해 놓은 것을 말하며, 심급관할, 사물관할, 토지관할이 있다.

#### 2. 토지관할

**(1) 의의**

토지관할이란 소재지를 달리하는 동종의 법원 사이에 사건의 분담관계를 정해 놓은 것을 말한다.

**(2) 원칙**

① 「비송사건절차법」은 토지관할에 관하여 원칙적인 규정을 두지 않고 각종의 사건마다 당사자와 법원의 편의를 고려하여 개별적으로 토지관할을 규정하고 있다.

② 토지관할의 표준은 사람의 주소지, 주된 사무소의 소재지, 물건의 소재지, 채무이행지, 소송계속지 등 매우 다양하다.

**(3) 특칙**

① 법원의 토지관할이 주소에 의하여 정하여질 경우 대한민국에 주소가 없을 때 또는 대한민국 내의 주소를 알지 못할 때에는 거소지의 지방법원이 사건을 관할한다.

② 거소가 없을 때 또는 거소를 알지 못할 때에는 마지막 주소지의 지방법원이 사건을 관할한다.

③ 마지막 주소가 없을 때 또는 그 주소를 알지 못할 때에는 재산이 있는 곳 또는 대법원이 있는 곳을 관할하는 지방법원이 사건을 관할한다.

#### 3. 우선관할 및 이송

**(1) 우선관할**

관할법원이 여러 개일 경우에는 최초의 사건의 신청을 받은 법원이 그 사건을 관할한다. 이렇게 정해지는 관할을 우선관할이라 한다.

**(2) 사건의 이송**

우선관할권을 가지는 법원이 사건을 심리하는 것이 부적당한 경우에 그 법원은 신청에 의하거나 직권으로 적당하다고 인정하는 다른 관할법원에 그 사건을 이송할 수 있는데, 이를 사건의 이송이라 한다.

### Ⅱ 관할법원의 지정

#### 1. 의의

관할법원의 지정이란 법원의 관할지역이 명확하지 아니하여 여러 개의 법원의 토지관할에 관하여 의문이 있을 때에 관할을 지정하는 것을 말한다.

#### 2. 절차

(1) 관할법원의 지정은 관계 법원에 공통되는 바로 위 상급법원이 신청에 의하여 결정함으로써 한다.

(2) 이 결정에 대하여는 불복신청을 할 수 없다.

**문제 4** 「행정사법」제31조(감독상 명령 등)에 따른 '장부 검사'와 제30조(자격의 취소)에 따른 '자격취소'에 관하여 설명하시오. (20점)

### 모·범·답·안

**장부 검사와 자격취소**

1. 행정사

행정사는 행정업무의 원활한 운영과 국민의 권리구제를 목적으로 행정과 관련한 국민의 편익을 도모하는 자를 말한다.

2. 장부 검사

행정안전부장관 또는 행정사의 사무소(행정사합동사무소 또는 행정사법인의 경우에는 주사무소를 말한다)의 소재지를 관할하는 특별자치시장·특별자치도지사·시장·군수 또는 자치구의 구청장은 행정사 또는 행정사법인에 대한 감독을 위하여 필요하다고 인정하면 해당 행정사 또는 행정사법인에 대하여 업무에 관한 사항을 보고하게 하거나 업무처리부 등 자료의 제출 또는 그 밖에 필요한 명령을 할 수 있으며, 소속 공무원으로 하여금 그 사무소에 출입하여 장부·서류 등을 검사하거나 질문하게 할 수 있다.

3. 자격취소

   (1) 내용
   ① 행정안전부장관은 행정사가 자격의 취소사유에 해당하는 경우에는 그 자격을 취소하여야 한다.
   ② 행정안전부장관은 행정사 자격을 취소하려는 경우에는 청문을 하여야 한다.

   (2) 사유
   ① 거짓이나 그 밖의 부정한 방법으로 행정사 자격을 취득한 경우
   ② 신고확인증을 대여한 경우
   ③ 업무정지처분을 받고 그 업무정지 기간에 행정사 업무를 한 경우
   ④ 「행정사법」을 위반하여 징역형이 확정된 경우

문제 1 | 甲은 A행정청이 시행한 국가공무원시험의 1차 객관식시험에 응시하였으나 불합격(이하 '처분'
이라 함)하였다. 이 시험은 1차 객관식시험, 2차 주관식시험, 3차 면접시험으로 구성되고, 3차
면접시험에 합격한 경우에 최종 합격자가 된다. 또한 3차 면접시험에 응시하기 위해서는 2차
주관식시험에, 2차 주관식시험에 응시하기 위해서는 1차 객관식시험에 각각 합격하여야 한다.
甲은 위 처분에 대하여 행정심판을 청구하였으나, 관할 행정심판위원회가 2차 주관식시험
시행 전까지 재결하지 않을 것에 대비하여 법적 수단을 강구하고자 한다. 甲이 재결 전이라도
2차 주관식시험에 응시하기 위하여 취할 수 있는 「행정심판법」상 구제수단에는 어떠한 것이
있는지 논하시오. (40점)

### 모·범·답·안

**「행정심판법」상 구제수단**

**1. 문제의 소재**

(1) 甲이 A행정청의 1차 객관식시험 불합격처분에 불복하여 행정심판을 청구한 경우에 「행정심판법」상
임시적 권리구제수단에는 집행정지와 임시처분이 있다.

(2) 이 사례에서 甲이 재결 전이라도 2차 주관식시험에 응시하기 위해서는 집행정지로는 목적을 달성할
수 없으므로 甲이 취할 수 있는 「행정심판법」상 구제수단에는 임시처분이 있다.

(3) 이하에서 임시처분에 관하여 설명하겠다.

**2. 임시처분**

(1) **의의**

임시처분이란 처분 또는 부작위가 위법·부당하다고 상당히 의심되는 경우로서 처분 또는 부작위 때
문에 당사자가 받을 우려가 있는 중대한 불이익이나 당사자에게 생길 급박한 위험을 막기 위하여 임시
지위를 정하여야 할 필요가 있는 경우에 행정심판위원회(위원회)가 발하는 가구제 수단을 말한다.

(2) **요건**

① 심판청구가 계속되어 있어야 한다.

② 처분 또는 부작위가 위법·부당하다고 상당히 의심되는 경우이어야 한다.

③ 당사자에게 중대한 불이익이나 급박한 위험이 발생할 우려가 있어야 한다.

④ 공공복리에 중대한 영향을 미칠 우려가 없어야 한다.

(3) **절차**

① 위원회는 직권으로 또는 당사자의 신청에 의하여 임시처분을 결정할 수 있다.

② 임시처분 신청은 심판청구와 동시에 또는 심판청구에 대한 위원회의 의결이 있기 전까지 하여야
한다.

③ 위원회의 심리·결정을 기다릴 경우 중대한 불이익이나 급박한 위험이 생길 우려가 있다고 인
정되면 위원장은 직권으로 위원회의 심리·결정을 갈음하는 임시처분에 관한 결정을 할 수 있다.

④ 이 경우 위원장은 지체 없이 위원회에 그 사실을 보고하고 추인을 받아야 하며, 위원회의 추인을
받지 못하면 위원장은 임시처분에 관한 결정을 취소하여야 한다.

⑷ **취소**

위원회는 임시처분을 결정한 후에 임시처분이 공공복리에 중대한 영향을 미치거나 임시처분사유가 없어진 경우에는 직권으로 또는 당사자의 신청에 의하여 임시처분결정을 취소할 수 있다.

⑸ **집행정지와의 관계**

임시처분은 집행정지로 목적을 달성할 수 있는 경우에는 허용되지 않는다.

## 3. 결론

⑴ 행정심판이 청구된 경우에 위원회는 직권으로 또는 당사자의 신청에 의하여 임시처분을 결정할 수 있고, 위원장도 잠정적으로 임시처분에 관한 결정을 할 수 있다.

⑵ 이 사례에서 甲은 심판청구와 동시에 또는 심판청구에 대한 위원회의 의결이 있기 전까지 위원회에 임시처분을 신청할 수 있다.

⑶ 위원회가 甲의 임시처분신청을 인용하는 결정을 한다면, 甲은 2차 주관식시험에 응시할 수 있다.

**문제 2** 「비송사건절차법」상 재판의 방식과 고지에 대하여 설명하시오. (20점)

모·범·답·안

### 재판의 방식과 고지

#### 1. 비송사건

비송사건이란 사권관계의 형성·변경·소멸에 관하여 법원이 후견적인 입장에서 관여하는 사건을 말한다.

#### 2. 재판의 방식

(1) 비송사건의 재판은 결정으로써 한다.

(2) 재판서에는 재판의 취지를 명기하여야 하나, 법률에 특별한 규정이 없는 한 반드시 이유의 기재를 요하는 것이 아니다.

(3) 재판의 원본에는 판사가 서명날인하여야 한다. 다만, 신청서 또는 조서에 재판에 관한 사항을 적고 판사가 이에 서명날인함으로써 원본을 갈음할 수 있다. 또한, 서명날인은 기명날인으로 갈음할 수 있다.

#### 3. 재판의 고지

(1) **고지의 방법**

① 재판은 이를 받은 자에게 고지함으로써 효력이 생기므로 고지를 하여야 한다.

② 「비송사건절차법」은 "재판의 고지는 법원이 적당하다고 인정하는 방법으로 한다."라고 규정하여 고지방식자유를 원칙으로 하고 있다.

③ 고지받을 자의 주소나 거소의 불명 등으로 인하여 통상의 방법으로 고지할 수 없을 때에는 「민사소송법」의 규정에 의한 공시송달의 방법에 의한다.

(2) **고지의 상대방**

① 재판의 고지는 재판을 받은 자에게 한다.

② 재판을 받은 자는 재판에 의하여 자기의 법률관계에 직접 영향을 받는 자를 말하며, 반드시 신청인과 일치하는 것은 아니다.

**문제 3** B시의 X지구토지구획정리조합의 조합원인 甲 외 255명은 조합장의 배임행위를 이유로 임시 총회 소집을 요구하였으나 조합장이 이에 응하지 않으므로 조합정관의 규정에 따라 법원에 비송사건인 임시총회 소집허가신청을 하였다. 이 절차에서 甲이 영업 중인 행정사 乙에게 소송행위를 대리하게 하였다. 이에 乙이 甲의 대리인으로서 진술하려고 하였으나 법원이 대리행위를 금지하고 퇴정을 명하였다. 법원의 명령이 적법한지 여부와 그 이유를 설명하시오.

(20점)

### 모·범·답·안

## 법원의 명령이 적법한지 여부와 그 이유

### 1. 서설

(1) 임시총회 소집허가사건이란 총사원의 5분의 1 이상이 회의의 목적사항을 제시하여 임시총회의 소 집청구가 있는 후 2주간 내에 이사가 총회소집의 절차를 밟지 아니한 때에 청구한 사원이 법원의 허가를 얻어 이를 소집하는 사건을 말한다.

(2) 비송사건에 있어서 대리가 허용된다.

### 2. 비송사건의 대리

(1) **비송대리인**

비송사건의 관계인은 소송능력자로 하여금 비송행위를 대리시킬 수 있으며, 소송능력자이면 아무런 제한 없이 비송사건의 대리인이 될 수 있다.

(2) **비송대리가 허용되지 않는 경우**

① 본인이 출석하도록 명령을 받은 경우에는 비송대리가 허용되지 않는다.

② 법원이 변호사가 아닌 자로서 대리를 영업으로 하는 자의 대리를 금하고 퇴정을 명한 경우에는 비송대리가 허용되지 않는다.

(3) **대리권의 증명**

① 비송대리인의 권한은 서면으로 증명하여야 하며, 통상 위임장에 의하여 증명한다.

② 대리권의 증명서면이 사문서인 경우에는 법원은 공증인, 그 밖의 공증업무를 보는 사람의 인증을 받도록 비송대리인에게 명할 수 있다.

(4) **대리행위의 효력**

① 비송대리인이 대리권의 범위 내에서 한 비송행위는 직접 본인에게 효력이 미친다.

② 비송대리인으로서 비송행위를 한 자가 무권대리인인 경우에는 그 대리행위는 무효이다. 따라서 무권대리인이 비송사건을 신청한 경우에 법원은 이를 부적법한 것으로 각하하여야 한다.

③ 그러나 법원이 이를 간과하고 재판을 한 경우에는 그 재판은 당연무효가 되는 것이 아니라 그 재판에 의하여 권리를 침해당한 자가 항고할 수 있을 뿐이다.

### 3. 퇴정명령의 적법 여부와 그 이유

(1) 행정사 乙이 비송사건의 대리를 영업으로 하는 자라면, 법원의 퇴정명령은 적법하다.

(2) 그 이유는 법원은 변호사가 아닌 자로서 대리를 영업으로 하는 자의 대리를 금하고 퇴정을 명할 수 있기 때문이다.

**문제 4** 「행정사법」상 과태료 부과대상자의 유형 및 내용에 대하여 설명하시오. (20점)

**과태료 부과대상자의 유형 및 내용**

**1. 서설**

(1) 「행정사법」상 과태료에는 500만 원 이하의 과태료와 100만 원 이하의 과태료가 있다.

(2) 과태료는 행정안전부장관, 시·도지사 또는 시장 등이 부과·징수한다.

**2. 500만 원 이하의 과태료 부과대상자**

(1) 행정사가 아니면서 행정사 또는 이와 비슷한 명칭을 사용한 자

(2) 행정사, 행정사합동사무소나 그 분사무소, 행정사법인이나 그 분사무소가 아니면서 행정사사무소, 행정사합동사무소 또는 그 분사무소나 행정사법인 또는 그 분사무소와 비슷한 명칭을 사용한 자

(3) 손해배상책임을 보장하기 위한 조치를 취하지 아니한 행정사법인

(4) 정당한 사유 없이 감독상 명령에 따른 보고 또는 자료제출을 하지 아니하거나, 거짓으로 보고·자료제출을 하거나, 출입·검사를 방해·거부 또는 기피한 자

**3. 100만 원 이하의 과태료 부과대상자**

(1) 사무소를 이전하고 사무소 이전신고를 하지 아니한 자

(2) 행정사 또는 행정사법인이 행정사사무소, 행정사합동사무소 또는 행정사법인이라는 글자를 사용하지 아니하거나 그 분사무소임을 표시하지 아니한 자

(3) 업무처리부를 작성하지 아니하거나 거짓으로 작성한 자

(4) 행정안전부장관, 시·도지사 또는 시장등이 실시하는 연수교육을 받지 아니하고 행정사 업무를 수행한 사람

문제 1 행정사 甲은 "행정사와 그 사무직원은 업무에 관하여 법률이 정한 보수 외에 어떠한 명목으로도 위임인으로부터 금전 또는 재산상의 이익이나 그 밖의 반대급부를 받지 못한다."라는 행정사법의 규정에 위반하는 행위를 하였다는 이유로 관할 행정청인 A시장으로부터 1개월 업무정지처분을 한다는 내용의 처분서를 2017. 5. 1. 송달받았다. 그에 따라 甲은 1개월간 업무를 하지 못한 채, 그 업무정지기간은 만료되었다. 甲은 A시장으로부터 위 처분에 대한 행정심판 고지를 받지 못했다. 甲은 2017. 9. 8. 위 처분에 불복하여 행정심판위원회에 A시장의 업무정지처분의 취소를 구하는 행정심판을 제기하였다. 행정사법 시행규칙 [별표] 업무정지처분 기준에서는 제재처분의 횟수에 따라 제재가 가중되는 것으로 규정하고 있다. 다음 물음에 답하시오. (40점)

(1) 甲이 제기한 행정심판은 청구요건을 충족하는가? (30점)

(2) 행정심판의 청구요건이 충족되었다고 가정할 경우, A시장은 행정심판 과정에서 처분시 제시하지 않았던 '甲이 2개의 행정사 사무소를 설치·운영하였음'이라는 처분사유를 추가할 수 있는가? (10점)

---

**모·범·답·안**

## I 청구요건의 충족 여부

### 1. 문제의 소재

(1) 이 사례의 행정심판인 취소심판이 적법하기 위해서는 청구요건으로 A시장의 업무정지처분이 행정심판의 대상에 해당하여야 하고, 甲에게 청구인 적격이 있어야 하며, 심판청구기간을 준수하여야 하는바, 이를 충족하는지가 문제된다.

(2) 이하에서 취소심판과 청구요건인 행정심판의 대상, 청구인 적격, 심판청구기간에 대하여 설명하고, 이 사례의 취소심판이 청구요건을 충족하는지에 관하여 판단하겠다.

### 2. 취소심판

취소심판이란 행정청의 위법 또는 부당한 처분을 취소하거나 변경하는 행정심판을 말한다.

### 3. 행정심판의 대상

(1) **개괄주의**

행정심판법은 "행정청의 처분 또는 부작위에 대하여는 다른 법률에 특별한 규정이 있는 경우 외에는 이 법에 따라 행정심판을 청구할 수 있다."라고 규정하여 개괄주의를 채택하고 있다.

(2) **처분**

처분이란 행정청이 행하는 구체적 사실에 관한 법집행으로서의 공권력의 행사 또는 거부와 그 밖에 이에 준하는 행정작용을 말한다.

(3) **부작위**

부작위란 행정청이 당사자의 신청에 대하여 상당한 기간 내에 일정한 처분을 하여야 할 법률상의 의무가 있음에도 불구하고 이를 하지 아니하는 것을 말한다.

### 4. 취소심판의 청구인 적격

#### (1) 행정심판법 규정

① 취소심판은 처분의 취소 또는 변경을 구할 법률상 이익이 있는 자가 청구할 수 있다.

② 처분의 효과가 기간의 경과, 처분의 집행, 그 밖의 사유로 소멸된 뒤에도 그 처분의 취소로 회복되는 법률상 이익이 있는 자의 경우에도 청구할 수 있다.

#### (2) 법률상 이익

① 법률상 이익의 의미에 대하여 통설·판례는 협의의 권리뿐만 아니라 처분의 근거법규 또는 관련법규에 의해 보호되고 있는 이익을 포함한다는 법률상 보호이익설을 취하고 있다.

② 법률상 보호되는 이익이라 함은 당해 처분의 근거법규 또는 관련법규에 의하여 보호되는 개별적·직접적·구체적 이익이 있는 경우를 말한다.

### 5. 심판청구기간

#### (1) 내용

① 행정심판은 처분이 있음을 알게 된 날부터 90일 이내에 청구하여야 하고, 처분이 있었던 날부터 180일 이내에 청구하여야 한다.

② 두 기간 중 어느 하나라도 먼저 경과하면 행정심판청구를 할 수 없게 된다.

#### (2) 불고지의 경우

행정청이 심판청구기간을 알리지 아니한 경우에는 처분이 있었던 날부터 180일 이내에 심판청구를 할 수 있다.

### 6. 결론

(1) 행정심판법은 행정심판의 대상에 관하여 개괄주의를 채택하고 있고, 취소심판의 대상은 처분이므로 이 사례의 A시장의 업무정지처분은 취소심판의 대상이 된다.

(2) 업무정지처분의 횟수에 따라 제재가 가중되는 경우에는 업무정지기간이 만료되었더라도 업무정지처분의 취소로 회복되는 법률상 이익이 있으므로 이 사례의 甲에게는 청구인 적격이 있다.

(3) 행정청이 행정심판 고지를 하지 않은 경우에는 처분이 있었던 날부터 180일 이내에 심판청구를 할 수 있으므로 이 사례의 취소청구는 심판청구기간을 준수하였다.

(4) 따라서 이 사례의 취소청구는 청구요건을 모두 충족하는 적법한 심판청구이다.

## Ⅱ 처분사유의 추가가능 여부

### 1. 문제의 소재

(1) 처분사유의 추가란 처분청이 행정심판 도중에 처분 당시 처분사유로 제시하지 않았던 새로운 처분사유를 추가하는 것을 말한다.

(2) 이 사례에서는 처분사유의 추가에 관해서 행정심판법에 명문규정이 없는바, 처분사유를 추가할 수 있는지가 문제된다.

### 2. 처분사유의 추가

처분사유의 추가는 원칙적으로 허용되지 않으나, 기본적 사실관계에 있어 동일성이 인정되는 경우에 한해서 제한적으로 허용된다.

### 3. 불고불리의 원칙

행정심판위원회는 심판청구의 대상이 되는 처분 또는 부작위 외의 사항에 대하여는 심리 및 재결을 하지 못한다.

### 4. 결론

(1) A시장이 추가하려고 하는 처분사유인 '2개의 행정사 사무소 설치·운영'은 이 사례의 업무정지처분의 사유인 '보수 외의 반대급부 수수'와는 별개의 업무정지처분의 사유에 해당하며, 기본적 사실관계에 있어 동일성이 인정되지 않는다.

(2) 또한, 행정심판위원회의 심리 및 재결은 불고불리의 원칙에 따른 제한을 받으므로 심판청구의 대상인 '보수 외의 반대급부 수수'를 이유로 한 업무정지처분에 대하여만 심리 및 재결을 하여야 한다.

(3) 따라서 A시장은 '2개의 행정사 사무소 설치·운영'을 이유로 甲에게 별개의 업무정지처분을 하는 것은 별론으로 하고, 행정심판 과정에서 처분사유를 추가할 수는 없다.

**문제 2** 「행정사법」상 업무신고와 그 수리 거부에 관하여 설명하시오. (20점)

모·범·답·안

## 업무신고와 그 수리 거부

### 1. 업무신고

행정사 자격이 있는 사람이 행정사로서 업무를 하려면 주된 사무소의 소재지를 관할하는 특별자치시장·특별자치도지사·시장·군수 또는 자치구의 구청장(시장등)에게 행정사 업무신고 기준을 갖추어 신고(행정사업무신고)하여야 한다.

### 2. 업무신고의 수리 거부

(1) **수리 거부의 사유**

① 행정사의 결격사유에 해당하는 경우
② 실무교육을 이수하지 아니한 경우
③ 행정사 자격이 없는 경우
④ 대한행정사회에 가입하지 아니한 경우

(2) **이의신청**

행정사업무신고의 수리가 거부된 사람은 그 통지를 받은 날부터 3개월 이내에 행정사업무신고의 수리 거부에 대한 불복의 이유를 밝혀 시장등에게 이의신청을 할 수 있다.

### 3. 수리 의제

시장등이 업무신고를 받은 날부터 3개월이 지날 때까지 행정사업무신고확인증(신고확인증)을 발급하지 아니하거나 업무신고의 수리 거부 통지를 하지 아니하면 3개월이 되는 날의 다음 날에 행정사업무신고가 수리된 것으로 본다.

### 4. 신고확인증

(1) 시장등은 업무신고를 받은 때에는 그 내용을 확인한 후 신고확인증을 행정사에게 발급하여야 한다.

(2) 행정사는 다른 사람에게 신고확인증을 대여하여서는 아니 된다.

**문제 3** 법원은 정당한 사유 없이 재판에 증인으로 출석하지 않은 甲에게 약식재판으로 과태료 500만 원을 부과하고, 甲에게 과태료 결정의 고지를 하였다. 甲은 이 고지를 받은 날부터 1주 이내에 즉시항고를 하였다. 이에 법원이 즉시항고에 따른 과태료 재판을 하면서 甲에게 진술기회를 주지 않았다면 그 재판은 적법한지를 설명하시오. (20점)

### 모·범·답·안

**과태료 재판**

**1. 서설**

(1) 과태료란 일정한 부작위 또는 작위 의무의 이행을 심리적으로 강제하기 위해 부과하거나 징계처분의 일종으로 부과하는 금전적 부담을 말한다.

(2) 법원의 과태료 재판에는 약식재판과 정식재판이 있다.

**2. 약식재판**

(1) 법원은 상당하다고 인정할 때에는 당사자의 진술을 듣지 아니하고 과태료 재판을 할 수 있다. 그러나 검사의 의견을 구하여야 한다.

(2) 재판은 이유를 붙인 결정으로써 하여야 한다.

(3) 과태료 재판을 약식재판으로 한 경우에 당사자와 검사는 재판의 고지를 받은 날부터 1주 이내에 이의신청을 할 수 있다.

(4) 약식재판은 이의신청에 의하여 그 효력을 상실하며, 이의신청이 있는 때에는 법원은 당사자의 진술을 듣고 다시 재판하여야 한다.

(5) 약식재판에 대하여는 그 불복방법으로 이의신청이 인정되며, 즉시항고는 허용되지 않는다.

**3. 정식재판**

(1) 법원은 당사자의 진술을 듣고 검사의 의견을 구하여야 한다.

(2) 재판은 이유를 붙인 결정으로써 하여야 한다.

(3) 과태료 재판을 정식재판으로 한 경우에 당사자와 검사는 재판의 고지를 받은 날부터 1주 이내에 즉시항고를 할 수 있다.

**4. 결론**

(1) 이 사례의 과태료 500만 원을 부과하는 과태료 재판은 약식재판으로 하였으므로 그 불복방법으로 이의신청이 인정되며, 즉시항고는 허용되지 않는다.

(2) 따라서 이 사례에서 甲은 재판에 대한 불복으로 즉시항고는 할 수 없으므로 문제에 오류가 있다.

(3) 만약, 甲이 과태료 결정의 고지를 받은 날부터 1주 이내에 이의신청을 하였고, 법원이 이의신청에 따른 과태료 재판을 하면서 甲에게 진술기회를 주지 않았다면 그 재판은 부적법하다.

**문제 4** 비송사건재판의 취소·변경을 설명하시오. (20점)

**비송사건재판의 취소·변경**

**1. 의의**

재판의 취소·변경이란 비송사건에 관하여 재판을 한 후에 그 재판이 위법 또는 부당하다고 인정할 때에나 객관적 사정이 변경되어 합당했던 재판이 부당하게 되는 경우에 법원이 그 재판을 취소하거나 변경하는 것을 말한다.

**2. 비송사건절차법에 의한 취소·변경**

**(1) 취소·변경 자유의 원칙**

① 법원은 재판을 한 후에 그 재판이 위법 또는 부당하다고 인정할 때에는 이를 취소하거나 변경할 수 있다.

② 취소·변경에는 신청을 요하지 아니하고, 취소·변경은 법원의 직권으로 한다.

③ 취소·변경을 할 수 있는 법원은 원재판을 한 제1심법원에 한하고, 항고법원은 취소·변경의 권한이 없다.

**(2) 취소·변경 자유의 제한**

① 신청에 의하여만 재판을 하여야 하는 경우에 신청을 각하한 재판은 신청에 의하지 아니하고는 취소하거나 변경할 수 없다.

② 즉시항고로써 불복할 수 있는 재판은 취소하거나 변경할 수 없다.

**3. 사정변경에 의한 취소·변경**

**(1) 의의**

사정변경에 의한 취소·변경이란 비송사건의 재판이 원래는 적법·타당한 것이었다 하더라도 후에 사정변경이 있어 원래의 재판을 유지하는 것이 부당하게 되는 경우에 법원이 이를 취소하거나 변경하는 것을 말한다.

**(2) 적용대상**

사정변경에 의한 취소·변경이 논의될 수 있는 것은 법원이 일정한 법률관계를 형성하였고 그것이 사정변경으로 인하여 부당하게 된 경우이며 그 성질상 계속적 법률관계에 한하여 적용된다.

**4. 원재판의 경정**

항고가 제기된 경우에 원심법원은 항고가 이유 있다고 인정하는 때에는 원재판을 경정한다.

# 행정사실무법 모범답안

**문제 1**  A시는 영농상 편의를 위해 甲의 토지와 인근 토지에 걸쳐서 이미 형성되어 사용되고 있던 자연발생적 토사구거를 철거하고, 콘크리트 U형 수로관으로 된 구거를 설치하는 공사를 완료하였다. 甲은 A시의 공사가 자신의 토지 약 75m²를 침해하였다는 사실을 발견하게 되었다. 이에 甲은 A시에 자신의 토지 약 75m²에 설치되어 있는 구거를 철거하고 자신의 토지 외의 지역에 새로 구거를 설치해달라는 민원을 제기하였다. 다음 물음에 답하시오. (40점)

　(1) 甲이 제기한 민원에 대해 A시는 甲이 실제로 해당 구거에 의하여 상당한 영농상의 이득을 향유하고 있으며 구거를 새로 설치하려면 많은 예산이 소요된다는 이유로 甲의 청구를 거부하는 처분을 하였다. 만약 甲이 A시의 거부처분에 대한 취소심판을 제기하여 인용재결을 받았다면, A시는 전혀 다른 사유를 들어 甲의 청구에 대하여 다시 거부처분을 할 수 있는지를 논하시오. (20점)

　(2) 甲이 민원제기와는 별도로 A시에 대하여 해당 토지에 설치되어 있는 구거의 철거와 새로운 구거의 설치를 요구하는 의무이행심판을 제기하였다면, 甲이 제기한 행정심판의 대상적격과 청구인적격의 적법 여부에 관하여 논하시오. (20점)

---

### 모·범·답·안

## Ⅰ 거부처분을 할 수 있는지 여부

### 1. 문제의 소재
　(1) 이 사례는 甲이 A시의 민원 거부처분에 대한 취소심판을 제기하여 인용재결을 받은 경우에 A시가 전혀 다른 이유를 들어 甲의 청구에 대하여 거부처분을 하는 것이 재결의 기속력에 반하는지가 문제이다.
　(2) 이하에서 취소심판과 재결의 기속력에 대하여 살펴보고, A시가 전혀 다른 이유를 들어 甲의 청구에 대하여 거부처분을 할 수 있는지에 관하여 판단하겠다.

### 2. 취소심판
취소심판은 행정청의 위법 또는 부당한 처분을 취소하거나 변경하는 행정심판을 말한다.

### 3. 재결의 기속력
　(1) 의의
기속력이란 피청구인인 행정청과 그 밖의 관계 행정청이 재결의 취지에 따르도록 구속하는 효력을 말하며, 인용재결에만 인정된다.
　(2) 기속력의 범위
　① 주관적 범위 : 기속력은 피청구인인 행정청뿐만 아니라 널리 그 밖의 관계 행정청에 미친다.
　② 객관적 범위 : 기속력은 재결의 주문 및 그 전제가 된 요건사실의 인정과 판단에만 미치고 이와 직접 관계가 없는 다른 처분에 대하여는 미치지 아니한다.

### (3) 기속력의 내용

① 반복금지의무 : 인용재결이 있게 되면 관계 행정청은 그 재결을 준수하여야 하므로, 그 재결에 반하는 행위를 할 수 없다.

② 재처분의무 : 재결에 의하여 취소되거나 무효 또는 부존재로 확인되는 처분이 당사자의 신청을 거부하는 것을 내용으로 하는 경우에는 그 처분을 한 행정청은 재결의 취지에 따라 다시 이전의 신청에 대한 처분을 하여야 한다.

③ 결과제거의무 : 관계 행정청은 처분의 취소 또는 확인의 재결이 있게 되면 결과적으로 위법 또는 부당으로 판정된 처분에 의하여 초래된 상태를 제거해야 할 의무를 진다.

## 4. 결론

(1) 재결의 기속력은 재결의 주문 및 그 전제가 된 요건사실의 인정과 판단에만 미친다.

(2) 이 사례에서 甲이 인용재결을 받았다 할지라도 A시가 전혀 다른 이유를 들어 甲의 청구에 대하여 거부처분을 하는 것은 재결의 기속력에 반하지 않는다.

(3) 따라서 A시는 甲의 청구에 대하여 거부처분을 할 수 있다.

※ 본 문제에서 행정청은 A시장이므로 A시는 A시장의 오기로 보인다.

## Ⅱ 대상적격과 청구인적격의 적법 여부

### 1. 문제의 소재

(1) 이 사례는 甲이 제기한 의무이행심판이 대상적격과 청구인적격을 구비하였는지가 문제이다.

(2) 이하에서 의무이행심판, 의무이행심판의 대상과 청구인적격에 대하여 살펴보고, 甲이 제기한 행정심판의 대상적격과 청구인적격의 적법 여부에 관하여 판단하겠다.

### 2. 의무이행심판

의무이행심판은 당사자의 신청에 대한 행정청의 위법 또는 부당한 거부처분이나 부작위에 대하여 일정한 처분을 하도록 하는 행정심판을 말한다.

### 3. 의무이행심판의 대상

#### (1) 거부처분

① 처분이란 행정청이 행하는 구체적 사실에 관한 법집행으로서의 공권력의 행사 또는 거부와 그 밖에 이에 준하는 행정작용을 말한다.

② 거부처분이라고 하기 위해서는 신청한 행위가 공권력의 행사 또는 이에 준하는 행정작용일 것, 거부행위가 신청인의 법률관계에 영향을 미칠 것, 신청에 대한 법규상 또는 조리상 신청권이 있을 것의 요건을 갖추어야 한다.

#### (2) 부작위

부작위란 행정청이 당사자의 신청에 대하여 상당한 기간 내에 일정한 처분을 하여야 할 법률상의 의무가 있음에도 불구하고 이를 하지 아니하는 것을 말한다.

### 4. 의무이행심판의 청구인적격

의무이행심판은 처분을 신청한 자로서 행정청의 거부처분 또는 부작위에 대하여 일정한 처분을 구할 법률상 이익이 있는 자가 청구할 수 있다.

## 5. 결론

(1) 의무이행심판의 대상이 되는 거부처분이나 부작위가 성립하기 위해서는 먼저 신청에 따른 일정한 처분을 요구할 수 있는 법률상 권리를 가진 당사자가 행정청에 대하여 일정한 처분을 신청하고, 이러한 신청에 대하여 상당한 기간 내에 일정한 처분을 하여야 할 법률상의 의무가 있는 행정청이 이를 거부하거나 아무것도 하지 아니하는 상태가 존재하여야 한다.

(2) 이 사례에서 A시는 자연발생적 토사구거를 철거하고, 새로운 구거를 설치하는 공사를 완료하였을 뿐이고, 甲은 처분을 신청한 사실이 없으므로 거부처분이나 부작위가 성립하지 않는다.

(3) 따라서 甲이 제기한 의무이행심판은 대상적격은 물론 청구인적격을 구비하지 못한 부적법한 심판청구이므로 행정심판위원회는 각하재결을 하여야 할 것이다.

**문제 2** 「행정사법」상 행정사와 그 사무직원의 금지행위와 이를 위반한 경우의 벌칙에 관하여 설명하시오. (20점)

**모·범·답·안**

### 금지행위와 벌칙

#### 1. 행정사

행정사는 행정업무의 원활한 운영과 국민의 권리구제를 목적으로 행정과 관련한 국민의 편익을 도모하는 자를 말한다.

#### 2. 행정사와 그 사무직원의 금지행위

(1) 정당한 사유 없이 업무에 관한 위임을 거부하는 행위

(2) 당사자 중 어느 한쪽의 위임을 받아 취급하는 업무에 관하여 이해관계를 달리하는 상대방으로부터 같은 업무를 위임받는 행위. 다만, 당사자 양쪽이 동의한 경우는 제외한다.

(3) 행정사의 업무 범위를 벗어나서 타인의 소송이나 그 밖의 권리관계분쟁 또는 민원사무처리과정에 개입하는 행위

(4) 업무수임 또는 수행 과정에서 관련 공무원과의 연고 등 사적인 관계를 드러내며 영향력을 미칠 수 있는 것으로 선전하는 행위

(5) 행정사의 업무에 관하여 거짓된 내용을 표시하거나 객관적 사실을 과장 또는 누락하여 소비자를 오도하거나 오해를 불러일으킬 우려가 있는 내용의 광고행위

(6) 행정사 업무의 알선을 업으로 하는 자를 이용하거나 그 밖의 부당한 방법으로 행정사 업무의 위임을 유치하는 행위

#### 3. 금지행위를 위반한 경우의 벌칙

행정사와 그 사무직원이 금지행위 중 (4), (5)를 위반한 경우에는 1년 이하의 징역 또는 1천만 원 이하의 벌금에 처하고, (1), (2), (3), (6)을 위반한 경우에는 100만 원 이하의 벌금에 처한다.

**문제 3** 비송사건의 재판에 형성력, 형식적 확정력, 기판력, 집행력이 있는지를 설명하시오. (20점)

**재판의 형성력, 형식적 확정력, 기판력, 집행력**

1. **비송사건**
   비송사건이란 사권관계의 형성·변경·소멸에 관하여 법원이 후견적인 입장에서 관여하는 사건을 말한다.

2. **재판의 형식**
   비송사건의 재판은 결정으로써 한다.

3. **재판의 효력**

   (1) **효력발생시기**
   재판은 이를 받은 자에게 고지함으로써 효력이 생긴다.

   (2) **형성력**
   ① 비송사건은 사권관계의 형성을 목적으로 하는 것이므로 재판의 목적이 된 사권관계는 그 재판의 취지에 따라 변동한다.
   ② 재판의 형성력은 재판을 받은 자는 물론이고, 제3자에게도 미친다.

   (3) **형식적 확정력**
   ① 비송사건의 재판에 대한 불복신청은 원칙적으로 그 제기에 기간의 정함이 없는 보통항고가 원칙이므로 원칙적으로 확정력이 없다.
   ② 그러나 즉시항고에 의하여 불복신청이 허용되는 재판에 대하여 불복신청이 없이 항고기간을 도과한 때에는 더 이상 불복신청을 할 수 없게 되어 형식적 확정력이 생긴다.

   (4) **기판력**
   ① 비송사건의 재판에는 기판력이 인정되지 않는다.
   ② 법원이 당사자의 신청을 받아들이지 않을 때에 당사자는 다시 신청하는 것이 허용되며, 법원도 본래와 다른 결정을 할 수 있다.

   (5) **집행력**
   ① 비송사건의 재판은 그 집행을 필요로 하지 않는 것이 보통이므로 재판의 집행력이 문제되지 않는다.
   ② 그러나 절차비용을 명하는 재판이나 과태료의 재판과 같이 관계인에 대하여 급부를 명하는 것일 때에는 집행력을 가진다.

**문제 4** 「비송사건절차법」상 '절차비용의 부담자'와 '비용에 관한 재판'에 관하여 설명하시오. (20점)

**모·범·답·안**

## 절차비용의 부담자와 비용에 관한 재판

### 1. 비용의 의의
절차비용이란 당해 비송사건의 개시부터 종료에 이르기까지 투입된 모든 비용으로 재판 전의 절차와 재판의 고지비용을 말한다.

### 2. 비용의 부담자

**(1) 원칙**
① 당사자가 신청한 사건의 재판 전의 절차와 재판의 고지비용은 특히 그 부담할 자를 정한 경우를 제외하고는 사건의 신청인의 부담으로 한다.
② 검사가 신청을 한 경우에는 국고의 부담으로 한다.
③ 법원이 직권으로 개시한 사건의 경우에는 국고의 부담으로 한다.

**(2) 법률에 특별한 규정이 있는 경우**
① 재판상 대위에 관한 사건에서 항고절차의 비용과 항고인이 부담하게 된 전심의 비용에 대하여는 신청인과 항고인을 당사자로 보고 불리한 재판을 받은 자가 부담한다.
② 공탁소의 지정 및 공탁물보관인의 선임을 한 경우에 그 절차의 비용은 채권자가 부담한다.
③ 공탁물의 경매를 허가한 경우에 그 절차의 비용은 채권자의 부담으로 한다.
④ 법원이 질물에 의한 변제충당 신청을 허가한 경우에 그 절차의 비용은 질권설정자의 부담으로 한다.
⑤ 환매권대위행사시의 감정인을 선임한 경우에 그 절차의 비용은 매수인의 부담으로 한다.
⑥ 회사의 해산명령 사건에서 관리인의 선임 기타 회사재산의 보전에 필요한 재판을 한 경우에 재판 전의 절차와 재판의 고지비용은 회사의 부담으로 한다.
⑦ 과태료의 재판절차의 비용은 과태료에 부과하는 선고가 있는 경우에는 그 선고를 받은 자의 부담으로 하고, 그 외의 경우에는 국고의 부담으로 한다.

**(3) 재판에 의하여 특별히 비용부담자가 정해지는 경우**
법원은 특별한 사유가 있을 때에는 비용을 부담할 자가 아닌 관계인에게 비용의 전부 또는 일부의 부담을 명할 수 있다.

**(4) 공동부담**
비용을 부담할 자가 여럿인 경우에는 비용을 균등하게 부담한다. 다만, 법원은 사정에 따라 공동부담자에게 비용을 연대하여 부담하게 하거나 다른 방법으로 부담하게 할 수 있다.

**(5) 국고에 의한 비용의 체당**
직권으로 하는 탐지, 사실조사, 소환, 고지, 그 밖에 필요한 처분의 비용은 국고에서 체당하여야 한다.

### 3. 비용에 관한 재판
비용에 관하여 재판을 할 필요가 있다고 인정할 때에는 그 금액을 확정하여 사건의 재판과 함께 하여야 한다.

**문제 1**　서울특별시 A구에 거주하는 甲은, 乙의 건축물(음식점 영업과 주거를 함께하는 건물)이 甲소유의 주택과 도로에 연접하고 있는데 乙이 건축관계법령을 위반하여 증개축공사를 하였고, 그로 인하여 甲의 집 앞 도로의 통행에 심각한 불편을 초래한다고 주장하면서 A구청을 상대로 지속적으로 민원을 제기하였다. 자신의 민원이 받아들여지지 않자 甲은 자신의 주장의 정당성과 乙이 행한 건축행위의 위법성을 입증하기 위하여 A구청장을 상대로 乙소유 건물의 설계도면과 준공검사 내역 등의 문서를 공개해 달라며 정보공개를 청구하였다. 그러나 A구청장은 해당정보가 乙의 사생활 및 영업상 비밀보호와 관련된 것임을 이유로 비공개결정을 하였다. 乙 또한 정보공개를 강력하게 반대하고 있다. 그러나 甲은 이에 불복하여 행정심판을 청구하려고 한다. 다음 물음에 답하시오. (40점)

⑴ 甲이 청구하는 행정심판은 어느 행정심판위원회의 관할에 속하는가? 또한 이 행정심판에서 乙은 어떠한 지위에서 자신의 권익을 주장할 수 있는가? (20점)

⑵ 행정심판의 인용재결에도 불구하고 A구청장이 해당정보를 공개하지 않는 경우 행정심판위원회가 재결의 구속력을 확보하기 위해 취할 수 있는 방법은 무엇인가? (20점)

---

모·범·답·안

## Ⅰ 관할 행정심판위원회 및 乙의 지위

### 1. 문제의 소재

甲이 정보공개 비공개결정을 한 서울특별시 A구청장을 상대방으로 하여 행정심판을 청구하는 경우에 관할 행정심판위원회와 행정심판에서 乙의 지위가 문제이다.

### 2. 행정심판

⑴ 행정심판이란 행정청의 위법 또는 부당한 처분이나 부작위로 인하여 자신의 권리나 이익을 침해당한 자가 행정심판위원회에 그 시정을 구하는 절차를 말한다.

⑵ 행정심판의 종류에는 취소심판, 무효등확인심판, 의무이행심판이 있다.

### 3. 서울특별시 행정심판위원회

⑴ 서울특별시 소속 행정청 및 자치구청장의 처분 또는 부작위에 대한 심판청구에 대하여는 서울특별시 행정심판위원회에서 심리 및 재결을 한다.

⑵ 서울특별시 행정심판위원회는 위원장 1명을 포함한 50명 이내의 위원으로 구성한다.

⑶ 서울특별시 행정심판위원회의 위원장은 서울특별시장이 된다.

⑷ 서울특별시 행정심판위원회의 위원은 서울특별시장이 성별을 고려하여 위촉하거나 그 소속 공무원 중에서 지명한다.

### 4. 참가인

⑴ 행정심판의 결과에 이해관계가 있는 제3자나 행정청은 해당 심판청구에 대한 행정심판위원회의 의결이 있기 전까지 그 사건에 대하여 심판참가를 할 수 있다.

(2) 이해관계가 있는 제3자란 당해 심판의 결과에 의해 직접 자기의 권익이 침해당할 수 있는 자를 말한다.

(3) 이해관계가 있는 행정청이란 당해 처분에 대한 협의권 또는 동의권 등이 부여되어 있는 행정청을 말한다.

(4) 참가방법에는 신청에 의한 참가와 요구에 의한 참가가 있다.

### 5. 결론

(1) 甲이 행정심판을 청구하는 경우에 피청구인은 서울특별시 A구청장이므로 이 사례의 관할 행정 심판위원회는 서울특별시 행정심판위원회이다.

(2) 이 사례에서 乙은 이해관계가 있는 제3자이므로 乙은 이 행정심판에서 심판참가를 하여 참가인의 지위에서 자신의 권익을 주장할 수 있다.

## Ⅱ 재결의 구속력 확보 방법

### 1. 문제의 소재

이 사례의 심판청구가 인용되면, A구청장은 해당정보를 공개하여야 하나, 이를 하지 않는 경우 행정심판위원회가 어떠한 조치를 취할 수 있는지가 문제이다.

### 2. 재결의 기속력

기속력이란 피청구인인 행정청과 그 밖의 관계 행정청이 재결의 취지에 따르도록 구속하는 효력을 말하며, 인용재결에만 인정된다.

### 3. 재처분의무

(1) 재결에 의하여 취소되거나 무효 또는 부존재로 확인되는 처분이 당사자의 신청을 거부하는 것을 내용으로 하는 경우에는 그 처분을 한 행정청은 재결의 취지에 따라 다시 이전의 신청에 대한 처분을 하여야 한다.

(2) 당사자의 신청을 거부하거나 부작위로 방치한 처분의 이행을 명하는 재결이 있으면 행정청은 지체 없이 이전의 신청에 대하여 재결의 취지에 따라 처분을 하여야 한다.

### 4. 재처분의무 위반에 따른 조치

(1) 시정명령과 직접처분

① 행정심판위원회는 피청구인이 처분명령재결에도 불구하고 처분을 하지 아니하는 경우에는 당사자가 신청하면 기간을 정하여 서면으로 시정을 명한다.

② 피청구인이 그 기간에 이행하지 아니하면 직접처분을 할 수 있다.

(2) 간접강제

① 행정심판위원회는 피청구인이 재결의 취지에 따라 다시 이전의 신청에 대한 처분 또는 이전의 신청에 대하여 재결의 취지에 따른 처분을 하지 아니하면 청구인의 신청에 의하여 결정으로 상당한 기간을 정한다.

② 피청구인이 그 기간 내에 이행하지 아니하는 경우에는 그 지연기간에 따라 일정한 배상을 하도록 명하거나 즉시 배상을 할 것을 명할 수 있다.

### 5. 결론

(1) 이 사례의 행정심판의 인용재결이 있게 되면, 재결의 기속력에 의해 피청구인은 이에 구속되므로 재처분을 하여야 한다.

(2) A구청장이 재처분을 하지 않는 경우 행정심판위원회가 재결의 구속력을 확보하기 위해 취할 수 있는 방법에는 시정명령과 직접처분 그리고 간접강제가 있다.

**문제 2** 「행정사법」 제4장에서는 행정사의 권리와 의무 및 책임에 관하여 각각 규정하고 아울러 금지행위를 열거하고 있다. 이 가운데 위 금지행위를 제외하고, 제21조의 행정사의 의무와 책임을 포함하여 「행정사법」 제4장에서 규정하는 행정사의 업무와 관련된 의무와 책임을 기술하시오. (20점)

모·범·답·안

**행정사의 업무와 관련된 의무와 책임**

**1. 행정사**

행정사는 행정업무의 원활한 운영과 국민의 권리구제를 목적으로 행정과 관련한 국민의 편익을 도모하는 자를 말한다.

**2. 의무와 책임**

(1) 행정사는 사무직원을 둘 수 있으며, 소속 사무직원을 지도·감독할 책임이 있다.

(2) 행정사는 품위를 유지하고 신의와 성실로써 공정하게 직무를 수행하여야 한다.

(3) 행정사가 위임받은 업무를 수행하면서 고의 또는 과실로 위임인에게 재산상의 손해를 입힌 경우에는 그 손해를 배상할 책임이 있다.

(4) 행정사와 그 사무직원은 업무에 관하여 보수 외에 어떠한 명목으로도 위임인으로부터 금전 또는 재산상의 이익이나 그 밖의 반대급부를 받지 못한다.

(5) 공무원직에 있다가 퇴직한 행정사는 퇴직 전 1년부터 퇴직할 때까지 근무한 행정기관에 대한 인가·허가 및 면허 등을 받기 위하여 하는 신청·청구 및 신고 등의 대리업무를 퇴직한 날부터 1년 동안 수임할 수 없다.

(6) 행정사 또는 행정사이었던 사람은 정당한 사유 없이 직무상 알게 된 사실을 다른 사람에게 누설하여서는 아니 된다.

(7) 행정사는 업무를 위임받으면 업무처리부를 작성하여 1년간 보관하여야 한다.

(8) 행정사 자격이 있는 사람이 행정사 업무를 시작하려면 업무신고를 하기 전에 실무교육을 받아야 한다.

(9) 행정사는 연수교육을 받아야 한다.

**문제 3** 비송사건절차의 특징을 설명하시오. (20점)

**비송사건절차의 특징**

**1. 비송사건**

비송사건이란 사권관계의 형성·변경·소멸에 관하여 법원이 후견적인 입장에서 관여하는 사건을 말한다.

**2. 비송사건절차의 특징**

**(1) 직권주의**

① 민사소송절차에 있어서는 처분권주의가 지배하나, 비송사건절차는 직권주의가 지배한다.

② 절차의 개시, 심판의 대상과 범위, 절차의 종결에 있어서 비송사건절차는 직권주의가 지배한다.

**(2) 직권탐지주의**

민사소송에서는 소송자료, 즉 사실과 증거의 수집, 제출의 책임을 당사자에게 맡기고, 당사자가 수집하여 제출한 소송자료만을 재판의 기초로 삼는 변론주의를 취하고 있으나, 비송사건에서는 재판자료의 수집, 제출의 책임을 당사자가 아닌 법원이 지게 되는 직권탐지주의를 취하고 있다.

**(3) 비공개주의**

민사소송의 재판은 판결로 하며 공개주의를 원칙으로 하나, 비송사건의 재판은 결정으로 하며 비공개주의를 원칙으로 한다.

**(4) 기판력의 결여**

① 민사소송의 재판에는 기판력이 인정되나, 비송사건의 재판에는 기판력이 인정되지 않는다.

② 법원이 당사자의 신청을 받아들이지 않을 때에 당사자는 다시 신청하는 것이 허용되며, 법원도 본래와 다른 결정을 할 수 있다.

**(5) 기속력의 제한**

① 민사소송의 재판에는 판결의 기속력이 인정되나, 비송사건의 재판에는 원칙적으로 기속력을 배제하고 있으며, 예외적으로 기속력을 인정하고 있다.

② 법원은 재판을 한 후에 그 재판이 위법 또는 부당하다고 인정한 때에는 원칙적으로 이를 취소 또는 변경할 수 있다.

**(6) 간이주의**

민사소송절차는 엄격·신중하나, 비송사건절차는 민사소송절차에 비하여 간이한 방식으로 이루어진다.

**문제 4** 비송사건에서의 증거조사에 관하여 설명하시오. (20점)

모·범·답·안

**비송사건에서의 증거조사**

**1. 서설**

비송사건에서의 증거조사는 비송사건의 심리에 있어서 사실인정의 방법에 해당한다.

**2. 심리방법**

(1) **심문**

비송사건의 재판은 결정으로써 하고, 그 심리에는 변론을 요하지 않으며 일반적으로 심문의 방법에 의하여 심리한다.

(2) **직권탐지주의**

법원은 직권으로 사실의 탐지와 필요하다고 인정하는 증거의 조사를 하여야 한다.

(3) **간이주의**

법원사무관등은 증인 또는 감정인의 심문에 관하여는 조서를 작성하고, 기타의 심문에 관하여는 필요하다고 인정하는 경우에 한하여 조서를 작성한다.

**3. 사실인정의 방법**

(1) **사실의 탐지**

사실의 탐지는 자료를 수집하고 사실을 인정하는 방법 중 증거조사를 제외한 것을 말하며, 특정한 방식도 없고 강제력도 인정되지 않는다.

(2) **증거조사**

① 증거조사는 일정한 방식에 따른 것으로 강제력이 인정된다.

② 비송사건에서의 증거조사 방법에는 증인신문과 감정이 있다.

(3) **사실의 탐지 및 증거조사의 촉탁**

사실의 탐지 및 증거조사를 다른 지방법원 판사에게 촉탁할 수 있다.

(4) **입증책임**

비송사건에서는 직권탐지주의를 취하므로 당사자에게 입증책임이 없다.

# 행정사실무법 모범답안

**문제 1** 甲은 관할 행정청인 A시장에게 노래연습장업의 등록을 하고 그 영업을 영위해 오고 있다. 甲은 2020. 3. 5. 23:30경 영업장소에 청소년을 출입시켜 주류를 판매·제공하였다는 이유로 단속에 적발되었다. A시장은 사전통지 절차를 거친 후 2020. 4. 8. 甲에 대한 3개월의 영업 정지 처분의 통지서를 송달하였고, 甲은 다음 날 처분 통지서를 수령하였다. 통지서에는 "처분이 있음을 안 날부터 120일 이내에 B행정심판위원회에 행정심판을 제기할 수 있다"라고 청구기간이 잘못 기재되어 있었다. 甲은 해당 처분이 자신의 위반행위에 비하여 과중한 제재처분이라고 주장하면서 A시장을 피청구인으로 하여 B행정심판위원회에 2020. 8. 3. 취소심판을 제기하였다. 다음 물음에 답하시오. (40점)

⑴ 甲이 제기한 행정심판은 청구기간을 준수하였는지 논하시오. (20점)

⑵ B행정심판위원회가 A시장의 영업정지 처분이 비례원칙에 위반하여 위법하다고 판단하는 경우 어떤 종류의 재결을 할 수 있는지 논하시오. (단, 취소심판의 청구요건을 모두 갖추었다고 가정한다.) (20점)

**모·범·답·안**

## Ⅰ 청구기간 준수 여부

### 1. 문제의 소재
⑴ A시장은 甲에게 영업정지 처분을 하면서 행정심판의 청구기간을 올바르게 고지하였어야 한다.
⑵ 그러나 A시장이 행정심판의 청구기간을 잘못 고지한 경우에 행정심판의 청구기간이 어떻게 되는지가 문제이다.

### 2. 행정심판의 청구기간
⑴ **원칙**
① 행정심판은 처분이 있음을 알게 된 날부터 90일 이내에 청구하여야 하고, 처분이 있었던 날부터 180일 이내에 청구하여야 한다.
② 두 기간 중 어느 하나라도 먼저 경과하면 행정심판청구를 할 수 없게 된다.

⑵ **예외**
① 청구인이 천재지변, 전쟁, 사변, 그 밖의 불가항력으로 인하여 처분이 있음을 알게 된 날부터 90일 이내에 심판청구를 할 수 없었을 때에는 그 사유가 소멸한 날부터 14일(국외에서는 30일) 이내에 행정심판을 청구할 수 있다.
② 처분이 있었던 날로부터 180일이 경과하더라도 그 기간 내에 심판청구를 하지 못한 정당한 사유가 있는 경우에는 심판청구를 할 수 있다.

⑶ **오고지의 경우**
행정청이 심판청구 기간을 처분이 있음을 알게 된 날부터 90일 이내보다 긴 기간으로 잘못 알린 경우 그 잘못 알린 기간에 심판청구가 있으면 그 행정심판은 처분이 있음을 알게 된 날부터 90일 이내에 청구된 것으로 본다.

### 3. 결론

(1) 이 사례에서 A시장은 행정심판의 청구기간을 처분이 있음을 안 날부터 120일 이내라고 잘못 고지하였으므로 甲은 처분 통지서를 수령하고 120일 이내에 행정심판을 청구할 수 있다.

(2) 따라서 甲이 제기한 행정심판은 청구기간을 준수한 적법한 청구이다.

## Ⅱ 비례의 원칙을 위반한 경우 재결

### 1. 문제의 소재

(1) A시장은 甲에게 영업정지 처분을 하면서 비례의 원칙 등 행정법의 일반원칙을 준수하여야 한다.

(2) 그러나 A시장이 비례의 원칙을 위반하여 위법한 처분을 한 경우에 B행정심판위원회가 어떠한 재결을 하는지가 문제이다.

### 2. 비례의 원칙

(1) 의의

행정기관이 행정작용을 함에 있어서 구체적인 행정목적을 실현하기 위한 수단과 당해 실현목적 사이에 합리적인 비례관계가 있어야 한다는 것으로 과잉금지의 원칙이라고 한다.

(2) 내용

① 적합성의 원칙

행정기관이 취한 수단 및 조치는 행정목적을 달성하는 데 있어 적합한 것이어야 한다는 원칙이다.

② 필요성의 원칙

행정목적을 달성하기에 적합한 선택 가능한 다수의 수단 중에서 사인에게 가장 적은 침해를 가져오는 수단을 선택해야 한다는 원칙이다.

③ 상당성의 원칙

행정작용이 행정목적을 달성하는 데 적합하고 최소한의 침해를 주는 수단이라고 해도 추구하는 공익과 침해되는 사익 사이에 상당한 균형이 유지되어야 한다는 원칙이다.

④ 3원칙의 관계

적합성·필요성·상당성의 원칙은 단계구조를 이루고 있다. 즉, 적합한 수단이 적합한 수단 중에서도 필요한 수단이, 필요한 수단 중에서도 상당성 있는 수단만이 선택되어야 한다.

(3) 위반의 효과

비례의 원칙 위반은 행정법의 일반원칙 위반으로 위법함은 물론, 헌법상의 원칙을 위반한 것으로 위헌이 된다.

### 3. 결론

(1) 재결의 종류에는 요건재결인 각하재결과 본안재결인 기각재결, 인용재결, 사정재결이 있다.

(2) 이 사례에서 B행정심판위원회는 A시장의 영업정지 처분이 비례원칙에 위반하여 위법하다고 판단하였으므로 인용재결을 하여야 한다.

**문제 2** 「행정사법」상 업무신고의 기준과 행정사업무신고확인증에 관하여 설명하시오. (20점)

## 업무신고의 기준과 행정사업무신고확인증

### 1. 업무신고

행정사 자격이 있는 사람이 행정사로서 업무를 하려면 주된 사무소의 소재지를 관할하는 특별자치시장·특별자치도지사·시장·군수 또는 자치구의 구청장(시장등)에게 행정사 업무신고 기준을 갖추어 신고(행정사업무신고)하여야 한다.

### 2. 업무신고의 기준

(1) 행정사의 결격사유에 해당하지 아니할 것

(2) 실무교육을 이수하였을 것

(3) 행정사 자격증이 있을 것

(4) 대한행정사회에 가입하였을 것

### 3. 업무신고의 수리 거부

시장등은 업무신고를 하려는 사람이 업무신고 기준을 갖추지 아니한 경우에는 그 업무신고의 수리를 거부할 수 있다.

### 4. 행정사업무신고확인증

(1) 신고확인증의 발급

① 시장등은 업무신고를 받은 때에는 그 내용을 확인한 후 신고확인증을 행정사에게 발급하여야 한다.

② 신고확인증을 발급받은 사람은 신고확인증을 잃어버리거나 못쓰게 된 경우에는 시장등에게 재발급을 신청할 수 있다.

(2) 신고확인증의 대여 등의 금지

① 행정사는 다른 사람에게 신고확인증을 대여하여서는 아니 된다.

② 누구든지 다른 사람의 신고확인증을 대여받아 사용하여서는 아니 된다.

③ 누구든지 신고확인증의 대여를 알선하여서는 아니 된다.

**문제 3** 비송사건의 제1심 법원 재판에 불복하여 항고하는 경우, 항고기간과 항고제기의 효과에 관하여 설명하시오. (20점)

모·범·답·안

**항고기간과 항고제기의 효과**

**1. 항고**

(1) 항고는 상급법원에 대하여 하급법원의 재판의 취소·변경을 구하는 불복신청이다.

(2) 제1심 법원 재판에 불복하는 항고에는 보통항고와 즉시항고가 있다.

**2. 항고기간**

(1) **보통항고**

보통항고에는 기간의 제한이 없으며, 재판의 취소·변경을 구할 이익이 있으면 언제든지 할 수 있다.

(2) **즉시항고**

즉시항고는 재판이 고지가 있은 날로부터 1주일 이내에 하여야 한다.

**3. 항고제기의 효과**

(1) **확정차단의 효력**

① 보통항고

보통항고로써 불복을 신청하는 재판은 확정력이 없으므로 그 차단이라는 문제도 발생하지 않는다.

② 즉시항고

즉시항고를 허용하는 재판에서는 즉시항고의 제기에 의하여 원재판의 확정을 차단하는 효력이 발생한다.

(2) **이심의 효력**

원심법원에 항고가 제기되면 원재판의 대상이었던 사건은 항고법원에 이심된다.

(3) **집행정지의 효력**

항고는 특별한 규정이 있는 경우를 제외하고는 집행정지의 효력이 없다.

**문제 4** 비송사건의 대리에 관한 다음 물음에 답하시오. (20점)

(1) 대리인의 자격 및 대리가 허용되지 않는 경우에 관하여 설명하시오. (10점)

(2) 대리권의 증명 및 대리행위의 효력에 관하여 설명하시오. (10점)

**모·범·답·안**

## Ⅰ 대리인의 자격 및 대리가 허용되지 않는 경우

### 1. 비송사건

비송사건이란 사권관계의 형성·변경·소멸에 관하여 법원이 후견적인 입장에서 관여하는 사건을 말한다.

### 2. 대리인의 자격

(1) 비송사건의 관계인은 소송능력자로 하여금 비송행위를 대리시킬 수 있다.

(2) 따라서 비송사건에 있어서는 소송능력자이면 아무런 제한 없이 비송사건의 대리인이 될 수 있다.

### 3. 대리가 허용되지 않는 경우

(1) 본인이 출석하도록 명령을 받은 때에는 소송능력자로 하여금 비송행위를 대리시킬 수 없다.

(2) 법원은 변호사가 아닌 자로서 대리를 영업으로 하는 자의 대리를 금하고 퇴정을 명할 수 있다.

## Ⅱ 대리권의 증명 및 대리행위의 효력

### 1. 비송사건

비송사건이란 사권관계의 형성·변경·소멸에 관하여 법원이 후견적인 입장에서 관여하는 사건을 말한다.

### 2. 대리권의 증명

(1) 비송대리인의 권한은 서면으로 증명하여야 하며, 통상 위임장에 의하여 증명한다.

(2) 대리권의 증명서면이 사문서인 경우에는 법원은 공증인, 그 밖의 공증업무를 보는 사람의 인증을 받도록 비송대리인에게 명할 수 있다.

### 3. 대리행위의 효력

(1) 비송대리인이 대리권의 범위 내에서 한 비송행위는 직접 본인에게 효력이 미친다.

(2) 비송대리인으로서 비송행위를 한 자가 무권대리인인 경우에는 그 대리행위는 무효이다. 따라서 무권대리인이 비송사건을 신청한 경우에 법원은 이를 부적법한 것으로 각하하여야 한다.

(3) 그러나 법원이 이를 간과하고 재판을 한 경우에는 그 재판은 당연무효가 되는 것이 아니라 그 재판에 의하여 권리를 침해당한 자가 항고할 수 있을 뿐이다.

문제 1　甲은 1988. 9. 1. A제철주식회사에 입사하여 발전시설에서 근무하다가 터빈 및 보일러 작동 소음에 장기간 노출되어 우측 청력에 중대한 장애가 발생하였다는 이유로 전보를 요청하였고, 2004. 3. 2. 시약생산과로 전보되어 근무하다가 2009. 2. 6. 퇴사하였다. 甲은 2009. 3. 6. 근로복지공단에 '우측 감각신경성 난청'에 대한 장해보상청구를 하였는데, 근로복지공단은 2009. 5. 9. 보험급여 청구를 3년간 행사하지 않아 장해보상청구권이 소멸하였다는 점을 사유로 장해급여 부지급 결정을 甲에게 통보하였다. 甲은 이에 불복하여 근로복지공단에 대한 심사청구를 거쳐 산업재해보상보험재심사위원회에 재심사청구를 하였다. 이에 근로복지공단은 甲의 상병이 업무상 재해인 소음성 난청으로 보기 어렵다는 처분사유를 추가하였다. 다음 물음에 답하시오. (40점)

※ 당시 산업재해보상보험법령에 따르면 장해보상청구권은 치유일부터 3년 이내에 행사하여야 하며, 그 치유시기는 해당 근로자가 더 이상 직업성 난청이 유발될 수 있는 장소에서 업무를 하지 않게 되었을 때로 한다고 규정하고 있었다.

(1) 근로복지공단이 행정심판의 피청구인이 될 수 있는지를 검토하고, 근로복지공단의 심사청구 및 산업재해보상보험재심사위원회의 재심사청구의 법적성질에 관하여 논하시오. (20점)

(2) 근로복지공단에 의한 처분사유의 추가가 허용될 수 있는지를 검토하시오. (20점)

### 모·범·답·안

## Ⅰ 행정심판의 피청구인과 심사청구 및 재심사청구의 법적성질

### 1. 서설
(1) 특별행정심판이란 사안의 전문성과 특수성을 살리기 위하여 행정심판법 이외의 법률로 정한 행정심판을 말한다.
(2) 산업재해보상보험법상의 보험급여 결정등에 대한 심사청구 및 재심사청구는 특별행정심판에 해당한다.

### 2. 근로복지공단이 행정심판의 피청구인이 될 수 있는지 여부
(1) 피청구인이란 행정심판에 있어서 청구인에 대립되는 당사자를 말한다.
(2) 산업재해보상보험법상의 보험급여 결정등에 대하여는 심사청구 및 재심사청구를 할 수 있으며, 행정심판법에 따른 행정심판을 청구할 수 없다.
(3) 따라서 이 사례에서 근로복지공단은 행정심판의 피청구인이 될 수 없다.

### 3. 심사청구 및 재심사청구의 법적성질

#### (1) 심사청구

① 근로복지공단의 보험급여 결정등에 불복하는 자는 근로복지공단에 심사청구를 할 수 있다.

② 심사청구는 보험급여 결정등이 있음을 안 날부터 90일 이내에 하여야 한다.

③ 근로복지공단은 심사청구서를 받은 날부터 60일 이내에 산업재해보상보험심사위원회의 심의를 거쳐 심사청구에 대한 결정을 하여야 한다. 다만, 부득이한 사유로 그 기간 이내에 결정을 할 수 없으면 한 차례만 20일을 넘지 아니하는 범위에서 그 기간을 연장할 수 있다.

#### (2) 재심사청구

① 심사청구에 대한 결정에 불복하는 자는 산업재해보상보험재심사위원회에 재심사청구를 할 수 있다.

② 재심사청구는 심사청구에 대한 결정이 있음을 안 날부터 90일 이내에 제기하여야 한다.

③ 산업재해보상보험재심사위원회는 재심사청구서를 받은 날부터 60일 이내에 재심사청구에 대한 재결을 하여야 한다. 다만, 부득이한 사유로 그 기간 이내에 재결을 할 수 없으면 한 차례만 20일을 넘지 아니하는 범위에서 그 기간을 연장할 수 있다.

#### (3) 법적성질

산업재해보상보험법상 심사청구 및 재심사청구에 관한 절차는 보험급여 등에 관한 처분을 한 근로복지공단으로 하여금 스스로의 심사를 통하여 당해 처분의 적법성과 합목적성을 확보하도록 하는 근로복지공단 내부의 시정절차에 해당한다고 보아야 한다.

### 4. 결론

이 사례에서 근로복지공단은 행정심판의 피청구인이 될 수 없고, 근로복지공단의 심사청구 및 산업재해보상보험재심사위원회의 재심사청구는 근로복지공단 내부의 시정절차에 해당한다.

## Ⅱ 처분사유의 추가

### 1. 서설

처분사유의 추가란 처분청이 쟁송절차 도중에 처분 당시 처분사유로 제시하지 않았던 새로운 처분사유를 추가하는 것을 말한다.

### 2. 처분사유의 추가

처분사유의 추가는 원칙적으로 허용되지 않으나, 기본적 사실관계에 있어 동일성이 인정되는 경우에 한해서 제한적으로 허용된다.

### 3. 처분사유의 추가 허용 여부

(1) 산업재해보상보험법상 심사청구 및 재심사청구에 관한 절차는 근로복지공단 내부의 시정절차에 해당한다.

(2) 당해 처분의 적법성과 합목적성을 확보하고자 행하는 자신의 내부 시정절차에서는 당초 처분의 근거로 삼은 사유와 기본적 사실관계의 동일성이 인정되지 않는 사유라고 하더라도 이를 처분의 적법성과 합목적성을 뒷받침하는 처분사유로 추가할 수 있다.

### 4. 결론

이 사례에서 근로복지공단이 심사청구 및 재심사청구절차에서 甲의 상병이 업무상 재해인 소음성 난청으로 보기 어렵다는 처분사유를 추가하는 것은 당초 처분의 근거로 삼은 사유인 소멸시효 완성과 기본적 사실관계의 동일성이 인정되는지와 상관없이 처분의 적법성의 근거가 되는 것이므로 허용된다.

**문제 2** 행정사법령상 행정사법인의 설립과 설립인가의 취소에 관하여 설명하시오. (20점)

모·범·답·안

**행정사법인의 설립과 설립인가의 취소**

**1. 서설**

행정사는 행정사의 업무를 조직적이고 전문적으로 수행하기 위하여 3명 이상의 행정사를 구성원으로 하는 행정사법인을 설립할 수 있다.

**2. 행정사법인의 설립**

(1) **설립 절차**
① 행정사법인을 설립하려면 행정사법인의 구성원이 될 행정사가 정관을 작성하여 행정안전부장관의 인가를 받아야 한다.
② 행정사법인은 등기하여야 한다.
③ 행정사법인은 그 주사무소의 소재지에서 설립등기를 함으로써 성립한다.

(2) **설립인가 신청**
① 행정사법인의 설립인가를 받으려는 행정사법인의 구성원이 될 행정사는 행정사법인의 설립인가신청서를 행정안전부장관에게 제출하여야 한다.
② 행정안전부장관은 행정사법인의 설립을 인가하는 경우 행정사법인 인가대장에 그 내용을 적고, 신청인에게 설립인가증을 발급해야 한다.

(3) **설립등기**
① 행정사법인의 설립등기는 설립인가증을 받은 날부터 14일 이내에 하여야 한다.
② 행정사법인의 등기는 법인구성원 전원이 공동으로 신청하여야 한다.

**3. 설립인가의 취소**

(1) **내용**
① 행정안전부장관은 행정사법인이 설립인가의 취소사유에 해당하는 경우에는 설립인가를 취소할 수 있다
② 행정안전부장관은 행정사법인의 설립인가를 취소하려는 경우에는 청문을 하여야 한다.

(2) **사유**
① 거짓이나 그 밖의 부정한 방법으로 설립인가를 받은 경우
② 법인구성원에 관한 요건을 갖추지 못하게 된 경우에 이를 6개월 이내에 보충하지 아니한 경우
③ 업무정지처분을 받고 그 업무정지 기간 중에 업무를 수행한 경우
④ 법령을 위반하여 업무를 수행한 경우

**문제 3** 비송사건절차의 개시 유형에 관하여 설명하시오. (20점)

### 비송사건절차의 개시 유형

#### 1. 서설

(1) 비송사건이란 사권관계의 형성·변경·소멸에 관하여 법원이 후견적인 입장에서 관여하는 사건을 말한다.

(2) 비송사건절차는 당사자의 신청에 의하여 개시되는 신청사건, 검사의 청구에 의하여 개시되는 검사청구사건, 직권으로 개시되는 직권사건이 있다.

#### 2. 개시 유형

(1) 신청사건

① 신청사건은 당사자의 신청에 의해서만 절차가 개시되는 사건으로 비송사건의 대부분은 신청에 의하여 개시된다.

② 신청사건은 절차의 대상도 신청에 의하여 정해지고, 신청의 취하가 허용된다.

(2) 검사청구사건

① 검사청구사건은 신청사건이나 직권사건 이외에 검사의 청구에 의하여 절차가 개시되는 사건을 말하며, 검사청구사건은 공익에 미치는 영향이 크기 때문에 검사가 이해관계인이 아닌 공익의 대표자로서 관여하는 것이다.

② 비송사건절차법은 "법원, 그 밖의 관청, 검사와 공무원은 그 직무상 검사의 청구에 의하여 재판을 하여야 할 경우가 발생한 것을 알았을 때에는 그 사실을 관할법원에 대응한 검찰청 검사에게 통지하여야 한다."라고 규정하고 있다.

(3) 직권사건

직권사건은 당사자의 신청이 없더라도 법원이 일정한 처분을 하거나, 절차를 개시할 수 있는 사건을 말하며, 그 대표적인 것이 과태료 사건이다.

**문제 4** 비송사건과 민사소송사건의 구별 기준 및 차이점에 관하여 설명하시오. (20점)

**모·범·답·안**

## 비송사건과 민사소송사건의 구별 기준 및 차이점

### 1. 비송사건
비송사건이란 사권관계의 형성·변경·소멸에 관하여 법원이 후견적인 입장에서 관여하는 사건을 말한다.

### 2. 구별 기준
(1) 비송사건은 분쟁이 없는 생활관계를 대상으로 하고, 민사소송사건은 당사자 간의 법적 분쟁을 대상으로 한다.

(2) 법원이 민사에 관한 사항을 처리함에 있어서 판단의 구체적 기준을 법률로 명시하여 놓은 경우와 합목적적 재량에 일임하여 놓은 경우를 구별하여, 법원이 합목적적으로 생각하는 바에 따라 처리하도록 맡긴 재량사항이면 비송사건에 해당한다고 보아야 한다.

### 3. 차이점
(1) 비송사건
① 실질적으로 행정작용이다.
② 반드시 권리의 침해나 그 회복을 전제로 하지 않는다.
③ 신청이 없이 개시되는 경우가 많으며 대립하는 당사자를 전제로 하지 않고, 재판은 결정에 의하며 기판력이 없고, 불복은 항고에 의한다.
④ 비공개주의와 서면주의가 지배한다.
⑤ 직권주의가 현저하고 자유로운 증명에 의함으로써 간이·신속하다.

(2) 민사소송사건
① 실질적으로 사법작용이다.
② 권리의 침해나 그 회복을 전제로 한다.
③ 소의 제기에 의하며 대립하는 당사자를 전제로 하고, 재판은 판결에 의하며 기판력이 있고, 불복은 항소·상고에 의한다.
④ 공개주의와 구술주의가 지배한다.
⑤ 처분권주의에 의하고 엄격한 증명을 요구함으로써 엄격·신중하다.

# 행정사실무법 모범답안

**문제 1**  甲은 '사실상의 도로'로서 인근 주민들의 통행로로 이용되고 있는 토지(이하 '이 사건 토지'라 한다)를 매수한 다음 관할 구청장 乙에게 그 지상에 주택을 신축하겠다는 내용의 건축허가를 신청하였으나, 乙은 '위 토지가 건축법상 도로에 해당하여 건축을 허용할 수 없다'는 사유로 건축허가를 거부하였다. 이에 甲은 위 거부행위에 대해 취소심판청구 및 집행정지신청을 하였다. 다음 물음에 답하시오. (40점)

(1) 乙은 '甲의 건축허가 신청을 거부한 행위는 취소심판의 대상이 되는 거부처분이 아니고, 또 건축허가 거부행위에 대해서는 집행정지가 허용되지 않는다.'고 주장한다. 乙의 주장은 타당한가? (20점)

(2) 이 사건 토지는 건축법상 도로에 해당하지 않는다는 이유로 행정심판위원회가 甲의 취소심판청구를 인용하는 재결을 하자 乙은 '이 사건 토지는 인근 주민들의 통행에 제공된 사실상의 도로인데 그 지상에 주택을 건축하여 주민들의 통행을 막는 것은 사회공동체와 인근 주민들의 이익에 반하므로, 甲이 신청한 주택 건축을 허용할 수 없다'는 이유로 다시 건축허가를 거부하였다. 위 재결에도 불구하고 乙이 다시 건축허가를 거부한 것은 적법한가? (20점)

---

**[참고법령] 발췌**

※「건축법」제11조【건축허가】① 건축물을 건축하거나 대수선하려는 자는 특별자치시장·특별자치도지사 또는 시장·군수·구청장의 허가를 받아야 한다. (단서 생략)
　③ 제1항에 따라 허가를 받으려는 자는 허가신청서에 국토교통부령으로 정하는 설계도서 … (생략) … 를 첨부하여 허가권자에게 제출하여야 한다. (단서 생략)

---

### 모·범·답·안

## I 거부처분 및 집행정지

### 1. 문제의 소재

乙의 건축허가 거부행위가 취소심판의 대상이 되는 거부처분이라고 할 수 있는지와 거부처분에 대하여 집행정지가 허용되는지가 문제이다.

### 2. 취소심판

취소심판은 행정청의 위법 또는 부당한 처분을 취소하거나 변경하는 행정심판을 말한다.

### 3. 거부처분

(1) 처분이란 행정청이 행하는 구체적 사실에 관한 법집행으로서의 공권력의 행사 또는 거부와 그 밖에 이에 준하는 행정작용을 말한다.

(2) 거부처분이라고 하기 위해서는 '신청한 행위가 공권력의 행사 또는 이에 준하는 행정작용일 것', '거부행위가 신청인의 법률관계에 영향을 미칠 것', '신청에 대한 법규상 또는 조리상 신청권이 있을 것'의 요건을 갖추어야 한다.

### 4. 집행정지

#### (1) 의의
집행정지란 처분, 처분의 집행 또는 절차의 속행 때문에 중대한 손해가 생기는 것을 예방할 필요성이 긴급하다고 인정할 때에 당사자의 권리·이익을 보전하기 위하여 행정심판위원회가 처분의 효력이나 그 집행 또는 절차의 속행의 전부 또는 일부를 잠정적으로 정지하는 제도를 말한다.

#### (2) 요건
① 심판청구가 계속되어 있어야 한다.
② 집행정지의 대상인 처분이 존재하여야 한다.
③ 중대한 손해가 생기는 것을 예방할 필요성이 긴급하여야 한다.
④ 공공복리에 중대한 영향을 미칠 우려가 없어야 한다.
⑤ 본안이 이유 없음이 명백하지 않아야 한다.

#### (3) 절차
① 행정심판위원회는 직권으로 또는 당사자의 신청에 의하여 집행정지를 결정할 수 있다.
② 집행정지신청은 심판청구와 동시에 또는 심판청구에 대한 행정심판위원회의 의결이 있기 전까지 하여야 한다.

#### (4) 내용
① 집행정지결정은 처분의 효력, 처분의 집행 또는 절차의 속행의 전부 또는 일부의 정지를 그 내용으로 한다.
② 다만, 처분의 효력정지는 처분의 집행 또는 절차의 속행을 정지함으로써 목적을 달성할 수 있는 경우에는 허용되지 아니한다.

#### (5) 적용범위
집행정지는 취소심판 및 무효등확인심판에만 인정되고, 의무이행심판에는 인정되지 아니한다.

### 5. 결론

(1) 甲의 건축허가 신청을 거부한 乙의 거부행위는 건축허가가 공권력의 행사이고, 거부행위가 甲의 법률관계에 영향을 미쳤으며, 건축법상 건축허가 신청권이 있는바, 거부처분의 요건을 모두 구비하여 이에 해당하므로 乙의 주장은 타당하지 않다.

(2) 집행정지를 하기 위해서는 적극적 처분이 존재하여야 하는바, 소극적 처분인 거부처분에 대하여는 집행정지가 허용되지 않으므로 乙의 주장은 타당하다.

## Ⅲ 다시 건축허가 거부

### 1. 문제의 소재
행정심판위원회가 甲의 취소심판청구를 인용하는 재결을 하였다면 재결의 기속력이 발생하는바, 乙이 다시 건축허가를 거부하는 것이 재결의 기속력에 반하는지가 문제이다.

### 2. 재결의 기속력

#### (1) 의의
기속력이란 피청구인인 행정청과 그 밖의 관계 행정청이 재결의 취지에 따르도록 구속하는 효력을 말하며, 인용재결에만 인정된다.

(2) **범위**

① 주관적 범위

기속력은 피청구인인 행정청뿐만 아니라 널리 그 밖의 관계 행정청에 미친다.

② 객관적 범위

기속력은 재결의 주문 및 그 전제가 된 요건사실의 인정과 판단에만 미치고 이와 직접 관계가 없는 다른 처분에 대하여는 미치지 아니한다.

(3) **내용**

① 반복금지의무

㉠ 인용재결이 있게 되면 관계 행정청은 그 재결을 준수하여야 하므로, 그 재결에 반하는 행위를 할 수 없다.

㉡ 따라서 소극적으로 동일한 상황에서 동일한 처분을 반복할 수는 없다.

㉢ 반복금지의무에 위반하여 동일한 내용의 처분을 다시 한 경우 이러한 처분은 그 하자가 중대명백하여 무효이다.

② 재처분의무

재결에 의하여 취소되는 처분이 당사자의 신청을 거부하는 것을 내용으로 하는 경우에는 그 처분을 한 행정청은 재결의 취지에 따라 다시 이전의 신청에 대한 처분을 하여야 한다.

③ 결과제거의무

관계 행정청은 처분의 취소 또는 확인의 재결이 있게 되면 결과적으로 위법 또는 부당으로 판정된 처분에 의하여 초래된 상태를 제거해야 할 의무를 진다.

3. **결론**

① 행정심판위원회가 甲의 취소심판청구를 인용하는 재결을 하였다면, 재결의 기속력에 의하여 乙은 그 재결을 준수하여야 하는바, 그 재결에 반하는 행위를 할 수 없으며, 재처분을 하여야 한다.

② 행정심판위원회의 인용재결에도 불구하고 乙이 다시 건축허가를 거부한 것은 기속력의 내용인 반복금지의무를 위반한 행위로 부적법하며, 그 하자가 중대명백하여 무효이다.

문제 2 │ 행정사법상 행정사법인의 업무신고 및 그 수리의 거부와 행정사법인의 업무수행방법에 관하여 기술하시오. (단, 행정사법인의 업무신고기준 및 절차에 관한 것은 제외함) (20점)

### 모·범·답·안

## 법인업무신고 및 업무수행방법

### 1. 서설
행정사는 행정사의 업무를 조직적이고 전문적으로 수행하기 위하여 3명 이상의 행정사를 구성원으로 하는 행정사법인을 설립할 수 있다.

### 2. 법인업무신고

(1) 내용
행정사법인이 행정사의 업무를 하려면 주사무소의 소재지를 관할하는 특별자치시장·특별자치도지사·시장·군수 또는 자치구의 구청장(시장등)에게 신고하여야 한다.

(2) 수리거부
① 시장등은 법인업무신고를 하려는 자가 법인업무신고 기준을 갖추지 아니한 경우에는 그 법인업무신고의 수리를 거부할 수 있다.
② 시장등이 법인업무신고를 받은 날부터 3개월이 지날 때까지 법인업무신고확인증을 발급하지 아니하거나 법인업무신고의 수리 거부 통지를 하지 아니하면 3개월이 되는 날의 다음 날에 법인업무신고가 수리된 것으로 본다.

(3) 이의신청
① 법인업무신고의 수리가 거부된 자는 그 통지를 받은 날부터 3개월 이내에 법인업무신고의 수리 거부에 대한 불복의 이유를 밝혀 시장등에게 이의신청을 할 수 있다.
② 시장등은 이의신청이 이유 있다고 인정하면 법인업무신고확인증을 발급하여야 한다.

### 3. 업무수행방법
① 행정사법인은 법인의 명의로 업무를 수행하여야 하며, 수임한 업무마다 그 업무를 담당할 법인구성원 또는 소속행정사를 지정하여야 한다.
② 소속행정사를 담당행정사로 지정할 경우에는 법인구성원과 공동으로 지정하여야 한다.
③ 행정사법인이 수임한 업무에 대하여 담당행정사를 지정하지 아니한 경우에는 법인구성원 모두를 담당행정사로 지정한 것으로 본다.
④ 담당행정사는 지정된 업무에 관하여 그 법인을 대표한다.
⑤ 행정사법인이 그 업무에 관하여 작성하는 서면에는 행정사법인의 명의를 표시하고 담당행정사가 기명날인하여야 한다.

**문제 3** 비송사건절차법상 기일에 관하여 설명하시오. (20점)

### 기일

**1. 비송사건**

비송사건이란 사건관계의 형성·변경·소멸에 관하여 법원이 후견적인 입장에서 관여하는 사건을 말한다.

**2. 기일**

(1) **의의**

기일이란 비송사건절차에 관하여 법원, 당사자 또는 그 밖의 관계인이 일정한 장소에 회합하여 비송행위를 하기 위해 정해지는 시간을 말한다.

(2) **종류**

① 비송사건의 기일에는 심문기일과 증거조사기일이 있다.

② 기일의 지정·변경·연기·속행은 모두 법원의 직권으로 행해진다.

(3) **검사에 대한 심문기일의 통지**

① 사건 및 그에 관한 심문의 기일은 검사에게 통지하여야 한다.

② 검사는 공익의 대표자로 비송사건에 관하여 의견을 진술하고 심문에 참여할 수 있도록 그 기회를 주기 위한 것이다.

③ 법원의 통지에 대하여 검사의 의견진술 및 심문참여의 권한 행사는 검사의 재량이며, 공익상 필요하다고 인정하는 경우에만 그 권한을 행사하게 될 것이다.

(4) **검사가 참여할 수 없는 사건**

법인 및 회사 청산의 경우 감정인의 선임사건, 재판상 대위에 관한 사건, 보존·공탁·보관과 감정에 관한 사건, 사채에 관한 사건에는 검사가 참여할 수 없다.

**문제 4**  비송사건의 재량이송과 그 이송재판의 효력에 관하여 설명하시오. (20점)

**재량이송과 이송재판의 효력**

**1. 관할의 의의**

관할이란 재판권을 행사하는 여러 법원 사이에 어떤 법원이 어떤 사건을 처리하느냐의 재판권의 분담 관계를 정해 놓은 것을 말한다.

**2. 재량이송**

(1) **우선관할**

관할법원이 여러 개인 경우에는 최초로 사건을 신청 받은 법원이 그 사건을 관할한다.

(2) **사건의 이송**

우선관할권을 가지는 법원이 사건을 심리하는 것이 부적당한 경우에 그 법원은 신청에 의하거나 직권으로 적당하다고 인정하는 다른 관할법원에 그 사건을 이송할 수 있다.

**3. 이송재판의 효력**

① 이송의 재판은 신청에 의하거나 직권으로 한다.

② 이송결정은 이송을 받은 법원을 기속하며, 이송을 받은 법원은 다시 사건을 다른 법원에 이송하지 못한다.

③ 이송이 확정된 때에는 사건은 처음부터 이송을 받은 법원에 계속된 것으로 간주한다.

# 행정사법

[시행 2021. 6. 10.]
[법률 제17394호, 2020. 6. 9., 일부개정]

## 제1장 총칙

**제1조【목적】** 이 법은 행정사(行政士) 제도를 확립하여 행정과 관련한 국민의 편익을 도모(圖謀)하고 행정제도의 건전한 발전에 이바지함을 목적으로 한다.

**제2조【업무】** ① 행정사는 다른 사람의 위임을 받아 다음 각 호의 업무를 수행한다. 다만, 다른 법률에 따라 제한된 업무는 할 수 없다.
1. 행정기관에 제출하는 서류의 작성
2. 권리·의무나 사실증명에 관한 서류의 작성
3. 행정기관의 업무에 관련된 서류의 번역
4. 제1호부터 제3호까지의 규정에 따라 작성된 서류의 제출 대행(代行)
5. 인가·허가 및 면허 등을 받기 위하여 행정기관에 하는 신청·청구 및 신고 등의 대리(代理)
6. 행정 관계 법령 및 행정에 대한 상담 또는 자문에 대한 응답
7. 법령에 따라 위탁받은 사무의 사실 조사 및 확인
② 제1항에 따른 업무의 내용과 범위는 대통령령으로 정한다.

**제3조【행정사가 아닌 사람에 대한 금지 사항】** ① 행정사가 아닌 사람은 다른 법률에 따라 허용되는 경우를 제외하고는 제2조에 따른 업무를 업(業)으로 하지 못한다.
② 행정사가 아닌 사람은 행정사 또는 이와 비슷한 명칭을 사용하지 못한다.

**제4조【행정사의 종류】** 행정사는 소관 업무에 따라 일반행정사, 해사행정사 및 외국어번역행정사로 구분하고, 종류별 업무의 범위와 내용은 대통령령으로 정한다. <개정 2020. 6. 9.>

## 제2장 행정사의 자격과 시험

**제5조【행정사의 자격】** 행정사 자격시험에 합격한 사람은 행정사 자격이 있다.

**제6조【결격사유】** 다음 각 호의 어느 하나에 해당하는 사람은 행정사가 될 수 없다. <개정 2016. 1. 27.>
1. 피성년후견인 또는 피한정후견인
2. 파산선고를 받고 복권(復權)되지 아니한 사람
3. 금고 이상의 실형을 선고받고 그 집행이 끝나거나(집행이 끝난 것으로 보는 경우를 포함한다) 집행이 면제된 날부터 3년이 지나지 아니한 사람
4. 금고 이상의 형의 집행유예를 선고받고 그 유예기간이 끝난 날부터 2년이 지나지 아니한 사람
5. 금고 이상의 형의 선고유예를 받고 그 유예기간에 있는 사람
6. 공무원으로서 징계처분에 따라 파면되거나 해임된 후 3년이 지나지 아니한 사람
7. 제30조에 따라 행정사 자격이 취소된 후 3년이 지나지 아니한 사람

**제7조【행정사자격심의위원회】** ① 행정사 자격의 취득과 관련된 다음 각 호의 사항을 심의하기 위하여 행정안전부에 행정사자격심의위원회를 둘 수 있다. <개정 2013. 3. 23., 2014. 11. 19., 2017. 7. 26.>
1. 행정사 자격시험 과목 등 시험에 관한 사항
2. 행정사 자격시험 선발 인원의 결정에 관한 사항
3. 행정사 자격시험의 일부면제 대상자의 요건에 관한 사항
4. 그 밖에 행정사 자격의 취득과 관련한 중요 사항
② 행정사자격심의위원회의 구성 및 운영에 필요한 사항은 대통령령으로 정한다.

**제8조【행정사 자격시험】** ① 행정사 자격시험은 행정안전부장관이 실시한다. <개정 2013. 3. 23., 2014. 11. 19., 2017. 7. 26.>
② 행정사 자격시험은 제1차시험과 제2차시험으로 구분하여 실시한다.
③ 행정안전부장관은 행정사 자격시험의 관리에 관한 업무를 「한국산업인력공단법」에 따른 한국산업인력공단에 위탁할 수 있다. <개정 2013. 3. 23., 2014. 11. 19., 2017. 7. 26.>

④ 행정사 자격시험의 시험과목, 시험방법, 그 밖에 시험에 관하여 필요한 사항은 대통령령으로 정한다.

**제9조【시험의 일부 면제】** ① 다음 각 호의 어느 하나에 해당하는 사람은 제1차시험을 면제한다. <개정 2016. 12. 2., 2020. 6. 9.>

1. 공무원으로 재직한 사람 중 다음 각 목의 어느 하나에 해당하는 사람
   가. 경력직공무원(특정직공무원 중 대통령령으로 정하는 공무원은 제외한다. 이하 같다)으로 10년 이상 근무한 사람 중 7급(이에 상당하는 계급을 포함한다) 이상의 직에 5년 이상 근무한 사람
   나. 대통령령으로 정하는 특수경력직공무원으로 10년 이상 근무한 사람 중 7급 이상에 상당하는 직에 5년 이상 근무한 사람
2. 「고등교육법」에 따른 대학에서 외국어 전공 학사학위를 받은 후 그 외국어 번역 업무에 5년 이상 종사한 경력이 있는 사람
3. 「고등교육법」에 따른 대학원에서 외국어 전공 석사학위 또는 박사학위를 받은 후 그 외국어 번역 업무에 3년 이상 종사한 경력이 있는 사람
4. 행정사 자격이 있는 사람으로서 다른 종류의 행정사 자격시험에 응시하는 사람

② 다음 각 호의 어느 하나에 해당하는 사람은 제1차시험의 전과목과 제2차시험의 과목 중 2분의 1을 넘지 아니하는 범위에서 대통령령으로 정하는 과목을 면제한다. <개정 2020. 6. 9.>

1. 경력직공무원으로서 다음 각 목의 어느 하나에 해당하는 사람
   가. 15년 이상 근무한 사람 중 6급(이에 상당하는 계급을 포함한다) 이상의 직에 8년 이상 근무한 사람
   나. 10년 이상 근무한 사람 중 5급(이에 상당하는 계급을 포함한다) 이상의 직에 5년 이상 근무한 사람
2. 대통령령으로 정하는 특수경력직공무원으로서 다음 각 목의 어느 하나에 해당하는 사람
   가. 15년 이상 근무한 사람 중 6급 이상에 상당하는 직에 8년 이상 근무한 사람
   나. 10년 이상 근무한 사람 중 5급 이상에 상당하는 직에 5년 이상 근무한 사람

3. 「고등교육법」에 따른 대학에서 외국어 전공 학사학위를 받은 후 그 외국어 번역 업무에 7년 이상 종사한 경력이 있는 사람
4. 「고등교육법」에 따른 대학원에서 외국어 전공 석사학위 또는 박사학위를 받은 후 그 외국어 번역 업무에 5년 이상 종사한 경력이 있는 사람

③ 다음 각 호의 어느 하나에 해당하는 사람에게는 제1항 및 제2항을 적용하지 아니한다. <신설 2015. 5. 18.>

1. 공무원으로 근무 중 탄핵된 사람 또는 징계처분에 따라 그 직에서 파면되거나 해임된 사람
2. 공무원으로 근무 중 금전, 물품, 부동산, 향응 또는 그 밖에 대통령령으로 정하는 재산상 이익을 취득하거나 제공한 사유로 강등 또는 정직에 해당하는 징계처분을 받은 사람
3. 공무원으로 근무 중 다음 각 목에 해당하는 것을 횡령(橫領), 배임(背任), 절도, 사기 또는 유용(流用)한 사유로 강등 또는 정직에 해당하는 징계처분을 받은 사람
   가. 「국가재정법」에 따른 예산 및 기금
   나. 「지방재정법」에 따른 예산 및 「지방자치단체 기금관리기본법」에 따른 기금
   다. 「국고금 관리법」 제2조 제1호에 따른 국고금
   라. 「보조금 관리에 관한 법률」 제2조 제1호에 따른 보조금
   마. 「국유재산법」 제2조 제1호에 따른 국유재산 및 「물품관리법」 제2조 제1항에 따른 물품
   바. 「공유재산 및 물품 관리법」 제2조 제1호 및 제2호에 따른 공유재산 및 물품
   사. 그 밖에 가목부터 바목까지에 준하는 것으로서 대통령령으로 정하는 것

④ 제1항 및 제2항에 따른 외국어 번역 업무에 종사한 경력 등 자격인정에 필요한 사항은 대통령령으로 정한다. <개정 2015. 5. 18.>

⑤ 제1차시험에 합격한 사람에 대하여는 다음 회의 시험에서만 제1차시험을 면제한다. <개정 2015. 5. 18.>

[제목개정 2020. 6. 9.]

**제9조의2【시험부정행위자에 대한 조치】** ① 행정안전부장관은 제8조에 따른 행정사 자격시험에서 부정행위를 한 사람에 대하여는 그 시험을 정지시키거나 무효로 처리한다. <개정 2017. 7. 26.>

② 제1항에 따라 시험이 정지되거나 무효로 처리된 사람은 그 처분이 있은 날부터 5년간 행정사 자격시험에 응시하지 못한다.

[본조신설 2016. 1. 27.]

## 제3장 업무신고

**제10조【행정사의 업무신고】** ① 행정사 자격이 있는 사람이 행정사로서 업무를 하려면 대통령령으로 정하는 바에 따라 주된 사무소의 소재지를 관할하는 특별자치시장·특별자치도지사·시장·군수 또는 자치구의 구청장(이하 "시장등"이라 한다)에게 대통령령으로 정하는 행정사 업무신고 기준을 갖추어 신고(이하 "행정사업무신고"라 한다)하여야 한다. 신고한 사항을 변경할 때도 또한 같다. <개정 2020. 6. 9.>

② 행정사업무신고의 기준 및 절차 등에 관하여 필요한 사항은 대통령령으로 정한다. <개정 2020. 6. 9.>

[제목개정 2020. 6. 9.]

**제11조【업무신고의 수리 거부】** ① 시장등은 행정사업무신고를 하려는 사람이 행정사업무신고 기준을 갖추지 아니한 경우에는 그 행정사업무신고의 수리를 거부할 수 있다. 이 경우 지체 없이 행정사업무신고의 수리 거부 사실 및 그 사유를 당사자에게 알려야 한다. <개정 2020. 6. 9.>

② 시장등이 업무신고를 받은 날부터 3개월이 지날 때까지 제12조에 따른 행정사업무신고확인증(이하 "신고확인증"이라 한다)을 발급하지 아니하거나 행정사업무신고의 수리 거부 통지를 하지 아니하면 3개월이 되는 날의 다음 날에 행정사업무신고가 수리된 것으로 본다. <개정 2020. 6. 9.>

③ 제1항에 따라 행정사업무신고의 수리가 거부된 사람은 그 통지를 받은 날부터 3개월 이내에 행정사업무신고의 수리 거부에 대한 불복(不服)의 이유를 밝혀 시장등에게 이의신청을 할 수 있다. <개정 2020. 6. 9.>

④ 시장등은 제3항에 따른 이의신청이 이유 있다고 인정하면 신고확인증을 발급하여야 한다.

⑤ 제3항에 따른 이의신청에 필요한 사항은 행정안전부령으로 정한다. <개정 2013. 3. 23., 2014. 11. 19., 2017. 7. 26.>

**제12조【신고확인증의 발급】** ① 시장등은 행정사업무신고를 받은 때에는 그 내용을 확인한 후 행정안전부령으로 정하는 바에 따라 신고확인증을 행정사에게 발급하여야 한다. <개정 2013. 3. 23., 2014. 11. 19., 2017. 7. 26., 2020. 6. 9.>

② 제1항에 따라 신고확인증을 발급받은 사람은 신고확인증을 잃어버리거나 못쓰게 된 경우에는 행정안전부령으로 정하는 바에 따라 시장등에게 재발급을 신청할 수 있다. <개정 2013. 3. 23., 2014. 11. 19., 2017. 7. 26.>

**제13조【신고확인증의 대여 등의 금지】** ① 행정사는 다른 사람에게 신고확인증을 대여하여서는 아니 된다. <개정 2020. 6. 9.>

② 누구든지 다른 사람의 신고확인증을 대여받아 사용하여서는 아니 된다. <개정 2020. 6. 9.>

③ 누구든지 제1항 및 제2항에 따른 신고확인증의 대여를 알선하여서는 아니 된다. <신설 2020. 6. 9.>

**제14조【사무소의 설치 등】** ① 행정사는 제2조에 따른 업무를 하기 위한 사무소를 하나만 설치할 수 있다. <개정 2020. 6. 9.>

② 행정사는 그 업무를 효율적으로 수행하고 공신력(公信力)을 높이기 위하여 3명 이상의 행정사로 구성된 합동사무소를 설치할 수 있으며, 행정사합동사무소를 구성하는 행정사의 수를 넘지 아니하는 범위에서 주사무소와 분사무소(分事務所)를 설치할 수 있다. 이 경우 주사무소와 분사무소에는 행정사합동사무소를 구성하는 행정사가 각각 1명 이상 상근하여야 한다. <개정 2020. 6. 9.>

③ 행정사가 사무소를 이전한 때에는 10일 이내에 이전 후의 사무소 소재지를 관할하는 시장등에게 신고하여야 한다. <개정 2020. 6. 9.>

④ 제3항에 따라 이전신고를 받은 시장등은 이전신고한 행정사에게 신고확인증을 발급하여야 하며, 종전의 사무소 소재지를 관할하는 시장등에게 사무소의 이전 사실을 통지하여야 한다. <개정 2020. 6. 9.>

⑤ 제3항에 따른 신고 전에 발생한 사유로 인한 행정사에 대한 행정처분은 제3항에 따라 신고를 받은 시장등이 행한다. <개정 2020. 6. 9.>

⑥ 사무소의 설치·운영 및 신고와 그 밖에 필요한 사항은 행정안전부령으로 정한다. <개정 2013. 3. 23., 2014. 11. 19., 2017. 7. 26.>

[제목개정 2020. 6. 9.]

**제15조【사무소의 명칭 등】** ① 행정사는 그 사무소의 종류별로 사무소의 명칭 중에 행정사사무소 또는 행정사합동사무소라는 글자를 사용하고, 행정사합동사무소의 분사무소에는 그 분사무소임을 표시하여야 한다.

② 행정사가 아닌 사람은 행정사사무소 또는 이와 비슷한 명칭을 사용하지 못하며, 행정사합동사무소나 그 분사무소가 아니면 행정사합동사무소나 그 분사무소 또는 이와 비슷한 명칭을 사용하지 못한다.

**제16조【폐업신고】** ① 행정사가 폐업한 경우에는 본인이, 사망한 경우에는 가족이나 동거인 또는 그 사무직원이 지체 없이 그 사실을 시장등에게 신고하여야 한다. 폐업한 행정사가 업무를 다시 시작할 때에도 또한 같다.

② 제1항에 따른 신고에 필요한 사항은 행정안전부령으로 정한다. <개정 2013. 3. 23., 2014. 11. 19., 2017. 7. 26.>

**제17조【휴업신고】** ① 행정사가 3개월이 넘도록 휴업(업무신고를 하고 업무를 시작하지 아니하는 경우를 포함한다. 이하 같다)하거나 휴업한 행정사가 업무를 다시 시작하려면 시장등에게 신고하여야 한다.

② 시장등은 제1항에 따른 업무재개신고를 받은 날부터 15일 이내에 신고수리 여부를 신고인에게 통지하여야 한다. <신설 2020. 6. 9.>

③ 시장등은 제2항에서 정한 기간 내에 신고수리 여부 또는 민원 처리 관련 법령에 따른 처리기간의 연장을 신고인에게 통지하지 아니하면 그 기간(민원 처리 관련 법령에 따라 처리기간이 연장 또는 재연장된 경우에는 해당 처리기간을 말한다)이 끝난 날의 다음 날에 신고를 수리한 것으로 본다. <신설 2020. 6. 9.>

④ 제1항에 따라 휴업한 행정사가 2년이 지나도 업무를 다시 시작하지 아니하는 경우에는 폐업한 것으로 본다. <개정 2020. 6. 9.>

⑤ 제1항에 따른 휴업신고 및 업무재개신고에 필요한 사항은 행정안전부령으로 정한다. <개정 2013. 3. 23., 2014. 11. 19., 2017. 7. 26., 2020. 6. 9.>

## 제4장 행정사의 권리·의무

**제18조【사무직원】** ① 행정사는 사무직원을 둘 수 있으며, 소속 사무직원을 지도·감독할 책임이 있다.

② 사무직원의 직무상 행위는 그를 고용한 행정사의 행위로 본다.

③ 삭제 <2015. 5. 18.>

**제19조【보수】** ① 행정사는 업무를 위임한 자로부터 보수를 받는다.

② 행정사와 그 사무직원은 업무에 관하여 제1항에 따른 보수 외에 어떠한 명목으로도 위임인으로부터 금전 또는 재산상의 이익이나 그 밖의 반대급부(反對給付)를 받지 못한다.

**제20조【증명서의 발급】** ① 행정사는 업무에 관련된 사실의 확인증명서를 발급할 수 있다.

② 외국어번역행정사는 그가 번역한 번역문에 대하여 번역확인증명서를 발급할 수 있다.

③ 제1항과 제2항에 따른 증명서 발급의 범위는 대통령령으로 정한다.

**제21조【행정사의 의무와 책임】** ① 행정사는 품위를 유지하고 신의와 성실로써 공정하게 직무를 수행하여야 한다. <개정 2020. 6. 9.>

② 행정사가 위임받은 업무를 수행하면서 고의 또는 과실로 위임인에게 재산상의 손해를 입힌 경우에는 그 손해를 배상할 책임이 있다. <개정 2020. 6. 9.>

**제21조의2【수임제한】** ① 공무원직에 있다가 퇴직한 행정사는 퇴직 전 1년부터 퇴직할 때까지 근무한 행정기관에 대한 제2조 제1항 제5호에 따른 업무를 퇴직한 날부터 1년 동안 수임할 수 없다.

② 제1항의 수임제한은 제25조의7에 따른 법인구성원 또는 소속행정사로 지정되는 경우를 포함한다.

③ 제1항에 따른 행정기관의 범위는 대통령령으로 정한다.

[본조신설 2020. 6. 9.]

**제22조【금지행위】** 행정사와 그 사무직원은 다음 각 호의 행위를 하여서는 아니 된다. <개정 2020. 6. 9.>

1. 정당한 사유 없이 업무에 관한 위임을 거부하는 행위
2. 당사자 중 어느 한 쪽의 위임을 받아 취급하는 업무에 관하여 이해관계를 달리하는 상대방으로부터 같은 업무를 위임받는 행위. 다만, 당사자 양쪽이 동의한 경우는 제외한다.
3. 행정사의 업무 범위를 벗어나서 타인의 소송이나 그 밖의 권리관계분쟁 또는 민원사무처리과정에 개입하는 행위
4. 업무수임 또는 수행 과정에서 관련 공무원과의 연고(緣故) 등 사적인 관계를 드러내며 영향력을 미칠 수 있는 것으로 선전하는 행위
5. 행정사의 업무에 관하여 거짓된 내용을 표시하거나 객관적 사실을 과장 또는 누락하여 소비자를 오도(誤導)하거나 오해를 불러일으킬 우려가 있는 내용의 광고행위
6. 행정사 업무의 알선을 업으로 하는 자를 이용하거나 그 밖의 부당한 방법으로 행정사 업무의 위임을 유치(誘致)하는 행위

**제23조【비밀엄수】** 행정사 또는 행정사이었던 사람(행정사의 사무직원 또는 사무직원이었던 사람을 포함한다)은 정당한 사유 없이 직무상 알게 된 사실을 다른 사람에게 누설하여서는 아니 된다.

**제24조【업무처리부 작성】** ① 행정사는 업무를 위임받으면 대통령령으로 정하는 바에 따라 업무처리부(業務處理簿)를 작성하여 보관하여야 한다.
② 제1항에 따른 업무처리부에는 다음 각 호의 사항을 적어야 한다.

1. 일련번호
2. 위임받은 연월일
3. 위임받은 업무의 개요
4. 보수액
5. 위임인의 주소와 성명
6. 그 밖에 위임받은 업무의 처리에 필요한 사항

**제25조【행정사의 교육】** ① 행정사 자격이 있는 사람이 행정사 업무를 시작하려면 대통령령으로 정하는 바에 따라 행정안전부장관이 시행하는 실무교육을 받아야 한다. <개정 2020. 6. 9.>
② 행정사의 사무소(행정사합동사무소 또는 행정사법인의 경우에는 주사무소를 말한다)의 소재지를 관할하는 특별시장·광역시장·특별자치시장·도지사·특별자치도지사(이하 "시·도지사"라 한다)는 행정사의 자질과 업무수행능력 향상을 위하여 직접 또는 대통령령으로 정하는 기관·단체 등에 위탁하여 행정사에 대한 연수교육을 실시하여야 한다. <개정 2013. 3. 23., 2014. 11. 19., 2017. 7. 26., 2020. 6. 9.>
③ 행정사는 제2항에 따른 연수교육을 받아야 한다. <개정 2020. 6. 9.>
④ 제1항에 따른 실무교육 및 제2항에 따른 연수교육의 과목·시기·기간 및 이수방법 등에 관하여 필요한 사항은 대통령령으로 정한다. <개정 2020. 6. 9.>

## 제4장의2 행정사법인 〈신설 2020. 6. 9.〉

**제25조의2【행정사법인의 설립】** 행정사는 제2조에 따른 업무를 조직적이고 전문적으로 수행하기 위하여 3명 이상의 행정사를 구성원으로 하는 행정사법인을 설립할 수 있다.

[본조신설 2020. 6. 9.]

**제25조의3【설립 절차】** ① 행정사법인을 설립하려면 행정사법인의 구성원이 될 행정사가 정관(定款)을 작성하여 대통령령으로 정하는 바에 따라 행정안전부장관의 인가(이하 "설립인가"라 한다)를 받아야 한다. 정관을 변경할 때에도 또한 같다.
② 행정사법인의 정관에는 다음 각 호의 사항을 적어야 한다.

1. 목적, 명칭, 주사무소 및 분사무소의 소재지
2. 행정사법인을 구성하는 행정사(이하 "법인구성원"이라 한다)의 성명과 주소
3. 법인구성원의 출자에 관한 사항
4. 법인구성원 회의에 관한 사항
5. 자산 및 회계에 관한 사항
6. 행정사법인의 대표에 관한 사항

7. 존립시기, 해산사유를 정한 경우에는 그 시기 또는 사유

8. 그 밖에 대통령령으로 정하는 사항

③ 행정사법인은 대통령령으로 정하는 바에 따라 등기하여야 한다.

④ 행정사법인은 그 주사무소의 소재지에서 설립등기를 함으로써 성립한다.

[본조신설 2020. 6. 9.]

**제25조의4【행정사법인의 업무신고 등】**① 행정사법인이 제2조에 따른 업무를 하려면 대통령령으로 정하는 바에 따라 주사무소의 소재지를 관할하는 시장등에게 대통령령으로 정하는 행정사법인 업무신고 기준을 갖추어 신고(이하 "법인업무신고"라 한다)하여야 한다. 신고한 사항을 변경할 때에도 또한 같다.

② 시장등은 법인업무신고를 하려는 자가 법인업무신고 기준을 갖추지 아니한 경우에는 그 법인업무신고의 수리를 거부할 수 있다. 이 경우 지체 없이 법인업무신고의 수리 거부 사실 및 그 사유를 당사자에게 알려야 한다.

③ 시장등은 법인업무신고를 받은 때에는 그 내용을 확인한 후 행정안전부령으로 정하는 바에 따라 법인업무신고확인증을 행정사법인에 발급하여야 한다.

④ 법인업무신고의 기준 및 절차 등에 관하여 필요한 사항은 대통령령으로 정한다.

[본조신설 2020. 6. 9.]

**제25조의5【행정사법인의 사무소 등】**① 행정사법인은 법인구성원의 수를 넘지 아니하는 범위에서 주사무소와 분사무소를 설치할 수 있다. 이 경우 주사무소와 분사무소에는 각각 1명 이상의 법인구성원이 상근하여야 한다.

② 행정사법인은 사무소의 명칭 중에 행정사법인이라는 글자를 사용하여야 하고, 행정사법인의 분사무소에는 그 분사무소임을 표시하여야 한다.

③ 행정사법인이 아닌 자는 행정사법인 또는 이와 비슷한 명칭을 사용하지 못하며, 행정사법인의 사무소나 그 분사무소가 아니면 행정사법인이나 그 분사무소 또는 이와 비슷한 명칭을 사용하지 못한다.

[본조신설 2020. 6. 9.]

**제25조의6【행정사법인의 소속행정사 등】**① 행정사법인은 행정사를 고용할 수 있다.

② 행정사법인은 제1항에 따라 행정사를 고용한 경우에는 주사무소 소재지의 시장등에게 행정안전부령으로 정하는 바에 따라 신고하여야 하며, 그 변경이 있는 경우에도 또한 같다.

③ 제1항에 따라 고용된 행정사(이하 "소속행정사"라 한다) 및 법인구성원은 업무정지 중이거나 휴업 중인 사람이 아니어야 한다.

④ 소속행정사 및 법인구성원은 그 행정사법인의 사무소 외에 따로 사무소를 둘 수 없다.

⑤ 법인업무신고를 한 행정사법인은 제25조 제1항에 따른 실무교육을 받지 아니한 사람을 소속행정사로 고용하거나 법인구성원으로 할 수 없다.

⑥ 행정사법인이 제25조의2 또는 그 밖의 이 법에 따른 법인구성원에 관한 요건을 갖추지 못하게 된 경우에는 6개월 이내에 이를 보충하여야 한다.

[본조신설 2020. 6. 9.]

**제25조의7【업무수행 방법】**① 행정사법인은 법인의 명의로 업무를 수행하여야 하며, 수임한 업무마다 그 업무를 담당할 법인구성원 또는 소속행정사(이하 "담당행정사"라 한다)를 지정하여야 한다. 다만, 소속행정사를 담당행정사로 지정할 경우에는 법인구성원과 공동으로 지정하여야 한다.

② 행정사법인이 수임한 업무에 대하여 담당행정사를 지정하지 아니한 경우에는 법인구성원 모두를 담당행정사로 지정한 것으로 본다.

③ 담당행정사는 지정된 업무에 관하여 그 법인을 대표한다.

④ 행정사법인이 그 업무에 관하여 작성하는 서면(書面)에는 행정사법인의 명의를 표시하고 담당행정사가 기명날인하여야 한다.

[본조신설 2020. 6. 9.]

**제25조의8【해산】**① 행정사법인은 다음 각 호의 사유로 해산한다.

1. 정관에서 정하는 해산 사유의 발생

2. 법인구성원 전원의 동의

3. 합병 또는 파산

4. 설립인가의 취소

② 행정사법인이 해산하면 청산인은 지체 없이 그 사유를 대통령령으로 정하는 바에 따라 행정안전부장관에게 신고하여야 한다.

[본조신설 2020. 6. 9.]

**제25조의9【합병】** ① 행정사법인은 법인구성원 전원의 동의가 있으면 다른 행정사법인과 합병할 수 있다.

② 제1항의 경우에는 제25조의3을 준용한다.

[본조신설 2020. 6. 9.]

**제25조의10【설립인가의 취소】** 행정안전부장관은 행정사법인이 다음 각 호의 어느 하나에 해당하는 경우에는 대통령령으로 정하는 바에 따라 설립인가를 취소할 수 있다. 다만, 제1호의 경우에는 설립인가를 취소하여야 한다.

1. 거짓이나 그 밖의 부정한 방법으로 설립인가를 받은 경우

2. 제25조의6 제6항을 위반하여 법인구성원에 관한 요건을 6개월 이내에 보충하지 아니한 경우

3. 제32조에 따른 업무정지처분을 받고 그 업무정지 기간 중에 업무를 수행한 경우

4. 법령을 위반하여 업무를 수행한 경우

[본조신설 2020. 6. 9.]

**제25조의11【경업의 금지】** ① 법인구성원 또는 소속행정사는 자기 또는 제3자를 위하여 그 행정사법인의 업무범위에 속하는 업무를 수행하거나 다른 행정사법인의 법인구성원 또는 소속행정사가 되어서는 아니 된다.

② 행정사법인의 법인구성원 또는 소속행정사이었던 사람은 그 행정사법인에 소속한 기간 중에 그 행정사법인의 담당행정사로서 수행하고 있었거나 수행을 승낙한 업무에 관하여는 퇴직 후 행정사의 업무를 수행할 수 없다. 다만, 그 행정사법인의 동의가 있는 경우에는 그러하지 아니하다.

[본조신설 2020. 6. 9.]

**제25조의12【손해배상책임의 보장】** 행정사법인은 그 직무를 수행하면서 고의나 과실로 의뢰인에게 손해를 입힌 경우 그 손해에 대한 배상책임을 보장하기 위하여 대통령령으로 정하는 바에 따라 손해배상준비금 적립이나 보험가입 등 필요한 조치를 하여야 한다.

[본조신설 2020. 6. 9.]

**제25조의13【준용규정】** ① 행정사법인에 관하여는 그 성질에 반하지 아니하는 범위에서 제11조 제2항부터 제5항까지, 제12조 제2항, 제13조, 제14조 제3항부터 제6항까지, 제16조부터 제21조까지 및 제22조부터 제24조까지의 규정을 준용한다.

② 행정사법인에 관하여 이 법에서 정한 것 외에는 「상법」 중 합명회사(合名會社)에 관한 규정을 준용한다.

[본조신설 2020. 6. 9.]

## 제5장 대한행정사회 〈개정 2020. 6. 9.〉

**제26조【대한행정사회의 설립 등】** ① 행정사의 품위 향상과 직무의 개선·발전을 도모하기 위하여 대한행정사회(이하 "행정사회"라 한다)를 둔다. 〈개정 2020. 6. 9.〉

② 행정사회는 법인으로 한다. 〈개정 2020. 6. 9.〉

③ 행정사회는 정관을 정하여 행정안전부장관의 인가를 받아 설립등기를 함으로써 성립한다. 〈개정 2020. 6. 9.〉

④ 행정사회의 설립·운영 및 설립인가 신청 등에 필요한 사항은 대통령령으로 정한다. 〈개정 2020. 6. 9.〉

[제목개정 2020. 6. 9.]

**제26조의2【행정사회의 가입 의무】** 행정사(법인구성원 및 소속행정사를 포함한다)로서 개업하려면 행정사회에 가입하여야 한다.

[본조신설 2020. 6. 9.]

**제26조의3【행정사회의 공익활동 의무】** 행정사회는 취약계층의 지원 등 공익활동에 적극 참여하여야 한다.

[본조신설 2020. 6. 9.]

**제27조【행정사회의 정관】** ① 행정사회의 정관에는 다음 각 호의 사항이 포함되어야 한다. 〈개정 2020. 6. 9.〉

1. 목적·명칭과 사무소의 소재지

2. 대표자와 그 밖의 임원에 관한 사항

3. 회의에 관한 사항

4. 행정사의 품위유지와 업무 및 교육에 관한 사항

5. 회원의 가입·탈퇴 및 지도·감독에 관한 사항

6. 회계 및 회비부담에 관한 사항

7. 자산에 관한 사항

8. 그 밖에 행정사회의 목적을 달성하기 위하여 필요한 사항

② 정관을 변경하려면 행정안전부장관의 인가를 받아야 한다. <개정 2013. 3. 23., 2014. 11. 19., 2017. 7. 26.>

[제목개정 2020. 6. 9.]

**제28조 【「민법」의 준용】** 행정사회에 관하여 이 법에서 규정하지 아니한 사항에 대하여는 「민법」 중 사단법인에 관한 규정을 준용한다. <개정 2020. 6. 9.>

**제29조 【행정사회에 대한 감독 등】** ① 행정사회는 행정안전부장관의 감독을 받는다. <개정 2013. 3. 23., 2014. 11. 19., 2017. 7. 26., 2020. 6. 9.>

② 행정안전부장관은 감독을 위하여 필요하다고 인정하면 행정사회에 대하여 그 업무에 관한 사항을 보고하게 하거나 자료의 제출 또는 그 밖에 필요한 명령을 할 수 있으며, 소속 공무원으로 하여금 행정사회의 사무소에 출입하여 업무상황과 그 밖의 서류 등을 검사하게 할 수 있다. <개정 2013. 3. 23., 2014. 11. 19., 2017. 7. 26., 2020. 6. 9.>

③ 제2항에 따라 출입·검사 등을 하는 공무원은 행정안전부령으로 정하는 증표를 지니고 상대방에게 이를 보여주어야 한다. <개정 2013. 3. 23., 2014. 11. 19., 2017. 7. 26.>

[제목개정 2020. 6. 9.]


## 제6장 지도·감독

**제30조 【자격의 취소】** ① 행정안전부장관은 행정사가 다음 각 호의 어느 하나에 해당하는 경우에는 그 자격을 취소하여야 한다. <개정 2013. 3. 23., 2014. 11. 19., 2017. 7. 26.>

1. 거짓이나 그 밖의 부정한 방법으로 행정사 자격을 취득한 경우

2. 제13조 제1항을 위반하여 신고확인증을 양도하거나 대여한 경우

3. 제32조에 따른 업무정지처분을 받고 그 업무정지 기간에 행정사 업무를 한 경우

4. 이 법을 위반하여 징역형이 확정된 경우

② 행정안전부장관은 제1항에 따라 행정사 자격을 취소하려는 경우에는 청문을 하여야 한다. <개정 2013. 3. 23., 2014. 11. 19., 2017. 7. 26.>

**제31조 【감독상 명령 등】** ① 행정안전부장관 또는 행정사의 사무소(행정사합동사무소 또는 행정사법인의 경우에는 주사무소를 말한다)의 소재지를 관할하는 시장등은 행정사 또는 행정사법인에 대한 감독을 위하여 필요하다고 인정하면 해당 행정사 또는 행정사법인에 대하여 업무에 관한 사항을 보고하게 하거나 업무처리부 등 자료의 제출 또는 그 밖에 필요한 명령을 할 수 있으며, 소속 공무원으로 하여금 그 사무소에 출입하여 장부·서류 등을 검사하거나 질문하게 할 수 있다. <개정 2020. 6. 9.>

② 제1항에 따라 출입·검사 등을 하는 공무원은 행정안전부령으로 정하는 증표를 지니고 상대방에게 이를 보여주어야 한다. <개정 2013. 3. 23., 2014. 11. 19., 2017. 7. 26.>

**제32조 【업무의 정지】** ① 행정사 사무소(행정사합동사무소 또는 행정사법인의 경우에는 주사무소를 말한다)의 소재지를 관할하는 시장등은 행정사 또는 행정사법인이 다음 각 호의 어느 하나에 해당하는 경우에는 6개월의 범위에서 기간을 정하여 업무의 정지를 명할 수 있다. <개정 2020. 6. 9.>

1. 제14조 제1항을 위반하여 두 개 이상의 사무실을 설치한 경우

2. 제14조 제2항 후단 또는 제25조의5 제1항 후단을 위반하여 행정사합동사무소를 구성하는 행정사 또는 법인구성원이 상근하지 아니한 경우

3. 제17조 제1항(제25조의13 제1항에서 준용하는 경우를 포함한다)에 따른 휴업신고를 하지 아니한 경우

4. 제19조 제2항(제25조의13제1항에서 준용하는 경우를 포함한다)을 위반하여 위임인으로부터 보수 외에 금전 또는 재산상 이익이나 그 밖의 반대급부를 받은 경우

5. 제25조의6 제4항을 위반하여 따로 사무소를 둔 경우

6. 제31조 제1항에 따른 보고 또는 업무처리부 자료 제출 등의 명령에 따르지 아니하거나 검사 또는 질문을 거부·방해 또는 기피한 경우

② 제1항에 따른 업무정지에 관한 기준은 행정안전부령으로 정한다. <개정 2013. 3. 23., 2014. 11. 19., 2017. 7. 26.>

③ 제1항에 따른 업무정지처분은 그 사유가 발생한 날부터 3년이 지나면 할 수 없다.

**제33조【행정제재처분효과의 승계 등】** ① 제16조(제25조의13 제1항에서 준용하는 경우를 포함한다)에 따라 폐업신고를 한 후 업무를 다시 시작하는 신고를 한 행정사(행정사법인을 포함한다. 이하 이 조에서 같다)는 폐업신고 전 행정사의 지위를 승계한다. <개정 2020. 6. 9.>

② 제1항의 경우 폐업신고 전의 행정사에 대하여 제32조 제1항 각 호의 위반행위를 사유로 한 행정처분의 효과는 그 처분일부터 1년간 업무를 다시 시작하는 신고를 한 행정사에게 승계된다.

③ 제1항의 경우 업무를 다시 시작하는 신고를 한 행정사에 대하여 폐업신고 전 행정사의 제32조 제1항 각 호의 위반행위를 사유로 행정처분을 할 수 있다. 다만, 폐업신고를 한 날부터 업무를 다시 시작하는 신고를 한 날까지의 기간이 1년을 넘은 경우는 그러하지 아니하다.

④ 제3항에 따라 행정처분을 하는 경우에는 폐업한 기간과 폐업의 사유 등을 고려하여 업무정지의 기간을 정하여야 한다.

## 제7장 보칙

**제34조【위임 및 위탁】** ① 이 법에 따른 행정안전부장관의 권한은 그 일부를 대통령령으로 정하는 바에 따라 시·도지사에게 위임할 수 있다. <개정 2013. 3. 23., 2014. 11. 19., 2017. 7. 26.>

② 이 법에 따른 행정안전부장관의 업무는 그 일부를 대통령령으로 정하는 바에 따라 행정사회에 위탁할 수 있다. <개정 2013. 3. 23., 2014. 11. 19., 2017. 7. 26., 2020. 6. 9.>

**제35조【응시 수수료】** 제8조에 따른 행정사 자격시험에 응시하려는 사람은 행정안전부령으로 정하는 바에 따라 수수료를 내야 한다. <개정 2013. 3. 23., 2014. 11. 19., 2017. 7. 26.>

**제35조의2【규제의 재검토】** 행정안전부장관은 제38조에 따른 과태료 부과기준에 대하여 2015년 6월 1일을 기준으로 2년마다(매 2년이 되는 해의 기준일과 같은 날 전까지를 말한다) 폐지, 완화 또는 유지 등의 타당성을 검토하여야 한다. <개정 2017. 7. 26.>
[본조신설 2015. 5. 18.]

## 제8장 벌칙

**제36조【벌칙】** ① 다음 각 호의 어느 하나에 해당하는 자는 3년 이하의 징역 또는 3천만 원 이하의 벌금에 처한다. <개정 2016. 1. 27., 2020. 6. 9.>

1. 제3조 제1항을 위반하여 제2조 제1항 각 호의 업무를 업으로 한 자

2. 제13조(제25조의13 제1항에서 준용하는 경우를 포함한다)를 위반하여 신고확인증을 다른 자에게 대여한 행정사, 행정사법인과 이를 대여받은 자 또는 대여를 알선한 자

② 다음 각 호의 어느 하나에 해당하는 자는 1년 이하의 징역 또는 1천만 원 이하의 벌금에 처한다. <개정 2016. 1. 27., 2020. 6. 9.>

1. 행정사업무신고 또는 법인업무신고를 하지 아니하고 행정사 업무를 한 자

2. 제21조의2에 따른 수임제한 규정을 위반한 사람

3. 제22조 제4호(제25조의13 제1항에서 준용하는 경우를 포함한다)를 위반하여 사적인 관계를 드러내며 영향력을 미칠 수 있는 것으로 선전한 자

4. 제22조 제5호(제25조의13 제1항에서 준용하는 경우를 포함한다)를 위반하여 소비자를 오도하거나 오해를 불러일으킬 우려가 있는 내용의 광고행위를 한 자

5. 제23조(제25조의13 제1항에서 준용하는 경우를 포함한다)를 위반하여 업무상 알게 된 사실을 다른 사람에게 누설한 자

6. 제32조에 따른 업무정지처분을 받고 그 업무정지 기간에 행정사 업무를 한 자

③ 다음 각 호의 어느 하나에 해당하는 자는 100만 원 이하의 벌금에 처한다. <개정 2020. 6. 9.>

1. 제19조 제2항(제25조의13 제1항에서 준용하는 경우를 포함한다)을 위반하여 위임인으로부터 보수 외에 금전 또는 재산상 이익이나 그 밖의 반대급부를 받은 자

2. 제22조 제1호(제25조의13 제1항에서 준용하는 경우를 포함한다)를 위반하여 정당한 사유 없이 업무에 관한 위임을 거부한 자

3. 제22조 제2호(제25조의13 제1항에서 준용하는 경우를 포함한다)를 위반하여 당사자 양쪽으로부터 같은 업무에 관한 위임을 받은 자

4. 제22조 제3호(제25조의13 제1항에서 준용하는 경우를 포함한다)를 위반하여 타인의 소송이나 그 밖의 권리관계분쟁 또는 민원사무처리과정에 개입한 자

5. 제22조 제6호(제25조의13 제1항에서 준용하는 경우를 포함한다)를 위반하여 알선을 업으로 하는 자를 이용하거나 그 밖의 부당한 방법으로 행정사 업무의 위임을 유치한 자

6. 제25조의11을 위반하여 경업(競業)을 한 자

**제37조【양벌규정】** 행정사 또는 행정사법인의 사무직원이나 소속행정사가 행정사 또는 행정사법인의 업무와 관련하여 제36조를 위반하면 그 행위자를 벌하는 외에 그 행정사 또는 행정사법인에도 해당 조문의 벌금형을 과(科)한다. 다만, 행정사 또는 행정사법인이 그 위반행위를 방지하기 위하여 해당 업무에 관하여 상당한 주의와 감독을 게을리하지 아니한 경우에는 그러하지 아니하다. <개정 2020. 6. 9.>

**제38조【과태료】** ① 다음 각 호의 어느 하나에 해당하는 자에게는 500만 원 이하의 과태료를 부과한다. <개정 2020. 6. 9.>

1. 제3조 제2항을 위반하여 행정사 또는 이와 비슷한 명칭을 사용한 자

2. 제15조 제2항 또는 제25조의5 제3항을 위반하여 행정사사무소, 행정사합동사무소 또는 그 분사무소나 행정사법인 또는 그 분사무소와 비슷한 명칭을 사용한 자

2의2. 제25조의12에 따른 조치를 취하지 아니한 행정사법인

3. 정당한 사유 없이 제29조 제2항 및 제31조 제1항에 따른 보고 또는 자료제출을 하지 아니하거나, 거짓으로 보고·자료제출을 하거나, 출입·검사를 방해·거부 또는 기피한 자

② 다음 각 호의 어느 하나에 해당하는 자에게는 100만 원 이하의 과태료를 부과한다. <개정 2020. 6. 9.>

1. 제14조 제3항(제25조의13 제1항에서 준용하는 경우를 포함한다)에 따른 사무소 이전신고를 하지 아니한 자

2. 제15조 제1항 또는 제25조의5 제2항을 위반하여 행정사사무소, 행정사합동사무소 또는 행정사법인이라는 글자를 사용하지 아니하거나 그 분사무소임을 표시하지 아니한 자

3. 제24조(제25조의13 제1항에서 준용하는 경우를 포함한다)를 위반하여 업무처리부를 작성하지 아니하거나 거짓으로 작성한 자

4. 제25조 제3항을 위반하여 연수교육을 받지 아니하고 행정사 업무를 수행한 사람

③ 제1항 및 제2항에 따른 과태료는 대통령령으로 정하는 바에 따라 행정안전부장관, 시·도지사 또는 시장등이 부과·징수한다. <개정 2013. 3. 23., 2014. 11. 19., 2017. 7. 26.>

# 행정심판법

[시행 2020. 12. 10.]
[법률 제17354호, 2020. 6. 9., 타법개정]

## 제1장 총칙

**제1조【목적】** 이 법은 행정심판 절차를 통하여 행정청의 위법 또는 부당한 처분(處分)이나 부작위(不作爲)로 침해된 국민의 권리 또는 이익을 구제하고, 아울러 행정의 적정한 운영을 꾀함을 목적으로 한다.

**제2조【정의】** 이 법에서 사용하는 용어의 뜻은 다음과 같다.

1. "처분"이란 행정청이 행하는 구체적 사실에 관한 법집행으로서의 공권력의 행사 또는 그 거부, 그 밖에 이에 준하는 행정작용을 말한다.
2. "부작위"란 행정청이 당사자의 신청에 대하여 상당한 기간 내에 일정한 처분을 하여야 할 법률상 의무가 있는데도 처분을 하지 아니하는 것을 말한다.
3. "재결(裁決)"이란 행정심판의 청구에 대하여 제6조에 따른 행정심판위원회가 행하는 판단을 말한다.
4. "행정청"이란 행정에 관한 의사를 결정하여 표시하는 국가 또는 지방자치단체의 기관, 그 밖에 법령 또는 자치법규에 따라 행정권한을 가지고 있거나 위탁을 받은 공공단체나 그 기관 또는 사인(私人)을 말한다.

**제3조【행정심판의 대상】** ① 행정청의 처분 또는 부작위에 대하여는 다른 법률에 특별한 규정이 있는 경우 외에는 이 법에 따라 행정심판을 청구할 수 있다.
② 대통령의 처분 또는 부작위에 대하여는 다른 법률에서 행정심판을 청구할 수 있도록 정한 경우 외에는 행정심판을 청구할 수 없다.

**제4조【특별행정심판 등】** ① 사안(事案)의 전문성과 특수성을 살리기 위하여 특히 필요한 경우 외에는 이 법에 따른 행정심판을 갈음하는 특별한 행정불복절차(이하 "특별행정심판"이라 한다)나 이 법에 따른 행정심판 절차에 대한 특례를 다른 법률로 정할 수 없다.
② 다른 법률에서 특별행정심판이나 이 법에 따른 행정심판 절차에 대한 특례를 정한 경우에도 그 법률에서 규정하지 아니한 사항에 관하여는 이 법에서 정하는 바에 따른다.
③ 관계 행정기관의 장이 특별행정심판 또는 이 법에 따른 행정심판 절차에 대한 특례를 신설하거나 변경하는 법령을 제정·개정할 때에는 미리 중앙행정심판위원회와 협의하여야 한다.

**제5조【행정심판의 종류】** 행정심판의 종류는 다음 각 호와 같다.

1. 취소심판: 행정청의 위법 또는 부당한 처분을 취소하거나 변경하는 행정심판
2. 무효등확인심판: 행정청의 처분의 효력 유무 또는 존재 여부를 확인하는 행정심판
3. 의무이행심판: 당사자의 신청에 대한 행정청의 위법 또는 부당한 거부처분이나 부작위에 대하여 일정한 처분을 하도록 하는 행정심판

## 제2장 심판기관

**제6조【행정심판위원회의 설치】** ① 다음 각 호의 행정청 또는 그 소속 행정청(행정기관의 계층구조와 관계없이 그 감독을 받거나 위탁을 받은 모든 행정청을 말하되, 위탁을 받은 행정청은 그 위탁받은 사무에 관하여는 위탁한 행정청의 소속 행정청으로 본다. 이하 같다)의 처분 또는 부작위에 대한 행정심판의 청구(이하 "심판청구"라 한다)에 대하여는 다음 각 호의 행정청에 두는 행정심판위원회에서 심리·재결한다. <개정 2016. 3. 29.>

1. 감사원, 국가정보원장, 그 밖에 대통령령으로 정하는 대통령 소속기관의 장
2. 국회사무총장·법원행정처장·헌법재판소사무처장 및 중앙선거관리위원회사무총장

3. 국가인권위원회, 그 밖에 지위·성격의 독립성과 특수성 등이 인정되어 대통령령으로 정하는 행정청

② 다음 각 호의 행정청의 처분 또는 부작위에 대한 심판청구에 대하여는 「부패방지 및 국민권익위원회의 설치와 운영에 관한 법률」에 따른 국민권익위원회(이하 "국민권익위원회"라 한다)에 두는 중앙행정심판위원회에서 심리·재결한다. <개정 2012. 2. 17.>

1. 제1항에 따른 행정청 외의 국가행정기관의 장 또는 그 소속 행정청

2. 특별시장·광역시장·특별자치시장·도지사·특별자치도지사(특별시·광역시·특별자치시·도 또는 특별자치도의 교육감을 포함한다. 이하 "시·도지사"라 한다) 또는 특별시·광역시·특별자치시·도·특별자치도(이하 "시·도"라 한다)의 의회(의장, 위원회의 위원장, 사무처장 등 의회 소속 모든 행정청을 포함한다)

3. 「지방자치법」에 따른 지방자치단체조합 등 관계 법률에 따라 국가·지방자치단체·공공법인 등이 공동으로 설립한 행정청. 다만, 제3항 제3호에 해당하는 행정청은 제외한다.

③ 다음 각 호의 행정청의 처분 또는 부작위에 대한 심판청구에 대하여는 시·도지사 소속으로 두는 행정심판위원회에서 심리·재결한다.

1. 시·도 소속 행정청

2. 시·도의 관할구역에 있는 시·군·자치구의 장, 소속 행정청 또는 시·군·자치구의 의회(의장, 위원회의 위원장, 사무국장, 사무과장 등 의회 소속 모든 행정청을 포함한다)

3. 시·도의 관할구역에 있는 둘 이상의 지방자치단체(시·군·자치구를 말한다)·공공법인 등이 공동으로 설립한 행정청

④ 제2항 제1호에도 불구하고 대통령령으로 정하는 국가행정기관 소속 특별지방행정기관의 장의 처분 또는 부작위에 대한 심판청구에 대하여는 해당 행정청의 직근 상급행정기관에 두는 행정심판위원회에서 심리·재결한다.

**제7조【행정심판위원회의 구성】** ① 행정심판위원회(중앙행정심판위원회는 제외한다. 이하 이 조에서 같다)는 위원장 1명을 포함하여 50명 이내의 위원으로 구성한다. <개정 2016. 3. 29.>

② 행정심판위원회의 위원장은 그 행정심판위원회가 소속된 행정청이 되며, 위원장이 없거나 부득이한 사유로 직무를 수행할 수 없거나 위원장이 필요하다고 인정하는 경우에는 다음 각 호의 순서에 따라 위원이 위원장의 직무를 대행한다.

1. 위원장이 사전에 지명한 위원

2. 제4항에 따라 지명된 공무원인 위원(2명 이상인 경우에는 직급 또는 고위공무원단에 속하는 공무원의 직무등급이 높은 위원 순서로, 직급 또는 직무등급도 같은 경우에는 위원 재직기간이 긴 위원 순서로, 재직기간도 같은 경우에는 연장자 순서로 한다)

③ 제2항에도 불구하고 제6조 제3항에 따라 시·도지사 소속으로 두는 행정심판위원회의 경우에는 해당 지방자치단체의 조례로 정하는 바에 따라 공무원이 아닌 위원을 위원장으로 정할 수 있다. 이 경우 위원장은 비상임으로 한다.

④ 행정심판위원회의 위원은 해당 행정심판위원회가 소속된 행정청이 다음 각 호의 어느 하나에 해당하는 사람 중에서 성별을 고려하여 위촉하거나 그 소속 공무원 중에서 지명한다. <개정 2016. 3. 29.>

1. 변호사 자격을 취득한 후 5년 이상의 실무 경험이 있는 사람

2. 「고등교육법」 제2조 제1호부터 제6호까지의 규정에 따른 학교에서 조교수 이상으로 재직하거나 재직하였던 사람

3. 행정기관의 4급 이상 공무원이었거나 고위공무원단에 속하는 공무원이었던 사람

4. 박사학위를 취득한 후 해당 분야에서 5년 이상 근무한 경험이 있는 사람

5. 그 밖에 행정심판과 관련된 분야의 지식과 경험이 풍부한 사람

⑤ 행정심판위원회의 회의는 위원장과 위원장이 회의마다 지정하는 8명의 위원(그중 제4항에 따른 위촉위원은 6명 이상으로 하되, 제3항에 따라 위원장이 공무원이 아닌 경우에는 5명 이상으로 한다)으로 구성한다. 다만, 국회규칙, 대법원규칙, 헌법재판소규칙, 중앙선거관리위원회규칙 또는 대통령령(제6조 제3항에 따라 시·도지사 소속으로 두는 행정심판위원회의 경우에는 해당 지방자치단체의 조례)으로 정하는 바에 따라 위원장과 위원장이 회의마다 지정하는 6명의 위원(그중 제4항에 따른 위촉

위원은 5명 이상으로 하되, 제3항에 따라 공무원이 아닌 위원이 위원장인 경우에는 4명 이상으로 한다)으로 구성할 수 있다.

⑥ 행정심판위원회는 제5항에 따른 구성원 과반수의 출석과 출석위원 과반수의 찬성으로 의결한다.

⑦ 행정심판위원회의 조직과 운영, 그 밖에 필요한 사항은 국회규칙, 대법원규칙, 헌법재판소규칙, 중앙선거관리위원회규칙 또는 대통령령으로 정한다.

**제8조【중앙행정심판위원회의 구성】** ① 중앙행정심판위원회는 위원장 1명을 포함하여 70명 이내의 위원으로 구성하되, 위원 중 상임위원은 4명 이내로 한다. <개정 2016. 3. 29.>

② 중앙행정심판위원회의 위원장은 국민권익위원회의 부위원장 중 1명이 되며, 위원장이 없거나 부득이한 사유로 직무를 수행할 수 없거나 위원장이 필요하다고 인정하는 경우에는 상임위원(상임으로 재직한 기간이 긴 위원 순서로, 재직기간이 같은 경우에는 연장자 순서로 한다)이 위원장의 직무를 대행한다.

③ 중앙행정심판위원회의 상임위원은 일반직공무원으로서 「국가공무원법」 제26조의5에 따른 임기제공무원으로 임명하되, 3급 이상 공무원 또는 고위공무원단에 속하는 일반직공무원으로 3년 이상 근무한 사람이나 그 밖에 행정심판에 관한 지식과 경험이 풍부한 사람 중에서 중앙행정심판위원회 위원장의 제청으로 국무총리를 거쳐 대통령이 임명한다. <개정 2014. 5. 28.>

④ 중앙행정심판위원회의 비상임위원은 제7조 제4항 각 호의 어느 하나에 해당하는 사람 중에서 중앙행정심판위원회 위원장의 제청으로 국무총리가 성별을 고려하여 위촉한다. <개정 2016. 3. 29.>

⑤ 중앙행정심판위원회의 회의(제6항에 따른 소위원회 회의는 제외한다)는 위원장, 상임위원 및 위원장이 회의마다 지정하는 비상임위원을 포함하여 총 9명으로 구성한다.

⑥ 중앙행정심판위원회는 심판청구사건(이하 "사건"이라 한다) 중 「도로교통법」에 따른 자동차운전면허 행정처분에 관한 사건(소위원회가 중앙행정심판위원회에서 심리 · 의결하도록 결정한 사건은 제외한다)을 심리 · 의결하게 하기 위하여 4명의 위원으로 구성하는 소위원회를 둘 수 있다.

⑦ 중앙행정심판위원회 및 소위원회는 각각 제5항 및 제6항에 따른 구성원 과반수의 출석과 출석위원 과반수의 찬성으로 의결한다.

⑧ 중앙행정심판위원회는 위원장이 지정하는 사건을 미리 검토하도록 필요한 경우에는 전문위원회를 둘 수 있다.

⑨ 중앙행정심판위원회, 소위원회 및 전문위원회의 조직과 운영 등에 필요한 사항은 대통령령으로 정한다.

**제9조【위원의 임기 및 신분보장 등】** ① 제7조 제4항에 따라 지명된 위원은 그 직에 재직하는 동안 재임한다.

② 제8조 제3항에 따라 임명된 중앙행정심판위원회 상임위원의 임기는 3년으로 하며, 1차에 한하여 연임할 수 있다.

③ 제7조 제4항 및 제8조 제4항에 따라 위촉된 위원의 임기는 2년으로 하되, 2차에 한하여 연임할 수 있다. 다만, 제6조 제1항 제2호에 규정된 기관에 두는 행정심판위원회의 위촉위원의 경우에는 각각 국회규칙, 대법원규칙, 헌법재판소규칙 또는 중앙선거관리위원회규칙으로 정하는 바에 따른다.

④ 다음 각 호의 어느 하나에 해당하는 사람은 제6조에 따른 행정심판위원회(이하 "위원회"라 한다)의 위원이 될 수 없으며, 위원이 이에 해당하게 된 때에는 당연히 퇴직한다.

1. 대한민국 국민이 아닌 사람

2.「국가공무원법」 제33조 각 호의 어느 하나에 해당하는 사람

⑤ 제7조 제4항 및 제8조 제4항에 따라 위촉된 위원은 금고(禁錮) 이상의 형을 선고받거나 부득이한 사유로 장기간 직무를 수행할 수 없게 되는 경우 외에는 임기 중 그의 의사와 다르게 해촉(解囑)되지 아니한다.

**제10조【위원의 제척 · 기피 · 회피】** ① 위원회의 위원은 다음 각 호의 어느 하나에 해당하는 경우에는 그 사건의 심리 · 의결에서 제척(除斥)된다. 이 경우 제척결정은 위원회의 위원장(이하 "위원장"이라 한다)이 직권으로 또는 당사자의 신청에 의하여 한다.

1. 위원 또는 그 배우자나 배우자이었던 사람이 사건의 당사자이거나 사건에 관하여 공동 권리자 또는 의무자인 경우

2. 위원이 사건의 당사자와 친족이거나 친족이었던 경우
3. 위원이 사건에 관하여 증언이나 감정(鑑定)을 한 경우
4. 위원이 당사자의 대리인으로서 사건에 관여하거나 관여하였던 경우
5. 위원이 사건의 대상이 된 처분 또는 부작위에 관여한 경우

② 당사자는 위원에게 공정한 심리·의결을 기대하기 어려운 사정이 있으면 위원장에게 기피신청을 할 수 있다.

③ 위원에 대한 제척신청이나 기피신청은 그 사유를 소명(疏明)한 문서로 하여야 한다. 다만, 불가피한 경우에는 신청한 날부터 3일 이내에 신청 사유를 소명할 수 있는 자료를 제출하여야 한다. <개정 2016. 3. 29.>

④ 제척신청이나 기피신청이 제3항을 위반하였을 때에는 위원장은 결정으로 이를 각하한다. <신설 2016. 3. 29.>

⑤ 위원장은 제척신청이나 기피신청의 대상이 된 위원에게서 그에 대한 의견을 받을 수 있다. <개정 2016. 3. 29.>

⑥ 위원장은 제척신청이나 기피신청을 받으면 제척 또는 기피 여부에 대한 결정을 하고, 지체 없이 신청인에게 결정서 정본(正本)을 송달하여야 한다. <개정 2016. 3. 29.>

⑦ 위원회의 회의에 참석하는 위원이 제척사유 또는 기피사유에 해당되는 것을 알게 되었을 때에는 스스로 그 사건의 심리·의결에서 회피할 수 있다. 이 경우 회피하고자 하는 위원은 위원장에게 그 사유를 소명하여야 한다. <개정 2016. 3. 29.>

⑧ 사건의 심리·의결에 관한 사무에 관여하는 위원 아닌 직원에게도 제1항부터 제7항까지의 규정을 준용한다. <개정 2016. 3. 29.>

**제11조 【벌칙 적용 시의 공무원 의제】** 위원 중 공무원이 아닌 위원은 「형법」과 그 밖의 법률에 따른 벌칙을 적용할 때에는 공무원으로 본다.

**제12조 【위원회의 권한 승계】** ① 당사자의 심판청구 후 위원회가 법령의 개정·폐지 또는 제17조 제5항에 따른 피청구인의 경정 결정에 따라 그 심판청구에 대하여 재결할 권한을 잃게 된 경우에는 해당

위원회는 심판청구서와 관계 서류, 그 밖의 자료를 새로 재결할 권한을 갖게 된 위원회에 보내야 한다.

② 제1항의 경우 송부를 받은 위원회는 지체 없이 그 사실을 다음 각 호의 자에게 알려야 한다.
1. 행정심판 청구인(이하 "청구인"이라 한다)
2. 행정심판 피청구인(이하 "피청구인"이라 한다)
3. 제20조 또는 제21조에 따라 심판참가를 하는 자(이하 "참가인"이라 한다)

# 제3장 당사자와 관계인

**제13조 【청구인 적격】** ① 취소심판은 처분의 취소 또는 변경을 구할 법률상 이익이 있는 자가 청구할 수 있다. 처분의 효과가 기간의 경과, 처분의 집행, 그 밖의 사유로 소멸된 뒤에도 그 처분의 취소로 회복되는 법률상 이익이 있는 자의 경우에도 또한 같다.

② 무효등확인심판은 처분의 효력 유무 또는 존재 여부의 확인을 구할 법률상 이익이 있는 자가 청구할 수 있다.

③ 의무이행심판은 처분을 신청한 자로서 행정청의 거부처분 또는 부작위에 대하여 일정한 처분을 구할 법률상 이익이 있는 자가 청구할 수 있다.

**제14조 【법인이 아닌 사단 또는 재단의 청구인 능력】** 법인이 아닌 사단 또는 재단으로서 대표자나 관리인이 정하여져 있는 경우에는 그 사단이나 재단의 이름으로 심판청구를 할 수 있다.

**제15조 【선정대표자】** ① 여러 명의 청구인이 공동으로 심판청구를 할 때에는 청구인들 중에서 3명 이하의 선정대표자를 선정할 수 있다.

② 청구인들이 제1항에 따라 선정대표자를 선정하지 아니한 경우에 위원회는 필요하다고 인정하면 청구인들에게 선정대표자를 선정할 것을 권고할 수 있다.

③ 선정대표자는 다른 청구인들을 위하여 그 사건에 관한 모든 행위를 할 수 있다. 다만, 심판청구를 취하하려면 다른 청구인들의 동의를 받아야 하며, 이 경우 동의받은 사실을 서면으로 소명하여야 한다.

④ 선정대표자가 선정되면 다른 청구인들은 그 선정대표자를 통해서만 그 사건에 관한 행위를 할 수 있다.

⑤ 선정대표자를 선정한 청구인들은 필요하다고 인정하면 선정대표자를 해임하거나 변경할 수 있다. 이 경우 청구인들은 그 사실을 지체 없이 위원회에 서면으로 알려야 한다.

**제16조【청구인의 지위 승계】** ① 청구인이 사망한 경우에는 상속인이나 그 밖에 법령에 따라 심판청구의 대상에 관계되는 권리나 이익을 승계한 자가 청구인의 지위를 승계한다.

② 법인인 청구인이 합병(合倂)에 따라 소멸하였을 때에는 합병 후 존속하는 법인이나 합병에 따라 설립된 법인이 청구인의 지위를 승계한다.

③ 제1항과 제2항에 따라 청구인의 지위를 승계한 자는 위원회에 서면으로 그 사유를 신고하여야 한다. 이 경우 신고서에는 사망 등에 의한 권리·이익의 승계 또는 합병 사실을 증명하는 서면을 함께 제출하여야 한다.

④ 제1항 또는 제2항의 경우에 제3항에 따른 신고가 있을 때까지 사망자나 합병 전의 법인에 대하여 한 통지 또는 그 밖의 행위가 청구인의 지위를 승계한 자에게 도달하면 지위를 승계한 자에 대한 통지 또는 그 밖의 행위로서의 효력이 있다.

⑤ 심판청구의 대상과 관계되는 권리나 이익을 양수한 자는 위원회의 허가를 받아 청구인의 지위를 승계할 수 있다.

⑥ 위원회는 제5항의 지위 승계 신청을 받으면 기간을 정하여 당사자와 참가인에게 의견을 제출하도록 할 수 있으며, 당사자와 참가인이 그 기간에 의견을 제출하지 아니하면 의견이 없는 것으로 본다.

⑦ 위원회는 제5항의 지위 승계 신청에 대하여 허가 여부를 결정하고, 지체 없이 신청인에게는 결정서 정본을, 당사자와 참가인에게는 결정서 등본을 송달하여야 한다.

⑧ 신청인은 위원회가 제5항의 지위 승계를 허가하지 아니하면 결정서 정본을 받은 날부터 7일 이내에 위원회에 이의신청을 할 수 있다.

**제17조【피청구인의 적격 및 경정】** ① 행정심판은 처분을 한 행정청(의무이행심판의 경우에는 청구인의 신청을 받은 행정청)을 피청구인으로 하여 청구하여야 한다. 다만, 심판청구의 대상과 관계되는 권한이 다른 행정청에 승계된 경우에는 권한을 승계한 행정청을 피청구인으로 하여야 한다.

② 청구인이 피청구인을 잘못 지정한 경우에는 위원회는 직권으로 또는 당사자의 신청에 의하여 결정으로써 피청구인을 경정(更正)할 수 있다.

③ 위원회는 제2항에 따라 피청구인을 경정하는 결정을 하면 결정서 정본을 당사자(종전의 피청구인과 새로운 피청구인을 포함한다. 이하 제6항에서 같다)에게 송달하여야 한다.

④ 제2항에 따른 결정이 있으면 종전의 피청구인에 대한 심판청구는 취하되고 종전의 피청구인에 대한 행정심판이 청구된 때에 새로운 피청구인에 대한 행정심판이 청구된 것으로 본다.

⑤ 위원회는 행정심판이 청구된 후에 제1항 단서의 사유가 발생하면 직권으로 또는 당사자의 신청에 의하여 결정으로써 피청구인을 경정한다. 이 경우에는 제3항과 제4항을 준용한다.

⑥ 당사자는 제2항 또는 제5항에 따른 위원회의 결정에 대하여 결정서 정본을 받은 날부터 7일 이내에 위원회에 이의신청을 할 수 있다.

**제18조【대리인의 선임】** ① 청구인은 법정대리인 외에 다음 각 호의 어느 하나에 해당하는 자를 대리인으로 선임할 수 있다.

1. 청구인의 배우자, 청구인 또는 배우자의 사촌 이내의 혈족

2. 청구인이 법인이거나 제14조에 따른 청구인 능력이 있는 법인이 아닌 사단 또는 재단인 경우 그 소속 임직원

3. 변호사

4. 다른 법률에 따라 심판청구를 대리할 수 있는 자

5. 그 밖에 위원회의 허가를 받은 자

② 피청구인은 그 소속 직원 또는 제1항제3호부터 제5호까지의 어느 하나에 해당하는 자를 대리인으로 선임할 수 있다.

③ 제1항과 제2항에 따른 대리인에 관하여는 제15조 제3항 및 제5항을 준용한다.

**제18조의2【국선대리인】** ① 청구인이 경제적 능력으로 인해 대리인을 선임할 수 없는 경우에는 위원회에 국선대리인을 선임하여 줄 것을 신청할 수 있다.

② 위원회는 제1항의 신청에 따른 국선대리인 선정 여부에 대한 결정을 하고, 지체 없이 청구인에게 그 결과를 통지하여야 한다. 이 경우 위원회는 심판청구가 명백히 부적법하거나 이유 없는 경우

또는 권리의 남용이라고 인정되는 경우에는 국선대리인을 선정하지 아니할 수 있다.

③ 국선대리인 신청절차, 국선대리인 지원 요건, 국선대리인의 자격·보수 등 국선대리인 운영에 필요한 사항은 국회규칙, 대법원규칙, 헌법재판소규칙, 중앙선거관리위원회규칙 또는 대통령령으로 정한다.

[본조신설 2017. 10. 31.]

**제19조【대표자 등의 자격】** ① 대표자·관리인·선정대표자 또는 대리인의 자격은 서면으로 소명하여야 한다.

② 청구인이나 피청구인은 대표자·관리인·선정대표자 또는 대리인이 그 자격을 잃으면 그 사실을 서면으로 위원회에 신고하여야 한다. 이 경우 소명자료를 함께 제출하여야 한다.

**제20조【심판참가】** ① 행정심판의 결과에 이해관계가 있는 제3자나 행정청은 해당 심판청구에 대한 제7조 제6항 또는 제8조 제7항에 따른 위원회나 소위원회의 의결이 있기 전까지 그 사건에 대하여 심판참가를 할 수 있다.

② 제1항에 따른 심판참가를 하려는 자는 참가의 취지와 이유를 적은 참가신청서를 위원회에 제출하여야 한다. 이 경우 당사자의 수만큼 참가신청서 부본을 함께 제출하여야 한다.

③ 위원회는 제2항에 따라 참가신청서를 받으면 참가신청서 부본을 당사자에게 송달하여야 한다.

④ 제3항의 경우 위원회는 기간을 정하여 당사자와 다른 참가인에게 제3자의 참가신청에 대한 의견을 제출하도록 할 수 있으며, 당사자와 다른 참가인이 그 기간에 의견을 제출하지 아니하면 의견이 없는 것으로 본다.

⑤ 위원회는 제2항에 따라 참가신청을 받으면 허가 여부를 결정하고, 지체 없이 신청인에게는 결정서 정본을, 당사자와 다른 참가인에게는 결정서 등본을 송달하여야 한다.

⑥ 신청인은 제5항에 따라 송달을 받은 날부터 7일 이내에 위원회에 이의신청을 할 수 있다.

**제21조【심판참가의 요구】** ① 위원회는 필요하다고 인정하면 그 행정심판 결과에 이해관계가 있는 제3자나 행정청에 그 사건 심판에 참가할 것을 요구할 수 있다.

② 제1항의 요구를 받은 제3자나 행정청은 지체 없이 그 사건 심판에 참가할 것인지 여부를 위원회에 통지하여야 한다.

**제22조【참가인의 지위】** ① 참가인은 행정심판 절차에서 당사자가 할 수 있는 심판절차상의 행위를 할 수 있다.

② 이 법에 따라 당사자가 위원회에 서류를 제출할 때에는 참가인의 수만큼 부본을 제출하여야 하고, 위원회가 당사자에게 통지를 하거나 서류를 송달할 때에는 참가인에게도 통지하거나 송달하여야 한다.

③ 참가인의 대리인 선임과 대표자 자격 및 서류 제출에 관하여는 제18조, 제19조 및 이 조 제2항을 준용한다.

# 제4장 행정심판 청구

**제23조【심판청구서의 제출】** ① 행정심판을 청구하려는 자는 제28조에 따라 심판청구서를 작성하여 피청구인이나 위원회에 제출하여야 한다. 이 경우 피청구인의 수만큼 심판청구서 부본을 함께 제출하여야 한다.

② 행정청이 제58조에 따른 고지를 하지 아니하거나 잘못 고지하여 청구인이 심판청구서를 다른 행정기관에 제출한 경우에는 그 행정기관은 그 심판청구서를 지체 없이 정당한 권한이 있는 피청구인에게 보내야 한다.

③ 제2항에 따라 심판청구서를 보낸 행정기관은 지체 없이 그 사실을 청구인에게 알려야 한다.

④ 제27조에 따른 심판청구 기간을 계산할 때에는 제1항에 따른 피청구인이나 위원회 또는 제2항에 따른 행정기관에 심판청구서가 제출되었을 때에 행정심판이 청구된 것으로 본다.

**제24조【피청구인의 심판청구서 등의 접수·처리】** ① 피청구인이 제23조 제1항·제2항 또는 제26조 제1항에 따라 심판청구서를 접수하거나 송부받으면 10일 이내에 심판청구서(제23조 제1항·제2항의 경우만 해당된다)와 답변서를 위원회에 보내야 한다. 다만, 청구인이 심판청구를 취하한 경우에는 그러하지 아니하다.

② 피청구인은 처분의 상대방이 아닌 제3자가 심판청구를 한 경우에는 지체 없이 처분의 상대방에게 그 사실을 알려야 한다. 이 경우 심판청구서 사본을 함께 송달하여야 한다.

③ 피청구인이 제1항 본문에 따라 심판청구서를 보낼 때에는 심판청구서에 위원회가 표시되지 아니하였거나 잘못 표시된 경우에도 정당한 권한이 있는 위원회에 보내야 한다.

④ 피청구인은 제1항 본문에 따라 답변서를 보낼 때에는 청구인의 수만큼 답변서 부본을 함께 보내되, 답변서에는 다음 각 호의 사항을 명확하게 적어야 한다.

1. 처분이나 부작위의 근거와 이유
2. 심판청구의 취지와 이유에 대응하는 답변
3. 제2항에 해당하는 경우에는 처분의 상대방의 이름·주소·연락처와 제2항의 의무 이행 여부

⑤ 제2항과 제3항의 경우에 피청구인은 송부 사실을 지체 없이 청구인에게 알려야 한다.

⑥ 중앙행정심판위원회에서 심리·재결하는 사건인 경우 피청구인은 제1항에 따라 위원회에 심판청구서 또는 답변서를 보낼 때에는 소관 중앙행정기관의 장에게도 그 심판청구·답변의 내용을 알려야 한다.

**제25조【피청구인의 직권취소등】** ① 제23조 제1항·제2항 또는 제26조 제1항에 따라 심판청구서를 받은 피청구인은 그 심판청구가 이유 있다고 인정하면 심판청구의 취지에 따라 직권으로 처분을 취소·변경하거나 확인을 하거나 신청에 따른 처분(이하 이 조에서 "직권취소등"이라 한다)을 할 수 있다. 이 경우 서면으로 청구인에게 알려야 한다.

② 피청구인은 제1항에 따라 직권취소등을 하였을 때에는 청구인이 심판청구를 취하한 경우가 아니면 제24조 제1항 본문에 따라 심판청구서·답변서를 보낼 때 직권취소등의 사실을 증명하는 서류를 위원회에 함께 제출하여야 한다.

**제26조【위원회의 심판청구서 등의 접수·처리】** ① 위원회는 제23조 제1항에 따라 심판청구서를 받으면 지체 없이 피청구인에게 심판청구서 부본을 보내야 한다.

② 위원회는 제24조 제1항 본문에 따라 피청구인으로부터 답변서가 제출되면 답변서 부본을 청구인에게 송달하여야 한다.

**제27조【심판청구의 기간】** ① 행정심판은 처분이 있음을 알게 된 날부터 90일 이내에 청구하여야 한다.

② 청구인이 천재지변, 전쟁, 사변(事變), 그 밖의 불가항력으로 인하여 제1항에서 정한 기간에 심판청구를 할 수 없었을 때에는 그 사유가 소멸한 날부터 14일 이내에 행정심판을 청구할 수 있다. 다만, 국외에서 행정심판을 청구하는 경우에는 그 기간을 30일로 한다.

③ 행정심판은 처분이 있었던 날부터 180일이 지나면 청구하지 못한다. 다만, 정당한 사유가 있는 경우에는 그러하지 아니하다.

④ 제1항과 제2항의 기간은 불변기간(不變期間)으로 한다.

⑤ 행정청이 심판청구 기간을 제1항에 규정된 기간보다 긴 기간으로 잘못 알린 경우 그 잘못 알린 기간에 심판청구가 있으면 그 행정심판은 제1항에 규정된 기간에 청구된 것으로 본다.

⑥ 행정청이 심판청구 기간을 알리지 아니한 경우에는 제3항에 규정된 기간에 심판청구를 할 수 있다.

⑦ 제1항부터 제6항까지의 규정은 무효등확인심판청구와 부작위에 대한 의무이행심판청구에는 적용하지 아니한다.

**제28조【심판청구의 방식】** ① 심판청구는 서면으로 하여야 한다.

② 처분에 대한 심판청구의 경우에는 심판청구서에 다음 각 호의 사항이 포함되어야 한다.

1. 청구인의 이름과 주소 또는 사무소(주소 또는 사무소 외의 장소에서 송달받기를 원하면 송달장소를 추가로 적어야 한다)
2. 피청구인과 위원회
3. 심판청구의 대상이 되는 처분의 내용
4. 처분이 있음을 알게 된 날
5. 심판청구의 취지와 이유
6. 피청구인의 행정심판 고지 유무와 그 내용

③ 부작위에 대한 심판청구의 경우에는 제2항 제1호·제2호·제5호의 사항과 그 부작위의 전제가 되는 신청의 내용과 날짜를 적어야 한다.

④ 청구인이 법인이거나 제14조에 따른 청구인 능력이 있는 법인이 아닌 사단 또는 재단이거나 행정심판이 선정대표자나 대리인에 의하여 청구되는

것일 때에는 제2항 또는 제3항의 사항과 함께 그 대표자·관리인·선정대표자 또는 대리인의 이름과 주소를 적어야 한다.

⑤ 심판청구서에는 청구인·대표자·관리인·선정대표자 또는 대리인이 서명하거나 날인하여야 한다.

제29조【청구의 변경】 ① 청구인은 청구의 기초에 변경이 없는 범위에서 청구의 취지나 이유를 변경할 수 있다.

② 행정심판이 청구된 후에 피청구인이 새로운 처분을 하거나 심판청구의 대상인 처분을 변경한 경우에는 청구인은 새로운 처분이나 변경된 처분에 맞추어 청구의 취지나 이유를 변경할 수 있다.

③ 제1항 또는 제2항에 따른 청구의 변경은 서면으로 신청하여야 한다. 이 경우 피청구인과 참가인의 수만큼 청구변경신청서 부본을 함께 제출하여야 한다.

④ 위원회는 제3항에 따른 청구변경신청서 부본을 피청구인과 참가인에게 송달하여야 한다.

⑤ 제4항의 경우 위원회는 기간을 정하여 피청구인과 참가인에게 청구변경 신청에 대한 의견을 제출하도록 할 수 있으며, 피청구인과 참가인이 그 기간에 의견을 제출하지 아니하면 의견이 없는 것으로 본다.

⑥ 위원회는 제1항 또는 제2항의 청구변경 신청에 대하여 허가할 것인지 여부를 결정하고, 지체 없이 신청인에게는 결정서 정본을, 당사자 및 참가인에게는 결정서 등본을 송달하여야 한다.

⑦ 신청인은 제6항에 따라 송달을 받은 날부터 7일 이내에 위원회에 이의신청을 할 수 있다.

⑧ 청구의 변경결정이 있으면 처음 행정심판이 청구되었을 때부터 변경된 청구의 취지나 이유로 행정심판이 청구된 것으로 본다.

제30조【집행정지】 ① 심판청구는 처분의 효력이나 그 집행 또는 절차의 속행(續行)에 영향을 주지 아니한다.

② 위원회는 처분, 처분의 집행 또는 절차의 속행 때문에 중대한 손해가 생기는 것을 예방할 필요성이 긴급하다고 인정할 때에는 직권으로 또는 당사자의 신청에 의하여 처분의 효력, 처분의 집행 또는 절차의 속행의 전부 또는 일부의 정지(이하 "집행정지"라 한다)를 결정할 수 있다. 다만, 처분의 효력정지는 처분의 집행 또는 절차의 속행을 정지함으로써 그 목적을 달성할 수 있을 때에는 허용되지 아니한다.

③ 집행정지는 공공복리에 중대한 영향을 미칠 우려가 있을 때에는 허용되지 아니한다.

④ 위원회는 집행정지를 결정한 후에 집행정지가 공공복리에 중대한 영향을 미치거나 그 정지사유가 없어진 경우에는 직권으로 또는 당사자의 신청에 의하여 집행정지 결정을 취소할 수 있다.

⑤ 집행정지 신청은 심판청구와 동시에 또는 심판청구에 대한 제7조 제6항 또는 제8조 제7항에 따른 위원회나 소위원회의 의결이 있기 전까지, 집행정지 결정의 취소신청은 심판청구에 대한 제7조 제6항 또는 제8조 제7항에 따른 위원회나 소위원회의 의결이 있기 전까지 신청의 취지와 원인을 적은 서면을 위원회에 제출하여야 한다. 다만, 심판청구서를 피청구인에게 제출한 경우로서 심판청구와 동시에 집행정지 신청을 할 때에는 심판청구서 사본과 접수증명서를 함께 제출하여야 한다.

⑥ 제2항과 제4항에도 불구하고 위원회의 심리·결정을 기다릴 경우 중대한 손해가 생길 우려가 있다고 인정되면 위원장은 직권으로 위원회의 심리·결정을 갈음하는 결정을 할 수 있다. 이 경우 위원장은 지체 없이 위원회에 그 사실을 보고하고 추인(追認)을 받아야 하며, 위원회의 추인을 받지 못하면 위원장은 집행정지 또는 집행정지 취소에 관한 결정을 취소하여야 한다.

⑦ 위원회는 집행정지 또는 집행정지의 취소에 관하여 심리·결정하면 지체 없이 당사자에게 결정서 정본을 송달하여야 한다.

제31조【임시처분】 ① 위원회는 처분 또는 부작위가 위법·부당하다고 상당히 의심되는 경우로서 처분 또는 부작위 때문에 당사자가 받을 우려가 있는 중대한 불이익이나 당사자에게 생길 급박한 위험을 막기 위하여 임시지위를 정하여야 할 필요가 있는 경우에는 직권으로 또는 당사자의 신청에 의하여 임시처분을 결정할 수 있다.

② 제1항에 따른 임시처분에 관하여는 제30조 제3항부터 제7항까지를 준용한다. 이 경우 같은 조 제6항 전단 중 "중대한 손해가 생길 우려"는 "중대한 불이익이나 급박한 위험이 생길 우려"로 본다.

③ 제1항에 따른 임시처분은 제30조 제2항에 따른 집행정지로 목적을 달성할 수 있는 경우에는 허용되지 아니한다.

## 제5장 심리

**제32조【보정】** ① 위원회는 심판청구가 적법하지 아니하나 보정(補正)할 수 있다고 인정하면 기간을 정하여 청구인에게 보정할 것을 요구할 수 있다. 다만, 경미한 사항은 직권으로 보정할 수 있다.

② 청구인은 제1항의 요구를 받으면 서면으로 보정하여야 한다. 이 경우 다른 당사자의 수만큼 보정서 부본을 함께 제출하여야 한다.

③ 위원회는 제2항에 따라 제출된 보정서 부본을 지체 없이 다른 당사자에게 송달하여야 한다.

④ 제1항에 따른 보정을 한 경우에는 처음부터 적법하게 행정심판이 청구된 것으로 본다.

⑤ 제1항에 따른 보정기간은 제45조에 따른 재결기간에 산입하지 아니한다.

**제33조【주장의 보충】** ① 당사자는 심판청구서·보정서·답변서·참가신청서 등에서 주장한 사실을 보충하고 다른 당사자의 주장을 다시 반박하기 위하여 필요하면 위원회에 보충서면을 제출할 수 있다. 이 경우 다른 당사자의 수만큼 보충서면 부본을 함께 제출하여야 한다.

② 위원회는 필요하다고 인정하면 보충서면의 제출기한을 정할 수 있다.

③ 위원회는 제1항에 따라 보충서면을 받으면 지체 없이 다른 당사자에게 그 부본을 송달하여야 한다.

**제34조【증거서류 등의 제출】** ① 당사자는 심판청구서·보정서·답변서·참가신청서·보충서면 등에 덧붙여 그 주장을 뒷받침하는 증거서류나 증거물을 제출할 수 있다.

② 제1항의 증거서류에는 다른 당사자의 수만큼 증거서류 부본을 함께 제출하여야 한다.

③ 위원회는 당사자가 제출한 증거서류의 부본을 지체 없이 다른 당사자에게 송달하여야 한다.

**제35조【자료의 제출 요구 등】** ① 위원회는 사건 심리에 필요하면 관계 행정기관이 보관 중인 관련 문서, 장부, 그 밖에 필요한 자료를 제출할 것을 요구할 수 있다.

② 위원회는 필요하다고 인정하면 사건과 관련된 법령을 주관하는 행정기관이나 그 밖의 관계 행정기관의 장 또는 그 소속 공무원에게 위원회 회의에 참석하여 의견을 진술할 것을 요구하거나 의견서를 제출할 것을 요구할 수 있다.

③ 관계 행정기관의 장은 특별한 사정이 없으면 제1항과 제2항에 따른 위원회의 요구에 따라야 한다.

④ 중앙행정심판위원회에서 심리·재결하는 심판청구의 경우 소관 중앙행정기관의 장은 의견서를 제출하거나 위원회에 출석하여 의견을 진술할 수 있다.

**제36조【증거조사】** ① 위원회는 사건을 심리하기 위하여 필요하면 직권으로 또는 당사자의 신청에 의하여 다음 각 호의 방법에 따라 증거조사를 할 수 있다.

1. 당사자나 관계인(관계 행정기관 소속 공무원을 포함한다. 이하 같다)을 위원회의 회의에 출석하게 하여 신문(訊問)하는 방법
2. 당사자나 관계인이 가지고 있는 문서·장부·물건 또는 그 밖의 증거자료의 제출을 요구하고 영치(領置)하는 방법
3. 특별한 학식과 경험을 가진 제3자에게 감정을 요구하는 방법
4. 당사자 또는 관계인의 주소·거소·사업장이나 그 밖의 필요한 장소에 출입하여 당사자 또는 관계인에게 질문하거나 서류·물건 등을 조사·검증하는 방법

② 위원회는 필요하면 위원회가 소속된 행정청의 직원이나 다른 행정기관에 촉탁하여 제1항의 증거조사를 하게 할 수 있다.

③ 제1항에 따른 증거조사를 수행하는 사람은 그 신분을 나타내는 증표를 지니고 이를 당사자나 관계인에게 내보여야 한다.

④ 제1항에 따른 당사자 등은 위원회의 조사나 요구 등에 성실하게 협조하여야 한다.

**제37조【절차의 병합 또는 분리】** 위원회는 필요하면 관련되는 심판청구를 병합하여 심리하거나 병합된 관련 청구를 분리하여 심리할 수 있다.

**제38조【심리기일의 지정과 변경】** ① 심리기일은 위원회가 직권으로 지정한다.

② 심리기일의 변경은 직권으로 또는 당사자의 신청에 의하여 한다.

③ 위원회는 심리기일이 변경되면 지체 없이 그 사실과 사유를 당사자에게 알려야 한다.

④ 심리기일의 통지나 심리기일 변경의 통지는 서면으로 하거나 심판청구서에 적힌 전화, 휴대전화를 이용한 문자전송, 팩시밀리 또는 전자우편 등 간편한 통지 방법(이하 "간이통지방법"이라 한다)으로 할 수 있다.

**제39조【직권심리】** 위원회는 필요하면 당사자가 주장하지 아니한 사실에 대하여도 심리할 수 있다.

**제40조【심리의 방식】** ① 행정심판의 심리는 구술심리나 서면심리로 한다. 다만, 당사자가 구술심리를 신청한 경우에는 서면심리만으로 결정할 수 있다고 인정되는 경우 외에는 구술심리를 하여야 한다.

② 위원회는 제1항 단서에 따라 구술심리 신청을 받으면 그 허가 여부를 결정하여 신청인에게 알려야 한다.

③ 제2항의 통지는 간이통지방법으로 할 수 있다.

**제41조【발언 내용 등의 비공개】** 위원회에서 위원이 발언한 내용이나 그 밖에 공개되면 위원회의 심리·재결의 공정성을 해칠 우려가 있는 사항으로서 대통령령으로 정하는 사항은 공개하지 아니한다.

**제42조【심판청구 등의 취하】** ① 청구인은 심판청구에 대하여 제7조 제6항 또는 제8조 제7항에 따른 의결이 있을 때까지 서면으로 심판청구를 취하할 수 있다.

② 참가인은 심판청구에 대하여 제7조 제6항 또는 제8조 제7항에 따른 의결이 있을 때까지 서면으로 참가신청을 취하할 수 있다.

③ 제1항 또는 제2항에 따른 취하서에는 청구인이나 참가인이 서명하거나 날인하여야 한다.

④ 청구인 또는 참가인은 취하서를 피청구인 또는 위원회에 제출하여야 한다. 이 경우 제23조 제2항부터 제4항까지의 규정을 준용한다.

⑤ 피청구인 또는 위원회는 계속 중인 사건에 대하여 제1항 또는 제2항에 따른 취하서를 받으면 지체 없이 다른 관계 기관, 청구인, 참가인에게 취하 사실을 알려야 한다.

# 제6장 재결

**제43조【재결의 구분】** ① 위원회는 심판청구가 적법하지 아니하면 그 심판청구를 각하(却下)한다.

② 위원회는 심판청구가 이유가 없다고 인정하면 그 심판청구를 기각(棄却)한다.

③ 위원회는 취소심판의 청구가 이유가 있다고 인정하면 처분을 취소 또는 다른 처분으로 변경하거나 처분을 다른 처분으로 변경할 것을 피청구인에게 명한다.

④ 위원회는 무효등확인심판의 청구가 이유가 있다고 인정하면 처분의 효력 유무 또는 처분의 존재 여부를 확인한다.

⑤ 위원회는 의무이행심판의 청구가 이유가 있다고 인정하면 지체 없이 신청에 따른 처분을 하거나 처분을 할 것을 피청구인에게 명한다.

**제43조의2【조정】** ① 위원회는 당사자의 권리 및 권한의 범위에서 당사자의 동의를 받아 심판청구의 신속하고 공정한 해결을 위하여 조정을 할 수 있다. 다만, 그 조정이 공공복리에 적합하지 아니하거나 해당 처분의 성질에 반하는 경우에는 그러하지 아니하다.

② 위원회는 제1항의 조정을 함에 있어서 심판청구된 사건의 법적·사실적 상태와 당사자 및 이해관계자의 이익 등 모든 사정을 참작하고, 조정의 이유와 취지를 설명하여야 한다.

③ 조정은 당사자가 합의한 사항을 조정서에 기재한 후 당사자가 서명 또는 날인하고 위원회가 이를 확인함으로써 성립한다.

④ 제3항에 따른 조정에 대하여는 제48조부터 제50조까지, 제50조의2, 제51조의 규정을 준용한다. [본조신설 2017. 10. 31.]

**제44조【사정재결】** ① 위원회는 심판청구가 이유가 있다고 인정하는 경우에도 이를 인용(認容)하는 것이 공공복리에 크게 위배된다고 인정하면 그 심판청구를 기각하는 재결을 할 수 있다. 이 경우 위원회는 재결의 주문(主文)에서 그 처분 또는 부작위가 위법하거나 부당하다는 것을 구체적으로 밝혀야 한다.

② 위원회는 제1항에 따른 재결을 할 때에는 청구인에 대하여 상당한 구제방법을 취하거나 상당한 구제방법을 취할 것을 피청구인에게 명할 수 있다.

③ 제1항과 제2항은 무효등확인심판에는 적용하지 아니한다.

**제45조【재결 기간】** ① 재결은 제23조에 따라 피청구인 또는 위원회가 심판청구서를 받은 날부터 60일 이내에 하여야 한다. 다만, 부득이한 사정이 있는 경우에는 위원장이 직권으로 30일을 연장할 수 있다.

② 위원장은 제1항 단서에 따라 재결 기간을 연장할 경우에는 재결 기간이 끝나기 7일 전까지 당사자에게 알려야 한다.

**제46조【재결의 방식】** ① 재결은 서면으로 한다.

② 제1항에 따른 재결서에는 다음 각 호의 사항이 포함되어야 한다.

1. 사건번호와 사건명
2. 당사자·대표자 또는 대리인의 이름과 주소
3. 주문
4. 청구의 취지
5. 이유
6. 재결한 날짜

③ 재결서에 적는 이유에는 주문 내용이 정당하다는 것을 인정할 수 있는 정도의 판단을 표시하여야 한다.

**제47조【재결의 범위】** ① 위원회는 심판청구의 대상이 되는 처분 또는 부작위 외의 사항에 대하여는 재결하지 못한다.

② 위원회는 심판청구의 대상이 되는 처분보다 청구인에게 불리한 재결을 하지 못한다.

**제48조【재결의 송달과 효력 발생】** ① 위원회는 지체 없이 당사자에게 재결서의 정본을 송달하여야 한다. 이 경우 중앙행정심판위원회는 재결 결과를 소관 중앙행정기관의 장에게도 알려야 한다.

② 재결은 청구인에게 제1항 전단에 따라 송달되었을 때에 그 효력이 생긴다.

③ 위원회는 재결서의 등본을 지체 없이 참가인에게 송달하여야 한다.

④ 처분의 상대방이 아닌 제3자가 심판청구를 한 경우 위원회는 재결서의 등본을 지체 없이 피청구인을 거쳐 처분의 상대방에게 송달하여야 한다.

**제49조【재결의 기속력 등】** ① 심판청구를 인용하는 재결은 피청구인과 그 밖의 관계 행정청을 기속(羈束)한다.

② 재결에 의하여 취소되거나 무효 또는 부존재로 확인되는 처분이 당사자의 신청을 거부하는 것을 내용으로 하는 경우에는 그 처분을 한 행정청은 재결의 취지에 따라 다시 이전의 신청에 대한 처분을 하여야 한다. <신설 2017. 4. 18.>

③ 당사자의 신청을 거부하거나 부작위로 방치한 처분의 이행을 명하는 재결이 있으면 행정청은 지체 없이 이전의 신청에 대하여 재결의 취지에 따라 처분을 하여야 한다. <개정 2017. 4. 18.>

④ 신청에 따른 처분이 절차의 위법 또는 부당을 이유로 재결로써 취소된 경우에는 제2항을 준용한다. <개정 2017. 4. 18.>

⑤ 법령의 규정에 따라 공고하거나 고시한 처분이 재결로써 취소되거나 변경되면 처분을 한 행정청은 지체 없이 그 처분이 취소 또는 변경되었다는 것을 공고하거나 고시하여야 한다. <개정 2017. 4. 18.>

⑥ 법령의 규정에 따라 처분의 상대방 외의 이해관계인에게 통지된 처분이 재결로써 취소되거나 변경되면 처분을 한 행정청은 지체 없이 그 이해관계인에게 그 처분이 취소 또는 변경되었다는 것을 알려야 한다. <개정 2017. 4. 18.>

**제50조【위원회의 직접 처분】** ① 위원회는 피청구인이 제49조 제3항에도 불구하고 처분을 하지 아니하는 경우에는 당사자가 신청하면 기간을 정하여 서면으로 시정을 명하고 그 기간에 이행하지 아니하면 직접 처분을 할 수 있다. 다만, 그 처분의 성질이나 그 밖의 불가피한 사유로 위원회가 직접 처분을 할 수 없는 경우에는 그러하지 아니하다. <개정 2017. 4. 18.>

② 위원회는 제1항 본문에 따라 직접 처분을 하였을 때에는 그 사실을 해당 행정청에 통보하여야 하며, 그 통보를 받은 행정청은 위원회가 한 처분을 자기가 한 처분으로 보아 관계 법령에 따라 관리·감독 등 필요한 조치를 하여야 한다.

**제50조의2【위원회의 간접강제】** ① 위원회는 피청구인이 제49조 제2항(제49조 제4항에서 준용하는 경우를 포함한다) 또는 제3항에 따른 처분을 하지 아니하면 청구인의 신청에 의하여 결정으로 상당한 기간을 정하고 피청구인이 그 기간 내에 이행하지 아니하는 경우에는 그 지연기간에 따라 일정한 배상을 하도록 명하거나 즉시 배상을 할 것을 명할 수 있다.

② 위원회는 사정의 변경이 있는 경우에는 당사자의 신청에 의하여 제1항에 따른 결정의 내용을 변경할 수 있다.

③ 위원회는 제1항 또는 제2항에 따른 결정을 하기 전에 신청 상대방의 의견을 들어야 한다.

④ 청구인은 제1항 또는 제2항에 따른 결정에 불복하는 경우 그 결정에 대하여 행정소송을 제기할 수 있다.

⑤ 제1항 또는 제2항에 따른 결정의 효력은 피청구인인 행정청이 소속된 국가·지방자치단체 또는 공공단체에 미치며, 결정서 정본은 제4항에 따른 소송제기와 관계없이 「민사집행법」에 따른 강제집행에 관하여는 집행권원과 같은 효력을 가진다. 이 경우 집행문은 위원장의 명에 따라 위원회가 소속된 행정청 소속 공무원이 부여한다.

⑥ 간접강제 결정에 기초한 강제집행에 관하여 이 법에 특별한 규정이 없는 사항에 대하여는 「민사집행법」의 규정을 준용한다. 다만, 「민사집행법」 제33조(집행문부여의 소), 제34조(집행문부여 등에 관한 이의신청), 제44조(청구에 관한 이의의 소) 및 제45조(집행문부여에 대한 이의의 소)에서 관할 법원은 피청구인의 소재지를 관할하는 행정법원으로 한다.

[본조신설 2017. 4. 18.]

제51조【행정심판 재청구의 금지】 심판청구에 대한 재결이 있으면 그 재결 및 같은 처분 또는 부작위에 대하여 다시 행정심판을 청구할 수 없다.

## 제7장 전자정보처리조직을 통한 행정심판 절차의 수행

제52조【전자정보처리조직을 통한 심판청구 등】 ① 이 법에 따른 행정심판 절차를 밟는 자는 심판청구서와 그 밖의 서류를 전자문서화하고 이를 정보통신망을 이용하여 위원회에서 지정·운영하는 전자정보처리조직(행정심판 절차에 필요한 전자문서를 작성·제출·송달할 수 있도록 하는 하드웨어, 소프트웨어, 데이터베이스, 네트워크, 보안요소 등을 결합하여 구축한 정보처리능력을 갖춘 전자적 장치를 말한다. 이하 같다)을 통하여 제출할 수 있다.

② 제1항에 따라 제출된 전자문서는 이 법에 따라 제출된 것으로 보며, 부본을 제출할 의무는 면제된다.

③ 제1항에 따라 제출된 전자문서는 그 문서를 제출한 사람이 정보통신망을 통하여 전자정보처리조직에서 제공하는 접수번호를 확인하였을 때에 전자정보처리조직에 기록된 내용으로 접수된 것으로 본다.

④ 전자정보처리조직을 통하여 접수된 심판청구의 경우 제27조에 따른 심판청구 기간을 계산할 때에는 제3항에 따른 접수가 되었을 때 행정심판이 청구된 것으로 본다.

⑤ 전자정보처리조직의 지정내용, 전자정보처리조직을 이용한 심판청구서 등의 접수와 처리 등에 관하여 필요한 사항은 국회규칙, 대법원규칙, 헌법재판소규칙, 중앙선거관리위원회규칙 또는 대통령령으로 정한다.

제53조【전자서명등】 ① 위원회는 전자정보처리조직을 통하여 행정심판 절차를 밟으려는 자에게 본인(本人)임을 확인할 수 있는 「전자서명법」 제2조 제2호에 따른 전자서명(서명자의 실지명의를 확인할 수 있는 것을 말한다)이나 그 밖의 인증(이하 이 조에서 "전자서명등"이라 한다)을 요구할 수 있다. <개정 2020. 6. 9.>

② 제1항에 따라 전자서명등을 한 자는 이 법에 따른 서명 또는 날인을 한 것으로 본다.

③ 전자서명등에 필요한 사항은 국회규칙, 대법원규칙, 헌법재판소규칙, 중앙선거관리위원회규칙 또는 대통령령으로 정한다.

제54조【전자정보처리조직을 이용한 송달 등】 ① 피청구인 또는 위원회는 제52조 제1항에 따라 행정심판을 청구하거나 심판참가를 한 자에게 전자정보처리조직과 그와 연계된 정보통신망을 이용하여 재결서나 이 법에 따른 각종 서류를 송달할 수 있다. 다만, 청구인이나 참가인이 동의하지 아니하는 경우에는 그러하지 아니하다.

② 제1항 본문의 경우 위원회는 송달하여야 하는 재결서 등 서류를 전자정보처리조직에 입력하여 등재한 다음 그 등재 사실을 국회규칙, 대법원규칙, 헌법재판소규칙, 중앙선거관리위원회규칙 또는 대통령령으로 정하는 방법에 따라 전자우편 등으로 알려야 한다.

③ 제1항에 따른 전자정보처리조직을 이용한 서류 송달은 서면으로 한 것과 같은 효력을 가진다.

④ 제1항에 따른 서류의 송달은 청구인이 제2항에 따라 등재된 전자문서를 확인한 때에 전자정보처리조직에 기록된 내용으로 도달한 것으로 본다. 다만, 제2항에 따라 그 등재사실을 통지한 날부터 2주 이내(재결서 외의 서류는 7일 이내)에 확인하지 아니하였을 때에는 등재사실을 통지한 날부터 2주가 지난 날(재결서 외의 서류는 7일이 지난 날)에 도달한 것으로 본다.

⑤ 서면으로 심판청구 또는 심판참가를 한 자가 전자정보처리조직의 이용을 신청한 경우에는 제52조·제53조 및 이 조를 준용한다.

⑥ 위원회, 피청구인, 그 밖의 관계 행정기관 간의 서류의 송달 등에 관하여는 제52조·제53조 및 이 조를 준용한다.

⑦ 제1항 본문에 따른 송달의 방법이나 그 밖에 필요한 사항은 국회규칙, 대법원규칙, 헌법재판소규칙, 중앙선거관리위원회규칙 또는 대통령령으로 정한다.

## 제8장 보칙

제55조【증거서류 등의 반환】 위원회는 재결을 한 후 증거서류 등의 반환 신청을 받으면 신청인이 제출한 문서·장부·물건이나 그 밖의 증거자료의 원본(原本)을 지체 없이 제출자에게 반환하여야 한다.

제56조【주소 등 송달장소 변경의 신고의무】 당사자, 대리인, 참가인 등은 주소나 사무소 또는 송달장소를 바꾸면 그 사실을 바로 위원회에 서면으로 또는 전자정보처리조직을 통하여 신고하여야 한다. 제54조 제2항에 따른 전자우편주소 등을 바꾼 경우에도 또한 같다.

제57조【서류의 송달】 이 법에 따른 서류의 송달에 관하여는 「민사소송법」 중 송달에 관한 규정을 준용한다.

제58조【행정심판의 고지】 ① 행정청이 처분을 할 때에는 처분의 상대방에게 다음 각 호의 사항을 알려야 한다.

1. 해당 처분에 대하여 행정심판을 청구할 수 있는지
2. 행정심판을 청구하는 경우의 심판청구 절차 및 심판청구 기간

② 행정청은 이해관계인이 요구하면 다음 각 호의 사항을 지체 없이 알려 주어야 한다. 이 경우 서면으로 알려 줄 것을 요구받으면 서면으로 알려 주어야 한다.

1. 해당 처분이 행정심판의 대상이 되는 처분인지
2. 행정심판의 대상이 되는 경우 소관 위원회 및 심판청구 기간

제59조【불합리한 법령 등의 개선】 ① 중앙행정심판위원회는 심판청구를 심리·재결할 때에 처분 또는 부작위의 근거가 되는 명령 등(대통령령·총리령·부령·훈령·예규·고시·조례·규칙 등을 말한다. 이하 같다)이 법령에 근거가 없거나 상위 법령에 위배되거나 국민에게 과도한 부담을 주는 등 크게 불합리하면 관계 행정기관에 그 명령 등의 개정·폐지 등 적절한 시정조치를 요청할 수 있다. 이 경우 중앙행정심판위원회는 시정조치를 요청한 사실을 법제처장에게 통보하여야 한다. <개정 2016. 3. 29.>

② 제1항에 따른 요청을 받은 관계 행정기관은 정당한 사유가 없으면 이에 따라야 한다.

제60조【조사·지도 등】 ① 중앙행정심판위원회는 행정청에 대하여 다음 각 호의 사항 등을 조사하고, 필요한 지도를 할 수 있다.

1. 위원회 운영 실태
2. 재결 이행 상황
3. 행정심판의 운영 현황

② 행정청은 이 법에 따른 행정심판을 거쳐 「행정소송법」에 따른 항고소송이 제기된 사건에 대하여 그 내용이나 결과 등 대통령령으로 정하는 사항을 반기마다 그 다음 달 15일까지 해당 심판청구에 대한 재결을 한 중앙행정심판위원회 또는 제6조 제3항에 따라 시·도지사 소속으로 두는 행정심판위원회에 알려야 한다.

③ 제6조 제3항에 따라 시·도지사 소속으로 두는 행정심판위원회는 중앙행정심판위원회가 요청하면 제2항에 따라 수집한 자료를 제출하여야 한다.

제61조【권한의 위임】 이 법에 따른 위원회의 권한 중 일부를 국회규칙, 대법원규칙, 헌법재판소규칙, 중앙선거관리위원회규칙 또는 대통령령으로 정하는 바에 따라 위원장에게 위임할 수 있다.

# 비송사건절차법 총칙

[시행 2020. 8. 5.]
[법률 제16912호, 2020. 2. 4., 타법개정]

**제1조【적용 범위】** 이 편(編)의 규정은 법원의 관할에 속하는 비송사건(非訟事件, 이하 "사건"이라 한다) 중 이 법 또는 그 밖의 다른 법령에 특별한 규정이 있는 경우를 제외한 모든 사건에 적용한다.
[전문개정 2013. 5. 28.]

**제2조【관할법원】** ① 법원의 토지 관할이 주소에 의하여 정하여질 경우 대한민국에 주소가 없을 때 또는 대한민국 내의 주소를 알지 못할 때에는 거소지(居所地)의 지방법원이 사건을 관할한다.
② 거소가 없을 때 또는 거소를 알지 못할 때에는 마지막 주소지의 지방법원이 사건을 관할한다.
③ 마지막 주소가 없을 때 또는 그 주소를 알지 못할 때에는 재산이 있는 곳 또는 대법원이 있는 곳을 관할하는 지방법원이 사건을 관할한다.
[전문개정 2013. 5. 28.]

**제3조【우선관할 및 이송】** 관할법원이 여러 개인 경우에는 최초로 사건을 신청받은 법원이 그 사건을 관할한다. 이 경우 해당 법원은 신청에 의하여 또는 직권으로 적당하다고 인정하는 다른 관할법원에 그 사건을 이송할 수 있다.
[전문개정 2013. 5. 28.]

**제4조【관할법원의 지정】** ① 관할법원의 지정은 여러 개의 법원의 토지 관할에 관하여 의문이 있을 때에 한다.
② 관할법원의 지정은 관계 법원에 공통되는 바로 위 상급법원이 신청에 의하여 결정(決定)함으로써 한다. 이 결정에 대하여는 불복신청을 할 수 없다.
[전문개정 2013. 5. 28.]

**제5조【법원 직원의 제척·기피】** 사건에 관하여는 법원 직원의 제척(除斥) 또는 기피(忌避)에 관한 「민사소송법」의 규정을 준용한다.
[전문개정 2013. 5. 28.]

**제6조【대리인】** ① 사건의 관계인은 소송능력자로 하여금 소송행위를 대리(代理)하게 할 수 있다. 다만, 본인이 출석하도록 명령을 받은 경우에는 그러하지 아니하다.
② 법원은 변호사가 아닌 자로서 대리를 영업으로 하는 자의 대리를 금하고 퇴정(退廷)을 명할 수 있다. 이 명령에 대하여는 불복신청을 할 수 없다.
[전문개정 2013. 5. 28.]

**제7조【대리권의 증명】** ① 제6조에 따른 대리인에 관하여는 「민사소송법」 제89조를 준용한다.
② 대리인의 권한을 증명하는 사문서(私文書)에 관계 공무원 또는 공증인의 인증(認證)을 받아야 한다는 명령에 대하여는 불복신청을 할 수 없다.
[전문개정 2013. 5. 28.]

**제8조【신청 및 진술의 방법】** 신청 및 진술에 관하여는 「민사소송법」 제161조를 준용한다.
[전문개정 2013. 5. 28.]

**제9조【신청서의 기재사항, 증거서류의 첨부】** ① 신청서에는 다음 각 호의 사항을 적고 신청인이나 그 대리인이 기명날인하거나 서명하여야 한다. <개정 2016. 1. 19.>
1. 신청인의 성명과 주소
2. 대리인에 의하여 신청할 때에는 대리인의 성명과 주소
3. 신청의 취지와 그 원인이 되는 사실
4. 신청 연월일
5. 법원의 표시
② 증거서류가 있을 때에는 그 원본 또는 등본(謄本)을 신청서에 첨부하여야 한다.
[전문개정 2013. 5. 28.]

**제10조【「민사소송법」의 준용】** 사건에 관하여는 기일(期日), 기간, 소명(疎明) 방법, 인증(人證)과 감정(鑑定)에 관한 「민사소송법」의 규정을 준용한다.
[전문개정 2013. 5. 28.]

**제11조【직권에 의한 탐지 및 증거조사】** 법원은 직권으로 사실의 탐지와 필요하다고 인정하는 증거의 조사를 하여야 한다.
[전문개정 2013. 5. 28.]

**제12조【촉탁할 수 있는 사항】** 사실 탐지, 소환, 고지(告知), 재판의 집행에 관한 행위는 촉탁할 수 있다.
[전문개정 2013. 5. 28.]

제13조【심문의 비공개】 심문(審問)은 공개하지 아니한다. 다만, 법원은 심문을 공개함이 적정하다고 인정하는 자에게는 방청을 허가할 수 있다.
[전문개정 2013. 5. 28.]

제14조【조서의 작성】 법원서기관, 법원사무관, 법원주사 또는 법원주사보(이하 "법원사무관등"이라 한다)는 증인 또는 감정인(鑑定人)의 심문에 관하여는 조서(調書)를 작성하고, 그 밖의 심문에 관하여는 필요하다고 인정하는 경우에만 조서를 작성한다.
[전문개정 2013. 5. 28.]

제15조【검사의 의견 진술 및 심문 참여】 ① 검사는 사건에 관하여 의견을 진술하고 심문에 참여할 수 있다.
② 사건 및 그에 관한 심문의 기일은 검사에게 통지하여야 한다.
[전문개정 2013. 5. 28.]

제16조【검사에 대한 통지】 법원, 그 밖의 관청, 검사와 공무원은 그 직무상 검사의 청구에 의하여 재판을 하여야 할 경우가 발생한 것을 알았을 때에는 그 사실을 관할법원에 대응한 검찰청 검사에게 통지하여야 한다.
[전문개정 2013. 5. 28.]

제17조【재판의 방식】 ① 재판은 결정으로써 한다.
② 재판의 원본에는 판사가 서명날인하여야 한다. 다만, 신청서 또는 조서에 재판에 관한 사항을 적고 판사가 이에 서명날인함으로써 원본을 갈음할 수 있다.
③ 재판의 정본(正本)과 등본에는 법원사무관등이 기명날인하고, 정본에는 법원인(法院印)을 찍어야 한다.
④ 제2항에 따른 서명날인은 기명날인으로 갈음할 수 있다.
[전문개정 2013. 5. 28.]

제18조【재판의 고지】 ① 재판은 이를 받은 자에게 고지함으로써 효력이 생긴다.
② 재판의 고지는 법원이 적당하다고 인정하는 방법으로 한다. 다만, 공시송달(公示送達)을 하는 경우에는 「민사소송법」의 규정에 따라야 한다.
③ 법원사무관등은 재판의 원본에 고지의 방법, 장소, 연월일을 부기(附記)하고 도장을 찍어야 한다.
[전문개정 2013. 5. 28.]

제19조【재판의 취소·변경】 ① 법원은 재판을 한 후에 그 재판이 위법 또는 부당하다고 인정할 때에는 이를 취소하거나 변경할 수 있다.
② 신청에 의하여만 재판을 하여야 하는 경우에 신청을 각하(却下)한 재판은 신청에 의하지 아니하고는 취소하거나 변경할 수 없다.
③ 즉시항고(卽時抗告)로써 불복할 수 있는 재판은 취소하거나 변경할 수 없다.
[전문개정 2013. 5. 28.]

제20조【항고】 ① 재판으로 인하여 권리를 침해당한 자는 그 재판에 대하여 항고할 수 있다.
② 신청에 의하여만 재판을 하여야 하는 경우에 신청을 각하한 재판에 대하여는 신청인만 항고할 수 있다.
[전문개정 2013. 5. 28.]

제21조【항고의 효력】 항고는 특별한 규정이 있는 경우를 제외하고는 집행정지의 효력이 없다.
[전문개정 2013. 5. 28.]

제22조【항고법원의 재판】 항고법원의 재판에는 이유를 붙여야 한다.
[전문개정 2013. 5. 28.]

제23조【항고의 절차】 이 법에 따른 항고에 관하여는 특별한 규정이 있는 경우를 제외하고는 항고에 관한 「민사소송법」의 규정을 준용한다.
[전문개정 2013. 5. 28.]

제24조【비용의 부담】 재판 전의 절차와 재판의 고지 비용은 부담할 자를 특별히 정한 경우를 제외하고는 사건의 신청인이 부담한다. 다만, 검사가 신청한 경우에는 국고에서 부담한다.
[전문개정 2013. 5. 28.]

제25조【비용에 관한 재판】 법원은 제24조에 따른 비용에 관하여 재판을 할 필요가 있다고 인정할 때에는 그 금액을 확정하여 사건의 재판과 함께 하여야 한다.
[전문개정 2013. 5. 28.]

제26조【관계인에 대한 비용 부담 명령】 법원은 특별한 사유가 있을 때에는 이 법에 따라 비용을 부담할 자가 아닌 관계인에게 비용의 전부 또는 일부의 부담을 명할 수 있다.
[전문개정 2013. 5. 28.]

**제27조【비용의 공동 부담】** 비용을 부담할 자가 여럿
인 경우에는 「민사소송법」 제102조를 준용한다.
[전문개정 2013. 5. 28.]

**제28조【비용의 재판에 대한 불복신청】** 비용의 재판
에 대하여는 그 부담의 명령을 받은 자만 불복신청
을 할 수 있다. 이 경우 독립하여 불복신청을 할 수
없다.
[전문개정 2013. 5. 28.]

**제29조【비용 채권자의 강제집행】** ① 비용의 채권자
는 비용의 재판에 의하여 강제집행을 할 수 있다.
② 제1항에 따른 강제집행의 경우에는 「민사집행
법」의 규정을 준용한다. 다만, 집행을 하기 전에 재
판서의 송달은 하지 아니한다.
③ 비용의 재판에 대한 항고가 있을 때에는 「민사
소송법」 제448조 및 제500조를 준용한다.
[전문개정 2013. 5. 28.]

**제30조【국고에 의한 비용의 체당】** 직권으로 하는 탐
지, 사실조사, 소환, 고지, 그 밖에 필요한 처분의
비용은 국고에서 체당(替當)하여야 한다.
[전문개정 2013. 5. 28.]

**제31조【신청의 정의】** 이 편에서 "신청"이란 신청과
신고를 말한다.
[전문개정 2013. 5. 28.]

**임동민** 교수

**저자 약력**
- 현 PLA행정사사무소 대표
    박문각종로고시학원 행정사실무법 강사
    행정사 업무교육 강사
- 전 공인중개사 부동산공시법 강사
    관광통역안내사 관광법규 강사

**저자 자격**
- 행정사
- 공인중개사
- 경비지도사

**주요 저서**
- 행정사실무법, 박문각, 2023년
- 행정사실무법, 삼조사, 2014년
- 행정사실무법, 에듀서울, 2013년

2023 2차

# 행정사
# 행정사실무법

초 판 인 쇄 : 2022년 11월 11일
초 판 발 행 : 2022년 11월 15일
편  저  자 : 임동민
발  행  인 : 박 용
등       록 : 2015. 4. 29. 제2015-000104호
발  행  처 : (주)박문각출판
주       소 : 06654 서울특별시 서초구 효령로 283 서경빌딩
전       화 : 교재 문의 (02)6466-7202
팩       스 : (02)584-2927

판권본사소유

정가 31,000원
ISBN 979-11-6704-953-7
     979-11-6704-951-3(세트)